SÉNÈQUE.

NOTICE

LES TRAGÉDIES DE SÉNÈQUE.

La collection des dix tragédies attribuées communément à *Sénèque le Tragique*, paraît avoir été l'ouvrage du célèbre philosophe *Lucius Annæus Séneque* (1). Les principaux motifs de cette opinion sont : 1° le passage dans lequel Quintilien cite les poésies de Sénèque (2), et celui de Tacite, où il est dit que Sénèque faisait souvent des vers, surtout depuis que le goût de la poésie était venu à Néron (3); 2° Les passages, d'ailleurs assez vagues, des ouvrages mêmes de Sénèque, d'où il résulte qu'il s'occupait de poésie; 3° les ressemblances frappantes entre les tragédies et les œuvres philosophiques, ressemblances d'idées, de développements, de style, qui font de certaines scènes des tragédies des paraphrases poétiques de quelques morceaux déclamatoires des œuvres philosophiques. Selon une autre opinion, cette collection, où l'on peut remarquer une assez grande inégalité de mérite entre les pièces, et quelques différences assez notables de manière et de style, serait l'œuvre de plusieurs mains, mais une œuvre de famille, à laquelle plusieurs membres de la famille Sénèque auraient concouru (1).

Quoi qu'il en soit, tout le monde est d'accord sur le mérite et les défauts de ces pièces. Ce sont des déclamations stoïciennes en vers destinées à être lues et non à être jouées, où l'auteur cherche des effets, non de théâtre, mais de style; où le dialogue n'est qu'une lutte d'esprit; où les descriptions superflues et les lieux communs déclamatoires abondent, principalement les critiques des mœurs du temps, que les rhéteurs d'alors appelaient *convicium sæculi*, où la vertu est violente, exagérée, les caractères uniformes, les femmes semblables aux hommes; où il n'y a ni situation ni action : mais où de beaux sentiments bien exprimés, quelques traits véritablement tragiques, et, çà et là, des passages d'une poésie vigoureuse, quoique toujours trop tendue, peuvent réveiller l'attention trop souvent fatiguée par la monotonie d'un art qu'on appellerait plus justement un procédé.

(1) Voir la Notice sur Sénèque en tête du volume qui contient ses œuvres.
(2) Instit. Or. X.
(3) Ann. XIV, 62.

(1) Consulter à cet égard le travail très-étendu qu'a fait sur Sénèque M. Nisard, dans ses *Études de mœurs et de critique sur les poètes latins de la décadence.*

HERCULE FURIEUX.

PERSONNAGES.

JUNON.   AMPHITRYON.
HERCULE.   THÉSÉE.
LYCUS.   CHOEUR de Thébains.
MÉGARE.

ARGUMENT.

Hercule avait épousé Mégare, fille de Créon, roi de Thèbes. Pendant sa descente aux enfers, un Eubéen, nommé Lycus, à l'instigation d'Eurysthée, excite une sédition dans Thèbes, s'empare du trône, et fait mourir le roi et ses fils. Il ose même presser Mégare de l'épouser, et, sur son refus, menace d'employer la violence. Mais Hercule, arrivant à propos, dissipe le parti de Lycus, et tue l'usurpateur. Junon, irritée d'un si heureux succès, trouble la raison d'Hercule, qui, dans un accès de fureur, tue sa femme et ses enfants. Revenu à lui-même, et voyant les suites de son égarement, il veut, dans son désespoir, se donner la mort. Mais, cédant aux prières d'Amphitryon et de Thésée, il consent à vivre, et part pour Athènes avec ce dernier, afin d'y offrir des sacrifices expiatoires.

ACTE PREMIER.

JUNON seule.

Sœur du dieu tonnant (c'est aussi bien le seul titre qui me reste), j'ai fui Jupiter et ses mépris obstinés. J'ai quitté les palais du haut Olympe, où je suis veuve auprès d'un époux. Oui, je viens chercher un refuge sur la terre, puisque le ciel est plein de ses concubines. Là, des hauteurs glacées du pôle, Calisto guide les flottes de la Grèce. De ce côté, d'où le printemps revient épanouir les jours de ses tièdes haleines, je vois briller la monture d'Europe, qui ravit la Tyrienne à travers les ondes. Plus loin surgissent et les vagabondes filles d'Atlas, effroi des nautoniers, et le farouche Orion brandissant le fer contre les dieux mêmes; et Persée étalant les feux de sa couronne dorée. Là-bas étincellent les jumeaux Tyndarides, et le double fruit que l'errante Délos s'arrêta pour recueillir. C'est peu que la voûte céleste ait une place pour Bacchus, une place pour sa mère. De peur qu'il n'en reste une seule vide de mes opprobres, il faut qu'on voie au firmament jusqu'à la guirlande d'une fille des Crétois. Mais où vais-je rappeler de vieilles injures? Cette seule ville de Thèbes, mon ennemie acharnée, combien n'en a-t-elle pas produit de ces usurpatrices de mes droits? Que de fois par elles je me suis vue marâtre! Vienne donc cette Alcmène occuper triomphante la place de Junon! Qu'il prenne aussi celle qui lui fut destinée, ce fils, œuvre d'une nuit double des nuits ordinaires, où Phébus, retardé par ordre, retint un jour entier son disque sous les mers d'Orient! Ma haine n'en sera pas moins active. Ardente à le poursuivre, je lui déclare une guerre implacable, une guerre éternelle. Mais que faire aujourd'hui? Tout ce que la terre, pour servir ma fureur, tout ce que l'air et la mer ont pu lui opposer d'obstacles, de fléaux, de monstres sauvages et terribles, Hercule a tout dompté, tout terrassé. Il triomphe, et grandit à chaque épreuve. Il jouit de

HERCULES FURENS.

DRAMATIS PERSONÆ.

JUNO.   AMPHITRYON.
HERCULES.   THESEUS.
LYCUS.   CHORUS THEBANORUM.
MEGARA.

ARGUMENTUM.

Hercules Megaram in matrimonium duxerat, filiam Creontis, qui regnum apud Thebanos obtinebat. Dum vero ille inferos, Eurysthei jussu, penetraret, Eubœus quidam, nomine Lycus, regnum occupat per seditionem, regemque et filios ejus occidit. Tum Megaram ad nuptias sollicitat, et vim parat abnuenti. At Hercules, opportuno reditu, factionem Lyci proturbat, ipsumque interficit. Hæc tam feliciter gesta Juno non ferens, immittit illi furorem, quo correptus uxorem suam cum liberis trucidat. Quod ubi saniore mente intellexit, doloris impatiens, vix Amphitryonis et Thesei precibus denetur, ne sibi mortem inferat, et Athenas cum Theseo purgandus proficiscitur.

ACTUS PRIMUS.

JUNO sola.

Soror Tonantis (hoc enim solum mihi
Nomen relictum est), semper alienum Jovem
Ac templa summi vidua deserui ætheris,

Locumque, cælo pulsa, pellicibus dedi.   5
Tellus colenda est; pellices cælum tenent.
Hinc Arctos alta parte glacialis poli
Sublime classes sidus Argolicas agit:
Hinc, qua tepenti vere laxatur dies,
Tyriæ per undas vector Europæ nitet: 10
Illinc timendum ratibus ac ponto gregem
Passim vagantes exserunt Atlantides.
Fera coma hinc exterret Orion deos;
Suasque Perseus aureas stellas habet:
Hinc clara gemini signa Tyndaridæ micant;   15
Quibusque natis mobilis tellus stetit.
Nec ipse tantum Bacchus, aut Bacchi parens,
Adiere superos: ne qua pars probro vacet,
Mundus puellæ serta Gnossiacæ gerit.
Sed vetera querimur: una me dira ac fera   20
Thebana nuribus sparsa tellus impiis
Quoties novercam fecit? escendat licet,
Meumque victrix teneat Alcmene locum,
Pariterque natus astra promissa occupet,
In cujus ortu mundus impendit diem,   25
Tardusque Eoo Phœbus effulsit mari,
Retinere mersum jussus Oceano jubar;
Non sic abibunt odia. Vivaces aget
Violentus iras animus, et sævus dolor
Æterna bella pace sublata geret.   30
Quæ bella? quidquid horridum tellus creat
Inimica; quidquid pontus aut aer tulit
Terribile, dirum, pestilens, atrox, ferum,
Fractum atque domitum est: superat, et crescit malis,

mon impuissante colère, et fait tourner ma haine à sa gloire. En lui imposant ces rudes travaux, moi-même j'ai prouvé son origine; sa renommée est mon ouvrage. Des lieux où le soleil commence aux lieux où il finit son cours, et de ses feux rapprochés noircit les habitants des deux Éthiopies, cette valeur indomptable a des autels; on adore Hercule comme un dieu. Les monstres vont manquer à la fin. Moins en peine d'exécuter que moi de prescrire, il reçoit mes ordres avec joie. Quel caprice de tyran pourrait mettre en péril un héros de cette trempe? Les monstres qu'il a vaincus, Hercule s'en fait des armes, et marche à de nouveaux combats, renforcé des terreurs de l'hydre et du lion de Némée. La terre ne lui suffisait plus; son bras a forcé la barrière du Ténare, et le voilà revenu au jour, triomphant des enfers et chargé de leurs dépouilles opimes. C'est peu d'en être revenu, il a violé le pacte fait avec le Jupiter de l'Érèbe. J'ai vu, oui j'ai vu de mes yeux ce vainqueur de la nuit et de la puissance infernale offrant à son père le trophée insolent de la dépouille fraternelle. A quoi tenait-il qu'il ne traînât, détrôné et chargé de chaînes à sa suite un dieu traité d'égal avec Jupiter dans le partage de la toute-puissance? que lui-même, prenant possession du Tartare, il ne forçât le Styx à couler sous la voûte des cieux? Du moins a-t-il montré la voie de retour aux mânes, et mis à nu le sanctuaire de la mort. A présent il me brave; il parcourt la Grèce de ville en ville, promenant par dérision le terrible gardien des ombres. A cet aspect le jour a pâli, le soleil a reculé d'horreur; et moi-même, saisie d'effroi en voyant la triple tête du monstre captif, j'ai frémi de l'ordre que j'avais donné.

Craintes frivoles! c'est le ciel même qui est me-

nacé. Le vainqueur de l'enfer ne peut-il envahir l'Olympe? Il ravira le sceptre à son père. Pour s'élever jusqu'aux astres, il dédaignera la voie lente qu'a suivie Bacchus; il voudra y monter d'assaut, en marchant sur des ruines, et faire du monde une solitude, afin d'y régner sûrement. Le superbe a senti sa force; et pourtant le ciel a compris qu'il pouvait s'en rendre maître. Toute cette masse immense n'a pu le faire plier: ses épaules ont soutenu, sans fléchir sous un tel fardeau, le pôle avec les étoiles et le firmament, et moi-même qui pressais la charge de mon poids.

Oui, c'est au ciel que tend son ambition. Eh bien, poursuis, ma colère. Préviens ses attentats. La lutte est corps à corps. Déchire-le de tes propres mains. Plus de mandataires de ma vengeance! plus de monstres! Laissons là Eurysthée, désormais à bout de ses exigences. Déchaînons contre Hercule ces Titans osèrent bien attaquer la puissance suprême! Ouvrons la caverne de l'Etna! Que le géant qui ébranle la terre de Doris relève sa tête effroyable! Que la lune lance de nouveaux monstres sur la terre! Mais quoi! il les a tous vaincus! Quel adversaire opposer à Hercule, si ce n'est Hercule lui-même? Qu'il se fasse donc la guerre; qu'échappées des gouffres du Tartare, les Euménides accourent, agitant sur lui leur chevelure enflammée; qu'elles le flagellent sans relâche de leurs cruelles vipères. Va maintenant, superbe! Porte tes prétentions jusqu'au ciel; regarde la terre en pitié. Tu t'applaudis d'avoir échappé au Styx, à la colère des mânes: ici tu vas retrouver les enfers. Du fond des abîmes, dela nuit j'appellerai la déesse de la discorde: à ma voix elle sortira de la caverne qui recèle par de là le lieu d'exil des coupables. J'évoquerai l'arrière-ban des enfers, le Crime odieux,

---

Iraque nostra fruitur; in laudes suas
Mea vertit odia: dum nimis sæva impero,　　　　　35
Patrem probavi; gloriæ feci locum :
Qua sol reducens, quaque reponens diem,
Binos propinqua tingit Æthiopas face,
Indomita virtus colitur, et toto deus
Narratur orbe. Monstra jam desunt mihi.　　　　　40
Minorque labor est Herculi jussa exsequi,
Quam mihi jubere: lætos imperia excipit.
Quæ fera tyranni jussa violento queant
Nocere Juveni? nempe pro telis gerit
Quæ timuit, et quæ fudit : armatus venit　　　　　45
Leone et hydra. Nec satis terræ patent :
Effregit ecce limen inferni Jovis,
Et opima victi regis ad superos refert.
Parum est reverti; fœdus umbrarum perit.
Vidi ipsa, vidi, nocte discussa inferum,　　　　　50
Et Dite domito, spolia jactantem patri
Fraterna. Cur non vinctum et oppressum trahit
Ipsum catenis parta sortitum Jovi?
Ereboque capto potitur, et retegit Styga?
Patefacta ab imis manibus retro via est,　　　　　55
Et sacra mortis in aperto jacent.
At ille, rupto carcere umbrarum, ferox
De me triumphat, et superbifica manu
Atrum per urbes ducit Argolicas canem.
Viso labantem Cerbero vidi diem;　　　　　60
Pavidumque solem : me quoque invasit tremor,
Et terna monstri colla devicti intuens,
Timui imperasse. Levia sed nimium queror :
Cælo timendum est, regna ne summa occupet,
Qui vicit ima. Sceptra præriplet patri :　　　　　65

Nec in astra lenta veniet, ut Bacchus, via;
Iter ruina quæret, et vacuo volet
Regnare mundo. Robore experto tumet,
Et posse cælum viribus vinci suis
Didicit ferendo : subdidit mundo caput,　　　　　70
Nec flexit humeros mollis immensæ labor,
Mediusque collo sedit Herculeo polus.
Immota cervix sidera et cælum tulit,
Et me prementem. Quærit ad superos viam :
Perge ira, perge, et magna meditantem opprime;　　75
Congredere; manibus ipsa jam lacera tuis.
Quid tanta mandas odia? discedant feræ :
Ipse imperando fessus Eurystheus vacet.
Titanas ausos rumpere imperium Jovis
Emitte : Siculi verticis laxa specum.　　　　　80
Tellus gigante Doris excusso tremens
Supposita monstri colla terrifici levet.
Sublimis alias luna concipiat feras.
Sed vicit ista. Quæris Alcidæ parem?
Nemo est, nisi ipse : bella jam secum gerat.　　　　85
Adsint ab imo Tartari fundo excitæ
Eumenides : ignem flammeæ spargant comæ;
Viperea sævæ verbera incutiant manus.
I nunc, superbe, cælitum sedes pete;
Humana temne. Jam Styga et manes ferox　　　　90
Fugisse credis? hic tibi ostendam inferos.
Revocabo, in alta conditam caligine
Ultra nocentum exsilia, discordem deam,
Quam munit ingens montis oppositi specus.
Educam, et imo Ditis e regno extraham　　　　95
Quidquid relictum est. Veniat invisum Scelus,
Suumque lambens sanguinem Impietas ferox,

le Parricide barbare, ivre de son propre sang, l'Erreur, la Fureur, toujours armée contre elle-même. La Fureur! C'est elle surtout qui servira ma vengeance. Accourez, ministres de Pluton; secouez vos torches ardentes. Que Mégère, de cette main qui répand le deuil, arrache d'un bûcher un énorme brandon, et conduise ici sa troupe hérissée de serpents. Allons, punissez le profanateur du Styx; redoublez vos fureurs; frappez son sein; qu'un feu plus ardent que la fournaise d'Etna s'allume dans sa poitrine. Mais, pour exalter au degré où je veux la démence d'Hercule, soyons hors de moi la première. Junon, que tardes-tu? Inexorables sœurs, commencez par moi. Ce que je lui réserve est-il à la hauteur des conceptions d'une marâtre? Ma haine va changer de marche. Je veux qu'à son retour il trouve ses fils pleins de vie; que son bras soit toujours puissant. Il a lui le jour où l'effort de ce bras va me combler de joie, où Hercule payera comme moi les frais de la victoire. Échappé des enfers, il souhaitera d'y être resté. Un fils de Jupiter! c'est ce qu'il me faut; ses flèches porteront. Je suis là pour assurer sa main; je conduirai ses traits. Je vais cette fois lui venir en aide.

Après cet exploit, que son père, s'il le veut, admette au ciel des mains si pures! Mais il est temps de commencer l'attaque. Le jour paraît, et Phébus déjà s'élève sur l'horizon, qu'il colore de ses feux.

CHŒUR DES THÉBAINS.

A peine quelques rares étoiles brillent encore au ciel; et leur lumière pâlit et s'efface à l'approche du jour. La nuit vaincue rallie autour d'elle ses feux épars, et le brillant Lucifer presse leur fuite vers l'Occident. Le signe glacé du pôle, l'astre aux sept étoiles a retourné le timon de son char, et appelle le soleil. Phébus, quittant l'azur des mers, s'élève au-dessus de l'OEta, et rougit de ses rayons les bruyères foulées par les bacchantes de Thèbes. Phébé cède le ciel à son frère, pour y reparaître à son tour. Les soucis se réveillent; les maisons s'ouvrent. Déjà le berger conduit son troupeau dans les prés blanchis par la rosée. Le taureau, au front encore uni, bondit en liberté dans la plaine; et les brebis vont remplir leurs mamelles taries. Le folâtre chevreau joue capricieusement sur l'herbe naissante. Balancée doucement à l'extrémité d'un rameau, la victime plaintive de Térée s'apprête à prendre son essor aux premiers rayons du jour, et répond au gazouillement de ses petits. Autour d'elle mille oiseaux confondent leurs accents, et saluent le retour de la lumière. Le matelot, dont ce jour est peut-être le dernier, déploie sa voile au souffle impatient d'Éole. Assis sur une roche minée par les flots, le pêcheur amorce de nouveau ses hameçons, ou, le cœur palpitant, guette la proie que sa main va saisir. Déjà le poisson fait plier la ligne qui frémit : doux loisirs d'une vie innocente, vous charmez l'homme content du peu qu'il possède, et qui borne au produit de son champ toutes ses espérances !

Mais dans l'enceinte des villes tourbillonnent incessamment l'ambition inquiète, l'espoir et les craintes. L'un, bravant la morgue et les refus des grands, assiége, avant le jour, les parvis de leurs

Errorque, et in se semper armatus Furor.
Hoc, hoc ministro noster utatur dolor.
Incipite, famulæ Ditis : ardentem incitæ   100
Concutite pinum; et agmen horrendum anguibus
Megæra ducat, atque luctifica manu
Vastam rogo flagrante corripiat trabem.
Hoc agite : pœnas petite violatæ Stygis :
Concutite pectus : acrior mentem excoquat   105
Quam qui caminis ignis Ætnæis furit.
Ut possit animum captus Alcides agi,
Magno furore percitus, nobis prius
Insaniendum est. Juno, cur nondum furis?
Me, me, sorores, mente dejectam mea   110
Versate primam, facere si quidquam apparo
Dignum noverca. Jam odia mutentur mea.
Natos reversus videat incolumes precor,
Manuque fortis redeat : inveni diem,
Invisa quo nos Herculis virtus juvet :   115
Me pariter et se vincat; et cupiat mori
Ab inferis reversus : hic prosit mihi,
Jove esse genitum. Stabo, et ut certo exeant
Emissa nervo tela, librabo manum :
Regam furentis arma : pugnanti Herculi   120
Tandem favebo. Scelere perfecto, licet
Admittat illas genitor in cælum manus.
Movenda jam sunt bella; clarescit dies,
Ortuque Titan lucidus croceo subit.

CHORUS THEBANORUM.

Jam rara micant sidera prono   125
Languida mundo : nox victa vagos
Contrahit ignes : luce renata
Cogit nitidum Phosphoros agmen :
Signum celsi glaciale poli
Septem stellis Arcades ursæ   130
Lucem verso temone vocant :
Jam cæruleis evectus aquis

Titan summum prospicit OEtam :
Jam Cadmeis inclyta Bacchis
Aspersa die dumeta rubent;   135
Phœbique fugit reditura soror.
Labor exoritur durus, et omnes
Agitat curas, aperitque domos.
Pastor gelida cana pruina
Grege dimisso pabula carpit.   140
Ludit prato liber aperto
Nondum rupta fronte juvencus.
Vacuæ reparant ubera matres.
Errat cursu levis incerto
Molli petulans hœdus in herba.   145
Pendet summo stridula ramo,
Pennasque novo tradere soli
Gestit querulos inter nidos
Thracia pellex; turbaque circa
Confusa sonat, murmure misto   150
Testata diem. Carbasa ventis
Credit, dubius navita vitæ,
Laxos aura complente sinus.
Hic exesis pendens scopulis,
Aut deceptos instruit hamos,   155
Aut suspensus spectat pressa
Præmia dextra : sentit tremulum
Linea piscem.
Hæc, innocuæ quibus est vitæ
Tranquilla quies, et læta suo   160
Parvoque domus, spes est in agris.
Turbine magno spes sollicitæ
Urbibus errant, trepidique metus.
Ille superbos aditus regum,
Durasque fores, expers somni,   165
Colit : hic nullo fine beatas
Componit opes, gazis inhians,
Et congesto pauper in auro est.
Illum populi favor attonitum,
Fluctuque magis mobile vulgus   170

superbes demeures, amasse et désire sans cesse, pauvre au milieu de ses trésors. Celui-ci, épris d'une popularité plus mobile que les flots, s'égare à la poursuite de cette orgueilleuse chimère; celui-là trafique de sa bruyante éloquence, et met aux gages d'un client sa voix et sa fureur. Là, bien peu connaissent le repos, et, songeant à la rapidité de la vie, savent mettre à profit le temps qui fuit sans retour. Vivez heureux pendant qu'il vous est donné de l'être! La vie coule comme un torrent; chaque jour précipite la révolution de l'année. Les Parques inflexibles poursuivent leur tâche; et leurs fuseaux ne se déroulent jamais. Cependant, mortels aveugles, nous allons nous-mêmes au devant du trépas: nous courons chercher le Styx.

Alcide, ton ardent courage se presse trop de visiter les sombres bords. Les Parques ont leur jour marqué; nul ne peut reculer ce terme, nul ne peut l'avancer : l'urne fatale ne s'ouvre qu'aux noms assignés.

Que tel soit vanté chez cent peuples divers ; que la Renommée aux cent voix publie sa gloire de ville en ville, et l'élève au-dessus des nues; qu'un autre s'enivre des honneurs du triomphe : mon ambition à moi, c'est de rester sur le sol qui m'a vu naître, d'y vivre paisible et ignoré. La tête ne blanchit qu'à ceux qui se tiennent en dehors des agitations de la vie. Une humble condition n'éblouit pas, mais elle est sûre. Plus haut l'on est placé, plus la chute est à craindre.

Mais j'aperçois Mégare, qui vient éplorée et les cheveux en désordre, accompagnée de sa jeune famille. Le vieux père d'Alcide les suit à pas lents.

ACTE DEUXIÈME.

MÉGARE, AMPHITRYON.

Még. Dominateur de l'Olympe, arbitre du monde, mettez enfin un terme à mes douleurs. Pour moi jamais un jour paisible : un malheur toujours en appelle un autre. A peine mon époux est-il de retour, qu'on lui suscite un nouvel ennemi. Avant que sa présence ait rendu la joie à sa famille, on le force à partir pour de nouveaux combats. L'intervalle d'un ordre à l'autre est son seul relâche, son seul repos. Toujours l'implacable Junon le poursuit. A-t-elle au moins épargné son enfance? non. Il a vaincu des monstres avant de les pouvoir connaître. Deux serpents, la crête dressée, s'avancent vers son berceau : l'enfant intrépide rampe à leur rencontre, fixe un œil indifférent sur leurs yeux enflammés, endure d'un air serein leurs étreintes ; et ses jeunes mains, en tordant leurs cous gonflés de venin, préludaient à sa victoire sur l'hydre de Lerne. Il atteint à la course la biche légère du Ménale, fière de l'or qui brillait sur son front; étouffe entre ses bras nerveux ce lion, l'effroi de Némée. Rappellerai-je les chevaux cruels du roi de Thrace, et ce roi livré lui-même à leur voracité? Et l'horrible sanglier du sombre Érymanthe, la terreur des forêts d'Arcadie? Et ce taureau si redouté des cent villes de la Crète? Hercule, aux confins de l'Hespérie, près du rivage de Tartesse, terrasse le triple Géryon, s'empare de son riche troupeau, et les herbages du Cithéron recueillent ces génisses nées sur les plages d'Occident. On l'envoie aux climats du Midi, contrées que le soleil

---

Aura tumidum tollit inani :
Hic clamosi rabiosa fori
Jurgia vendens, improbus iras
Et verba locat. Novit paucos
Secura quies, qui velocis   175
Memores ævi, tempora nunquam
Reditura tenent. Dum fata sinunt,
Vivite læti : properat cursu
Vita citato, volucrique die
Rota præcipitis vertitur anni.   180
Duræ peragunt pensa sorores,
Nec sua retro fila revolvunt.
At gens hominum fertur rapidis
Obvia fatis, incerta sui :
Stygias ultro quærimus undas.   185
Nimium, Alcide, pectore forti
Properas mœstos visere manes.
Certo veniunt ordine Parcæ :
Nulli jusso cessare licet,
Nulli scriptum proferre diem :   190
Recipit populos urna citatos.
Alium multis gloria terris
Tradat, et omnes fama per urbes
Garrula laudet, cœloque parem
Tollat et astris; alius curru   195
Sublimis eat : me mea tellus
Lare secreto tutoque tegat.
Venit ad pigros cana senectus,
Humilique loco, sed certa sedet
Sordida parvæ fortuna domus :   200
Alte virtus animosa cadit.
Sed mœsta venit crine soluto
Megara, parvum comitata gregem;
Tardusque senio graditur Alcidæ parens.

ACTUS SECUNDUS.

MEGARA, AMPHITRYON.

Meg. O magne Olympi rector, et mundi arbiter,   205
Jam statue tandem gravibus ærumnis modum,
Finemque cladi! Nulla lux unquam mihi
Secura fulsit : finis alterius mali
Gradus est futuri. Protenus reduci novus
Paratur hostis : antequam lætam domum   210
Contingat, aliud jussus ad bellum meat.
Nec ulla requies, tempus aut ullum vacat,
Nisi dum jubetur. Sequitur a primo statim
Infesta Juno. Numquid immunis fuit
Infantis ætas? monstra superavit prius,   215
Quam nosse posset. Gemina cristati caput
Angues ferebant ora, quos contra obvius
Reptavit infans; igneos serpentium
Oculos remisso lumine ac placido intuens,
Arctos serenis vultibus nodos tulit,   220
Et tumida tenera guttura elidens manu,
Prolusit hydræ. Mænali pernix fera,
Multo decorum præferens auro caput,
Deprensa cursu est. Maximus Nemeæ timor,
Gemuit lacertis pressus Herculeis leo.   225
Quid stabula memorem dira Bistonii gregis,
Suisque regem pabulum armentis datum?
Solitumque densis hispidum Erymanthi jugis
Arcadia quatere nemora Mænalium suem?
Taurumque centum non levem populis metum?   230
Inter remotos gentis Hesperiæ greges
Pastor triformis litoris Tartessi
Peremptus : acta est præda ab Occasu ultimo ;
Notum Cithæron pavit Oceano pecus.
Penetrare jussus Solis æstivi plagas,   235
Et adusta medius regna quæ torret dies,

brûle de ses feux les plus ardents : là, il sépare deux montagnes , et , rompant cette barrière de l'Océan, il ouvre un large passage à ses ondes. De là pénétrant dans les riches forêts des Hespérides, il ravit les trésors que gardait un dragon vigilant. N'a-t-il pas détruit par le feu l'hydre toujours renaissante, et donné la mort à ce monstre qui semblait immortel? Ses flèches jusque dans les nues ont atteint les oiseaux du Stymphale, qui de leurs ailes déployées obscurcissaient le jour. Cette fière ennemie de l'hymen , la reine vierge du Thermodon, a senti le pouvoir de ses armes. Enfin ses mains glorieuses, après tant de hauts faits , n'ont pas dédaigné l'ignoble tâche de purifier les étables d'Augias.

Mais que lui revient-il de tous ces travaux? Le voilà banni du monde qu'il a défendu. La terre , qui lui devait la paix, ne s'aperçoit que trop de son absence. Le crime heureux usurpe le nom de vertu; les bons sont opprimés par les méchants; la force fait le droit; les lois se taisent devant la violence. Mes yeux ont vu mes frères impitoyablement massacrés en défendant le trône de son père ; j'ai vu périr jusqu'au dernier de l'illustre race de Cadmus. La couronne a été ravie à mon père, entraînant dans sa chute la tête auguste qui la portait. O déplorable Thèbes! toi qui donnas le jour à tant d'immortels, sous quel maître es-tu réduite à trembler? Toi dont le sein fertile enfanta des phalanges armées, dont un fils de Jupiter, Amphion, a construit les murailles par le seul pouvoir des sons de sa lyre ; pour qui le père des dieux quitta souvent les régions éthérées ; dont l'heureux séjour tant de fois attira les dieux sur la terre ; qui as donné et , j'ose le dire , donneras encore des habitants à l'Olympe, sous quel joug avilissant es-tu donc tombée? Race de Cadmus, cité d'Amphion, eh quoi ! vous craignez un lâche, un banni? Le rebut de sa propre patrie devient l'oppresseur de la nôtre? Et ce héros qui poursuit le crime et sur la terre et sur les mers, dont la main vengeresse brise le sceptre aux mains des tyrans , on l'opprime en son absence; il lui faut subir ce qu'il a réprimé. Lycus, un vagabond, trône insolemment dans la Thèbes d'Hercule! Le héros va revenir, et va punir. On le verra soudain reparaître sur la terre. Il saura bien retrouver son chemin , ou , s'il le faut, s'en ouvrir un lui-même.

Ah ! reviens, reviens, je t'en conjure. Rentre en vainqueur dans ta maison vaincue. Sors du gouffre infernal : que ta main dissipe les ténèbres. La voie est-elle fermée et le retour interdit? eh bien ! perce la voûte du globe, dusses-tu mettre au grand jour tout ce que recèle le séjour de la mort. Tu as bien pu jadis creuser le lit d'un fleuve en déchirant une montagne, et créer du même coup le vallon de Tempé. Poussé par ta vaste poitrine, un mont s'écarte à droite , un mont s'écarte à gauche , et la voie est ouverte à l'impétueux torrent de la Thessalie. Qu'un semblable effort aujourd'hui te rende à ton père, à tes enfants, à ta patrie! Romps la voûte de l'abîme où tout vient finir ; qu'il regorge tout ce qu'il a dévoré depuis le commencement des siècles ; et que le peuple des mânes, peuple sans souvenirs, et tremblant à la seule vue du jour, soit chassé devant toi. Exécuter simplement un ordre donné, c'est trop peu pour Hercule.

Mais je parle trop haut pour qui ne sait quel sort l'attend. Hélas ! quand pourrai-je , cher époux, toucher ta main , te serrer dans mes bras , me plaindre à toi de ta longue absence et de ton oubli? O souverain des dieux , qu'il revienne, et je te voue cent taureaux indomptés ! Déesse des moissons, j'accomplirai tes rites sacrés dans ta mystérieuse Eleusis ;

Utrinque montes solvit ; abrupto objice ,
Latam ruenti fecit Oceano viam.
Post hæc , adortus nemoris opulenti domos,
Aurifera vigilis spolia serpentis tulit.   240
Quid ? sæva Lernæ monstra , numerosum malum ,
Non igne demum vicit, et docuit mori ?
Solitasque pennis condere obductis diem
Petiit ab ipsis nubibus Stymphalidas ?
Non vicit illum cælibis semper tori   245
Regina gentis vidua Thermodontiæ :
Nec ad omne clarum facinus audaces manus
Stabuli fugavit turpis Augiæ labor.
Quid ista prosunt ? orbe defenso caret.
Sensere terræ pacis auctorem suæ   250
Abesse terris. Prosperum ac felix scelus
Virtus vocatur : sontibus parent boni;
Jus est in armis, opprimit leges timor.
Ante ora vidi nostra , truculenta manu
Natos paterni cadere regni vindices ,   255
Ipsamque Cadmi nobilis stirpem ultimam
Occidere : vidi regium capitis decus
Cum capite raptum. Quis satis Thebas fleat?
Ferax deorum terra, quem dominum tremis?
E cujus arvis, eque fœcundo sinu   260
Stricto juventus orta cum ferro stetit,
Cujusque muros natus Amphion Jove
Struxit, canoro saxa modulatu trahens;
In cujus urbem non semel divum parens
Cælo relicto venit; hæc quæ cælites   265
Recepit , et quæ fecit, et (fas sit loqui)
Fortasse faciet, sordido premitur jugo.
Cadmea proles, civitasque Amphionis.

Quo recidistis? Tremitis ignavum exsulem,
Suis carentem finibus, nostris gravem?   270
Qui scelera terra, quique persequitur mari,
Ac sæva justa sceptra confringit manu,
Nunc servit absens, fertque quæ ferri vetat;
Tenetque Thebas exsul Herculeas Lycus.
Sed non tenebit : aderit, et pœnas petet,   275
Subitusque ad astra emerget; inveniet viam,
Aut faciet. Adsis sospes et remees, precor,
Tandemque venias victor ad victam domum.
Emerge, conjux , atque dispulsas manu
Abrumpe tenebras : nulla si retro via,   280
Iterque clausum est , orbe diducto redi,
Et quidquid atra nocte possessum latet,
Fmitte tecum : dirutis qualis jugis
Præceps citato flumini quærens iter,
Quondam stetisti , scissa quum vasto impetu   285
Patuere Tempe; pectore impulsus tuo
Huc mons et illuc cecidit, et rupto aggere
Nova cucurrit Thessalus torrens via;
Talis parentes , liberos, patriam petens,
Erumpe, rerum terminos tecum efferens;   290
Et quidquid avida tot per annorum gradus
Abscondit ætas; redde ; et oblitos sui ,
Lucisque pavidos inire ac populos age.
Indigna te sunt spolia , si tantum refers,
Quantum imperatum est. Magna sed nimium loquor,   295
Ignara nostræ sortis. Unde illum mihi,
Quo te tuamque dexteram amplectar, diem,
Reditusque lentos nec mei memores querar?
Tibi, o deorum ductor, indomiti ferent
Centena tauri colla : tibi, frugum potens,   300

et, la torche à la main, je saurai voir et me taire!
Ah! il me semblerait que mes frères me sont rendus,
et que mon père tient encore d'une heureuse main
le sceptre de Thèbes. Un pouvoir plus fort te re-
tient-il captif? eh bien! nous irons te rejoindre.
Ou reviens nous défendre, ou entraîne-nous tous
avec toi. Hélas! il le faudra, puisqu'aucun dieu n'a
pitié de notre infortune.

Amp. Compagne de mon fils, chaste gardienne
de la couche et des enfants d'Hercule, ouvre ton
âme à l'espérance, et rappelle ton courage. Il reviendra, n'en doute pas, et sortira de cette épreuve
comme des autres, toujours plus grand.

Még. Les malheureux croient aisément ce qu'ils
désirent.

Amph. Dis plutôt que, prompts à s'alarmer, ils
regardent comme inévitables les périls qui les menacent. La crainte ne voit que malheurs dans l'avenir.

Még. Enseveli dans cette nuit profonde où le
monde pèse sur lui, comment reviendra-t-il chez
les vivants?

Amp. Comme il est revenu des rivages brûlants
de la Libye, au milieu de ces sables aussi mobiles
que la mer orageuse qui chaque jour les couvre
deux fois, et autant de fois les laisse à découvert.
Hercule abandonna son vaisseau engagé parmi les
écueils et les Syrtes, et franchit à pied les abîmes de
la mer.

Még. Rarement l'injuste fortune pardonne aux
grandes vertus. Le danger ne se brave pas impunément tant de fois. Le sort peut frapper longtemps
au hasard, et rencontrer juste à la fin. Mais voici le
farouche Lycus. Le sceptre usurpé s'agite dans sa
main; la menace est sur son front; son âme se peint
dans sa démarche.

LYCUS, MÉGARE, AMPHITRYON.

Lyc. Je règne sur les riches campagnes de Thèbes : toute cette contrée que borne obliquement la
fertile Phocide, et que l'Ismène arrose; tout ce que
l'œil contemple de la cime du Cithéron jusqu'à
l'isthme étroit qui sépare les deux mers, est soumis
à mes lois; et je n'en suis pas redevable au titre
d'héritier d'un antique patrimoine; je n'ai point
d'aïeux, moi; ma race n'est point titrée : ma valeur fait ma noblesse. Qu'est-ce que vanter son origine? c'est un mérite qui n'est pas à soi. Oui; mais
quand on tient un sceptre ravi, la main vous tremble; le fer seul peut l'assurer; c'est par le fer qu'on
règne en dépit d'un peuple. On est mal assis sur le
trône d'un autre; mais Mégare peut m'y affermir
en s'unissant à moi, en me faisant entrer dans la couche royale. Un reflet de cette splendeur antique ferait disparaître en moi l'homme nouveau. Qu'elle
puisse me refuser, et dédaigner mon alliance, c'est
ce que je ne crois pas. Mais, au cas où je ne pourrais vaincre son orgueil et ses refus, c'en est fait de
la race d'Hercule. Qui pourrait m'arrêter? la haine
ou les murmures du peuple? La première maxime
des rois, c'est de braver la haine. Essayons la douceur : la fortune m'en offre l'occasion. Voici Mégare elle-même, la tête voilée en signe de deuil; elle
implore ses dieux protecteurs; près d'elle est le vrai
père d'Alcide.

Még. (*à part.*) Que médite encore ce destructeur,
ce fléau de ma famille? Que veut-il?

Lyc. Noble rejeton des rois, veuillez un moment
sans colère prêter l'oreille à mes discours. Si les
mortels nourrissaient des haines éternelles; si la
fureur, une fois entrée dans leur âme, n'en devait
plus sortir; s'il fallait que toujours le vainqueur

Secreta reddam sacra : tibi muta fide
Longas Eleusi tacita jactabo faces.
Tum restitutas fratribus rebor meis
Animas, et ipsum regna moderantem sua
Florere patrem. Si qua te major tenet   305
Clausum potestas, sequimur : aut omnes tuo
Defende reditu sospes, aut omnes trahe.
Trahes, nec ullus eriget fractos deus. .
Amph. O socia nostri sanguinis, casta fide
Servans torum natosque magnanimi Herculis,   310
Meliora mente concipe, atque animum excita.
Aderit profecto, qualis ex omni solet
Labore, major. *Meg.* Quod nimis miseri volunt,
Hoc facile credunt. *Amph.* Immo quod metuunt nimis,
Nunquam amoveri posse, nec tolli putant :   315
Prona est timori semper in pejus fides.
Meg. Demersus, ac defossus, et toto insuper
Oppressus orbe, quam viam ad superos habet?
Amph. Quam tunc habebat, quum per arentem plagam,
Et fluctuantes more turbati maris   320
Abiit arenas, bisque discedens fretum,
Et bis recurrens : quumque deserta rate
Deprensus hæsit Syrtium brevibus vadis,
Et puppe fixa maria superavit pedes.
Meg. Iniqua raro maximis virtutibus   325
Fortuna parcit : nemo se tuto diu
Periculis offerre tam crebris potest.
Quem sæpe transit casus, aliquando invenit.
Sed ecce sævus, ac minas vultu gerens,
Et qualis animo est, talis incessu venit,   330
Aliena dextra sceptra concutiens Lycus.

LYCUS, MEGARA, AMPHITRYON.

Lyc. Urbis regens opulenta Thebanæ loca,
Et omne quidquid uberi cingit solo
Obliqua Phocis, quidquid Ismenos rigat,
Quidquid Cithæron vertice excelso videt,   335
Et bina findens Isthmos exilis freta,
Non vetera patriæ jura possideo domus
Ignavus heres : nobiles non sunt mihi
Avi, nec altis inclytum titulis genus,
Sed clara virtus : qui genus jactat suum,   340
Aliena laudat. Rapta sed trepida manu
Sceptra obtinentur : omnis in ferro est salus;
Quod civibus tenere te invitis scias,
Strictus tuetur ensis : alieno in loco
Haud stabile regnum est : una sed nostras potest   345
Fundare vires, juncta regali face
Thalamisque Megara : ducet e genere inclyto
Novitas colorem nostra. Non equidem reor
Fore ut recuset, ac meos spernat toros :
Quod si impotenti pertinax animo abnuet,   350
Stat tollere omnem penitus Herculeam domum.
Invidia factum ac sermo popularis premet?
Ars prima regni, posse te invidiam pati.
Tentemus igitur : fors dedit nobis locum.
Namque ipsa tristi vestis obtentu caput   355
Velata, juxta præsides adstat deos,
Laterique adhæret verus Alcidæ sator.
Meg. Quidnam iste, nostri generis exitium ac lues,
Novi parat? quid tentat? *Lyc.* O clarum trahens
A stirpe nomen regia, facilis mea   360
Parumper aure verba patienti excipe.
Si æterna semper odia mortales agant,

fût en armes, le vaincu prêt à les reprendre; la guerre finirait par tout détruire : les campagnes dévastées resteraient sans culture, la flamme consumerait les villes, et la race humaine disparaîtrait sous des monceaux de cendres. La paix est utile au vainqueur, nécessaire au vaincu. Mégare, partagez mon trône, unissons nos cœurs; touchez cette main, que je vous offre comme un gage de ma foi. Vous vous taisez; vos regards irrités....

Még. Moi, que je touche cette main teinte du sang de mon père, du sang de mes deux frères! Ah! l'on verra plutôt le jour paraître à l'Occident et l'aurore amener la nuit, la neige s'unir à la flamme, Scylla joindre la Sicile à l'Ausonie, et l'Euripe turbulent baigner d'une onde immobile les plages de l'Eubée. Père, frères, trône, foyers, patrie, tu m'as tout ravi! Mais une chose me reste, et j'y tiens plus qu'à mon père, plus qu'à mes frères, plus qu'au trône et aux foyers; c'est la haine que j'ai pour toi. Je vois avec peine que tous les Thébains la partagent : qu'en restera-t-il pour moi? Va, domine insolemment ; n'écoute que ton orgueil. Un dieu vengeur a le bras levé sur les superbes. Je sais quelle fatalité pèse sur le trône de Thèbes, les crimes dont ses reines furent ou les auteurs ou les victimes. Rappellerai-je le parricide et l'inceste confondant, par un double crime, les noms d'époux, de fils et de père? Et ces deux frères armés l'un contre l'autre, et que les flammes d'un même bûcher se refusèrent à consumer? Et cette fille de Tantale, si fière de ses enfants, immobile de douleur, changée en rocher, et mouillant encore le Sipyle de ses pleurs? Et Cadmus lui-même, fugitif, dressant une crête menaçante, et déroulant ses longs replis dans les champs de l'Illyrie? Voilà le sort qui t'attend. Règne donc au gré de ton envie, pourvu que tu subisses le destin attaché à cet empire.

Lyc. Croyez-moi, cessez des discours que l'emportement vous inspire. Que l'exemple d'Alcide lui-même vous apprenne à vous soumettre aux volontés d'un roi. Pour moi, quoique la victoire ait mis le sceptre dans mes mains, quoique je sois au-dessus des lois, impuissantes contre les armes, je consens à me justifier en peu de mots. Votre père et vos frères ont succombé dans une mêlée sanglante. On ne peut se modérer dans le combat; ne croyez pas qu'il soit facile d'arrêter, de calmer la fureur du soldat. la guerre est avide de sang. Mais votre père, direz-vous, combattait pour défendre sa couronne; je l'attaquais injustement. C'est par le succès et non par les motifs qu'il faut juger ces grandes querelles. Oublions enfin le passé. Quand le vainqueur a déposé les armes, le vaincu doit déposer sa haine. Je n'exige point de vous de serviles hommages; et même j'aime à voir que vos disgrâces n'ont pas abattu votre fierté. Vous méritez d'être l'épouse d'un roi; devenez la mienne.

Még. Un frisson mortel a glacé tous mes membres : quelle horrible proposition a frappé mon oreille? Je n'ai pas ressenti d'effroi, lorsque ces murs retentissaient du tumulte de la guerre; j'ai supporté tout avec fermeté; mais je frissonne à la seule pensée de cet hymen. C'est d'aujourd'hui que je connais l'esclavage. Charge-moi de chaînes; fais-moi périr dans les longs tourments de la faim : rien ne vaincra ma constance. Alcide, je mourrai ton épouse.

Lyc. Un mari aux enfers, est-ce de quoi lever si haut la tête?

Még. Il n'y est descendu que pour monter au ciel.

Lyc. La terre pèse sur lui de tout son poids.

Még. Il n'est pas de fardeau pour qui porta le ciel.

Nec cœptus unquam cedat ex animis furor,
Sed arma felix teneat, infelix paret,
Nihil relinquent bella : tum vastis ager   365
Squalebit arvis; subdita tectis face
Altus sepultas obruet gentes cinis.
Pacem reduci velle, victori expedit,
Victo necesse est. Particeps regno veni :
Sociemus animos : pignus hoc fidei cape ;   370
Continge dextram. Quid truci vultu siles?
Meg. Egone ut parentis sanguine aspersam manum
Fratremque gemina cæde contingam ? Prius
Exstinguet Ortus, referet Occasus diem ;
Pax ante fida nivibus et flammis erit,   375
Et Scylla Siculum junget Ausonio latus ;
Priusque multo vicibus alternis fugax
Euripus unda stabit Euboica piger.
Patrem abstulisti, regna, germanos, larem,
Patriam : quid ultra est ? Una res superest mihi, 380
Fratre ac parente carior, regno ac lare,
Odium tui : quod esse cum populo mihi
Commune doleo; pars quota ex illo mea est?
Dominare tumidus; spiritus altos gere :
Sequitur superbos ultor a tergo deus.   385
Thebana novi regna. Quid matres loquar
Passas et ausas scelera? quid geminum nefas,
Mixtumque nomen conjugis, nati, patris ?
Quid illum fratrum castra? quid totidem rogos?
Riget superba Tantalis luctu parens,   390
Mœstusque Phrygio manat in Sipylo lapis.
Quin ipse torvum subrigens crista caput
Illyrica Cadmus regna permensus fuga,

Longas reliquit corporis tracti notas.
Hæc te manent exempla. Dominare, ut lubet,   395
Dum solita regni fata te nostri vocent.
Lyc. Agedum, efferatas rabida voces amove,
Et disce regum imperia ab Alcide pati.
Ego, rapta quamvis sceptra victrici geram
Dextra, regamque cuncta sine legum metu,   400
Quas arma vincunt, pauca pro causa loquar
Nostra. Cruento cecidit in bello pater?
Cecidere fratres? arma non servant modum,
Nec temperari facile, nec reprimi potest
Stricti ensis ira; bella delectat cruor.   405
Sed ille regno pro suo, nos improba
Cupidine acti? quæritur belli exitus,
Non causa. Sed nunc pereat omnis memoria :
Quum victor arma posuit, et victum decet
Deponere odia. Non ut inflexo genu   410
Regnantem adores, petimus : hoc ipsum placet,
Animo ruinas quod capis magno tuas.
Es rege conjux digna : sociemus toros.
Meg. Gelidus per artus vadit exsangues tremor.
Quod facinus aures pepulit? Haud equidem horrui,   415
Quum pace rupta bellicus muros fragor
Circumsonaret; pertuli intrepide omnia :
Thalamos tremisco; capta nunc videor mihi.
Gravent catenæ corpus, et longa fame
Mors protrahatur lenta, non vincet fidem   420
Vis ulla nostram : moriar, Alcide, tua.
Lyc. Animosne mersus inferis conjux facit?
Meg. Inferna tetigit, posset ut supera assequi.
Lyc. Telluris illum pondus immensæ premit.

Lyc. J'emploierai la force.

Még. Qui cède à la force ne sait pas mourir.

Lyc. Parlez ; quel présent de noces exigez-vous ?

Még. Ta mort , ou la mienne.

Lyc. Eh bien ! insensée, vous mourrez.

Még. J'irai au devant de mon époux.

Lyc. Vous préférez un esclave à un roi !

Még. Combien de rois cet esclave n'a-t-il pas exterminés ?

Lyc. Pourquoi donc obéir à un roi , se soumettre à ses caprices ?

Még. Sans la tyrannie, où serait l'exercice de la vertu ?

Lyc. Quoi ! la vertu consiste à être en butte aux monstres, aux bêtes féroces ?

Még. Il y a vertu à dompter ce qui fait pâlir le commun des hommes.

Lyc. Ce héros , à la parole si fière, est englouti dans la nuit du Tartare.

Még. Ce n'est pas par un chemin facile que l'on s'élève au ciel.

Lyc. Pour aspirer au ciel , de qui donc est-il issu ?

Amph. Épouse infortunée d'Alcide, c'est à moi de répondre ; c'est à moi de lui rendre son père et sa naissance. Après ses exploits innombrables, quand de l'aurore au couchant son bras a pacifié le monde , terrassé tant de monstres, arrosé d'un sang impie les champs de Phlégra , et défendu les dieux, on demande encore qui est son père ? ce n'est pas le maître des dieux ? En croirez-vous du moins la haine de Junon ?

Lyc. Vous offensez Jupiter. Le sang des dieux ne saurait se mêler au sang des mortels.

Amph. Cette origine est celle de bien des dieux.

Lyc. Ces dieux avaient-ils commencé par être esclaves ?

Amph. Apollon, devenu berger , garda les troupeaux du roi de Phères.

Lyc. Il n'avait pas , en banni , erré de contrée en contrée.

Amph. Une mère fugitive le mit au jour sur une île errante.

Lyc. Phébus fut-il réduit à craindre des monstres ou des bêtes féroces ?

Amph. C'est le sang d'un dragon qui rougit pour la première fois ses flèches.

Lyc. Ignorez-vous les dangers qui menacèrent Hercule au berceau ?

Amph. Celui qu'un coup de foudre tira du sein de sa mère , un jour combattit plus près que tout autre de Jupiter foudroyant; et ce dieu lui-même, qui règle le cours des astres, qui assemble les tempêtes, n'a-t-il pas caché son enfance dans le fond d'une caverne ? Une si illustre origine expose à de grands périls ; il en coûte de naître dieu.

Lyc. Il est malheureux; donc il n'est qu'un homme.

Amph. Il a du courage; donc il n'est pas malheureux.

Lyc. Mais est-il courageux celui qui déposa sa massue aux pieds d'une femme ; qui changea la peau de lion qui couvrait ses épaules, contre une robe de pourpre ; qui parfuma d'essence sa rude chevelure ; celui dont les mains, illustrées par tant d'exploits, s'avilirent jusqu'à tirer des sons d'un tambourin, et qui couvrit son front terrible de la mitre du barbare ?

Amph. Le voluptueux Bacchus ne rougit pas de laisser flotter ses cheveux , d'agiter d'une main délicate un thyrse léger , marchant d'un pas chancelant , et vêtu comme les barbares d'une robe flottante et brillante d'or. Après tant d'exploits il faut bien qu'un vainqueur ait ses délassements.

Lyc. Témoin la ruine entière de la maison d'Euryte ; témoin ses violences brutales, et cinquante vierges déshonorées en masse. Voilà ce que n'a-

---

Meg. Nullo premetur onere, qui cælum tulit.   425
Lyc. Cogere. *Meg.* Cogi qui potest, nescit mori.
Lyc. Effare , thalamis quod novis potius parem
Regale munus? *Meg.* Aut tuam mortem , aut meam.
Lyc. Moriere demens. *Meg.* Conjugi occurram meo.
Lyc. Sceptrone nostro potior est famulus tibi?   430
Meg. Quot iste famulus tradidit reges neci!
Lyc. Cur ergo regi servit, et patitur jugum?
Lyc. Objici feris monstrisque , virtutem putas?
Meg. Virtutis est domare , quæ cuncti pavent.   435
Lyc. Tenebræ loquentem magna Tartareæ premunt.
Meg. Non est ad astra mollis e terris via.
Lyc. Quo patre genitus cælitum sperat domos?
Amph. Miseranda conjux Herculis magni sile :
Partes meæ sunt, reddere Alcidæ patrem ,   440
Genusque verum : post tot ingentis viri
Memoranda facta , postque pacatum manu
Quòdcunque Titan ortus et labens videt,
Post monstra tot perdomita, post Phlegram impia
Sparsam cruore, postque defensos deos ,   445
Nondum liquet de patre? mentimur Jovem?
Junonis odio crede. *Lyc.* Quid violas Jovem?
Mortale cælo non potest jungi genus.
Amph. Communis ista pluribus causa est deis.
Lyc. Famuline fuerant ante quam fierent dei ?   450
Amph. Pastor Pheræos Delius pavit greges.
Lyc. Sed non per omnes exsul erravit plagas.

Amph. Quem profuga terra mater errante edidit.
Lyc. Num monstra, sævas Phœbus aut timuit feras?
Amph. Primus sagittas imbuit Phœbi draco.   455
Lyc. Quam gravia parvus tulerit , ignoras, mala?
Amph. E matris utero fulmine ejectus puer,
Mox fulminanti proximus patri stetit.
Quid? qui gubernat astra, qui nubes quatit ,
Non latuit infans rupis exesæ specu?   460
Sollicita tanti pretia natales habent ,
Semperque magno constitit, nasci deum.
Lyc. Quemcunque miserum videris , hominem scias.
Amph. Quemcunque fortem videris , miserum neges.
Lyc. Fortem vocemus, cujus ex humeris leo   465
Donum puellæ factus, et clava excidit,
Fulsitque pictam veste Sidonia latus?
Fortem vocemus, cujus horrentes comæ
Maduere nardo ? laude qui notas manus
Ad non virilem tympani movit sonum,   470
Mitra ferocem barbara frontem premens?
Amph. Non erubescit Bacchus effusos tener
Sparsisse crines, nec manu molli levem
Vibrare thyrsum , quum parum forti gradu
Auro decorum syrma barbarico trahit.   475
Post multa virtus opera laxari solet.
Lyc. Hoc Euryti fatetur eversi domus,
Pecorumque ritu virginum oppressi greges.
Hoc nulla Juno, nullus Eurystheus jubet:
Ipsius hæc sunt opera. *Amph.* Non nosti omnia.   480

vaient prescrit ni Junon, ni Eurysthée. Ce sont les exploits spontanés d'Hercule.

Amph. Tu ne les as pas cités tous. Éryx, écrasé sous son propre ceste ; le Libyen Antée, suivant Éryx aux enfers ; et le sang de Busiris, justement répandu sur ce même foyer si souvent arrosé du sang de ses hôtes ; et ceux-ci encore : Cygnus, qui bravait le fer et les blessures, Cygnus, toujours vainqueur, succombant enfin sous les coups d'Hercule ; et le triple Géryon, qu'un seul bras a terrassé. Hercule bientôt t'enverra les joindre. Chacun d'eux cependant n'avait tenté d'outrager sa couche.

Lyc. Le roi a les mêmes droits que Jupiter. Ce dieu que une femme de votre main ; vous en donnerez une aussi à votre roi. Votre bru apprendra de votre expérience qu'on peut, sans qu'un mari y trouve à redire, se donner ailleurs quand on trouve mieux. Son obstination refuse-t-elle un nœud légitime ? eh bien ! j'obtiendrai d'elle par force un royal rejeton.

Még. Ombre de Créon, pénates de Labdacus, torches nuptiales de l'incestueux OEdipe, répandez sur l'hymen qui m'attend les malheurs attachés à ma race ! Venez, venez, cruelles épouses des fils d'Égyptus, vous qui trempâtes vos mains dans le sang de vos maris, inspirez-moi vos fureurs. Une Danaïde manque au nombre, je le compléterai.

Lyc. Vous persistez à repousser ma main ; vous menacez votre maître. Eh bien ! vous saurez ce que peut un roi. En vain vous embrassez les autels : aucun dieu ne peut vous soustraire à ma vengeance, non pas même votre Alcide, quand, brisant la voûte de la terre, il reviendrait vainqueur au séjour des vivants. (*A sa suite.*) Entassez ici une forêt entière. Que le temple, embrasé, s'écroule sur les suppliants qu'il renferme ; et qu'un même bûcher réduise en cendres cette femme et son odieuse famille.

Amph. Comme père d'Alcide, je te demande une grâce, que j'ai droit d'obtenir : c'est de périr le premier.

Lyc. Celui qui fait souffrir la mort à tous indistinctement ne sait pas être tyran. Il faut varier les supplices, forcer le malheureux à vivre, ôter la vie à celui qui est heureux. Tandis que l'on forme le bûcher qui doit consumer le temple, je vais offrir au dieu des mers le sacrifice que je lui ai voué.

Amph. Dieux tout-puissants, et toi, père et souverain des immortels, toi dont les traits enflammés épouvantent les humains, arrête le bras impie de ce tyran féroce. Mais pourquoi invoquer de sourdes divinités ? O mon fils, en quelque lieu que tu sois, écoute ma prière ! Mais quelles secousses ont tout à coup ébranlé ce temple ? La terre a mugi ; un bruit terrible a retenti jusqu'au fond de ses abîmes. O bonheur ! c'est lui. J'entends le pas d'Hercule ; à ces traits je reconnais Hercule qui s'avance.

CHOEUR DES THÉBAINS.

Fortune, toujours jalouse du mérite éclatant, que tu récompenses mal la vertu ! Quoi ! Eurysthée régnera dans une heureuse indolence, et le fils d'Alcmène, sans cesse aux prises avec des monstres, lassera contre ces vils ennemis les bras qui ont soutenu le ciel ! C'est peu d'avoir abattu les têtes renaissantes de l'hydre, dérobé les pommes des Hespérides, tandis que le dragon, gardien vigilant de ces fruits précieux, se livrait au sommeil ; il a pénétré chez les Scythes vagabonds, chez ces nations errantes, étrangères dans leur propre patrie ; foulé d'un pied hardi cette mer glacée, aux muets rivages. Là, durcie par le froid, l'onde n'a point de vagues ; et le Sarmate chevelu fait rouler son char là où les vaisseaux voguaient à pleines voiles. Changeant selon les diverses saisons, cette mer porte tantôt des navires, tantôt des cavaliers. Là cette reine

Ipsius opus est, cæstibus fractus suis
Eryx, et Eryci junctus Antæus Libys ;
Et qui hospitali cæde manantes foci
Bibere justum sanguinem Busiridis.
Ipsius opus est, vulneri et ferro obvius,   485
Mortem coactus, integer Cygnus, pati :
Nec unus una Geryon victus manu.
Eris inter istos ; qui tamen nullo stupro
Læsere thalamos. *Lyc.* Quod Jovi, hoc regi licet :
Jovi dedisti conjugem, regi dabis.   490
Et te magistro non novum hoc discet nurus,
Etiam viro probante, meliorem sequi.
Sin copulari pertinax tædis negat ;
Vel ex coacta nobilem partum feram.
Meg. Umbræ Creontis, et Penates Labdaci,   495
Et nuptiales impii OEdipodæ faces,
Nunc solita nostro fata conjugio date.
Nunc, nunc cruentæ regis Ægypti nurus,
Adeste, multo sanguine infectæ manus.
Deest una numero Danais. explebo nefas.   500
Lyc. Conjugia quoniam pervicax nostra abnuis,
Regemque terres, sceptra quid possint, scies.
Complectere aras, nullus eripiet deus
Te mihi ; nec, orbe si remolito queat
Ad supera victor numina Alcides vehi.   505
Congerite silvas : templa supplicibus suis
Injecta flagrent ; conjugem et totum gregem
Consumat unus igne subjecto rogus.
Amph. Hoc munus a te genitor Alcidæ peto,

Rogare quod me deceat, ut primus cadam.   510
Lyc. Qui morte cunctos luere supplicium jubet,
Nescit tyrannus esse : diversa irroga ;
Miserum vela perire, felicem jube.
Ego, dum cremandis trabibus accrescit rogus,
Sacro regentem maria votivo colam.   515
Amph. Proh numinum vis summa, proh cælestium
Rector parensque, cujus excussis tremunt
Humana telis, impiam regis feri
Compesce dextram ! Quid deos frustra precor ?
Ubicunque es, audi, nate. Cur subito labant   520
Agitata motu templa ? cur mugit solum ?
Infernus imo sonuit e fundo fragor.
Audimur : est, est sonitus Herculei gradus.

CHORUS THEBANORUM.

O fortuna viris invida fortibus,
Quam non æqua bonis præmia dividis !   525
Eurystheus facili regnet in otio :
Alcmena genitus felix per omnia
Monstris exagitet cæliferam manum ;
Serpentis resecet colla feracia ;
Deceptis referat mala sororibus,   530
Quum somno dederit pervigiles genas
Pomis divitibus præpositus draco.
Intravit Scythiæ multivagas domos,
Et gentes patriis sedibus hospitas ;
Calcavitque freti terga rigentia,   535
Et mutis tacitum litoribus mare.

des fières Amazones, aux flancs de laquelle brillait un baudrier d'or, fléchit le genou devant ce héros vainqueur, et lui rendit avec cette noble dépouille son bouclier, et l'écharpe qui pressait son sein d'albâtre.

Mais quel espoir t'attirait dans les abîmes de l'enfer? pourquoi pénétrer l'empire de Proserpine et fouler aux pieds cette voie sans retour?

Là point de Notus, point de Zéphyr qui soulève les flots; jamais les feux propices des Tyndarides n'y rassurent le matelot tremblant. Là des eaux sans mouvement couvrent de noirs abîmes; et ces populations que la mort pâle et dévorante entasse sans fin sur leurs bords n'y trouvent qu'un nocher pour les passer à l'autre rive. Puisses-tu, Alcide, échapper aux lois du Styx impitoyable, aux mains inflexibles des Parques! Mais quoi! celui qui règne sur le peuple immense des mânes ne s'est-il pas mesuré avec toi au siége de Pylos, patrie de Nestor? En vain son bras fatal dirigeait contre ton sein une lance à trois pointes; atteint d'une blessure légère, il prit la fuite, et le dieu de la mort cette fois craignit de mourir.

Triomphe du destin, fais pénétrer la lumière dans les sombres demeures, et qu'un chemin facile te ramène au séjour des vivants. Orphée, demandant son Eurydice aux souverains des ombres, parvint à émouvoir par ses chants, à fléchir par ses prières ces impitoyables divinités. Sa lyre, dont les accords avaient attiré les forêts, les oiseaux et les rochers, suspendu le cours des fleuves et enchaîné la fureur des monstres sauvages, sut attendrir les enfers, charmés d'une mélodie inconnue. Sa voix retentissait plus harmonieuse dans cet empire du silence. Non

moins touchés que les filles de la Thrace, ces dieux de l'enfer inaccessibles à la pitié, ces juges au front sévère, qui interrogent la conscience et scrutent les plus anciens forfaits, se surprennent à pleurer sur le sort d'Eurydice. Tu l'emportes! s'écrie enfin l'arbitre de la mort. Retourne sur la terre; mais sous une condition. Toi, Eurydice, tu marcheras sur les pas de ton époux; et toi, tu ne tourneras point la tête pour la voir, que tu ne sois parvenu au séjour de la lumière et aux portes du Ténare. Hélas! l'amour vrai ne sait attendre. Trop empressé de revoir le bien qui lui était rendu, Orphée le perdit sans retour. Cette puissance qui cède aux charmes de l'harmonie, peut bien céder aussi à la force.

ACTE TROISIÈME.

HERCULE.

Dieu bienfaisant de la lumière, ornement du ciel, dont le char enflammé éclaire tour à tour l'un et l'autre hémisphère, brillant Phébus, toi dont les yeux ont vu ce qui devait leur être caché. Un ordre impérieux m'a contraint d'exposer au grand jour le secret de l'enfer. O toi, père et souverain des dieux, mets ton foudre devant tes yeux. Et toi, le second dans l'exercice de la toute-puissance, dieu des mers, cache-toi au plus profond de tes abîmes. Vous tous qui, du haut de l'Olympe, apercevez la terre, détournez les yeux et reportez-les vers la voûte céleste, pour ne point les souiller par l'aspect d'un monstre. Qu'il ne soit vu que de qui l'amène, et

Illic dura carent æquora fluctibus;
Et, qua plena rates carbasa tenderant,
Intonsis teritur semita Sarmatis.
Stat pontus vicibus mobilis annuis,   540
Navem nunc facilis, nunc equitem pati.
Illic quæ viduis gentibus imperat,
Aurato religans ilia balteo,
Detraxit spolium nobile corpori,
Et peltam, et nivei vincula pectoris,   545
Victorem posito suspiciens genu.
Qua spe præcipites actus ad inferos,
Audax ire vias irremeabiles,
Vidisti Siculæ regna Proserpinæ?
Illic nulla Noto, nulla Favonio   550
Consurgunt tumidis fluctibus æquora.
Non illic geminum Tyndaridæ genus
Succurrunt timidis sidera navibus.
Stat nigro pelagus gurgite languidum;
Et, quum Mors avidis pallida dentibus   555
Gentes innumeras Manibus intulit,
Uno tot populi remige transeunt.
Evincas utinam jura feræ Stygis,
Parcarumque colos non revocabiles!
Hic, qui rex populis pluribus imperat,   560
Bello quum peteres Nesteream Pylon,
Tecum conseruit pestiferas manus,
Telum tergemina cuspide præferens:
Effugit tenui vulnere saucius,
Et mortis dominus pertimuit mori.   565
Fatum rumpe manu: tristibus inferis
Prospectus pateat lucis, et invius
Limes det faciles ad superos vias.
Immites potuit flectere cantibus
Umbrarum dominos, et prece supplici   570
Orpheus, Eurydicen dum repetit suam.

Quæ silvas et aves saxaque traxerat
Ars, quæ præbuerat fluminibus moras,
Ad cujus sonitum constiterant feræ,
Mulcet non solitis vocibus inferos,   575
Et surdis resonat clarius in locis.
Deflent Eurydicen Threiciæ nurus,
Deflent et lacrymis difficiles dei:
Et qui fronte nimis crimina tetrica
Quærunt, ac veteres excutiunt reos,   580
Flentes Eurydicen juridici sedent.
Tandem mortis, ait, « Vincimur, » arbiter:
« Evade ad superos, lege tamen data:
« Tu post terga tui perge viri comes;
« Tu non ante tuam respice conjugem,   585
« Quam quum clara deos obtulerit dies,
« Spartanique aderit janua Tænari. »
Odit verus amor, nec patitur moras.
Munus, dum properat cernere, perdidit.
Quæ vinci potuit regia carmine,   590
Hæc vinci poterit regia viribus.

ACTUS TERTIUS.

HERCULES.

O lucis alme rector, et cæli decus,
Qui alterna curru spatia flammifero ambiens
Illustre lætis exseris terris caput,
Da, Phœbe, veniam, si quid illicitum tui   595
Videre vultus: jussus in lucem extuli
Arcana mundi. Tuque cælestum arbiter
Parensque, visus fulmine opposito tege;
Et tu secundo maria qui sceptro regis,
Imas pete undas. Quisquis ex alto aspicit   600
Terrena, facie pollui metuens nova,

de qui en donna l'ordre. La terre n'offrait pas assez de travaux et de dangers : la haine de Junon m'a contraint de descendre dans ces lieux inaccessibles au reste des humains, inconnus à Phébus ; dans ces sombres espaces voisins de l'autre pôle, triste partage du Jupiter de l'Érèbe. Je pouvais, si je l'eusse voulu, régner dans ce séjour, troisième lot de l'empire du monde. J'ai triomphé de la nuit éternelle, et de ce qui est plus redoutable encore, du destin et des dieux de l'enfer. Je reviens enfin vainqueur de la mort. Que me reste-t-il désormais à faire ? J'ai vu et fait voir le séjour des morts. Me voici : Junon, veux-tu encore exercer mon courage ? Laisseras-tu si longtemps mes mains oisives ? Que faut-il vaincre encore ? Mais pourquoi ces soldats autour du temple ? Une garde menaçante près du portique sacré ? Que signifie cet appareil de menace ?

HERCULE, AMPHITRYON, THÉSÉE, MÉGARE.

Amph. Est-ce une illusion d'un infortuné qui se flatte ? Le vainqueur du monde, l'honneur de la Grèce, a-t-il en effet quitté la demeure sombre et silencieuse des morts ? Est-ce là mon fils ? La joie m'ôte l'usage de mes sens. O mon fils, salut assuré mais tardif de la malheureuse Thèbes, est-ce bien toi que je serre entre mes bras ? ou n'est-ce qu'une vaine ombre ? Est-ce toi ? Oui, je reconnais ces muscles, ces épaules, et cette main, seule capable de manier cette énorme massue.

Herc. O mon père, pourquoi ce deuil ? Pourquoi ces vêtements lugubres dont ma femme est enveloppée ? Pourquoi mes fils sont-ils dans un état si indigne d'eux ? Quelle calamité pèse donc sur ma famille ?

Amph. Votre beau-père a été massacré ; Lycus règne, et menace les jours de vos enfants, de votre père, de votre femme.

Herc. Terre ingrate ! Et nul n'a prêté secours à la famille d'Hercule ! Le monde, que j'ai défendu, a souffert un pareil attentat ! Mais pourquoi perdre le temps en plaintes inutiles ? Frappons notre ennemi.

Thésée. Vous abaisseriez jusque-là votre valeur, et la mort de Lycus couronnerait les exploits d'Alcide ! C'est moi qui cours verser le sang de votre ennemi.

Herc. Demeure ici, Thésée, pour les défendre, s'ils étaient menacés. C'est à moi de combattre. O mon père ! ô ma femme ! différez vos embrassements. Que Lycus aille apprendre à Pluton que je suis de retour.

Thésée. O reine, ne montrez plus ce visage affligé. Séchez aussi vos pleurs, vous qui revoyez votre fils. Ou je connais mal Hercule, ou Lycus expiera bientôt le meurtre de Créon. Que dis-je ? il l'expie, ou plutôt il l'a déjà expié.

Amph. Que le dieu, qui en a le pouvoir, exauce nos vœux, et répare nos désastres ! Puis vous, magnanime compagnon de mon illustre fils, racontez-nous sa glorieuse entreprise : dites-nous par quelle longue route on arrive chez les mânes, et comment le gardien des enfers s'est laissé charger de chaînes.

Thésée. Le récit que vous demandez a de quoi faire trembler les plus intrépides. J'hésite encore à me croire du nombre des vivants. Mes yeux troublés affaiblis, ne savent plus soutenir l'éclat du jour.

Amph. Calmez votre effroi, s'il en reste encore au fond de votre âme. Ne vous privez pas du fruit le plus doux de vos travaux. Les plus rudes épreuves laissent les plus agréables souvenirs. Racontez-nous donc cette terrible entreprise.

Thés. Vous tous dieux du ciel, et toi maître du

Aciem reflectat, oraque in cælum erigat,
Portenta fugiens : hoc nefas cernant duo,
Qui advexit, et quæ jussit. In pœnas meas,
Atque in labores non satis terræ patent.   605
Junonis odio vidi inaccessa omnibus,
Ignota Phœbo, quæque deterior polus
Obscura diro spatia concessit Jovi ;
Et si placerent tertiæ sortis loca,
Regnare potui. Noctis æternæ chaos,   610
Et nocte quiddam gravius, et tristes deos,
Et fata vici : morte contempta redii.
Quid restat aliud ? vidi, et ostendi inferos.
Da, si quid ultra est ; tam diu pateris manus
Cessare nostras, Juno ? quæ vinci jubes ?   615
Sed templa quare miles infestus tenet,
Limenque sacrum terror armorum obsidet ?

MEGARA, AMPHITRYON, HERCULES, THESEUS.

Amph. Utrumne visus vota decipiunt meos,
An ille domitor orbis, et Grajum decus,
Tristi silentem nubilo liquit domum ?   620
Estne ille natus ? membra lætitia stupent.
O nate ! certa et sera Thebarum salus !
Teneone in auras editum, an vana fruor
Deceptus umbra ? tune es ? agnosco toros,
Humerosque, et alto nobilem trunco manum.   625
Herc. Unde iste, genitor, squalor, et lugubribus
Amicta conjux ? unde tam fœdo obsiti
Pædore nati ? quæ domum clades gravat ?
Amph. Socer est peremptus : regna possedit Lycus ;

Natos, parentem, conjugem leto petit.   630
Herc. Ingrata tellus ! nemo ad Herculeæ domus
Auxilia venit ? vidit hoc tantum nefas
Defensus orbis ? Cur diem questu tero ?
Mactetur hostis. *Thes.* Hanc ferat virtus notam,
Fiatque summus hostis Alcidæ Lycus ?   635
Ad hauriendum sanguinem inimicum feror.
Herc. Theseu, resiste, ne qua vis subita ingruat :
Me bella poscunt. Differ amplexus, parens,
Conjuxque, differ : nuntiet Diti Lycus
Me jam redisse. *Thes.* Flebilem ex oculis fuga,   640
Regina, vultum : tuque nato sospite
Lacrymas cadentes reprime : si novi Herculem,
Lycus Creonti debitas pœnas dabit :
Lentum est, dabit, dat : hoc quoque est lentum, dedit.
Amph. Votum secundet, qui potest, nostrum deus,   645
Rebusque lapsis adsit. O magni comes
Magnanime nati, pande virtutum ordinem ;
Quam longa mœstos ducat ad Manes via ;
Ut vincla tulerit dura Tartareus canis.
Thes. Memorare cogis acta, secura quoque   650
Horrenda menti : vix adhuc certa est fides
Vitalis auræ : torpet acies luminum,
Hebetesque visus vix diem insuetum ferunt.
Amph. Pervince, Theseu, quidquid alto in pectore
Remanet pavoris ; neve te fructu optimo   655
Frauda laborum : quæ fuit durum pati,
Meminisse dulce est : fare casus horridos.
Thes. Fas omne mundi, teque dominantem precor
Regno capaci, teque, quam tota irrita

vaste empire de la nuit, et vous que vainement une mère chercha dans toute l'étendue de l'Etna, pardonnez si je découvre des secrets cachés dans les profondeurs de la terre.

Non loin de Sparte s'élève le Ténare, promontoire fameux, dont les épaisses forêts étendent leur ombrage sur la mer. Là est l'entrée de la demeure odieuse de Pluton. Au pied d'une roche élevée, dans le fond d'une vaste caverne, est une large ouverture, semblable à une gueule béante, par laquelle tous les peuples de la terre descendent en foule dans les abîmes de l'enfer. Le chemin n'est pas d'abord entièrement ténébreux : une faible lueur du jour dont on s'éloigne, les rayons du soleil qui y pénètrent, mais faibles et mourants, abusent les regards, semblables à ces clartés douteuses qui suivent et précèdent le jour; là commencent ces vastes espaces où le genre humain va s'engloutir tout entier. On y entre sans peine. Le chemin est une pente rapide. De même que l'onde emporte souvent les vaisseaux loin de leur route, ainsi une force irrésistible et l'avide destin entraînent les mortels dans ces abîmes; mais on n'en peut sortir, et l'enfer ne lâche pas sa proie. Au dedans, le paisible Léthé promène, en faisant un long circuit, ses eaux languissantes, qui font oublier les peines de la vie; et, pour ôter aux ombres tout moyen de revenir, il les environne des replis nombreux de ses eaux dormantes. Tel le Méandre forme en se jouant d'innombrables détours : il semble se chercher et se fuir, incertain s'il coulera vers la mer, ou s'il remontera vers sa source. Plus loin est le marais infect et fangeux du Cocyte. Sur ses bords gémit le vautour et le triste hibou; la chouette y soupire ses chants sinistres. Une forêt d'ifs, qui étend ses noirs rameaux, forme en cet endroit un ombrage épais, sous lequel habitent le Sommeil indolent, la Faim abattue et pâle

d'épuisement; le Remords tardif, cachant la rougeur qui l'accuse; la Peur, l'Épouvante, la Mort, le Désespoir, le Deuil couvert de voiles lugubres, la Maladie tremblante, la Guerre que ceint le fer : enfin tout au bout se cache la Vieillesse débile, qui soutient, à l'aide d'un bâton, ses pas chancelants.

Amph. Le sol s'y couvre-t-il quelque part des dons ou de Bacchus ou de Cérès?

Thés. Jamais dans ces lieux les prés rajeunis ne se couvrent d'une aimable verdure; jamais le souffle du zéphyre ne fait ondoyer les moissons jaunissantes : aucun arbre n'y porte des fruits. Dans ces champs souterrains et sans culture, la terre, stérile et hideuse, est condamnée à un éternel engourdissement. Là aucun germe de vie; c'est la fin de toutes choses. L'air même y est sans mouvement; la nuit pèse sur cet empire du néant; tout y est tristesse et horreur. Le séjour de la mort est plus affreux que la mort même.

Amph. Mais celui qui gouverne ces royaumes sombres et leurs légers habitants, en quel lieu a-t-il fixé le siége de son empire?

Thésée. Il est, dans un enfoncement obscur du Tartare, un espace où la nuit semble redoubler son horreur. De là, et d'une même source, s'échappent deux fleuves d'aspect différent. L'un épanche ses eaux paisibles et silencieuses; c'est le Styx redoutable, que les dieux attestent dans leurs serments : l'autre est l'Achéron, torrent impétueux qui roule avec fracas des rochers dans ses flots, et qu'on ne saurait remonter. Ils défendent par une double ceinture l'entrée du palais de Pluton, et un bois épais environne cette demeure. Des rochers suspendus forment la voûte du vestibule. C'est par là que les ombres arrivent; c'est la porte de cet empire. Autour s'étend une plaine, où Pluton, fièrement assis sur son trône, sépare les âmes nouvellement

---

Quæsivit Ætna mater, ut jura abdita   660
Et operta terris liceat impune eloqui.
Spartana tellus nobile attollit jngum,
Densis ubi æquor Tænarus silvis premit :
Hic ora solvit Ditis invisi domus,
Hiatque rupes alta, et immenso specu   665
Ingens vorago faucibus vastis patet,
Latumque pandit omnibus populis iter.
Non cæca tenebris incipit primo via :
Tenuis relictæ lucis a tergo nitor,
Fulgorque dubius solis afflicti cadit,   670
Et ludit aciem : nocte sic mista solet
Præbere lumen primus aut serus dies.
Hinc ampla vacuis spatia laxantur locis,
In quæ omne mersum pereat humanum genus.
Nec ire labor est; ipsa deducit via :   675
Ut sæpe puppes æstus invitas rapit,
Sic pronus aer urget atque avidum chaos,
Gradumque retro flectere haud unquam sinunt
Umbræ tenaces. Intus immensi sinus
Placido quieta labitur Lethe vado,   680
Demitque curas : neve remeandi amplius
Pateat facultas, flexibus multis gravem
Involvit amnem. Qualis incerta vagus
Mæander unda ludit, et cedit sibi,
Instatque, dubius, litus an fontem petat.   685
Palus inertis fœda Cocyti jacet.
Hic vultur, illic luctifer bubo gemit,
Omenque triste resonat infaustæ strigis :
Horrent opaca fronde nigrantes comæ,
Taxo imminente, quam tenet segnis Sopor,   690

Famesque mœsta tabido rictu jacens,
Pudorque serus conscios vultus tegit;
Metus, Pavorque, Funus, et frendens Dolor,
Aterque Luctus sequitur, et Morbus tremens,
Et cincta ferro Bella : in extremo abdita   695
Iners Senectus adjuvat baculo gradum.
Amph. Estne aliqua tellus Cereris aut Bacchi ferax
Thes. Non prata viridi læta facie germinant
Nec adulta lent fluctuat Zephyro seges;
Non ulla ramos silva pomiferos habet :   700
Sterilis profundi vastitas squalet soli,
Et fœda tellus torpet æterno situ;
Rerumque mœstus finis et mundi ultima :
Immotus aer hæret, et pigro sedet
Nox atra mundo cuncta mœrore : horrida,   705
Ipsaque morte pejor est Mortis locus.
Amph. Quid, ille opaca qui regit sceptro loca,
Qua sede positus temperat populos leves?
Thes. Est in recessu Tartari obscuro locus,
Quem gravibus umbris spissa caligo alligat.   710
A fonte discors manat hinc uno latex :
Alter, quieto similis (hunc jurant dei),
Tacente sacram devehens fluvio Styga :
At hic tumultu rapitur ingenti ferox,
Et saxa fluctu volvit, Acheron, invius   715
Renavigari. Cingitur duplici vado
Adversa Ditis regia, atque ingens domus
Umbrante luco tegitur : hic vasto specu
Pendent tyranni limina : hoc umbris iter;
Hæc porta regni : campus hanc circa jacet,   720
In quo superbo digerit vultu sedens

arrivées. La majesté de ce dieu a je ne sais quoi de sombre ; son regard est farouche. Cependant il ressemble à ses frères, et porte sur son front la marque de sa glorieuse origine : c'est le visage de Jupiter, mais de Jupiter lançant la foudre. Pluton est aussi horrible que son horrible empire, et son aspect épouvante quiconque nous a fait trembler.

Amph. Est-il vrai que la justice des enfers aille chercher les crimes les plus anciennement commis, et que les coupables expient des fautes oubliées même de leurs auteurs ? Quel est l'arbitre, le dispensateur de cette justice ?

Thés. Plusieurs juges, assis à un tribunal élevé, prononcent aux coupables tremblants ces jugements tardifs. Ici est le tribunal du Crétois Minos ; là siége Rhadamanthe ; plus loin le beau-père de Thétis. Chaque coupable souffre le mal qu'il a fait ; le crime retourne à son auteur, et le coupable est condamné par l'exemple qu'il a donné lui-même. J'ai vu des princes sanguinaires jetés dans des cachots, et des tyrans cruels battus de verges par ceux qui furent leurs sujets. Mais ceux qui règnent avec humanité, qui, maîtres de la vie des autres, n'oseraient y attenter ; qui, toujours avares du sang de leurs citoyens, ne souillèrent jamais par le meurtre une longue et heureuse existence, ou deviennent habitants du ciel, ou, admis dans l'Élysée, séjour du bonheur et de la paix, sont appelés à juger les ombres. O rois, gardez-vous de verser le sang des hommes ; car vos crimes sont plus sévèrement punis que ceux des autres coupables.

Amph. Les méchants sont-ils enfermés dans un lieu particulier ; et les impies sont-ils, comme on le dit, condamnés à des supplices éternels ?

Thés. Ixion tourne avec la roue rapide à laquelle il est enchaîné. Un énorme rocher pèse sur les épaules de Sisyphe. Le vieux Tantale, dévoré par la soif au milieu d'une rivière, cherche vainement à s'y désaltérer : au moment où il se flatte d'atteindre l'eau qui se joue autour de ses lèvres, mais qui l'a trompé tant de fois, elle fuit, aussi rapide que les fruits qui s'échappent à ses dents avides. Les entrailles de Titye offrent à un vautour un éternel aliment. Les Danaïdes se fatiguent en vain à remplir leurs urnes. Là, comme sur la terre, les filles barbares de Cadmus sont agitées de transports furieux, et l'avide harpie souille encore la table de Phinée.

Amph. Racontez-moi maintenant le combat glorieux de mon fils. Le monstre qu'il ramène est-il un don volontaire, ou un monument de la défaite de son oncle ?

Thés. Un affreux rocher domine le lit fangeux du Styx, dans l'endroit où roule lentement son onde dormante. Un vieillard, hideux d'aspect et de figure, veille à la garde de ce fleuve. C'est le nocher qui transporte les ombres tremblantes. Sa barbe négligée tombe sur sa poitrine ; un simple nœud retient sur ses épaules son manteau grossier ; ses yeux brillent au fond de leurs orbites profondes. Lui-même dirige sa barque avec un long aviron. Il la ramenait vide au rivage, pour y chercher de nouvelles âmes ; Alcide lui ordonne de le passer à l'autre bord, et les ombres faisaient place au héros. Mais le terrible Caron lui crie : « Où vas-tu, téméraire ? garde-toi d'avancer. » Sans s'arrêter à l'entendre, le fils d'Alcmène, d'un coup de l'aviron, renverse le nocher, et s'élance dans la barque. Cette barque, qui transporte des peuples entiers, fléchit sous le poids d'un seul homme. Hercule s'y assit ; et le frêle esquif, surchargé, vacille, et l'onde infernale y pénètre des deux côtés. On vit alors trembler les monstres vaincus par Hercule, les Centaures cruels, et les Lapithes que le vin excite aux combats. L'hydre de Lerne aux têtes renaissantes s'alla cacher au fond des marécages

---

Animas recentes. Dira majestas deo,
Frons torva, fratrum quæ tamen speciem gerat
Gentisque tantæ : vultus est illi Jovis,
Sed fulminantis. Magna pars regni trucis　　725
Est ipse dominus, cujus aspectus timet,
Quidquid timetur. *Amph.* Verane est fama, inferis
Tam sera reddi jura, et oblitos sui
Sceleris nocentes debitas pœnas dare ?
Quis iste veri rector atque æqui arbiter ?　　730
Thes. Non unus alta sede quæsitor sedens
Judicia trepidis sera sortitur reis.
Aditur illo Gnossius Minos foro ;
Rhadamanthus illo ; Thetidis hoc audit socer.
Quod quisque fecit, patitur : auctorem scelus　　735
Repetit, suoque premitur exemplo nocens.
Vidi cruentos carcere includi duces,
Et impotentis terga plebeia manu
Scindi tyranni. Quisquis est placide potens,
Dominusque vitæ servat innocuas manus,　　740
Et incruentum mitis imperium regit,
Animæque parcit, longa permensus diu
Felicis ævi spatia, vel cœlum petit,
Vel læta felix nemoris Elysii loca,
Judex futurus. Sanguine humano abstine,　　745
Quicunque regnas : scelera taxantur modo
Majore vestra. *Amph.* Certus inclusos tenet
Locus nocentes ? utque fert fama, impios
Supplicia vinclis sæva perpetuis domant ?
Thes. Rapitur volucri tortus Ixion rota.　　750
Cervice saxum grande Sisyphia sedet.

In amne medio faucibus siccis senex
Sectatur undas ; alluit mentum latex ;
Fidemque quum jam sæpe decepto dedit,
Perit unda in ore, poma destituunt famem.　　755
Præbet volucri Tityos æternas dapes :
Urnasque frustra Danaides plenas gerunt.
Errant furentes impiæ Cadmeides ;
Terretque mensas avida Phineas avis.
Amph. Nunc ede nati nobilem pugnam mei.　　760
Patrui volentis munus, an spolium refert ?
Thes. Ferale tardis imminet saxum vadis,
Stupente ubi unda, segne torpescit fretum.
Hunc servat amnem cultu et aspectu horridus,
Pavidosque Manes squalidus gestat senex ;　　765
Impexa pendet barba ; deformem sinum
Nodus coercet ; concavæ lucent genæ :
Regit ipse conto portitor longo ratem.
Hic onere vacuam litori puppim applicans
Repetebat umbras ; poscit Alcides viam,　　770
Cedente turba : dirus exclamat Charon :
« Quo pergis audax ? siste properantem gradum. »
Non passus ullas natus Alcmena moras,
Ipso coactum navitam conto domat,
Scanditque puppim : cymba populorum capax　　775
Succubuit uni ; sedit, et gravior ratis
Utrinque Lethen latere titubanti bibit.
Tunc victa trepidant monstra, Centauri truces,
Lapithæque multo in bella successi mero.
Stygiæ paludis ultimos quærens sinus,　　780
Fœcunda mergit capita Lernæus labos.

du Styx. De cet endroit on découvre la demeure de l'avare Pluton. C'est là que se tient le chien des enfers, qui, secouant ses trois têtes, épouvante les ombres de ses terribles aboiements, et défend l'entrée du noir empire. Des couleuvres lèchent l'écume immonde qui tombe de ses gueules ; son cou est hérissé de vipères : sa queue est un serpent énorme, qui siffle en déroulant ses anneaux. La fureur de ce monstre répond à son aspect.

A peine a-t-il entendu les pas d'Alcide, que, dressant les reptiles dont sa tête est environnée, il prête une oreille attentive au son qui l'a frappé, lui qui saisit jusqu'au bruit léger des ombres. Quand le fils de Jupiter fut près de lui, l'animal demeura comme indécis dans son antre; et tous deux s'arrêtent sans effroi. Enfin Cerbère fait retentir de ses effroyables aboiements les demeures silencieuses. Sa queue menaçante s'agite et siffle autour de ses flancs. Son triple hurlement porte l'épouvante jusque parmi les âmes fortunées. Cependant Hercule, détachant la dépouille du lion de Némée, qui couvre son épaule gauche, en présente la gueule à Cerbère, et se met à l'abri derrière ce vaste bouclier ; tandis que de sa main droite, de cette main invincible, il fait tourner rapidement sa pesante massue, et en frappe son ennemi à coups redoublés. Le monstre vaincu cesse de menacer; épuisé de fatigue, il baisse humblement ses trois têtes, et abandonne son antre à son vainqueur.

Cet exploit fit trembler sur leurs trônes les souverains de l'enfer; ils livrent Cerbère à Hercule, et lui accordent aussi ma liberté. Celui-ci flattant de la main les têtes hideuses du monstre, les assujettit avec de fortes chaînes. Alors, oubliant sa rage, le gardien vigilant du sombre empire baisse ses oreilles, se laisse conduire, et, docile à son maître, il agite avec un air soumis et caressant le serpent qui forme sa queue ; mais, parvenu à l'ouverture du Ténare, il fut ébloui de l'éclat du jour, qu'il n'avait jamais vu. Malgré ses liens, il reprend courage, et secoue avec fureur sa chaîne pesante. Il faillit entraîner son vainqueur; il le fit reculer en arrière. Hercule alors m'appelle à son aide; et, tous deux unissant nos efforts, nous tirons, en dépit de sa résistance, l'animal furieux, et nous l'amenons enfin sur la terre. Mais la clarté des cieux, et cette lumière pure qui en remplit l'espace, se changèrent pour lui en une nuit profonde.

Il baisse les yeux, il les ferme à la lumière qui lui est odieuse, et, détournant la vue, tient sa triple tête inclinée vers la terre, et se cache sous l'ombre d'Hercule.

Mais le peuple, couronné de lauriers, arrive en foule, poussant des cris de joie, et chantant les justes louanges du grand Hercule.

CHŒUR DES THÉBAINS.

Eurysthée, qui du droit que lui donna sa naissance prématurée, avait ordonné à Hercule de pénétrer dans les entrailles de la terre. Il ne manquait au héros, après tant d'épreuves, que d'ajouter à ses trophées les dépouilles du roi de la nuit. Il osa parcourir les avenues ténébreuses du séjour reculé des mânes, triste chemin, dont une sombre forêt augmente encore l'horreur, mais que pourtant une foule nombreuse suivait en même temps qu'Alcide : ainsi la foule accourt des villes, attirée par la nouveauté des jeux du théâtre; ainsi les peuples se pressent, quand la cinquième année ramène les solennités brillantes de Jupiter Éléen. Lorsque l'automne allonge les heures de la nuit, et que Phébus, parvenu au signe de la Balance céleste, invite les hommes à jouir plus longtemps des douceurs du sommeil, la foule court aux mys-

Post hæc avari Ditis apparet domus :
Hic sævus umbras territat Stygius canis,
Qui trina vasto capita concutiens sono
Regnum tuetur : sordidum tabo caput   785
Lambunt colubræ : viperis horrent jubæ;
Longusque torta sibilat cauda draco :
Par ira formæ. Sensit ut motus pedum,
Attollit hirtas angue vibrato comas,
Missumque captat aure subrecta sonum,   790
Sentire et umbras solitus. Ut proplor stetit
Jove natus, antro sedit incertus canis,
Et uterque timuit. Ecce, latratu gravi
Loca muta terret : sibilat totos minax
Serpens per armos ; vocis horrendæ fragor   795
Per ora missus terna felices quoque
Exterret umbras. Solvit a læva feros
Tunc ipse rictus, et Cleonæum caput
Opponit, ac se tegmine ingenti clepit :
Victrice magnum dextera robur gerens,   800
Huc nunc et illuc verbere assiduo rotat :
Ingeminat ictus. Domitus infregit minas,
Et cuncta lassus capita submisit canis,
Antroque toto cessit. Extimuit sedens,
Uterque solio dominus, et duci jubet :   805
Me quoque petenti munus Alcidæ dedit.
Tunc gravia monstri colla permulcens manu
Adamante texto vincit : oblitus sui
Custos opaci pervigil regni canis
Componit aures timidus, et patiens trahi,   810
Herumque fassus, ore submisso obsequens
Utrumque cauda pulsat anguifera latus.

Postquam est ad oras Tænari ventum, et nitor
Percussit oculos lucis ignotæ, novos
Resumit animos vinctus, et vastas furens   815
Quassat catenas : pæne victorem abstulit
Pronumque retro vexit, et movit gradu.
Tunc et meas respexit Alcides manus :
Geminis uterque viribus tractum canem
Ira furentem, et bella tentantem irrita,   820
Intulimus orbi. Vidit ut clarum æthera,
Et pura nitidi spatia conspexit poli,
Oborta nox est, lumina in terram dedit,
Compressit oculos, et diem invisum expulit,
Aciemque retro flexit, atque omni petiit   825
Cervice terram : tum sub Herculea caput
Abscondit umbra. Densa sed læto venit
Clamore turba, frontibus laurum gerens,
Magnique meritas Herculis laudes canit.

CHORUS THEBANORUM.

Natus Eurystheus properante partu,   830
Jusserat mundi penetrare fundum :
Deerat hoc solum numero laborum,
Tertiæ regem spoliare sortis.
Ausus est cæcos aditus inire,
Ducit ad manes via qua remotos   835
Tristis, et silva metuenda nigra,
Sed frequens magna comitante turba.
Quantus incedit populus per urbes
Ad novi ludos avidus theatri :
Quantus Eleum ruit ad Tonantem,   840

tères de Cérès, et les initiés athéniens quittent en hâte leurs demeures, pour célébrer ces fêtes nocturnes : aussi nombreuse est la multitude qui traverse ces plaines silencieuses ; les uns s'avancent lentement, appesantis par la vieillesse, tristes et rassasiés de la vie ; les autres, moissonnés à la fleur de l'âge, marchent encore d'un pas rapide ; ce sont des vierges qui n'ont pas connu l'hyménée, des jeunes gens portant encore leur première chevelure, des enfants qui commençaient à répéter le nom de leur mère ; ces derniers peuvent seuls, pour diminuer leur effroi, dissiper, à l'aide d'un flambeau, l'obscurité qui les environne. Les autres s'avancent à travers les ténèbres, aussi troublés que l'homme qui, s'enfonçant dans un noir souterrain, frémit à l'idée que la terre qui le couvre peut l'ensevelir tout à coup. Rien dans ce gouffre ténébreux qu'une affreuse obscurité, une nuit d'une teinte sinistre, des vapeurs vaines et trompeuses, un triste et morne silence. Puisse une longue vieillesse nous conduire à cette demeure! on y arrive toujours trop tôt. Pourquoi hâter le moment fatal? Il n'est donné à personne de revenir. Toute cette foule qui s'agite sur la surface du monde descendra chez les mânes, et franchira les eaux stagnantes du Cocyte. O Mort! tu moissonnes tout ce que voient naître l'Orient et le Couchant! Ne te presse pas, ô Mort! nous ne pouvons t'échapper. Et quand tu te montrerais lente, n'allons-nous pas nous-mêmes au devant de toi? L'heure qui nous fait naître nous tue.

Thébains, célébrez ce jour fortuné. Touchez les autels de vos mains suppliantes; immolez des victimes choisies, jeunes hommes et jeunes femmes ; formez des danses solennelles. Vous qui cultivez nos champs fertiles, laissez reposer la charrue. Le bras d'Hercule a pacifié les climats de l'aurore et ceux du couchant, et ceux où, placés sous le char même du Soleil, les corps n'ont pas d'ombre. Tout ce que Téthys environne dans son immense circuit la valeur d'Alcide l'a dompté : il a franchi les fleuves infernaux, et revient vainqueur du Tartare. Que pourrions-nous craindre encore ; et qu'y a-t-il au delà des enfers ? Prêtre, dont une sainte horreur fait dresser les cheveux, couronnez-vous de son arbre chéri.

ACTE QUATRIÈME.

HERCULE, THÉSÉE, AMPHITRYON, MÉGARE.

Her. Terrassé par ce bras vengeur, Lycus a mordu la poussière; tous les complices du tyran ont partagé son sort. Vainqueur de mes ennemis, je vais offrir un sacrifice à mon père et aux dieux du ciel, et immoler sur leurs autels les victimes que je leur dois.

Je t'invoque, belliqueuse Pallas, toi qui as secondé, partagé mes travaux ; toi dont le bras gauche soutient l'égide formidable dont la vue pétrifie; et toi, ô vainqueur de Lycurgue et de la mer Érythrée, toi dont le javelot est entouré d'un pampre verdoyant ; et vous, jumeaux divins, Phébus et vous sœur de ce dieu, qui excellez, la sœur à lancer des traits, le frère à manier la lyre; vous tous enfin, habitants du ciel, fils comme moi de Jupiter et non de ma cruelle marâtre, écoutez mes prières.

Quinta quum sacrum revocavit æstas :
Quanta, quum longæ redit hora noctis,
Crescere et somnos cupiens quietos
Libra, Phœbeos tenet æqua currus,
Turba secretam Cererem frequentat,   845
Et citi tectis properant relictis
Attici noctem celebrare mystæ :
Tanta per campos agitur silentes
Turba? pars tarda gradiens senecta,
Tristis, et longa satiata vita :   850
Pars adhuc currit melioris ævi,
Virgines nondum thalamis jugatæ,
Et comis nondum positis ephebi,
Matris et nomen modo doctus infans.
His datum solis, minus ut timerent   855
Igne prælato relevare noctem.
Cæteri vadunt per opaca tristes;
Qualis est nobis animus, remota
Luce, quum mœstus sibi quisque sentit
Obrutum tota caput esse terra.   860
Stat chaos densum, tenebræque turpes,
Et color noctis malus, ac silentis
Otium mundi, vacuæque nubes.
Sera nos illo referat senectus :
Nemo ad id sero venit, unde nunquam,   865
Quum semel venit, potuit reverti.
Quid juvat durum properare fatum ?
Omnis hæc magnis vaga turba terris
Ibit ad Manes, facietque inerti
Vela Cocyto. Tibi crescit omne,   870
Et quod Occasus videt, et quod Ortus
Parce venturis; tibi, Mors, paramur :
Sis licet segnis, properamus ipsi.
Prima quæ vitam dedit hora, carpit.
    Thebis læta dies adest :   875
    Aras tangite supplices;
Pingues credite victimas ;
Permixtæ maribus nurus
Solemnes agitent choros :
Cessent deposito jugo   880
Arvi fertilis incolæ.
Pax est Herculea manu
Auroram inter et Hesperum,
Et qua sol medium tenens
Umbras corporibus negat.   885
Quodcunque alluitur solum
Longo Tethyos ambitu,
Alcidæ domuit labor.
Transvectus vada Tartari
Pacatis redit inferis.   890
Jam nullus superest timor :
Nil ultra jacet inferos.
Stantes sacrificus comas
Dilecta tege populo.

ACTUS QUARTUS.

HERCULES, THESEUS, AMPHITRYON, MEGARA.

Herc. Ultrice dextra fusus adverso Lycus   895
Terram cecidit ore : tum quisquis comes
Fuerat tyranni, jacuit et pœnæ comes.
Nunc sacra patri victor et superis feram,
Cæsisque meritas victimis aras colam.
Te, te, laborum socia et adjutrix, precor,   900
Belligera Pallas, cujus in læva ciet
Ægis feroces ore saxifico minas.
Adsit Lycurgi domitor et Rubri maris,
Tectam virenti cuspidem thyrso gerens,
Geminumque numen, Phœbus et Phœbi soror,   905
Soror sagittis aptior, Phœbus lyræ;
Fraterque quisquis incolit cælum meus,

(*A sa suite.*) Amenez ici les victimes choisies. Jetez sur les autels tous les parfums que produit
l'Inde , tous ceux que l'Arabe recueille dans ses bois
odorants ; qu'une épaisse vapeur s'en élève jusqu'au
ciel. Parons nos têtes d'un rameau de peuplier : toi ,
Thésée, couronne-toi de l'olivier, arbre sacré de
ta patrie. Et tandis que j'invoquerai le dieu du tonnerre, toi tu honoreras les dieux fondateurs de Thèbes, l'antre sauvage du farouche Zéthus, la fontaine célèbre de Dircé , et les pénates apportés de
Tyr. (*A deux prêtres.*) Jetez de l'encens sur la
flamme.

Amph. Mon fils, purifie d'abord tes mains, souillées encore du sang de ton ennemi.

Herc. Ah ! que ne puis-je répandre ici même son
sang odieux ! jamais libation plus agréable n'aurait
coulé sur les autels des dieux. De toutes les victimes que la piété des hommes immole à Jupiter, la
plus belle à ses yeux , la plus digne de lui , c'est un
tyran.

Amph. Implore de ton père un terme à tes travaux ; qu'enfin il nous accorde à tous un repos chèrement acheté.

Herc. Je ne formerai que des vœux dignes de Jupiter et de moi. Que le ciel, que la terre et que l'air
conservent à jamais la place qui leur est assignée!
Que rien ne trouble la course éternelle des astres!
Qu'une paix inaltérable règne dans l'univers! Que
le fer ne serve désormais qu'aux innocents travaux
des campagnes ; et que l'épée se cache dans le fourreau ! Qu'aucune tempête ne soulève les vagues! Que
Jupiter ne lance plus ses foudres , instruments de
sa colère ! Que les torrents, grossis par les neiges de
l'hiver, ne ravagent plus les moissons ! Qu'aucune
plante ne se remplisse plus de sucs vénéneux ; plus
de poisons ! Que les peuples n'aient plus à gémir
sous le joug des tyrans ! Mais si la terre doit pro-

duire encore quelque grand coupable , si elle doit
enfanter quelque monstre, qu'elle se hâte, que je
puisse le combattre ! Mais que vois-je ? La nuit enveloppe le soleil au milieu de sa course, et son disque s'obscurcit dans un ciel sans nuage. Qui fait
ainsi reculer le dieu du jour, et le repousse vers l'O-
rient ? Par quels prodiges vient-elle à cette heure
étendre ses voiles sombres ? Pourquoi vois-je briller
dans une vaste étendue des régions célestes le Lion,
le premier ennemi que j'ai vaincu ? Tout bouillant
de colère , il cherche une proie à dévorer. Il va fondre sur quelque étoile; il ouvre sa gueule menaçante, le feu sort de ses naseaux ; il agite sur son dos
sa crinière étincelante. Franchissant d'un seul bond
tous les astres qui brillent depuis l'automne fécond
jusqu'à l'hiver glacé, il va saisir et étrangler le Taureau qui ramène le printemps.

Amph. Quel trouble t'égare ? Pourquoi, mon fils ,
tourner çà et là tes regards furieux ? Ton œil abusé
se fait voir au ciel ce qui n'y fut jamais.

Herc. J'ai dompté la terre, triomphé de la fureur des flots ; j'ai porté la terreur jusque dans les
royaumes sombres. Le ciel n'a pas encore éprouvé
mon courage ; cette conquête est digne d'Alcide. Je
veux m'élever jusqu'au haut du ciel, et y prendre la
place que mon père m'a promise. Mais s'il me la
refuse ? N'importe , la terre n'est plus un séjour digne d'Hercule ; elle le rend à l'Olympe. Je vois les
divinités de l'Olympe , qui m'appellent et m'ouvrent
les portes : une seule s'y oppose. Veux-tu m'admettre
dans le ciel et m'en livrer l'entrée ? ou dois-je briser la porte qui me résiste ? Tu hésites ? eh bien !
je romprai les fers de Saturne ; j'armerai l'aïeul contre le fils impie qui l'a dépouillé. Que les Titans furieux s'apprêtent à combattre sous mes ordres; je
m'armerai de rochers couverts de forêts ; je déracine-
rai les montagnes peuplées de Centaures ; je les en-

Non ex noverca frater. Huc appellite
Greges opimos : quidquid Indorum seges ,
Arabesque odoris quidquid arboribus legunt,   910
Conferte in aras; pinguis exundet vapor.
Populea nostras arbor exornet comas :
Te ramus oleæ fronde gentili tegat,
Theseu. Tonantem nostra adorabit manus .
Tu conditores urbis, et silvestria   915
Trucis antra Zethi , nobilis Dircen aquæ,
Laremque regis advenæ Tyrium coles.
Date tura flammis. *Amph.* Nate, manantes prius
Manus cruenta cæde et hostili expia.
Herc. Utinam cruorem capitis invisi deis   920
Libare possem ! gratior nullus liquor
Tinxisset aras; victima haud ulla amplior
Potest, magisque opima mactari Jovi,
Quam rex iniquus. *Amph.* Finiat genitor tuos
Opta labores : detur aliquando otium,   925
Quiesque fessis. *Herc.* Ipse concipiam preces
Jove meque dignas. Stet suo cælum loco ,
Tellusque et æther : astra inoffensos agant
Æterna cursus : alta pax gentes alat :
Ferrum omne teneat ruris innocui labor,   930
Ensesque lateant : nulla tempestas fretum
Violenta turbet : nullus irato Jove
Exsiliat ignis : nullus hiberna nive
Nutritus agros amnis eversos trahat :
Venena cessent : nulla nocituro gravis   935
Succo tumescat herba; non sævi ac truces
Regnent tyranni. Si quod etiamnum est scelus
Latura tellus, properet; et si quod parat

Monstrum, meum sit.... Sed quid hoc? medium diem
Cinxere tenebræ : Phœbus obscuro meat   940
Sine nube vultu. Quis diem retro fugat,
Agitque in ortus? unde nox atrum caput
Ignota profert? unde tot stellæ polum
Implent diurnæ? Primus en noster labor
Cæli refulget parte non minima Leo,   945
Iraque totus fervet , et morsus parat;
Jam rapiet aliquod sidus : ingenti minax
Stat ore, et ignes efflat, et rutilat jubam
Cervice jactans : quidquid autumnus gravis,
Hiemsque gelido frigida spatio refert,   950
Uno impetu transiliet, et verni petet
Frangetque Tauri colla. *Amph.* Quod subitum hoc malum est?
Quo , nate, vultus huc et huc acres refers?
Acieque falsum turbida cælum vides?
Herc. Perdomita tellus, tumida cesserunt freta,   955
Inferna nostros regna sensere impetus :
Immune cælum est; dignus Alcidæ labor.
In alta mundi spatia sublimis ferar :
Petatur æther; astra promittit pater.
Quid si negetur? Non capit terra Herculem ,   960
Tandemque superis reddit. En ultro vocat
Omnis deorum cœtus, et laxat fores,
Una vetante. Recipis, et reseras polum ?
An contumacis januam mundi traho?
Dubitatur etiam? vincla Saturno exuam,   965
Contraque patris impii regnum impotens
Avum resolvam. Bella Titanes parent
Me duce furentes : saxa cum silvis feram,
Rapiamque dextra plena Centauris juga.

tasserai pour escalader le ciel. Chiron verra le Pélion, qu'il habite, recouvert par l'Ossa; et l'Olympe, élevé sur ces deux monts, ou touchera la voûte céleste, ou servira d'arme à mon bras.

Amph. Loin de toi ces pensées sacriléges. Reviens d'un emportement où l'on reconnaît le héros, mais le héros en délire.

Herc. Que vois-je? Les terribles géants se préparent au combat. Titye s'est échappé des enfers. Je vois sa poitrine ouverte, et vide d'entrailles; il touche presque aux cieux. Le Cithéron s'ébranle, les hauts remparts de Pallène et le vallon de Tempé ont tremblé. L'un vient d'arracher le Pinde, l'autre l'OEta. Mimas se livre à sa rage terrible. Érinnys, la brûlante Érinnys fait résonner son fouet; elle approche de plus en plus de mon visage un brandon qu'elle a retiré d'un bûcher. La cruelle Tisiphone, dont le front est armé de serpents, garde la porte autrefois confiée à Cerbère, et menace de sa torche ceux qui tenteraient de sortir. (*Il aperçoit ses enfants.*) Mais ces enfants qui se cachent sont ceux de mon ennemi; c'est la race exécrable de Lycus. Attendez: cette main va vous réunir. Allons, mon arc, que ta corde vibre. C'est là que doivent frapper les flèches d'Hercule.

Amph. Ciel! quel va chercher sa rage? Il a tendu son arc gigantesque; le carquois s'ouvre; la flèche vole en sifflant. Ah! elle a percé d'outre en outre le cou de l'enfant, laissant derrière elle une horrible blessure.

Herc. Fouillons les retraites les plus cachées; exterminons cette race entière. Hâtons-nous. Une guerre plus importante m'appelle à Mycènes. Détruisons de nos propres mains ces murs bâtis par les Cyclopes; faisons voler en éclats les murs de ce palais; brisons ses portes, et les colonnes qui le soutiennent. Déjà le jour y pénètre de tous côtés, et

j'y vois un fils du coupable Lycus qui se cache.

Amph. (*à Thésée.*) Hélas! un de ses fils touche ses genoux d'une main caressante, et cherche à l'attendrir par ses prières. O crime effroyable! spectacle horrible et déchirant! Hercule a saisi la main suppliante de l'enfant, le fait tournoyer, et la lance avec fureur. La tête du malheureux est fracassée, et sa cervelle a jailli sur ces murs. Ah! voilà l'infortunée Mégare qui, couvrant de ses bras le plus jeune de ses fils, fuit hors d'elle-même, et abandonne la retraite où elle s'était réfugiée.

Herc. Quand tu chercherais un asile entre les bras mêmes de Jupiter, cette main irait t'y saisir et t'en arracherait.

Amph. Malheureuse, où courez-vous? Il n'est point de retraite contre le courroux d'Hercule. Pressez-le plutôt entre vos bras, et tâchez de l'apaiser par vos prières.

Még. Arrête, cher époux; reconnais Mégare, et ce fils ta vivante image. Vois comme il tend vers toi ses faibles mains.

Herc. Je tiens donc ma cruelle marâtre! Viens recevoir le châtiment qui t'est dû, et que ta mort délivre Jupiter d'un joug qui l'avilit. (*Il l'entraîne hors de la scène.*) Mais immolons, avant la mère, le petit monstre qu'elle embrasse.

Még. Insensé! que fais-tu? C'est ton sang que tu vas répandre.

Amph. Terrassé des regards de feu de son père, l'enfant est mort sans avoir été blessé: la crainte a fait envoler son âme. Dieux! il lève sur son épouse sa massue menaçante: elle a brisé les os. La tête séparée du tronc disparaît anéantie. O vieillesse impassible, tu supportes une telle vue! Si tu veux t'en affranchir, la mort est sous ta main. Cours au devant des traits de ce furieux, attire à toi les coups de cette massue, teinte du sang des monstres. (*A*

Jam monte gemino limitem ad superos agam.   970
Videat sub Ossa Pelion Chiron suum :
In cælum Olympus tertio positus gradu
Perveniet, aut mittetur. *Amph.* Infandos procul
Averte sensus : pectoris sani parum,
Magni tamen, compesce dementem impetum.   975
Herc. Quid hoc? gigantes arma pestiferi movent :
Profugit umbras Tityos, ac lacerum gerens
Et inane pectus, quam prope a cælo stetit !
Labat Cithæron, alta Pallene tremit,
Macetumque Tempe : rapuit hic Pindi juga;   980
Hic rapuit OEten : sævit horrendum Mimas.
Flammifera Erinnys verbere excusso sonat,
Rogisque adustas propius ac propius sudes
In ora tendit. Sæva Tisiphone caput
Serpentibus vallata, post raptum canem   985
Portam vacantem clausit opposita face.
Sed ecce proles regis inimici latet,
Lyci nefandum semen : inviso patri
Hæc dextra jam vos reddet : excutiat leves
Nervus sagittas; tela sic mitti decet   990
Herculea. *Amph.* Quo se cæcus impegit furor?
Vastum coactis flexit arcum cornibus,
Pharetramque solvit : stridel emissa impetu
Arundo; medio spiculum collo fugit,
Vulnere relicto. *Herc.* Cæteram prolem eruam,   995
Omnesque latebras. Quid moror? majus mihi
Bellum Mycenis restat, ut Cyclopea
Eversa manibus saxa nostris concidant.
Huc eat et illuc aula disjecto objice,
Rumpatque postes : columen impulsum labet.   1000

Perlucet omnis regia : hic video abditum
Natum scelesti patris. *Amph.* En, blandas manus
Ad genua tendens, voce miseranda rogat.
Scelus nefandum, triste, et adspectu horridum,
Dextra precante rapuit, et circa furens   1005
Bis ter rotatum misit : ast illi caput
Sonuit; cerebro tecta disperso madent.
At misera parvum protegens natum sinu
Megara, furenti similis, e latebris fugit.
Herc. Licet Tonantis profuga condaris sinu,   1010
Petet undecunque temet hæc dextra, et feret.
Amph. Quo misera pergis? quam fugam, aut latebram petis?
Nullus salutis Hercule infenso est locus :
Amplectere ipsum potius, et blanda prece
Lenire tenta. *Még.* Parce jam, conjux, precor;   1015
Agnosce Megaram : natus hic vultus tuos
Habitusque reddit : cernis ut tendat manus?
Herc. Teneo novercam : sequere, da pœnas mihi,
Jugoque pressum libera turpi Jovem.
Sed ante matrem parvulum hoc monstrum occidat.   1020
Még. Quo tendis amens? sanguinem fundes tuum?
Amph. Pavefactus infans igneo vultu patris
Perit ante vulnus : spiritum eripuit timor.
In conjugem nunc clava libratur gravis.
Perfregit ossa : corpori trunco caput   1025
Abest, nec usquam est. Cernere hoc audes nimis
Vivax senectus? si piget luctus, habes
Mortem paratam : pectus in tela indue,
Vel stipitem istum, cæde monstrorum illitum,
Converte : falsum ac nomini turpem tuo   1030
Remove parentem, ne tuæ laudi obstrepat.

SÉNÈQUE.

47

Hercule.) Délivre-toi d'un père supposé. Ma vie souille ton nom, et mes plaintes troubleraient tes triomphes.

Thés. (*à Amph.*) Pourquoi vous précipiter au devant de la mort? Où courez-vous, imprudent? Fuyez, cherchez un abri, et du moins épargnez ce dernier crime à Hercule.

Herc. C'est bien; cette race de l'infâme est extirpée. C'est à vous, épouse du grand Jupiter, à vous que j'ai immolé ces victimes. Je vous les ai offertes avec joie; elles étaient dignes de vous. Mais je vous en destine d'autres encore dans Argos.

Amph. Vous n'avez pas fini, mon fils; achevez le sacrifice. Une dernière victime est devant l'autel, la tête baissée; elle attend le coup mortel; oui, je l'attends, je le cherche, je l'implore; frappe..... Mais quoi! son regard semble errer; son œil est triste et morne. Je vois, je vois trembler les mains d'Hercule. Un sommeil léthargique appesantit ses paupières, et sa tête languissante retombe sur sa poitrine; ses genoux fléchissent; il tombe étendu sur la terre, comme un orme abattu dans la forêt, ou comme ces masses jetées dans la mer pour former l'enceinte d'un port. Mon fils, es-tu vivant? ou as-tu succombé à la même fureur qui a causé la mort des tiens? J'entends le bruit égal et régulier de sa respiration. Laissons-le reposer, afin qu'un profond sommeil apaise la violence de son mal et calme son cœur agité. Esclaves, écartez ces armes, de peur qu'il ne les ressaisisse dans un nouvel accès de fureur.

CHOEUR DES THÉBAINS.

Pleurez, cieux, et vous, père des cieux; terre fertile, onde inconstante du mobile Océan; toi surtout, brillant Phébus, qui lances tes rayons sur la terre et sur la vaste étendue des mers; toi dont le visage dissipe les ténèbres; pleurez. Comme toi Alcide a parcouru le monde de l'orient au couchant; il a visité tes deux demeures. Dieux puissants, délivrez son âme des fantômes qui l'obsèdent, et ramenez la raison dans son cœur égaré. Et toi qui domptes tous les maux, qui rends le calme à nos âmes; toi la meilleure partie de notre existence, fils aîné de la bienfaisante Astrée, Sommeil, frère bienfaisant de la Mort impitoyable, toi qui, mêlant l'erreur à la vérité, tantôt nous éclaires, tantôt nous abuses sur l'avenir, père de la nature, refuge des malheureux, doux repos des travaux du jour, compagnon de la nuit; toi qui accordes également tes dons au monarque et à l'esclave, répands sur cet infortuné ta douce et salutaire influence; toi qui d'avance familiarises les hommes avec l'idée effrayante d'une mort éternelle, tiens Hercule dans un profond assoupissement; enchaîne ses membres indomptables, et ne sors pas de sa poitrine, qui respire la fureur, avant qu'il ait recouvré sa raison!

Le voilà étendu par terre, et son farouche esprit se crée les plus sanglantes images. Sa rage n'est pas encore apaisée. Accoutumé à reposer sa tête fatiguée sur sa lourde massue, il étend vainement le bras pour la saisir à sa place ordinaire. Sa rage bouillonne encore dans son sein, semblable à la mer qui, violemment agitée par le Notus, reste longtemps émue, et se soulève encore quand le vent ne souffle plus. Alcide, calme les orages de ton cœur; fais-y rentrer la piété et les sentiments d'un héros; ou plutôt puisse le même délire continuer de troubler ton âme, la même erreur désabuser tes sens! Ce délire, Alcide, peut seul désormais te justifier. L'état

---

Thes. Quo te ipse, senior, obvium morti ingeris?
Quo pergis amens? profuge, et obtectus late,
Unumque manibus aufer Herculeis scelus.
Herc. Bene habet: pudendi regis excisa est domus.   1035
Tibi hunc dicatum, maximi conjux Jovis,
Gregem cecidi: vota persolvi libens
Te digna; et Argos victimas alias dabit.
Amph. Nondum litasti, nate: consumma sacrum.
Stat, ecce, ad aras hostia; exspectat manum   1040
Cervice prona: præbeo, occurro, insequor;
Macta. Quid hoc est? errat acies luminum,
Visusque mœror hebetat. En video Herculis
Manus trementes? Vultus in somnum cadit
Et fessa cervix capite submisso labat: 1045
Flexo genu jam totus ad terram ruit;
Ut cæsa silvis ornus, aut portus mari
Datura moles. Vivis? an leto dedit
Idem, tuos qui misit ad mortem, furor?
Sopor est; reciprocos spiritus motus agit.   1050
Detur quieti tempus, ut somno gravi
Vis, victa morbi, pectus oppressum levet.
Removete, famuli, tela, ne repetat furens.

CHORUS THEBANORUM.

Lugeat æther, magnusque parens
Ætheris alti, tellusque ferax,   1055
Et vaga ponti mobilis unda,
Tuque ante omnes, qui per terras,
Tractusque maris fundis radios,
Noctemque fugas ore decoro,
Fervide Titan: obitus pariter   1060
Tecum Alcides vidit et ortus,
Novitque tuas utrasque domos.

Solvite tantis animum monstris,
Solvite, superi: rectam in melius
Flectite mentem. Tuque, o domitor,   1065
Somne, laborum, requies animi,
Pars humanæ melior vitæ,
Volucer, matris genus Astrææ,
Frater duræ languide Mortis,
Veris miscens falsa, futuri   1070
Certus, et idem pessimus auctor:
Pater o rerum, portus vitæ,
Lucis requies, noctisque comes,
Qui par regi famuloque venis,
Placidus fessum lenisque fove.   1075
Pavidum leti genus humanum
Cogis longam discere mortem;
Preme devinctum torpore gravi:
Sopor indomitos alliget artus,
Nec torva prius pectora linquat,   1080
Quam mens repetat pristina cursum.
En, fusus humi, sæva feroci
Corde volutat somnia: nondum est
Tanti pestis superata mali;
Clavæque gravi lassum solitus   1085
Mandare caput, quærit vacua
Pondera dextra, motu jactans
Brachia vano; nec adhuc omnes
Expulit æstus, sed, ut ingenti
Vexata Noto servat longos   1090
Unda tumultus, et jam vento
Cessante tumet. Pelle insanos
Fluctus animi: redeat pietas,
Virtusque viro. Vel sit potius
Mens vesano concita motu: 1095

le plus heureux, après l'innocence, c'est d'ignorer qu'on est coupable. Que les mains d'Hercule fassent gémir maintenant sa poitrine sous leurs coups redoublés ; que ces mains victorieuses frappent les épaules qui ont porté la voûte étoilée ! Que ses plaintes s'élèvent jusqu'au ciel ; qu'elles soient entendues de la reine des sombres bords , du farouche Cerbère qui , chargé de chaînes , se tient caché au fond de son antre; qu'il fasse retentir de ses cris douloureux et l'enfer et les vastes plaines de l'Océan, et l'air, qu'il valait mieux pour lui ne faire résonner que du sifflement de ses traits ! Ce n'est pas d'une main légère qu'il faut frapper un sein en proie à tant de remords : les coups , quoique tombant sur une seule poitrine , doivent retentir dans les trois royaumes du monde. Vous, flèches glorieuses et terribles , longtemps les instruments de ses exploits ; et vous, formidable carquois , frappez impitoyablement un maître cruel ; que ses épaules vigoureuses soient brisées et meurtries par sa massue et que sa poitrine gémisse sous les atteintes de ce bois pesant et noueux ! Que les armes d'Hercule deviennent les instruments de son supplice ! Et vous qui ne pouviez partager encore les travaux de votre père, ni punir des tyrans; vous dont les faibles mains n'avaient pu se signaler dans les jeux de la Grèce , aux combats du ceste et du pugilat, mais qui déjà lanciez d'une main sûre les traits légers que renferme le carquois du Scythe ; qui poursuiviez, non les monstres à la crinière épaisse , mais les cerfs qui cherchent leur salut dans la fuite : descendez aux rivages du Styx , ombres innocentes, qu'une main criminelle, qu'un père furieux a frappées sur le seuil de la vie; suivez, tendres enfants, race infortunée, ce triste chemin où votre père a signalé son audace; allez paraître devant les dieux courroucés de l'enfer!

ACTE CINQUIÈME.

HERCULE , AMPHITRYON, THÉSÉE.

Herc. Où suis-je? dans quel lieu, dans quelles contrées, dans quel climat? Est-ce aux extrémités de l'Orient, ou sous le pôle glacé de l'Ourse? Suis-je aux confins de l'Hespérie, sur ces plages qui bornent l'Océan? Quel est cet air que je respire, cette terre sur laquelle repose mon corps fatigué? Je suis bien à Thèbes; mais quel est ce palais en ruines? Quels sont ces corps étendus çà et là? Les fantômes de l'enfer obsèdent-ils encore mon esprit? Quoique revenu sur la terre, je vois errer autour de moi des spectres affreux. J'en rougis, mais j'éprouve une terreur secrète. J'ai le pressentiment de quelque grand malheur. Où est mon père? Où est mon épouse, si fière de sa jeune famille? Pourquoi mes épaules ne sont-elles plus couvertes de cette peau de lion qui me servait le jour de défense, et qui était la nuit la couche délicate sur laquelle Hercule reposait? Où sont mes flèches, mon arc? Qui a pu, moi vivant, s'emparer de mes armes, enlever cette dépouille formidable? Hercule, même endormi, n'a pas épouvanté le ravisseur ! Ah! je voudrais le voir ce vainqueur superbe ! Parais donc, toi que mon père, descendu du ciel, aura créé dans une nuit plus longue que celle où je fus conçu.

Mais quel objet affreux? Les corps sanglants de mes fils étendus par terre ! leur mère sans vie ! Un autre Lycus a-t-il usurpé le trône ? Qui donc, bravant Hercule jusque dans Thèbes, a commis de pareils

---

Error cæcus, qua cœpit, eat;
Solus te jam præstare potest
Furor insontem : proxima puris
Sors est manibus, nescire nefas.
Nunc Herculeis percussa sonent   1100
Pectora palmis : mundum solitos
Ferre lacertos verbera pulsent
Victrice manu : gemitus vastos
Audiat æther, audiat atri
Regina poli, vastisque ferox   1105
Qui colla gerit vincta catenis,
Imo latitans Cerberus antro.
Resonet mœsto clamore chaos,
Latique patens unda profundi,
Et , qui melius tua tela tamen   1110
            Senserat, aer.
Pectora tantis obsessa malis
Non sunt ictu ferienda levi;
Uno planctu tria regna sonent.
Et tu collo decus ac telum   1115
Suspensa, diu fortis, arundo,
Pharetræque graves, date sæva fero
Verbera tergo : cædant humeros
Robora fortes, stipesque potens
Duris oneret pectora nodis;   1120
Plangant tantos arma dolores.
Non vos patriæ laudis comites,
Ulti sævo vulnere reges,
Non Argiva membra palæstra
Flectere docti, fortes cæstu,   1125
Fortesque manu , jam tamen ausi
Telum Scythici leve coryti
Missum certa librare manu,
Tutosque fuga figere cervos,
Nondumque feræ terga jubatæ,   1130
Ite ad Stygios, umbræ, portus,
Ite, innocuæ , quas in primo
Limine vitæ scelus oppressit
Patriusque furor; ite, infaustum
Genus, o pueri, noti per iter   1135
Triste laboris; ite, iratos
            Visite reges.

ACTUS QUINTUS.

HERCULES, AMPHITRYON, THESEUS.

Here. Quis hic locus? quæ regio? quæ mundi plaga?
Ubi sum? sub ortu solis, an sub cardine
Glacialis Ursæ? numquid Hesperii maris   1140
Extrema tellus hunc dat Oceano modum?
Quas trahimus auras? quod solum fesso subest?
Certe redimus : unde prostrata domo
Video cruenta corpora? an nondum exuit
Simulacra mens inferna? post reditus quoque   1145
Oberrat oculos turba feralis meos.
Pudet fateri; paveo : nescio quod mihi,
Nescio quod animus grande præsagit malum.
Ubi est parens? ubi illa natorum grege
Animosa conjux? cur latus lævum vacat   1150
Spolio leonis? quonam abiit tegimen meum,
Idemque somno mollis Herculeo torus?
Ubi tela? ubi arcus? arma quis vivo mihi
Detrahere potuit? spolia quis tanta abstulit?
Ipsumque quis non Herculis somnum horruit?   1155
Libet meum videre victorem, libet.
Exsurge, victor, quem novum cælo pater
Genuit relicto; cujus in fœtu stetit
Nox longior, quam nostra. Quod cerno nefas?   1160
Nati cruenta cæde confecti jacent;
Perempta conjux. Quis Lycus regnum obtinet?
Quis tanta Thebis scelera moliri ausus est,
Hercule reverso? Quisquis Ismeni loca,   .

47.

attentats? O vous qui habitez les bords de l'Ismène, ou les champs de l'Attique, ou cette contrée
baignée par les deux mers, et dans laquelle régna
le Phrygien Pélops, par grâce nommez-moi l'auteur
de cet affreux carnage, ou craignez tous ma vengeance. Je traite en ennemi quiconque me cachera le
coupable. Tu te caches, vainqueur d'Alcide. Avance:
soit que tu prétendes venger le roi sanguinaire de
Thrace, dévoré par ses coursiers, ou Géryon à qui
j'ai ravi son troupeau, ou les souverains de la Libye,
je suis prêt à le combattre. Je suis désarmé; n'importe. Je te défie, dusses-tu te servir contre moi
de mes propres armes. Mais pourquoi Thésée,
pourquoi mon père, évitent-ils mes regards? Pourquoi se cachent-ils le visage? (à Amph. et à Thés.)
Retenez vos larmes, et nommez-moi l'assassin de
toute ma famille. Vous vous taisez, mon père; ah!
parle, cher Thésée. Réponds-moi, ami fidèle et dé-
voué. Mais tous deux, interdits et confus, cachent
leur front, et cherchent à dérober les pleurs qu'ils
répandent. Une si grande calamité n'est pas pour
nous un sujet de honte. Ce désastre serait-il l'ouvrage du tyran d'Argos? ou les satellites furieux
de Lycus ont-ils vengé sa mort? Je vous en conjure,
ô mon père, par mes exploits, par mon respect pour
vous, pour vous que j'honorai le plus après Jupiter,
parlez: quel est le destructeur de ma famille? qui m'a
dépouillé de mes armes?

Amph. Ne parlons point de ce malheur.

Herc. Je ne me vengerais pas!

Amph. La vengeance est souvent funeste.

Herc. Qui serait assez lâche pour endurer de tels
maux?

Amph. Celui qui en aurait de plus grands à craindre.

Herc. En est-il, ô mon père, de plus grands, de
plus affreux que les miens?

Amph. Vous n'en connaissez encore que la moindre partie.

Herc. Prenez pitié de moi, mon père; j'étends
vers vous mes mains suppliantes. Mais quoi! elles
refusent d'avancer! Le crime erre autour de moi.
Quel est ce sang que voici? Le trait enfoncé dans
le cœur de cet enfant ne fut-il pas trempé dans le
venin de l'hydre? Je reconnais mes flèches: je ne
demande pas qui les a lancées. Quel autre aurait
pu bander mon arc? Quel bras attire à lui cette
corde, qui cède à peine à l'effort du mien? Ah! parlez, mes amis, je vous supplie encore. Serais-je, ô
mon père, l'auteur de ce crime? Ils se taisent. C'est
moi.

Amph. Je ne vois ici pour toi qu'un sujet de larmes: le crime, c'est ta marâtre qui l'a commis. Tu
fus malheureux, mais non pas coupable.

Herc. Que ta colère éclate, ô mon père! que le
ciel entier retentisse du bruit de ton tonnerre! Tu
m'as abandonné à mon funeste aveuglement; accorde du moins une tardive vengeance à tes petits-
fils. Ébranle la voûte étoilée; que tes traits enflammés partent à la fois des deux pôles. Que mon corps,
enchaîné sur les rochers du Taurus, serve de pâture
à un vautour dévorant. Pourquoi laisser vide le
roc de Prométhée? Qu'on apprête mon supplice sur
la pente abrupte et nue du Caucase, dont le sommet
immense est l'asile des bêtes féroces et des oiseaux
de proie. Qu'attaché par les mains aux Symplégades qui ferment l'entrée de la mer de Scythie, je
demeure suspendu au-dessus de l'abîme; et quand
ces mobiles écueils viendront se rapprocher, quand
leur choc, pressant l'onde amère, la fera jaillir jusqu'au ciel, que je sois l'obstacle qui les empêche de
se rejoindre! Ou plutôt pourquoi ne pas construire
un vaste bûcher, pour effacer dans les flammes le
sang dont je me suis souillé? Oui, j'y suis résolu;
je vais rendre Hercule aux enfers.

Amph. L'orage de son cœur dure encore, mais
sa colère a changé d'objet; et, ce qui est le caractère
de la fureur, il la tourne contre lui-même.

Actæa quisquis arva, qui gemino mari
Pulsata Pelopis regna Dardanii colis,   1165
Succurre, sævæ cladis auctorem indica.
Ruat ira in omnes: hostis est, quisquis mihi
Non monstrat hostem. Victor Alcidæ lates?
Procede, seu tu vindicas currus truces
Thracis cruenti, sive Geryonæ pecus,   1170
Libyæve dominos: nulla pugnandi mora est:
En nudus adsto, vel meis armis licet
Petas inermem. Cur meos Theseus fugit
Paterque vultus? ora cur condunt sua?
Differte fletus: quis dederit neci   1175
Omnes simul, profare. Quid, genitor, siles?
At tu ede, Theseu; sed tua, Theseu, fide.
Uterque tacitus ora pudibunda obtegit,
Furtimque lacrimas fundit. In tantis malis
Quid est pudendum? numquid Argivæ impotens   1180
Dominator urbis, numquid infestum Lyci
Pereuntis agmen clade nos tanta obruit?
Per te, meorum facinorum laudem, precor,
Genitor, tuique nominis semper mihi
Numen secundum, fare, quis fudit domum?   1185
Cui præda jacui? *Amph.* Tacita sic abeant mala
Herc. Ut inultus ego sim? *Amph.* Sæpe vindicta obfuit.
Herc. Quisquamne segnis tanta toleravit mala?
Amph. Majora quisquis timuit. *Herc.* His etiam, pater,
Quidquam timeri majus aut gravius potest?   1190
Amph. Cladis tuæ pars ista, quam nosti, quota est?
Herc. Miserere, genitor: supplices tendo manus.

Quid hoc? manus refugit: hic errat scelus.
Unde hic cruor? quid illa puerili madens
Arundo leto, tincta Lernæa nece?   1195
Jam tela video nostra, non quæro manum.
Quis potuit arcum flectere? aut quæ dextera
Sinuare nervum vix recedentem mihi?
Ad vos revertor: genitor, hoc nostrum est scelus?
Tacuere; nostrum est. *Amph.* Luctus est istic tuus;   1200
Crimen novercæ: casus hic culpa caret.
Herc. Nunc parte ab omni, genitor, iratus tona,
Oblite nostri, vindica sera manu
Saltem nepotes: stelliger mundus sonet,
Flammasque et hic et ille jaculetur polus: 1205
Rupes ligatum Caspiæ corpus trahant,
Atque ales avida. Cur Promethei vacant
Scopuli? paretur vertice immenso feras
Volucresque pascens Caucasi abruptum latus,
Nudumque silvis. Illa, quæ pontum Scythen   1210
Symplegas arctat, hinc et hinc vinctas manus
Distendat alto; quumque revocata vice
In se colbunt, saxaque in cælum exprimet
Actis utrinque rupibus medium mare,
Ego inquieta montium jaceam mora.   1215
Quin structum acervans nemore congesto aggerem,
Cruore corpus impio sparsum cremo?
Sic, sic agendum est: inferis reddam Herculem.
Amph. Nondum tumultu pectus attonito caret.
Mutavit iras; quodque habet proprium furor,   1220
In se ipse sævit. *Herc.* Dira Furiarum loca

Herc. O terre, engloutis-moi dans le séjour affreux des Furies, dans les cachots de l'enfer, dans ces lieux destinés aux coupables, dans quelque abîme plus profonds, s'il en est, que l'Érèbe, et qui soit inconnu de Cerbère et de moi! Je descendrai au fond du Tartare, mais pour n'en plus sortir. O cœur impitoyable! Qui pourra vous pleurer dignement, chers enfants, dont les corps sont épars dans l'enceinte de ce palais? Ce visage insensible ne sait pas se mouiller de larmes. Donnez-moi mon épée, mes flèches, ma pesante massue. (*Regardant successivement les cadavres de ses fils.*) Pour toi je briserai mes traits, pour toi je briserai mon arc, et je brûlerai ce bois homicide; ce carquois rempli des flèches trempées dans le sang de l'hydre, je le jetterai dans ton bûcher. Punissons nos armes; mais je vous brûlerai aussi, aveugles instruments d'une marâtre, mains qui avez déshonoré des armes si glorieuses.

Thés. L'erreur fut-elle jamais crime?

Herc. Par ses suites souvent une erreur devient un crime.

Thés. Montrez-vous Hercule; soutenez sans faiblesse cet immense malheur.

Herc. La fureur ne m'a pas rendu insensible à la honte. Irai-je montrer ce visage, dont l'aspect impie va partout répandre l'horreur? Mes armes, Thésée, mes armes! On me les a prises; je veux qu'on me les rende. Si j'ai recouvré ma raison, rendez-moi mes armes. Si ma fureur dure encore, éloignez-vous, mon père; je saurai trouver quelque moyen de mourir.

Amph. Par les droits sacrés de la nature, par les liens qui nous unissent tous deux, soit que tu me regardes comme le soutien de ton enfance ou comme ton père; par ces cheveux blancs, objet du respect des hommes pieux; prends pitié d'un vieillard, seul au monde et accablé par les ans. Épar-gne ta vie, toi l'unique et dernier appui de ma maison, toi ma seule consolation dans mes infortunes. Hélas! je n'ai recueilli aucun fruit de tes exploits. Je craignais sans cesse ou la mer orageuse, ou les monstres furieux. Tous ces tyrans, dont les fureurs désolaient le monde, qui rougissaient de sang leurs mains ou leurs autels impies, étaient pour moi un sujet d'alarmes. Tu fus toujours loin de moi; vis enfin pour ton père, et qu'il puisse jouir du bonheur de t'embrasser et de te voir.

Herc. Pourquoi supporter plus longtemps la lumière du jour? Rien ne m'attache plus à la vie. J'ai tout perdu, ma raison, mes armes, ma gloire, mon épouse, mes enfants, mes travaux, tout, jusqu'à ma fureur; rien ne peut guérir la plaie qui ronge mon cœur : la mort est l'unique remède à mon crime.

Amph. Tu veux tuer ton père?

Herc. Je veux me remettre hors d'état de le tuer.

Amph. Quoi! sous mes propres yeux?

Herc. Je les ai accoutumés à de semblables scènes.

Amph. Songe plutôt à tant d'exploits mémorables, et fais-toi grâce de cette faute unique.

Herc. Grâce à moi, qui n'en fis jamais à personne? Tout ce que j'ai fait de glorieux, je l'ai fait par ordre; mes forfaits sont bien à moi. Secondez-moi, mon père; et, par tendresse, par pitié, par intérêt pour ma gloire, rendez-moi mes armes, et que par une prompte mort je triomphe de la fortune.

Thés. Il suffit pour te fléchir des prières de ton père; cependant laisse-toi toucher aussi par mes larmes. Ranime ce cœur, qu'aucune épreuve n'a pu abattre. C'est ici qu'il faut faire éclater toute ta vertu. Commande à Hercule de ne plus s'irriter.

Herc. Si je vis, je suis criminel; si je meurs, je ne suis que malheureux. Depuis longtemps un monstre impie, cruel, impitoyable, barbare, erre

---

et inferorum carcer, et sonti plaga
Decreta turbæ, et si quod exsilium latet
Ulterius Erebo, Cerbero ignotum et mihi,
Huc me abde tellus : Tartari ad finem ultimum   1225
Mansurus ibo. Pectus o nimium ferum!
Quis vos per omnem, liberi, sparsos domum
Deflere digne poterit? hic durus malis
Lacrimare vultus nescit. Huc ensem date;
Date huc sagittas; stipitem huc vastum date.   1230
Tibi tela frangam nostra; tibi nostros, puer,
Rumpemus arcus, ac tuis stipes gravis
Ardebit umbris; ipsa Lernæis frequens
Pharetra telis in tuos ibit rogos.
Dent arma pœnas : vos quoque infaustas meis   1235
Cremabo telis, o novercales manus.
Thes. Quis nomen unquam sceleris errori addidit?
Herc. Sæpe error ingens sceleris obtinuit locum.
Thes. Nunc Hercule opus est : perfer hanc molem mali.
Herc. Non sic furore victi exstinctus pudor,   1240
Populos ut omnes impio aspectu fugem.
Arma, arma, Thesen, flagito propere mihi
Subtracta reddi. Sana si mens est mihi,
Referte manibus tela : si remanet furor,
Pater, recede : mortis inveniam viam.   1245
Amph. Per sancta generis sacra, per jus nominis
Utrumque nostri, sive me altorem vocas,
Seu tu parentem; perque venerandos pios
Canos, senectæ parce desertæ, precor,
Annisque fessis : unicum lapsæ domus   1250
Firmamen, unum lumen afflicto malis
Temet reserva. Nullus ex te contigit
Fructus laborum : semper aut dubium mare,
Aut monstra timui : quisquis in toto furit
Rex sævus orbe, manibus, aut aris nocens,   1255
A me timetur : semper absentis pater
Fructum tui, tactumque et aspectum peto.
Herc. Cur animam in ista luce detineam amplius,
Morerque, nihil est : cuncta jam amisi bona,
Mentem, arma, famam, conjugem, natos, manus,   1260
Etiam furorem. Nemo polluto queat
Animo mederi : morte sanandum est scelus.
Amph. Perimes parentem? *Herc.* Facere ne possim, occidam.
Amph. Genitore coram? *Herc.* Cernere hunc docui nefas.
Amph. Memoranda potius omnibus facta intuens,   1265
Unius a te criminis veniam pete.
Herc. Veniam dabit sibi ipse, qui nulli dedit?
Laudanda feci jussus, hoc unum meum est.
Succurre, genitor, sive te pietas movet,
Seu triste fatum, sive violatæ decus   1270
Virtutis : effer arma; vincatur mea
Fortuna dextra. *Thes.* Sunt quidem patriæ preces,
Satis efficaces; sed tamen nostro quoque
Movere fletu : surge, et adversa impetu
Perfringe solito : nunc tuum nulli imparem   1275
Animum malo resume; nunc magna tibi
Virtute agendum est : Herculem irasci veta.

autour de moi : j'ai hâte d'en purger la terre. Pré-pare-toi, ô mon bras, à cet exploit glorieux, qui l'emporte à lui seul sur tes douze travaux. Lâche, tu hésites? Tu n'es brave que contre des enfants et contre des mères éplorées. Si l'on ne me rend mes armes, je vais déraciner les forêts du Pinde, brûler avec moi les bois sacrés de Bacchus, et ceux qui ombragent le Cithéron ; je vais renverser sur moi les maisons de Thèbes avec leurs habitants, les temples avec leurs dieux, et m'enterrer sous ces ruines. Ses remparts entassés sur moi sont un poids trop léger pour mes épaules; si leurs sept portes ne suffisent à m'écraser, je fais écrouler sur ma tête toute la masse du globe qui sépare l'enfer des cieux.

Amph. Rendez-lui ses armes.

Herc. Un tel ordre est digne du père d'Hercule. Voilà le trait qui a percé mon fils.

Amph. C'est Junon qui l'a lancé par ton bras.

Herc. C'est moi qui le dirigerai maintenant.

Amph. Avec quelle violence la douleur et l'effroi font palpiter mon cœur et tremblent tous mes membres !

Herc. La flèche est prête.

Amph. Quoi! maître de tes sens, tu commettrais volontairement un crime? Eh bien! que veux-tu que je fasse? Je ne te demande plus rien. Mon malheur est au comble. Toi seul peux me conserver mon fils ; m'en séparer n'est au pouvoir de personne, pas même de toi. Je n'ai désormais rien à craindre : il ne dépend pas de toi de me rendre plus malheureux, et tu peux faire que je le sois moins. Mais, avant de prendre une résolution d'où dépendent ton honneur et ta gloire, songe qu'il n'y a pas de milieu pour toi : ou tu vivras, ou tu me donneras

la mort. Mon âme épuisée par les ans, usée par les chagrins, n'est plus qu'un souffle errant sur mes lèvres, et prêt à s'en échapper. Se peut-il qu'un fils hésite si longtemps à accorder la vie à son père? C'est trop attendre. J'enfoncerai ce fer dans mon sein; et l'on verra ici une nouvelle victime d'Hercule, et d'Hercule maître de ses sens.

Herc. C'en est trop, ô mon père! retenez votre bras. Cède, ô mon âme, et soumets-toi aux ordres d'un père. Ajoutons cette victoire aux travaux d'Hercule : vivons. O Thésée, relève et soutiens mon père entre tes bras. Ma main impure n'oserait toucher ce vieillard vénérable.

Amph. Ah! cette main, je la baise avec joie; elle sera mon soutien, je la presserai sur mon cœur; elle calmera ses souffrances.

Herc. Quel lieu choisir pour mon exil? Où me cacher? Quelle terre deviendra mon tombeau? Toutes les eaux du Tanaïs, celles du Nil; le Tigre qui précipite son cours vers le golfe Persique; le Rhin majestueux; le Tage qui roule de l'or à travers les champs de l'Ibérie, pourraient-ils purifier mes mains? Non, quand les froides mers de la Scythie feraient passer leurs flots sur moi; quand l'Océan tout entier s'épancherait sur mes mains, ils n'effaceraient pas mes souillures. Cruel, où iras-tu te cacher? Dans les climats de l'Aurore, ou chez les peuples du Couchant? Connu du monde entier, je ne puis même trouver un lieu d'exil. La terre me rejette: les astres effrayés s'élancent de leur route accoutumée: le soleil a vu Cerbère avec moins d'horreur. O Thésée, ami fidèle, cherche-moi une retraite éloignée, inaccessible; et puisque ton sort est de participer aux crimes et d'aimer encore les coupables, pour prix du service que je t'ai rendu, recon-

---

Herc. Si vivo, feci scelera : si morior, tuli.
Purgare terras propero : jamdudum mihi
Monstrum impium, sævumque et immite, ac ferum   1280
Oberrat : agedum, dextra, conare aggredi
Ingens opus, labore bissceno amplius.
Ignave, cessas, fortis in pueros modo,
Pavidasque matres? Arma nisi dantur mihi,
Aut omne Pindi Thracis excidam nemus,   1285
Bacchique lucos, et Cithæronis juga
Mecum cremabo : tota cum domibus suis
Dominisque tecta, cum deis templa omnibus
Thebana supra corpus excipiam meum,
Atque urbe versa condar; et, si fortibus   1290
Leve pondus humeris mœnia immissa incident,
Septemque opertus non satis portis premar,
Onus omne, media parte quod mundi sedet,
Dirimique superos, in meum vertam caput.   1294
Amph. Redde arma. *Herc.* Vox est digna genitore Herculis.
Hoc en peremptus spiculo cecidit puer.
Amph. Hoc Juno telum manibus emisit tuis.
Herc. Hoc nunc ego utar. *Amph.* Ecce, quam miserum metu
Cor palpitat, corpusque sollicitum ferit !
Herc. Aptata arundo est. *Amph.* Ecce jam facies scelus   1360
Volens sciensque. Pande, quid fieri jubes?
Nihil rogamus : noster in tuto est dolor :
Natum potes servare tu solus mihi,
Eripere nec tu : maximum evasi metum :
Miserum haud potes me facere, felicem potes.   1305
Sic statue, quidquid statuis, ut causam tuam
Famamque in arcto stare et ancipiti scias :
Aut vivis, aut occidis. Hanc animam levem,

Fessamque senio, nec minus quassam malis
In ore primo teneo.... Tam tarde patri   1310
Vitam dat aliquis? Non feram ulterius moram;
Letale ferro pectus impresso induam :
Hic, hic jacebit Herculis sani scelus.
Herc. Jam parce, genitor, parce; jam revoca manum.
Succumbe, virtus, perfer imperium patris.   1315
Eat ad labores hic quoque Herculeos labor;
Vivamus : artus alleva afflictos solo,
Theseu, parentis; dextra contactus pios
Scelerata refugit. *Amph.* Hanc manum amplector libens :
Hac nixus ibo, pectori hanc ægro admovens   1320
Pellam dolores. *Herc.* Quem locum profugus petam?
Ubi me recondam ? quave tellure obruam?
Quis Tanais, aut quis Nilus, aut quis Persica
Violentus unda Tigris, aut Rhenus ferox,
Tagusve Ibera turbidus gaza fluens,   1325
Abluere dextram poterit? Arctoum licet
Mæotis in me gelida transfundat mare,
Et tota Tethys per meas currat manus,
Hærebit altum facinus. In quas impius
Terras recedes? Ortum, an Occasum petes?   1330
Ubique notus perdidi exsilio locum.
Me refugit orbis : astra transversos agunt
Obliqua cursus : ipse Titan Cerberum
Meliore vultu vidit. O fidum caput,
Theseu, latebram quære longinquam, abditam;   1335
Quoniamque semper sceleris alieni arbiter
Amas nocentes, gratiam meritis refer
Vicemque nostris : redde me infernis, precor,
Umbris reductum, meque subjectum tuis

duis-moi aux enfers ; charge-moi des chaînes que tu as portées. Là du moins je serai inconnu. Que dis-je ? l'enfer même me connaît.

Thésée. Ma patrie vous tend les bras ; jadis Mars y fut absous d'un meurtre, et remis en possession de ses armes : venez, Alcide, dans cette contrée privilégiée, terre d'expiation même pour les dieux

Restitue vinclis; ille me abscondet locus.....   1340
Sed et ille novit. *Thes.* Nostra te tellus manet.
Illic solutam cæde Gradivus manum

Restituit armis : illa te, Alcida, vocat,
Facere innocentes terra quæ superos solet.

THYESTE.

PERSONNAGES

THYESTE.
ATRÉE.
TANTALE.
MÉGÈRE.
PLISTHÈNE, fils de Thyeste.
CHŒUR de vieillards de Mycènes.

TANTALE, fils de Thyeste, } personnages
Un autre fils de Thyeste, } muets.
Un garde, un messager.

La scène est à Mycènes, dans le palais d'Atrée.

ARGUMENT.

Atrée régnait à Mycènes. Thyeste, son frère, brûlant de s'emparer de la couronne, lui dérobe un bélier d'or, à la possession duquel on croyait attachées les destinées du royaume. La reine Érope, femme d'Atrée, qu'il avait séduite, le seconde dans cette entreprise. De là une guerre violente entre les deux frères. Après une alternative de bons et de mauvais succès (car on voit dans la tragédie même, vers 237, Atrée dépouillé de sa puissance et errant dans ses propres États), Thyeste, à la fois chassé du trône et de Mycènes, traînait depuis longtemps une existence pauvre et misérable. Atrée veut outrer sa vengeance, et l'égaler aux affronts qu'il avait reçus; il feint de se réconcilier avec son frère. Thyeste revient donc, mais plein d'appréhension et de défiance. Atrée l'accueille avec de fausses démonstrations de joie; mais, ayant reçu ses fils comme otages, il les égorge au pied des autels, prépare de leurs membres un mets qu'il sert à leur père, et lui fait boire leur sang, mêlé avec du vin. Après ce forfait, dont l'atrocité fit, dit-on, reculer le soleil, Atrée apprend à son frère, avec une joie féroce, quel repas il vient de faire, et se rit des imprécations de ce malheureux.

THYESTES.

DRAMATIS PERSONÆ.

THYESTES.
ATREUS.
TANTALUS.
MEGÆRA.
PLISTHENES, Thyestis filius.
CHORUS SENUM MYCENÆORUM.

TANTALUS, Thyestis filius.
ALIUS THYESTIS FILIUS,
SATELLES, NUNTIUS.

} mutæ personæ.

ARGUMENTUM.

Regnante Mycenis Atreo, Thyestes ejus frater, imperii sibi vindicandi cupiditate correptus, aureum arietem, in cujus possessione fata regni reposita credebantur, per fraudem subduxerat, adjuvante Ærope regina, Atrei uxore, quam Thyestes in adulterium pellexerat. Inde dissidia bellumque inter fratres. Post varias fortunæ vices (nam ex hac ipsa tragœdia, v. 237, inferri potest erravisse atquandiu Atreum, dejectum regno), Thyestes, ex solio simul et urbe pulsus, diu vitam traxerat miseram et inopem. Atreus vero ultionis ultra modum appetens, ut sceleri pœnam æquet, fingit se velle pristinam caritatem cum fratre restituere. Redit igitur Thyestes; et postquam pavidum nec adhuc fortunæ suæ confidentem Atreus simulato gaudio excepit, natus ejus, pro obsidibus acceptos, ad aras trucidat, et epulandos genitori apponit, ipsumque eorum cruorem, vino commixtum, hauriendum præbet. Tum ultione exacta, cujus immanitatem sol horruisse dicitur, et refugo cursu damnavisse, Atreus fratri aperit exsultans quibus dapibus famem expleverit, et imprecantem irridet.

ACTE PREMIER.

L'OMBRE DE TANTALE, MÉGÈRE.

Tant. Qui me ramène ici de la demeure lugubre des enfers, où mes lèvres avides poursuivent des aliments qui leur échappent sans cesse? Quel dieu ennemi fait revoir à Tantale le séjour des vivants? A-t-on inventé un supplice plus horrible qu'une soif ardente au milieu des ondes, qu'une faim qu'on ne peut assouvir? Suis-je destiné à porter sur mes épaules le rocher qui se joue des efforts de Sisyphe? à tourner sur la roue dont le mouvement rapide emporte Ixion? à souffrir le tourment de Titye, dont la poitrine ouverte nourrit dans sa cavité profonde les vautours qui lui déchirent les entrailles, et dont les chairs, toujours renaissantes, offrent un éternel aliment à ces monstres toujours affamés? Quelle torture nouvelle vais-je donc souffrir? O qui que tu sois, dont la volonté préside à ce changement de supplices, enchéris, si tu peux, sur ce qui existe; invente de quoi faire horreur à Cerbère, épouvanter l'Achéron, et me faire trembler moi-même! Cherche. Une race est née de moi, pire que sa souche; race près de laquelle je semblerai innocent, qui osera ce que nul encore n'avait osé. Tout ce qui reste de places vides au séjour du crime, ma famille les remplira. Minos n'aura point de relâche tant que la maison de Pélops sera debout.

Még. Avance, ombre détestable, viens remplir de tes fureurs cette demeure impie; que tes descen-

ACTUS PRIMUS.

UMBRA TANTALI, MEGÆRA.

Tant. Quis me inferorum sede ab infausta extrahit,
Avido fugaces ore captantem cibos?
Quis male deorum Tantalo vivas domos
Ostendit iterum? Pejus inventum est siti
Arente in undis aliquid, et pejus fame   5
Hiante semper? Sisyphi numquid lapis
Gestandus humeris lubricus nostris venit?
Aut membra celeri differens cursu rota?
Aut pœna Tityi, qui specu vasto patens
Visceribus atras pascit effossis aves,   10
Et nocte reparans quidquid amisit die,
Plenum recenti pabulum monstro jacet?
In quod malum transcribor? O quisquis nova
Supplicia functis durus umbrarum arbiter
Disponis, addi si quid ad pœnas potest,   15
Quod ipse custos carceris diri horreat,
Quod mœstus Acheron paveat, ad cujus metum
Nos quoque tremamus, quære: jam nostra subit
E stirpe turba, quæ suum vincat genus,
Ac me innocentem faciat, et inausa audeat.   20
Regione quidquid impia cessat loci,
Complebo: nunquam stante Pelopea domo
Minos vacabit. *Meg.* Perge, detestabilis
Umbra, et penates impios furiis age.

dants rivalisent d'horreurs ; qu'ils s'arment à l'envi l'un contre l'autre ; qu'ils se haïssent sans mesure et sans frein, par l'instinct d'une rage aveugle ; que celle des pères passe aux enfants, et se perpétue jusqu'au dernier de la race ; qu'ils n'aient pas le temps du remords ; que le crime s'ente sur le crime, et porte double fruit ; que le châtiment même soit un forfait de plus ; que deux frères dénaturés s'arrachent le sceptre l'un à l'autre, et passent tour à tour du trône à l'exil ; qu'entre ces furieux la fortune reste indécise ; qu'ils passent de la puissance à la misère, et de la misère à la puissance ; que le sceptre change sans cesse de mains : exilés pour leurs crimes, que, rendus à leur patrie, ils signalent par le crime leur retour ; qu'ils soient odieux à tous comme à eux-mêmes ; que leur fureur se croie tout permis ; que le frère craigne tout de son frère, le fils de sa mère, la mère de son fils ; que la mort des enfants soit affreuse, leur naissance plus déplorable encore ; que l'épouse forcenée s'arme contre son époux ; que la guerre franchisse les mers ; que le monde entier soit inondé de sang ; que les souverains dominateurs des peuples succombent sous les coups d'un vil suborneur ; que l'adultère soit le moindre des crimes de ta race impie ; qu'elle abjure l'amour fraternel, la bonne foi et les droits les plus sacrés ; que ses forfaits portent le désordre jusque dans le ciel. Flambeaux de la nuit, étoiles étincelantes, cessez de répandre votre lumière accoutumée. Que la nuit couvre le monde, et qu'aucune clarté ne paraisse sur la voûte céleste. Allons, bouleverse ces pénates. Appelle à toi la Haine, le Meurtre et le Deuil ; que tout ici se ressente de la présence de Tantale. Pare les murs de ce palais ; qu'un laurier verdoyant tapisse les portes ; fais allumer un feu digne de toi ; renouvelle en ces lieux l'horrible drame de

Thrace, mais avec plus de sang. Quoi ! l'oncle féroce n'a pas encore armé sa main ? Quoi ! Thyeste ne pleure pas encore un fils ? Que tarde-t-on à retirer leurs corps de l'airain qui frémit sur les flammes, à mettre leurs membres en pièces ? Que leur sang inonde le foyer paternel ; que le festin s'apprête. De tels mets n'ont rien de nouveau pour toi. Profite du jour que je t'accorde. A cette table-là tu as congé d'assouvir ta faim, de réparer un si long jeûne. On boira devant toi du sang mêlé avec le vin...!! J'ai donc imaginé un festin à te faire reculer toi-même. Arrête ; où vas-tu si vite ?

Tant. Retrouver mon lac, mon fleuve aux eaux fugitives, mon arbre aux fruits insaisissables, et l'horreur de mon noir cachot. Est-ce un sort trop doux ? qu'on me plonge ailleurs. Reçois Tantale, ô Phlégéton, au milieu de ton lit, dans ton onde de feu. Et vous tous que l'ordre du destin condamne à tant de diverses tortures ; toi qui vois un roc miné toujours prêt à t'écraser dans sa chute ; toi, que menace incessamment la dent des lions et le fouet des Furies ; toi qui, déjà consumé à demi, t'efforces de repousser ces torches vengeresses ; écoutez Tantale, impatient de se rejoindre à vous : et croyez-en ce que j'éprouve, soyez contents de vos supplices. Ah ! quand pourrais-je revoir les enfers ?

Még. Il te faut auparavant mettre le trouble en ta maison, apporter ici la guerre, inspirer la rage du meurtre aux princes de ton sang. Allons, que ta noire pensée s'évertue, et montre ce qu'elle peut faire.

Tant. Je suis tenu de subir ma peine, non d'être un instrument de supplice. Semblable à ces vapeurs funestes échappées du sein de la terre, je viendrais donc ici répandre l'horreur et la contagion ? L'aïeul exciterait ses petits-fils aux forfaits les plus mons-

Certetur omni scelere, et alterna vice   25
Stringantur enses. Ne sit irarum modus
Pudorve : mentes cæcus instiget furor ;
Rabies parentum duret, et longum nefas
Eat in nepotes : nec vacet cuiquam vetus
Odisse crimen ; semper oriatur novum.   30
Nec unum in uno ; dumque punitur scelus,
Crescat. Superbis fratribus regna excidant,
Repetantque profugos : dubia violentæ domus
Fortuna reges inter incertos labet :
Miser ex potente fiat, ex misero potens,   35
Fluctuque regnum casus assiduo ferat.
Ob scelera pulsi, quum dabit patriam deus,
In scelera redeant ; sintque tam invisi omnibus,
Quam sibi. Nihil sit, ira quod vetitum putet :
Fratrem expavescat frater, et natum parens,   40
Natusque patrem : liberi pereant male ;
Pejus tamen nascantur : immineat viro
Infesta conjux. Bella trans pontum vehant ;
Effusus omnes irriget terras cruor,
Supraque magnos gentium exsultet duces   45
Libido victrix. Impia stuprum in domo
Levissimum sit : fratris et fas et fides
Jusque omne pereat. Non sit a vestris malis
Immune cælum : cur micant stellæ polo,
Flammæque servant debitum mundo decus ?   50
Nox atra fiat, excidat cælo dies.
Misce penates : odia, cædes, funera
Arcesse, et imple Tantalo totam domum.
Ornetur altum columen, et lauro fores
Læta virescant : dignus adventu tuo   55
Splendescat ignis : Thracium fiat nefas

Majore numero. Dextra cur patrui vacat ?
Nondum Thyestes liberos deflet suos ?
Ecquando tollet, ignibus jam subditis
Spumante aheno ? membra per partes cant   60
Discerpta : patrios polluat sanguis focos :
Epulæ instruantur. Non novi sceleris tibi
Conviva venies : liberum dedimus diem,
Tuamque ad istas solvimus mensas famem.
Jejunia exple : mixtus in Bacchum cruor   65
Spectante te potetur.... Inveni dapes,
Quas ipse fugeres. Siste : quo præceps ruis ?
Tant. Ad stagna, et amnes, et recedentes aquas,
Labrisque ab ipsis arboris plenæ fugas.
Abire in atrum carceris liceat mei   70
Cubile : liceat, si parum videor miser,
Mutare ripas : alveo medius tuo,
Phlegethon, relinquar, igneo cinctus freto.
Quicunque pœnas lege fatorum datas
Pati juberis ; quisquis exeso jaces   75
Pavidus sub antro, jamque venturi times
Montis ruinam ; quisquis avidorum feros
Rictus leonum, et dira Furiarum agmina
Implicitus horres ; quisquis immissas faces
Semiustus abigis, Tantali vocem excipe   80
Properantis ad vos : credite experto mihi,
Amate pœnas. Quando continget mihi
Effugere superos ? *Meg.* Ante perturba domum,
Inferque tecum prælia, et ferri malum
Regibus amorem : concute insano ferum   85
Pectus tumultu. *Tant.* Me pati pœnas decet,
Non esse pœnam. Mittor, ut dirus vapor
Tellure rupta, vel gravem populis luem

trueux? O père des dieux, à qui je dois aussi le jour, quoique tu rougisses d'un tel fils; non , quoi que tu puisse attirer sur moi ma langue indiscrète, non, je ne puis me taire : gardez-vous, mes fils, de commettre un meurtre exécrable, de souiller les autels sous l'inspiration des enfers! Je serai près de vous; j'arrêterai la main sacrilége.... Mais quoi ! tu lèves ton fouet menaçant? Que me veulent ces serpents qui dressent leur tête menaçante? Pourquoi réveiller au fond de mes entrailles cette affreuse faim? Dieux! quelle soif me brûle, me consume? Quel feu s'allume dans mon sein? Ah ! je te cède; j'obéis.

Még. Va donc communiquer ces transports à toute ta race. Que, pressés de la soif qui te dévore, tes fils cherchent à s'abreuver de leur sang. Mais ces murs déjà ont senti ton approche, et d'horreur ce palais a frémi. C'est assez, va reprendre aux enfers ta place accoutumée. La terre ne te porte qu'à regret. Vois ces fleuves retirer leurs eaux au fond de leur lit, et laisser à nu leurs rivages. Vois l'atmosphere desséchée par les ardeurs d'un souffle délétère. Le feuillage se fane, et l'arbre, sans fruits, n'offre que des rameaux dépouillés. L'isthme de Corinthe, autrefois serré si étroitement entre deux mers, maintenant élargi par leur retraite, entend à peine le bruit lointain des vagues. Les sources de Lerne sont taries; l'Inachus cesse de couler; l'Alphée n'épanche plus son onde sacrée. Le Cithéron est dépouillé des neiges qui blanchissaient son front. La noble Argos redoute la sécheresse dont elle fut autrefois affligée; et Phébus lui-même hésite à paraître, et à commencer sa course qu'il ne pourra terminer.

CHOEUR.

Si quelque dieu chérit Argos, honneur de l'Achaïe, Pise, célèbre par ses courses de chars, le royaume de Corinthe, son isthme, son double port, et les deux mers que cet isthme sépare ; si quelque dieu protége le Taygète, dont on voit si loin la cime couverte de neiges, de ces neiges qu'amassent durant l'hiver les vents de Scythie, et que fondent, au retour du printemps, les vents étésiens, propices aux navigateurs; s'il en est qui se plaise près des eaux limpides et fraîches de l'Alphée, illustré par les festins d'Olympie; puisse-t-il écouter favorablement nos prières, empêcher que les crimes ne s'y succèdent encore; que l'aïeul coupable ne soit remplacé sur le trône par un petit-fils plus coupable encore, et que les fils ne s'efforcent d'ajouter aux forfaits de leurs pères! Puisse enfin la race impie de Tantale, effrayée par son supplice, ne plus imiter ses fureurs! Assez de mal a été fait. Violant la justice, elle ne s'est pas même arrêtée à des crimes ordinaires. Myrtile, qui avait trahi son maître, périt victime de la trahison, et, par un sort digne de sa perfidie, rendit fameuse la mer qui prit son nom. Quelle histoire plus connue de quiconque a navigué sur la mer d'Ionie? Ton propre fils, ô Tantale, tomba sous ton glaive impie au moment même où l'enfant accourait te demander une caresse. Ta main a pu partager cette tendre victime, la livrer aux flammes du foyer, en faire fête à tes hôtes divins. Une faim, une soif éternelle furent le prix de ce banquet. La peine ne pouvait mieux répondre au crime. Tantale (amère dérision) mange à vide. La nourriture est là suspendue à portée de

Sparsura pestis : ducam in horrendum nefas
Avus nepotes. Magne divorum parens,
Nosterque, quamvis pudeat, ingenti licet
Taxata pœna lingua crucietur loquax,
Nec hoc tacebo : moneo, ne sacra manus
Violate cæde, neve furiali malo
Aspergite aras. Stabo, et arcebo scelus....   95
Quid ora terres verbere, et tortos ferox
Minaris angues? quid famem infixam intimis
Agitas medullis? flagrat incensum sili
Cor, et perustis flamma visceribus micat.
Sequor.   100
Meg. Hunc, o, furorem divide in totam domum.
Sic, sic ferantur, et suum infensi invicem
Sitiant cruorem.... Sensit introitus tuos
Domus, et nefando tota contactu horruit.
Actum est abunde : gradere ad infernos specus.   105
Amnemque notum : jam tuum mœstæ pedem
Terræ gravantur ; cernis, ut fontes liquor
Introrsus actus linquat, ut ripæ vacent,
Ventusque raras igneus nubes ferat?
Pallescit omnis arbor, ac nudus stetit   110
Fugiente pomo ramus; et qui fluctibus
Illinc propinquis Isthmos atque illinc fremit,
Vicina gracili dividens terra vada,
Longe remotos latus exaudit sonos.
Jam Lerna retro cessit, et Phoronides   115
Latuere venæ : nec suas profert sacer
Alpheos undas, et Cithæronis juga
Stant parte nulla cana, deposita nive,
Timentque veterem nobiles Argi sitim.
En ipse Titan dubitat, an jubeat sequi   120
Cogatque habenis ire periturum diem.

CHORUS.

Argos de superis si quis Achaicum,
Pisæisque domos curribus inclytas,
Isthmi ut quis amat regna Corinthii,
Et portus geminos, et mare dissidens;   125
Si quis Taygeti conspicuas nives,
Quas, quum Sarmaticus tempore frigido
In summis Boreas composuit jugis,
Æstas veliferis solvit Etesiis;
Quem tangit gelido flumine lucidus   130
Alpheos, stadio notus Olympico;
Advertat placidum numen , et arceat
Alternæ scelerum ne redeant vices;
Neu succedat avo deterior nepos,
Et major placeat culpa minoribus.   135
Tandem lassa feros exuat impetus
Sicci progenies impia Tantali.
Peccatum satis est : fas valuit nihil,
Aut commune nefas : proditus occidit
Deceptor domini Myrtilus, et fide   140
Vectus, qua tulerat, nobile reddidit
Mutato pelagus nomine; notior
Nulla est Ioniis fabula navibus.
Exceptus gladio parvulus impio
Dum currit patrium natus ad osculum,   145
Immatura focis victima concidit,
Divisusque tua est, Tantale, dextera,
Mensas ut strueres hospitibus deis.
Hos æterna fames prosequitur cibos,
Hos æterna sitis; nec dapibus feris   150
Decerni potuit pœna decentior.
Stat lusus vacuo gutture Tantalus :
Impendet capiti plurima noxio
Phineis avibus præda fugacior :
Hinc illinc gravidis frondibus incubat   155

la tête du coupable; délicate, abondante, mais plus fugitive que les ravisseurs ailés de la table de Phinée. Un arbre au feuillage épais penche et retire incessamment des rameaux pliant sous les fruits devant sa bouche, qui s'ouvre autant de fois en pure perte. Toujours déçu, le malheureux que presse la faim, que ce jeu désespère, refuse-t-il l'appât, et, détournant les yeux et comprimant les lèvres, s'efforce-t-il de renfoncer la faim derrière ses dents serrées; l'arbre alors d'étaler de plus près le luxe irritant de ses fruits, dont la maturité sollicite la main qui tremble de les saisir. Tantale cède, veut encore être trompé; mais soudain l'arbre se redresse, et toute cette menteuse abondance lui échappe. Tantale a soif, autre torture, et non moins poignante. Une inextinguible ardeur brûle son sang; le feu circule dans ses veines. Ses lèvres vont toucher l'onde : ô misère, elle fuit; le lit se dessèche; il a cru l'atteindre, et ne s'est abreuvé que d'une humide poussière.

ACTE SECOND.

ATRÉE, UN GARDE.

Atr. Cœur timide, lâche, pusillanime, et (ce qui est pour un souverain le comble de l'opprobre) impuissant à venger ton injure; après tous les forfaits et les perfidies de ton frère, quand il a violé les droits les plus sacrés, ta colère, Atrée, s'exhale en vaines plaintes. Argos tout entier devrait retentir du bruit des armes, et les deux mers gémir sous tes vaisseaux. L'incendie devrait illuminer les champs et les villes, le fer étinceler de toutes parts. Que l'Argolide entière résonne sous le poids de nos coursiers; que les forêts, que les citadelles bâties sur des monts les

plus escarpés n'offrent plus de retraite à mon ennemi; que tout mon peuple, abandonnant Mycènes, ne respire que les combats! Malheur à celui qui oserait cacher ou protéger l'objet de ma haine! Je le dévoue au plus affreux supplice. Que ce palais, demeure auguste de Pélops, tombe sur moi, pourvu qu'en tombant il écrase mon frère! Allons, mon cœur, un dessein dont la postérité frémisse, mais dont elle parle à jamais! Osons quelque chose d'atroce, d'inouï, quelque chose que mon frère eût voulu avoir fait! On ne se venge d'un crime qu'en le surpassant. Mais qui peut surpasser Thyeste en fait de crime? Est-ce qu'il connaît résignation dans le malheur, mesure dans la prospérité, ou repos dans les fatigues? Je le connais ce cœur inflexible; il ne saurait plier; il faut le rompre. Ne lui laissons pas le temps de s'affermir et d'assembler ses forces. Hâtons-nous, de peur qu'il ne profite de mon inaction. Il me tuera, si je ne le tue. Nous luttons de forfaits : le prix est au plus prompt.

Le gar. Ne craignez-vous pas les murmures du peuple?

Atr. La royauté a cet avantage, qu'elle oblige le peuple à tout louer comme à tout souffrir.

Le gar. Mais la crainte, en arrachant des louanges, vous fait des ennemis. L'estime sincère se sent plus qu'elle ne s'exprime.

Atr. Cette louange sincère, l'homme obscur peut l'obtenir. La flatterie est un tribut qu'on ne paye qu'à la puissance. Forçons le peuple à vouloir.

Le gar. Que le roi veuille ce qui est juste, sa volonté sera celle de tous.

Atr. Le roi qui ne peut que le bien n'en a pas pour longtemps à l'être.

Le gar. Le trône qui ne s'appuie pas sur la modé-

Et curvata suis fœtibus, ac tremens
Alludit patulis arbor hiatibus :
Hæc, quamvis avidus nec patiens moræ,
Deceptus toties tangere negligit,
Obliquatque oculos, oraque comprimit, 160
Inclusisque famem dentibus alligat :
Sed tunc divitias omne nemus suas
Demittit propius, pomaque desuper
Insultant foliis mitia languidis,
Accenduntque famem, quæ jubet irritas 165
Exercere manus : has ubi protulit,
Et falli libuit, totus in arduum
Autumnus rapitur, sylvaque mobilis.
Instat deinde sitis non levior fame;
Qua quum percaluit sanguis, et igneis 170
Exarsit facibus, stat miser obvios
Fluctus ore vocans, quos profugus latex
Avertit, sterili deficiens vado,
Conantemque sequi, deserit : hic bibit
Altum de rapido gurgite pulverem. 175

ACTUS SECUNDUS.

ATREUS, SATELLES.

Atr. Ignave, iners, enervis, et, quod maximum
Probrum tyranno rebus in summis reor,
Inulte, post tot scelera, post fratris dolos,
Fasque omne ruptum, questibus vanis agis
Iras? At Argos fremere jam totum tuis 180
Debebat armis, omnis et geminum mare
Innare classis : jam tuis flammis agros
Lucere et urbes decuit, ac strictum undique
Micare ferrum. Tota sub nostro sonet

Argolica tellus equite : non sylvæ tegant 185
Hostem, nec altis montium structæ jugis
Arces : relictis bellicum totus canat
Populus Mycenis : quisquis invisum caput
Tegit ac tuetur, clade funesta occidat
Hæc ipsa pollens incliti Pelopis domus 190
Ruat vel in me, dummodo in fratrem ruat.
Age, anime, fac, quod nulla posteritas probet,
Sed nulla taceat : aliquod audendum est nefas
Atrox, cruentum; tale, quod frater meus
Suum esse mallet : scelera non ulcisceris, 195
Nisi vincis. Ecquid esse tam sævum potest,
Quod superet illum? numquid abjectus jacet?
Numquid secundis patitur in rebus modum,
Fessis quietem? novi ego ingenium viri
Indocile : flecti non potest, frangi potest. 200
Proin, antequam se firmet, aut vires paret,
Petatur ultro, ne quiescentem petat :
Aut perdet, aut peribit : in medio est scelus
Positum occupanti. *Sat.* Fama te populi nihil
Adversa terret? *Atr.* Maximum hoc regni bonum est, 205
Quod facta domini cogitur populus sui
Tam ferre, quam laudare. *Sat.* Quos cogit metus
Laudare, eosdem reddit inimicos metus.
At qui favoris gloriam veri petit,
Animo magis, quam voce, laudari velit. 210
Atr. Laus vera et humili sæpe contingit viro :
Non nisi potenti falsa. Quod nolunt, velint.
Sat. Rex velit honesta; nemo non eadem volet.
Atr. Ubicunque tantum honesta dominanti licent,
Precario regnatur. *Sat.* Ubi non est pudor, 215
Nec cura juris, sanctitas, pietas, fides,
Instabile regnum est. *Atr.* Sanctitas, pietas, fides,

ration, le respect des lois, la probité, la piété, la bonne foi, n'est pas ferme sur sa base.

Atr. Probité, piété, bonne foi, vertus bonnes pour le vulgaire. Un roi n'a de règle que ses désirs.

Le gar. Il n'est pas permis de nuire même à un mauvais frère.

Atr. Ce qui serait cruel à l'égard de tout autre frère n'est que juste à l'égard du mien. De quels crimes, de quels forfaits a-t-il craint de se souiller? Il a séduit ma femme; il a ravi ma couronne; il s'est emparé par fraude du gage de la royauté. Dans les vastes bergeries de Pélops est un superbe animal, un bélier mystérieux, chef d'un riche troupeau; son corps est couvert d'une épaisse toison d'or. C'est de cette laine précieuse que les successeurs de Tantale, en prenant possession de l'empire, ont coutume d'orner leur sceptre. L'empire, la fortune de toute notre famille passent au possesseur de ce bélier. Aussi cet animal sacré est-il gardé avec soin dans une prairie isolée; et une forte muraille environne ce lieu, où résident les destinées du royaume. Le perfide me l'a dérobé, secondé par mon épouse dans cette coupable entreprise. De là sont nés tous les maux qui nous ont accablés tour à tour. Je fus moi-même errant et proscrit dans mes propres États. Rien de ce que je possédais n'a été à l'abri de sa scélératesse. Il a souillé mon lit, ruiné mon autorité, ébranlé ma maison. Mes fils même sont-ils à moi? Je n'ai rien d'assuré, rien que la haine de mon frère. Atrée, qui te retient? Hâte-toi. Remets devant tes yeux Tantale et Pélops; voilà tes modèles. Mais toi, parle? Comment immoler ce monstre?

Le gar. Qu'il expire par le fer!

Atr. Tu me parles de la fin du supplice; c'est le supplice que je veux. C'est un tyran débonnaire qui tue. La mort est une faveur sous mon règne.

Le gar. Vous êtes donc impitoyable?

Atr. Sors d'ici, pitié, si jamais tu y entras! Venez, Furies; accours, Erinnys, toi qui souffles la discorde; et toi, Mégère, dont les mains agitent deux torches ardentes. Ma rage n'est pas au degré que je veux. De l'horreur, encore de l'horreur!

Le gar. Quelle vengeance inouïe méditez-vous?

Atr. Quelque chose qui excède la mesure connue. Tout forfait m'est bon, aucun ne me suffit.

Le gar. Le fer?

Atr. C'est trop peu.

Le gar. Le feu?

Atr. Il me faut plus encore.

Le gar. Quel sera donc l'instrument?

Atr. Thyeste lui-même.

Le gar. Ceci passe la haine.

Atr. C'est vrai. Un tumulte effrayant agite, bouleverse mes esprits. Une force invincible m'entraîne. Où? Je l'ignore; mais elle m'entraîne. La terre mugit du fond de ses entrailles; la foudre gronde, et le ciel est serein. On dirait au craquement de ces voûtes qu'elles vont s'écrouler. Mes pénates se détournent avec horreur. N'importe: achevons, et que les dieux en frémissent.

Le gar. Mais enfin que prétendez-vous faire?

Atr. Mon esprit est en travail; il enfante quelque chose d'immense, d'inusité, de surhumain. Je le sens qui pousse mes mains trop lentes... Ce que c'est, je ne puis le dire encore, mais ce sera du grand...Oui, mon esprit, arrêtons-nous là. Le crime est digne de Thyeste, digne d'Atrée. Chacun de nous y mettra du sien. Le palais du roi de Thrace a vu forfait grandiose, mais déjà usé! Il faut mieux encore à mon ressentiment. Soufflez-moi vos fureurs, épouse et sœur de Térée. Nos injures sont pareilles. Soyez à mes côtés; poussez mon bras. Que le père déchire d'une dent avide les membres de ses fils, et se repaisse avec joie de sa propre chair. Oui, voilà qui est bien;

Privata bona sunt : qua juvat , reges eant.
Sat. Nefas nocere vel malo fratri puta.
Atr. Fas est in illo, quidquid in fratre est nefas.   220
Quid enim reliquit crimine intactum? aut ubi
Sceleri pepercit? Conjugem stupro abstulit,
Regnumque furto : specimen antiquum imperii
Fraude est adeptus ; fraude turbavit domum.
Est Pelopis altis nobile in stabulis pecus,   225
Arcanus aries, ductor opulenti gregis,
Cujus per omne corpus effuso coma
Dependet auro, cujus e tergo novi
Aurata reges sceptra Tantalici gerunt :
Possessor hujus regnat; hunc cuncta domus   230
Fortuna sequitur. Tuta seposita sacer
In parte carpit prata, quæ claudit lapis,
Fatale saxeo pascuum muro tegens.
Hunc, facinus ingens ausus, assumpta in scelus
Consorte nostri perfidus thalami avehit.   235
Hinc omne cladis mutuæ fluxit malum.
Per regna trepidus exsul erravi mea.
Pars nulla nostri tuta ab insidiis vacat :
Corrupta conjux, imperii quassa est fides ;
Domus ægra, dubius sanguis : est certi nihil,   240
Nisi frater hostis. Quid stupes? Tandem incipe;
Animoque sume Tantalum, et Pelopem aspice :
Ad hæc manus exempla poscuntur meæ.
Profare, dirum qua caput mactem via.
Sat. Ferro peremptus spiritum inimicum exspuat.   245
Atr. De fine pœnæ loqueris, ego pœnam volo.
Perimat tyrannus lenis : in regno meo

Mors impetratur. *Sat.* Nulla te pietas movet?
Atr. Excede, pietas, si modo in nostra domo
Unquam fuisti! dira Furiarum cohors,   250
Discorsque Erinnys veniat, et geminas faces
Megæra quatiens : non satis magno meum
Ardet furore pectus ; impleri juvat
Majore monstro. *Sat.* Quid novi rabidus struis?   255
Atr. Nil quod doloris capiat assueti modum.
Nullum relinquam facinus, et nullum est satis.
Sat. Ferrum? *Atr.* Parum est. *Sat.* Quid ignis? *Atr.* Etiamnum parum est.
Sat. Quonam ergo telo tantus utetur dolor?
Atr. Ipso Thyeste. *Sat.* Majus hoc ira est malum.   260
Atr. Fateor : tumultus pectora attonitus quatit,
Penitusque volvit : rapior, et quo nescio,
Sed rapior. Imo mugit e fundo solum ;
Tonat dies serenus, ac totis domus
Ut fracta tectis crepuit, et moti lares   265
Vertere vultum : fiat hoc, fiat nefas,
Quod, dii, timetis. *Sat.* Facere quod tandem paras?
Atr. Nescio quid animus majus, et solito amplius,
Supraque fines moris humani tumet,
Instatque pigris manibus : haud, quid sit, scio ;
Sed grande quiddam est... Ita sit; hoc, anime, occupa.
Dignum est Thyeste facinus, et dignum Atreo :   271
Uterque faciat. Vidit infanda domus
Odrysia mensas.... Fateor; immane est scelus,
Sed occupatum : majus hoc aliquid dolor
Inveniat. Animum Daulis inspira parens,   275
Sororque : causa est similis; assiste, et manum

cela suffit à ma haine ; ce raffinement me plaît assez. Mais où est Thyeste ? Pourquoi ne suis-je pas encore coupable ? Cette scène de carnage se joue déjà devant mes yeux. Il regarde avec horreur les restes de ses enfants. Quoi ! mon âme, tu retombes dans tes frayeurs ? tu faiblis au moment d'exécuter ? Allons, courage ! Le plus difficile du rôle , c'est lui qui le fera.

Le gar. Mais par quel artifice l'attirerez-vous dans vos filets ? Il se défie de tout.

Atr. Je ne le surprendrais pas , si lui-même ne cherchait à me surprendre. Il se flatte de me détrôner. Avec cet espoir, il affronterait Jupiter armé de sa foudre , traverserait les flots soulevés , se lancerait au milieu des sirtes de la Libye. Il fera plus encore, il supportera la vue de son frère.

Le gar. Qui le convaincra de vos sentiments pacifiques ? Qui lui fera croire un pareil changement ?

Atr. Le méchant se laisse aisément prendre à l'appât. Cependant j'enverrai mes fils auprès de leur oncle , pour l'inviter de ma part à mettre fin à son exil , à changer pour le trône une vie de malheur , et à venir partager avec moi la royauté dans Argos. S'il repousse obstinément ces offres séduisantes, ses fils sans défiance , accablés des maux qu'ils endurent , et par là plus faciles à tromper, céderont à nos instances. Enfin , d'une part la passion de régner, qu'il posséda toujours, de l'autre son extrême misère, la rigueur de son sort, fléchiront ce cœur quelque endurci que le malheur l'ait fait.

Le gar. Erreur ! l'habitude a pu lui rendre le fardeau plus léger.

Atr. Le temps ne fait qu'accroître le sentiment du mal. Le poids qu'on lève avec aisance accable par sa continuité.

Le gar. Pour votre noir projet choisissez d'autres

instruments que vos fils. Les jeunes gens n'écoutent que trop les mauvais conseils. Ils traiteront leur père comme ils auront appris à traiter leur oncle. La leçon du crime tourne souvent contre celui qui l'a donnée.

Atr. Et quand nul ne serait là pour leur montrer les voies de la perfidie et du crime , le pouvoir seul suffit pour les leur montrer. Tu crains qu'ils ne deviennent pervers ? Ils le sont par le sang. Mes projets te semblent cruels , inhumains , barbares , dénaturés ? Peut-être en ce moment il s'en médite autant contre moi.

Le gar. Sauront-ils donc ce que vous méditez ? Cet âge sans expérience ne sait pas garder un secret ; ils décéleraient peut-être vos desseins. Ce n'est qu'à l'école du malheur que l'on apprend à se taire. Tromperez-vous ceux-là même qui vous aideront à tromper, afin qu'ils ne soient pas complices de votre crime ?

Atr. Pourquoi en effet les en rendrais-je complices ? Vengeons seul nos injures.... Ame lâche et timide , si tu ménages mes fils , tu ménageras aussi le perfide. Non . j'instruirai de tout Agamemnon ; j'instruirai de tout Ménélas. Je veux qu'ils connaissent d'avance les projets qu'ils vont servir. Cette épreuve éclaircira mes doutes sur leur naissance. S'ils refusent de servir ma haine contre le perfide , s'ils le nomment leur oncle , il est leur père. Qu'ils sachent donc... Mais le trouble du visage révèle souvent les secrets de l'âme , et trahit des projets importants. Laissons-leur donc ignorer dans quelle vue je les emploie. Et toi , cache bien ce que je t'ai confié.

Le gar. Cette recommandation est inutile. Vous avez mes craintes et ma fidélité, mais ma fidélité surtout, pour garants de ma discrétion.

Impelle nostram.... Liberos avidus pater
Gaudensque laceret, et suos artus edat.
Bene est ; abunde est ; hic placet pœnæ modus
Tantisper. Ubinam est ? tam diu cur innocens   280
Versatur Atreus? Tota jam ante oculos meos
Imago cædis errat; ingesta orbitas
In ora patris. Anime, quid rursus times?
Et ante rem subsidis? Audendum est , age :
Quod est in isto scelere præcipuum nefas ,   285
Hoc ipse faciet. *Sat.* Sed quibus captus dolis ,
Nostros dabit perductus in laqueos pedem?
Inimica credit cuncta. *Atr.* Non poterat capi,
Nisi capere vellet. Regna nunc sperat mea :
Hac spe minanti fulmen occurret Jovi ;   290
Hac spe subibit gurgitis tumidi minas ;
Dubiumque Libycæ Syrtis intrabit fretum ,
Hac spe, quod esse maximum retur malum ,
Fratrem videbit. *Sat.* Quis fidem pacis dabit ?
Cui tanta credet ? *Atr.* Credula est spes improba.   295
Natis tamen mandata, quæ patruo ferant,
Dabimus, relictis exsul hospitiis vagus
Regno ut miserias mutet , atque Argos regat
Ex parte dominus. Si nimis durus preces
Spernet Thyestes , liberos ejus rudes ,   300
Malisque fessos gravibus , et faciles capi ,
Preces movebunt. Hinc vetus regni furor ,
Illinc egestas tristis, hinc durus labor,
Quamvis rigentem tot malis subigent virum.
Sat. Jam tempus illi fecit ærumnas leves.   305
Atr. Erras : malorum sensus accrescit die.

Leve est miserias ferre, perferre est grave.
Sat. Alios ministros consilii tristis lege :
Pejora juvenes facile præcepta audiunt;
In patre facient, quidquid in patruo doces.   310
Sæpe in magistrum scelera redierunt sua.
Atr. Ut nemo doceat fraudis et sceleris vias ,
Regnum docebit. Ne mali fiant, times?
Nascuntur istud. Quod vocas sævum, asperum,
Agique dire credis, et nimium impie,   315
Fortasse et illic agitur. *Sat.* Hanc fraudem scient
Nati parari? Tacita tam rudibus fides
Non est in annis; detegent forsan dolos :
Tacere multis discitur vitæ malis.
Ipsosne, per quos fallere alium cogitas,   320
Falles , ut ipsi crimine et culpa vacent?
Atr. Quid enim est necesse liberos sceleri meo
Inserere? per nos odia se nostra explicent....
Male agis , recedis , anime : si parcis tuis ,
Parces et illi ; consilii Agamemnon mei   325
Sciens minister fiat , et patri sciens
Menelaus adsit. Prolis incertæ fides
Ex hoc petatur scelere : si bella abnuunt ,
Et gerere nolunt odia , si patruum vocant,
Pater est. Eatur.... Multa sed trepidus solet   330
Detegere vultus; magna nolentem quoque
Consilia produnt : nesciant , quantæ rei
Fiant ministri. Nostra tu cœpta occule.
Sat. Haud sum monendus : ista nostro in pectore
Fides timorque, sed magis claudet fides.   335

LE CHŒUR.

Enfin cette noble famille, race de l'antique Inachus, abjure les haines qui divisaient deux frères. Quelle fureur vous pousse à verser tour à tour le sang l'un de l'autre? à vous disputer le sceptre par des forfaits? Vous ignorez donc, hommes avides du trône, où réside la royauté? Ce qui fait les rois, ce ne sont ni les richesses, ni la pourpre de Tyr, ni le brillant diadème, ni les lambris dorés. Celui-là est roi dont l'âme est sans crainte, exempte de toute passion coupable; celui que ne trouble point l'ambition insensée, que ne touchent ni la faveur trompeuse du peuple inconstant, ni les trésors que l'avarice arrache du sein de l'Hespérie, ni l'or que le Tage roule dans son lit éclatant, ni toutes les moissons que produit la brûlante Libye; celui que n'effrayent ni la foudre qui sillonne obliquement la nue, ni la mer soulevée par l'Eurus, ni la tempête déchaînée dans l'étroite enceinte de l'orageuse Adriatique, ni la lance du soldat furieux, ni la pointe de l'épée menaçante; celui qui, s'élevant dans les hautes régions de la sagesse, regarde en pitié nos biens frivoles, court avec joie au-devant du trépas, et meurt sans une plainte.

En vain s'uniraient contre lui les rois qui conduisent les tribus errantes des Dahes; ceux qui habitent les bords de la mer Rouge, qui brillent du vif éclat et des reflets pourprés du diamant; et ceux qui ouvrent les portes Caspiennes aux Sarmates belliqueux. En vain serait-il attaqué par les peuples qui d'un pied intrépide foulent les glaces du Danube; par les Sères, habitants de ce climat inconnu qui produit un fil si précieux; le sage conserve son empire. Il n'a besoin ni d'armes, ni de coursiers, ni des flèches que le Parthe, dans sa fuite simulée, fait pleuvoir de loin sur son ennemi; il n'a pas besoin d'ébranler les remparts des villes, avec ces machines qui lancent d'énormes rochers. Celui-là est roi qui ne craint, qui ne désire rien. Cette royauté, on ne la doit qu'à soi-même. Qu'un autre se plaise au faîte périlleux des honneurs et du pouvoir, Pour moi, je n'ambitionne que le repos. Dans une vie obscure je goûterai toutes les douceurs du loisir. Puissé-je, inconnu de mes concitoyens, couler mes jours dans le silence! Parvenu au terme de ma paisible existence, vieillard ignoré, je quitterai la vie sans regret. La mort n'épouvante que celui qui, trop connu des autres, ne se connaît pas lui-même.

ACTE TROISIÈME.

THYESTE, PLISTHÈNE, LE JEUNE TANTALE ET SON FRÈRE, PERSONNAGES MUETS.

Thy. Enfin je revois ma chère patrie, cette opulente Argos. Je goûte le plus grand plaisir que puisse éprouver un malheureux banni. Je touche le sol natal; je revois les dieux de mes pères (si toutefois il est des dieux). Je revois ces tours sacrées, bâties par les Cyclopes, et que n'aurait pu élever la

---

CHORUS.

Tandem regia nobilis,
Antiqui genus Inachi,
Fratrum composuit minas.
Quis vos exagitat furor,
Alternis dare sanguinem,   340
Et sceptrum scelere aggredi?
Nescitis cupidi arcium,
Regnum quo jaceat loco.
Regem non faciunt opes,
Non vestis Tyriæ color,   345
Non frontis nota regiæ,
Non auro nitidæ trabes.
Rex est, qui posuit metus
Et diri mala pectoris;
Quem non ambitio impotens,   350
Et nunquam stabilis favor
Vulgi præcipitis movet;
Non quidquid fodit Occidens,
Aut unda Tagus aurea
Claro devehit alveo;   355
Non quidquid Libycis ferit
Fervens area messibus:
Quem non concutiet cadens
Obliqui via fulminis,
Non Eurus rapiens mare,   360
Aut sævo rabidus freto
Ventosi tumor Adriæ:
Quem non lancea militis,
Non strictus domuit chalybs:
Qui tuto positus loco,   365
Infra se videt omnia,
Occurritque suo libens
Fato, nec queritur mori.
Reges conveniant licet,
Qui sparsos agitant Dahas;   370
Qui Rubri vada litoris,
Et gemmis mare lucidis
Late sanguineum tenent,
Aut qui Caspia fortibus
Recludunt juga Sarmatis: 375
Certet, Danubii vadum
Audet qui pedes ingredi,
Et quocunque loco jacent
Seres vellere nobiles;
Meus regnum bona possidet.   380
Nil ullis opus est equis,
Nil armis, et inertibus
Telis, quæ procul ingerit
Parthus, quum simulat fugas;
Admotis nihil est opus   385
Urbes sternere machinis,
Longe saxa rotantibus.
Rex est, qui metuit nihil;
Rex est, qui cupiet nihil.
Hoc regnum sibi quisque dat.   390
Stet, quicumque volet, potens
Aulæ culmine lubrico:
Me dulcis saturet quies.
Obscuro positus loco,
Leni perfruar otio.   395
Nullis nota Quiritibus
Ætas per tacitum fluat
Sic quum transierint mei
Nullo cum strepitu dies,
Plebeius moriar senex.   400
Illi mors gravis incubat
Qui notus nimis omnibus,
Ignotus moritur sibi.

ACTUS TERTIUS.

THYESTES, PLISTHENES, TANTALUS JUNIOR et FRATER TERTIUS, mutæ personæ.

Thy. Optata patriæ tecta, et Argolicas opes,
Miserisque summum ac maximum exsulibus bonum,   405
Tactum soli natalis, et patrios deos

main des hommes. Je reconnais le stade, où signalant ma jeune audace, et monté sur le char de mon père, je vainquis plus d'une fois mes rivaux. Je vais voir Argos et tous ses habitants accourir à ma rencontre. Mais Atrée sera avec eux. Ah! regagne les bois qui te servaient de retraite, ces forêts profondes, où, confondu avec les bêtes féroces, tu menais une vie aussi sauvage. Le diadème, malgré son éclat, ne saurait éblouir tes yeux. Tout en admirant le présent qu'on te fait, regarde aussi la main qui te l'offre. Au milieu des maux qui paraissent accablants à tous les hommes, j'ai conservé mon courage et ma sérénité. Aujourd'hui, au contraire, je retombe dans mes anciennes terreurs; je ne sais que résoudre; je voudrais revenir sur mes pas et je n'avance qu'à regret.

Plist. Quel motif peut ralentir ainsi la marche de mon père? Il tourne ses regards de tous côtés; il paraît inquiet et irrésolu.

Thy. O mon âme, tu peux hésiter? Pourquoi se tourmenter, quand il est si facile de prendre parti? Tu pourrais te fier à ce qu'il y a de plus trompeur, ton frère et la royauté! Tu craindrais des maux que tu as vaincus, adoucis par la patience; des peines dont tu as retiré un si grand avantage? Non; c'en est fait, j'aime mieux ma misère. Fuyons, tandis qu'il en est temps encore; arrachons-nous de ce lieu funeste.

Plist. Pourquoi, mon père, fuyez-vous votre patrie à peine entrevue? Pourquoi repousser les biens qui se présentent à vous? Votre frère, abjurant sa haine, revient à vous; il vous cède la moitié de ses États. Il réunit enfin les membres dispersés de notre famille; il vous rend à vous-même.

Thy. Tu me demandes la cause de mes frayeurs? Je l'ignore moi-même. Je ne vois aucun sujet de crainte, et je ne puis m'empêcher de craindre. Je veux avancer; mes genoux refusent de me porter,

et je me sens entraîner ailleurs qu'où j'ai dessein d'aller; comme un vaisseau que poussent les vents et les rames, et que le flux ramène en arrière, en dépit des rames et des vents.

Plist. Surmontez ces craintes qui tiennent votre âme en suspens. Voyez quel sort glorieux vous attend dans votre patrie. O mon père, vous pouvez régner.

Thy. Oui, car je puis mourir.

Plist. Un roi peut tout.

Thy. Qu'importe à qui ne désire rien?

Plist. Vous laisserez le trône à vos fils.

Thy. Un trône ne se partage point.

Plist. Préférer une condition misérable au sort le plus heureux!

Thy. Crois-moi, la grandeur n'a que des attraits mensongers; et la pauvreté n'est point pénible, comme on le croit. Tant que je fus sur le trône, je n'ai cessé de trembler; je craignais jusqu'au fer suspendu à mon côté. O quel bien précieux que de ne rivaliser avec personne! que de prendre tranquillement son repas sur la terre! Le crime n'entre pas dans la cabane du pauvre. On mange sans défiance les mets servis sur une table modeste. C'est dans les coupes d'or qu'on boit le poison. J'en parle par expérience; on peut préférer les rigueurs de la fortune à ses faveurs. L'humble maison de la cité a moins à craindre que le château fièrement assis au point culminant de la montagne. L'ivoire éclatant ne décore pas chez moi des lambris élevés; je n'ai point de gardes qui protégent mon sommeil; je n'occupe point à pêcher des flottes entières; la mer n'est pas refoulée par mes vastes constructions. Mon estomac ne rend pas les nations tributaires de son avidité. On ne laboure point pour moi au delà des plaines qu'habitent le Gète et le Parthe. On ne brûle point d'encens devant mes images; on ne dépouille point les autels de Jupiter pour orner les miens.

(Si sunt tamen dii) cerno; Cyclopum sacras
Turres, labore majus humano decus,
Celebrata juveni stadia, per quæ nobilis
Palmam paterno non semel curru tuli. 410
Occurret Argos, populus occurret frequens;
Sed nempe et Atreus.... Repete silvestres fugas,
Saltusque densos potius, et mixtam feris
Similemque vitam. Clarus hic regni nitor
Fulgore non est quod oculos falso auferat. 415
Quum quod datur spectabis, et dantem aspice.
Modo inter illa, quæ putant cuncti aspera,
Fortis fui, lætusque : nunc contra in metus
Revolvor; animus hæret, ac retro cupit
Corpus referre; moveo nolentem gradum. 420
Plist. Pigro (quid hoc est?) genitor incessu stupet,
Vultumque versat, seque in incerto tenet.
Thy. Quid, anime, pendes? quidve consilium diu
Tam facile torques? rebus incertissimis,
Fratri atque regno credis? ac metuis mala 425
Jam victa, jam mansueta? et ærumnas fugis
Bene collocatas? Esse jam miserum juvat.
Reflecte gressum, dum licet, teque eripe.
Plist. Quæ causa cogit, genitor, a patria gradum
Referre visa? cur bonis tantis sinum 430
Subducis? ira frater abjecta redit,
Partemque regni reddit, et laceræ domus
Componit artus, teque restituit tibi.
Thy. Causam timoris, ipse quam ignoro, exigis.
Nihil timendum video; sed timeo tamen. 435

Placet ire : pigris membra sed genubus labant,
Alioque, quam quo nitor, abductus feror.
Sic concitatam remige et velo ratem
Æstus, resistens remigi et velo, refert.
Plist. Evince quidquid obstat et mentem impedit, 440
Reducemque quanta præmia exspectent, vide :
Pater, potes regnare. *Thy.* Quum possim mori.
Plist. Summa est potestas. *Thy.* Nulla, si cupias nihil.
Plist. Natis relinques. *Thy.* Non capit regnum duos.
Plist. Miser esse mavult, esse qui felix potest? 445
Thy. Mihi crede, falsis magna nominibus placent;
Frustra timentur dura. Dum excelsus steti,
Nunquam pavere destiti, atque ipsum mei
Ferrum timere lateris. O, quantum bonum est
Obstare nulli, capere securas dapes 450
Humi jacentem! Scelera non intrant casas,
Tutusque mensa capitur angusta cibus :
Venenum in auro bibitur. Expertus loquor;
Malam bonæ præferre fortunam licet.
Non vertice alti montis impositam domum, 455
Et eminentem civitas humilis tremit;
Nec fulget altis splendidum tectis ebur,
Somnosque non defendit excubitor meos :
Non classibus piscamur, et retro mare
Jacta fugamus mole : non ventrem improbum 460
Alimus tributo gentium : nullus mihi
Ultra Getas metatur et Parthos ager :
Non ture colimur, nec meæ, excluso Jove,
Ornantur aræ : nulla culminibus meis

Des forêts ne balancent point leur cime sur mes terrasses élevées. Je n'ai pas de ces lacs qu'une foule d'esclaves échauffe à grand'peine. Je ne consacre point les jours au sommeil, les nuits entières au culte de Bacchus. Mais aussi je n'ai point d'inquiétude. Il n'est pas besoin d'armes pour défendre ma demeure, et dans mon humble condition je goûte un calme inaltérable. C'est posséder un vaste empire que de savoir s'en passer.

Plist. Mais il ne faut pas refuser le rang suprême qu'un dieu même nous offre.

Thy. Il ne faut pas non plus s'en montrer avide.

Plist. Votre frère vous prie de régner.

Thy. Il me prie? c'est une raison de craindre. Ses offres cachent un piége.

Plist. La tendresse fraternelle, un instant bannie, retrouve aisément le chemin du cœur, et cette affection si naturelle a bientôt repris toute sa force.

Thy. Atrée aimerait Thyeste? On verrait plutôt les astres du pôle se plonger dans l'Océan, l'onde cesser de bouillonner dans le gouffre de Sicile, de riches moissons sortir de la mer Ionienne. On verrait plutôt la sombre nuit répandre la lumière, l'eau s'unir avec le feu, la vie avec la mort, et les vents rester à jamais en paix avec les flots.

Plist. Qui craignez-vous?

Thy. Je crains tout. Et n'ai-je pas sujet d'éprouver les plus vives alarmes, quand la puissance de mon ennemi est égale à sa haine?

Plist. Que peut-il contre vous?

Thy. Je ne crains plus rien pour moi; c'est pour vous que je redoute Atrée.

Plist. Est-ce maintenant que vous êtes en son pouvoir qu'il faut avoir ces frayeurs? Il n'est plus temps de se mettre sur ses gardes, quand le péril est arrivé.

Thy. Allons donc. Mais du moins, je vous en atteste, ce n'est pas votre père qui vous conduit; il ne fait que vous suivre.

Plist. Le ciel ne sera point sourd aux vœux d'un père. Venez, et marchez d'un pas assuré.

ATRÉE, THYESTE, PLISTHÈNE, LE JEUNE TANTALE ET SON FRÈRE, PERSONNAGES MUETS.

Atr. Il s'est donc jeté dans les filets que je lui avais tendus. Le voilà pris; je le tiens, lui et son odieuse race. Thyeste est en mon pouvoir; il y est tout entier. Je suis à peine maître de moi, je puis à peine me contenir. Ainsi le limier d'Ombrie que le chasseur tient en laisse, et qui cherche la trace du gibier en flairant la terre, est docile encore, tant que le vent ne lui apporte que de loin l'odeur d'un sanglier; il en suit la trace sans aboyer : mais, dès qu'il est près de sa proie, il s'élance, impatient de la saisir, lutte à grands cris contre la main qui le retient, et enfin lui échappe. Une haine, avide de sang, ne peut dissimuler. Dissimulons pourtant. Contemple, Atrée, cette chevelure qui tombe en désordre sur ce visage défiguré; vois cette barbe hideuse. (*à Thyeste.*) Je viens te renouveler mes serments. Oui, je suis heureux de revoir mon frère. Rends-moi ces embrassements dont je fus si longtemps privé. Oublions toutes nos dissensions. N'écoutons plus désormais que la voix du sang et celle de l'amitié; et que la haine sorte à jamais de nos cœurs.

Thy. Je pourrais me justifier, si tu étais moins généreux. Mais je l'avoue, Atrée, oui, j'ai commis tous les crimes dont tu m'as soupçonné. La bonté que tu me témoignes aggrave encore mes offenses. On est bien coupable, quand on a pu le paraître aux yeux d'un si bon frère. Je ne veux avoir recours qu'à mes larmes. Le premier, tu vois Thyeste suppliant. Thyeste, qui ne s'abaissa jamais jusqu'à la prière, Thyeste embrasse tes genoux. Ne garde contre moi aucun ressentiment; efface de ton cœur jusqu'au souvenir de ta colère. Reçois comme otages de leur père ces innocents que voilà.

ATREUS, THYESTES, PLISTHENES, TANTALUS FILIUS
et TERTIUS FRATER, mutæ personæ.

Atr. Plagis tenetur clusa dispositis fera :
Et ipsum, et una generis invisi indolem
Junctam parenti cerno. Jam tuto in loco
Versantur odia : venit in nostras manus
Tandem Thyestes; venit, et totus quidem.   495
Vix tempero animo, vix dolor frenos capit.
Sic, quum feras vestigat, et longo sagax
Loro tenetur Umber, ac presso vias
Scrutatur ore; dum procul lento suem
Odore sentit, paret, et tacito locum   500
Rostro pererrat; præda quum propior fuit,
Cervice tota pugnat, et gemitu vocat
Dominum morantem, seque retinenti eripit.
Quum spirat ira sanguinem, nescit tegi.
Tamen tegatur. Aspice, ut multo gravis   505
Squallore vultus obruat mœstos coma,
Quam fœda jaceat barba! — Præstetur fides.
Fratrem juvat videre; complexus mihi
Redde expetitos : quidquid irarum fuit,
Transierit; ex hoc sanguis ac pietas die   510
Coiantur; animis odia damnata excidant.
Thy. Diluere possem cuncta, nisi talis fores.
Sed fateor, Atreu, fateor, admisi omnia
Quæ credidisti. Pessimam causam meam
Hodierna pietas fecit : est prorsus nocens,   515

Imposita nutat silva, nec fumant manu   465
Successa multa stagna; nec somno dies,
Bacchoque nox jungenda pervigili datur :
Sed non timetur; tuta sine telo est domus,
Rebusque parvis alta præstatur quies.
Immane regnum est, posse sine regno pati.   470
Plist. Nec abnuendum est, si dat imperium deus.
Thy. Nec appetendum. *Plist.* Frater, ut regnes, rogat.
Thy. Rogat? timendum est; errat hic aliquis dolus.
Plist. Redire pietas, unde submota est, solet,
Reparatque vires justus amissas amor.   475
Thy. Amat Thyesten frater? æthereas prius
Perfundet Arctos pontus, et Siculi rapax
Consistet æstus unda, et Ionio seges
Matura pelago surget, et lucem dabit
Nox atra terris; ante cum flammis aquæ,   480
Cum morte vita, cum mari ventus fidem
Fœdusque jungent. *Plist.* Quam tamen fraudem times?
Thy. Omnem : timori quem meo statuam modum?
Tantum potest, quantum odit. *Plist.* In te quid potest?
Thy. Pro me nihil jam metuo : vos facitis mihi   485
Atrea timendum. *Plist.* Decipi captus times!
Serum est cavendi tempus in mediis malis.
Thy. Eatur : unum genitor hoc testor tamen,
Ego vos sequor, non duco. *Plist.* Respiciet deus
Bene cogitata : perge non dubio gradu.   490

Atr. Relève-toi, mon frère; viens plutôt dans mes bras. Vous aussi, vous les appuis de notre vieillesse, venez tous trois sur mon sein. (*à Thyeste*.) Quitte ces haillons qui affligent mes regards; prends les mêmes insignes que moi, et accepte avec joie la moitié de mes États. Quant à moi, en partageant avec mon frère le trône paternel, j'acquiers le plus beau titre à la gloire. Car posséder la couronne est l'effet du hasard; en donner une est un acte de vertu.

Thy. O mon frère, puissent les dieux te payer dignement tant de bienfaits! Le diadème siérait mal à ce front flétri par la misère : ma main infortunée n'est point capable de porter le sceptre. Souffre que je reste caché dans la foule de tes sujets.

Atr. Cet empire est assez grand pour deux.

Thy. Je me crois maître de tout ce que tu possèdes.

Atr. Qui repousse jamais les faveurs de la fortune?

Thy. Celui qui en a éprouvé les caprices.

Atr. Tu prives ton frère de la plus grande gloire qu'il pût acquérir.

Thy. Il suffit de ton offre pour assurer ta gloire. Moi, je mériterai la seule à laquelle je puisse prétendre. Je suis résolu à refuser la couronne.

Atr. J'y renonce moi-même, si tu ne consens à la partager.

Thy. J'accepte donc cette royauté que tu m'imposes; mais je n'en aurai que le titre. Tu disposeras de tout dans mes États, de mon peuple, de mes armes, de moi-même.

Atr. Ceins ton front auguste du bandeau sacré des rois : moi, je vais offrir aux dieux les victimes que je leur ai promises.

Quicumque visus tam bono fratri est nocens.
Lacrimis agendum est : supplicem primus vides;
Hæ te precantur pedibus intactæ manus.
Ponatur omnis ira, et ex animo tumor
Erasus abeat : obsides fidei accipe   520
Hos innocentes. *Atr*. Frater, a genubus manus
Aufer, meosque potius amplexus pete.
Vos quoque, senum præsidia, tot juvenes, meo
Pendete collo. Squallidam vestem exue,
Oculisque nostris parce, et ornatus cape   525
Pares meis, lætusque fraterni imperii
Capesse partem. Major hæc laus est mea,
Fratri paternum reddere incolumi decus.
Habere regnum, casus est; virtus, dare.
Thy. Dii paria, frater, pretia pro tantis tibi   530
Meritis rependant. Regiam capitis notam
Squallor recusat noster, et sceptrum manus
Infausta refugit : liceat in media mihi
Latere turba. *Atr*. Recipit hoc regnum duos.
Thy. Meum esse credo, quidquid est, frater, tuum.   535
Atr. Quis influentis dona fortunæ abnuit?
Thy. Expertus est quicumque, quam facile effluant.
Atr. Fratrem potiri gloria ingenti vetas?
Thy. Tua jam peracta gloria est; restat mea.
Respuere certum est regna consilium mihi.   540
Atr. Meam relinquam, nisi tuam partem accipis.
Thy. Accipio : regni nomen impositi feram;
Sed jura et arma servient mecum tibi.
Atr. Imposita capiti vincla venerando gere.
Ego destinatas victimas superis dabo.   545

LE CHOEUR.

Qui le croirait? Cet Atrée si farouche et si impétueux, qui ne respirait que la vengeance et le meurtre, est resté interdit à l'aspect de son frère. Il n'est pas de puissance supérieure à la force du sang. Les querelles entre des étrangers sont éternelles; ceux qui sont unis par les liens de la nature le sont pour toujours. La colère, excitée par de grands intérêts, rompt l'accord entre deux frères. La trompette guerrière a sonné; le bruit des escadrons légers a retenti dans la plaine; des deux côtés l'épée brille dans l'air; Mars, furieux et insatiable de carnage, excite la rage des combattants : mais la nature a parlé; elle désarme les plus irrités; elle les rapproche malgré eux, et, unissant leurs mains, les force à se réconcilier. Quel dieu a fait tout à coup succéder le calme à la tempête? Hier encore Mycènes retentissait du fracas de la guerre civile. Les mères tremblantes pressaient leurs enfants sur leur sein. L'épouse s'alarmait à la vue de son époux couvert de son armure, et chargeant à regret à main d'une épée que la paix a couverte de rouille. L'un relevait des remparts tombés en ruines, l'autre réparait une tour que le temps a dégradée; on fermait avec des barres de fer les portes de la ville. Des sentinelles inquiètes veillaient durant la nuit aux créneaux de nos murailles. La crainte de la guerre est pire que la guerre même.

Mais enfin nos terreurs se sont dissipées. On n'entend plus les rauques accents du clairon, ni le son aigu de la trompette. L'heureuse Mycènes a recouvré la paix profonde dont elle jouissait. Ainsi, lorsque le Corus, soufflant sur la mer d'Apulie, soulève les ondes du fond des abîmes, Scylla gémit dans ses cavernes écumantes; les matelots, même dans le port, redoutent les vagues que l'avide Cha-

CHORUS.

Credat hoc quisquam? ferus ille et acer,
Nec potens mentis, truculentus Atreus,
Fratris aspectu stupefactus hæsit.
Nulla vis major pietate vera est.
Jurgia externis inimica durant;   550
Quos amor verus tenuit, tenebit.
Ira quum magnis agitata causis
Gratiam rupit, cecinitque bellum;
Quum leves frenis sonuere turmæ,
Fulsit hinc illinc agitatus ensis,   555
Quem movet crebro furibundus ictu
Sanguinem Mavors cupiens recentem;
Opprimit ferrum, manibusque junctis
Ducit ad pacem pietas negantes.
Otium tanto subitum e tumultu   560
Quis deus fecit? Modo per Mycenas
Arma civilis crepuere belli :
Pallidæ natos tenuere matres;
Uxor armato timuit marito,
Quum manum invitus sequeretur ensis,   565
Sordidus pacis vitio quietæ.
Ille labentes renovare muros;
Hic situ quassas stabilire turres;
Ferreis portas cohibere claustris
Ille certabat, pavidusque pinnis   570
Anxia noctis vigil incubabat.
Pejor est bello timor ipse belli.
Jam minæ sævi cecidere ferri;
Jam silet murmur grave classicorum;
Jam tacet stridor litui strepentis :   575
Alta pax urbi revocata lætæ est.

rybde engloutit et rejette tour à tour. Le farouche Cyclope, qui habite les cavités brûlantes de l'Etna, craint que son père ne fasse entrer par le sommet de la montagne les eaux débordées, et n'éteigne les feux éternels de ses fourneaux. Ithaque tremble et Laërte croit voir à chaque instant submerger par les flots son petit royaume. Mais, sitôt que la violence des vents est apaisée, l'onde s'abaisse et devient calme comme un lac; et cette mer, que les navires pourvus de voiles et d'agrès n'osaient affronter, offre une surface unie, où se jouent les barques les plus légères; et l'on peut compter les poissons sous les eaux limpides, qui, tout à l'heure soulevées par la tempête, ébranlaient les Cyclades effrayées.

Rien n'est durable dans la vie : la douleur et la joie se succèdent. Mais hélas! la joie surtout est passagère. L'inconstante fortune précipite dans la misère ceux qui brillaient au rang suprême. Celui qui dispense les couronnes à son gré, devant qui les nations tremblantes fléchissent le genou, qui d'un signe de tête désarme le Mède, et l'Indien voisin de l'astre du jour, et les Dahes, ces cavaliers redoutés des Parthes eux-mêmes, n'est pas, sur son trône, exempt d'inquiétudes. Il frémit en songeant aux caprices de la fortune, et à ces coups imprévus du sort qui bouleversent les empires.

Vous donc à qui le souverain de la terre et des mers a remis le droit terrible de vie et de mort, dépouillez cet air superbe et arrogant. Tout ce que vous faites craindre à vos sujets, vous pouvez l'éprouver; un maître au-dessus de vous peut vous le faire souffrir. Tout empire est soumis à un empire plus puissant. Tel brille le matin sur le trône, qui, le soir, gît dans la poussière. Il ne faut pas trop se fier à la prospérité, ni trop se désespérer dans le malheur. Clotho, mêlant nos destinées de bien et de mal, ne souffre pas que notre fortune soit longtemps la même, et soumet notre vie à de continuelles vicissitudes. Nul mortel n'est assez favorisé du ciel pour être sûr du lendemain. La main d'un dieu imprime sans cesse une rotation rapide à toutes les choses de ce monde.

ACTE QUATRIÈME.

LE MESSAGER, LE CHOEUR.

Le mes. Puisse un noir tourbillon m'enlever dans les airs! Qu'un nuage épais m'environne, et dérobe cet horrible spectacle! O famille, objet de honte pour Pélops et pour Tantale lui-même!

Le chœ. Que venez-vous nous apprendre?

Le mes. Dans quelle contrée suis-je donc? Est-ce dans Argos? est-ce à Sparte, patrie de ces deux tendres frères? Suis-je à Corinthe, que pressent les flots des deux mers? ou sur les bords de l'Ister qui favorise les courses des farouches Alains, ou parmi les neiges éternelles d'Hyrcanie, ou chez les Scythes vagabonds? Quel lieu a pu voir commettre une pareille horreur?

Le chœ. Parlez; faites-nous connaître ce malheur, quel qu'il soit.

Le mes. Laissez-moi reprendre mes esprits, et dissiper l'effroi qui a glacé tous mes membres. Cette horrible image est toujours présente à mes yeux. Tempêtes furieuses, emportez-moi dans ces climats où le soleil porte le jour en nous quittant.

Le chœ. C'est trop longtemps prolonger cette pénible incertitude. Quel crime a causé votre épou-

---

Sic ubi ex alto tumuere fluctus,
Brutium Coro feriente pontum,
Scylla pulsatis resonat cavernis,
Ac mare in portu timuere nautæ   580
Quod rapax haustum revomit Charybdis;
Et ferus Cyclops metuit parentem
Rupe ferventis residens in Ætnæ,
Ne superfusis violetur undis
Ignis æternis resonans caminis;   585
Et putat mergi sua posse pauper
Regna Laertes, Ithaca tremente.
Si suæ ventis cecidere vires,
Mitius stagno pelagus recumbit :
Alta, quæ navis timuit secare   590
Hinc et hinc fusis spatiosa velis,
Strata ludenti patuere cymbæ;
Et vacat mersos numerare pisces,
Hic ubi ingenti modo sub procella
Cyclades pontum timuere motæ.   595
Nulla sors longa est : dolor ac voluptas
Invicem cedunt; brevior voluptas.
Ima permutat levis hora summis.
Ille, qui donat diadema fronti,
Quem genu nixæ tremuere gentes,   600
Cujus ad nutum posuere bella
Medus, et Phœbi propioris Indus,
Et Dææ Parthis equitem minati,
Anxius sceptrum tenet, et moventes
Cuncta divinat metuitque casus   605
Mobiles rerum, dubiamque tempus.
Vos, quibus rector maris atque terræ
Jus dedit magnum necis atque vitæ,
Ponite inflatos tumidosque vultus :

Quidquid a vobis minor extimescit,   610
Major hoc vobis dominus minatur :
Omne sub regno graviore regnum est.
Quem dies vidit veniens superbum,
Hunc dies vidit fugiens jacentem.
Nemo confidat nimium secundis;   615
Nemo desperet meliora lapsis.
Miscet hæc illis, prohibetque Clotho
Stare fortunam : rotat omne fatum.
Nemo tam divos habuit faventes,
Crastinum ut posset sibi polliceri.   620
Res deus nostras celeri citatas
Turbine versat.

ACTUS QUARTUS.

NUNTIUS, CHORUS.

Nunt. Quis me per auras turbo præcipitem vehet,
Atraque nube involvet, ut tantum nefas
Eriplat oculis? O domus, Pelopi quoque   625
Et Tantalo pudenda! *Chor.* Quid portas novi?
Nunt. Quænam ista regio est, Argos et Sparte pios
Sortita fratres? et maris gemini premens
Fauces Corinthos? an feris Ister fugam
Præbens Alanis? an sub æterna nive   630
Hyrcana tellus? an vagi passim Scythæ?
Quis hic nefandi est conscius monstri locus?
Chor. Effare, et istud pande, quodcumque est, malum.
Nunt. Si steterit animus, si metu corpus rigens
Remittet artus. Hæret in vultu trucis   635
Imago facti. Ferte me insanæ procul
Illo procellæ; ferte, quo fertur dies
Hinc raptus. *Chor.* Animos gravius incertos tenes.

vante? quel en est l'auteur? C'est l'un des deux frères, sans doute; mais lequel? Parlez.

Le mes. La partie du palais élevé de Pélops, qui regarde le midi, se termine par un bâtiment aussi haut qu'une montagne. Il domine la ville, et tient en respect un peuple toujours indocile et remuant. Là est une salle magnifique, capable de contenir toute une foule. Son plafond doré est soutenu par des colonnes d'un marbre précieux. Derrière cette salle publique, qui est ouverte aux habitants, s'étendent plusieurs riches appartements. Il en est un, le plus reculé de tous, qui embrasse un bois antique dans son enceinte. C'est là le sanctuaire de la royauté. Là les arbres ne forment point un riant ombrage; jamais le fer né les a touchés. L'if, le cyprès et la noire yeuse s'y balancent au souffle du vent. Un chêne s'élève au-dessus d'eux tous, et domine la forêt de ses immenses rameaux.

C'est là qu'en montant sur le trône les héritiers de Tantale vont consulter le sort; c'est là qu'ils implorent les dieux, lorsqu'ils espèrent ou lorsqu'ils craignent. Là sont suspendues des offrandes nombreuses, des trompettes à la voix sonore, les débris d'un char, des dépouilles enlevées sur la mer de Myrtos, ces roues perfides qui causèrent la défaite de leur maître; en un mot, tous les trophées des Pélopides. On y voit la tiare du Phrygien Pélops, le butin fait sur les ennemis, et des chlamydes brodées, monument du triomphe obtenu sur les barbares.

Sous l'ombrage de ce bois est une fontaine lugubre, dont les eaux en s'épanchant forment un noir marais; telle et non moins affreuse à voir que ce fleuve qui rend inviolables les serments des dieux. Là, dit-on, au milieu d'une obscurité profonde, s'entendent les sourds gémissements des divinités infernales, un cliquetis de chaînes, et les hurle-

ments des mânes. On y voit ce dont le seul récit glacerait d'effroi, on y voit errer les morts sortis de leurs antiques tombeaux, et des spectres plus grands que nature. Souvent même la forêt semble tout en feu, et les arbres brûlent sans se consumer. Souvent elle résonne d'un triple aboiement; souvent y apparaissent de grands et terribles fantômes. Le retour du soleil ne diminue pas l'horreur qu'on éprouve dans ce séjour de la nuit. Là règne même au milieu du jour cette vague terreur qu'inspirent les enfers. Mais ceux qui vont y consulter le sort en rapportent de sûrs oracles : du fond d'une caverne mugissante, et avec une voix formidable, un dieu révèle les arrêts du destin.

C'est là que se rend Atrée, plein de fureur, et traînant les fils de son frère. On pare l'autel. Qui pourrait retracer cette scène? Il saisit les jeunes princes, leur attache les mains derrière le dos, et ceint d'une bandelette de pourpre le front de ces infortunés. Rien ne manque au sacrifice, ni l'encens, ni les libations de vin, ni le couteau mis sur le front de la victime, et purifié par l'orge et le sel. Il n'omet aucune des cérémonies prescrites, afin que le forfait se consomme dans tout l'appareil religieux d'un sacrifice.

Le chœ. Qui a frappé les victimes?

Le mes. Atrée lui-même. C'est lui qui d'une voix furieuse adresse aux dieux l'hymne funèbre et des vœux impies. Debout devant l'autel, lui-même il place ses victimes, les palpe, les dispose. Il approche le fer, veille à tout, et n'omet aucun des rites sacrés. Tout à coup la forêt tremble. Le palais, ébranlé par des secousses souterraines, se balance sur ses fondements, et menace la terre de sa chute. Une étoile, partie à notre gauche, trace dans l'air un noir sillon. Le vin qu'on versait sur la flamme

---

Quid sit, quod horres, ede, et auctorem indica.
Non quæro, quis sit, sed uter. Effare ocius.   640
Nunt. In arce summa Pelopiæ pars est domus
Conversa ad Austros, cujus extremum latus
Æquale monti crescit, atque urbem premit,
Et contumacem regibus populum suis
Habet sub ictu : fulget hic turbæ capax   645
Immane tectum, cujus auratas trabes
Variis columnæ nobiles maculis ferunt.
Post ista vulgo nota, quæ populi colunt,
In multa dives spatia discedit domus.
Arcana in imo regia secessu patet,   650
Alta vetustum valle compescens nemus,
Penetrale regni, nulla qua lætos solet
Præbere ramos arbor, aut ferro coli;
Sed taxus, et cupressus, et nigra ilice
Obscura nutat silva; quam supra eminens   655
Despectat alte quercus, et vincit nemus.
Hinc auspicari regna Tantalidæ solent,
Hinc petere lapsis rebus et dubiis opem.
Affixa inhærent dona, vocales tubæ,
Fractique currus, spolia Myrtoi maris,   660
Victæque falsis axibus pendent rotæ,
Et omne gentis facinus : hoc Phrygius loco
Fixus tiaras Pelopis; hic præda hostium,
Et de triumpho picta barbarico chlamys.
Fons stat sub umbra tristis, et nigra piger   665
Hæret palude : talis est diræ Stygis
Deformis unda, quæ facit cælo fidem.
Hic nocte cæca gemere ferales deos
Fama est : catenis lucus excussis sonat,
Ululantque Manes. Quidquid audire est metus,   670

Illic videtur : errat antiquis vetus
Emissa bustis turba, et insultant loco
Majora notis monstra. Quin tota solet
Micare flamma silva, et excelsæ trabes
Ardent sine igne. Sæpe latratu nemus   675
Trino remugit : sæpe simulacris domus
Attonita magnis. Nec dies sedat metum :
Nox propria luco est, et superstitio inferum
In luce media regnat. Hinc orantibus
Responsa dantur certa, quum ingenti sono   680
Laxantur adyto fata, et immugit specus
Vocem deo solvente. Quo postquam furens
Intravit Atreus, liberos fratris trahens,
Ornantur aræ. Quis queat eloqui?
Post terga juvenum nobiles revocat manus,   685
Et mœsta vitta capita purpurea ligat.
Non tura desunt, non sacer Bacchi liquor,
Tangensve salsa victimam culter mola.
Servatur omnis ordo, ne tantum nefas
Non rite fiat. *Chor.* Quis manum ferro admovet?   690
Nunt. Ipse est sacerdos : ipse funesta prece
Letale carmen ore violento canit;
Stat ipse ad aras; ipse devotos neci
Contrectat, et componit, et ferro admovet;
Attendit ipse; nulla pars sacri perit.   695
Lucus tremiscit : tota successo solo
Nutavit aula, dubia quo pondus daret,
Ac fluctuanti similis : e lævo æthere
Atrum cucurrit limitem sidus trahens :
Libata in ignes vina mutato fluunt   700
Cruenta Baccho : regium capiti decus
Bis terque lapsum est : flevit in templis ebur.

se convertit en sang. Le diadème d'Atrée se détache jusqu'à trois fois. L'ivoire même répand des pleurs. Tous les esprits sont effrayés de ces prodiges. Atrée, inaccessible à la crainte, épouvante les dieux qui le menacent. Tout à coup il s'élance vers l'autel, les yeux hagards et farouches : tel, dans les forêts du Gange, un tigre affamé hésite entre deux jeunes taureaux. Également avide de cette double proie, il ne sait sur lequel il se jettera d'abord ; il tourne tantôt vers l'un, tantôt vers l'autre, sa gueule béante ; l'incertitude suspend un instant sa rage. Ainsi le sanguinaire Atrée contemple les malheureux dévoués à sa fureur impie. Lequel frappera-t-il le premier ? lequel recevra le second coup ? Il n'importe, il est vrai ; mais il délibère en lui-même, et veut accomplir avec ordre un si horrible forfait.

Le chœ. Lequel enfin a-t-il frappé le premier ?

Le mes. C'est à son aïeul (admirez sa piété filiale) qu'il offre sa première victime. C'est le jeune Tantale qu'il immole le premier.

Le chœ. Si jeune encore, de quel œil a-t-il envisagé la mort ?

Le mes. Calme et intrépide, il n'a point voulu recourir à d'inutiles prières. Cependant le barbare enfonce le couteau si avant dans le sein de l'infortuné, que sa main presse la blessure. Il retire le fer. Le cadavre reste debout, et, après avoir chancelé quelques instants, tombe enfin sur son oncle. Celui-ci traîne aussitôt Plisthène à l'autel, et le réunit à son frère, en lui tranchant la tête. Le tronc tombe en avant, et la tête profère en bondissant des plaintes inarticulées.

Le chœ. Qu'a-t-il fait après ce double meurtre ? A-t-il épargné le plus jeune, ou ajouté ce crime aux deux premiers ?

Le mes. De même que, dans les forêts d'Arménie, un lion à la crinière épaisse répand au mi-

lieu d'un troupeau l'épouvante et la mort, triomphe et nage dans le sang ; le sang découle de sa gueule, sa faim est apaisée ; mais sa fureur ne s'est pas assouvie : il égorge çà et là les taureaux, et il menace encore les veaux timides de ses dents fatiguées de carnage. Non moins furieux, animé d'une rage semblable, Atrée, tenant le couteau rougi deux fois par le meurtre, sans songer quelle faible victime est devant lui, frappe d'un bras forcené, et la perce de part en part. Le fer traverse la poitrine, et sort par le dos. L'infortuné, en tombant, éteint avec son sang le feu de l'autel, et exhale l'âme par sa double blessure.

Le chœ. O cruauté inouïe !

Le mes. Vous frémissez ? Ce n'est rien encore. Que le crime s'arrête là, Atrée est encore innocent.

Le chœ. Peut-on pousser plus loin la barbarie ?

Le mes. Vous croyez que c'est le dernier terme du crime ? Ce n'en est que le premier degré.

Le chœ. Qu'a-t-il pu faire de plus ? A-t-il abandonné aux animaux de proie les corps de ces malheureux jeunes gens ? A-t-il défendu qu'on plaçât leurs restes sur la flamme ?

Le mes. Plût aux dieux qu'il l'eût fait ! Ordonne, barbare, qu'ils ne reposent point dans la terre, qu'ils n'obtiennent pas les honneurs du bûcher, qu'ils soient la pâture des vautours et des bêtes féroces ! Ce qui d'ordinaire est un supplice, je l'implore de toi comme une grâce. Mets sous les yeux d'un père ses fils privés de sépulture. O forfait que l'avenir ne pourra croire, que la postérité rangera parmi les fables ! Il arrache du flanc des victimes leurs entrailles palpitantes, dont les veines battent encore, et leurs cœurs qui tressaillent encore d'effroi. Il les tourne entre ses mains, et son regard inquiet consulte les dieux dans ces fibres toutes fumantes. Satisfait des présages qu'il en tire, il ne s'occupe que du festin qu'il destine à son frère.

Movere cunctos monstra ; sed solus sibi
Immotus Atreus constat, atque ultro deos
Terret minantes. Jamque dimissa mora   705
Assiluit aris, torvum et obliquum intuens.
Jejuna silvis qualis in Gangeticis
Inter juvencos tigris erravit duos,
Utriusque prædæ cupida, quo primos ferat
Incerta morsus, flectit huc rictus suos,   710
Illo reflectit, et famem dubiam tenet ;
Sic dirus Atreus capita devota impiæ
Speculatur iræ : quem prius mactet sibi,
Dubitat ; secunda deinde quem cæde immolet :
Nec interest ; sed dubitat, et tantum scelus   715
Juvat ordinare. *Chor.* Quem tamen ferro occupat?
Nunt. Primus locus (ne deesse pietatem putes)
Avo dicatur : Tantalus prima hostia est.
Chor. Quo juvenis animo, quo tulit vultu necem ?
Nunt. Stetit sui securus, et non est preces   720
Perire frustra passus : ast illi ferus
In vulnere ensem abscondit, et penitus premens
Jugulo manum commisit : educto stetit
Ferro cadaver ; quumque dubitasset diu
Hac parte, an illa caderet, in patruum cadit.   725
Tunc ille ad aras Plisthenem sævus trahit,
Adjicitque fratri : colla percussa amputat ;
Cervice cæsa truncus in pronum ruit ;
Querulum cucurrit murmure incerto caput.
Chor. Quid, deinde gemina cæde perfunctus facit ?   730
Puerone parcit ? an scelus sceleri ingerit ?

Nunt. Silva jubatus qualis Armenia leo
In cæde multa victor armento incubat ;
Cruore rictus madidus, et pulsa fame
Non ponit iras ; hinc et hinc tauros premens   735
Vitulis minatur, dente jam lasso piger ;
Non aliter Atreus sævit, atque ira tumet ;
Ferrumque gemina cæde perfusum tenens,
Oblitus in quem rueret, infesta manu
Exegit ultra corpus. At pueri statim   740
Pectore receptus ensis in tergo exstitit.
Cadit ille, et aras sanguine exstinguens suo,
Per utrumque vulnus moritur. *Chor.* O sævum scelus!
Nunt. Exhorruistis ? hactenus sistat nefas,
Pius est. *Chor.* An ultra majus, aut atrocius   745
Natura recipit ? *Nunt.* Sceleris hunc finem putas ?
Gradus est. *Chor.* Quid ultra potuit ? objecit feris
Lanianda forsan corpora, atque igne avidit.
Nunt. Utinam arcuisset ! ne tegat functos humus,
Ne solvat ignis ! avibus epulandos licet   750
Ferisque triste pabulum sævis trahat !
Votum est sub hoc, quod esse supplicium solet :
Pater insepultos spectet. O nullo scelus
Credibile in ævo, quodque posteritas neget !
Erepta vivis exta pectoribus tremunt,   755
Spirantque venæ, corque adhuc pavidum salit.
At ille fibras tractat, ac fata inspicit,
Et adhuc calentes viscerum venas notat.
Postquam hostiæ placuere, securus vacat
Jam fratris epulis. Ipse divisum secat   760

Lui-même coupe par morceaux les corps de ses neveux, détache du tronc les épaules entières et les bras; il ose dépecer leurs membres et briser leurs os. Il ne garde que les têtes et les mains, ces mains gages de leur foi; le reste, traversé par un fer aigu, est suspendu devant un brasier ardent, ou, jeté dans l'airain, bouillonne dans l'eau qui frémit. Cependant le feu s'éloigne de ces mets affreux; le bois ramené plusieurs fois sur le foyer n'y reste qu'à regret, et ne s'allume que malgré lui. Le foie, traversé par une broche, fait entendre un léger bruit; et l'on ne saurait dire si c'est la chair ou la flamme qui gémit. Une fumée noire et épaisse s'élève en tourbillons au-dessus de l'autel; et, au lieu de monter dans les airs, elle se répand comme une sombre vapeur, et enveloppe d'un nuage lugubre les images mêmes des pénates. O Phébus, tu fus trop patient! Tu reculas d'épouvante, il est vrai, et tu ramenas en arrière ton char parvenu au milieu du ciel; mais tu n'as pas retiré assez tôt ta lumière. Le père, en ce moment, les cheveux parfumés, et la tête appesantie par le vin, déchire ses propres fils, et broie leur chair entre ses dents. A chaque instant cette nourriture abominable s'arrête dans son gosier. O Thyeste, un seul avantage te reste au milieu de tes maux, c'est de les ignorer : et cet avantage, tu vas le perdre. En vain Phébus, détournant son char, est revenu sur ses pas, en vain la nuit, sortant au milieu du jour du palais de l'Orient, a couvert ce forfait horrible de ses épaisses ténèbres; tu verras, tu connaîtras toute l'étendue de ton malheur.

CHOEUR.

Soleil, père des mortels et des dieux, toi devant qui disparaissent les feux étincelants de la nuit, pourquoi retourner sur tes pas? Pourquoi éteindre ton flambeau au milieu du jour? Pourquoi te dérober à notre vue? Vesper, l'astre du soir, ne sème pas encore d'étoiles la voûte sombre des cieux. Ce n'est pas le moment où, parvenu sur les bords de l'Hespérie, au terme de ta course, tu dételles tes chevaux fatigués. La trompette n'a pas encore annoncé la troisième partie du jour et l'approche de la nuit. Le laboureur, dont les taureaux sont encore pleins de vigueur, s'étonne qu'il soit déjà temps d'aller prendre le repas du soir. Quelle cause a troublé ta marche dans les airs, détourné ton char de sa route immuable? Les Titans, jadis vaincus, ont-ils forcé les cachots de l'enfer? tentent-ils de nouveau la guerre? Titye, épuisé par la douleur, et malgré son flanc déchiré, va-t-il renouveler ses attentats contre le ciel? Typhée s'est-il débarrassé du mont qui pesait sur sa poitrine? Les impies, défaits dans la vallée de Phlégra, entassent-ils de nouveau les montagnes pour escalader le ciel? L'Ossa, transporté de la Thrace en Thessalie, s'élève-t-il sur le Pélion? L'ordre établi dans le ciel est donc détruit; il n'y aura plus ni orient ni occident. La déesse qui chaque jour remet les rênes entre les mains de Phébus, qui répand sur la terre la rosée avec les premières lueurs du jour, s'étonne du changement qui s'est fait dans son empire; elle dont l'emploi n'est pas de plonger dans la mer les coursiers haletants, et de rafraîchir dans l'onde leurs crins fumants de sueur. Le Soleil lui-même est surpris de se trouver à son coucher dans la demeure de l'Aurore. En vain il commande à la nuit d'étendre ses voiles; la nuit n'est point prête encore. Nul astre ne paraît dans le ciel, pas une étoile ne brille au haut des airs,

In membra corpus : amputat trunco tenus
Humeros patentes, et lacertorum moras;
Denudat artus durus, atque ossa amputat :
Tantum ora servat, et datas fidei manus.
Hæc verubus hærent viscera, et lentis data   765
Stillant caminis; illa flammatus latex,
Querente aheno, jactat. Impositas dapes
Transiluit ignis, inque trepidantes focos
Bis ter regestus, et pati jussus moram,
Invitus ardet. Stridet in verubus jecur;   770
Nec facile dicam, corpora an flammæ magis
Gemuere. Piceus ignis in fumos abit;
Et ipse fumus tristis, ac nebula gravis,
Non rectus exit, seque in excelsum levans,
Ipsos penates nube deformi obsidet.   775
O Phœbe, patiens, fugeris retro licet
Medioque ruptum merseris cælo diem,
Sero occidisti. Lancinat natos pater,
Artusque mandit ore funesto suos.
Nitet fluenta madidus unguento comam,   780
Gravisque vino. Sæpe præclusæ cibum
Tenuere fauces. In malis unum hoc tuis
Bonum est, Thyesta, quod mala ignoras tua.
Sed et hoc peribit : verterit currus licet
Sibi ipse Titan obvium ducens iter,   785
Tenebrisque facinus obruat tetrum novis
Nox missa ab ortu tempore alieno gravis,
Tamen videndum est : tota patefient mala

CHORUS.

Quo terrarum superumque parens,
Cujus ad ortus noctis opacæ   790
Decus omne fugit, quo vertis iter,

Medioque diem perdis Olympo?
Cur, Phœbe, tuos rapis aspectus?
Nondum seræ nuntius horæ
Nocturna vocat lumina vesper;   795
Nondum Hesperiæ flexura rotæ
Jubet emeritos solvere currus;
Nondum in noctem vergente die
Tertia misit buccina signum :
Stupet ad subitæ tempora cœnæ   800
Nondum fessis bubus arator.
Quid te ætherio pepulit cursu?
Quæ causa tuos limite certo
Dejecit equos? numquid aperto
Carcere Ditis victi tentant   805
Bella gigantes? numquid Tityos
Pectore fesso renovat veteres
Saucius iras? num rejecto
Latus explicuit Typhoeus?
Numquid struitur via Phlegræos   810
Alta per hostes? et Thessalicum
Thressa premitur Pelion Ossa?
Solitæ mundi periere vices;
Nihil occasus, nihil ortus erit.
Stupet, Eoos assueta deo   815
Tradere frenos, genitrix primæ
Roscida lucis perversa sui
Limina regni : nescit fessos
Tingere currus, nec fumantes
Sudore jubas mergere ponto.   820
Ipse insueto novus hospitio
Sol Auroram videt occiduus,
Tenebrasque jubet surgere, nondum
Nocte parata. Non succedunt

et la lune n'éclaircit point par sa lumière cette effrayante obscurité.

Quel que soit ce prodige, et puisse-t-il n'être qu'une obscurité passagère! mon cœur est saisi d'un effroi mortel. Je tremble de toucher à cet instant marqué par le destin, où l'univers entier sera détruit; où les hommes et les dieux retomberont dans l'horreur du chaos; où la terre et la mer, et ces feux brillants qui font l'ornement du ciel, seront de nouveau mêlés et confondus. Ce roi des astres, dont la marche éclatante règle celle des siècles, ne marquera plus la durée des hivers et des étés. La lune, qui réfléchit la lumière de Phébus, ne diminuera plus la crainte qu'inspirent les ténèbres de la nuit, et n'achèvera plus dans le ciel sa révolution, plus courte que celle de son frère. Enfin les astres iront se perdre tous ensemble dans un même abîme.

Ce cercle formé de constellations, que parcourent les astres sacrés, ce cercle qui coupe obliquement les zones, et dans lequel se renferme la marche de l'année, se détachera de la voûte céleste. Le Bélier, qui, au retour de l'aimable printemps, invite à déplier les voiles à la douce haleine des zéphyrs, se précipitera dans les eaux qu'il traversa jadis avec la tremblante Hellé. Le Taureau, dont les cornes brillantes soutiennent les Hyades, entraînera dans sa chute les deux Gémeaux, et le Cancer aux bras recourbés. Le Lion embrasé des feux de l'été, ce Lion, l'un des travaux glorieux d'Hercule, sera de nouveau lancé du ciel. La Vierge tombera sur la terre, qu'elle a jadis abandonnée; et avec elle tomberont et la Balance, exacte dispensatrice des jours et des nuits, et le Scorpion venimeux. Le

vieux centaure d'Émonie, qui lance encore avec son arc ses flèches ailées, verra se briser son arc et ses flèches. Froid Capricorne, qui que tu sois, qui ramènes l'hiver paresseux, tu briseras ton urne! avec toi vont disparaître les Poissons, dernière constellation du zodiaque. Ces monstres, qui ne se baignèrent jamais dans les flots, seront engloutis dans l'Océan avec le serpent, qui, tel qu'un fleuve, se déroule entre les deux Ourses, et Cynosure, hérissée de glaçons et voisine de l'énorme serpent. Enfin le conducteur paresseux du char boréal, oubliant sa lenteur accoutumée, s'élancera du haut des airs.

C'est donc nous, parmi tant de générations que la terre a portées, c'est nous que le sort a choisis pour nous écraser sous les débris du ciel, c'est nous qui devions voir le dernier jour de l'univers! Ne sommes-nous pas nés sous un astre cruel, nous, destinés à voir s'éteindre le soleil, ou sans l'avoir mérité, ou par nos crimes? Mais cessons nos plaintes. O crainte, éloigne-toi. Celui-là est trop attaché à la vie, qui ne veut point périr quand le monde entier périt avec lui.

ACTE CINQUIÈME.

ATRÉE.

Je marche l'égal des dieux; supérieur à tous les mortels, je touche l'Olympe de mon front orgueilleux. C'est maintenant que je possède la puissance royale et le trône de mon père. Je ne demande plus rien au ciel; je suis au comble de mes vœux. Oui, mon âme est satisfaite; c'en est assez, même pour Atrée. Que dis-je? Je veux pousser plus loin ma

Astra, nec ullo micat igne polus : 825
Nec Luna graves digerit umbras.
Sed quidquid id est, utinam nox sit!
Trepidant, trepidant pectora magno
Percussa metu, ne fatali
Cuncta ruina quassata labent, 830
Iterumque deos hominesque premat
Deforme chaos : iterum terras,
Et mare, et ignes et vaga picti
Sidera mundi Natura tegat.
Non æternæ facis exortu 835
Dux astrorum secula ducens
Dabit æstatis brumæque notas.
Non Phœbeis obvia flammis
Demet Nocti Luna timores,
Vincetque sui fratris habenas, 840
Curvo brevius limite currens.
Ibit in unum congesta sinum
    Turba deorum.
Hic, qui sacris pervius astris
Secat obliquo tramite zonas, 845
Flectens longos Signifer annos,
Lapsa videbit sidera labens.
Hic, qui nondum vere benigno
Reddit Zephyro vela tepenti,
Aries præceps ibit in undas, 850
Per quas pavidam vexerat Hellen.
Hic, qui nitido Taurus cornu
Præfert Hyadas, secum Geminos
Trahet, et curvi brachia Cancri.
Leo flammiferis æstibus ardens 855
Iterum e cælo cadet Herculeus.
Cadet in terras Virgo relictas;
Justæque cadent pondera Libræ,
Secumque trahent Scorpion acrem.

Et, qui nervo tenet Æmonio 860
Pennata senex spicula Chiron,
Rupto perdet spicula nervo.
Pigram referens hiemem gelidus
Cadet Ægoceros, frangesque tuam,
Quisquis es, Urnam. Tecum excedent 865
Ultima cæli sidera Pisces;
Monstraque nunquam perfusa mari
Merget condens omnia gurges;
Et qui medias dividit Ursas,
Fluminis instar, lubricus Anguis, 870
Magnoque minor juncta Draconi
Frigida duro Cynosura gelu,
Custosque sui tardus plaustri
Jam non stabilis ruet Arctophylax.
Nos e tanto visi populo 875
Digni, premeret quos everso
        Cardine mundus.
In nos ætas ultima venit.
O nos dura sorte creatos,
Seu perdidimus solem miseri, 880
Sive expulimus! Abeant questus :
Discede, timor. Vitæ est avidus,
Quisquis non vult, mundo secum
    Pereunte, mori.

ACTUS QUINTUS.

ATREUS.

Æqualis astris gradior, et cunctos super 885
Altum superbo vertice attingens polum.
Nunc decora regni teneo, nunc solium patris.
Dimitto superos : summa votorum attigi.
Bene est; abunde est; jam sat est, etiam mihi.
Sed cur satis sit? pergam, et implebo patrem 890

vengeance; je veux que le père dévore ses propres enfants. Déjà, pour m'ôter toute honte, le jour a disparu : profitons de son absence. Ou plutôt que n'ai-je pu arrêter les dieux dans leur fuite, les ramener malgré eux, et les forcer tous à voir le festin de ma vengeance! Contentons-nous d'en rendre témoins les yeux d'un père. En vain le soleil me refuse sa lumière : je saurai, Thyeste, dissiper les ténèbres qui te cachent tes malheurs. Trop longtemps convive joyeux et sans défiance, tu as savouré les mets et le vin : il faut que tu conserves ta raison pour sentir toute ta misère.

Esclaves, ouvrez toutes les portes du palais, et ces vastes portiques décorés pour la fête. Je me fais une joie d'observer le visage du perfide, quand il verra les têtes de ses fils; d'entendre le premier cri de sa douleur, ou de le voir muet et sans haleine, dans le saisissement du désespoir. Ce sera le plus doux fruit de mes soins. Ce n'est pas quand il sera malheureux, mais à l'instant où il le deviendra, que je veux le voir.

Ces portiques ouverts brillent de mille flambeaux. Couché nonchalamment sur un lit brillant d'or et de pourpre, il appuie sur sa main gauche sa tête alourdie par le vin. Le voilà gorgé de viandes. Oui, je suis au-dessus des dieux; je suis le roi des rois. Mon bonheur passe mes souhaits : Thyeste rassasié vide une large coupe d'argent. Va, bois à longs traits; il me reste encore du sang de tant de victimes. La liqueur vermeille à laquelle il est mêlé en déguisera la couleur. Un pareil breuvage finira dignement un pareil repas. Qu'il boive le sang de ses propres fils, le barbare qui aurait bu le mien! Mais le voici. Hors de lui-même et transporté de joie, il exprime son ravissement par des chants d'allégresse.

THYESTE.

Chassons enfin les soucis d'un cœur longtemps flétri par l'infortune. Loin de moi la tristesse, loin de moi et la crainte et la pauvreté, tristes compagnes de l'exilé tremblant, et la honte qui aggrave le poids du malheur. Vois, Thyeste, d'où le sort t'a précipité, et non où tu es descendu. Il est grand le mortel qui, tombé du faîte des honneurs, se soumet sans murmurer à son destin; il est grand celui sur qui fondent à la fois tous les malheurs, que la chute de son empire ne peut ébranler, et qui supporte sans trouble et sans faiblesse les plus terribles revers. Mais écartons les tristes images du passé; effaçons toutes les traces de mes anciens maux; montrons un visage riant à la Fortune qui me rit; ne conservons rien du Thyeste d'autrefois. C'est un tort commun à tous les malheureux de n'oser compter sur les biens qui leur arrivent. En vain la fortune leur rend ses faveurs; ils craignent de s'abandonner à la joie. O douleur vague et sans cause, pourquoi me ramener à toi? Pourquoi m'empêcher de célébrer ce jour de fête? Pourquoi faire couler mes larmes? Ne puis-je ceindre ma tête de fleurs nouvelles? Non, une voix secrète me le défend. Les roses, dont j'étais couronné, se détachent de mon front. Une subite horreur fait dresser mes cheveux humides de parfums; des pleurs involontaires inondent mes joues; mes paroles sont entrecoupées de soupirs. Accoutumée aux larmes, la tristesse se plaît à en répandre. Pleurer est pour les malheureux une passion impérieuse. Je voudrais pousser des cris lamentables, déchirer ces riches vêtements de pourpre, remplir les airs de mes gémissements. Ces tristes

---

Funere suorum : ne quid obstaret pudor,
Dies recessit; perge, dum cælum vacat.
Utinam quidem tenere fugientes deos
Possem, et coactos trahere, ut ultricem dapem
Omnes viderent! quod sat est, videat pater.   895
Etiam die nolente discutiam tibi
Tenebras, miseriæ sub quibus latitant tuæ.
Nimis diu conviva securo jaces
Hilarique vultu; jam satis mensis datum est,
Satisque Baccho : sobrio tanta ad mala   900
Opus est Thyeste. Turba famularis, fores
Templi relaxa; festa patefiat domus.
Libet videre, capita natorum intuens
Quos det colores, verba quæ primus dolor
Effundat, aut ut spiritu expulso stupens   905
Corpus rigescat : fructus hic operis mei est;
Miserum videre nolo, sed dum fit miser.
Aperta multa colucent face.
Resupinus ipse purpura atque auro incubat,
Vino gravatum fulciens læva caput.   910
Eructat : o me cælitum excelsissimum,
Regumque regem! vota transcendi mea.
Satur est, capaci ducit argento merum.
Ne parce potu; restat etiamnum cruor
Tot hostiarum : veteris hunc Bacchi color   915
Abscondet : hoc hæc mensa claudatur scypho.
Mixtum suorum sanguinem genitor bibat;
Meum bibisset. Ecce jam cantus ciet,
Festasque voces, nec satis menti imperat.

THYESTES.

Pectora longis hebetata malis,   920
Jam sollicitas ponite curas.
Fugiat mœror, fugiatque pavor.

Fugiat trepidi comes exsilii
Tristis egestas, rebusque gravis
Pudor afflictis. Magis unde cadas,   925
Quam quo, refert. Magnum, ex alto
Culmine lapsum stabilem in plano
Figere gressum : magnum, ingenti
Strage malorum pressum fracti
Pondera regni non inflexa   930
Cervice pati, nec degenerem
Victumque malis rectum impositas
Ferre ruinas. Sed jam sævi
Nubila fati pelle, ac miseri
Temporis omnes dimitte notas :   935
Redeant vultus ad læta boni;
Veterem ex animo mitte Thyesten.
Proprium hoc miseros sequitur vitium,
Nunquam rebus credere lætis.
Redeat felix Fortuna licet,   940
Tamen afflictos gaudere piget.
Quid me revocas, festumque vetas
Celebrare diem? quid flere jubes,
Nulla surgens dolor ex causa?
Quis me prohibet flore recenti   945
Vincire comam? Prohibet, prohibet.
Vernæ capiti fluxere rosæ;
Pingui madidus crinis amomo
Inter subitos stetit horrores;
Imber vultu nolente cadit.   950
Venit in medias voces gemitus.
Mœror lacrimas amat assuetas;
Flendi miseris dira cupido est.
Libet infaustos mittere questus :
Libet et Tyrio saturas ostro   955
Rumpere vestes : ululare libet.

pressentiments dont l'âme est affligée sont les indices certains de quelque grande calamité. Une tempête affreuse menace les matelots, quand la mer s'enfle d'elle-même, et sans être agitée par les vents. Insensé que tu es, pourquoi te créer à toi-même ces chagrins et ces alarmes? Témoigne à ton frère une entière confiance. Quoi qu'il en soit, tes craintes maintenant sont vaines ou tardives. Hélas! je voudrais m'en défendre, mais j'éprouve au fond de mon âme une vague terreur. Des pleurs s'échappent tout à coup de mes yeux, sans que j'aie sujet d'en répandre. Est-ce de douleur ou de crainte? ou bien l'excès de la joie fait-il aussi couler nos larmes?

ATRÉE, THYESTE.

Atr. Mon frère, célébrons avec une égale allégresse ce jour heureux, qui affermit le sceptre dans ma main, et qui est pour moi le gage assuré d'une paix inviolable.

Thy. J'ai goûté assez longtemps les plaisirs de la table; tu mettrais le comble à ma joie en me permettant de la partager avec mes fils.

Atr. Crois qu'ils sont déjà entre les bras de leur père; ils y sont, ils y seront toujours. Aucun d'eux ne saurait désormais être séparé de toi. Tu désires voir ces têtes chéries, tu les verras. Je veux rassembler autour d'un père ces objets de sa tendresse. Ne crains rien, tu pourras en rassasier tes yeux. Réunis avec mes enfants dans un banquet sacré, ils se livrent à la gaieté de leur âge. Mais je les ferai venir. Prends cependant cette coupe de vin : c'est la coupe de nos ancêtres.

Thy. Je la prends avec joie de la main d'un frère, et je la viderai aussitôt que j'en aurai fait une libation aux dieux de notre famille. Mais quel est ce prodige? Ma main refuse d'obéir. La coupe devient si pesante, que je ne puis la porter. C'est en vain que je l'approche de ma bouche : la liqueur, qui semble fuir, échappe à mes lèvres entr'ouvertes. La table elle-même s'agite sur le plancher tremblant. Ces flambeaux ont perdu tout leur éclat. Le ciel, qu'enveloppe une affreuse obscurité, s'étonne d'être un espace vide, où ne règne ni le jour ni la nuit. Mais quoi! des secousses sans cesse plus violentes ébranlent la voûte céleste; les ténèbres deviennent plus épaisses, et la nuit se perd dans une nuit plus obscure. Tous les astres ont disparu. Dieux! épargnez du moins mon frère et mes fils, et que l'orage n'éclate que sur le malheureux Thyeste. (*A son frère*). Hâte-toi de me rendre mes fils.

Atr. Je vais te les rendre; et l'on ne pourra désormais t'en séparer.

Thy. Quel trouble agite tout à coup mes entrailles? Qu'ai-je senti frémir au dedans de moi? Quelque chose est là qui souffre et se plaint. Des gémissements, qui ne sont pas les miens, s'échappent de ma poitrine. Mes enfants, venez, mes enfants; votre malheureux père vous appelle. Venez; votre vue mettra fin à ma douleur.... D'où partent leurs voix?

Atr. Ouvre-leur tes bras? Les voici. Reconnais-tu tes enfants?

Thy. Je reconnais mon frère. O terre, peux-tu bien porter de pareilles horreurs? Quoi! tu ne t'enfonces pas avec nous dans la profondeur du Styx? tu n'ouvres pas un gouffre immense, pour y engloutir ensemble et le royaume et le roi? tu ne renverses pas Mycènes entière de fond en comble? Nous avons mérité une place auprès de Tantale. Mais plutôt déchire ton sein; creuse, s'il se peut, des abîmes nouveaux, par delà le Tartare et les lieux où notre aïeul est retenu; et plonge-nous dans des cachots que l'Achéron couvre de ses ondes. Que les ombres

---

Mittit luctus signa futuri
Mens, ante sui præsaga mali.
Instat nautis fera tempestas,
Quum sine vento tranquilla tument....   960
Quos tibi luctus, quosve tumultus
Fingis demens? credula præsta
Pectora fratri : jam quidquid id est,
Vel sine causa, vel sero times.
Nolo infelix; sed vagus intra   965
Terror oberrat; subitos fundunt
Oculi fletus, nec causa subest.
Dolor, an metus est? an habet lacrimas
Magna voluptas?

ATREUS, THYESTES.

Atr. Festum diem, germane, consensu pari   970
Celebremus : hic est, sceptra qui firmet mea,
Solidamque pacis alliget certæ fidem.
Thy. Satias dapis me, nec minus Bacchi tenet.
Augere cumulus hic voluptatem potest,
Si cum meis gaudere felici datur.   975
Atr. Hic esse natos crede in amplexu patris :
Hic sunt, eruntque; nulla pars prolis tuæ
Tibi subtrahetur : ora, quæ exoptas, dabo,
Totumque turba jam sua implebo patrem.
Satiaberis, ne metue : nunc mixti meis,   980
Jucunda mensæ sacra juvenilis colunt;
Sed accientur. Poculum infuso cape
Gentile Baccho. *Thy.* Capio fraternæ dapis
Donum. Paternis vina libentur deis,
Tunc hauriantur. Sed quid hoc? nolunt manus   985

Parere : crescit pondus, et dextram gravat.
Admotus ipsis Bacchus a labris fugit,
Circaque rictus ore decepto effluit.
En, ipsa trepido mensa subsiluit solo.
Vix lucet ignis. Ipse quin æther gravis   990
Inter diem noctemque desertus stupet.
Quid hoc? magis magisque concussi labant
Convexa cæli : spissior densis coit
Caligo tenebris, noxque se in noctem abdidit :
Fugit omne sidus. Quidquid est, fratri, precor,   995
Natisque parcat; omnis in vile hoc caput
Abeat procella. Redde jam natos mihi.
Atr. Reddam, et tibi illos nullus eripiet dies.
Thy. Quis hic tumultus viscera exagitat mea?
Quid tremuit intus? sentio impatiens onus,   1000
Meumque gemitu non meo pectus gemit.
Adeste, nati! genitor infelix vocat :
Adeste! visis fugiet hic vobis dolor.
Unde obloquuntur? *Atr.* Expedi amplexus, pater :
Venere. Natos ecquid agnoscis tuos?   1005
Thy. Agnosco fratrem. Sustines tantum nefas
Gestare, Tellus? non ad infernam Stygia
Te nosque mergis, rupta et ingenti via
Ad chaos inane regna cum rege abripis?
Non tota ab imo tecta convellens solo   1010
Vertis Mycenas? Stare circa Tantalum
Uterque jam debuimus : hinc compagibus,
Et hinc revulsis, si quid infra Tartara est
Avosque nostros, huc tuam immani sinu
Demitte vallem, nosque defossos tege   1015
Acheronte toto : noxia supra caput

des coupables errent au-dessus de nos têtes; que l'impétueux Phlégéton roule ses eaux enflammées et son sable bouillonnant au-dessus de deux impies condamnés à un supplice éternel. O terre, masse inerte, tu demeures insensible, et les dieux ont fui.

Atr. Voilà donc l'accueil que tu fais à ces fils si vivement désirés? Jouis de leur présence; ton frère n'y met pas d'obstacle. Partage entre eux tes caresses et tes baisers.

Thy. Voilà donc nos traités? voilà cette réconciliation touchante? voilà donc la foi jurée par un frère? voilà comme tu renonces à ta haine? Je ne te demande plus de me rendre mes fils vivants. Ce que j'implore de toi n'ôtera rien de ton crime ni de ta vengeance. C'est un frère qui t'en conjure. Qu'il me soit permis de leur donner la sépulture. Rends-moi leurs corps; je les brûlerai à l'instant, sous tes yeux. Hélas! c'est pour les perdre à jamais qu'un père te redemande ses enfants.

Atr. Tout ce qui reste de tes fils, tu l'auras. Ce qui manque, tu l'as déjà.

Thy. Les aurais-tu livrés à la voracité des vautours? doivent-ils être, sont-ils déjà la proie des animaux féroces?

Atr. C'est toi-même qui vient de t'en repaître, impie!

Thy. Voilà donc ce qui révoltait les dieux! voilà ce qui a fait reculer le char du jour! Quels cris, quels gémissements, quelles expressions suffisent à ma douleur? j'ai devant moi les têtes de mes fils, leurs mains et leurs pieds; c'est tout ce qui a échappé à la voracité d'un père. Mais leurs entrailles s'agitent dans les miennes; leurs chairs, affreuse nourriture! leurs chairs, enfermées dans mes flancs, font de vains efforts pour en sortir, et cherchent à se frayer une issue. Mon frère, donne-moi ton épée; donne; elle est déjà toute rougie de mon sang; elle ouvrira un passage à mes enfants. Tu me la refuses?....

Eh bien! frappons notre sein.... Arrête, malheureux, épargne au moins les mânes de tes fils! Jamais les farouches Hénioques, habitants du Caucase inhospitalier, jamais Procuste, la terreur de l'Attique, ont-ils conçu un si horrible forfait? Le père a englouti ses enfants; ses enfants déchirent ses entrailles. Le crime n'a-t-il pas de limites?

Atr. Oui, le crime peut avoir des bornes; la vengeance n'en doit pas avoir. La mienne me semble encore trop faible. Je devais égorger tes fils sous tes yeux; et, tandis qu'ils respiraient encore, te faire boire le sang qui jaillissait tout fumant de leurs blessures. Ma haine, par trop d'impatience, s'est fait tort à elle-même. J'ai frappé, il est vrai, mes victimes; je les ai immolées au pied de l'autel, et j'ai apaisé mes dieux lares par ce sacrifice que je leur avais promis. J'ai coupé, divisé leurs corps en morceaux; une partie a été jetée dans l'airain bouillonnant; j'ai exposé le reste à la chaleur d'un feu modéré; j'ai détaché leurs membres, enlevé leurs chairs avant qu'ils fussent expirés; j'ai vu leurs fibres palpiter encore autour du fer qui les traversait; j'ai moi-même attisé les flammes; mais je devais plutôt charger leur père de ces soins. Non, je n'ai pas su me venger d'un traître. Ses dents cruelles ont déchiré ses enfants; mais ni lui ni ses enfants ne l'ont su.

Thy. Mers, qu'embrassent des rivages sinueux; dieux du ciel, en quelque lieu que vous ayez caché votre effroi; terre, et vous, enfers, écoutez ce crime atroce. Et toi, nuit épaisse et affreuse du Tartare, écoute mes plaintes, je t'en conjure : je ne puis implorer que toi. Seule tu vois mon infortune, et tu n'as pas non plus d'astres à qui je ferais horreur. Je n'adresserai point au ciel d'injustes prières; je ne demanderai rien pour moi. Que puis-je désormais espérer? C'est pour vous seuls, dieux immortels, que je ferai des vœux. Arbitre des cieux

---

animæ vagentur nostrum, et ardenti freto
Phlegethon arenas igneus tortas agens,
Exitia supra nostra violentus fluat.
Immota Tellus, pondus ignavum jaces?   1020
Fugere superi. *Atr.* At accipe hos potius libens
Diu expetitos. Nulla per fratrem est mora;
Fruere, osculare, divide amplexus tribus.
Thy. Hoc fœdus? hæc est gratia? hæc fratris fides?
Sic odia ponis? non peto, incolumes pater   1025
Natos ut habeam : scelere quod salvo dari
Odioque possit, frater hoc fratrem rogo,
Sepelire liceat : redde, quod cernas statim
Uri : nihil te genitor habiturus rogo,
Sed perditurus. *Atr.* Quidquid e natis tuis   1030
Superest, habebis : quodque non superest, habes.
Thy. Utrumne sævis pabulum alitibus jacent?
An belluis servantur? an pascunt feras?
Atr. Epulatus ipse es impia natos dape.
Thy. Hoc est, deos quod puduit! hoc egit diem   1035
Aversum in ortus! Quas miser voces dabo,
Questusque quos? quæ verba sufficient mihi?
Abscissa cerno capita, et avulsas manus,
Et rupta fractis cruribus vestigia.
Hoc est, quod avidus capere non potuit pater.   1040
Volvuntur intus viscera, et clausum nefas
Sine exitu luctatur, et quærit viam.
Da, frater, ensem; sanguinis multum mei
Habet ille : ferro liberis detur via.
Negatur ensis? pectora illiso sonent   1045

Contusa planctu.... Sustine, infelix, manum;
Parcamus umbris. Tale quis vidit nefas?
Quis inhospitalis Caucasi rupem asperam
Heniochus habitans? quisve Cecropiis metus
Terris Procrustes? genitor in natos premo,   1050
Premorque natis! Sceleris est aliquis modus?
Atr. Sceleri modus debetur, ubi facias scelus,
Non ubi reponas. Hoc quoque exiguum est mihi.
Ex vulnere ipso sanguinem calidum in tua
Diffundere ora debui, ut viventium   1055
Biberes cruorem. Verba sunt iræ data,
Dum propero : ferro vulnera impresso dedi,
Cecidi ad aras, cæde votiva focos
Placavi, et artus corpore exanimo amputans,
In parva carpsi frusta, et hæc ferventibus   1060
Demersi ahenis; illa lentis ignibus
Stillare jussi; membra nervosque abscidi
Viventibus, gracilique trajectas veru
Mugire fibras vidi, et aggessi manu
Mea ipse flammas : omnia hæc melius pater   1065
Fecisse potuit; cecidit incassum dolor :
Scidit ore natos impio, sed nesciens,
Sed nescientes. *Thy.* Clusa litoribus vagis
Audite maria! vos quoque audite hoc scelus,
Quocunque, dii, fugistis! audite, inferi!   1070
Audite, terræ! Noxque Tartarea gravis
Et atra nube, vocibus nostris vaca!
Tibi sum relictus; sola tu miserum vides,
Tu quoque sine astris. Vota non faciam improba;

souverain des régions de l'air, rassemble de toutes parts les plus affreuses tempêtes ; excite les vents à se faire la guerre ; fais retentir le monde entier du fracas de ton tonnerre ; lance, non pas ce foudre léger, dont quelquefois tu frappes sans courroux des demeures innocentes ; mais ces carreaux terribles qui renversèrent les montagnes entassées, et les géants qui les égalaient en hauteur. Voilà les traits, voilà les feux dont tu dois armer ton bras. Venge sur nous le jour forcé de fuir, et que tes flammes, sillonnant les airs, remplacent la lumière dont le ciel est privé. Punis indistinctement et sans hésiter deux coupables ; ou, si un seul doit périr, que ta colère tombe sur moi.

Enfonce dans ce sein tes dards enflammés. Il faut que je devienne moi-même la proie des flammes, si je veux ensevelir mes fils et leur rendre les honneurs du bûcher. Mais si rien ne touche les dieux ; s'il n'y a pas de foudres pour punir les impies, du moins que cette obscurité soit éternelle, et qu'une nuit sans fin couvre des forfaits sans mesure. O Soleil, je cesse de me plaindre, si tu ne reparais plus dans le ciel !

Atr. C'est maintenant que je m'applaudis des coups que j'ai portés ; c'est maintenant que je

triomphe. Sans ton désespoir, j'aurais perdu le fruit de mon crime. Il me semble en ce moment que les dieux me donnent des fils, et que mon lit est purifié.

Thy. Quels étaient les torts de mes fils ?

Atr. D'être sortis de toi.

Thy. A un père..! ses propres enfants..!

Atr. Oui, à un père ; et ce qui me comble de joie, il ne doutait pas qu'il le fût.

Thy. Je vous atteste, dieux protecteurs des liens du sang !

Atr. Que n'invoques-tu plutôt les dieux protecteurs de l'hymen ?

Thy. Doit-on se venger d'un crime par un crime ?

Atr. Je sais pourquoi tu te plains. Tu t'affliges d'être prévenu. Ce qui te désespère, ce n'est point ce mets abominable, mais de ne m'en avoir point servi un semblable. Tu voulais t'emparer de mes fils avec l'aide de leur mère, les égorger, et en faire, ainsi que moi, un festin à leur père : ce qui seul t'a retenu, c'est que tu les croyais tes fils.

Thy. Crains le courroux des dieux. Mes vœux appellent sur toi leur vengeance.

Atr. Moi, je te livre à celle de tes enfants.

Pro me nihil precabor ; ecquid jam potest   1075
Pro me esse ? vobis vota prospicient mea.
Tu, summe cæli rector, ætheriæ potens
Dominator aulæ, nubibus totum horridis
Convolve mundum ; bella ventorum undique
Committe, et omni parte violentum intona ;   1080
Manuque, non qua tecta et immeritas domos
Telo petis minore, sed qua montium
Tergemina moles cecidit, et qui montibus
Stabant pares gigantes, hæc arma expedi,
Ignesque torque : vindica amissum diem :   1085
Jaculare flammas ; lumen ereptum polo
Fulminibus exple. Causa, ne dubites diu,
Utriusque mala sit ; si minus, mala sit mea.
Me pete ; trisulco flammeam telo facem
Per pectus hoc transmitte : si natos pater   1090
Humare, et igni tradere extremo volo,
Ego sum cremandus. Si nihil superos movet,
Nullumque telis impios numen petit,

Æterna nox permaneat, et tenebris tegat
Immensa longis scelera : nil, Titan, queror,   1095
Si perseveras. *Atr.* Nunc meas laudo manus,
Nunc parta vera est palma. Perdideram scelus,
Nisi sic doleres. Liberos nasci mihi
Nunc credo, castis nunc fidem reddi toris.
Thy. Quid liberi meruere ? *Atr.* Quod fuerant tui.   1100
Thy. Natos parenti ! *Atr.* Fateor, et, quod me juvat,
Certos. *Thy.* Piorum præsides testor deos.
Atr. Quid ? conjugales ? *Thy.* Scelere quis pensat scelus ?
Atr. Scio, quid queraris : scelere prærepto doles,
Nec, quod nefandas hauseris, tangit, dapes ;   1105
Quod non pararis : fuerat hic animus tibi
Instruere similes inscio fratri cibos,
Et adjuvante liberos matre aggredi,
Similique leto sternere : hoc unum obstitit,
Tuos putasti. *Thy.* Vindices aderunt dei :   1110
His puniendum vota te tradunt mea.
Atr. Te puniendum liberis trado tuis.

LES PHÉNICIENNES.

PERSONNAGES.

ŒDIPE.   JOCASTE.
ANTIGONE.   POLYNICE.
UN MESSAGER. ÉTÉOCLE.

La scène se passe près de Thèbes.

ARGUMENT.

Œdipe, qui, non content de s'arracher les yeux, s'était condamné lui-même à l'exil (*voir l'Œdipe de notre auteur*), succombe à son désespoir, et veut se donner la mort; mais, vaincu par les tendres instances de sa fille Antigone, il consent à vivre. Cependant une guerre impie va éclater entre Étéocle et Polynice, parce qu'Étéocle refuse d'exécuter le traité suivant lequel il doit rendre le trône à son frère. Jocaste s'efforce en vain de les réconcilier. On n'a pas le reste de cette tragédie, qui se terminait vraisemblablement par le combat des deux frères tués l'un par l'autre, ainsi que l'ont rapporté Euripide et Stace.

ACTE PREMIER.

OEDIPE, ANTIGONE.

Œed. Guide d'un père aveugle, unique soutien de sa marche chancelante, ô toi qu'il m'est doux de nommer ma fille, malgré ta naissance fatale, cesse de t'associer à un père que le sort accable. Pourquoi ramener dans la route frayée mes pas errants? laisse-moi tomber. J'aurai plus tôt trouvé le chemin que je cherche, celui par où je sortirai de la vie, par où je délivrerai enfin ciel et terre de mon aspect odieux. Que ces mains ont mal servi mon désespoir! Je ne vois plus ce jour témoin de mes forfaits, mais on me voit encore. Détache de moi tes mains, laisse-moi aller où mes pieds me conduiront sans le secours de mes yeux; j'irai sur la cime escarpée du Cithéron, mon fatal berceau, à travers ces rochers où, malgré une fuite rapide, Actéon devint la proie infortunée de sa propre meute; dans cette obscure forêt, dans ces sombres vallées où, guidant ses compagnes remplies d'une fureur divine, une mère transportée d'une joie féroce porta comme un trophée, au bout de son thyrse, la tête de son fils; dans ces lieux où, victime de la colère de Zéthus, Dircé, traînée par un taureau, déchirée par les ronces, marqua de son sang le passage de l'animal furieux: j'irai sur cette roche qui domine la vaste mer, et du sommet de laquelle Ino se précipita dans les flots, avec son fils, qu'elle dérobait par un crime au crime de son époux. Heureux ceux à qui le ciel plus propice a donné de si tendres mères? Mais il est dans ces forêts une autre place qui m'appartient, qui me réclame. J'irai d'un pas rapide, sans hésiter, sans avoir besoin d'aucun guide. Pourquoi m'y faire attendre davantage? Cithéron, rends-moi ton sommet, rends-moi l'asile que tu me dois, afin que je meure, chargé d'années, où j'aurais dû expirer en naissant; reprends ta victime, montagne sanguinaire, barbare, cruelle, impitoyable pour ceux que tu fais périr comme pour ceux que tu sauves. Dès longtemps ce cadavre t'appartient; fais ce que mon père ordonna, et que ma mère te demande aujourd'hui: je brûle de subir un supplice trop différé. Pourquoi, ma fille, me retenir par une tendresse cruelle? pourquoi m'arrêter? Mon père

PHOENISSÆ.

DRAMATIS PERSONÆ.

OEDIPUS.   JOCASTA.
ANTIGONE.   POLYNICES.
NUNTIUS.   ETEOCLES.

ARGUMENTUM.

Œdipus, postquam sibi ipse oculos effodit, et ultro abiit in exsilium (vid. nostri OEdipum), victus malis, necem sibi inferre statuit: sed piis Antigones filiæ precibus exoratus, se vitam toleraturum pollicetur. Interea filios ejus, Eteoclem et Polynicem, impia moventes arma, quia Eteocles regnum fratri ex fœdere tradere abnuerat, Jocasta in gratiam reducere incassum molitur.... Hic interciditur Senecæ fabula; nec igitur narratur quomodo fratres alter ab altero confossi ceciderint, quod supplent Euripides et Statius.

ACTUS PRIMUS.

OEDIPUS, ANTIGONE.

Œdip. Cæci parentis regimen, ac fessi unicum
Lateris levamen, nata, quam tanti est mihi
Genuisse vel sic, desere infaustum patrem.
In recta quid deflectis errantem gradum?
Permitte labi: melius inveniam viam,   5
Quam quæro; solus, quæ me ab hac vita extrahat,
Et hoc nefandi capitis aspectu levet
Cælum atque terras. Quantulum hac egi manu!
Non video noxæ conscium nostræ diem;
Sed videor. Hinc jam solve inhærentem manum,   10
Et patere cæcum, qua volet, ferri pedem.
Ibo, ibo, qua prærupta protendit juga
Meus Cithæron; qua peragrato celer
Per saxa monte jacuit Actæon, suis
Nova præda canibus; qua per obscurum nemus,   15
Silvamque opacæ vallis instinctas deo
Egit sorores mater, et gaudens malo
Vibrante fixum prætulit thyrso caput;
Zethi juvencus, qua per horrentes rubos
Tauri ferocis sanguis ostentat fugas;   20
Vel qua alta maria vertice immenso premit
Inoa rupes, qua scelus fugiens novi,
Novumque faciens, mater insiluit freto
Mersura natum seque. Felices, quibus   25
Fortuna melior tam bonas matres dedit!
Est alius istis noster in silvis locus,
Qui me reposcit; hunc petam cursu incito,
Non hæsitabit gressus; huc omni duce
Spoliatus ibo. Quid moror sedes meas?   30
Montem, Cithæron, redde, et hospitium mihi
Illud meum restitue, ut exspirem senex,
Ubi debui infans. Recipe supplicium vetus
Semper cruente, sæve, crudelis, ferox,
Quum occidis, et quum parcis: olim jam tuum   35
Est hoc cadaver: perage mandatum patris,
Jam et matris: animus gestit antiqua exsequi

m'appelle : me voilà ; je te suis. Ah ! par grâce...
Ceint du diadème sanglant que je lui arrachai,
Laïus furieux tourne contre moi ses mains cruelles,
les plonge dans l'orbite de mes yeux. Le vois-tu, ma
fille ? ah ! je le vois. Délivre-toi donc d'une vie odieuse,
cœur pusillanime , courageux seulement contre une
portie de toi-même. Au lieu de prolonger lâchement
ton supplice, sache mourir tout entier. Pourquoi
traîner ce reste de vie ? je n'ai plus de forfaits à commettre. Malheureux ! j'en puis commettre encore.
Crois-moi, fuis ton père tandis que tu es encore pure ;
fils incestueux, je crains tout de moi-même.

Ant. Aucune puissance, ô mon père, ne peut séparer ma main de la vôtre ; rien ne m'empêchera
de vous accompagner partout. Que mes frères se
disputent, le fer à la main, le palais brillant de Labdacus et son puissant empire ; pour moi, la plus
belle partie de l'héritage paternel, c'est mon père
lui-même. Celle-là, tu ne pourras me la ravir, ni toi
qui retiens injustement le sceptre de Thèbes, ni toi
qui amènes contre un frère les bataillons argiens. Non, quand Jupiter, ébranlant l'Olympe, lancerait sa foudre pour nous désunir, je n'abandonne-
rais pas cette main. En vain vous m'en empêcheriez,
mon père, je vous conduirai, je guiderai vos pas
malgré vous. Marchez-vous dans la plaine ? j'y vais ;
gravissez-vous les montagnes ? loin de vous retenir,
je vous précède ; partout je vous servirai de guide.
Quelque route que vous choisissiez, cette route sera
la mienne. Ne voulez-vous pas vivre avec moi ? je
meurs avec vous. Là s'élève un immense rocher qui
domine la vaste mer : voulez-vous que nous y mon-
tions ? Ici est une pierre nue qui pend en précipice ;
voici un abîme qui s'enfonce jusque dans les entrailles de la terre : y portons-nous nos pas ? Ail-

leurs un torrent impétueux entraîne dans son cours
les débris de la montagne : faut-il nous y précipiter ?
J'irai partout, mais la première. Je ne vous retiens
ni ne vous excite. Vous êtes las de la vie, ô mon père ?
la mort est le plus ardent de vos vœux ? Si vous
mourez, je meurs avant vous ; si vous vivez, je vivrai
aussi. Mais revenez à vous, rappeléz votre ancien
courage, triomphez du sort par votre constance.
Point de faiblesse : céder à de tels maux, c'est un
malheur de plus.

OEd. Pourquoi ce modèle de vertu se trouve-t-il
dans une maison si coupable ? pourquoi cette jeune
fille dément-elle le sang dont elle sort ? Moi, donner le jour à un enfant vertueux ! Fortune, peux-tu le
croire ? Ma destinée (je la connais trop bien) ne l'a
fait naître telle que pour me nuire. Oui, la nature
changerait ses lois, les fleuves rapides remonteraient
vers leur source, l'astre du jour répandrait les ténèbres , Vesper ramènerait la lumière ; pour ajouter
quelque chose à mon malheur, la piété même deviendrait chez nous une vertu de famille. L'unique
salut d'OEdipe est de n'en plus espérer. Accordons
à mon père une vengeance trop différée : que tardes-
tu , main trop timide à me punir ? tu n'as encore
vengé que ma mère. Fille généreuse, laisse ma main ;
tu ne fais que prolonger mon agonie et les funérailles d'un vivant. Couvre enfin de terre ce corps
odieux. Ta vertu t'égare : est-ce piété que traîner ainsi
les restes d'un père ? On fait un tort égal à celui qu'on
fait mourir ou à celui qu'on fait vivre malgré lui ;
arrêter son bras, c'est le tuer. Un tort égal ? non, le
premier est plus grand. La violence qui m'impose la
mort m'est moins odieuse que celle qui m'en prive.
Renonce à ton espoir, ma fille ; j'ai sur moi-même droit
de vie et de mort ; j'ai volontairement renoncé au pou-

Supplicia. Quid me, nata, pestifero tenes
Amore vinclum ? quid tenes ? genitor vocat.
Sequor, sequor : jam parce.... Sanguineum gerens   40
Insigne regni Laius rapti forit ;
Et ecce inanes manibus infestis petit
Foditque vultus. Nata, genitorem vides ?
Ego video.... Tandem spiritum inimicum exspue,
Desertor anime, fortis in partem tui ;   45
Omitte pœnas languidas longæ moræ,
Mortemque totam recipe. Quid segnis traho
Quod vivo ? nullum facere jam possum scelus....
Possum miser ! prædico, discede a patre ;
Discede , virgo : timeo post matrem omnia.   50
Ant. Vis nulla, genitor, a tuo nostram manum
Corpore resolvet : nemo me comitem tibi
Eripiet unquam Labdaci claram domum,
Opulenta ferro regna germani petant ;
Pars summa magni patris e regno mea est   55
Pater ipse : non hunc auferet frater mihi,
Thebana rapto sceptra qui regno tenet ;
Non hunc catervas alter Argolicas agens.
Non si revulso Jupiter mundo tonet,
Mediumque nostros fulmen in nexus cadat,   60
Manum hanc remittam : prohibeas , genitor, licet,
Regam abnuentem ; dirigam inviti gradum.
In plana tendis ? vado : prærupta appetis ?
Non obsto, sed præcedo : quovis utere
Duce me ; duobus omnis eligitur via.   65
Perire sine me potes ; mecum potes.
Hic alta rupes arduo surgit jugo,
Spectatque longe spatia subjecti maris.
Vis hanc petamus ? Nudus hic pendet silex ;
Hic scissa tellus faucibus ruptis hiat :   70

Vis hanc petamus ? Hic rapax torrens cadit ,
Partesque lapsi montis exesas rotat ;
In hunc ruamus. Dum prior, quo vis, eo.
Non deprecor, non hortor. Exstingui cupis ,
Volumque , genitor, maximum mors est tibi ?   75
Si moreris , antecedo : si vivis, sequor.
Sed flecte mentem ; pectus antiquum advoca ,
Victasque magno robore ærumnas doma.
Resiste : tantis in malis vinci malum est.
OEdip. Unde in nefanda specimen egregium domo ?   80
Unde ista generi virgo dissimilis suo ?
Fortuna , credis ? aliquis est ex me pius ?
Non esset unquam (fata bene novi mea),
Nisi ut nocerct. Ipsa se in leges novas
Natura vertet, regeret in fontem citas   85
Revolutus undas amnis, et noctem afferet
Phœbea lampas, Hesperus faciet diem.
Ut ad miserias aliquid accedat meas,
Pii quoque erimus. Unica OEdipodæ est salus ,
Non esse salvum. Liceat ulcisci patrem   90
Adhuc inultum. Dextra quid cessas iners
Exigere pœnas ? quidquid exactum est adhuc,
Matri dedisti. Mitte genitoris manum,
Animosa virgo : funus extendis meum,
Longasque vivi ducis exsequias patris.   95
Aliquando terra corpus invisum tege.
Peccas honesta mente : pietatem vocas,
Patrem insepultum trahere. Qui cogit mori
Nolentem , in æquo est, quique properantem impedit.
Occidere est, vetare cupientem mori.   100
Nec tamen in æquo est : alterum gravius reor :
Malo imperari, quam eripi mortem mihi.
Desiste cœpto, virgo : jus vitæ ac necis

voir suprême, mais je garde celui de disposer de moi. Si tu es ma compagne fidèle, donne-moi une épée, celle surtout que j'ai trempée dans le sang de mon père. M'obéis-tu? mes fils s'en seraient-ils emparés comme de mon trône? En quelque main qu'elle soit, elle est destinée au crime. Qu'ils la gardent, j'y consens; mais qu'elle serve à tous deux. Prépare plutôt des torches et un vaste bûcher; moi-même je m'élancerai au milieu, je franchirai d'un pied intrépide cet amas funèbre pour en finir avec cette existence, et réduire en cendres tout ce qui vit en moi. Où est la mer orageuse? Conduis-moi sur la pointe de quelque rocher à pic, près du lit où bouillonne l'Ismène; conduis-moi, si tu es mon guide, au milieu des monstres des bois, près d'un gouffre, au bord d'un précipice. Mais non, je veux aller mourir sur le sommet de cette roche où le Sphinx affreux proposait ses questions insidieuses. Conduis là mes pas, fais-y asseoir ton père; et qu'à cette place toujours remplie soit un monstre plus horrible que le premier. Là, sur le même rocher, je proposerai l'énigme de ma destinée, et nul ne la résoudra. Vous tous qui labourez ces champs où régna le héros d'Assyrie; qui honorez d'un culte pieux cette forêt fameuse par le dragon de Cadmus et la source mystérieuse de Dircé; vous qui buvez l'eau de l'Eurotas et qui habitez Sparte, patrie des immortels jumeaux; habitants de l'Élide et du Parnasse, vous qui moissonnez dans les plaines fécondes de la Béotie, prêtez-moi l'oreille. Le fléau de Thèbes, ce monstre aux questions captieuses et perfidement cruelles, en proposa-t-il une semblable, une plus insoluble que celle-ci: Un homme gendre de son aïeul, rival de son père, frère de ses fils et père de ses frères; une femme mère de son époux, aïeule des enfants qu'elle lui a donnés? Qui débrouillera ce

mystère d'horreur? J'y serais embarrassé, moi, le vainqueur du Sphinx; j'aurais peine à percer le secret de mes propres aventures. Pourquoi, ma fille, t'épuiser en vains discours, et tenter l'effet de tes prières sur un cœur inflexible? Je l'ai résolu; je vais affranchir de ses liens mon âme, qui lutte depuis longtemps contre la mort, et me plonger dans l'éternelle nuit. Pour des crimes comme les miens, c'est trop peu de celle qui m'environne. Je m'enfoncerai dans le Tartare, et plus loin, s'il est quelque chose au delà du Tartare. Je cours à cette mort que j'aurais dû subir en naissant. On ne saurait m'interdire la mort. Tu me refuseras une épée; tu me fermeras le chemin des précipices; tu me préserveras du lacet mortel; tu éloigneras de moi les herbes empoisonnées: quel sera le fruit de tes précautions? la mort est partout; c'est un bienfait de la Providence. Tout homme peut nous empêcher de vivre, mais aucun de mourir; mille chemins conduisent à la mort. Je n'en suis pas en peine; ma main sans armes a déjà prouvé ce qu'elle peut faire. Allons, ma main, frappe de tout ton pouvoir, de toute ta rage, de toute ta force. Je ne manque pas de place à tes coups : je suis coupable partout. Donne-moi la mort où tu voudras; entr'ouvre mon flanc, arraches-en ce cœur, réceptacle de tant de crimes, et jusqu'aux dernières fibres de mes entrailles; fais résonner, brise ma poitrine sous tes coups précipités; que tes ongles aigus; épuisent mes veines; ou, t'acharnant sur le premier objet de ta rage, déchire, inonde de sang mes anciennes blessures, et qu'avec lui s'échappe cette âme dure et rebelle à la mort. Et vous, mon père, en quelque lieu que vous soyez, ordonnez vous-même et déterminez mon supplice; car je ne crois pas qu'aucune peine ait pu expier le plus grand des forfaits. C'est trop peu, je le sais, de cette espèce de mort,

Meæ penes me est. Regna deserui libens;
Regnum mei retineo. Si fida es comes,   105
Ensem parenti trade, sed notum nece
Ensem paterna. Tradis? an nati tenent
Cum regno et illum? faciet, ubicunque est, scelus.
Ibi sit; relinquo : natus hunc habeat meus,
Sed uterque. Flammas potius et vastum aggerem   110
Compone, in altos ipse me immittam rogos.
Erectam ad ignes funebrem escendam struem,
Pectusque solvam durum, et in cineres dabo
Hoc quidquid in me vivit. Ubi sævum est mare?
Duc, ubi sit altis prorutum saxis jugum,   115
Ubi torta rapidus ducat Ismenos vada :
Duc, ubi feræ sint, ubi fretum, ubi præceps locus,
Si dux es. Illuc ire morituro placet,
Ubi sedit alta rupe semifero dolos
Sphinx ore nectens : dirige huc gressus pedum,   120
Hic siste patrem : dira ne sedes vacet,
Monstrum repone majus. Hoc saxum insidens
Obscura nostræ verba fortunæ loquar,
Quæ nemo solvat. Quisquis Assyrio loca
Possessa regi scindis, et Cadmi nemus   125
Serpente notum, sacra quo Dirce latet,
Supplex adoras, quisquis Eurotam bibis,
Spartenque fratre nobilem gemino colis,
Quique Elin et Parnason, et Bœotios
Colonus agros uberis tondes soli,   130
Adverte mentem : sæva Thebarum lues
Luctifica cæcis verba committens modis,
Quid simile posuit? quid tam inextricabile?
Avi gener, patrisque rivalis sui,
Frater suorum liberûm, et fratrum parens: 135

Uno avia partu liberos peperit viro,
Sibi et nepotes. Monstra quis tanta explicet?
Ego ipse, victæ spolia qui Sphingis tuli,
Hærebo, fati tardus interpres mei.
Quid perdis ultra verba? quid pectus ferum   140
Mollire tentas precibus? hoc animo sedet,
Effundere hanc cum morte luctantem diu
Animam, et tenebras petere : nam sceleri hæc meo
Parum alta nox est. Tartaro condi juvat,
Et si quid ultra Tartarum est. Tandem libet,   145
Quod olim oportet. Morte prohiberi haud queo.
Ferrum negabis? noxias lapso vias
Cludes? et arctis colla laqueis inseri
Prohibebis? herbas, quæ ferunt letum, auferes?
Quid ista tandem cura proficiet tua?   150
Ubique mors est. Optime hoc cavit deus.
Eripere vitam nemo non homini potest;
At nemo mortem : mille ad hanc aditus patent.
Nil quæro : dextra noster et nuda solet
Bene animus uti. Dextra, nunc toto impetu,   155
Toto dolore, viribus totis veni.
Non destino unum vulneri nostro locum.
Totus nocens sum : qua voles, mortem exige.
Effringe corpus, corque tot scelerum capax
Evelle; totos viscerum nuda sinus.   160
Fractum incitatis ictibus guttur sonet;
Laceræve fixis unguibus venæ fluant.
Aut dirige iras, quo soles : hæc vulnera
Rescissa multo sanguine ac tabe irriga.
Hac extrahe animam, duram, inexpugnabilem.   165
Et tu, parens, ubicunque pœnarum arbiter
Adstas mearum (non ego hoc tantum scelus

de la perte d'une partie de moi-même; mais je voulais vous livrer mes membres l'un après l'autre. Mon père, réclamez enfin ce qui vous est dû; vous n'avez reçu qu'une première offrande, je viens consommer le sacrifice. Venez, poussez plus avant ma main tremblante : trop timide, elle ne fit couler de ma tête qu'une légère libation, et n'arracha que mollement mes yeux empressés à la suivre. Encore en ce moment mon âme hésite; elle hésite, quand mon front va lui-même au-devant de mes mains incertaines. Entends, OEdipe, ce juste reproche : tes mains furent plus lentes à arracher tes yeux, que tes yeux ne le furent à s'offrir à elles; plonge-les maintenant dans ta cervelle même, et achève de mourir par où tu as commencé.

Ant. Noble auteur de mes jours, souffrez qu'une fille infortunée vous adresse quelques mots. Je ne vous demande pas de venir dans votre demeure brillante, au milieu de la pompe et de l'éclat de la royauté, mais de supporter avec calme et résignation des chagrins que le temps seul doit avoir adoucis. Une âme aussi forte que la vôtre devait-elle succomber à la douleur, et se dérober aux atteintes de l'adversité? Le courage consiste, non comme vous le pensez, mon père, à craindre la vie, mais à lutter contre l'infortune, à ne point fuir devant elle, à ne point lâcher pied. Celui qui méprise la mort, qui dédaigne et rejette les biens d'ici-bas, qui a lui-même aggravé ses infortunes, qui n'attend rien des dieux, qu'a-t-il besoin de souhaiter la mort ou de courir au-devant d'elle? L'un et l'autre sont d'une âme faible; on ne méprise pas la mort quand on la désire; l'homme parvenu au faîte du malheur est au-dessus de toute crainte. Quel dieu, quand il le voudrait, peut ajouter à vos disgrâces? Vous-même ne

le pouvez qu'en vous croyant digne de mort. Non, vous ne l'êtes point; jamais le crime n'entra dans votre cœur; et vous avez d'autant plus droit, mon père, de proclamer votre innocence, que vous l'avez conservée malgré les dieux. Quelle cause vous trouble donc? quels nouveaux aiguillons déchirent votre cœur? pourquoi descendre dans la nuit infernale? qui vous chasse du séjour des vivants? Vous fuyez la lumière? il n'en est plus pour vous. L'aspect de votre patrie et de votre auguste palais? vivant, vous n'avez plus de patrie. La vue de vos enfants et de votre mère? aucun objet ne saurait plus frapper vos regards; et tout ce que la mort enlève aux autres hommes, vous en êtes privé par la vie que vous vous êtes faite. Délivré des embarras du trône et de la foule importune des courtisans, que fuyez-vous donc, ô mon père?

OEd. Moi-même; je fuis et ce cœur déchiré de remords et tout souillé de crimes, et ce bras parricide, et le ciel, et les dieux, et tant d'horribles forfaits dont je suis, oui, dont je suis coupable. Et je foule ce sol que Cérès couvre de ses dons? je respire cet air que ma bouche empoisonne? je me désaltère à ces sources? je jouis des bienfaits de la terre? je touche cette main pure, moi impie, incestueux, exécrable? j'entends encore les noms de père et de fils? Ah! que ne puis-je, ma fille, plongeant mes mains dans ce passage étroit par lequel pénètrent la voix et la parole, détruire aussi entièrement en moi la faculté d'entendre!... Père infortuné, j'ignorerais la présence de celle dont l'existence est une partie de mes crimes. Organe cruel qui ranime, qui aigrit mes souffrances, mon oreille ramène tous les maux dont mes yeux m'ont affranchi. Pourquoi ne pas plonger dans la nuit infernale ce

Ulla expiari credidi pœna satis
Unquam, nec ista morte contentus fui,
Nec me redemi parte : membratim tibi   170
Volui perire), debitum tandem exige :
Nunc solvo pœnas; tunc tibi inferias dedi.
Ades, atque inertem dexteram introrsus preme,
Magisque merge : timida tum parvo caput
Libavit haustu, vixque cupientes sequi   175
Eduxit oculos. Hæret etiam nunc mihi
Ille animus, hæret, quum recusantem manum
Pressere vultus. Audies verum, OEdipe :
Minus eruisti lumina audacter tua,
Quam præstitisti. Nunc manum cerebro indue.   180
Hac parte mortem perage, qua cœpit mori.
Ant. Pauca, o parens magnanime, miserandæ precor
Ut verba natæ mente placata audias.
Non te ut reducam veteris ad specimen domus,
Habitumque regni flore pollentem inclito,   185
Peto; ast ut iras, tempore aut ipsa mora
Fractas, remisso pectore ac placido feras.
Et hoc decebat roboris tanti virum,
Non esse sub dolore, nec victum malis
Dare terga. Non est, ut putas, virtus, pater,   190
Timere vitam, sed malis ingentibus
Obstare, nec se vertere, ac retro dare.
Qui fata proculcavit, ac vitæ bona
Projecit, atque abdidit, et casus suos
Oneravit ipse, cui deo nullo est opus,   195
Quare ille mortem cupiat, aut quare petat?
Utrumque timidi est : nemo contemsit mori,
Qui concupivit. Cujus haud ultra mala
Exire possunt, in loco tuto est situs.
Quis jam deorum (velle fac) quidquam potest   200

Malis tuis adjicere? jam nec tu potes,
Nisi hoc, ut esse te putes dignum nece.
Non es; nec ulla pectus hoc culpa attigit.
Et hoc magis te, genitor, insontem voca,
Quod innocens es, diis quoque invitis. Quid est 205
Quod te efferarit, quod novos suffixerit
Stimulos dolori? quid te ad infernas agit
Sedes? quid ex his pellit? ut careas die?
Cares; ut altis nobilem muris domum,
Patriamque fugias? patria tibi vivo periit.   210
Natos fugis, matremque? ab aspectu omnium
Fortuna te submovit, et quidquid potest
Auferre cuiquam mors, tibi hæc vita abstulit.
Regni tumultus, turba fortunæ prior
Abscessit a te jussa. Quem, genitor, fugis?   215
OEdip. Me fugio; fugio conscium scelerum omnium
Pectus, manumque hanc fugio, et hoc cælum, et deos :
Et dira fugio scelera, quæ feci nocens.
Ego hoc solum, frugifera quo surgit Ceres,
Premo? has ego auras ore pestifero traho?   220
Ego laticis haustu satior? aut ullo fruor
Almæ parentis munere? ego castam manum
Nefandus, incestificus, exsecrabilis
Attrecto? ego ullos aure concipio sonos,
Per quos parentis nomen, aut nati audiam?   225
Utinam quidem rescindere has quirem vias,
Manibusque adactis omne, qua voces meant,
Aditusque verbis tramite angusto patet,
Eruere possem, nata : jam sensum tui,
Quæ pars meorum es criminum, infelix pater   230
Fugissem. Inhæret ac recrudescit nefas
Subinde; et aures ingerunt, quidquid mihi
Donastis, oculi. Cur caput tenebris grave

front enveloppé de ténèbres? pourquoi, fantôme impur, attrister plus longtemps la terre et errer parmi les vivants? n'ai-je pas épuisé le malheur? Trône, parents, enfants, vertu, et cet esprit qui avait fait ma gloire, j'ai tout perdu; le sort ennemi m'a tout enlevé : les larmes me restaient, il m'a ôté jusqu'à cet avantage. Laisse-moi; je suis sourd à toutes les prières; je ne veux que trouver un châtiment nouveau, et qui égale mes crimes. Que dis-je? en peut-il être? A peine né, j'étais déjà condamné à mourir. Fut-il jamais un sort plus déplorable? Avant que je visse le jour, que je fusse sorti du sein de ma mère, j'étais déjà un sujet de terreur. Il en est que la Parque frappe en naissant et sur le seuil de la vie, ma mort avait précédé ma naissance; d'autres ont péri dans le flanc même qui les avait nourris, mais étaient-ils coupables comme moi? Je n'étais qu'un germe imparfait, il était douteux que je dusse vivre : déjà un dieu m'accuse d'un forfait monstrueux; sur sa parole mon père me condamne, il perce d'un fer brûlant mes pieds délicats, et m'expose dans une forêt profonde, pour y être dévoré par les bêtes et les oiseaux de proie que le cruel Cithéron a si souvent abreuvés du sang des rois. Mais la mort même a repoussé celui qui avait été condamné par un dieu, rejeté par son père. J'ai accompli l'oracle de Delphes, et dans une rencontre fatale j'ai tué mon père; mais, pour expier son parricide, ce fils va devenir sensible. Sa mère... hymen, flambeaux sacrés, que je ne puis nommer sans rougir de honte! eh bien, endure aussi ce nouveau supplice; proclame ce forfait inouï, monstrueux, sans exemple, exécrable à tout l'univers, que la postérité ne pourra croire, et dont rougit même un parricide. Les mains souillées du sang de mon père, je suis entré dans sa couche, et un

crime plus affreux a été la récompense du premier. Qu'est-ce maintenant que le meurtre de mon père? je suis devenu le mari de ma mère, et, pour comble d'horreur, ma mère a conçu. La nature ne peut produire des crimes plus affreux : s'il en est, j'ai donné le jour à ceux qui les commettront. Ce sceptre sanglant, récompense du parricide, et auquel j'ai renoncé, d'autres se le disputent par le fer. Je connais trop bien le sort attaché à mon trône; on n'y monte que par le meurtre et le parricide : mon cœur paternel présage de grands malheurs. Ce pacte violé devient la cause du carnage : celui-ci refuse de descendre du trône; l'autre, banni de ses États, invoque son droit et les dieux garants de la foi jurée, arme en sa faveur Argos et les villes de la Grèce. Thèbes, si longtemps désolée, est menacée d'une ruine entière : déjà fondent sur elle le fer, la flamme, le carnage, et des fléaux, s'il en est, plus terribles encore, afin que tout l'univers sache que ce sont là mes fils.

Ant. Quand vous n'auriez pas, ô mon père, d'autres motifs de vivre, n'en est-ce pas un assez puissant que d'opposer l'autorité d'un père à la rage de vos fils? Vous seul pouvez détourner une guerre impie, contenir ces jeunes furieux, rendre la paix à vos concitoyens, le repos à votre patrie, et rétablir la foi violée. En refusant de vivre, vous causez mille morts.

Œd. Peut-il exister quelque amour pour un père, quelque sentiment d'équité dans ces cœurs avides de sang et de pouvoir, chez ces êtres cruels, dénaturés, en un mot, chez mes fils? Ils luttent de forfaits, rien n'est sacré pour ces furieux; et, nés dans le crime, aucun crime ne les arrête. Le malheur, le désespoir d'un père, les pleurs de la patrie, ne peuvent émouvoir

---

Non mitto ad umbras Ditis æternas? quid hic
Manes meos detineo? quid terram gravo?   235
Mixtusque superis erro? quid restat mali?
Regnum, parentes, liberi, virtus quoque,
Et ingenii solertis eximium decus
Periere : cuncta sors mihi infesta abstulit.
Lacrimæ supererant; has quoque eripuit mihi.   240
Absiste : nullas animus admittit preces,
Novamque pœnam sceleribus quærit parem.
Et esse par quæ poterit? Infanti quoque
Decreta mors est. Fata quis tam tristia
Sortitus unquam? videram nondum diem,   245
Uterique nondum solveram clusi moras;
Et jam timebar. Protinus quosdam editos
Nox occupavit, et novæ luci abstulit.
Mors me antecessit. Aliquis intra viscera
Materna letum præcoquis fati tulit :   250
Sed numquid et peccavit? Abstrusum, abditum,
Dubiumque an essem, sceleris infandi reum
Deus egit. Illo teste damnavit parens,
Calidoque teneros transuit ferro pedes,
Et in alta nemora pabulum misit feris,   255
Avibusque sævis, quas Cithæron noxius
Cruore sæpe regio tinctas alit.
Sed quem deus damnavit, abjecit pater,
Mors quoque refugit. Præstiti Delphis fidem ·
Genitorem adortus impia stravi nece.   260
Hoc alia pietas redimet : occidi patrem,
Sed matrem amavi. Proloqui hymenæum pudet.
Tædasque nostras : has quoque invitum pati
Te coge pœnas; facinus ignotum, efferum,
Inusitatum effare, quod populi horreant,   265
Quod esse factum nulla non ætas neget,
Quod patricidam pudeat. In patrios toros

Tuli paterno sanguine aspersas manus,
Scelerisque pretium majus accepi scelus.
Leve est paternum facinus : in thalamos meos   270
Deducta mater, ne parum scelerum foret,
Fœcunda. Nullum crimen hoc majus potest
Natura ferre. Si quod etiamnum est tamen,
Qui facere possent, dedimus : abjeci necis
Pretium paternæ sceptrum, et hoc iterum manus   275
Armavit alias. Optime regni mei
Fatum ipse novi : nemo sine sacro feret
Illud cruore. Magna præsagit mala
Paternus animus. Jacta jam sunt semina
Cladis futuræ : spernitur pacti fides :   280
Hic occupato cedere imperio negat;
Jus ille, et icti fœderis testes deos
Invocat, et Argos exsul atque urbes movet
Graias in arma. Non levis fessis venit
Ruina Thebis : tela, flammæ, vulnera   285
Instant, et istis si quod est majus malum,
Ut esse genitos nemo non ex me sciat.
Ant. Si nulla, genitor, causa vivendi tibi est.
Hæc una abunde est, ut pater natos regas
Graviter furentes. Tu impii belli minas   290
Avertere unus, tuque vecordes potes
Inhibere juvenes, civibus pacem dare,
Patriæ quietem, fœderi læso fidem.
Vitam tibi ipse si negas, multis negas.
Œdip. Illis parentis ullus aut æqui est amor,   295
Avidis cruoris, imperii, armorum, doli,
Diris, scelestis, breviter ut dicam, meis?
Certant in omne facinus, et pensi nihil
Ducunt, ubi illos ira præcipites agat,
Nefasque nullum, per nefas nati, putant.   300
Non patris illos tangit afflicti pudor,

ces cœurs, transportés de l'ardeur de régner. Je sais leur rage, leurs projets sanguinaires, et je me hâte de sortir de la vie, impatient de mourir tandis que je suis encore le plus coupable de ma famille.... Pourquoi, ma fille, mouiller mes genoux de tes larmes? tu veux me fléchir par tes prières. Inattaquable de tout autre côté, c'est par là seulement que je puis être vaincu; toi seule es capable d'amollir la dureté de ce cœur; seule dans ma famille tu sais me faire entendre la voix de la nature et du sang. Que je sache tes désirs, je les accomplirai sans peine, sans résistance: ordonne, et OEdipe s'exposera sur les flots de la mer Égée; ira, pour t'obéir, respirer ces flammes que vomit le mont de Sicile du fond de ses entrailles brûlantes, braver ce dragon furieux du larcin d'Alcide; présentera ses entrailles à l'insatiable vautour: il fera plus, il vivra....

ACTE SECOND.

LE MESSAGER, OEDIPE, ANTIGONE.

Mes. Prince, exemple fameux des coups du sort, Thèbes, redoutant les fureurs de deux frères, implore votre secours, et vous prie d'éloigner les flammes qui menacent votre patrie. C'est plus qu'une menace; déjà la guerre est à nos portes. Celui qui revendique le trône, où il doit monter à son tour, a rassemblé toutes les forces de la Grèce: sept chefs sont campés sous les murs thébains. De grâce, empêchez à la fois et la guerre et une lutte impie.

OEd. Moi, j'empêcherais le crime; j'instruirais les autres à respecter le sang de leurs proches? Je leur enseignerais ce que c'est que justice et qu'amour légitime? Mes fils brûlent d'imiter mes forfaits, ils marchent sur mes traces; je leur applaudis, je les

reconnais avec joie, je les exhorte à se montrer les dignes fils d'un tel père. Courage, nobles enfants: prouvez par vos actes votre illustre origine, effacez mes hauts faits et ma gloire; et qu'en voyant vos actes, votre père s'applaudisse d'avoir supporté la vie. Vous remplirez ce vœu, votre naissance m'en est garant. Ce n'est pas par des crimes médiocres et vulgaires qu'on soutient un nom tel que le mien. Armez-vous, lancez vos torches jusque sur vos dieux domestiques; moissonnez par la flamme cette terre qui vous a nourris; portez partout la dévastation et la mort; renversez les remparts, détruisez-les de fond en comble; écrasez les dieux sous les débris de leurs temples, souillez, incendiez vos Pénates; que mon palais entier s'écroule, que le feu consume Thèbes entière, et qu'il consume d'abord mon lit nuptial.

Ant. Calmez le courroux qui vous transporte, et, touché des maux publics, venez rétablir entre vos enfants la concorde et la paix.

OEd. Oui, je suis en effet un pacifique vieillard, bien fait pour ramener le calme et la concorde, moi dont le cœur gonflé de haine ne respire que vengeance! Je leur souhaite des crimes qui surpassent ce qu'on peut attendre de leur destinée et de leur fureur. La guerre civile ne me suffit pas: que le frère soit déchiré par le frère. Ce n'est pas encore assez: pour que s'accomplisse un forfait digne de moi et de ceux que j'ai commis, digne de mon inceste, armez les mains de leur père. Qu'on me laisse au fond de ces forêts, là, dans le creux d'une roche, où, caché sous des buissons épais, je saisirai avidement les moindres rumeurs; et, si je ne puis davantage, mon oreille m'apprendra les fureurs des deux frères.

* * *

Non patria; regno pectus attonitum furit.
Scio, quo ferantur, quanta moliri parent;
Ideoque leti quæro maturi viam,
Morique propero, dum in domo nemo est mea   305
Nocentior me..... Nata, quid genibus meis
Fles advoluta? quid prece indomitum domas?
Unum hoc habet fortuna, quo possim capi,
Invictus aliis: sola tu affectus potes
Mollire duros, sola pietatem in domo   310
Docere nostra. Nil grave aut miserum est mihi,
Quod te sciam voluisse. Tu tantum impera.
Hic OEdipus Ægæa tranabit freta,
Jubente te, flammasque, quas Siculo vomit
De monte tellus igneos volvens globos,   315
Excipiet ore, aeque serpenti offeret,
Quæ sæva furto nemoris Herculeo furit;
Jubente te, præbebit alitibus jecur;
Jubente te, vel vivet.....

ACTUS SECUNDUS.

NUNTIUS, OEDIPUS, ANTIGONE.

Nunt. Exemplum in ingens regia stirpe edite,   320
Thebæ, paventes arma fraterna, invocant,
Rogantque tectis arceas patriis faces.
Non sunt minæ: jam propius accessit malum.
Nam regna repetens frater, et pactas vices,
In bella cunctos Græciæ populos agit;   325
Septena muros castra Thebanos premunt.
Succurre; prohibe pariter et bellum et nefas.
OEdip. Ego ille sum, qui scelera committi vetem
Et abstinere sanguine a caro manus
Doceam? magister juris et amoris pii   330

Ego sum? Meorum facinorum exempla appetunt:
Me nunc sequuntur; laudo, et agnosco libens.
Exhortor, aliquid ut patre hoc dignum gerant.
Agite, o propago clara, generosam indolem
Probate factis; gloriam ac laudes meas   335
Superate, et aliquid facite; propter quod patrem
Adhuc juvet vixisse. Facietis, scio:
Sic estis orti. Scelere defungi haud levi,
Haud usitato, tanta nobilitas potest.
Ferte arma: facibus petite penetrales deos,   340
Frugemque flamma metite natalis soli.
Miscete cuncta: rapite in exilium omnia:
Disjicite passim mœnia, in planum date:
Templis deos obruite: maculatos lares
Conflate: ab imo tota considat domus: 345
Urbs concrematur: primus a thalamis meis
Incipiat ignis. *Ant.* Mitte violentum impetum
Doloris, ac te publica exorent mala,
Auctorque placidæ liberis pacis veni.
OEdip. Vides modestæ deditum menti senem,   350
Placidæque amantem pacis ad partes vocas?
Tumet animus ira, fervet immensum dolor,
Majusque, quam quod casus et juvenum furor
Conatur, aliquid cupio. Non satis est adhuc
Civile bellum: frater in fratrem ruat.   355
Nec hoc sat est: quod debet, ut fiat nefas
De more nostro, quod meos deceat toros,
Date arma patri. Nemo me ex his eruat
Silvis: latebo cupis excesu cavo,
Aut sepe densa corpus abstrusum tegam.   360
Hinc aucupabor verba rumoris vagi,
Et sæva fratrum bella, quod possum, audiam.

* * *

ACTE TROISIÈME.

Lacune.

JOCASTE, ANTIGONE, LE MESSAGER.

Joc. Heureuse Agavé! si, après avoir déchiré le corps de son fils, cette Ménade porta en trophée la tête de cet infortuné, là du moins s'arrêta son crime; il ne s'est pas étendu jusqu'à d'autres. Pour moi, c'est peu d'avoir été coupable; j'ai fait participer les autres à mon crime. Que dis-je? c'est peu encore, j'ai enfanté une race criminelle. Il manquait à mon infortune d'aimer l'ennemi de mon pays. Trois fois l'hiver a retiré ses frimas, trois fois le moissonneur a recueilli les dons de Cérès, depuis que mon fils errant, sans patrie, va de contrée en contrée implorer le secours des rois de la Grèce. Adraste, dont il a épousé la fille, Adraste, qui règne sur la mer de Corinthe, vient à la tête de ses troupes, avec celles de sept rois, soutenir les droits de son gendre. Que dois-je souhaiter? quel parti prendre? Il revendique son trône; sa cause, juste en soi, devient mauvaise par la manière dont il la défend. Placée entre mes deux fils, quels vœux puis-je former? Ce que ma tendresse m'inspire, ma tendresse le condamne; et je ne puis me montrer favorable à l'un sans être contraire à l'autre. Mais quoiqu'ils me soient également chers, mon cœur, toujours favorable à l'opprimé, penche vers le parti le plus juste et le plus malheureux: l'adversité qui frappe nos proches nous les rend plus chers.

Le mes. Reine, tandis que vous exhalez vos plaintes et que vous passez le temps à gémir, les armes brillent de toutes parts, la trompette guerrière a sonné, et les aigles élevées en l'air ont annoncé le combat; les sept rois rangent leurs troupes en bataille; les fils de Cadmus accourent aux remparts avec une égale ardeur; les soldats s'élancent de tous côtés. Voyez ces tourbillons de poussière qui obscurcissent le jour; du sol broyé par les pieds des chevaux, s'élèvent jusqu'au ciel des nuages semblables à la fumée; et si la frayeur ne m'exagère pas le danger, les ennemis s'ébranlent, le premier rang brandit ses traits; je lis sur les drapeaux les noms des chefs, écrits en lettres d'or. Hâtez-vous. Réconciliez deux frères, rendez la paix à tous; et, placée entre vos deux fils, arrêtez leurs armes sacriléges.

Ant. Courez, hâtez-vous, ma mère; retenez leur fureur; désarmez deux frères, présentez votre sein nu à leurs épées menaçantes; et si vous n'empêchez le combat, soyez-en la première victime.

Joc. Oui, j'irai; je présenterai ma tête à leurs coups, je me placerai entre leurs épées; celui qui voudra tuer son frère devra commencer par moi. Que celui qui est touché de ma prière mette bas les armes; que celui qui la repousse me tue la première. Malgré mon âge, j'arrêterai leur bouillante jeunesse: ou je ne serai pas témoin d'un forfait, ou, si je dois l'être, on verra un double parricide.

Ant. C'en est fait; les deux armées s'avancent, enseignes déployées; elles ont poussé le cri de guerre; le crime est proche: courez, ma mère, essayez l'effet de vos prières. Mais, à voir la lenteur des soldats et leurs armes immobiles, on dirait qu'ils sont touchés de mes pleurs: les troupes n'ont pas d'ardeur, mais les chefs s'élancent au combat.

Joc. Puisse le souffle impétueux des vents, puisse la tempête furieuse m'enlever dans les airs! Qu'un Sphinx nouveau, qu'un de ces oiseaux du Stymphale qui obscurcissaient le jour me porte sur ses ailes

ACTUS TERTIUS.

Ἀκέφαλος.

JOCASTA, ANTIGONE, NUNTIUS.

Joc. Felix Agave, facinus horrendum, manu
Qua fecerat, gestavit, et spolium tulit
Cruenta nati Mænas in partes dati.   365
Fecit scelus; sed misera non ultra suum
Scelus hoc cucurrit. Hoc leve est, quod sum nocens;
Feci nocentes. Hoc quoque etiamnum leve est;
Peperi nocentes. Deerat ærumnis meis,
Ut et hostem amarem. Bruma ter posuit nives,   370
Et tertia jam falce decubuit Ceres,
Ut exsul errat natus et patria caret,
Profugusque regum auxilia Graiorum rogat.
Gener est Adrasti, cujus imperio mare,
Quod cingit Isthmon, regitur: hic gentes suas,   375
Septemque secum regna ad auxilium trahit
Generi. Quid optem, quidve decernam, haud scio.
Regnum reposcit: causa repetentis bona est;
Mala, sic petentis. Vota quæ faciam parens?
Utrimque natum video: nil possum pie   380
Pietate salva facere: quodcumque alteri
Optabo nato, fiet alterius malo.
Sed utrumque quamvis diligam affectu pari,
Quo causa melior, sorsque deterior trahit,
Inclinat animus, semper infirmo favens.   385
Miseros magis fortuna conciliat suis.
Nunt. Regina, dum tu flebiles questus cies,
Terisque tempus, tota nudatis stetit
Acies in armis: æra jam bellum cient,
Aquilæque pugnam signifer mota vocat.   390
Septena reges bella dispositi parant:
Animo pari Cadmea progenies subit:
Cursu citato miles hinc illinc ruit.
Vide, ut atra nubes pulvere abscondat diem,
Fumoque similes campus in cælum erigat   395
Nebulas, equestri fracta quas tellus pede
Submittit: et, si vera metuentes vident,
Infesta fulgent signa: subrectis adest
Frons prima telis: aurea clarum nota
Nomen ducum vexilla præscriptum ferunt.   400
I, redde amorem fratribus, pacem omnibus,
Et impia arma mater opposita impedi.
Ant. Perge, o parens, et concita celerem gradum;
Compesce tela, fratribus ferrum excute.
Nudum inter enses pectus infestos tene;   405
Aut solve bellum, mater, aut prima excipe.
Joc. Ibo, ibo et armis obvium opponam caput.
Stabo inter arma: petere qui fratrem volet,
Petat ante matrem: tela, qui fuerit pius,
Rogante ponat matre; qui non est pius,   410
Incipiat, a me. Fervidos juvenes anus
Tenebo: nullum teste me fiet nefas;
Aut si aliquod et me teste committi potest,
Non fiet unum. *Ant.* Signa collatis micant
Vicina signis; clamor hostilis fremit: 415
Scelus in propinquo est; occupa, mater, preces.
Et ecce motos fletibus credas meis;
Sic agmen armis segne compositis venit.
Procedit acies tarda, sed properant duces.
Joc. Quis me procellæ turbine insanæ vehens   420
Volucer per auras ventos ætherias aget?
Quæ Sphinx, vel atra nube subtexens diem
Stymphalis, avidis præpetem pennis feret?

SÉNÈQUE.

rapides ; qu'une harpie, d'un vol aussi prompt que lorsqu'elle fondait sur la table du cruel Phinée, me transporte à travers les airs, et me jette entre les deux armées.

Le mes. Elle fuit, ardente, furieuse, rapide comme le trait léger décoché par la main du Parthe, comme la barque lancée par la vague impétueuse, comme une étoile qui détachée du ciel glisse dans l'espace, laissant derrière elle un sillon lumineux Elle court, hors d'elle-même; elle a déjà séparé les deux armées; la guerre s'arrête à la voix suppliante d'une mère; les combattants prêts à frapper, et brûlant de se baigner dans le sang l'un de l'autre, restent le bras levé; la paix est le vœu de tous, tous remettent l'épée dans le fourreau, les deux frères se menacent encore. Leur mère, arrachant devant eux ses cheveux blancs, le visage baigné de larmes, s'efforce de vaincre leur résistance. Celui qui résiste si longtemps aux prières de sa mère est capable de les rejeter.

ACTE QUATRIÈME.

JOCASTE, POLYNICE, ÉTÉOCLE.

Joc. Tournez contre moi le fer et la flamme; que cette jeunesse guerrière partie des remparts d'Inachus, que les vaillants défenseurs de Thèbes m'accablent seule de leurs traits : citoyens et ennemis, frappez ce sein qui a donné des frères à mon mari ; déchirez, dispersez mes membres : c'est moi qui suis leur mère à tous deux. Quoi! vous n'avez pas encore mis bas les armes? Dirai-je aussi quel est votre père? Tendez-moi vos mains, tandis qu'elles sont encore innocentes. Jusqu'ici l'erreur seule nous a rendus coupables malgré nous, tous nos crimes ne peuvent être imputés qu'à l'injustice du sort envers

nous; mais ici vous allez commettre un crime volontaire ; il dépend de vous d'être innocents ou coupables. Si la piété vous touche, accordez la paix à mes prières; si le crime vous plaît, saisissez l'occasion d'en commettre un plus affreux. Placée entre vous deux, votre mère retient vos bras ; cessez la guerre, ou délivrez-vous de celle qui la retarde. A qui des deux adresserai-je d'abord ma prière? malheureuse! qui dois-je embrasser le premier ? Je me sens également attirée vers l'un et vers l'autre. Celui-ci a été absent, celui-là va l'être, si leur traité s'exécute. Ne vous verrai-je jamais réunis que pour vous déchirer? Viens le premier dans mes bras, toi qui, si longtemps séparé de ta mère, as supporté tous les maux, tous les ennuis de l'exil ; approche, remets dans le fourreau ce fer impie ; enfonce dans la terre cette javeline qui frémit dans ta main, impatiente de partir; dépose également ce bouclier qui m'empêche de presser ta poitrine contre la mienne; ôte ce casque, dégage ton front de cet appareil menaçant du combat; montre ton visage à ta mère. Pourquoi tourner la vue de ce côté? pourquoi ces regards inquiets que tu jettes sur ton frère? Attachée à ton sein, je te couvre tout entier de mon corps, et ce n'est que par mon flanc que ses coups arriveraient jusqu'à toi. Quoi! tu balances? crains-tu de te fier à ta mère ?

Pol. Oui, je crains; les droits du sang n'ont plus aucune force. Après la trahison de mon frère, je me défie de ma mère elle-même.

Joc. Eh bien! reprends ton épée, rattache ton casque; que ta main gauche saisisse de nouveau le bouclier; conserve tes armes tant que ton frère n'aura pas quitté les siennes (*a Ét.*) Oui, c'est à toi de commencer, toi qui es la cause de la guerre. Si ton cœur, ennemi de la paix, brûle d'engager le com-

---

Aut quæ per altas aeris rapiet vias
Harpyia, sævi regis observans famem,   425
Et inter acies projiciet raptam duas?
Nunt. Vadit furenti similis, aut etiam furit.
Sagitta qualis Parthica velox manu
Excussa fertur; qualis insano ratis
Premente vento rapitur; aut qualis cadit   430
Delapsa cælo stella, quum stringens polum
Rectam citatis ignibus rumpit viam;
Attonita cursu fugit, et binas statim
Diduxit acies. Victa materna prece
Hæsere bella, jamque in alternam necem   435
Illinc et hinc miscere cupientes manum,
Librata dextra tela suspensa tenent.
Paci favetur : omnium ferrum latet
Cessatque tectum; vibrat in fratrum manu.
Laniata canas mater ostendit comas;   440
Rogat abnuentes : irrigat fletu genas.
Negare matri, qui diu dubitat, potest.

ACTUS QUARTUS.

JOCASTA, POLYNICES, ETEOCLES.

Joc. In me arma et ignes vertite : in me omnis ruat
Unam juventus, quæque ab Inachio venit
Animosa muro, quæque Thebana ferox   445
Descendit arce : civis atque hostis simul
Hunc petite ventrem, qui dedit fratres viro.
Mea membra passim spargite ac divellite :
Ego utrumque peperi. Ponitis ferrum ocius ?
An dico et ex quo? Dexteras matri date;   450
Date, dum piæ sunt. Error invitos adhuc

Fecit nocentes : omne Fortunæ fuit
Peccantis in nos crimen : hoc primum nefas
Inter scientes geritur. In vestra manu est,
Utrum velitis. Sancta si pietas placet,
Donate matrem pace : si placuit scelus,   455
Majus paratum est : media se opponit parens.
Proinde bellum tollite, aut belli moram.
Sollicita nunc cui mater alterna prece
Verba admovebo? misera quem amplectar prius?   460
In utramque partem ducor affectu pari,
Hic abfuit : sed pacta si fratrum valent,
Nunc alter aberit. Ergo jam numquam duos,
Nisi sic, videbo? junge complexus prior,
Qui tot labores totque perpessus mala,   465
Longo parentem fessus exsilio vides.
Accede propius : clude vagina impium
Ensem, et trementem jamque cupientem excuti
Hastam solo defige : maternum tuo
Coire pectus pectori clypeus velat;   470
Hunc quoque repone. Vinculo frontem exue,
Tegimenque capitis triste belligeri leva,
Et ora matri redde. Quo vultus refers,
Acieque pavida fratris observas manum ?
Affusa totum corpus amplexu tegam :   475
Tuo cruori per meum fiet via.
Quid dubius hæres ? an times matris fidem ?
Pol. Timeo : nihil jam jura naturæ valent.
Post ista fratrum exempla, ne matri quidem
Fides habenda est. *Joc.* Redde jam capulo manum,   480
Adstringe galeam, læva se clypeo ingerat;
Dum frater exarmatur, armatus mane.
Tu pone ferrum, causa qui es ferri prior.
Si pacis odium est, furere si bello placet,

bat, ta mère te demande une courte trêve. Que ce fils, qui m'est rendu après un si long exil, reçoive de moi le premier, ou peut-être, hélas! le dernier baiser. Désarmez vos bras pendant que je vous exhorte à la paix. Vous vous craignez l'un l'autre ; moi je vous crains tous les deux, mais pour tous deux. Qui t'empêche de remettre ton épée dans le fourreau ? Remercie-moi de retarder, ne fût-ce que de quelques instants, cette guerre dans laquelle il vaut mieux être vaincu que vainqueur. Tu crains la trahison de ton frère ? Ah! lorsqu'on est dans la nécessité de tromper les siens ou d'être trompé par eux, il vaut mieux être victime de la perfidie que perfide soi-même. Mais bannis tes alarmes : ta mère veille sur tes jours comme sur ceux de ton frère. Parviendrai-je à vous fléchir, ou dois-je envier le sort de votre père ? Suis-je venue pour empêcher un forfait, ou pour le voir de plus près ? (*A Pol.*) Ton frère, écartant le fer homicide, se tient appuyé sur sa lance. Je puis donc t'adresser maintenant mes prières, et d'abord mes regrets. Il m'est donc enfin permis de voir ton visage ! Chassé du sol natal, tu as demandé asile à un roi étranger : sur combien de rivages n'as-tu pas traîné ton infortune ! Ce n'est pas une mère qui t'a conduit vers la chambre nuptiale ; qui a décoré de festons ta demeure, attaché selon l'usage des bandelettes aux torches, sacrées. Tu n'as reçu de ton beau-père ni richesses, ni villes, ni fertiles campagnes : la guerre, voilà la dot de ton épouse. Devenu le gendre de nos ennemis, repoussé du foyer paternel, assis à celui de l'étranger, héritier du trône d'un autre et déshérité du tien, banni sans t'avoir mérité, pour que ta destinée fût de tout point semblable à celle de ton père, tu conclus enfin un hymen funeste. Mon fils, toi que le ciel a enfin rendu à ma tendresse, toi l'objet des craintes et des espérances de ta mère, toi dont je ne cessais de demander aux dieux le retour, quoique ton retour et ta vue dussent me ravir un bien égal à celui qu'ils me rendaient, je disais : Quand cesserai-je de craindre pour lui ? L'oracle, se jouant de ma douleur, m'a répondu : Tu le craindras lui-même. En effet, sans la guerre je ne te verrais pas; mais aussi sans toi je ne verrais pas la guerre. C'est me faire payer chèrement ta vue; mais elle me plaît même à ce prix. Écartez ces armes, que Mars n'a pas souillées par le crime. C'est bien assez qu'il ait été si près de se commettre. Je suis tremblante, saisie d'horreur, à la vue de deux frères le bras levé l'un sur l'autre ; tout mon corps frissonne. Qu'il s'en est peu fallu que je ne visse un forfait plus odieux que celui dont votre malheureux père n'a pas voulu supporter la vue ! Mais quoique je ne redoute plus que mes regards soient souillés de cette image affreuse, c'est déjà un malheur pour moi d'en avoir presque été le témoin. Je t'en conjure par ce sein qui t'a porté, par tes sœurs, ces modèles de piété filiale ; par les blessures de ton père, qui, tout innocent qu'il était, s'est privé du jour et s'est puni cruellement d'une erreur involontaire, éloigne des murs de ta patrie ces torches criminelles, fais retirer ces enseignes menaçantes. Ta retraite même ne fera pas que votre crime n'ait été en grande partie accompli. Votre patrie a vu ses plaines couvertes de bataillons ennemis; elle a vu briller au loin leurs armes, ses prairies foulées par les pieds des coursiers, les chefs étrangers y faire voler leurs chars ; elle a vu les brandons destinés à la réduire en cendres, et deux frères (forfait nouveau même à Thèbes) prêts à s'entr'égorger. Voilà ce qu'ont vu l'armée entière, tous vos concitoyens, vos deux sœurs et votre mère : votre père ne doit qu'à lui seul

Inducias te mater exiguas rogat,   485
Ferat ut reverso post fugam nato oscula,
Vel prima, vel suprema. Dum pacem peto,
Audite inermes : ille te, tu illum times :
Ego utrumque, sed pro utroque. Quid strictum abnuis
Recondere ensem ? qualibet gaude mora;   490
Id gerere bellum cupitis, in quo est optimum
Vinci : vereris fratris infesti dolos ?
Quoties necesse est fallere, aut falli a suis,
Patiare potius ipse, quam facias, scelus.
Sed ne verere : mater insidias et hinc,   495
Et rursus illinc abiget. Exoro, an patri
Invideo vestro ? veni, ut arcerem nefas,
An ut viderem propius ? hic ferrum abdidit
Reclinis hastæ, et arma defixa incubat.
Ad te preces nunc, nate, maternas feram,   500
Sed ante lacrimas. Teneo longo tempore
Petita votis ora. Te, profugum solo
Patrio, penates regis externi tegunt :
Te maria tot diversa, tot casus vagum
Egere : non te duxit in thalamos parens   505
Comitata primos, nec sua festas manu
Ornavit ædes, nec sua lætas faces
Vitta revinxit : dona non auro graves
Gazas socer, non arva, non urbes dedit;
Dotale bellum est. Hostium es factus gener,   510
Patria remotus, hospes alieni laris,
Externa consecutus, expulsus tuis,
Sine crimine exsul. Ne quid e fatis tibi
Deesset paternis, hoc quoque ex illis habes,
Errasse thalamos. Nate, post multos mihi   515
Remisse soles, nate, sollicitæ metus
Et spes parentis, cujus aspectum deos
Semper rogavi, quum tuus reditus mihi

Tantum esset erepturus adventu tuo,
Quantum daturus, quando pro te desinam,   520
Dixi, timere ? dixit irridens deus,
Ipsum timebis. Nempe, nisi bellum foret,
Ego te carerem : nempe, si tu non fores,
Bello carerem. Triste conspectus datur
Pretium tui durumque; sed matri placet.   525
Hinc modo recedant arma, dum nullum nefas
Mars sævus audet. Hoc quoque est magnum nefas,
Tam prope fuisse. Stupeo, et exsanguis tremo,
Quum stare fratres hinc et hinc video duos
Sceleris sub ictu : membra quassantur metu.   530
Quam pæne mater majus aspexi nefas,
Quam quod miser videre non potuit pater !
Licet timore facinoris tanti vacem,
Videamque jam nil tale, sum infelix tamen,
Quod pæne vidi. Per decem mensium graves   535
Uteri labores, perque pietate inclitas
Precor sorores, et per irati sibi
Genas parentis, scelere quas nullo nocens,
Erroris a se dira supplicia exigens,
Hausit, nefandas mœnibus patriis faces   540
Averte; signa bellici retro agminis
Flecte. Ut recedas, magna pars sceleris tamen
Vestri peracta est : vidit hostili grege
Campos repleri patria, fulgentes procul
Armis catervas : vidit equitatu levi   545
Cadmea frangi prata, et excelsos rotis
Volitare proceres ; igne flagrantes trabes
Fumare, cineri quæ petunt nostras domos;
Fratresque (facinus quod novum et Thebis fuit)
In se ruentes. Totus hoc exercitus,   550
Et populus omnis, et utraque hoc vidit soror,
Genitrixque vidit : nam mater debet sibi,

de n'en avoir pas été le témoin. Songe maintenant à OEdipe, qui n'a pas fait grâce même à l'erreur. Je t'en supplie, ne porte pas le fer au sein de ta patrie et de tes dieux domestiques ; ne détruis pas cette Thèbes où tu veux régner. Quelle fureur te possède ? Tu ruines ta patrie, où tu veux rentrer, et tu l'anéantis pour la réduire sous tes lois ! Songes-y : tu nuis toi-même à ta cause en dévastant ces campagnes, en y détruisant les moissons, en mettant leurs habitants en fuite. Personne ne dévaste ses propres biens : cette terre que tu désoles par la flamme et par le fer, la crois-tu donc celle d'un autre ? Disputez-vous l'empire, mais laissez-le subsister. Tu lanceras contre ces murs le fer et le feu ? tu oseras ébranler ces remparts d'Amphion, qui ne furent pas bâtis par la main de l'homme, mais dont les pierres, attirées par le son de la lyre et de la voix, s'élevèrent d'elles-mêmes, et sans le secours des machines gémissantes, jusqu'au sommet de ces tours ? Quoi ! vainqueur, tu détruirais ces murailles ? tu te retirerais chargé de nos dépouilles, emmenant captifs ces vieux chefs, compagnons d'armes de ton père ? Les épouses arrachées du sein même de leurs époux, et chargées de fers, deviendraient la proie d'un farouche soldat ? les vierges thébaines, confondues avec les captifs, seraient offertes en présents aux femmes d'Argos ? et ta mère, les mains liées derrière le dos, ferait partie de ton butin, et du triomphe remporté sur ton frère ? Tu verrais d'un œil content égorger çà et là tes concitoyens ? Pourrais-tu donner l'assaut aux murs qui t'ont vu naître, remplir Thèbes de sang et de ruines ? Quoi ! ton cœur est déjà si dur, si farouche, si impitoyable, et tu ne règnes pas encore ! Que sera-ce quand tu seras roi ? Réprime, je t'en conjure, cet aveugle emportement ; écoute la voix de la nature.

Pol. Quoi ! toujours exilé, fugitif, toujours banni de ma patrie, je serais réduit à implorer la pitié de l'étranger ! Que souffrirais-je de plus, si j'eusse été déloyal et parjure ? Je serais puni de la perfidie d'un autre, et le perfide jouirait du fruit de ses crimes ? Vous voulez que je m'éloigne, j'y consens, ma mère ; mais indiquez-moi un asile. Que mon frère occupe insolemment mon palais ; mais que j'aie au moins une chaumière pour cacher ma honte, un modeste foyer en échange d'un royaume. Me faudra-t-il subir en esclave les caprices d'une riche épouse, ramper à la suite d'un beau-père orgueilleux ? Il est cruel de tomber du rang suprême dans la servitude.

Joc. Si tu es avide de régner, s'il faut un sceptre à ta main ambitieuse, le monde entier t'offre partout des États à conquérir. Au pied du Tmole, cher à Bacchus, s'étendent de vastes et fertiles plaines, des champs où le Pactole roule dans son lit des flots d'or. Non moins fécondes sont les campagnes où le Méandre promène ses eaux, et celles que traverse l'Hèbre dans son cours rapide. Ici est le Gargare aimé de Cérès, et le sol fécond où serpente le Xanthe, enflé par les neiges de l'Ida ; dans ces lieux, où, étroitement serrée entre Abydos et Sestos, la mer Ionienne change de nom, et dans ceux où, se rapprochant de l'orient, elle baigne les côtes de la Lycie, qui offrent tant de ports aux navigateurs, sont des royaumes que tu peux conquérir. Que ton beau-père aille chez ces peuples signaler son courage ; qu'il les subjugue et les soumette à ton sceptre : suppose que ton père règne encore à Thèbes. Mieux vaut l'exil qu'un pareil retour ; c'est le crime d'un autre qui t'exile : ton retour serait ton crime à toi. Ne vaut-il pas mieux, avec les forces dont tu disposes, ac-

---

Quod ista non spectavit. Occurrat tibi
Nunc OEdipus, quo judice, erroris quoque
Pœnæ petuntur. Ne, precor, ferro erue   555
Patriam ac penates ; neve, quas regere expetis,
Everte Thebas. Quis tenet mentem furor ?
Patriam petendo perdis : ut fiat tua,
Vis esse nullam ? Quin tuæ causæ nocet
Ipsum hoc, quod armis uris infestis solum,   560
Segetesque adultas sternis , et totos fugam
Edis per agros : nemo sic vastat sua.
Quæ corripi igne, quæ meti gladio jubes,
Aliena credis ? Rex sit e vobis uter,
Manente regno, quærite. Hæc telis petes   565
Flammisque tecta ? poteris has Amphionis
Quassare moles ? nulla quas struxit manus,
Stridente tardum machina ducens onus ;
Sed convocatæ vocis et cithæræ sono
Per se ipse turres venit in summas lapis.   570
Hæc saxa franges victor ? hic spolia auferes ,
Vinctosque duces patris æquales tui ?
Matres ab ipso conjugum raptas sinu
Sævus catena miles imposita trahet ?
Ut adulta virgo mixta captivo gregi   575
Thebana nuribus munus Argolicis eat ?
An et ipsa palmas vincta post tergum datas
Mater triumphi præda fraterni vehar ?
Potesne cives lætus exitio datos
Videre passim ? mœnibus caris potes   580
Hostem admovere ? sanguine et flamma potes
Implere Thebas ? tam ferum et durum geris
Sævumque in iras pectus , et nondum imperas !
Quid sceptra facient ! pone vesanos , precor,
Animi tumores, teque pietati refer.   585
Pol. Ut profugus errem semper ? ut patria arcear,

Opemque gentis hospes externæ sequar ?
Quid paterer aliud , si fefellissem fidem ,
Si pejerassem ? fraudis alienæ daho
Pœnas ; at ille præmium sceleris feret ?   590
Jubes abire : matris imperio obsequor ;
Da , quo revertar. Regia frater mea
Habitet superbus ; parva me abscondat casa :
Hanc da repulso : liceat exiguo lare
Pensare regnum. Conjugi donum datus   595
Arbitria thalami dura felicis nurus,
Humilisque socerum lixa dominantem sequar ?
In servitutem cadere de regno , grave est.
Joc. Si regna quæris, nec potest sceptro manus
Vacare sævo, multa, quæ possunt peti   600
In orbe toto, quælibet tellus dabit.
Hinc nota Baccho Tmolus attollit juga,
Qua lata terris spatia frugiferis jacent,
Et qua trahens opulenta Pactolus vada
Inundat auro rura : nec lætis minus   605
Mæandros arvis flectit errantes aquas,
Rapidusque campos fertiles Hebrus secat.
Hinc grata Cereri Gargara , et dives solum
Quod Xanthus ambit nivibus Idæis tumens :
Hinc, qua relinquit nomen, Ionii maris   610
Fauces Abydo Sestos opposita premit ;
Aut, qua latus jam propius Orienti dedit,
Tutamque crebris portubus Lyciam videt :
Hæc regna ferro quære : in hos populos ferat
Socer arma fortis : has paret sceptro tuo   615
Tradatque gentes. Hoc adhuc regnum puta
Tenere patrem. Melius exsilium est tibi ,
Quam reditus iste : crimine alieno exsulas ,
Tuo redibis. Melius istis viribus
Nova regna nullo scelere maculata appetes.   620

quérir un trône qu'aucun forfait ne souille? Alors ton frère même marchera sous tes drapeaux, et combattra pour toi. Va donc, et entreprends une guerre où ton père et ta mère puissent souhaiter de te voir vainqueur. Une couronne acquise par le crime est pire que l'exil le plus affreux. D'un autre côté, songe aux maux de la guerre et à ses chances diverses. Tu amènes avec toi l'élite de la Grèce; mais, malgré ces phalanges qui couvrent au loin les campagnes, la fortune des armes est toujours douteuse, et l'issue d'un combat incertaine; l'épée rétablit l'égalité entre les forces les plus inégales : espoir et craintes dépendent du sort aveugle. Il y a doute sur le succès, certitude sur le crime ; et quand tous les dieux te seraient favorables, vois tes concitoyens vaincus, mis en fuite, massacrés par le vainqueur, et la plaine jonchée de leurs cadavres. De quel œil envisages-tu cette guerre, où la joie seule du vainqueur est déjà un crime odieux? Celui que dans ta fureur tu brûles de vaincre, vaincu te sera un sujet de pleurs. Renonce à un combat funeste, mets fin aux craintes de ta patrie et à la douleur de tes parents.

Pol. Quoi! mon coupable frère ne serait pas puni de son crime et de sa perfidie?

Joc. Sois tranquille il en sera sévèrement puni : il régnera.

Pol. Est-ce là un châtiment?

Joc. Si tu en doutes, songe à ton aïeul et à ton père. Crois-en le témoignage de Cadmus et de sa race : le sceptre de Thèbes fut toujours fatal à ceux qui l'ont porté ; et aucun d'eux ne l'avait encore acquis par une trahison. Ton frère grossira le nombre de ces princes malheureux.

Pol. Je le sais ; mais à ce prix même la royauté me paraît désirable.

Etéo. Et moi je t'ordonne de retourner en exil.

Pol. Règne, mais sois odieux à tes sujets.

Etéo. Celui-là ne veut pas régner, qui craint de se rendre odieux. Le dieu qui a créé le monde a placé la haine à côté de la royauté : comprimer la haine par la force, c'est ce que j'appelle être vraiment roi. L'amour des sujets met le pouvoir à la gêne. Il est à l'aise avec des mécontents ; la royauté s'énerve en cherchant à plaire. Qui aspire à se faire aimer exerce mollement le pouvoir.

Pol. Un pouvoir odieux ne dure pas.

Etéo. C'est aux rois à dire comme il convient de régner : toi, apprends à vivre dans l'exil. Pour conserver le trône, je livrerais aux flammes ma patrie, mes pénates, mon épouse. On ne peut payer trop chèrement une couronne.

* * *

Quin ipse frater, arma comitatus tua,
Tibi militabit. Vade, et id bellum gere,
In quo pater materque pugnanti tibi
Favere possint : regna cum scelere omnibus
Sunt exsiliis graviora. Nunc belli mala   625
Propone, dubias Martis incerti vices.
Licet omne tecum Græciæ robur trahas,
Licet arma longe miles ac late explicet,
Fortuna belli semper ancipiti in loco est,
Quodcumque Mars decernit : exæquat duos,   630
Licet impares sint, gladius ; et spes et metus
Fors cæca versat. Præmium incertum petis,
Certum scelus. Favisse fac votis deos
Omnes tuis : cessere, et aversi fugam
Petiere cives : clade funesta jacent :   635
Obtexit agros miles. Exsultes licet,
Victorque fratris spolia dejecti geras,
Frangenda palma est. Quale tu id bellum putas,
In quo exsecrandum victor admittit nefas,
Si gaudet? Hunc, quem vincere infelix cupis,   640
Quum viceris, lugebis. Infaustas, age,
Dimitte pugnas : libera patriam metu,
Luctu parentes. *Pol.* Sceleris et fraudis suæ

Pœnas nefandus frater ut nullas ferat?
Joc. Ne metue : pœnas, et quidem solvet graves ;   645
Regnabit. *Pol.* Hæcne est pœna? *Joc.* Si dubitas, ave
Patrique crede : Cadmus hoc dicet tibi,
Cadmique proles. Sceptra Thebarum fuit
Impune nulli gerere ; nec quisquam fide
Rupta tenebat illa. Jam numeres, licet,   650
Fratrem inter istos. *Pol.* Numero : et est tanti mihi
Cum regibus jacere. *Eteocl.* Te turbæ exsulum
Adscribo. *Polyn.* Regna, dummodo invisus tuis.
Eteocl. Regnare non vult, esse qui invisus timet.
Simul ista mundi conditor posuit deus,   655
Odium atque regnum. Regis hoc magni reor,
Odia ipsa premere. Multa dominantem vetat
Amor suorum ; plus in iratos licet.
Qui vult amari, languida regnat manu.
Polyn. Invisa nunquam imperia retinentur diu.   660
Eteocl. Præcepta melius imperii reges dabunt ;
Exsilia tu dispone. Pro regno velim
Patriam, penates, conjugem flammis dare.
Imperia pretio quolibet constant bene.

* * *

HIPPOLYTE.

PERSONNAGES.

HIPPOLYTE.
PHÈDRE.
THÉSÉE.
La nourrice de Phèdre.

Un messager.
Chœur d'Athéniens.
Troupe de chasseurs.

La scène est à Athènes.

Thésée avait eu de l'Amazone Antiope un fils nommé Hippolyte. Celui-ci, passionné pour la chasse, honorait Diane exclusivement, et, résolu à passer sa vie dans le célibat, méprisait le culte de Vénus. Phèdre, sa belle-mère, éprise de sa beauté, conçoit pour lui un amour violent, et, profitant de l'absence de Thésée qui était descendu aux enfers, emploie vainement les prières et toutes les séductions pour triompher de la vertu de ce jeune homme, qui repousse avec horreur les sollicitations de cette femme impudique. Celle-ci est outrée de dépit. Son amour se change en haine; et dès que son mari est de retour, elle accuse Hippolyte d'avoir employé la violence pour la déshonorer. Ce jeune homme fuyait une demeure souillée par le crime; mais, à la prière de Thésée, Neptune fait sortir de la mer un monstre semblable à un taureau, qui se jette au-devant du char d'Hippolyte. Les chevaux épouvantés n'écoutent plus la voix de leur maître; il tombe embarrassé dans les rênes, et son corps, traîné à travers les rochers et les ronces, est mis en lambeaux. Phèdre, instruite de cette mort, avoue son crime à son mari, et se poignarde sur les restes sanglants d'Hippolyte. Thésée, déplorant la perte de son fils innocent, se reproche sa crédulité et son vœu cruel. Il recueille et réunit les membres déchirés de son fils, pour leur rendre les derniers honneurs.

ACTE PREMIER.

HIPPOLYTE, TROUPE DE CHASSEURS.

Allez, répandez-vous autour de ces bois épais; parcourez d'un pas agile le sommet de la colline de Cécrops, la plaine qui s'étend au pied du Parnès rocailleux, et les bords du fleuve dont l'onde rapide traverse la vallée de Thria. Franchissez ces monts toujours blanchis par la neige. Et vous, pénétrez sous l'ombrage des aunes entrelacés, dans ces vastes prairies où l'humide haleine du zéphyre fait naître l'herbe du printemps; dans ces lieux où, d'un cours égal et paisible, l'Ilissus, semblable au Méandre, promène ses eaux languissantes, et mouille à peine un sable aride. Vous, entrez dans ce sentier à gauche, qui, à travers les bois, conduit à Marathon. C'est là que, suivies de leurs faons, les biches vont paître pendant la nuit. Vous, tournez de ce côté, où, soumis à la douce influence du midi, l'Acharne laborieux ne sent pas la rigueur des frimas. Que l'un se rende sur l'Hymette fleuri; l'autre, vers le bourg chétif d'Aphidna. Il y a long-temps que nous n'avons visité les parages où le cap Sunium s'allonge dans la mer. Vous qui aimez une chasse glorieuse, courez à Phlyes : là se tient un sanglier, la terreur des environs, et dont plus d'un chasseur a senti la dent redoutable. Laissez flotter la laisse des chiens paisibles, au gosier silencieux; mais tenez fortement en mains ces ardents molosses;

HIPPOLYTUS.

DRAMATIS PERSONÆ.

HIPPOLYTUS.
PHÆDRA.
THESEUS.
NUTRIX.

NUNTIUS.
CHORUS CIVIUM ATHENIEN-
SIUM.
FAMULI VENATORII.

Scena Athenis.

ARGUMENTUM.

Pepererat Antiope Amazon Theseo Hippolytum; qui, quum, venationi deditus, Dianam coleret Veneremque aversaretur, cælibem vitam ducere decreverat. Capta illius pulchritudine Phædra noverca, amore vesana, dum abest apud inferos Theseus, juvenis castitatem blanditiis et precibus expugnare conatur. Impudicam a se feminam Hippolytus repellit. Igitur deprehensa, mutat amorem in odium; et, reverso Theseo, insimulat privignum oblati per vim stupri. Fugerat Hippolytus impudicam domum : sed, dum alio properat, ecce ibi taurus marinus a Neptuno ad diras Thesei imprecationes immissus; qui, se ante currum sistens, quadrupedes consternavit. Hi, contempto imperio, quadrigam deturbant, cadentisque corpus per saxa et vepres distrahunt atque dilaniant. Comperta nece, Phædra rei veritatem marito aperit, seque super laniatos artus gladio transfigit. Theseus plangit innoxii filii casum, suamque præcipitem iram dirumque votum detestatur. Laniatos artus colligit, et, quo meliori potest modo, componit.

ACTUS PRIMUS.

HIPPOLYTUS, FAMULI VENATORII.

Ite, umbrosas cingite silvas,
Summaque montis juga Cecropii
Celeri planta lustrate vagi;
Quæ saxoso loca Parnethi
Subjecta jacent; et quæ Thriasiis   5
Vallibus amnis rapida currens
Verberat unda. Scandite colles
Semper canos nive Riphæa.
Hac, hac alii, qua nemus alta
Texitur alno; qua prata jacent,   10
Quæ rorifera mulcens aura,
Zephyrus vernas evocat herbas;
Ubi per graciles lenis Ilissus,
Ut Mæander super æquales,
Labitur agros piger, et steriles   15
Amne maligno radit arenas.
Vos, qua Marathon tramite lævo
Saltus aperit; qua comitatæ
Gregibus parvis nocturna petunt
Pabula fœtæ. Vos, qua tepidis   20
Subditus austris, frigora mollit
Durus Acharneus. Alius rupem
Dulcis Hymetti. Parvas alius
Calcet Aphidnas. Pars illa diu

et que le limier impatient de Crète use le poil de son cou, en luttant contre la forte courroie qui arrête ses élans. Quant aux dogues de Laconie, race courageuse et avide de sang, il est bon qu'ils soient tenus de plus court encore. Le moment viendra où l'écho des rochers retentira de leurs aboiements.

Maintenant que d'un nez subtil ils éventent le gibier; que, la tête basse, ils le suivent à la piste, tandis que la clarté est douteuse et que la terre humide garde encore la trace de ses pas, qu'un de vous se charge de ces toiles à larges mailles; un autre, de ces filets plus serrés. Disposez alentour ces plumes rouges, pour frapper d'une vaine terreur les hôtes des bois.

Toi, tu lanceras le javelot rapide; toi, saisis à deux mains le pesant épieu armé d'un large fer; toi, placé en embuscade, tu redoubleras par tes cris l'effroi des animaux lancés; et toi, avec ce couteau recourbé, tu détacheras leurs entrailles quand ils seront abattus.

Soyez propice à un mortel qui vous honore, ô déesse intrépide qui régnez dans les solitudes des bois; qui percez de traits inévitables les monstres qui s'abreuvent dans les froides eaux de l'Araxe, et ceux qui bondissent sur la glace de l'Ister. Votre bras atteint le lion de Gétulie et la biche de Crète, ou renverse d'un coup plus léger le daim rapide. Vous, frappez en face le tigre à la peau mouchetée; vous, atteignez dans leur fuite le bison à l'épaisse crinière, et l'aurochs farouche aux larges ramures. Tous les hôtes des déserts qui peuplent ou le sol infécond des Garamantes, ou les riches forêts de l'Arabie, ou les cimes sauvages des Pyrénées, ceux que nourrissent les bois épais de l'Hyrcanie, ou les vastes plaines du Sarmate vagabond, tous, ô Diane, redoutent vos flèches : l'heureux chasseur auquel vous êtes propice voit le gibier tomber dans ses toiles; nulle proie ne rompt le filet qui l'enferme; le chariot qui la rapporte gémit sous une charge pesante. Les chiens reviennent la gueule rouge de sang, et le cortège rustique regagne le hameau dans tout l'appareil d'un triomphe. Allons, la déesse nous favorise; voilà des aboiements qui sont d'un bon augure. La forêt m'appelle : j'y vole, ce sentier m'abrégera le chemin.

PHÈDRE, LA NOURRICE.

Phèd. O puissante Crète, qui règnes au loin sur la mer; toi dont les innombrables vaisseaux ont parcouru toutes les côtes, et sillonné les plaines navigables de Nérée jusqu'aux rivages d'Assyrie, devais-tu me laisser comme otage dans ces lieux que je hais, et, me donnant un ennemi pour époux, me condamner à vivre dans la douleur et dans les larmes? mon vagabond époux me délaisse; l'hymen ne l'a pas rendu plus fidèle. Secondant un amant insensé, il a osé descendre avec lui sur les bords ténébreux du fleuve qu'on ne franchit qu'une fois. Il veut ravir sur son trône la reine des enfers. Ni crainte, ni pudeur, ne l'ont pu retenir; le père d'Hippolyte, va sur les bords de l'Achéron, servir une flamme coupable et d'adultères amours. Mais un souci plus cruel déchire aujourd'hui mon cœur :

Vacat immunis, qua curvati
Litora ponti Sunion urget.   25
Si quem tangit gloria silvæ,
Vocat hunc Phlyeus; hic versatur
Metus agricolis, vulnere multo
Jam notus aper. At vos laxas   30
Canibus tacitis mittite habenas.
Teneant acres lora Molossos,
Et pugnaces tendant Cretes
Fortia trito vincula collo.
At Spartanos (genus est audax   35
Avidumque feræ) nodo cautus
Propiore liga. Veniet tempus,
Quum latratu cava saxa sonent :
Nunc demissi nare sagaci
Captent auras, lustraque presso   40
Quærant rostro, dum lux dubia est,
Dum signa pedum roscida tellus
Impressa tenet. Alius raras
Cervice gravi portare plagas,
Alius teretes properet laqueos.   45
Picta rubenti linea penna
Vano cludat terrore feras.
Tibi libretur missile telum.
Tu grave dextra lævaque simul
Robur lato dirige ferro.   50
Tu præcipites clamore feras
Subsessor ages. Tu jam victor
Curvo solves viscera cultro.
Ades en comiti, diva virago,
Cujus regno pars terrarum   55
Secreta vacat : cujus certis
Petitur telis fera, quæ gelidum
Potat Araxen, et quæ stanti
Ludit in Istro. Tua Gætulos
Dextra leones, tua Cretæas   60
Sequitur cervas : nunc veloces
Figis damas leviore manu.
Tibi dant variæ pectora tigres,
Tibi villosi terga bisontes,
Latisque feri cornibus uri.   65
Quidquid solis pascitur arvis,
Sive illud inops novit Garamas,
Sive illud Arabs divite silva,
Sive ferocis juga Pyrenes,
Sive Hyrcani celant saltus,   70
Vacuisque vagus Sarmata campis,
Arcus metuit, Diana, tuos.
Tua si gratus numina cultor
Tulit in saltus, retia vinctas
Tenuere feras; nulli laqueum   75
Rupere pedes; fertur plaustro
Præda gementi. Tum rostra canes
Sanguine multo rubicunda gerunt;
Repetitque casas rustica longo
Turba triumpho.   80
En, diva favet : signum arguti
Misere canes. Vocor in silvas.
Hac, hac pergam, qua via longum
Compensat iter.

PHÆDRA, NUTRIX.

Phæd. O magna vasti Creta dominatrix freti,   85
Cujus per omne litus innumeræ rates
Tenuere pontum, quidquid Assyria tenus
Tellure Nereus pervius rostris secat;
Cur me in penates obsidem invisos datam,
Hostique nuptam, degere ætatem in malis   90
Lacrimisque cogis? profugus en conjux abest,
Præstatque nuptæ, quam solet, Theseus fidem.
Fortis per altas invii retro lacus
Vadit tenebras miles audacis proci :
Solio ut revulsam regis inferni abstrahat,   95
Pergit furoris socius : haud illum timor,
Pudorque tenuit : stupra et illicitos toros
Acheronte in imo quærit Hippolyti pater.
Sed major alius incubat mœstæ dolor.
Non me quies nocturna, non altus sopor   100

ni le calme des nuits, ni les douceurs du sommeil, ne sauraient le calmer. Le mal est en moi, il couve, il s'accroît, il me dévore : c'est le feu qui s'échappe des fournaises de l'Etna. Je néglige les ouvrages de Pallas; la toile commencée s'échappe de mes mains. Je ne puis plus porter dans les temples mes offrandes et mes vœux; ni, la torche sacrée à la main, au milieu d'un chœur d'Athéniennes, célébrer les mystères silencieux d'Éleusis, ni présenter à la déesse protectrice d'Athènes un hommage pur et de chastes prières. J'aime à poursuivre les habitants des forêts, charger d'un pesant javelot cette main débile.

Quel est ce délire? Insensée, que vas-tu chercher dans les bois?

Je reconnais cette fatalité qui perdit ma mère. C'est dans les bois que commença notre crime à toutes deux. O ma mère, que je vous plains! Un taureau fut l'horrible objet de votre passion effrénée : mais cet amant farouche, chef indompté d'un troupeau sauvage, du moins il savait aimer. Et moi, quel dieu, quel autre Dédale pourrait servir ma flamme infortunée? Non, quand renaîtrait cet ingénieux artiste qui enferma dans une demeure inextricable le fruit monstrueux de vos amours, il ne saurait apporter aucun soulagement à mes maux.

Vénus, implacable ennemie des enfants du Soleil, se venge sur nous de l'affront de Mars et du sien. Elle ne cesse de répandre sur nous l'opprobre et l'infamie. Nulle fille de Minos n'a brûlé d'une flamme légitime : le crime a toujours part à leur amour.

La nour. Épouse de Thésée, race illustre de Jupiter, chassez de votre cœur les désirs impurs : étouffez une flamme coupable; n'ouvrez pas votre cœur à de funestes espérances. Quiconque ré-

siste d'abord à l'amour et repousse ses séductions est assuré de le vaincre. Mais celui qui accueille l'insinuant ennemi, accepte un joug que plus tard il essayerait en vain de secouer. Je n'ignore pas, en vous parlant, combien la vérité déplaît aux oreilles superbes des rois; ils ne veulent pas qu'on les rappelle à la vertu. Mais, quel que doive être le prix de mon zèle, je me résigne d'avance. Vieille comme je suis, je serai bientôt libre; et cette idée m'inspire du courage.

Résister fermement à la passion, et n'y pas succomber, est le premier degré de l'honneur; le second est d'avoir au moins la conscience de sa faute. Infortunée! quel est votre espoir? Pourquoi ajouter aux crimes de votre famille, et surpasser celui de votre mère? Un crime est plus hideux qu'un monstre; car celui-ci peut être l'effet de la fatalité, l'autre ne vient que du dérèglement des mœurs. Si vous croyez pouvoir cacher votre faute et n'avoir rien à craindre, parce que votre époux n'est pas sur la terre, vous êtes dans l'erreur. Et quand il serait enseveli dans les abîmes du Léthé, retenu à jamais sur les rives du Styx, croyez-vous que ce roi dont l'empire s'étend au loin sur la mer, et qui commande aux cent villes de la Crète, que votre père enfin ne découvrira pas cet affreux mystère? Il est difficile de tromper un père. Mais supposons qu'à force de ruse et d'adresse nous lui dérobions ce funeste secret : le cacherez-vous à votre aïeul, dont les rayons éclairent tout ce qui existe; au père des dieux, qui ébranle l'Olympe des foudres sorties des forges de l'Etna? Espérez-vous échapper aux regards de vos aïeux, auxquels dans le monde rien n'échappe? Supposez même enfin que les dieux complaisants couvrent d'un voile vos coupables jouissances, et, ce que les grands criminels n'obtiennent

---

Solvere curis : alitur et crescit malum,
Et ardet intus, qualis Ætnæo vapor
Exundat antro. Palladis telæ vacant,
Et inter ipsas pensa labuntur manus.
Non colere donis templa votivis libet;   105
Non inter aras, Atthidum mixtam choris,
Jactare tacitis conscias sacris faces;
Nec adire castis precibus aut ritu pio
Adjudicatæ præsidem terræ Deam.
Juvat excitatas consequi cursu feras,   110
Et rigida molli gæsa jaculari manu.
Quo tendis, anime? quid furens saltus amas?
Fatale miseræ matris agnosco malum.
Peccare noster novit in silvis amor.
Genitrix, tui me miseret : infando malo   115
Correpta, pecoris efferi sævum ducem
Audax amasti : torvus, impatiens jugi,
Adulter ille, ductor indomiti gregis.
Sed amabat aliquid : quis meas miseræ Deus,
Aut quis juvare Dædalus flammas queat?   120
Non, si ille remeet arte Mopsopia potens,
Qui nostra cæca monstra conclusit domo,
Promittat ullam casibus nostris opem.
Stirpem perosa Solis invisi Venus,
Per nos catenas vindicat Martis sui,   125
Suasque. Probris omne Phœbeum genus
Onerat nefandis : nulla Minois levi
Defuncta amore est; jungitur semper nefas.
Nutr. Thesea conjux, clara progenies Jovis,
Nefanda casto pectore exturba ocius :   130
Exstingue flammas; neve te diræ spei
Præbe obsequentem. Quisquis in primo obstitit

Pepulitque amorem, tutus ac victor fuit.
Qui blandiendo dulce nutrivit malum,
Sero recusat ferre, quod subiit, jugum.   135
Nec me fugit, quam durus, et veri insolens,
Ad recta flecti regius nolit tumor.
Quemcumque dederit exitum casus, feram.
Fortem facit vicina libertas senem.
Obstare primum est velle, nec labi via :   140
Pudor est secundus, nosse peccandi modum.
Quo, misera, pergis? quid domum infamem aggravas,
Superasque matrem? majus est monstro nefas.
Nam monstra fato, moribus scelera imputes.
Si, quod maritus supera non cernit loca,   145
Tutum esse facinus credis, et vacuum metu,
Erras : teneri crede Lethæo abditum
Thesea profundo, et ferre perpetuam Styga;
Quid ille, lato maria qui regno premit,
Populisque reddit jura centenis pater?   150
Latere tantum facinus occultum sinet?
Sagax parentum est cura; credamus tamen
Astu doloque tegere nos tantum nefas;
Quid ille rebus lumen infundens suum
Matris parens? quid ille, qui mundum quatit,   155
Vibrans corusca fulmen Ætnæum manu,
Sator Deorum? credis hoc posse effici,
Inter videntes omnia ut lateas avos?
Sed, ut secundus numinum abscondat favor
Coitus nefandos, utque contingat stupro   160
Negata magnis sceleribus semper fides;
Quid pœna præsens, consciæ mentis pavor,
Animusque culpa plenus, et semet timens?
Scelus aliqua tutum, nulla securam tulit.

jamais, que le secret vous soit fidèlement gardé : songez-vous aux tourments, aux alarmes d'une âme bourrelée de remords, et qui se craint elle-même ? Une adultère trouve quelquefois impunité dans le crime ; sécurité, jamais. Étouffez, je vous en conjure, un amour impie. Ne vous souillez pas d'un forfait inconnu même chez les Gètes errants, chez les peuples sauvages du Taurus ou les Scythes vagabonds. Chaste jusqu'à ce jour, renoncez à un crime qui fait frémir ; et que l'exemple de votre mère vous préserve d'un amour monstrueux. Vous voulez que votre lit reçoive le fils après le père, que leur sang mêlé se confonde dans vos flancs impies ! Achevez donc, et que vos feux détestables bouleversent les lois de la nature : enfantez un nouveau monstre. Pourquoi laisser vide le repaire fraternel ? Ne faut-il pas que l'univers frémisse, que la nature se révolte, chaque fois qu'une Crétoise aimera ?

Phéd. Je reconnais, ô fidèle nourrice, la sagesse de tes conseils ; mais une passion furieuse m'entraîne. Je vois l'abîme où mon égarement me pousse ; en vain je résiste, mes efforts ne peuvent me rendre à la vertu. Je ressemble au nocher qui remonte avec peine un fleuve rapide : sa barque, repoussée enfin par les flots, est bientôt emportée par l'impétuosité du courant. Que peut la raison sur un cœur que la passion domine ? Un dieu puissant règne en tyran sur mon âme, et ce dieu ne soumet-il pas toute la terre à son empire ? Jupiter lui-même éprouva les effets de sa flamme invincible ; le dieu terrible de la guerre n'en a pu éviter les atteintes ; le forgeron de la foudre aux trois pointes n'y a pas échappé, lui qui attise impunément les fournaises de l'Etna : cette flamme imperceptible l'a dompté. Phébus, si habile à lancer des traits, est percé des traits encore plus sûrs d'un enfant ailé qui voltige partout, également redoutable à la terre et au ciel.

La nour. C'est la volupté qui, pour flatter nos vices, a fait un dieu de l'amour ; c'est elle qui, pour être plus libre, a érigé des autels au plus furieux des penchants. Quoi ! la déesse d'Éryx ordonnerait à son fils d'errer ainsi dans le monde entier ? et lui, faible enfant, prenant son essor dans le ciel, frapperait les dieux d'une main insolente ? le plus chétif des immortels aurait ce pouvoir absolu ? Chimères, inventions de l'esprit, qui, pour excuser le délire des sens, a divinisé la mère et armé la main du fils !

Quiconque s'abandonne aux douceurs enivrantes de la prospérité, et se livre aux excès qu'enfante le luxe, ne se contente plus des plaisirs ordinaires. Alors naissent ces désirs déréglés, compagnons funestes des grandes fortunes. On ne veut plus des mets ordinaires, d'une habitation modeste et d'une nourriture frugale. Pourquoi le fléau qui vous consume pénètre-t-il si rarement dans la cabane du pauvre, et choisit-il de préférence les demeures opulentes ? Pourquoi ne voit-on sous le chaume que de chastes amours ? Pourquoi le vulgaire n'a-t-il que de sages penchants ? Pourquoi la médiocrité connaît-elle seule la modération, tandis que les riches et les princes ne peuvent se contenter de ce qui est permis ? Ainsi l'excès de la puissance les pousse à vouloir l'impossible. Songez, madame, à ce qui convient à une reine ; songez au retour d'un époux, et redoutez sa juste vengeance.

Phéd. L'amour seul règne sur mon cœur. Je ne crains pas ce retour dont tu me menaces. On ne revoit plus la lumière des cieux quand on est une fois descendu dans l'empire du silence et de la nuit.

La nour. Gardez-vous de cette confiance ! Quand Pluton aurait fermé toutes les barrières de son empire, quand Cerbère veillerait aux portes formidables de ce séjour, Thésée seul a bien pu se frayer un chemin en dépit de tous les obstacles.

Compesce amoris impii flammas, precor,   165
Nefasque, quod non ulla tellus barbara
Commisit unquam, non vagus campis Geta,
Nec inhospitalis Taurus, aut sparsus Scythes.
Expelle facinus mente castifica horridum,
Memorque matris, metue concubitus novos   170
Miscere thalamos patris et gnati apparas,
Uteroque prolem capere confusam impio !
Perge, et nefandis verte naturam ignibus.
Cur monstra cessant ? aula cur fratris vacat ?
Prodigia toties orbis insueta audiet,   175
Natura toties legibus cedet suis,
Quoties amabit Cressa ? *Ph.* Quæ memoras, scio
Vera esse, nutrix : sed furor cogit sequi
Pejora : vadit animus in præceps sciens,
Remeatque, frustra sana consilia appetens.   180
Sic, quum gravatam navita adversa ratem
Propellit unda, cedit in vanum labor,
Et victa prono puppis aufertur vado.
Quod ratio poscit, vicit ac regnat furor,
Potensque tota mente dominatur deus.   185
Hic volucer omni regnat in terra potens,
Ipsumque flammis torret indomitis Jovem.
Gradivus istas belliger sensit faces ;
Opifex trisulci fulminis sensit deus ;
Et, qui furentes semper Ætnæis jugis   190
Versat caminos, igne tam parvo calet ;
Ipsumque Phœbum, tela qui nervo regit,
Figit sagitta certior missa Puer ;
Volitatque cælo pariter et terræ gravis.

Nutr. Deum esse Amorem, turpiter vitio favens   195
Finxit libido ; quoque liberior foret,
Titulum furori numinis falsi addidit.
Natum per omnes scilicet terras vagum
Erycina mittit. Ille per cælum volans
Proterva tenera tela molitur manu ;   200
Regnumque tantum minimus in superis habet.
Vana ista demens animus adscivit sibi,
Venerisque numen finxit, atque arcus dei.
Quisquis secundis rebus exsultat nimis,
Fluitque luxu, semper insolita appetens,   205
Hunc illa magnæ dira fortunæ comes
Subit libido : non placent suetæ dapes,
Non tecta sani moris, aut vilis cibus.
Cur in penates rarius tenues subit
Hæc delicatas eligens pestis domos ?   210
Cur sancta parvis habitat in tectis Venus,
Mediumque sanos vulgus affectus tenet,
Et se coercent modica ? contra divites,
Regnoque fulti, plura, quam fas est, petunt ?
Quod non potest, vult posse, qui nimium potest.   215
Quid deceat alto præditam solio, vides.
Metue, ac verere sceptra remeantis viri.
Ph. Amoris in me maximum regnum fero,
Reditusque nullos metuo. Non unquam amplius
Convexa tetigit supera, qui mersus semel   220
Adit silentem nocte perpetua domum.
Nutr. Ne crede. Ditis cluserit regnum licet,
Canisque diras Stygius observet fores :
Solus negatas invenit Theseus vias.

Phèd. Peut-être excusera-t-il mon amour.

La nour. Lui, devant qui une chaste épouse ne put même trouver grâce! lui, dont la main cruelle a versé le sang d'Antiope! Mais je veux que vous parveniez à fléchir son courroux. Qui pourrait attendrir l'âme insensible de celui que vous aimez? Intraitable ennemi de tout notre sexe, il déteste l'amour, et l'hymen ne lui inspire que de l'horreur. Connaissez mieux le fils d'une Amazone.

Phèd. J'irai, je le suivrai sur ces monts couverts de neige où il se plait, à travers ces roches aiguës qu'il franchit d'un pied léger, à travers les montagnes, au fond des bois.

La nour. Lui, s'arrêter! lui, se laisser attendrir! Chaste jusqu'à ce jour, il partagerait une flamme adultère! Il cesserait de vous haïr, vous la cause peut-être de son aversion pour toutes les femmes!

Phèd. Est-il donc insensible aux prières?

La nour. C'est une âme farouche.

Phèd. L'amour, dit-on, dompte les plus sauvages.

La nour. Il vous fuira.

Phèd. Je le suivrai, s'il le faut, même au delà des mers.

La nour. Songez à votre père.

Phèd. Je songe aussi quelle fut ma mère.

La nour. Il hait tout notre sexe.

Phèd. Je craindrai moins les rivales.

La nour. Votre époux va revenir.

Phèd. Oui, mais complice de Pirithoüs.

La nour. Votre père aussi peut venir.

Phèd. Il se montra facile pour ma sœur Ariane.

La nour. Je vous en conjure par ces cheveux que l'âge a blanchis', par les inquiétudes qui me déchirent, par ce sein qui vous a nourrie, rappelez votre raison, et secondez vous-même mes efforts. Vouloir être guéri est un pas de fait vers la guérison.

Phèd. Ma chère amie, mon cœur est né vertueux, et toute pudeur n'y est pas éteinte. Étouffons

un amour dont je ne suis plus maîtresse. Ma gloire, je ne te souillerai point! Il n'est qu'un seul remède à mon mal; je l'emploierai, j'irai rejoindre mon époux aux enfers. La mort sauvera ma vertu.

La nour. Calmez-vous, ô ma fille! réprimez cet accès de désespoir. Oui, vous êtes d'autant plus digne de vivre que vous croyez plus mériter la mort.

Phèd. J'ai résolu de mourir, et n'hésite que sur le genre de mort. Dois-je recourir au lacet fatal, ou me percer le sein, ou me précipiter du temple consacré à Pallas. Que cette main venge la pudeur que j'ai outragée.

La nour. Quoi! ma vieillesse vous laisserait rompre ainsi le cours de vos jeunes ans! Ah! renoncez à cette fureur.

Phèd. Il n'est jamais facile d'engager quelqu'un à vivre; mais quels raisonnements pourraient arrêter celui qui y est résolu, et pour qui la mort est un devoir?

La nour. O ma chère maîtresse, seule consolation de mes vieux ans, si cette malheureuse passion vous tyrannise à ce point, abandonnez le soin de votre renommée. La renommée est mensongère, plus favorable souvent au vice qu'à la vertu. Eh bien! essayons de le toucher, ce cœur intraitable. Chargez-moi d'aborder ce jeune homme farouche, et de triompher de ses rigueurs.

LE CHŒUR.

O déesse, fille de l'orageux Océan, deux Amours vous appellent leur mère. L'un d'eux n'est qu'un enfant plein de malice et de grâce; mais quelle tyrannie il exerce par ses flèches et son flambeau! combien ses coups sont inévitables! Il fait circuler dans nos veines un feu dévorant, dont l'ardeur secrète vous consume. Il ne fait pas de larges blessures, mais le mal pénètre sourdement, et se glisse jusqu'au fond du cœur.

Ph. Veniam ille amori forsitan nostro dabit.   225
Nutr. Immitis etiam conjugi castæ fuit.
Experta sævam est barbara Antiope manum.
Sed posse flecti conjugem iratum puta;
Quis hujus animum flectet intractabilem?
Exosus omne feminæ nomen fugit;   230
Immitis annos cælibi vitæ dicat;
Connubia vitat: genus Amazonium scias.
Ph. Huuc in nivosi collis hærentem jugis,
Et aspera agili saxa calcantem pede,
Sequi per alta nemora, per montes, placet.   235
Nutr. Resistet ille, seque mulcendum dabit,
Castosque ritus Venere non casta exuet?
Tibi ponet odium, cujus odio forsitan
Persequitur omnes? *Ph.* Precibus haud vinci potest?
Nutr. Ferus est. *Ph.* Amore didicimus vinci feros.   240
Nutr. Fugiet. *Ph.* Per ipsa maria, si fugiat, sequar.
Nutr. Patris memento. *Ph.* Meminimus matris simul.
Nutr. Genus omne profugit. *Ph.* Pellicis careo metu.
Nutr. Aderit maritus. *Ph.* Nempe Pirithoi comes.
Nutr. Aderitque genitor. *Ph.* Mitis Ariadnæ pater.   245
Nutr. Per has senectæ splendidas supplex comas,
Fessumque curis pectus, et cara ubera,
Precor, furorem siste, teque ipsam adjuva.
Pars sanitatis, velle sanari, fuit.
Ph. Non omnis animo cessit ingenuo pudor.   250
Paremus, altrix. Qui regi non vult, amor
Vincatur. Haud te, fama, maculari sinam.

Hæc sola ratio est, unicum effugium mali.
Virum sequamur: morte prævertam nefas.
Nutr. Moderare, alumna, mentis effrenæ impetus.   255
Animos coerce. Dignam ob hoc vita reor,
Quod esse temet autumas dignam nece.
Ph. Decreta mors est: quæritur fati genus.
Laqueone vitam finiam, an ferro incubem?
An missa præceps arce Palladia cadam?   260
Pró, castitatis vindicem armemus manum.
Nutr. Sic te senectus nostra præcipiti sinat
Perire leto? Siste furibundum impetum.
Ph. Haud quisquam ad vitam facile revocari potest;
Prohibere ratio nulla periturum potest;   265
Ubi qui mori constituit, et debet mori.
Nutr. Solamen annis unicum fessis, hera,
Si tam protervus incubat menti furor,
Contemne famam; fama vix vero favet,
Pejus merenti melior, et pejor bono.   270
Tentemus animum tristem et intractabilem.
Meus iste labor est, aggredi juvenem ferum,
Mentemque sævam flectere immitis viri.

CHORUS.

Diva, non mili generata ponto,
Quam vocat matrem geminus Cupido,   275
Impotens flammis simul et sagittis,
Iste lascivus puer et renidens
Tela quam certo moderatur arcu!

Cet enfant cruel n'est jamais en repos : il fait voler ses flèches rapides vers tous les points de l'univers. Des contrées qui voient naître le soleil à celles où il finit sa course, dans les climats situés sous le Cancer brûlant, dans ceux où l'Ourse glacée ne voit parmi ses frimas que des peuplades errantes, tout ressent les feux de l'amour. Il fait bouillonner le sang du jeune homme; il ranime l'ardeur éteinte du vieillard épuisé, allume dans le sein des jeunes vierges une flamme inconnue. Il force les dieux à descendre du ciel, et à habiter la terre sous des formes empruntées. Apollon, devenu pasteur en Thessalie, renonce à la lyre, et rassemble son troupeau au son d'un chalumeau rustique. Sous combien de formes abjectes ne s'est pas caché celui qui régit à son gré le ciel et les tempêtes? Tantôt il se couvre d'ailes d'une éclatante blancheur, et prend la voix harmonieuse du cygne mourant; tantôt, sous la forme d'un taureau jeune et fier, il se mêle aux jeux des jeunes filles, s'abaisse, et les invite à s'asseoir sur sa croupe. Tout à coup il s'élance dans l'humide empire de son frère; l'onde reconnaît son nouveau maître. Lui, ravisseur timide, s'alarme pour sa conquête; il agite ses pieds qui lui servent de rames, et de sa large poitrine fend les flots écumants. Sensible à l'amour, la reine brillante des nuits abandonna son char, et chargea son frère du soin nouveau pour lui de le conduire. Celui-ci apprit alors à diriger les deux nocturnes coursiers, et à resserrer le cercle de sa carrière. Le char fléchit sous le poids du dieu, et sa marche plus lente prolongea la durée des nuits, et retarda la naissance du jour.

Le fils d'Alcmène, vaincu par l'amour, détacha de ses épaules et son carquois et la dépouille menaçante du lion de Némée, laissa mettre à ses doigts des bagues d'émeraudes, et relever avec art sa rude chevelure. Enfermant son pied dans un jaune brodequin que rattachaient à sa jambe des liens brillants d'or, il fit tourner les fuseaux légers entre les mêmes doigts qui naguère serraient une massue. La Perse et la Lydie fertile ont vu jeter avec mépris la peau du lion formidable, et ces mêmes épaules, qui avaient soutenu le ciel, se couvrir d'un tissu léger de la pourpre de Tyr.

Croyez-moi, je ne l'ai que trop éprouvé, rien n'est plus ardent que les feux de l'amour; on n'y peut résister : et la terre, et le vaste Océan, et ces plaines de l'air que les astres remplissent de leur pur éclat, tout reconnaît les lois de cet enfant cruel. La troupe des Néréides, dans ses grottes profondes, n'est pas à l'abri de ses traits, et la mer ne suffit pas pour éteindre ses feux. Les légers habitants de l'air ne peuvent s'y soustraire. Quelles fureurs, quels combats parmi les taureaux amoureux, pour la possession entière du troupeau! Comme le cerf timide s'élance sur un rival, et témoigne sa rage par ses mugissements! C'est alors que les noirs Indiens redoutent le tigre moucheté; c'est alors que, la gueule écumante, le sanglier aiguise ses défenses meurtrières. Dès qu'ils ont senti l'aiguillon de l'amour, les lions d'Afrique secouent leur crinière, et font retentir les forêts de leurs rugissements; et les monstrueux habitants des ondes turbulentes, et l'éléphant dans les déserts, obéissent à l'amour. La nature

Labitur totus furor in medullis,
Igne furtivo populante venas.   280
Non habet latam data plaga frontem,
Sed vorat tacitas penitus medullas.
Nulla pax isti puero : per orbem
Spargit effusas agilis sagittas.
Quæque nascentem videt ora Solem,   285
Quæque ad occasus jacet ora seros,
Si qua ferventi subjecta Cancro est,
Si qua majoris glacialis Ursæ
Semper errantes patitur colonos,
Novit hos æstus. Juvenum feroces   290
Concitat flammas; senibusque fessis
Rursus exstinctos revocat calores;
Virginum ignoto ferit igne pectus;
Et jubet cælo superos relicto
Vultibus falsis habitare terras.   295
Thessali Phœbus pecoris magister
Egit armentum, positoque plectro
Impari tauros calamo vocavit.
Induit formas quoties minores
Ipse, qui cælum nebulasque ducit?   300
Candidas ales modo movit alas,
Dulcior vocem moriente cycno.
Fronte nunc torva petulans juvencus
Virginum stravit sua terga ludo,
Perque fraternos, nova regna, fluctus,   305
Ungula lentos imitante remos,
Pectore adverso domuit profundum,
Pro sua vector timidus rapina.
Arsit obscuri dea clara mundi
Nocte deserta, nitidosque fratri   310
Tradidit currus aliter regendos.
Ille nocturnas agitare bigas
Discit, et gyro breviore flecti.
Nec suum tempus tenuere noctes,
Et dies tardo remeavit ortu,   315
Dum tremunt axes graviore curru.

Natus Alcmena posuit pharetram,
Et minax vasti spolium leonis;
Passus aptari digitis smaragdos,
Et dari legem rudibus capillis.   320
Crura distincto religavit auro,
Luteo plantas cohibente socco;
Et manu, clavam modo qua gerebat,
Fila deduxit properante fuso.
Vidit Persis, ditique ferox   325
Lydia regno, dejecta feri
Terga leonis, humerisque, quibus
Sederat alti regia cæli,
Tenuem Tyrio stamine pallam.
Sacer est ignis (credite læsis),   330
Nimiumque potens : qua terra salo
Cingitur alto, quaque ætherio
Candida mundo sidera currunt;
Hæc regna tenet puer immitis,
Spicula cujus sentit in imis   335
Cærulus undis grex Nereidum,
Flammamque nequit relevare mari.
Ignes sentit genus aligerum.
Venere instincti quam magna gerunt
Grege pro toto bella juvenci!   340
Si conjugio timuere suo,
Poscunt timidi prælia cervi;
Et mugitu dant concepti
Signa furoris. Tunc virgatas
India tigres decolor horret;   345
Tunc vulnificos acuit dentes
Aper, et toto est spumeus ore;
Pœni quatiunt colla leones,
Quum movit amor; tum silva gemit
Murmure sævo.   350
Amat insani bellua ponti,
Lucæque boves. Vindicat omnes
Natura sibi : nihil immune est.
Odiumque perit, quum jussit amor :

soumet tous les êtres à ses lois ; aucun n'est exempt de ce tribut. Quand l'amour l'ordonne, la haine disparaît ; les feux de l'amour triomphent des plus longues inimitiés ; et pour tout dire enfin, il attendrit, fléchit le cœur même d'une marâtre.

ACTE DEUXIÈME.

LA NOURRICE, PHÈDRE, LE CHOEUR.

Le chœ. (à la nourrice.) Eh bien ! que venez-vous nous apprendre ? En quel état est la reine ? Son cœur est-il enfin plus calme ?

La nour. J'ai perdu l'espoir de calmer un mal si violent ; et de mettre un terme à son ardeur insensée. Un feu secret la dévore, mais sa passion, quoique renfermée dans son sein, éclate sur son visage. Ses regards sont enflammés, elle ferme à la lumière ses paupières languissantes. Troublée, indécise, rien ne lui plaît ; son inquiète douleur fatigue son corps de mouvements inutiles. Tantôt elle semble expirante ; ses genoux se dérobent, et sa tête défaillante retombe sur son sein. Tantôt elle cherche le repos ; mais le sommeil la fuit, et elle passe les nuits à gémir. Elle veut qu'on la lève, et soudain qu'on la recouche ; qu'on délie ses cheveux, et soudain qu'on les rassemble. A charge à elle-même, elle change à toute heure de position et d'idée. Elle néglige le soin de sa vie, refuse toute nourriture. Faible, défaillante, elle se traîne au hasard d'un pas mal assuré ; plus de vivacité, son teint a perdu son éclat. Un cruel souci la consume. Sa démarche est lente et incertaine, et sa beauté a disparu. Ses yeux n'ont plus rien de cet éclat divin que le dieu du jour leur avait communiqué, et qui rappelait son illustre naissance. Les pleurs coulent de ses yeux et baignent continuellement ses joues, comme ces pluies douces

qui fondent les neiges du Taurus..... Mais on ouvre la porte du palais. Étendue sur une couche dorée, la voilà qui, dans son égarement , refuse de mettre ses vêtements accoutumés.

Phéd. Otez-moi ces habits brillants d'or et de pourpre ; loin de moi ces tissus formés des fils que les Sères tirent de leurs forêts, et que Tyr a embellis de sa riche couleur. Je ne veux qu'une robe légère, relevée par une étroite ceinture. Détachez ce collier, débarrassez mes oreilles de ces perles, riches dépouilles des mers de l'Inde. Cessez de répandre sur mes cheveux ces parfums d'Assyrie. Je veux qu'ils tombent épars sur mes épaules, et que , soulevés par ma course rapide , ils flottent au gré des vents. Ma main gauche portera le carquois ; de l'autre je lancerai les javelots de Thessalie. Telle était la mère du rigide Hippolyte ; telle était cette fille du Tanaïs ou des Méotides, lorsque, sortant des climats glacés de l'Euxin, elle parut dans les champs de l'Attique, à la tête de ses guerrières redoutables. Ses cheveux, rattachés par un simple nœud , retombaient sur ses épaules ; et son flanc n'était défendu que par un bouclier en forme de croissant. C'est ainsi que je veux parcourir les forêts.

La nour. (à elle-même). Cessons nos plaintes ; elles ne soulagent point les malheureux. Tâchons plutôt de nous rendre propice la vierge auguste qui se plaît dans les bois.

Reine des bois, qui seule entre les immortels te plais sur les montagnes, et la seule aussi te vois adorée sur leurs cimes désertes, détourne les sinistres présages qui nous menacent ! O déesse puissante, dont la majesté remplit les forêts ; astre brillant du ciel, ornement de la nuit ; vous dont le flambeau remplace au ciel celui du soleil ; triple Hécate, fa-

---

Veteres cedunt ignibus iræ.
Quid plura canam ? vincit sævas   355
    Cura novercas.

ACTUS SECUNDUS.

CHORUS, NUTRIX, PHÆDRA.

Chor. Altrix, profare, quid feras ? quonam in loco est
Regina ? sævis ecquis est flammis modus ?
Nutr. Spes nulla, tantum posse leniri malum ;   360
Finisque flammis nullus insanis erit.
Torretur æstu tacito , et inclusus quoque,
Quamvis tegatur, prodit ur vultu furor.
Erumpit oculis ignis , et lapsæ genæ
Lucem recusant. Nil idem dubiæ placet ;   365
Artusque varie jactat incertus dolor.
Nunc ut soluto labitur moriens gradu ,
Et vix labante sustinet collo caput ;
Nunc se quieti reddit, et somni immemor
Noctem querelis ducit ; attolli jubet ,   370
Iterumque poni corpus ; et solvi comas ;
Rursusque fingi : semper impatiens sui ,
Mutatur habitus ; nulla jam Cereris subit
Cura , aut salutis ; vadit incerto pede ,
Jam viribus defecta : non idem vigor,   375
Non ora tingens nivea purpureus rubor.
Populatur artus cura : jam gressus tremunt ;
Tenerque nitidi corporis cecidit decor.
Et qui ferebant signa Phœbeæ facis,
Oculi nihil gentile nec patrium micant.   380
Lacrimæ cadunt per ora , et assiduo genæ

Rore irrigantur : qualiter Tauri jugis
Tepido madescunt imbre percussæ nives.
Sed, en, patescunt regiæ fastigia :
Reclivis ipsa sedis auratæ toro ,   385
Solitos amictus mente non sana abnuit.
Ph. Removete , famulæ, purpura atque auro illitas
Vestes : procul sit muricis Tyrii rubor,
Quæ fila ramis ultimi Seres legunt :
Brevis expeditos zona constringat sinus.   390
Cervix monili vacua ; nec nivens lapis
Deducat aures , Indici donum maris.
Odore crinis sparsus Assyrio vacet :
Sic temere jactæ colla perfundant comæ
Humerosque summos ; cursibus motæ citis   395
Ventos sequantur : læva se pharetræ dabit ;
Hastile vibret dextra Thessalicum manus.
Talis erat mater Hippolyti fuit.
Qualis , relictis frigidi ponti plagis,
Egit catervas , Atticum pulsans solum ,   400
Tanaitis , aut Mæotis, et nodo comas
Coegit emisitque , lunata latus
Protecta pelta ; talis in silvas ferar.
Nutr. Sepone questus : non levat miseros dolor.
Agreste placa virginis numen deæ.   405
Regina nemorum , sola quæ montes colis ,
Et una solis montibus coleris dea ,
Converte tristes ominum in melius minas.
O magna silvas inter et lucos 'dea,
Clarumque cœli sidus , et noctis decus,   410
Cujus relucet mundus alterna face,
Hecate triformis, en ades cœptis favens,
Animum rigentem tristis Hippolyti doma.

vorisez notre entréprise ! Domptez le cœur rebelle du sauvage Hippolyte ; qu'il apprenne à aimer, à brûler d'une ardeur mutuelle, et qu'il entende nos soupirs ; apprivoisez ce cœur farouche : qu'il tombe dans les piéges de l'amour, et qu'enfin ce superbe, cet insensible, ce sauvage, subisse les lois de Vénus. Employez à ce changement toute votre puissance. Pour prix d'un tel bienfait, puissiez-vous, toujours brillante et radieuse, percer par votre éclat l'obscurité des nuages ! Que les enchantements de la Thessalie ne vous obligent jamais à descendre des cieux où vous promenez le flambeau des nuits, et que jamais aucun berger ne puisse se glorifier de vos faveurs ! Oui, vous accueillez nos prières, vous secondez nos désirs. Je vois Hippolyte ; il s'approche avec respect de votre autel sacré ; il est seul ! Pourquoi balancer ? Le temps, le lieu sont favorables ; usons d'adresse. Eh quoi ! je tremble ! Qu'on a de peine à se rendre coupable pour un autre ! mais quand on s'est mis dans la dépendance des rois, on doit renoncer à toute justice, bannir de son cœur tout sentiment honnête. Qui craint de rougir les sert mal.

HIPPOLYTE, LA NOURRICE.

Hip. Dans quel dessein portez-vous ici vos pas appesantis par l'âge, ô nourrice fidèle ? Pourquoi ces regards tristes et ce visage abattu ? Nous n'avons rien à craindre pour mon père, pour Phèdre, ni pour les deux gages de son hymen.

La nour. Ne craignez rien. L'État est prospère. Mais vous, sachez jouir du sort heureux qui s'offre à vous. C'est avec chagrin que je vous vois vous imposer une existence si pénible. Quand on souffre par nécessité, on n'est pas digne de blâme. Mais aller au-devant de la peine, devenir son propre bourreau, c'est mériter de perdre des biens dont on ne sait pas faire usage. Songez à votre âge ; ouvrez votre âme au plaisir. Marchez à la clarté d'un flambeau pendant ces nuits consacrées à la joie ; que Bacchus dissipe vos ennuis ; jouissez de la jeunesse, douces années qui passent trop vite. Le cœur est tendre alors ; c'est le temps de l'amour. Que vos sens se réveillent. Pourquoi ces nuits solitaires ? L'austérité sied mal aux jeunes gens. Hâtez-vous, et livrez-vous sans réserve aux jouissances. Un dieu a tracé les goûts et les devoirs de chaque âge ; il a mis la gaieté sur le front du jeune homme, l'austérité sur celui du vieillard. Pourquoi vous contraindre, et étouffer des penchants de nature ? La moisson qui doit combler le vœu du laboureur est celle qui montra d'abord un luxe de végétation. L'arbre livré à lui-même, et dont le fer jaloux n'a pas arrêté l'essor, élèvera un jour au-dessus de la forêt sa cime orgueilleuse. L'âme est plus portée aux belles choses quand elle a commencé par se nourrir du suc de la liberté.

Toujours farouche et sauvage, ignorant les douceurs de la vie, rebelle à Vénus, vous passez vos plus beaux jours dans la tristesse ; et l'homme n'est né, suivant vous, que pour endurer les fatigues, dompter et lancer des coursiers, affronter les hasards de la guerre. Le père de la nature, effrayé des ravages affreux de la mort, a donné au genre humain le moyen de réparer ses pertes. Bannissez Vénus de la société des mortels, bientôt elle va se trouver épuisée ; le monde va devenir une triste et affreuse solitude, la mer ne sera plus sillonnée par les vaisseaux ; adieu les peuplades de l'air ; adieu les hôtes des bois. Le vent seul régnera sur le vide immense.

Combien de genres de mort attaquent et moisson-

Amare discat, mutuos ignes ferat ;
Det facilis aures ; mitiga pectus ferum ;   415
Innecte mentem : torvus, aversus, ferox,
In jura Veneris redeat : huc vires tuas
Intende. Sic te lucidi vultus ferant,
Et nube rupta cornibus puris eas.
Sic te, regentem frena nocturni ætheris,   420
Detrahere nunquam Thessali cantus queant ;
Nullusque de te gloriam pastor ferat.
Ades invocata. Jam faves votis, dea.
Ipsum intuor solemne venerantem sacrum,
Nullo latus comitante. Quid dubitas ? dedit   425
Tempus locumque casus : utendum artibus.   •
Trepidamus ? haud est facile mandatum scelus
Audere : verum justa, qui reges timet,
Deponat ; omne pellat ex animo decus.
Malus est minister regii imperii pudor.   430

HIPPOLYTUS, NUTRIX.

Hipp. Quid huc seniles fessa moliris gradus,
O fida nutrix, turbidam frontem gerens,
Et mœsta vultus ? sospes est certe parens,
Sospesque Phædra, stirpis et geminæ jugum.
Nutr. Metus remitte : prospero regnum in statu est.   435
Domusque florens sorte felici viget.
Sed tu beatis mitior rebus veni :
Namque anxiam me cura sollicitat tui,
Quod te ipse pœnis gravibus infestus domas.
Quem fata cogunt, ille cum venia est miser ;   440
At si quis ultro se malis offert volens,
Seque ipse torquet, perdere est dignus bona,
Queis nescit uti. Potius annorum memor

Mentem relaxa : noctibus festis facem
Attolle : curas Bacchus exoneret graves.   445
Ætate fruere : mobili cursu fugit.
Nunc facile pectus, grata nunc juveni Venus ;
Exsultet animus : cur toro viduo jaces ?
Tristem juventam solve ; nunc luxus rape ;
Effunde habenas : optimos vitæ dies   450
Effluere prohibe. Propria descripsit deus
Officia, et ævum per suos ducit gradus.
Lætitia juvenem, frons decet tristis senem.
Quid te coerces, et necas rectam indolem ?
Seges illa magnum fœnus agricolæ dabit,   455
Quæcumque lætis tenera luxuriat satis :
Arborque celso vertice evincet nemus,
Quam non maligna cædit, aut resecat manus.
Ingenia melius recta se in laudes ferunt,
Si nobilem animum vegeta libertas alit.   460
Truculentus, et silvester, et vitæ inscius,
Tristem juventam Venere deserta colis.
Hoc esse munus credis indictum viris,
Ut dura tolerent ? cursibus domitent equos,
Et sæva bella Marte sanguineo gerant ?   465
Providit ille maximus mundi parens,
Quum tam rapaces cerneret fati manus,
Ut damna semper sobole repararet nova.
Excedat, agedum, rebus humanis Venus,
Quæ supplet ac restituit exhaustum genus ;   470
Orbis jacebit squallido turpis situ ;
Vacuum sine ullis classibus stabit mare ;
Alesque cælo deerit, et silvis fera ;
Solis et aer pervius ventis erit.
Quam varia leti genera mortalem trahunt   475

nent la race humaine! Les flots, le fer, le poison! Mais, sans parler de ces accidents, une force irrésistible nous entraîne aux sombres bords. Que toute la jeunesse se voue au stérile célibat, toute la race humaine, restreinte à la durée d'une génération, va s'anéantir pour jamais. Changez donc de manière de vivre, et, docile à la voix de la nature, demeurez à la ville, et recherchez la société de vos semblables.

Hip. Il n'y a point d'existence plus libre, plus innocente, plus conforme à celle des premiers hommes, que de vivre loin des villes, au milieu des forêts. L'homme vertueux qui ne se plaît qu'au milieu des montagnes ne connaît pas la soif ardente des richesses, la faveur du peuple, les caprices du vulgaire toujours injuste envers la vertu, ni le poison de l'envie, ni les chimères de l'ambition. Il n'est ni l'esclave ni le rival des rois, il ne court point après de vains honneurs et une puissance passagère; aussi n'est-il agité ni par l'espoir, ni par la crainte. Il n'a pas à redouter les morsures envenimées de l'envie. Les crimes, qui naissent au sein des cités populeuses en'approchent pas de sa demeure; exempt de remords, il ne s'alarme pas au moindre bruit; il ne se sert point de paroles trompeuses. Il n'a point de palais soutenu sur d'innombrables colonnes; chez lui l'or ne brille pas sur des lambris fastueux. On ne le voit pas inonder de sang les autels des dieux, ni, répandant l'orge sacrée sur le front des victimes, présenter cent taureaux blancs aux couteaux des sacrificateurs. Mais il erre en paix dans de vastes plaines, sous un ciel libre et pur. Il ne sait tendre des pièges qu'aux habitants des bois, et, après un exercice pénible, il rafraîchit son corps fatigué dans les eaux argentées de l'Ilissus. Tantôt il suit les rives du rapide Alphée, tantôt il parcourt les forêts élevées et touffues où la froide Lerna épanche ses eaux pures comme le cristal. Il change de retraite à son gré. Il entend gazouiller les oiseaux, frémir le feuillage, murmurer les hêtres antiques agités par les vents. Il aime à suivre les détours d'une eau qui serpente, à goûter un doux sommeil sur un simple lit de verdure, soit au bord d'une fontaine qui verse une onde abondante et rapide, soit près d'un ruisseau qui rase en murmurant ses bords émaillés de fleurs. Les fruits sauvages, tombés des arbres qu'il ébranle, apaisent sa faim; les fraises, cueillies parmi les buissons, lui offrent une nourriture facile. Ah! que je hais le luxe des rois! Ils ne boivent qu'en tremblant dans leurs coupes d'or, ces mortels superbes... Ne vaut-il pas mieux puiser une eau pure avec sa main dans le cristal des fontaines? On goûte avec plus de sécurité les douceurs du sommeil sur un lit grossier. Bien différent du pervers qui, caché dans sa retraite, médite, comme au fond d'un antre, ses sinistres projets; qui s'enferme, se craignant lui-même dans une impénétrable demeure; l'homme innocent recherche la clarté du jour, et vit à la face du ciel. Telle était sans doute la vie de ces héros des premiers âges, formés du sang des dieux. Alors l'aveugle cupidité était inconnue; nulle pierre sacrée ne divisait les champs et ne servait de limite entre les peuples. Les vaisseaux hardis n'avaient pas encore affronté les mers lointaines; on ne côtoyait que les rivages voisins. L'enceinte des villes n'était pas défendue par de vastes remparts et des tours nombreuses. Le soldat n'armait pas sa main d'un fer meurtrier, et des rochers énormes lancés par la baliste ne brisaient pas encore les portes des cités. Des bœufs attelés au joug ne forçaient pas une terre esclave à répondre aux vœux d'un maître exigeant; féconde par elle-même, elle nourrissait les hommes; qui ne lui demandaient rien. Les bois leur offraient des aliments tout préparés, et des autres obscurs, des demeures toutes faites. Mais cette douce paix s'enfuit

Carpuntque turbam; pontus, et ferrum, et doli!
Sed fata credas deesse, sic atram Styga
Jam petimus ultro. Cælibem vitam probet
Sterilis juventus; hoc erit, quidquid vides,
Unius ævi turba, et in semet ruet.   480
Proinde vitæ sequere naturam ducem;
Urbem frequenta, civium cœtus cole.
Hipp. Non alia magis est libera, et vitio carens,
Ritusque melius vita quæ priscos colat,
Quam quæ relictis mœnibus silvas amat.   485
Non illum avaræ mentis inflammat furor,
Qui se dicavit montium insontem jugis:
Non aura populi, et vulgus infidum bonis,
Non pestilens invidia, non fragilis favor.
Non ille regno servit; aut regno imminens,   490
Vanos honores sequitur, aut fluxas opes,
Spei metusque liber; haud illum niger
Edaxque livor dente degeneri petit.
Nec scelera populos inter atque urbes sita
Novit; nec omnes conscius strepitus pavet.   495
Haud verba fingit: mille non quærit tegi
Dives columnis; nec trabes multo insolens
Suffigit auro: non cruor largus pias
Inundat aras; fruge nec sparsi sacra
Centena nivei colla submittunt boves.   500
Sed rure vacuo potitur, et aperto æthere
Innocuus errat. Callidas tantum feris
Struxisse fraudes novit; et fessus gravi
Labore, niveo corpus Ilisso fovet.
Nunc ille ripam celeris Alphei legit: 505

Nunc nemoris alti densa metatur loca,
Ubi Lerna puro gelida pellucet vado;
Sedemque mutat: hic aves querulæ fremunt,
Ramique ventis lene percussi tremunt.
Veteresque fagi. Juvit aut amnis vagi   510
Pressisse ripas, cespite aut nudo leves
Duxisse somnos; sive fons largus citas
Defundit undas; sive per flores novos
Fugiente dulcis murmurat rivo sonus.
Excussa silvis poma compescunt famem: 515
Et fraga, parvis vulsa dumetis, cibos
Faciles ministrant; regios luxus procul
Est impetus fugisse. Sollicito bibant
Auro superbi: quam juvat nuda manu
Captasse fontem! certior somnus premit   520
Secura duro membra versantem toro.
Non in recessu furta et obscuro improbus
Quærit cubili, seque multiplici timens
Domo recondit; æthera ac lucem petit
Et teste cœlo vivit. Hoc equidem reor   525
Vixisse dulci, prima quos mixtos deis
Profudit ætas: nullus his auri fuit
Cæcus cupido: nullus in campo sacer
Divisit agros arbiter populis lapis.
Nondum secabant credulæ pontum rates: 530
Sua quisque norat maria; non vasto aggere
Crebraque turre cinxerant urbes latus.
Non arma sæva miles aptabat manu;
Nec torta clusas fregerat saxo gravi
Balista portas; jussa nec dominum pati   535

devant l'intérêt barbare, la colère impétueuse, et l'ambition qui trouble et embrase les cœurs. Bientôt naquit la soif cruelle du pouvoir. Le faible devint la proie du plus fort : la violence fit le droit. D'abord les mortels n'eurent d'autres armes que leurs mains; puis ils se servirent de pierres et de branches non façonnées. Ils n'armaient pas d'une pointe de fer une flèche de cornouiller; ils ne suspendaient point une longue épée à leurs flancs, ne couvraient point leurs têtes d'un casque ombragé d'aigrettes flottantes. Le bras irrité se faisait arme de tout.

Bientôt le dieu des combats leur enseigna son art cruel, et mille moyens de se détruire. La terre se souilla de carnage, la mer se rougit de sang. Alors ce fut un débordement. Plus de famille exempte de crime; plus de forfait qui n'eût son type. Le frère est égorgé par le frère, le père par son fils, le mari par sa femme. Des mères dénaturées poignardèrent leurs enfants. Je ne parle pas des marâtres : auprès de leurs fureurs les monstres des bois sont doux. Les femmes sont la source de tous les maux; ce sont elles qui trament les forfaits, et y poussent les âmes; elles dont les amours incestueux ont livré tant de villes aux flammes, excité la guerre entre tant de nations, et enseveli tant de peuples sous les débris de leurs cités. Pour n'en citer qu'une seule, l'épouse d'Égée, Médée suffit pour rendre tout son sexe odieux.

La nour. Pourquoi du crime d'une femme faire une accusation contre tout son sexe?

Hip. Je les hais, je les abhorre toutes; je les fuis, je les exècre. Soit raison, instinct ou fureur, je me complais dans mon aversion. Et l'on verra l'eau mêlée avec la flamme, les vaisseaux en sûreté au milieu des sirtes mouvantes, le soleil sortant de la mer

d'Hespérie, le loup lécher le daim d'une langue caressante, avant qu'on puisse fléchir la haine que je porte aux femmes.

La nour. Souvent l'amour a triomphé des cœurs les plus rebelles, et pris la place de la haine : témoin l'empire de votre mère. Ces guerrières farouches subissent pourtant le joug de Vénus. Vous en êtes la preuve vivante, vous, le seul de votre sexe qu'elles aient élevé.

Hip. Ce qui me console de la perte de ma mère, c'est que je puis maintenant haïr toutes les femmes.

La nour. Semblable au roc qui, battu par les flots, résiste à leurs efforts et les repousse au loin sans en être ébranlé, l'insensible méprise mes discours. Mais Phèdre impatiente s'avance à pas précipités. Que va-t-il arriver? Où va l'emporter son délire? Mais la force l'abandonne, elle tombe évanouie; la pâleur de la mort couvre son visage. Ouvrez les yeux, ô vous que j'ai nourrie! reprenez l'usage de la voix. C'est votre cher Hippolyte lui-même qui vous soutient entre ses bras.

PHÈDRE, HIPPOLYTE, LA NOURRICE, SUITE D'HIPPOLYTE.

Phè. Qui me rappelle à la vie ou plutôt à mes douleurs? Pourquoi rouvrir mon âme aux angoisses qui la déchirent? J'étais heureuse d'avoir perdu le sentiment. (*Elle reconnaît Hippolyte.*) (*Bas.*) Mais pourquoi refuser la douce lumière qui m'est rendue? Allons, courage! Plaidons nous-mêmes notre cause avec assurance. Une prière timide appelle un refus. J'ai déjà consommé en grande partie mon crime; il n'est plus temps de rougir. Mon amour est criminel; mais s'il est partagé, un nœud légitime peut couvrir ma faute. Il est des attentats que le

---

Juncto ferebat terra servitium bove :
Sed arva per se fœta poscentes nihil
Pavere gentes : silva nativas opes,
Et opaca dederant antra nativas domos.
Rupere fœdus impius lucri furor,   540
Et ira præceps; quæque succensas agit
Libido mentes : venit imperii sitis
Cruenta : factus præda majori minor.
Pro jure vires esse; tum primum manu
Bellare nuda; saxaque et ramos rudes   545
Vertere in arma : non erat gracili levis
Armata ferro cornus; aut longo latus
Mucrone cingens ensis; aut crista procul
Galeæ comantes : tela faciebat dolor.
Invenit artes bellicus Mavors novas,   550
Et mille formas mortis : hinc terras cruor
Infecit omnes fusus, et rubuit mare.
Tum scelera, demto fine, per cunctas domos
Iere : nullam caruit exemplo nefas.
A fratre frater, dextera nati parens   555
Cecidit, maritus conjugis ferro jacet,
Perimuntque fœtus impiæ matres suos.
Taceo novercas : mitius nil est feris.
Sed dux malorum femina. Hæc scelerum artifex
Obsedit animos; cujus incestæ stupris   560
Fumant tot urbes, bella tot gentes gerunt,
Et versa ab imo regna tot populos premunt.
Sileantur aliæ : sola conjux Ægei
Medea reddit feminas dirum genus.
Nutr. Cur omnium fit culpa paucarum scelus?   565
Hipp. Detestor omnes, horreo, fugio, exsecror.
Sit ratio, sit natura, sit dirus furor

Odisse placuit. Ignibus junges aquas;
Et amica ratibus ante promittet vada
Incerta syrtis, ante ab extremo sinu   570
Hesperia Tethys lucidum attollet diem;
Et ora damis blanda præhebunt lupi;
Quam victus animum feminæ mitem geram.
Nutr. Sæpe obstinatis induit frenos amor,
Et odia mutat. Regna materna aspice   575
Illæ feroces sentiunt Veneris jugum.
Testaris istud unicus gentis puer.
Hipp. Solamen unum matris amissæ fero,
Odisse quod jam feminas omnes licet.
Nutr. Ut dura cautes undique intractabilis   580
Resistit undis, et lacessentes aquas
Longe remittit, verba sic spernit mea.
Sed Phædra præceps graditur, impatiens moræ.
Quo se dabit fortuna? quo verget furor?
Terræ repente corpus exanimum accidit,   585
Et ora morti similis obduxit color.
Attolle vultus, dimove vocis moras :
Tuus en, alumna, temet Hippolytus tenet.

PHÆDRA, HIPPOLYTUS, NUTRIX, FAMULI.

Ph. Quis me dolori reddit, atque æstus graves
Reponit animo? quam bene excideram mihi?   590
Cur dulce munus redditæ lucis fugis?
Aude, anime, tenta, perage mandatum tuum;
Intrepida constent verba : qui timide rogat,
Docet negare. Magna pars sceleris mei
Olim peracta est : serus est nobis pudor.   595
Amavimus nefanda : si cœpta exsequor,

succès justifie. Il faut rompre le silence. Je voudrais vous parler quelques instants sans témoins : faites, je vous prie, éloigner votre suite.

Hip. Parlez, nous sommes seuls.

Phé. Je le voudrais, mais la voix expire sur mes lèvres. Un puissant intérêt me force à parler, un plus puissant me retient. Dieux, je vous prends à témoin que ce que je demande, je l'ai en horreur.

Hip. Se peut-il que la langue se refuse à exprimer ce que nous voulons dire?

Phé. Les peines légères sont éloquentes, les grandes douleurs sont muettes.

Hip. O ma mère, confiez-moi vos chagrins.

Phé. Ce titre de mère est trop sérieux, trop imposant; un nom plus modeste conviendrait mieux à ce que j'éprouve. Hippolyte, appelez-moi votre sœur ou votre esclave; oui, votre esclave, car je recevrais vos ordres avec joie. Commandez, et je cours à travers la neige épaisse, je franchis les sommets glacés du Pinde. Je braverais pour vous le fer et la flamme, et je présenterais mon sein aux épées menaçantes. Recevez ce sceptre qui m'a été confié; comptez-moi au nombre de vos sujets. C'est à vous de commander, à moi d'obéir. Gouverner un État est un soin trop pesant pour une femme; c'est à vous, qui êtes dans la force de la jeunesse, de diriger d'une main ferme le royaume paternel. Je ne vous demande que de protéger une suppliante, une infortunée qui se jette entre vos bras, et qui n'a plus d'époux.

Hip. Puisse le souverain des dieux éloigner ce présage! mon père sera bientôt de retour.

Phé. Le roi du sombre empire, l'avare Pluton ne lâche point sa proie, et c'est sans retour que l'on franchit le Styx. Et vous pensez qu'il laisserait échapper le ravisseur de son épouse? Pluton, indulgent à ce point pour les fautes que l'amour fait commettre!

Hip. Les divinités propices du ciel le rendront à notre amour : mais, en attendant que nos vœux soient accomplis, j'aurai pour vos fils la tendresse que je dois à mes frères; mes soins vous convaincront que vous n'êtes pas veuve; enfin, je tiendrai auprès de vous la place de mon père.

Phé. O crédules amants! ô trompeur amour, en a-t-il dit assez? L'ai-je bien entendu? achevons de le toucher par mes prières. Ayez pitié de mon embarras; comprenez mes vœux secrets, mon silence. Je veux parler, et je n'ose.

Hip. Quel mal étrange vous agite?

Phé. Un mal que les marâtres ne connaissent guère.

Hip. Le sens de ces mots m'échappe. Parlez plus clairement.

Phé. Le feu dévorant de l'amour bouillonne dans mon sein; mon cœur est en proie à toute la violence de l'amour. Cette ardeur cruelle a pénétré jusqu'au fond de mon sein; elle consume mes entrailles, elle pénètre dans mes veines, comme la flamme rapide se répand dans un édifice et en dévore toutes les parties.

Hip. C'est l'effet du chaste amour dont vous brûlez pour Thésée.

Phé. Oui, Hippolyte, je brûle pour Thésée : j'aime sa beauté, cette beauté dont brillait sa première jeunesse, lorsqu'un léger duvet couvrait à peine ses joues; lorsqu'il osa porter ses pas dans le labyrinthe du monstre de la Crète, et qu'à l'aide d'un fil il en sortit vainqueur. Quelle grâce dans ces cheveux serrés d'une simple bandelette! un vif incarnat colorait son aimable visage; son jeune bras annonçait déjà la vigueur d'un héros. Il était semblable à Diane, votre divinité, à Phébus, mon aïeul, ou plutôt à vous-même. Oui, tel il parut, lorsqu'il sut plaire même à son ennemi. Il avait votre noble maintien; mais ce costume plus simple relève

---

Forsan jugali crimen abscondam face.
Honesta quædam scelera successus facit.
En, incipe, anime. Commodes paulum, precor,
Secretus aures : si quis est, abeat, comes.   600
Hipp. En, locus ab omni liber arbitrio vacat.
Ph. Sed ora cœptis transitu verbis negant.
Vis magna vocem emittit, at major tenet.
Vos testor omnes, cælites, hoc, quod volo,
Me nolle.   605
Hipp. Animusne cupiens aliquid effari nequit?
Ph. Curæ leves loquuntur, ingentes stupent.
Hipp. Committe curas auribus, mater, meis.
Ph. Matris superbum est nomen, et nimium potens.
Nostros humilius nomen affectus decet.   610
Me vel sororem, Hippolyte, vel famulam voca :
Famulamque potius : omne servitium feram.
Non me, per altas ire si jubeas nives,
Pigeat gelatis ingredi Pindi jugis;
Non, si per ignes ire et infesta agmina   615
Cuncter paratis ensibus pectus dare.
Mandata recipe sceptra; me famulam accipe.
Te imperia regere, me decet jussa exsequi.
Muliebre non est regna tutari urbium.
Tu, qui juventæ flore primævo viges,   620
Cives paterno fortis imperio rege.
Sinu receptam, supplicem, ac servam tege.
Miserere viduæ. *Hipp.* Summum hoc omen deus
Avertat : aderit sospes actutum parens.
Ph. Regni tenacis dominus et tacitæ Stygis,   625
Nullam relictos fecit ad superos viam.

Thalami remittet ille raptorem sui?
Nisi forte amori placidus et Pluton sedet.
Hipp. Illum quidem æqui cælites reducem dabunt.
Sed, dum tenebit vota in incerto deus,   630
Pietate caros debita fratres colam,
Et te merebor esse ne viduam putes;
Ac tibi parentis ipse supplebo locum.
Ph. O spes amantum credula! o fallax amor!   635
Satisne dixit? precibus admotis agam.
Miserere : tacitæ mentis exaudi preces.
Libet loqui, pigetque. *Hipp.* Quodnam istud malum est?
Ph. Quod in novercam cadere vix credas malum.
Hipp. Ambigua voce verba perplexa jacis;   640
Efface aperte. *Ph.* Pectus insanum vapor
Amorque torret : intimas sævus vorat
Penitus medullas, atque per venas meat
Visceribus ignis mersus et venis latens,
Ut agilis altas flamma percurrit trabes.   645
Hipp. Amore nempe Thesei casto furis.
Ph. Hippolyte, sic est : Thesei vultus amo
Illos priores, quos tulit quondam puer;
Quum prima puras barba signaret genas,
Monstrique cæcam Gnossii vidit domum,   650
Et longa curva fila collegit via.
Quis tum ille fulsit! presserant vittæ comam
Et ora flavus tenera tingebat rubor :
Inerant lacertis mollibus fortes tori :
Tuæve Phœbes vultus, aut Phœbi mei;   655
Tuusve potius : talis, en, talis fuit,
Quum placuit hosti : sic tulit celsum caput.

encore votre beauté. A tout ce qui charmait dans votre père, vous joignez les grâces un peu sauvages de votre mère; c'est la beauté du jeune Grec relevée par la fierté un peu farouche d'une Amazone.

Ah! si vous eussiez suivi votre père sur les mers de la Crète, c'est à vous que ma sœur eût remis le fil sauveur. O ma sœur, en quelque partie du ciel que tu brilles, favorise une ardeur semblable à la tienne. Nous avons trouvé notre vainqueur dans la même famille. Le fils m'inspire l'amour que tu ressentis pour le père. Vous voyez, vous voyez à vos pieds la fille d'un roi puissant. Jusqu'aujourd'hui innocente et pure, c'est pour vous seul que je trahis mes devoirs. C'en est fait, ma résolution est prise, vous avez entendu ma prière. Ce jour terminera ou ma peine ou ma vie. Oh! prenez pitié d'une infortunée qui vous aime.

Hip. O puissant roi des dieux, tu peux entendre et voir sans horreur de pareils forfaits? Pour qui donc réserves-tu tes foudres, s'ils reposent aujourd'hui? Tonne de toutes les parties du ciel; que de sombres nuages nous dérobent le jour; que les astres reculent d'épouvante. Et toi, astre éclatant de la lumière, seras-tu témoin des crimes de ta famille? Cache-nous ton flambeau, et plonge-toi dans les ténèbres. Eh quoi! souverain des dieux et des hommes, ta main reste oisive; la foudre n'a pas sillonné les airs? Fais tomber sur moi ton tonnerre; que je sois percé, consumé par tes traits rapides. Je suis coupable, j'ai mérité la mort. J'ai inspiré de l'amour à la femme de mon père; elle m'a cru capable de partager sa flamme impure. Quoi! c'est moi que vous vous étiez flattée de séduire? Est-ce mon aversion pour votre sexe qui m'a valu cette préférence? O la plus criminelle de toutes les fem-

mes, votre perversité surpasse celle de votre mère, et votre crime est plus grand que le sien. Elle a donné la vie à un monstre, elle s'est souillée par un adultère; mais sa faute, longtemps ignorée, ne fut découverte que lorsqu'elle eut mis au monde le fruit monstrueux de ses amours. La naissance de ce fils mugissant révéla seule les égarements de sa mère. Ah! voilà bien le sein qui devait porter une telle fille! O mille fois heureux ceux qui ont péri victimes de la haine ou de la perfidie! O mon père, j'envie votre sort. Votre marâtre de Colchide fut moins barbare que la mienne : elle n'en voulait qu'à vos jours.

Phé. Je sais la fatalité attachée à notre race : aimer ce que nous devrions fuir. Mais je ne suis plus maîtresse de moi. Je te suivrai partout, à travers les flammes, la mer furieuse, les rochers et les torrents impétueux. C'en est fait, je m'attache à tes pas. Homme superbe, je tombe encore à tes pieds.

Hip. Arrêtez! gardez-vous de porter sur moi vos mains impures. Mais que vois-je? elle veut me saisir dans ses bras. Tirons mon épée; punissons, comme elle le mérite, cette femme audacieuse. C'en est fait, ma main gauche a saisi ses cheveux, et renversé sa tête en arrière. O chaste Diane, jamais sang ne fut plus justement répandu sur tes autels.

Phé. Hippolyte, tu combles tous mes vœux, tu calmes ma fureur. Mourir de ta main, sans avoir trahi mes devoirs, c'est plus que je n'osais espérer.

Hip. Non, retirez-vous, vivez. Vous n'obtiendrez rien de moi. Et ce fer même que vous avez touché me souillerait si je le portais encore. Que ne puisje me plonger dans les eaux du Tanaïs ou dans celles du Méotide qui se décharge dans la mer de Bithy-

In te magis refulget incomptus decor,
Est genitor in te totus : et torvæ tamen
Pars aliqua matris miscet ex æquo decus.
In ore Graio Scythicus apparet rigor.   660
Si cùm parente Creticum intrasses fretum,
Tibi fila potius nostra nevisset soror.
Te, te, soror, quacumque siderei poli
In parte fulges, invoco ad causam parem.
Domus sorores una corripuit duas;   665
Te genitor, at me natus. En, supplex jacet
Allapsa genubus regiæ proles domus.
Respersa labe nulla, et intacta, innocens,
Tibi mutor uni : certa descendi ad preces.
Finem hic dolori faciet, aut vitæ dies.   670
Miserere amantis. *Hipp.* Magne regnator deûm,
Tam lentus audis scelera? tam lentus vides?
Ecquándo sæva fulmen emittes manu,
Si nunc serenum est? omnis impulsus ruat
Æther, et atris nubibus condat diem;   675
Ac versa retro sidera obliquos agant
Retorta cursus : tuque sidereum caput
Radiate, tantumne nefas stirpis tuæ
Speculere? lucem merge, et in tenebras fuge.
Cur dextra, divùm rector atque hominum, vacat   680
Tua, nec trisulca mundus ardescit face?
In me tona; me fige; me velox cremet
Transactus ignis : sum nocens; merui mori.
Placui novercæ : dignus en stupris ego
Scelereque tanto visus? ego solus tibi   685
Materia facilis? hoc meus meruit rigor?
O scelere vincens omne femineum genus!

SÉNÈQUE.

O majus ausa matre monstrifera malum,
Genitrice pejor! illa se tantum stupro
Contaminavit, et tamen tacitum diu   690
Crimen biformi partus exhibuit nota,
Scelusque matris arguit vultu truci
Ambiguus infans : ille te venter tulit.
O ter quaterque prospero fato dati,
Quos hausit, et peremit, et leto dedit   695
Odium, dolusque! Genitor, invideo tibi.
Colchide noverca majus hoc, majus malum est.
Ph. Et ipsa nostræ fata cognosco domus :
Fugienda petimus : sed mei non sum potens.
Te vel per ignes, per mare insanum sequar,   700
Rupesque, et amnes, unda quos torrens rapit.
Quacumque gressus tuleris, hac amens agar.
Iterum, superbe, genubus advolvor tuis.
Hipp. Procul impudicos corpore a casto amove
Tactus : quid hoc? etiam in amplexus ruit?   705
Stringatur ensis : merita supplicia exigat.
En, impudicum crine contorto caput
Læva reflexi : justior numquam focis
Datus tuis est sanguis, arcitenens dea.
Ph. Hippolyte, nunc me compotem voti facis.   710
Sanas furentem : majus hoc voto meo est,
Salvo ut pudore manibus immoriar tuis.
Hipp. Abscede : vive : ne quid exores; et hic
Contactus ensis deserat castum latus.
Quis eluet me Tanaïs? aut quæ barbaris   715
Mæotis undis Pontico incumbens mari?
Non ipse toto magnus Oceano pater
Tantum expiarit sceleris : o silvæ! o feræ!

nie! l'Océan tout entier ne pourrait effacer une telle souillure. O forêts, ô monstres des bois!

La nour. Il est maître du fatal secret, et je reste interdite et confuse. Il vous accuserait; prévenons-le, en l'accusant lui-même d'un amour incestueux. Voilons un crime par un autre crime. Le plus sûr pour celui qui craint, c'est de porter les premiers coups. Le crime n'a pas eu de témoin : on ignore si nous en sommes les auteurs ou les victimes. Au secours, Athéniens! accourez, serviteurs fidèles. Hippolyte emploie la violence pour assouvir une passion criminelle; il presse la reine de se rendre à ses désirs criminels; et, pour vaincre sa vertueuse résistance, le fer à la main, il menace de la tuer. Le voilà qui s'échappe; mais dans sa fuite précipitée il a laissé son épée. Je garde cette preuve certaine de ses violences. Calmez d'abord le trouble de la reine. Mais ne relevez point ses cheveux en désordre; qu'ils restent comme la preuve d'un si grand attentat. Qu'on la transporte à la ville. Et vous, ô ma chère maîtresse, reprenez vos sens. Pourquoi, vous déchirant le sein, fuyez-vous les regards? C'est la volonté, et non une violence inévitable, qui rend une femme criminelle.

LE CHOEUR.

Il a fui comme l'orage impétueux, plus rapide que le Corus qui assemble les nuages, plus rapide que ces étoiles qui, poussées par le vent, traversent les airs, laissant derrière elles un long sillon de lumière. Que la renommée, admiratrice des vieux âges, compare avec vous, Hippolyte, ce que l'antiquité eut jamais de plus rare : votre beauté brille comme celle de Phébé dans le ciel, lorsqu'ayant arrondi son disque, elle paraît dans tout son éclat,

et que du haut de son char rapide elle répand sa vive clarté, et fait pâlir les étoiles devant elle. Vous ressemblez à cet astre, avant-coureur de la nuit, qui tantôt, sortant du sein des flots sous le nom d'Hespérus, amène les ténèbres sur la terre, et tantôt, sous le nom de Lucifer, annonce le lever de l'Aurore. Et toi, vainqueur de l'Inde, dieu du thyrse, toi qui, armé d'une lance entourée de pampre, domptes les tigres féroces, malgré ta jeunesse et ta chevelure flottante que le fer ne trancha jamais, malgré cette mitre qui ceint ton front radieux, Hippolyte, avec ses cheveux négligés, ne te le cède en rien.

Ne lève pas si haut la tête. La renommée a fait connaître au monde entier le héros que la sœur de Phèdre eût préféré à Bacchus. Beauté, présent souvent funeste, tu ne brilles qu'un instant, et tu t'évanouis pour toujours. Moins rapidement disparaissent au hâle brûlant de l'été les fleurs dont le printemps émaille les prairies, quand le soleil du solstice, lançant tous ses feux et abrégeant les fraîches nuits, sèche le lis sur sa tige languissante, et flétrit la rose, ornement de nos banquets. Qu'il s'efface promptement ce vif éclat qui colore les joues! Il n'est pas de jour qui n'enlève un charme à la beauté. O présent éphémère! le sage peut-il compter sur un avantage si peu solide? Jouissez-en du moins tant que vous le pourrez. Le temps mine en silence, et chaque heure en fuyant nous enlève quelque chose. A quoi bon vous cacher dans les déserts? Au fond des lieux les plus sauvages, la beauté n'est pas plus en sûreté. Dans les bois solitaires, quand le soleil est au milieu de sa course, craignez les attaques des naïades amoureuses, qui se plaisent à retenir au fond de leurs fontaines les plus beaux jeunes gens. Les folâtres déités des bois, et les faunes qui habitent les monta-

---

Nutr. Deprensa culpa est. Anime, quid segnis stupes?
Regeramus ipsi crimen, atque ultro impiam   720
Venerem arguamus : scelere velandum est scelus.
Tutissimum est inferre, quum timeas, gradum.
Ausæ priores simus, an passæ nefas,
Secreta quum sit culpa, quis testis sciet?
Adeste, Athenæ; fida famulorum manus,   725
Fer opem; nefandi raptor Hippolytus stupri
Instat, premitque; mortis intentat metum.
Ferro pudicam terret. En, præceps abit,
Ensemque trepida liquit attonitus fuga.
Pignus tenemus sceleris. Hanc mœstam prius   730
Recreate : crinis tractus, et lacerœ comœ,
Ut sunt, remaneant, facinoris tanti notæ.
Referte in urbem. Recipe jam sensus, hera.
Quid te ipsa lacerans omnium aspectum fugis?
Mens impudicam facere, non casus, solet.   735

CHORUS.

Fugit insanæ similis procellæ,
Ocior nubes glomerante Coro.
Ocior cursum rapiente flamma,
Stella quum ventis agitata longos
Porrigit ignes.   740
Conferat tecum decus omne priscum
Fama, miratrix senioris ævi;
Pulchrior tanto tua forma lucet,
Clarior quanto micat orbe pleno,
Quum suos ignes coeunte cornu   745
Junxit, et curru properante pernox
Exserit vultus rubicunda Phœbe;
Nec tenent stellæ faciem minores.

Qualis est primas referens tenebras
Nuntius noctis, modo lotus undis   750
Hesperus, pulsis iterum tenebris
Lucifer idem.
Et tu thyrsigera Liber ab India,
Intonsa juvenis perpetuum coma,
Tigres pampinea cuspide territans,   755
Ac mitra cohibens cornigerum caput,
Non vinces rigidas Hippolyti comas.
Nec vultus nimium suspicias tuos.
Omnes per populos fabula distulit,
Phædræ quem Bromio prætulerit soror.   760
Anceps forma bonum mortalibus,
Exigui donum breve temporis,
Ut velox celeri pede laberis!
Non sic prata novo vere decentia
Æstatis calidæ despoliat vapor,   765
Sævit solstitio quum medius dies,
Et noctem brevibus præcipitat rotis;
Languescunt folio lilia pallido,
Et gratæ capiti deficiunt rosæ.
Ut fulgor, teneris qui radiat genis,   770
Momento rapitur! nullaque non dies
Formosi spolium corporis abstulit.
Res est forma fugax : quis sapiens bono
Confidat fragili? dum licet, utere.
Tempus te tacitum subruet, horæque   775
Semper præterita deterior subit.
Quid deserta petis? tutior aviis
Non est forma locis : te nemore abdito,
Quum Titan medium constituit diem,
Cinget turba licens, Naides improbæ,   780

gues, vous surprendront pendant votre sommeil; ou bien la lune, cet astre dont le peuple d'Arcadie a devancé l'existence, vous contemplant du haut des cieux, n'aura plus la force de conduire son char argenté. Dernièrement elle devint rouge, sans que son disque fût obscurci par aucun nuage. Inquiets de la voir changer de couleur, persuadés que les enchantements de quelque Thessalienne la forçaient à quitter le ciel et à descendre sur la terre, nous fîmes retentir les airs du son de l'airain. Vous seul avez causé son trouble et ralenti sa marche. Tandis qu'elle vous contemplait, la déesse des nuits oubliait de poursuivre sa course. Exposez moins souvent votre visage au froid piquant de l'hiver et aux rayons brûlants du soleil, et il sera plus blanc que le marbre de Paros. Que j'aime cet œil fier et menaçant, et le froncement de ce sourcil sévère! Votre cou d'albâtre est comparable à celui d'Apollon. Le dieu laisse flotter sa chevelure, qui pare à la fois et couvre ses épaules; et vous, vous plaisez avec ces cheveux courts et négligés qui ombragent à peine votre front. Doué d'une haute stature et d'un corps vigoureux, vous disputeriez la victoire à ces terribles demi-dieux endurcis aux fatigues et habitués aux combats. Quoique jeune, vous avez déjà les muscles d'Hercule, et la poitrine plus large que celle du dieu de la guerre. Monté sur un coursier, vous conduiriez avec plus de dextérité que Castor lui-même le noble Cyllare, que Sparte a vu naître. Saisissez entre vos doigts la corde d'un arc, lancez un javelot de toute la vigueur de votre bras : il volera plus loin que la flèche légère du Crétois le plus exercé. Lancez, comme le Parthe, vos traits vers le ciel : aucun d'eux ne retombera sans avoir

percé l'oiseau rapide, sans être rougi de son sang. Ils vont chercher votre proie même au sein de la nue. Mais, hélas! le passé l'atteste, la beauté fut toujours fatale aux héros. Puisse un dieu vous affranchir de cette loi générale! puisse votre beauté se cacher un jour sous les traits décrépits de la vieillesse!

A quels excès ne se porte point la passion effrénée d'une femme? Elle s'apprête à charger d'imputations odieuses un jeune homme vertueux. O crime! ô perfidie! Elle montre pour preuve ses cheveux en désordre; elle se meurtrit le visage, verse des larmes, et emploie pour réussir toute la ruse dont une femme est capable.

Mais qui s'avance de ce côté? Quel est cet homme dont l'air est majestueux, et dont la mine est si haute? Je crois reconnaître le compagnon de Pirithoüs. Mais son visage est pâle ; ses cheveux sont en désordre et hérissés. Non, je ne me trompe pas : c'est Thésée enfin rendu à la terre.

ACTE TROISIÈME.

THÉSÉE, LA NOURRICE.

Thé. Enfin me voici échappé du séjour de la nuit éternelle et des vastes prisons des mânes! Que mes yeux ont de peine à supporter cette lumière tant désirée! Déjà quatre fois Éleusis a recueilli les dons de Triptolème, quatre fois la Balance céleste a égalé les nuits aux jours, depuis qu'en proie à une incertitude cruelle, je languis entre la vie et la mort. Il ne me restait de la vie que le sentiment de mes maux. Enfin, Alcide m'a délivré. Arrachant au Tartare son redoutable gardien, il m'a ramené avec

Formosos solitæ claudere fontibus ·
Et somnis facient insidias tuis
Lascivæ nemorum deæ,
Montivagique Panes.
Aut te stellifero despiciens polo   785
Sidus, post veteres Arcadas editum,
Currus non poterit flectere candidos.
Et nuper rubuit ; nullaque lucidis
Nubes sordidior vultibus obstitit.
At nos solliciti lumine turbido,   790
Tractam Thessalicis carminibus rati,
Tinnitus dedimus. Tu fueras labor,
Et tu causa moræ : te dea noctium
Dum spectat, celeres sustinuit vias.
Vexent hanc faciem frigora parcius ;   795
Hæc solem facies rarius appetat,
Lucebit Pario marmore clarius.
Quam grata est facies torva viriliter,
Et pondus veteris triste supercili !
Phœbo colla licet splendida compares :   800
Illum cæsaries, nescia colligi
Perfundens humeros, ornat et integit :
Te frons hirta decet, te brevior coma
Nulla lege jacens. Tu licet asperos
Pugnacesque deos viribus arceas,   805
Et vasti spatio vincere corporis;
Æquas Herculeos jam juvenis toros,
Martis belligeri pectore latior;
Si dorso libeat cornipedis vehi,
Frenis, Castorea mobilior manu,   810
Spartanum poteris flectere Cyllaron.
Amentum digitis tende prioribus,
Et totis jaculum dirige viribus ;
Tam longe, dociles spicula figere,
Non mittent graciiem Cretes arundinem.   815

Aut si tela modo spargere Parthico
In cælum placeat; nulla sine alite
Descendent, tepido viscere condita :
Prædam de mediis nubibus afferent.
Raris forma viris (secula prospice)   820
Impunita fuit : te melior deus
Tutum prætereat, formæque nobilis
Deformis senii limina transeat.
Quid sinat inausum feminæ præceps furor ?
Nefanda juveni crimina insonti parat.   825
En scelera! quærit crine lacerato fidem.
Decus omne turbat capitis, humectat genas.
Instruitur omnis fraude feminea dolus.
Sed iste quisnam est, regium in vultu decus
Gerens, et alto vertice attollens caput? 830
Ut ora juveni paria Pirithoo gerit !
Ni languido pallore canderent genæ,
Staretque recta squallor incultus coma.
En, ipse Theseus redditus terris adest.

ACTUS TERTIUS.

THESEUS, NUTRIX.

Thes. Tandem profugi noctis æternæ plagam,   835
Vastoque manes carcere umbrantem polum.
Ut vix cupitum sufferunt oculi diem!
Jam quarta Eleusin dona Triptolemi secat,
Paremque toties Libra composuit diem,
Ambiguus ut me sortis ignotæ labor   840
Detinuit inter mortis et vitæ mala.
Pars una vitæ mansit exstincto mihi,
Sensus. Malorum finis Alcides fuit.
Qui, quum revulso Tartaro abstraheret canem,

lui sur la terre. Mais la même énergie ne soutient plus mon courage ; mes genoux fléchissent. Dieux! qu'il m'a fallu d'efforts pour remonter des gouffres du Phlégéton au séjour de la lumière, pour échapper à la mort et suivre les pas d'Alcide!.... Mais quels cris plaintifs ont frappé mes oreilles? J'en veux savoir la cause. Je trouve à l'entrée même de mon palais le deuil, les larmes, la douleur ; accueil digne en effet de celui qui fut si longtemps l'hôte des enfers.

La nour. O Thésée, Phèdre a résolu de se donner la mort. Insensible à mes pleurs, elle veut trancher ses jours. *

Thé. Quelle raison a-t-elle de désirer la mort, quand son époux est de retour ?

La nour. C'est ce retour même qui précipite sa mort.

Thé. Ce discours obscur cache quelque grand mystère. Parle sans détour. Quel chagrin peut la porter à cet excès de désespoir ?

La nour. Elle ne le confie à personne ; elle renferme son ennui au fond de son cœur, et veut emporter au tombeau le mal qui la tue. Hâtez-vous, je vous en conjure : les moments sont précieux.

Thé. Qu'on m'ouvre à l'instant la porte du palais.

THÉSÉE, PHÈDRE, suite; LA NOURRICE; PERSONNAGE MUET.

Thé. Compagne de Thésée, est-ce ainsi que vous recevez un époux dont vous désiriez le retour? Laissez là cette épée. Ouvrez-moi votre cœur, et dites-moi pour quel motif vous voulez quitter la vie.

Phé. Ah! je vous en conjure par votre sceptre d'Athènes, magnanime Thésée, par les gages de notre hymen, par votre retour, et par mes cendres que la tombe va renfermer, laissez-moi mourir.

Thé. Quel motif vous y oblige?

Phé. Vous le dire, c'est perdre tout le fruit de ma mort.

Thé. Nul que moi ne saura votre secret.

Phé. Il en est qu'une femme chaste doit taire, surtout à son mari.

Thé. Parlez, et soyez sûre de ma discrétion.

Phé. Garder son secret est le plus sûr moyen d'empêcher qu'il ne soit trahi.

Thé. Mais je vous empêcherai de vous donner la mort.

Phé. Quand on veut mourir, on en trouve toujours les moyens.

Thé. Quelle faute voulez-vous donc effacer par votre mort ?

Phé. Mon crime est de vivre encore.

Thé. Quoi! mes larmes ne sauraient vous toucher?

Phé. C'est une consolation d'emporter les regrets des siens.

Thé. (*à part.*) Elle s'obstine à se taire ; mais ce qu'elle refuse de me dire, je saurai bien contraindre sa nourrice à l'avouer. Qu'on enchaîne cette femme, et que les tortures lui arrachent ce fatal secret.

Phé. Arrêtez! Je vais moi-même vous l'apprendre.

Thé. Pourquoi détourner vos regards confus, et cacher avec ce voile les larmes qui tombent de vos yeux ?

Phé. O père des immortels, et vous, brillant flambeau du monde, noble auteur de notre race, je vous prends à témoin que j'ai résisté aux prières, que le fer et les menaces n'ont pu m'intimider. Mais la force a triomphé de ma résistance. Mon sang du moins effacera mon déshonneur.

Thé. Parlez, nommez-moi le coupable.

Phé. Celui que vous soupçonneriez le moins.

Thé. Son nom, vous dis-je? je brûle de le savoir.

Phé. Vous l'apprendrez par cette épée, que le ravisseur, au bruit de ceux qui accouraient à mon secours, a laissée près de moi.

Thé. Dieux! que vois-je? quel crime abomina-

Me quoque supernas pariter ad sedes tulit.
Sed fessa virtus robore antiquo caret,
Trepidantque gressus. Heu, labor quantus fuit
Phlegethonte ab imo petere longinquum æthera,
Pariterque mortem fugere, et Alciden sequi!
Quis fremitus aures flebilis pepulit meas?   850
Expromat aliquis. Luctus, et lacrimæ, et dolor,
In limine ipso mœsta lamentatio,
Hospitia digna prorsus inferno hospite.
Nutr. Tenet obstinatum Phædra consilium necis,
Fletusque nostros spernit, ac morti imminet.   855
Thes. Quæ causa leti? reduce cur moritur viro?
Nutr. Hæc ipsa letum causa maturum attulit.
Thes. Perplexa magnum verba nescio quid tegunt.
Effare aperte, quis gravet mentem dolor.
Nutr. Haud pandit ulli : mœsta secretum occulit,   860
Statuitque secum ferre, quo moritur, maturo.
Jam perge, quæso, perge : properato est opus.
Thes. Reserate clusos regii postes laris.

THESEUS, PHÆDRA, FAMULI, NUTRIX TACITA.

Thes. O socia thalami, siccine adventum viri,
Et expetiti conjugis vultum excipis?   865
Quin ense viduas dexteram? atque animum mihi
Restituis? et te quidquid e vita fugat
Expromis? *Ph.* Eheu, per tui sceptrum imperii,
Magnanime Theseu, perque natorum indolem,

Tuosque reditus, perque jam cineres meos,   870
Permitte mortem. *Thes.* Causa quæ cogit mori?
Ph. Si causa leti dicitur, fructus perit.
Thes. Nemo istud alius, me quidem excepto, audiet.
Ph. Aures pudica conjugis solas timet.
Thes. Effare : fido pectore arcana occulam.   875
Ph. Alium silere quod voles, primus sile.
Thes. Leti facultas nulla continget tibi.
Ph. Mori volenti deesse mors nunquam potest.
Thes. Quod sit luendum morte delictum, indica.
Ph. Quod vivo. *Thes.* Lacrimæ nonne te nostræ movent?   880
Ph. Mors optima est perire lacrimandum suis.
Thes. Silere pergit : verbere ac vinclis anus
Altrixque prodet, quidquid hæc fari abnuit.
Vincite ferro : verberum vis extrahat
Secreta mentis. *Ph.* Ipsa jam fabor, mane.   885
Thes. Quidnam ora mœsta avertis, et lacrimas genis
Subito coortas veste prætenta obtegis?
Ph. Te, te, creator cælitum, testem invoco,
Et te, coruscum lucis ætheriæ jubar,
Ex cujus ortu nostra dependet domus;   890
Tentata precibus restiti : ferro ac minis
Non cessit animus; vim tamen corpus tulit.
Labem hanc pudoris eluet noster cruor.
Thes. Quis, ede, nostri decoris eversor fuit?
Ph. Quem rere minime. *Thes.* Quis sit, audire expeto.   895
Ph. Hic dicet ensis, quem tumultu territus
Liquit stuprator, civium accursum timens.

ble! Oui, voilà cette épée dont la garde d'ivoire est ornée de l'emblème glorieux de la maison royale d'Athènes. Mais qu'est devenu le coupable?

Phè. Ces fidèles serviteurs l'ont vu se hâter de fuir et courir à pas précipités.

THÉSÉE.

O piété filiale; ô souverain de l'Olympe; et vous, roi des flots, maître du second empire du monde, qui peut avoir fait naître dans ma famille ce monstre exécrable? Est-ce la Grèce qui l'a nourri, ou le Taurus parmi les Scythes, ou la Colchide sur les bords du Phase? On se ressent toujours de son origine; un sang vil trahit toujours la source d'où il est sorti. Je reconnais dans le misérable le caprice bizarre de ces guerrières qui fuient l'hymen légitime, et, après une longue chasteté, se livrent à des inconnus. Rejeton impur, transplanté dans de plus doux climats, tu te montres fidèle à ta souche. Les bêtes elles-mêmes n'ont point de ces penchants criminels, et, sans les connaître, respectent par instinct les lois du sang. Voilà donc cet homme dont l'air est si grave et si digne, dont l'extérieur négligé rappelait la simplicité des premiers âges, et qui affectait l'austère maintien de la vieillesse! O trompeuse humanité, qui, loin de manifester au dehors les sentiments de l'âme, pares le vice de tous les charmes de la beauté! La pudeur sert de masque à la débauche, la modération à l'audace, la piété au crime; le fourbe se cache sous les traits de la franchise, la mollesse sous ceux de l'austérité. Farouche habitant des bois, chaste et modeste Hippolyte, c'est pour moi que tu te réservais? c'est en souillant par l'inceste le lit de ton père, que ta virilité se signale? Oui, je rends grâces au souverain des dieux de ce qu'Antiope a péri sous mes coups, et de ce qu'en descendant aux enfers je n'ai pas laissé ta mère exposée à ta brutalité. Va, fuis dans des climats inconnus. Mais quand tu fuirais aux confins du monde et sur les bords les plus lointains de l'Océan, chez les habitants de l'autre hémisphère; quand tu te cacherais dans quelque asile impénétrable, au delà du pôle hérissé de glaçons; quand tu laisserais derrière toi l'empire de l'hiver et ses neiges éternelles, les froids et impétueux aquilons, ton crime ne restera pas impuni. Ma vengeance opiniâtre te poursuivra partout, dans les retraites les plus éloignées, les mieux défendues, dans les lieux les plus cachés, les plus inaccessibles : nul obstacle ne pourra m'arrêter. Tu sais d'où je reviens. Où mes traits ne pourront t'atteindre, mes imprécations te suivront. Le souverain des mers a juré, par l'onde inviolable du Styx, d'exaucer mes trois vœux : eh bien! ô Neptune, j'implore aujourd'hui de toi cette triste faveur. Que ce jour soit le dernier d'Hippolyte : envoie le fils coupable chez les mânes que son père a bravés. O mon père, rends à ton fils ce service affreux! L'excès de mon malheur m'oblige seul à t'implorer pour la dernière fois : je ne t'ai point invoqué dans les abîmes du Tartare, quand Pluton furieux me menaçait incessamment de sa vengeance : c'est aujourd'hui que je réclame l'accomplissement de tes promesses. Qui t'arrête? Quoi! les flots sont encore immobiles? Parle, ordonne, et qu'à ta voix les vents assemblent de sombres nuages; qu'une épaisse nuit dérobe à nos yeux les astres et le ciel; que la mer, sortant de son lit, vomisse les monstres qu'elle renferme; répands sur nos bords les flots de l'Océan lui-même.

Thes. Quod facinus, heu me, cerno? quod monstrum intuor?
Regale patriis asperum signis ebur;
Capulo refulget gentis Actææ decus.   900
Sed ipse quonam evasit? *Ph.* Hi trepidum fuga
Videre famuli concitum celeri pede.

THESEUS.

Pro, sancta pietas, pro, gubernator poli,
Et qui secundum fluctibus regnum moves,
Unde ista venit generis infandi lues?   905
Hunc Graia tellus aluit, an Taurus Scythes,
Colchusve Phasis? redit ad auctores genus;
Stirpemque primam degener sanguis refert.
Est iste prorsus gentis armiferæ furor,
Odisse Veneris fœdera, et castum diu   910
Vulgare populis corpus. O tetrum genus,
Nullaque victum lege melioris soli!
Feræ quoque ipsæ Veneris evitant nefas,
Generisque leges inscius servat pudor.
Ubi vultus ille, et ficta majestas viri,   915
Atque habitus horrens, prisca et antiqua appetens,
Morumque senium triste, et affatus graves?
O vita fallax! abditos sensus geris,
Animisque pulchram turpibus faciem induis.
Pudor impudentem celat, audacem quies,   920
Pietas nefandum : vera fallaces probant,
Simulantque dura. Silvarum incola
Ille efferatus, castus, intactus, rudis,
Mihi te reservas? a meo primum toro
Et scelere tanto placuit ordiri virum?   925
Jam jam superno numini grates ago,
Quod icta nostra cecidit Antiope manu;
Quod non ad antra Stygia descendens tibi

Matrem reliqui. Profugus ignotas procul
Percurre gentes : te licet terra ultimo   930
Summota mundo dirimat Oceani plagis,
Orbemque nostris pedibus obversum colas;
Licet in recessu penitus extremo abditus
Horrifera celsi regna transieris poli;
Hiemesque supra positus et canas nives;   935
Gelidi frementes liqueris Boreæ minas
Post te furentes; sceleribus pœnas dabis.
Profugum per omnes pertinax latebras premam.
Longinqua, clausa, abstrusa, diversa, invia
Emetiemur : nullus obstabit locus.   940
Scis, unde redeam : tela quo mitti haud queunt,
Huc vota mittam : genitor æquoreus dedit,
Ut vota prono trina conciperem deo,
Et invocata munus hoc sanxit Styge.
En, perage donum triste, regnator freti.   945
Non cernat ultra lucidum Hippolytus diem,
Adeatque Manes juvenis iratos patri.
Per abominandam nunc opem nato, parens.
Nunquam supremum numinis munus tui
Consumeremus, magna ni premerent mala.   950
Inter profunda Tartara, et ditem horridum
Et imminentes regis inferni minas,
Voto peperci : redde nunc pactam fidem,
Genitor. Moraris? cur adhuc undæ silent?
Nunc atra ventis nubila impellentibus   955
Subtexe noctem; sidera et cælum eripe;
Effunde pontum; vulgus æquoreum cie,
Fluctusque ab ipso tumidus Oceano voca.

LE CHOEUR.

O Nature, puissante mère des dieux ; et vous,
roi de l'Olympe étoilé, vous qui pressez la marche
des astres épars dans les cieux, et qui réglez leur
course dans l'espace, vous qui imprimez aux pôles
leur mouvement rapide, pourquoi tracer avec tant
de soin leur route au travers de l'espace? De là cette
constante succession de l'hiver qui dépouille nos
forêts, du printemps qui revêt de feuilles les arbris-
seaux, des ardeurs du Lion dont les feux mûrissent
les dons de Cérès, et des chaleurs modérées de
l'automne. O vous qui présidez à ces grands
mouvements, et qui soutenez, dirigez les masses
suspendues dans l'espace, pourquoi, peu soucieux
des choses d'ici-bas, ne songez-vous point à protéger les bons et à punir les méchants? Nos destinées
sont livrées aux caprices de la Fortune. Cette aveugle déesse, répandant ses faveurs au hasard, les
prodigue à ceux qui en sont les moins dignes ; le
vice triomphe de la vertu, la perfidie règne dans
les cours, le peuple se plaît à décerner les honneurs aux hommes les plus vils, et rampe devant ceux
qu'il méprise. La triste vertu ne recueille pour prix
que la misère ; l'adultère est triomphant. O vaine
pudeur ! ô stérile vertu ! Mais que vient nous apprendre le messager qui accourt de ce côté? son visage,
où la douleur est empreinte, est baigné de larmes.

ACTE QUATRIÈME.

THÉSÉE, LE MESSAGER.

Le mes. O triste et pénible condition de la servitude, qui m'oblige à remplir un si triste message!

Thé. Ne crains pas de m'annoncer les plus terribles malheurs : mon âme est depuis longtemps pré-
parée aux coups de la fortune.

Le mes. Ma langue se refuse à ce récit déplorable.

Thé. Parle; dis-moi quel nouveau malheur afflige
ma maison.

Le mes. Hippolyte, hélas!... une mort cruelle
vous l'a ravi.

Thé. Depuis longtemps je n'avais plus de fils.
C'est d'un traître que les dieux me délivrent. Je
veux savoir les détails de sa mort.

Le mes. Dès qu'il fut sorti de la ville, comme un
fugitif, marchant d'un pas égaré, il attelle à la hâte
ses coursiers superbes, et ajuste le mors dans leurs
bouches dociles. Il se parlait à lui-même, détestant
sa patrie, et répétant souvent le nom de son père.
Déjà sa main impatiente agitait les rênes flottantes ;
tout à coup nous voyons en pleine mer une vague
s'enfler, et s'élever jusqu'aux nues. Aucun souffle
cependant n'agitait les flots ; le ciel était calme et
serein : la mer paisible enfantait seule cette tempête. Jamais l'Auster n'en suscita d'aussi violente
au détroit de Sicile : moins furieux sont les flots
soulevés par le Corus dans la mer d'Ionie, quand
ils battent les rochers gémissants, et couvrent le sommet de Leucate de leur écume blanchissante. Une
montagne humide s'élève au-dessus de la mer, et
s'élance vers la terre avec le monstre qu'elle porte

CHORUS.

O magna parens Natura deûm,
Tuque igniferi rector Olympi,
Qui sparsa cito sidera mundo   960
Cursusque vagos rapis astrorum,
Celerique polos cardine versas,
Cur tibi tanta est cura, perennes
Agitare vias ætheris alti?   965
Ut nunc canæ frigora brumæ
Nudent silvas ; nunc arbustis
Redeant umbræ ; nunc æstivi
Colla Leonis Cererem magno
Fervore coquant ; viresque suas   970
Temperet annus? et cur idem,
Qui tanta regis, sub quo vasti
Pondera mundi librata, suos
Ducunt orbes, hominum nimium
Securus abes ; non sollicitus   975
Prodesse bonis, nocuisse malis?
Res humanas ordine nullo
Fortuna regit, spargitque manu
Munera cæca, pejora fovens.
Vincit sanctos dira libido.   980
Fraus sublimi regnat in aula.
Tradere turpi fasces populus
Gaudet ; eosdem colit, atque odit.
Tristis virtus perversa tulit
Præmia recti : castos sequitur   985
Mala paupertas ; vitioque potens
Regnat adulter.
O vane pudor, falsumque decus !
Sed quid citato nuntius portat gradu,
Rigatque moestis lugubrem vultum genis?   990

ACTUS QUARTUS.

NUNTIUS, THESEUS.

Nunt. O sors acerba et dura famulatus gravis,
Cur me ad nefandos nuntium casus vocas?
Thes. Ne metue clades fortiter fari asperas ;
Non imparatum pectus ærumnis gero.
Nunt. Vocem dolori lingua luctificam negat.   995
Thes. Proloquere, quæ sors aggravet quassam domum.
Nunt. Hippolytus, heu me, flebili leto occubat.
Thes. Natum parens obiisse jam pridem scio.
Nunc raptor obiit : mortis effare ordinem.
Nunt. Ut profugus urbem liquit infesto gradu,   1000
Celerem citatis passibus cursum explicans,
Celsos sonipedes ocius subigit jugo,
Et ora frenis domita substrictis ligat.
Tum multa secum effatus, et patrium solum
Abominatus, sæpe genitorem ciet,   1005
Acerque habenis lora permissis quatit :
Quum subito vastum tumuit ex alto mare,
Crevitque in astra ; nullus inspirat salo
Ventus ; quieti nulla pars cæli strepit,
Placidumque pelagus propria tempestas agit.   1010
Non tantus Auster Sicula disturbat freta,
Nec tam furens Ionius exsurgit sinus
Regnante Coro, saxa quum fluctu tremunt,
Et cana summum spuma Leucaten ferit.
Consurgit ingens pontus in vastum aggerem,   1015
Tumidumque monstro pelagus in terras ruit.
Nec isis ratibus tanta construitur lues :
Terris minatur : fluctus haud cursu levi
Provolvitur ; nescio quid onerato sinu

dans son sein; car ce fléau terrible ne menace point les vaisseaux, il est destiné à la terre. Le flot s'avance lentement, et l'onde semble gémir sous une masse qui l'accable. Quelle terre, disions-nous, va tout à coup paraître sous le ciel? C'est une nouvelle Cyclade. Déjà elle dérobe à nos yeux les rochers consacrés au dieu d'Épidaure, ceux que le barbare Sciron a rendus si fameux, et cet étroit espace resserré par deux mers. Tandis que nous regardions ce prodige avec effroi, la mer mugit, et les rochers d'alentour lui répondent. Du sommet de cette montagne s'échappait par intervalle l'eau de la mer, qui retombait en rosée mêlée d'écume. Telle, au milieu de l'Océan, la vaste baleine rejette les flots qu'elle a engloutis. Enfin cette masse heurte le rivage, se brise, et vomit un monstre qui surpasse nos craintes. La mer entière s'élance sur le bord, et suit le monstre qu'elle a enfanté. L'épouvante a glacé nos cœurs.

Thé. De quelle forme était ce monstre énorme?

Le mes. Taureau impétueux, son cou est azuré; une épaisse crinière se dresse sur son front verdoyant; ses oreilles sont droites et velues: ses cornes, de diverses couleurs, rappellent les taureaux qui paissent dans nos plaines, et ceux qui composent les troupeaux de Neptune. Ses yeux tantôt jettent des flammes, et tantôt brillent d'un bleu étincelant; ses muscles se gonflent affreusement sur son cou énorme; il ouvre en frémissant ses larges naseaux; une écume épaisse et verdâtre découle de sa poitrine et de son fanon; une teinte rouge est répandue le long de ses flancs; enfin, par un assemblage monstrueux, le reste de son corps est écaillé, et se déroule en replis tortueux. Tel est cet habitant des mers lointaines, qui engloutit et rejette les vaisseaux.

La terre voit ce monstre avec horreur; les trou-

peaux effrayés se dispersent; le pâtre abandonne ses génisses; les animaux sauvages quittent leurs retraites, et les chasseurs eux-mêmes sont glacés d'épouvante. Le seul Hippolyte, inaccessible à la peur, arrête ses coursiers d'une main ferme, et, d'une voix qui leur est connue, s'efforce de les rassurer.

Une partie de la route d'Argos est percée entre de hautes collines, et voisine du rivage de la mer. C'est là que le monstre s'anime au combat et aiguise sa rage. Dès qu'il a pris courage et médité son attaque, il s'élance par bonds impétueux, et, touchant à peine la terre dans sa course rapide, il se jette au-devant des chevaux effrayés. Votre fils, sans changer de visage, s'apprête à le repousser, et, d'un air menaçant et d'une voix terrible: « Ce monstre, s'écrie-t-il, ne saurait abattre mon courage; mon père m'a instruit à terrasser les taureaux. » Mais les chevaux, ne connaissant plus le frein, entraînent le char, et, quittant le chemin battu, n'écoutent plus que la frayeur qui les précipite à travers les rochers. Comme un pilote qui, malgré la tempête, dirige son navire et l'empêche de présenter le flanc aux vagues, tel Hippolyte gouverne encore ses chevaux emportés. Tantôt il tire à lui les rênes, tantôt il les frappe à coups redoublés. Mais le monstre, s'attachant à ses pas, bondit tantôt à côté du char, tantôt devant les coursiers, et partout redouble leur terreur.

Enfin il leur ferme le passage et s'arrête devant eux, leur présentant sa gueule effroyable. Les coursiers épouvantés, et sourds à la voix de leur maître, cherchent à se dégager des traits; ils se cabrent, et renversent le char. Le jeune prince tombe embarrassé dans les rênes, et le visage contre terre. Plus il se débat, plus il resserre les liens fu-

---

Gravis unda portat: quæ novum tellus caput
Ostendit astris? Cyclas exoritur nova.
Latuere rupes, numen Epidaurii dei,
Et scelere petræ nobiles Scironides,
Et quæ duobus terra comprimitur fretis.
Hæc dum stupentes querimur, en totum mare   1025
Immugit: omnis undique scopuli adstrepunt.
Summum cacumen rorat, expulso sale
Spumat, vomitque vicibus alternis aquas.
Qualis per alta vehitur Oceani freta
Fluctus refundens ore physeter capax.   1030
Inhorruit concussus undarum globus,
Solvitque sese, et litori invexit malum
Majus timore; pontus in terras ruit,
Suumque monstrum sequitur; os quassat tremor.
Thes. Quis habitus ille corporis vasti fuit?   1035
Nunt. Cærulea taurus colla sublimis gerens,
Erexit altam fronte viridanti jubam.
Stant hispidæ aures; cornibus varius color;
Et quem feri dominator habuisset gregis,
Et quem sub undis natus; hinc flammam vomunt   1040
Oculi, hinc relucent cærula insignes nota.
Opima cervix arduos tollit toros;
Naresque hiulcis haustibus patulæ fremunt.
Musco tenaci pectus ac palear viret;
Longum rubenti spargitur fuco latus.   1045
Tum pone tergus ultima in monstrum coit
Facies, et ingens bellua immensam trahit
Squamosa partem: talis extremo mari
Pistrix citatas sorbet ac reddit rates.
Tremuere terræ: fugit attonitum pecus   1050
Passim per agros; nec suos pastor sequi
Meminit juvencos; omnis e saltu fera

Diffugit; omnis frigido exsanguis metu
Venator horret: solus immunis metu,
Hippolytus arctis continet frenis equos,   1055
Pavidosque notæ vocis hortatu ciet.
Est alta ad Argos collibus ruptis via,
Vicina tangens spatia suppositi maris:
Hic se illa moles acuit, atque iras parat.
Ut cepit animos, seque prætentans satis   1060
Prolusit iræ, præpeti cursu evolat,
Summam citato vix gradu tangens humum,
Et torva currus ante trepidantes stetit.
Contra ferocí natus insurgens minax
Vultu, nec ora mutat, et magnum intonat: 1065
« Haud frangit animum vanus hic terror meum;
« Nam mihi paternus vincere est tauros labor. »
Inobsæquentes protinus frenis equi
Rapuere currum: jamque deerrantes via,
Quacumque rabidos pavidus evexit furor,   1070
Hac ire pergunt, seque per scopulos agunt.
At ille, qualis turbido rector mari
Ratem retentat, ne det obliquum latus,
Et arte fluctus fallit; haud aliter citos
Currus gubernat; ora nunc pressis trahit,   1075
Constricta frenis, terga nunc torto frequens
Verbere coercet: sequitur assiduus comes
Nunc æqua carpens spatia, nunc contra obvius
Oberrat, omni parte terrorem movens:
Non licuit ultra fugere: nam torvo obvius   1080
Incurrit ore corniger ponti horridus.
Tum vero pavida sonipedes mente exciti
Imperia solvunt, seque luctantur jugo
Eripere, rectique in pedes jactant onus.
Præceps in ora fusus, implicuit cadens   1085

nestes qui le retiennent. Les chevaux se sentent libres, et leur fougue désordonnée emporte le char vide partout où la peur les conduit. Tels les chevaux du Soleil ne reconnaissant plus la main qui les guidait d'ordinaire, et indignés qu'un mortel portât dans les airs le flambeau du jour, abandonnèrent leur route, précipitant du ciel le téméraire Phaéton. La plage est rougie du sang du malheureux Hippolyte; sa tête se brise en heurtant les rochers. Les ronces arrachent ses cheveux, les pierres meurtrissent son visage, et ces traits délicats, dont la beauté lui fut fatale, sont déchirés par mille blessures. Mais tandis que le char rapide emporte çà et là cet infortuné, un tronc à demi brûlé, et qui s'élevait au-dessus de la terre, se trouve sur son passage, et l'arrête. Ce coup affreux retient un moment le char; mais les chevaux forcent l'obstacle en déchirant leur maître, qui respirait encore. Les ronces achèvent de le mettre en pièces. Il n'est pas un buisson, pas un tronc qui ne porte quelque lambeau de son corps. Ses compagnons éperdus courent à travers la plaine, et suivent la route sanglante que le char a marquée. Ses chiens même cherchent en gémissant les traces de leur maître. Hélas! nos soins n'ont pu rassembler encore tous les restes de votre fils. Voilà ce prince naguère si beau! voilà donc celui qui partageait glorieusement le trône de son père, et qui devait lui succéder un jour! Ce matin il brillait comme un astre; maintenant ses membres épars sont ramassés pour le bûcher.

Thé. O Nature! force impérieuse du sang! que tes droits sont puissants sur le cœur d'un père! C'est en vain qu'on cherche à étouffer ta voix. J'ai voulu la mort du coupable, et je déplore sa perte.

Le mes. Il est étrange qu'on pleure une mort qu'on a souhaitée.

Thé. Je regarde comme le plus grand des maux l'accomplissement d'un vœu barbare.

Le mes. Si vous haïssez toujours votre fils, pourquoi verser des pleurs?

Thés. Ce qui m'afflige, ce n'est pas de l'avoir perdu, c'est d'avoir causé sa mort.

LE CHOEUR.

A quelles vicissitudes est exposé le destin des grands! Les petits n'ont pas à craindre ces changements terribles: un dieu mesure à leur faiblesse les atteintes du sort.

C'est au sein de l'obscurité qu'on trouve la paix; c'est dans les chaumières qu'on vieillit sans alarmes. Ces palais, dont le faîte touche les nues, sont exposés à toute la violence de l'Eurus et du Notus, aux fureurs de Borée, à celles du Corus orageux. La foudre éclate rarement dans l'humble vallée: c'est sur le Caucase altier, c'est sur les forêts de la Phrygie consacrées à Cybèle que Jupiter fait tomber ses traits embrasés. Ce dieu, craignant pour son brillant empire, foudroie les lieux qui en sont proches. La demeure du citoyen obscur ne saurait être le théâtre d'un grand changement: c'est autour des trônes que gronde le tonnerre. Que d'incertitude, que de mobilité dans les choses humaines! Qui peut compter sur les promesses de la fortune? Ce héros qui, fuyant le sombre empire de la nuit, revoit enfin la voûte céleste et la clarté du jour, gémit et s'afflige de son retour, et se trouve plus malheureux dans le palais de ses pères que sur les bords de l'Averne. O Pallas, déesse révérée, si votre protégé,

---

Laqueo tenaci corpus; et quanto magis
Pugnat, sequaces hoc magis nodos ligat.
Sensere pecudes facinus, et curru levi,
Dominante nullo, qua timor jussit, ruunt.
Talis per auras, non suum agnoscens onus,   1090
Solique falso creditum indignans diem,
Phaethonta currus devio excussit polo.
Late cruentat arva, et illisum caput
Scopulis resultat: auferunt dumi comas:
Et ora durus pulchra populatur lapis: 1095
Peritque multo vulnere infelix decor.
Moribunda celeres membra provolvunt rotæ.
Tandemque raptum truncus ambusta sude
Medium per inguen stipite erecto tenet;
Paulumque domino currus affixo stetit.   1100
Hæsere bijuges vulnere, et pariter moram
Dominumque rumpunt; inde semianimem secant
Virgulta: acutis asperi vepres rubis,
Omnisque truncus corporis partem tulit.
Errat per agros funebris, famuli, manus,   1105
Per illa, qua distractus Hippolytus loca
Longum cruenta tramitem signat nota:
Mœstæque domini membra vestigant canes.
Necdum dolentum sedulus potuit labor
Explere corpus. Hoccine est formæ decus?   1110
Qui modo paterni clarus imperii comes,
Et certus hæres, siderum fulsit modo,
Passim ad supremos ille colligitur rogos,
Et funeri confertur. *Thes.* O nimium potens,
Quanto parentes sanguinis vinclo tenes,   1115
Natura! quam te colimus inviti quoque!
Occidere volui noxium; amissum fleo.
Nunt. Haud quisquam honeste flere, quod voluit, potest.
Thes. Equidem malorum maximum hunc cumulum reor,

Si abominanda casus optata efficit.   1120
Nunt. Et si odia servas, cur madent fletu genæ?
Thes. Quod interemi, non quod amisi, fleo.

CHORUS.

Quanti casus humana rotant!
Minor in parvis fortuna furit,
Leviusque ferit leviora deus.   1125
Servat placidos obscura quies;
Præbetque senes casa securos.
Admota ætheriis culmina sedibus
Euros excipiunt, excipiunt Notos,
Insani Boreæ minas,   1130
Imbriferumque Corum.
Humida vallis raros patitur
Fulminis ictus; tremuit telo
Jovis altisoni Caucasus ingens,
Phrygiumque nemus matris Cybeles.   1135
Metuens cælo Jupiter alto
Vicina petit. Non capit unquam
Magnos motus humilis tecti
Plebeia domus.
Circa regna tonat.   1140
Volat ambiguis
Mobilis alis hora; nec ulli
Præstat velox Fortuna fidem.
Qui clara videt sidera mundi,
Nitidumque diem nocte relicta,   1145
Luget mœstos tristis reditus;
Ipsoque magis flebile Averno
Sedis patriæ videt hospitium.
Pallas Actææ veneranda genti,
Quod tuus cælum superosque Theseus   1150

Thésée, est rendu à la térre; s'il a pu s'échapper des marais du Styx, chaste déesse, vous n'êtes pas redevable à votre oncle l'avare Pluton, puisqu'une autre victime est allée remplacer Thésée aux enfers.

Mais quelle voix plaintive retentit au fond du palais? Pourquoi Phèdre éperdue s'avance-t-elle de ce côté, une épée à la main?

ACTE CINQUIÈME.

THÉSÉE, PHÈDRE.

Thés. Qui peut vous causer ce violent désespoir? Pourquoi cette épée et ces cris lamentables? Pourquoi vous meurtrir le sein près de ces restes odieux?

Phèd. C'est contre moi, impitoyable dieu des morts, c'est contre moi qu'il faut déchaîner les monstres de ton empire, ceux que Téthys garde dans ses abîmes les plus profonds, ceux que l'Océan nourrit aux extrémités du monde dans ses ondes mobiles. Et toi, cruel Thésée, dont le retour est toujours pour ta famille l'annonce de quelque malheur, la mort de ton fils et celle de ton père ont signalé ta présence. Haine, amour de tes épreuves ont été également funestes. Hippolyte, en quel état je te revois! Voilà donc mon ouvrage! Quel nouveau Sinis, quel nouveau Procruste a mis ainsi tes membres en lambeaux? Quel minotaure, quel monstre aux cornes menaçantes, et remplissant de ses longs mugissements le labyrinthe de Dédale, t'a déchiré si cruellement? Hélas! que sont devenues les grâces de ton visage, et ces yeux qui brillaient d'un éclat divin? Te voilà donc étendu sans vie. Ah! demeure un instant, écoute-moi; je n'alarmerai point ta pudeur. Cette main va te venger: ce fer, plongé dans mon sein coupable, va me délivrer de la vie et de mon forfait. Je te sui-

vrai, amante passionnée, je te suivrai sur l'onde du Styx, à travers les torrents enflammés du Tartare. Mais apaisons d'abord son ombre. Reçois ces cheveux, dépouille d'un front empreint des marques de ma fureur. Nos âmes n'ont pu être unies sur la terre: la mort du moins nous réunira. Vertueuse, meurs pour ton époux; pour ton amant, si tu es infidèle. Quoi! je rentrerais dans la couche nuptiale, que j'ai souillée par un si grand forfait! Malheureuse! il ne manquait à tes crimes que de reprendre le rang et les droits d'une épouse fidèle. O mort, unique soulagement d'un amour malheureux, seule réparation de la pudeur outragée, c'est toi seule que j'implore; c'est dans ton sein que j'espère trouver la paix.

Athènes, et toi père plus funeste à ton sang qu'une marâtre, écoute-moi. Oui, j'ai calomnié Hippolyte; j'ai rejeté sur lui le crime que mon âme avait conçu. Ta vengeance fut injuste; le fils le plus vertueux, le plus chaste des mortels, a péri victime des calomnies d'une incestueuse. Reprends, ô Hippolyte, ta réputation sans tache. Mon sein n'attend plus que le coup mortel, et mon sang va couler pour apaiser tes mânes irréprochables. Et toi, meurtrier de ton fils, apprends de sa marâtre ce que tu dois faire; apprends d'elle à mourir. (*Elle se tue.*)

THÉSÉE, LE CHŒUR.

Thés. Antres ténébreux de l'Averne, gouffre du Ténare, eaux du Léthé propices aux malheureux, lacs hideux des enfers, recevez un père barbare, pour le livrer à d'éternels supplices. Accourez, monstres cruels des mers; quittez les retraites où Protée vous retient; et, pour me punir d'une joie barbare, engloutissez-moi dans vos abîmes profonds. Et vous, mon père, vous toujours trop prompt à accorder les vœux inspirés par la colère, j'ai mérité la mort,

Spectat, et fugit Stygias paludes,
Casta nil debes patruo rapaci:
Constat inferno numerus tyranno.
Quæ vox ab altis flebilis tectis sonat?
Strictoque vecors Phædra quid ferro parat? 1155

ACTUS QUINTUS.

THESEUS, PHÆDRA.

Thes. Quis te dolore percitam instigat furor?
Quid ensis iste? quidve vociferatio,
Planctusque supra corpus invisum volunt?
Ph. Me, me, profundi sæve dominator freti,
Invade, et in me monstra cærulei maris 1160
Emitte; quidquid intimo Tethys sinu
Extrema gestat, quidquid Oceanus vagis
Complexus undis ultimo fluctu tegit.
O dire Theseu semper, o nunquam tuis ·
Tuto reverse! natus et genitor nece 1165
Reditus tuos luere: pervertis domum,
Amore semper conjugum aut odio nocens.
Hippolyte, tales intuor vultus tuos?
Talesque feci? membra quis sævus Sinis,
Aut quis Procrustes sparsit? aut quis Cressius 1170
Dædalea vasto claustra mugitu replens,
Taurus biformis, ore cornigero ferox,
Divulsit? heu me! quo tuus fugit decor,
Oculique, nostrum sidus? exanimis jaces?
Ades parumper, verbaque exaudi mea. 1175
Nil turpe loquimur; hac manu pœnas tibi

Solvam, et nefando pectori ferrum inseram,
Animaque Phædram pariter ac scelere exuam;
Et te per undas, perque Tartareos lacus,
Per Styga, per amnes igneos amens sequar. 1180
Placemus umbras: capitis exuvias cape,
Laceræque frontis accipe abscissam comam.
Non licuit animos jungere: at certe licet
Junxisse fata: morere, si casta es, viro;
Si incesta, amori. Conjugis thalamos petam 1185
Tanto impiatos facinore? hoc deerat nefas
Ut vindicato sancta fruereris toro?
O mors amoris una sedamen mali,
O mors pudoris maximum læsi decus,
Confugimus ad te: pande placatos sinus. 1190
Audite, Athenæ; tuque, funesta pater
Pejor noverca: falsa memoravi; et nefas,
Quod ipsa demens pectore insano hauseram,
Mentita finxi. Vana punisti pater;
Juvenisque castus crimine incesto jacet. 1195
Pudicus, insons, recipe jam mores tuos:
Mucrone pectus impium justo patet,
Cruorque sancto solvit inferias viro.
Quid facere rapto debeas nato parens,
Disce ex noverca: condere Acherontis plagis. 1200

THESEUS, CHORUS.

Thes. Pallidi fauces Averni, vosque Tænarei specus,
Unda miseris grata Lethes, vosque torpentes lacus,
Impium rapite, atque mersum premite perpetuis malis.
Nunc adeste sæva ponti monstra, nunc vastum mare,
Ultimo quodcumque Proteus æquorum abscondit sinu; 1205

moi qui, par un supplice nouveau, ai dispersé dans la plaine les membres de mon fils, moi qui, en voulant le punir d'un crime supposé, me suis rendu moi-même criminel. J'ai rempli de mes forfaits le ciel, la mer et les enfers. Que me reste-t-il à souiller encore? J'ai profané les trois empires de l'univers. Fatal retour! Je ne suis donc revenu sur la terre que pour voir une double mort dans ma famille, que pour allumer avec le même flambeau le bûcher de ma femme et celui de mon fils.

Toi qui m'as fait revoir le jour que je déteste, Alcide, rends à Pluton le présent que tu m'as fait, rends à Thésée sa place dans les enfers. Coupable d'un tel forfait, j'implore en vain la mort... Barbare, toi qui inventas pour ton fils un genre de mort affreux et inouï, invente pour toi-même des supplices dignes de ta cruauté. Que la cime d'un pin soit courbée jusqu'à terre; que l'arbre, en se redressant, disperse mes membres palpitants; qu'on me précipite sur les rochers du barbare Sciron. J'ai vu des tourments plus affreux, et dont les coupables, environnés des ondes brûlantes du Phlégéton, ne sauraient s'affranchir. Je sais la place et le supplice qui m'attendent aux enfers. Ombres coupables, trève à vos tourments. Que le vieux Sisyphe, chargeant son rocher sur mes épaules, repose enfin ses bras fatigués; qu'une eau fugitive trompe sans cesse mes lèvres altérées; que le vautour cruel abandonne Titye, pour déchirer mes entrailles toujours renaissantes. Et toi, père de mon cher Pirithoüs, repose-toi enfin, et que mes membres attachés à ta roue suivent le mouvement rapide qui t'entraîne sans cesse.

O terre, entr'ouvre-toi; enfer, ouvre-moi tes abîmes. Un plus juste motif m'y appelle cette fois : j'y vais rejoindre mon fils. O Pluton, ne crains rien; je ne sers plus une flamme adultère, et je rentre dans ton empire pour n'en sortir jamais. Hélas! les dieux sont sourds à mes prières. Mais qu'ils seraient prompts à les exaucer, si je les implorais pour un crime!

Le chœ. O Thésée, l'avenir suffit à vos regrets ! Occupez-vous maintenant des funérailles de votre fils ; hâtez-vous d'ensevelir ces membres si horriblement défigurés.

Thé. Oui, oui, apportez-moi ces chers et déplorables restes, où l'œil d'un père ne peut plus reconnaître son fils. Mettez sous ma main ces lambeaux rassemblés au hasard. Voilà donc mon Hippolyte! O crime affreux! c'est moi qui t'ai donné la mort ! et, pour n'être pas seul coupable, j'ai imploré le secours de mon père pour accabler mon fils. Voilà les faveurs que je reçois de Neptune! Malheur déplorable! j'ai perdu le soutien de ma vieillesse. Embrassons ce corps déchiré; donnons à ses débris malheureux ces tristes et derniers témoignages de ma tendresse. Remettons à la place qu'ils occupaient ses membres confusément rassemblés. Ici devait être sa main valeureuse, là sa main gauche, si habile à diriger des coursiers. Je reconnais les signes imprimés sur son flanc gauche. Combien de parties de son corps ne seront point arrosées de mes larmes! O mes tremblantes mains, ne vous lassez point de ce pénible devoir! O mes yeux, retenez les pleurs que vous versez! laissez un père compter les membres de son fils, et rendre la forme à son corps.

Quel est ce débris informe et tout défiguré par les blessures? Je ne sais, mais c'est une partie de toi. Mettons-le à cette place qui n'est pas la sienne, mais où il manque quelque chose. Est-ce là ce visage qui brillait d'un éclat divin et qui charma les yeux mêmes d'une marâtre? Voilà ce qui reste de tant de beauté! Destins cruels! funeste faveur

---

Meque ovantem scelere tanto rapite in altos gurgites.
Tuque semper, genitor, iræ facilis assensor meæ;
Morte dignum facinus ausus, qui nova natum nece
Segregem sparsi per agros; quique, dum falsum nefas
Exsequor vindex severus, incidi in verum scelus. 1210
Sidera et manes, et undas scelere complevi meo.
Amplius sors nulla restat; regna me norunt tria.
In hoc redimus : patuit ad cœlum via,
Bina ut viderem funera, et geminam necem.
Cælebs et orbus, funebres una face 1215
Ut concremarem prolis ac thalami rogos?
Donator atræ lucis, Alcide, tuum
Diti remitte munus; ereptos mihi
Restitue manes. Impius frustra invoco
Mortem relictam : crudus , et leti artifex, 1220
Exitia machinatus insolita, effera,
Nunc tibimet ipse justa supplicia irroga.
Pinus coacto vertice attingens humum
Cælo remissum findat in geminas trabes,
Mittarve præceps saxa per Scironia. 225
Graviora vidi, quæ pati clusos jubet
Phlegethon, nocentes igneo cingens vado.
Quæ pœna maneat memet et sedes, scio.
Umbræ nocentes cedite, et cervicibus
His, his repositum degravet fessas manus 1230
Saxum, seni perennis Æolio labor;
Me ludat amnis ora vicina alluens;
Vultur relicto transvolet Tityo ferus,
Meumque pœnæ semper accrescat jecur;
Et tu mei requiesce Pirithoi pater. 1235
Hæc incitatis membra turbinibus ferat

Nusquam resistens orbe revoluto rota.
Dehisce, tellus; recipe me, dirum chaos,
Recipe : hæc ad umbras justior nobis via est.
Natum sequor. Ne metue, qui manes regis : 1240
Casti venimus : recipe me æterna domo
Non exiturum. Non movent divos preces :
At si rogarem scelera, quam proni forent!
Chor. Theseu, querelis tempus æternum manet.
Nunc justa nato solve, et absconde ocius 1245
Dispersa fœde membra laniatu effero.
Thes. Huc, huc reliquias vehite cari corporis,
Pondusque, et artus temere congestos dato.
Hippolytus hic est? crimen agnosco meum.
Ego, te peremi : neu nocens tantum semel 1250
Solusve fierem, facinus ausurus parens,
Patrem advocavi : munere en patrio fruor.
O triste fractis orbitas annis malum!
Complectere artus, quodque de nato est super,
Miserande mœsto pectore incumbens fove. 1255
Disjecta genitor membra laceri corporis
In ordinem dispone, et errantes loco
Restitue partes : fortis hic dextræ locus;
Hic læva frenis docta moderandis manus
Ponenda; lævi lateris agnosco notas. 1260
Quam magna lacrimis pars adhuc nostris abest?
Durate trepidæ lugubri officio manus,
Fletusque largos sistite arentes genæ,
Dum membra nato genitor annumerat suo,
Corpusque fingit. Hoc quid est forma carens, 1265
Et turpe multo vulnere abruptum undique?
Quæ pars tui sit dubito, sed pars est tui.

des dieux! c'est donc ainsi que vous me rendez un fils! Reçois, ô Hippolyte, ces dons funèbres de la main de ton père! tes funérailles auront lieu plus d'un jour. Que le feu cependant consume ces restes. Ouvrez le palais où une mort si affreuse a répandu le deuil, et qu'Athènes entière retentisse de nos gémissements. Qu'on prépare un bûcher royal ; et vous, ses fidèles compagnons, cherchez dans la plaine ceux de ses membres qu'on n'a pu retrouver. (*En montrant le corps de Phèdre.*) Pour elle, que son corps soit inhumé sans honneur, et puisse la terre peser sur sa tête impie!

Hic, hic repone : non suo, at vacuo loco.
·Hæcne illa facies igne sidereo nitens,
Inimica flectens lumina? huc cecidit decor ? 1270
O dira fata! numinum o sævus favor!
Sic ad parentem natus ex voto redit!
En hæc suprema dona genitoris cape,
Sæpe efferendus : interim hæc ignes ferant.

Patefacite acerba cæde funestam domum; 1275
Mopsopia claris tota lamentis sonet.
Vos apparate regii flammam rogi;
At vos per agros corporis partes vagas
Anquirite; istam terra defossam premat,
Gravisque tellus impio capiti incubet. 1280

OEDIPE.

PERSONNAGES.

ŒDIPE.   MANTO.
JOCASTE.   UN VIEILLARD.
CRÉON.   PHORBAS.
TIRÉSIAS.   UN ENVOYÉ.
CHŒUR DE THÉBAINS.

ARGUMENT.

Pendant qu'Œdipe était roi de Thèbes, une affreuse contagion désola cette ville. On chargea Créon, frère de Jocaste, d'aller consulter l'oracle d'Apollon à Delphes, sur les moyens d'arrêter ce cruel fléau. Le dieu ayant répondu que la peste ne cesserait point, que l'on n'eût expié la mort de Laïus par l'exil de son meurtrier, Œdipe prie le devin Tirésias de découvrir, par le moyen de son art, l'auteur de la mort de Laïus. Tirésias aveugle, mais aidé par sa fille Manto, consulte d'abord les entrailles des victimes ; mais ce moyen ne réussissant pas, il a recours à la magie, évoque l'ombre de Laïus, qui désigne Œdipe comme son meurtrier. Tout est découvert ; Œdipe reconnaît qu'il a tué son père, qu'il est le mari de sa mère, double crime dont les destins le menaçaient. Furieux contre lui-même, il s'arrache les yeux, et s'exile de Thèbes. Jocaste se poignarde.

ACTE PREMIER.

OEDIPE, JOCASTE.

Œd. Le soleil se lève au milieu de hideuses vapeurs, et son pâle flambeau, perçant avec peine l'obscurité de la nuit, va d'une lueur funèbre éclairer

---

OEDIPUS.

DRAMATIS PERSONÆ.

ŒDIPUS.   MANTO.
JOCASTA.   SENEX.
CREON.   PHORBAS.
TIRESIAS.   NUNTIUS.
CHORUS THEBANORUM.

ARGUMENTUM.

Regnante Thebis Œdipo, sævissima civitatem invasit pestilentia. Mittitur Creon, Jocastæ frater, Delphicum Apollinis oraculum consulturus, quæ sint adhibenda tantæ cladi remedia. Quum autem respondisset deus non prius finem pesti futuram, quam nex Laïi exsilio interfectoris fuerit expiata, quærit Œdipus a Tiresia vate, ut per divinationem tandem exploret, quis Laïum occiderit. Tiresias igitur, Manto filia cæcitatem suam adjuvante, postquam frustra extispicia aggressus est, ad magicas artes conversus, Laïi manes evocat, qui Œdipum ipsum interfectorem declarat. Tum, re patefacta, ubi Œdipus manus patri suo intulisse et conjugio suæ matris frui se intelligit : quod quidem illi duplex scelus fata indixerant, concepta in seipsum rabie, sibi effodit oculos, et in exsilium fugit. Jocasta autem se confodit gladio.

ACTUS PRIMUS.

OEDIPUS, ET DEINDE JOCASTA.

Œd. Jam nocte Titan dubius expulsa redit,

---

nos demeures, dépeuplées par un fléau dévorant ; bientôt le jour va nous révéler les désastres de la nuit.

Ah! qui peut s'applaudir de régner? Royauté, bien trompeur, que de maux tu caches sous une si flatteuse apparence ! De même que les hautes montagnes sont exposées à la furie des vents, et qu'un rocher qui s'avance dans la mer est battu par les flots, même quand ils sont tranquilles : ainsi, placés au faîte du pouvoir, nous sommes en butte aux coups de la fortune.

O que j'avais raison de fuir le palais de Polybe mon père ! Errant et sans asile, j'étais exempt de soucis et d'alarmes. J'en atteste le ciel et les dieux, le hasard seul m'a fait roi. Menacé d'une horrible destinée, je dois, si j'en crois l'oracle de Delphes, donner la mort à mon père, et commettre un forfait encore plus révoltant. Quoi! est-il un crime plus affreux que de tuer son père?

O saintes lois de la nature! je rougis d'achever. Apollon m'a prédit que je souillerais la couche de mon père ; qu'un hymen incestueux, sacrilége, m'unirait à ma mère. Voilà ce qui m'a fait abandonner le royaume paternel. Ce n'est pas en banni que j'ai quitté ma patrie. Me défiant de moi-même, j'ai voulu, ô nature, mettre à couvert tes droits sacrés. On a beau se croire incapable d'un crime dont l'idée fait frémir; il faut toujours en craindre l'accomplissement. Pour moi, je crains tout, et n'ose compter sur moi-même.

Sans doute les destins me préparent ici quelque nouvelle épreuve. Que penser de ce fléau, fatal à toute

---

Et nube mœstus squallida exoritur jubar,
Lumenque flamma triste luctifica gerens
Prospiciet avida peste solatas domos,
Stragemque, quam nox fecit, ostendet dies.   5
Quisquamne regno gaudet? o fallax bonum,
Quantum malorum fronte quam blanda tegis.
Ut alta ventos semper excipiunt juga ;
Rupemque saxis vasta dirimentem freta,
Quamvis quieti, verberant fluctus maris :   10
Imperia sic excelsa Fortunæ objacent.
Quam bene parentis sceptra Polybi fugeram,
Curis solutus, exsul, intrepidus, vagans !
Cælum deosque testor, in regnum incidi.
Infanda timeo, ne mea genitor manu   15
Perimatur : hoc me Delphicæ laurus monent,
Aliudque nobis majus indicunt scelus.
Est majus aliquod patre mactato nefas?
Pro, misera pietas! eloqui fatum pudet.
Thalamos parentis Phœbus et diros toros   20
Nato minatur, impia incestos face.
Hic me paternis expulit regnis timor.
Non ego penates profugus excessi meos.
Parum ipse fidens mihimet, in tuto tua,
Natura, posui jura : quum magna horreas,   25
Quæ posse fieri non putas, metuas tamen.
Cuncta expavesco, meque non credo mihi.
Jamjam aliquid in nos fata moliri parant.
Nam quid rear, quod ista Cadmeæ luea

la race de Cadmus, qui étend partout ses ravages et n'épargne que moi? A quel autre malheur suis-je réservé? Je reste debout au milieu des ruines de Thèbes, parmi des monceaux de morts, environné des victimes que la peste moissonne à chaque heure. O toi qu'un oracle terrible condamne à être incestueux et parricide, pouvais-tu te promettre un règne paisible? C'est moi qui ai souillé la pureté de l'air. Dévorés par un feu secret, les infortunés ne sont plus ranimés par la douce haleine des vents; les zéphyrs caressants ont fui de nos climats. Le Soleil, qui vient d'atteindre le Lion de Némée, redouble les ardeurs de la brûlante Canicule. Les fleuves sont desséchés, nos prairies sans verdure. Dircé même est tarie; et l'Ismène roule à peine un filet d'eau sur son sable aride. La sœur de Phébus ne promène qu'un disque pâlissant; une obscurité inconnue enveloppe le ciel. Nulle étoile ne brille dans la nuit sans nuages; mais d'épaisses et sombres vapeurs semblent peser sur la terre. La demeure des dieux, le brillant empyrée, a pris l'aspect des enfers. Au moment de la récolte, la moisson trompe notre espoir. L'épi, déjà gonflé et jaunissant, se flétrit et meurt sur la tige. Rien n'échappe au fléau destructeur : tout périt sans distinction d'âge ni de sexe, le jeune homme avec le vieillard, le fils avec son père ; un même bûcher consume deux époux. Point de pleurs, point de gémissements aux funérailles! Hélas! tant de pertes cruelles ont séché nos yeux, et, comme il arrive dans les grandes infortunes, les larmes nous manquent. Le père mourant porte un de ses enfants au bûcher; la mère désespérée en porte un autre, et se hâte d'en aller chercher un troisième pour le placer près de ses frères. Que dis-je? Le deuil naît du deuil; ceux qui rendent les derniers devoirs à leurs proches expirent

au milieu de la pompe funèbre. Quelques-uns même brûlent leurs morts sur les bûchers allumés pour d'autres. On se dispute le feu; le malheur abrutit les âmes. Les restes sacrés des morts ne sont point déposés dans des tombeaux séparés; on se contente de les exposer quelque temps à la flamme. Combien peu sont réduits en cendre? La terre manque pour tant de sépultures, les forêts pour tant de bûchers. Les vœux et les secours de l'art sont impuissants; les médecins succombent eux-mêmes, et la peste moissonne ceux qui soulagent les malades.

Prosterné au pied des autels, je lève vers le ciel mes mains suppliantes. Je lui demande de mourir avant la ruine totale de ma patrie, de ne pas survivre à tous, de ne pas périr après le dernier de mes sujets. Déités impitoyables! quoi! la mort, si prompte à frapper, n'épargnera-t-elle que moi? Fuis, étranger maudit; quitte ce sceptre que ta main impure a souillé. Fuis ce séjour des larmes et de la mort, cet air où tu as apporté l'horreur et les fléaux qui te suivent. Fuis, te dis-je, fût-ce même chez tes parents.

Joc. Pourquoi, cher époux, aggraver nos maux par des plaintes? Il est d'un roi de supporter le malheur. Plus sa position est difficile, plus son empire est chancelant, plus il doit opposer au destin de constance et d'intrépidité. Un cœur généreux ne cède point à la fortune.

OEd. On ne saurait m'accuser de manquer de courage ; mon âme est inaccessible à la crainte. Mille épées dirigées contre mon sein, Mars et toutes ses fureurs, je les braverais; j'irais d'un pas intrépide attaquer les terribles géants. N'ai-je pas affronté le Sphinx et ses énigmes obscures? j'ai vu sans frémir la gueule ensanglantée du monstre à voix humaine, et la terre jonchée des ossements blanchis de ses victimes.

Infesta genti, strage tam late edita	30
Mihi parcit uni? cui reservamur malo?	
Inter ruinas urbis, et semper novis	
Deflenda lacrimis funera, ac populi struem,	
Incolumis adsto : scilicet Phœbi reus	
Sperare poteras sceleribus tantis dari	35
Regnum salubre? fecimus cælum nocens.	
Non aura gelido lenis afflatu fovet	
Anhela flammis corda : non Zephyri leves	
Spirant; sed igne frigit æstiferi Canis	
Titan, Leonis terga Nemeæi premens.	40
Deseruit amnes humor, atque herbas color;	
Aretque Dirce : tenuis Ismenos fluit,	
Et tingit inopi nuda vix unda vada.	
Obscura cælo labitur Phœbi soror;	
Tristisque mundus nubilo pallet novo.	45
Nullum serenis noctibus sidus micat :	
Sed gravis et ater incubat terris vapor;	
Obtexit arces cælitum ac summas domos	
Inferna facies. Denegat fructum Ceres	
Adulta ; et altis flava quum spicis tremat,	50
Arente culmo sterilis emoritur seges.	
Nec ulla pars immunis exitio vacat :	
Sed omnis ætas pariter et sexus ruit,	
Juvenesque senibus jungit, et natis patres	
Funesta pestis : una fax thalamos cremat ;	55
Planctuque acerbo funera et questu carent.	
Quin ipsa tanti pervicax clades mali	
Siccavit oculos : quodque in extremis solet,	
Periere lacrimæ : portat hunc æger parens	
Supremum ad ignem : mater hunc amens gerit ;	60
Properatque, ut alium repetat in eumdem rogum.	
Quin luctu in ipso luctus exoritur novus,	

Suæque circa funus exsequiæ cadunt.	
Tum propria flammis corpora alienis cremant.	
Diripitur ignis : nullus est miseris pudor.	65
Non ossa tumuli sancta discreti tegunt.	
Arsisse satis est : pars quota in cineres abit?	
Deest terra tumulis : jam rogos silvæ negant.	
Non vota, non ars ulla correptos levant.	
Cadunt medentes : morbus auxilium trahit.	70
Affusus aris supplices tendo manus,	
Matura poscens fata, præcurram ut prior	
Patriam ruentem ; neve post omnes cadam,	
Fiamque regni funus extremum mei.	
O sæva nimium numina! o fatum grave!	75
Negatur uni nempe in hoc populo mihi	
Mors tam parata? sperne letali manu	
Contacta regna : linque lacrimas, funera,	
Tabifica cæli vitia, quæ tecum invehis	
Infaustus hospes : profuge jamdudum ocius	80
Vel ad parentes. *Joc.* Quid juvat, conjux, mala	
Gravare questu? regium hoc ipsum reor,	
Adversa capere; quoque sit dubius magis	
Status, et cadentis imperii moles labet,	
Hoc stare certo pressius fortem gradu.	85
Haud est virile, terga Fortunæ dare.	
Œd. Abest pavoris crimen ac probrum procul,	
Virtusque nostra nescit ignavos metus.	
Si tela contra stricta, si vis horrida	
Mavortis in me rueret; adversus feros	90
Audax gigantes obvias ferrem manus.	
Nec Sphinga cæcis verba nectentem modis	
Fugi : cruentos vatis infandæ tuli	
Rictus, et albens ossibus sparsis solum.	
Quumque e superba rupe, jam prædæ imminens,	95

Oui, tandis que du haut de son roc superbe il s'apprêtait à fondre sur sa proie, déployant déjà ses ailes, et, tel qu'un lion en furie, frappant ses flancs de sa queue menaçante, j'osai lui demander ses vers insidieux. Alors il fit entendre sa voix terrible, puis il grinça les dents; et de ses griffes puissantes il déchirait les rochers, impatient de dévorer mes entrailles. Cependant j'expliquai le sens caché dans ses énigmes funestes, et triomphai du monstre astucieux.

Jo. Pourquoi ces vœux tardifs? Pourquoi invoquer la mort aujourd'hui? Alors elle eût été glorieuse. Vous avez vaincu : le sceptre et la main de Jocaste sont le prix du libérateur de Thèbes.

OEd. C'est lui, c'est le monstre implacable dont la cendre s'élève contre moi. Ce fléau dont j'ai délivré Thèbes est encore la seule cause de nos désastres. Il n'est plus qu'un espoir de salut, c'est qu'Apollon indique un remède à nos maux.

CHOEUR.

Tu péris, noble race de Cadmus; Thèbes entière succombe! Déplorable cité, tu vois tes campagnes dépeuplées. La mort enlève ces guerriers qui te suivirent, ô Bacchus, jusqu'au fond de l'Inde; ces hardis cavaliers qui pénétrèrent dans les contrées de l'Aurore, et plantèrent tes drapeaux sur le seuil du monde; qui virent l'Arabe fortuné recueillir le cinnamome dans ses forêts, et le Parthe rusé lancer en fuyant ses flèches redoutables; qui parcoururent avec toi les rivages de la mer Rouge, d'où le Soleil, en ramenant le jour, brûle de ses feux l'Indien, voisin de son char. Hélas! nous périssons, nous issus de ces héros invincibles! nous périssons, victimes d'un cruel destin. Chaque jour la mort s'enrichit de nouvelles dépouilles. De nombreux cortéges s'avancent tristement vers la demeure des morts; la foule éplorée s'arrête, et nos sept portes ne suffisent point pour le passage de tant de pompes funèbres. Partout s'élèvent des monceaux de cadavres; les morts sont entassés sur les morts.

La contagion atteignit d'abord les timides brebis; l'herbe de nos prairies se changea pour elles en poisons. Tandis que, le bras déjà levé, le sacrificateur s'apprête à frapper du coup mortel le taureau aux cornes dorées, l'animal tombe languissamment; et lorsque la hache pesante entr'ouvre son front, le sang ne rougit point le fer sacré; il ne s'échappe de la blessure livide qu'une liqueur noire et impure. Le coursier languissant s'abat au milieu même de l'arène; et renverse son maître sur la poussière. Les brebis restent abandonnées dans les prairies; le taureau languit au milieu de ses compagnes expirantes; et le pâtre succombe, entouré de quelques génisses mourantes, reste d'un troupeau nombreux. Les cerfs ne craignent plus la voracité des loups; le lion ne fait plus entendre ses rugissements furieux; l'ours ne hérisse plus en grondant son poil épais; le serpent atteint, dans sa retraite, n'est plus malfaisant : le mal qui le consume a tari la source de son venin. Dépouillées de leur verdure, les forêts n'ombragent plus nos montagnes. On ne voit pas les champs se couvrir de fertiles moissons, ni la vigne courber ses rameaux sous le poids des grappes vermeilles. Rien n'échappe au fléau qui nous consume. Les Euménides, la torche à la main, ont brisé les portes de l'abîme infernal : le Styx et le Phlégéton, sortant de leur lit, infectent de leurs poisons l'eau pure de nos fontaines. La

---

Aptaret alas verbere, et caudam movens,
Sævi leonis more, conciperet minas,
Carmen poposci : sonuit horrendum : insuper
Crepuere malæ; saxaque impatiens moræ
Revulsit unguis, viscera exspectans mea.   100
Nodosa sortis verba, et implexos dolos,
Ac triste carmen alitis solvi feræ.
Joc. Quid sera mortis vota nunc demens facis?
Licuit perire : laudis hoc pretium tibi
Sceptrum, et peremtæ Sphingis hæc merces datur.   105
OEd. Ille, ille dirus callidi monstri cinis
In nos rebellat : illa nunc Thebas lues
Peremta perdit : una jam superest salus,
Si quam salutis Phœbus ostendit viam.

CHORUS.

Occidis Cadmi generosa proles   110
Urbe cum tota : viduas colonis
Respicis terras, miseranda Thebe.
Carpitur leto tuus ille, Bacche,
Miles, extremos comes usque ad Indos,
Ausus Eois equitare campis,   115
Figere et mundo tua signa primo.
Cinnami silvis Arabes beatos
Vidit, et versas equitis sagittas,
Terga fallacis metuenda Parthi.
Litus intravit pelagi rubentis.   120
Promit hic ortus, aperitque lucem
Phœbus, et flamma propiore nudos
        Inficit Indos.
Stirpis invictæ genus interimus.
Labimur sævo rapiente fato.   125
Ducitur semper nova pompa Morti.
Longus ad manes properatur ordo

Agminis mœsti, seriesque tristis
Hæret; et turbæ tumulos petenti
Non satis septem patuere portæ.   130
Stat gravis strages, premiturque juncto
        Funere funus.
Prima vis tardas tetigit bidentes;
Laniger pingues male carpsit herbas.
Colla tacturus steterat sacerdos;   135
Dum manus certum parat alta vulnus,
Aureo taurus rutilante cornu
Labitur segnis : patuit sub ictu
Ponderis vasti resoluta cervix :
Nec cruor ferrum maculavit : atra   140
Turpis e plaga sanies profusa est.
Segnior cursu sonipes in ipso
Concidit gyro, dominumque prono
        Prodidit armo.
Incubant pratis pecudes relictæ.   145
Taurus armento pereunte marcet.
Deficit pastor grege diminuto,   .
Tabidos inter moriens juvencos.
Non lupos cervi metuunt rapaces.
Cessat irati fremitus leonis.   150
Nulla villosis feritas in ursis.
Perdidit pestem latebrosa serpens;
Aret, et sicco moritur veneno.
Non silva sua decorata coma
Fundit opacis montibus umbras.   155
Non rura virent ubere glebæ.
Non plena suo vitis Iaccho
        Brachia curvat.
Omnia nostrum sensere malum.
Rupere Erebi claustra profundi   160
Turba sororum face Tartarea :

mort a déployé ses ailes rapides, et engloutit dans sa bouche d'innombrables victimes. Ce nocher dont la vieillesse n'a point affaibli la vigueur, et qui sur sa barque fatale traverse éternellement le Styx impétueux, est las de transporter tant de morts; ses bras épuisés tombent de fatigue. On dit même que le gardien du Ténare a brisé sa chaîne, et qu'il erre dans cette contrée; que la terre a mugi; qu'on a vu dans nos bois sacrés errer des spectres plus grands que nature; que deux fois dans la forêt de Cadmus les arbres agités ont secoué la neige qui les couvrait; que deux fois la source de Dircé a jeté du sang, et que dans le silence des nuits on entend hurler les chiens d'Amphion. O genre de mort inconnu, et dont la vue est plus affreuse que la mort même! D'abord un affaissement pénible appesantit les membres; une rougeur forcée colore le visage. La tête se couvre de pustules livides; un feu dévorant se communique au siége même de la pensée. Les joues enflammées sont gonflées de sang; les yeux sont fixes. Le corps est en proie à un mal qui le consume. Un tintement continuel retentit aux oreilles. Le nez se courbe; un sang noir en découle, et s'échappe par les veines entr'ouvertes. La poitrine et les flancs sont ébranlés par une toux aiguë et fréquente. Les uns pressent contre eux le marbre glacé; ceux dont les gardiens sont morts, et qui peuvent s'échapper, courent aux sources voisines; mais l'eau qu'ils boivent redouble leur soif ardente. Une foule de malheureux prosternés devant les autels ne demande que la mort, seule grâce que les dieux accordent facilement aux humains. Ils vont dans les temples, non pour essayer de fléchir les dieux, mais pour leur offrir un spectacle agréable à leur colère.

Mais qui vient vers le palais d'un pas si rapide? Est-ce Créon, ce prince illustre et par sa naissance et par ses exploits? ou bien n'est-ce qu'une vaine illusion de nos esprits troublés? C'est lui-même, c'est lui qu'appelaient nos vœux impatients.

ACTE DEUXIÈME.

ŒDIPE, CRÉON.

Œd. Près d'entendre l'arrêt du destin, j'éprouve une secrète horreur; mon cœur troublé palpite d'espérance et d'effroi. Dans ces moments qui doivent décider de notre sort, l'âme incertaine craint d'apprendre ce qu'elle brûle de savoir. O frère de Jocaste, si vous apportez quelque soulagement à nos maux, hâtez-vous de parler.

Cré. L'oracle ne s'est pas expliqué clairement.

Œd. N'offrir aux malheureux qu'un moyen incertain de salut, c'est ne vouloir pas les sauver.

Cré. Le dieu de Delphes cache ordinairement le sens de ses oracles.

Œd. Parlez; quelque ambiguë que soit sa réponse, OEdipe seul sait deviner les énigmes.

Cré. Le dieu nous commande de venger la mort de Laïus par l'exil de son meurtrier. Ce châtiment seul doit rendre au jour son éclat, et à l'air que nous respirons toute sa pureté.

Œd. Quel est le meurtrier de ce prince illustre? qui Phébus a-t-il nommé? Parlez; qu'il soit puni.

Cré. Puis-je parler sans crainte? Ce que j'ai vu et entendu est horrible. Tout mon corps en frissonne, et mon sang se glace d'effroi. A peine avais-je porté

Phlegethonque sua motam ripa
Miscuit undis Styga Sidoniis.
Mors alta avidos oris hiatus
Pandit, et omnes explicat alas.   165
Quique capaci turbida cymba
Flumina servat durus senio
Navita crudo, vix assiduo
Brachia conto lassata refert,
Fessus turbam vectare novam.   170
Quin Tænarei vincula ferri
Rupisse canem fama, et nostris
Errare locis : mugisse solum :
Vaga per lucos simulacra virum
Majora viris : bis Cadmeum   175
Nive discussa tremuisse nemus,
Bis turbatam sanguine Dircen :
Nocte silenti
Amphionios ululasse canes.
O dira novi facies leti,   180
Gravior leto! piger ignavos
Alligat artus languor; et ægro
Rubor in vultu, maculæque caput
Sparsere leves : tum vapor ipsam
Corporis arcem flammeus urit;   185
Multoque genas sanguine tendit.
Oculique rigent, et sacer ignis
Pascitur artus : resonant aures.
Stillatque niger naris aduncæ
Cruor, et venas rumpit hiantes.   190
Intima creber viscera quassat
Gemitus stridens : tunc amplexu
Frigida presso saxa fatigant :
Quos libertor domus elato
Custode sinit, petitis fontes,   195

Aliturque sitis latice ingesto.
Prostrata jacet turba per aras,
Oratque mori : solum hoc faciles
Tribuere dei. Delubra petunt,
Haud ut voto numina placent,   200
Sed juvat ipsos satiare deos.
Quisnam ille propero regiam gressu petit?
Adestne clarus sanguine ac factis Creo?
An æger animus falsa pro veris videt?
Adest petitus omnibus votis Creo.   205

ACTUS SECUNDUS.

OEDIPUS, CREON.

Œd. Horrore quatior, fata quo vergant timens,
Trepidumque gemino pectus afflicta labat.
Ubi læta duris mixta in ambiguo jacent,
Incertus animus scire quum cupiat, timet.
Germane nostræ conjugis, fessis opem   210
Si quam reportas, voce properata edoce.
Cr. Responsa dubia sorte perplexa latent.
Œd. Dubiam salutem qui dat afflictis, negat.
Cr. Ambage flexa Delphico mos est deo
Arcana legere. *Œd.* Fare, sit dubium licet :   215
Ambigua soli noscere OEdipodæ datur.
Cr. Cædem explari regiam exsilio deus,
Et interemtum Laium ulcisci jubet.
Non ante cælo lucidus curret dies,
Haustusque tutos ætheris puri dabit.   220
Œd. Ecquis peremtor incliti regis fuit?
Quem memoret, ede, Phœbus, ut pœnas luat.
Cr. Sit, precor, dixisse tutum visu et auditu horrida.
Torpor insedit per artus, frigidus sanguis coit.
Ut sacrata templa Phœbi supplici intravi pede, 225

mes pas respectueux dans le temple sacré de Phébus, et invoqué le dieu, en étendant, selon l'usage, mes mains suppliantes, que le double sommet du Parnasse chargé de neige retentit d'un bruit horrible; le laurier qui ombrage le temple trembla, le temple lui-même en fut ébranlé, et l'eau sainte de Castalie cessa de couler. Cependant la Pythie secoue ses cheveux, qui se hérissent sur sa tête; elle cède au dieu qui l'inspire; et à peine approche-t-elle de l'antre prophétique, que d'une voix terrible et plus qu'humaine elle fait entendre ces mots :

« Le ciel de Thèbes recouvrera sa pureté quand « l'étranger qu'elle a reçu fuira loin de Dircé et des « bords de l'Ismène. Assassin de ton roi, Phébus dès « ton enfance t'a prédit ton sort. Souillé du sang de « ton père, tu ne jouiras pas longtemps de ton forfait. « Tu te feras la guerre, et tu la légueras à tes fils, toi, « rentré par l'inceste dans les flancs de ta mère. »

ŒEd. Cette ordre des dieux je vais poursuivre aujourd'hui, vous la deviez aux cendres de Laïus, pour mettre à l'abri de pareilles trahisons la sainteté du diadème. Mais c'est aux rois surtout qu'il appartient de venger les rois. On ne songe guère à venger la mort de celui dont on craignait la puissance.

Cré. Si Laïus ne fut pas vengé, ne l'imputez qu'à des craintes plus vives.

ŒEd. Et quelle crainte a pu arrêter l'accomplissement d'un devoir si sacré?

Cré. Celle du Sphinx et de ses énigmes fatales.

ŒEd. Accomplissons aujourd'hui par l'ordre des dieux cette vengeance tardive.

O vous tous, dieux qui veillez au bonheur des empires; toi surtout qui présides au mouvement rapide de l'Olympe; et toi le plus bel ornement des cieux, qui parcours tour à tour les douze demeures célestes, et dont le char léger entraîne les siècles à ta suite; et toi qui réfléchis l'éclat de ton frère,

Phébé, déesse errante de la nuit; toi qui commandes aux tempêtes, et qui diriges sur la plaine liquide tes coursiers azurés; toi enfin qui donnes des lois au ténébreux empire, divinités puissantes, exaucez ma prière. Que celui dont la main a frappé Laïus ne trouve nulle part ni repos, ni sûreté; qu'aucune terre hospitalière ne lui offre un asile : je lui souhaite un hymen incestueux, une race impie; qu'il devienne le meurtrier de son père; et, pour assembler sur sa tête les plus affreuses imprécations, qu'il commette enfin toutes les horreurs que j'ai su éviter. Je serai pour lui sans pitié, j'en jure et par ce sceptre que je possède, quoique étranger dans Thèbes, et par celui auquel j'ai renoncé; par mes dieux domestiques, et par toi, puissant Neptune, dont les flots pressent des deux côtés le pays qui m'a vu naître. Je te prends aussi à témoin de mes serments, dieu qui inspires à la prêtresse de Cirrha ses accents prophétiques. Que mon père achève en paix sur le trône sa longue et paisible existence; que la chaste Mérope ne connaisse jamais d'autre époux que Polybe, comme je jure ici de poursuivre sans pitié le meurtrier de Laïus. *(à Créon.)* Mais apprenez-moi dans quel lieu fut commis ce meurtre impie : est-ce dans un combat, ou par trahison, que Laïus a péri?

Cré. Le roi, qui se dirigeait vers les bois touffus où coule l'onde sacrée de Castalie, suivait un sentier étroit, bordé de buissons et de ronces, à l'extrémité duquel la route se divise en trois branches. L'une s'étend à travers les coteaux de la Phocide chers à Bacchus, non loin de l'endroit où le Parnasse, qui s'élève par une pente insensible, touche les nues de son double sommet; la seconde mène par les champs d'Olène à la ville bâtie par Sisyphe entre deux mers; la troisième suit à travers une vallée profonde le cours sinueux du fleuve Ilissus aux fraîches ondes. Des brigands fondirent tout à coup sur le roi, qui

---

Et pias, numen precatus, rite summisi manus;
Gemina Parnassi nivalis arx trucem sonitum dedit,
Imminens Phœbea laurus tremuit et movit domum,
Ac repente sancta fontis lympha Castalii stetit.
Incipit Letoa vates spargere horrentes comas,   230
Et pati commota Phœbum. Contigit nondum specum,
Emicat vasto fragore major humano sonus :
« Mitia Cadmeis remeabunt sidera Thebis,
« Si profugus Dircen Ismenida liqueris hospes,
« Regis cæde nocens, Phœbo jam notus et infans.   235
« Nec tibi longa manent scelerate gaudia cædis.
« Tecum bella geres; natis quoque bella relinques;
« Turpis maternos iterum revolutus in ortus. »
Œd. Quod facere monitu cælitum jussus paro,
Functi cineribus regis hoc decuit dari,   240
Ne sancta quisquam sceptra violaret dolo.
Regi tuenda maxime regum est salus.
Queritur peremtum nemo, quem incolumem timet.
Cr. Curam peremti major excussit timor.
Œd. Pium prohibuit ullus officium metus?   245
Cr. Sphinx, et nefandi carminis tristes minæ.
Œd. Nunc expietur numinum imperio scelus.
Quisquis deorum regna placatus vides;
Tu, tu, penes quem jura præcipitis poli;
Tuque, o sereni maximum mundi decus,   250
Bis sena cursu signa qui vario regis,
Qui tarda celeri secula evolvis rota;
Sororque fratri semper occurrens tuo,
Noctivaga Phœbe; quique ventorum potens

Æquor per altum cærulos currus agis;   255
Et qui carentes luce disponis domos,
Adeste. Cujus Laius dextra occidit,
Hunc non quieta tecta, non fidi lares,
Non hospitalis exsulem tellus ferat;
Thalamis pudendis doleat et prole impia;   260
Hic et parentem dextera perimat sua;
Faciatque (num quid gravius optari potest?)
Quidquid ego fugi. Non erit veniæ locus :
Per regna juro, quæque nunc hospes gero,
Et quæ reliqui; perque penetrales deos;   265
Per te, pater Neptune, qui fluctu brevi
Utrinque nostro geminus alludis solo;
Et ipse nostris vocibus testis veni,
Fatidica vatis ora Cirrhææ movens.
Ita molle senium ducat, et summum diem   270
Securus alto reddat in solio parens,
Solasque Merope noverit Polybi faces,
Ut nulla sontem gratia eripiet mihi.
Sed quo nefandum facinus admissum loco est,
Memorato. Aperto Marte, an insidiis jacet?   275
Cr. Frondifera sanctæ nemora Castaliæ petens,
Calcavit arctis obsitum dumis iter,
Trigemina qua se spargit in campos via.
Secat una gratum Phocidos Baccho solum,
Unde altus ima deserit, cælum petens,   280
Clementer acto colle, Parnassos biceps.
At una bimares Sisyphi terras adit,
Olenia in arva. Tertius trames cava

voyageait sans défiance, et l'assassinèrent, sans qu'on sache par qui ce crime fut commis. Mais voici, prince, voici Tirésias, qu'amène ici l'oracle d'Apollon; il presse vers vous ses pas chancelants; Manto, sa fille, soutient et guide le vieillard aveugle.

ŒDIPE, TIRÉSIAS, MANTO.

Œd. O mortel favorisé des dieux, vous qui par votre art divin approchez de Phébus, interprétez son oracle et nommez le coupable.

Tir. Si ma langue tarde à s'expliquer et ne satisfait pas d'abord votre impatience, vous n'en devez pas être surpris, grand roi. Un aveugle ne saurait connaître la vérité tout entière. Cependant je cède à la voix de ma patrie, à l'ordre d'Apollon. Que la destinée se dévoile. Ah ! si mon sang n'était glacé par l'âge, si j'avais mon antique ardeur, le dieu passerait en moi tout entier. (*Aux ministres des sacrifices.*) Qu'on approche de l'autel un taureau blanc, dont le front n'ait jamais fléchi sous le joug. (*à Manto.*) Et toi, ma fille, toi qui me sers de guide, observe et rapporte-moi exactement les signes de ce sacrifice, qui doit nous dévoiler l'avenir.

Man. La victime est devant l'autel.

Tir. Invoque les dieux du ciel, selon l'usage, et répands l'encens sur leurs autels.

Man. J'ai jeté l'encens sur le feu sacré.

Tir. Eh bien? regarde! La flamme a-t-elle consumé les chairs de la victime?

Man. Elle a brillé tout à coup, et tout à coup elle s'est éteinte.

Tir. Le feu a-t-il été clair et brillant? s'est-il élevé pur et droit vers le ciel, lançant dans les airs une gerbe enflammée? ou se glissait-il languissamment autour de l'autel, obscur, et étouffé dans des tourbillons de fumée?

Man. La flamme changeante a pris tour à tour les diverses couleurs qui brillent sur l'écharpe d'Iris, lorsqu'annonçant la pluie et embrassant un vaste espace du ciel, elle se peint sur les nuages. On ne saurait dire toutes ses nuances, ni celles qui lui manquent. Tout à l'heure bleuâtre et mêlée de taches sombres, elle est devenue rouge comme du sang; la voilà maintenant qui s'obscurcit et s'éteint. Mais que vois-je? Le feu se ranime, il se sépare; et deux flammes allumées sur le même autel ne peuvent se rapprocher. O mon père, quel prodige effrayant ! le vin offert en libations se change en sang. Une épaisse fumée environne la tête du roi; une vapeur plus noire encore couvre son visage. Enfin ce nuage dérobe à nos yeux la sombre lueur qui nous éclairait. O mon père, expliquez-nous ces terribles présages.

Tir. Que puis-je dire, au milieu du trouble de mes sens? que puis-je dire? J'entrevois des crimes monstrueux, mais encore environnés d'une ombre épaisse. Le courroux des dieux se manifeste d'ordinaire par des signes certains. Quel est donc le mystère affreux qu'ils veulent découvrir, et qu'ils dérobent aussitôt. Pourquoi nous cachent-ils la cause de leur courroux? secret terrible que j'ignore, mais qui fait horreur aux dieux. (*A Manto.*) Hâte-toi; amène les victimes. Jette sur leur front les gâteaux salés. S'approchent-elles sans résistance? se laissent-elles paisiblement saisir par les sacrificateurs?

Man. Le taureau, levant sa tête et tourné vers l'orient, a été saisi d'effroi : il fuit la lumière, il fuit l'aspect et la clarté du soleil.

Tir. Les victimes ont-elles été abattues d'un seul coup?

Man. La génisse s'est offerte d'elle-même au couteau sacré, et au premier coup elle est tombée à terre. Mais le taureau, quoique frappé deux fois,

---

Convalle serpens tangit errantes aquas,
Gelidumque dirimit amnis Ilissi vadum. 285
Hic pace fretum subita prædonum manus,
Aggressa ferro, facinus occultum tulit.
In tempore ipso, sorte Phœbea excitus,
Tiresia tremulo tardus accelerat genu,
Comesque Manto, luce viduatum trahens. 290

OEDIPUS, TIRESIAS, MANTO.

ŒEd. Sacrate divis, proximum Phœbo caput,
Responsa solve; fare, quem pœnæ petant.
Tir. Quod tarda fatu est lingua, quod quærit moras,
Haud te quidem, magnanime, mirari addecet :
Visu carenti magna pars veri latet. 295
Sed quo vocat me patria, quo Phœbus, sequar.
Fata eruantur. Si foret viridis mihi
Calidusque sanguis, pectore exciperem deum.
Appellite aris candidum tergo bovem,
Curvoque nunquam colla depressum jugo. 300
Tu, lucis inopem, nata, genitorem regens,
Manifesta sacri signa fatidici refer.
Man. Opima sanctas victima ante aras stetit.
Tir. In vota superos voce solemni voca,
Arasque dono turis Eoi exstrue. 305
Man. Jam tura sacris cælitum ingessi focis.
Tir. Quid flamma? largas jamne comprendit dapes?
Man. Subito refulsit lumine, et subito occidit.
Tir. Utrumne clarus ignis, et nitidus stetit,
Rectusque purum verticem cælo tulit, 310
Et summam in auras fusus explicuit comam?

An latera circa serpit incertus viæ,
Et fluctuante turbidus fumo labat?
Man. Non una facies mobilis flammæ fuit :
Imbrifera qualis implicat varios sibi 315
Iris colores, parte quæ magna poli
Curvata, picto nuntiat nimbos sinu.
Quis desit illi, quisve sit, dubites, color :
Cærulea fulvis mixta oberravit notis,
Sanguinea rursus, ultima in tenebras abit. 320
Sed ecce pugnax ignis in partes duas
Discedit, et se scindit unius sacri
Discors favilla. Genitor, horresco intuens :
Libata Bacchi dona permutat cruor,
Ambitque densus regium fumus caput. 325
Ipsosque circa spissior vultus sedet,
Et nube densa sordidam lucem abdidit.
Quid sit, parens, effare. *Tir.* Quid fari queam,
Inter tumultus mentis attonitæ vagus?
Quidnam loquar? Sunt dira, sed in alto, mala. 330
Solet ira certis numinum ostendi notis.
Quid istud est, quod esse prolatum volunt,
Iterumque nolunt, et truces iras tegunt?
Pudet deos nescio quid. Huc propere admove,
Et sparge salsa colla taurorum mola. 335
Placidone vultu sacra et admotas manus
Patiuntur? *Man.* Altum taurus attollens caput,
Primos ad ortus positus, expavit diem,
Trepidusque vultum solis ad radios fugit.
Tir. Unone terram vulnere afflicti petunt? 340
Man. Juvenca ferro semet imposito induit,
Et vulnere uno cecidit; at taurus, duos

SÉNÈQUE.

a chancelé longtemps avant de tomber ; et sa vie ne s'échappe qu'avec peine de ses flancs épuisés.

Tir. Le sang jaillissait-il rapidement d'une blessure étroite ? coulait-il lentement d'une profonde blessure ?

Man. Un fleuve de sang s'échappe du seul coup que la génisse a reçu dans la gorge ; les deux profondes blessures du taureau n'en rendent que quelques gouttes. Lereste, retournant en arrière, inonde le front et les yeux de la victime.

Tir. Ce sacrifice sinistre m'inspire les plus vives terreurs. Mais quels signes observes-tu dans les entrailles ?

Man. O mon père, que signifie ce prodige ? Elles n'ont pas ce mouvement léger qu'on remarque d'ordinaire dans les entrailles palpitantes des victimes : elles repoussent mes mains avec violence. Le sang jaillit des veines avec une nouvelle abondance. Le cœur flétri et desséché a presque entièrement disparu. Les veines sont livides, les fibres incomplètes. Le foie corrompu est couvert d'un fiel écumant et noir, et, ce qui est toujours un présage fatal aux monarchies, il a deux têtes égales ; toutes deux sont recouvertes d'une membrane légère et transparente, indice d'un secret qui sera bientôt dévoilé. Le côté de l'ennemi, beaucoup plus gonflé, présente sept veines tendues. Une ligne les coupe obliquement : signe d'un retour impossible. L'ordre de la nature est interverti ; nul organe n'est à sa place : le poumon, rempli de sang au lieu d'air, n'est pas à droite ; le cœur n'est point à gauche ; les intestins ne sont pas contenus dans cette molle et grasse tunique qui doit leur servir d'enveloppe. Tout est désordre dans le corps de la génisse : aucune loi de la nature n'y est observée. Mais quel est dans les entrailles ce corps qui résiste à ma main ? quel prodige effrayant ! la génisse a conçu, et le fruit monstrueux

qu'elle porte n'occupe pas la place qu'il devrait tenir dans les flancs de sa mère. Il remue en gémissant ses membres débiles, qu'agite un frisson convulsif. Un sang livide a noirci la chair des victimes ; leurs troncs hideux essayent de marcher. Ce corps vide d'entrailles et de sang se soulève, et menace de ses cornes les ministres sacrés. Les entrailles s'échappent de mes mains. O mon père, cette voix qui a frappé vos oreilles n'est point celle d'un animal mugissant, ni de quelque taureau épouvanté ; c'est l'autel qui a mugi ; c'est du milieu des flammes qu'est parti ce cri d'épouvante.

OEd. Que signifient ces présages terribles ? parlez ; je vous écoute sans crainte. On puise du courage dans l'excès même du malheur.

Tir. Vous regretterez les maux que vous voulez finir.

OEd. Apprenez-moi seulement ce que les dieux veulent que je sache : quelle main s'est souillée du meurtre de Laïus ?

Tir. Ni les oiseaux qui fendent l'air d'une aile rapide, ni les entrailles encore palpitantes arrachées du flanc des victimes, ne sauraient nous l'apprendre. Il faut recourir à d'autres moyens ; il faut évoquer du séjour de la nuit éternelle l'ombre de Laïus lui-même, pour qu'il nous fasse connaître son meurtrier. Ouvrons les barrières du sombre empire ; invoquons l'implacable roi des morts ; appelons les habitants de la rive infernale. (*A OEdipe.*) Prince, désignez celui qui doit vous représenter au sacrifice ; car la dignité royale vous défend d'assister à ces lugubres apparitions.

OEd. C'est vous que ce soin regarde, Créon, vous qui tenez dans Thèbes la première place après moi.

Tir. (*au chœur.*) Et vous, tandis que je vais ouvrir les abîmes profonds du Styx, chantez l'hymne thébain en l'honneur de Bacchus.

Perpessus ictus, huc et huc dubius ruit,
Animamque fessus vix reluctantem exprimit.
Tir. Utrum citatus vulnere angusto micat,   345
An lentus altas irrigat plagas cruor ?
Man. Hujus per ipsam, qua patet pectus, viam
Effusus amnis ; hujus exiguo graves
Maculantur ictus imbre : sed versus retro
Per ora multus sanguis atque oculos redit.   350
Tir. Infausta magnos sacra terrores cient.
Sed ede certas viscerum nobis notas.
Man. Genitor, quid hoc est ? Non levi motu, ut solent,
Agitata trepidant exta ; sed totas manus
Quatiunt, novusque prosilit venis cruor.   355
Cor marcet ægrum penitus, ac mersum latet :
Liventque venæ ; magna pars fibris abest ;
Et felle nigro tabidum spumat jecur ;
Ac (semper omen unum imperio grave),
En capita paribus bina consurgunt toris :   360
Sed utrumque cæsum tenuis abscondit caput
Membrana, latebram rebus occultis negans ;
Hostile valido robore insurgit latus,
Septemque venas tendit : has omnes retro
Prohibens reverti limes obliquus secat.   365
Mutatus ordo est, sede nil propria jacet,
Sed acta retro cuncta : non animæ capax
In parte dextra pulmo sanguineus jacet.
Non læva cordi regio ; non molli ambitu
Omenta pingues viscerum obtendunt sinus.   370
Natura versa est, nulla lex utero manet.
Scrutemur, unde tantus hic extis rigor.

Quod hoc nefas ? conceptus innuptæ bovis,
Nec more solito positus, alieno in loco
Implet parentem. Membra cum gemitu movet ;   375
Tremulo rigore debiles artus micant ;
Infecit atras lividus fibras cruor ;
Tentantque turpes mobilem trunci gradum,
Et inane surgit corpus, ac sacros petit
Cornu ministros. Viscera effugiunt manum.   380
Neque ipsa, quæ te pepulit, armenti gravis
Vox est, nec usquam territi resonant grege
Immugiit æris ignis, et trepidant foci.
OEd. Quid ista sacri signa terrifici ferant ?
Exprome. Voces aure non timida hauriam :   385
Solent suprema facere securos mala.
Tir. His invidebis, quibus opem quæris, malis.
OEd. Memora, quod unum scire cælicolæ voluut,
Contaminarit rege quis cæso manus.
Tir. Nec alta cæli quæ levi penna secant,   390
Nec fibra vivis rapta pectoribus potest
Ciere nomen. Alia tentanda est via.
Ipse evocandus noctis æternæ plagis
Emissus Erebo, ut cædis auctorem indicet.
Reseranda tellus ; Ditis implacabile   395
Numen precandum ; populus infernæ Stygis
Huc extrahendus. Ede, cui mandes sacrum.
Nam te, penes quem summa regnorum est, nefas
Invisere umbras. *OEd.* Te, Creo, hic poscit labor,
Ad quem secundum regna respiciunt mea.   400
Tir. Dum nos profundæ claustra laxamus Stygis,
Populare Bacchi laudibus carmen sonet.

LE CHOEUR.

O toi dont la tête est ceinte d'un pampre chargé de grappes qui se balancent sur tes cheveux flottants, dieu de Nysa, toi dont la main délicate est armée d'un thyrse, brillant ornement des cieux, exauce, ô Bacchus, les vœux que la noble Thèbes, ta patrie, t'adresse en ce jour. Tourne vers nous ce front, où brille la beauté d'une vierge. Que l'éclat de ton visage, dissipant la nuit qui nous environne, éloigne de nous les menaces de l'enfer et la mort dévorante.

O Bacchus toujours gracieux, que tu veuilles orner ta tête de fleurs printanières ou assembler tes cheveux sous la mitre de Tyr, cacher ton front délicat sous le feuillage et les baies du lierre, laisser ta chevelure flotter au hasard, ou en former un simple nœud. Jadis, craignant une marâtre impitoyable, tu déguisas ton sexe, tu pris les formes délicates, la blonde chevelure des jeunes filles, et leur robe brillante que serre une ceinture. Depuis ce temps, tu préfères ces habits voluptueux, ces tuniques flottantes, et ces robes qui tombent jusqu'à terre. Ce fut sous ces riches vêtements qu'assis sur un char traîné par des lions, tu parus en vainqueur aux yeux de ces peuples qui habitent les vastes contrées de l'Aurore, de ceux qui boivent les eaux du Gange, de ceux qui fendent les flots de l'Araxe grossi par les neiges.

Le vieux Silène te suit sur sa lourde monture; sa tête énorme est ombragée d'une couronne de pampres. Tes prêtres célèbrent en bondissant tes mystères sacrés.

Les Bassarides qui t'accompagnent font trembler sous leurs pieds tantôt le Pangée couvert de glaces, tantôt le sommet du Pinde. La Ménade dénaturée,

les flancs couverts de la dépouille d'un faon, accourt au milieu des femmes de Thèbes, sur les pas du dieu né dans la ville d'Ogygès. Remplies de tes fureurs divines, et jetant leurs cheveux au vent, ces Thyades brandissent leurs thyrses légers. Soudain leur rage a déchiré les membres de Penthée; mais bientôt, laissant retomber leurs mains naguère furieuses, elles regardent ces restes sanglants, comme si le crime eût été commis par d'autres mains.

La sœur de ta mère, ô Bacchus, Ino, fille de Cadmus, environnée de la troupe brillante des Néréides, donne des lois à l'humide empire; et l'auguste Palémon qui t'est lié par le sang, Palémon, nouvelle déité des mers, commande aux flots du vaste Océan.

Encore enfant, tu fus, ô Bacchus, enlevé par une troupe de pirates tyrrhéniens. Nérée, calmant aussitôt les ondes agitées, donne à la mer l'apparence d'une riante prairie. Ici le platane se couvre d'un tendre feuillage; là verdit le laurier chéri d'Apollon. Les oiseaux chantent sous l'ombrage; le lierre toujours vert serpente autour des rames; la vigne grimpe au sommet du mât. A la proue, rugit un lion aussi terrible que ceux de l'Ida; à la poupe, paraît un tigre du Gange : les pirates éperdus s'élancent dans les flots; mais à peine s'y sont-ils plongés, que leur corps prend une forme nouvelle. Leurs bras disparaissent; leur poitrine se confond avec le reste de leur corps. Leur dos se courbe et s'arrondit; de petites nageoires sortent de leurs flancs, et leur queue, en forme de croissant, sillonne au loin la mer. Devenus dauphins, ils suivent encore la course des vaisseaux.

Tu as franchi les ondes précieuses du fleuve de Lydie, qui dans sa course rapide roule des flots d'or.

CHORUS.

Effusam redimite comam nutante corymbo,
Mollia Nysæis armatus brachia thyrsis,
Lucidum cæli decus, huc ades votis,   405
  Quæ tibi nobiles Thebæ, Bacche, tuæ
    Palmis supplicibus ferunt.
Huc adverte favens virgineum caput;
Vultu siderco discute nubila,   410
  Et tristes Erebi minas,
    Avidumque fatum.
Te decet vernis comam floribus cingi;
  Te caput Tyria cohibere mitra;
    Ederave mollem baccifera
Religare frontem,   415
  Spargere effusos sine lege crines,
Rursus adducto revocare nodo.
Qualis iratam metuens novercam
Creveras, falsos imitatus artus,
Crine flaventi simulata virgo,   420
Luteam vestem retinente zona.
Inde tam molles placuere cultus,
Et sinus laxi, fluidumque syrma.
Vidit aurato residere curru,
Veste quum longa tegeres leones,   425
Omnis Eoæ plaga vasta terræ,
Qui bibit Gangem, niveumque quisquis
    Frangit Araxen.
Te senior turpi sequitur Silenus asello,
Turgida pampineis redimitus tempora sertis. 430
Condita lascivi deducunt orgia mystæ.

Te Bassaridum comitata cohors,
Nunc Edoni pede pulsavit
Sola Pangæi; nunc Threicio
Vertice Pindi; nunc Cadmeas   435
Inter matres impia Mænas
Comes Ogygio venit Iaccho,
Nebride sacra præcincta latus.
Tibi commotæ pectora matres
Fudere comam; thyrsumque levem   440
Vibrante manu, jam post laceros
Pentheos artus Thyades œstro
Membra remissæ, velut ignotum
    Videre nefas.
Ponti regna tenet nitidi materiera Bacchi, 445
Nereidumque choris Cadmeia cingitur Ino.
Jus habet in fluctus magni puer advena ponti
Cognatus Bacchi, numen non vile, Palæmon.
  Te Tyrrhena, puer, rapuit manus,
Et tumidum Nereus posuit mare,   450
Cærula quum pratis mutat freta.
Hinc verno platanus folio viret,
Et Phœbo laurus carum nemus;
Garrula per ramos avis obstrepit;
Vivaces ederas remus tenet;   455
Summa ligat vitis carchesia;
Idæus prora fremuit leo;
Tigris puppe sedet Gangetica;
Tum pirata freto pavidus natat;
Et nova demersos facies habet.   460
Brachia prima cadunt prædonibus
Illisumque utero pectus coit.

Devant toi, le Massagète, qui s'abreuve de sang mêlé avec du lait, détendit son arc, et déposa ses traits redoutables. Lycurgue, qui t'insultait, a ressenti les effets de ta colère : tu soumis les Daces farouches, et ces nations voisines des antres de Borée, qui changent sans cesse de demeures ; celles qui habitent les bords glacés des Méotides ; peuples qui voient au-dessus de leur tête l'astre de l'Arcadie et le double Chariot.

Bacchus a dompté les Gélons errants, désarmé les belliqueuses Amazones. Ces guerrières terribles du Thermodon, humiliant devant lui leur front superbe, échangèrent leurs flèches rapides contre le thyrse des Ménades. Le Cithéron sacré fut ensanglanté par le massacre des petits-fils d'Ophion. Les filles de Prétus s'enfuirent mugissantes au fond des forêts ; et Argos élève au jeune dieu des autels sous les yeux même de sa marâtre.

Naxos, que la mer Égée environne de ses flots, lui offre pour épouse une jeune fille abandonnée, et par cet hymen glorieux console Ariane de la perfidie d'un amant.

A sa voix, une source abondante a jailli d'un aride rocher. Des ruisseaux s'ouvrent en murmurant un passage à travers le gazon, et fertilisent la terre, qui boit avidement cette onde divine ; un lait éclatant de blancheur, les vins de Lesbos aussi parfumés que le thym, serpentent dans la plaine. Cependant il conduit aux cieux sa nouvelle épouse. Phébus, laissant flotter ses cheveux sur ses épaules, chante l'hymne nuptial. Les deux Amours agitent leurs flambeaux ; et Jupiter, à l'arrivée de Bacchus, dépose sa foudre en soupirant.

Tant que les astres brillants poursuivront leur course, que l'Océan environnera la terre de ses flots qui la pressent ; tant que la lune retrouvera dans son plein les feux qu'elle avait perdus ; tant que l'Aurore matinale annoncera le retour du soleil, et que l'Ourse placée au sommet du ciel n'ira point se plonger dans l'empire de Nérée, nous ne cesserons d'adorer le visage charmant de l'aimable Bacchus.

ACTE TROISIÈME.

OEDIPE, CRÉON.

OEd. Votre visage ne m'annonce que de tristes nouvelles. N'importe : faites-moi connaître sur qui doit tomber la vengeance des dieux.

Cré. Vous m'ordonnez de dire ce que la crainte me conseille de taire.

OEd. Si vous êtes insensible aux désastres de Thèbes, songez du moins au sceptre près de sortir de votre maison.

Cré. Vous regretterez de savoir ce que vous demandez avec tant d'instances.

OEd. On ne peut remédier à un malheur qu'on ignore. Voudriez-vous me cacher un secret d'où dépend le salut de l'État ?

Cré. Il est des remèdes affreux, auxquels il coûte trop de recourir.

OEd. Ah ! parlez, vous dis-je, ou vous apprendrez dans les tourments ce que peut le courroux d'un roi.

Cré. Les rois s'irritent souvent d'un aveu qu'ils avaient exigé.

OEd. Ton vil sang, offert aux dieux infernaux,

Parvula dependet lateri manus,
Et dorso fluctum curvo subit ;
Lunata scindit cauda mare ,   465
Et sequitur curvus fugientia carbasa delphin.
Divite Pactolus vexit te Lydius unda ,
Aurea torrenti deducens flumina ripa.
Laxavit victos arcus Geticasque sagittas
Lactea Massagetes qui pocula sanguine miscet.   470
Regna securigeri Bacchum sensere Lycurgi.
  Sensere terræ te Dacum feroces ;
  Et quos vicinus Boreas ferit
  Arva mutantes ; quasque Mæotis
Alluit gentes frigida fluctu ;   475
Quasque despectat vertice summo
  Sidus Arcadium, geminumque plaustrum.
  Ille dispersos domuit Gelonos ;
Arma detraxit trucibus puellis :
Ore dejecto petiere terram   480
Thermodontiacæ graves catervæ ,
  Positis tandem levibus sagittis ,
  Mænades factæ. Sacer et Cithæron
Sanguine inundavit ,
Ophioniaque cæde.   485
  Prœtides silvas petiere : et Argos
Præsente Baccbum coluit noverca.
Naxos Ægeo redimita ponto
  Tradidit thalamis virginem relictam ,
Meliore pensans damna marito.   490
  Pumice sicco
  Fluxit Nyctelius latex.
  Garruli gramen secuere rivi ;
Combibit dulces humus alta succos ,
  Niveique lactis candida fontes   495

Et mixta odoro Lesbia cum thymo.
  Ducitur magno nova nupta cælo.
Solemne Phœbus carmen
  Edit infusis humero capillis.
Concutit tædas geminus Cupido.   500
Cælum deposuit Jupiter igneum,
Oditque, Baccho veniente , fulmen.
  Lucida dum current annosi sidera mundi ;
Oceanus clausum dum fluctibus ambiet orbem ,
Lunaque dimissos dum plena recolliget ignes ,   505
Dum matutinos prædicet Lucifer ortus,
Altaque cæruleum dum Nerea nesciet Arctos
Candida formosi venerabimur ora Lyæi.

ACTUS TERTIUS.

OEDIPUS, CREON.

OEd. Etsi ipse vultus flebiles præfert notas,
Exprome, cujus capite placemus deos.   510
Cr. Fari jubes, tacere quæ suadet metus.
OEd. Si te ruentes non satis Thebæ movent ,
At sceptra moveant lapsa cognatæ domus.
Cr. Nescisse cupies, nosse quæ nimium expetis.
OEd. Iners malorum remedium ignorantia est.   515
Itane et salutis publicæ indicium obrues?
Cr. Ubi turpis est medicina, sanari piget.
OEd. Audita fare ; vel malo domitus gravi,
Quid arma possint regis irati , scies.
Cr. Odere reges dicta, quæ dici jubent.   520
OEd. Mitteris Erebo vile pro cunctis caput ,
Arcana sacri voce ni retegis tua.

va couler pour mon peuple, si tu ne me révèles à l'instant le sacré mystère.

Cré. Souffrez que je me taise ; c'est la moindre grâce qu'on puisse demander à un roi.

OEd. Le prince et l'État ont souvent plus à craindre de celui qui se tait que de celui qui parle.

Cré. Que sera-t-il permis là où il n'est pas permis de se taire?

OEd. Garder le silence quand le roi vous ordonne de parler, c'est méconnaître son pouvoir.

Cré. Vous m'y forcez; écoutez-moi donc au moins sans colère.

OEd. Quelle punition peut craindre celui qui ne parle que par force?

Cré. A quelque distance de la ville, dans ce vallon que baigne la fontaine Dircé, est un bois sacré, où l'yeuse forme un noir ombrage. Des cyprès, qui s'élancent au-dessus, couvrent le bois de leurs cimes toujours vertes; et des chênes qui étendent leurs branches tortueuses, et couvertes de mousse, en redoublent l'horreur. Le temps qui les mine a déjà fait éclater les uns ; les autres, n'étant plus soutenus par leurs racines épuisées, s'étayent des arbres voisins. Là croît le laurier aux baies amères, le tilleul léger, le myrte consacré à la déesse de Paphos, l'aune qui se façonne en rames et sillonne l'immensité des mers, le pin qui arrête les rayons du soleil, et dont le tronc sans nœuds résiste aux efforts des vents.

Au milieu s'élève un arbre immense, dont l'ombre épaisse domine tous les autres; ses rameaux, qui embrassent un vaste espace, défendent et protégent la forêt. Au pied de cet arbre, une eau triste et dormante, que le soleil n'éclaire jamais, conserve une éternelle froideur. Un marais fangeux environne cette eau paresseuse.

C'est là que se rend le vieux Tirésias. Il n'attend pas la nuit; l'ombre du bois offre une nuit assez épaisse. On creuse une fosse, on y jette des tisons pris sur un bûcher funéraire; lui-même se couvre le corps d'un vêtement lugubre. Il se frappe le front. Son manteau noir descend jusqu'à terre. Il s'avance dans ce triste et sombre appareil; l'if funèbre presse ses cheveux blancs. Par son ordre, on immole des brebis et des génisses noires. La flamme dévore les viandes sacrées; et les victimes palpitantes frémissent sur le feu qui les consume. Tirésias invoque les mânes; il invoque le roi des ombres, et le gardien qui veille à la porte du sombre empire. Il prononce à voix basse des paroles magiques; puis, avec l'accent de la fureur et de la menace, il récite ces formules qui apaisent ou évoquent les ombres légères. Il fait sur le feu des libations sanglantes, brûle les victimes entières, et remplit la fosse de sang. Sa main gauche y épanche aussi du lait et la liqueur de Bacchus. Alors prononçant de nouvelles paroles, et le visage tourné vers la terre, il appelle les mânes d'une voix plus forte et plus menaçante.

Aussitôt les chiens d'Hécate font entendre leurs aboiements. Un sourd gémissement sort par trois fois du creux de la vallée; la terre tremble sous nos pieds : « On m'a entendu, s'écrie le devin, et j'ai bien dit les paroles. Le noir abîme s'ouvre, et les sujets de Pluton peuvent revenir au séjour des vivants. » La forêt s'affaissa d'abord, puis son feuillage se redressa : les chênes les plus durs se fendirent; les arbres agitèrent leurs cimes tremblantes. La terre se fend, et gémit du fond de ses entrailles, soit que l'Achéron s'indigne qu'on ose violer ses retraites profondes, soit que la terre elle-même fasse ce bruit en se déchirant, pour donner passage aux morts; ou que le monstre à trois têtes secoue avec fureur ses chaînes pesantes.

Alors s'ouvrit devant nous un gouffre immense ; j'ai vu dans leur sombre demeure, j'ai vu les pâles

---

Cr. Tacere liceat : nulla libertas minor
A rege petitur. *OEd.* Sæpe vel lingua magis
Regi atque regno muta libertas obest.   525
Cr. Ubi non licet tacere, quid cuiquam licet?
OEd. Imperia solvit, qui tacet, jussus loqui.
Cr. Coacta verba placidus accipias, precor.
OEd. Ulline pœna vocis expressæ fuit?
Cr. Est procul ab urbe lucus ilicibus niger,   530
Dircæa circa vallis irriguæ loca.
Cupressus altis exserens silvis caput
Virente semper alligat trunco nemus;
Curvosque tendit quercus et putres situ
Annosa ramos : hujus abrupit latus   535
Edax vetustas : illa jam fessa cadens
Radice, fulta pendet aliena trabe.
Amara baccas laurus ; et tiliæ leves ;
Et Paphia myrtus ; et per immensum mare
Motura remos alnus; et Phœbo obvia,   540
Enode Zephyris pinus opponens latus.
Medio stat ingens arbor, profunda umbra gravi
Silvas minores urget; et magno ambitu
Diffusa ramos, una defendit nemus.
Tristis sub illa lucis et Phœbi inscius   545
Restagnat humor, frigore æterno rigens.
Limosa pigrum circuit fontem palus.
Huc ut sacerdos intulit senior gradum,
Haud est moratus : præstitit noctem locus.
Tunc fossa tellus, et super rapti rogis   550
Jaciuntur ignes. Ipse funesto integit
Vates amictu corpus, et frontem quatit.
Lugubris imos palla perfundit pedes.

Squallente cultu mœstus ingreditur senex.
Mortifera canam taxus adstringit comam.   555
Nigro bidentes vellere atque atræ boves
Retro trahuntur. Flamma prædatur dapes,
Vivumque trepidat igne ferali pecus.
Vocat inde Manes : teque, qui Manes regis,
Et obsidentem claustra letalis lacus ;   560
Carmenque magicum volvit, et rabido minax
Decantat ore, quidquid aut placat leves
Aut cogit umbras, Sanguinem libat focis,
Solidasque pecudes urit, et multo specum
Saturat cruore. Libat et niveum insuper   565
Lactis liquorem; fundit et Bacchum manu
Læva, canitque rursus; et terram intuens,
Graviore Manes voce attonita citat.
Latravit Hecates turba. Ter valles cavæ
Sonuere mœstum; tota succusso solo   570
Pulsata tellus. « Audior, vates ait,
« Rata verba fudi : rumpitur cæcum Chaos;
« Iterque populo Ditis ad superos datur. »
Subsedit omnis silva, et erexit comam.
Duxere rimas robora; et totum nemus   575
Concussit horror. Terra se retro dedit,
Gemuitque penitus; sive tentari abditum
Acheron profundum mente non æqua tulit,
Sive ipsa tellus, ut daret functis viam,
Compage rupta sonuit; aut ira furens   580
Triceps catenas Cerberus movit graves.
Subito dehiscit terra, et immenso sinu
Laxata patuit. Ipse pallentes deos
Vidi inter umbras; ipse torpentes lacus.

divinités, les lacs fangeux, et la nuit, la véritable nuit. Mon sang glacé s'arrête dans mes veines. Nous vîmes paraître ces frères guerriers, tels qu'ils naquirent jadis tout armés des dents semées du serpent de Dircé, et ce monstre avide du sang des fils d'Ogygès; la farouche Érinnys faisant résonner son fouet cruel; et la Fureur aveugle, et l'Horreur, et tout ce qu'enfantent et recèlent les ténèbres éternelles : le Désespoir qui s'arrache les cheveux; la Maladie qui soutient avec peine sa tête défaillante; la Vieillesse à charge à elle-même, et la Crainte toujours inquiète. Le courage nous abandonne; Manto elle-même, habituée aux enchantements de son père et à la puissance de son art, est saisie d'épouvante. Mais lui, que son infirmité même rend plus intrépide, appelle à grands cris tous les pâles sujets de Pluton. Aussitôt ils voltigent autour de nous, semblables à de légers nuages. Ils viennent en foule respirer l'air pur des vivants, plus nombreux que les feuilles qui tombent dans les bois de l'Éryx, que les fleurs qui naissent au printemps sur l'Hybla, quand des essaims bourdonnants se suspendent aux arbres en grappes arrondies. Ni les flots que soulève et brise la mer Ionienne, ni ces oiseaux qui, fuyant le Strymon glacé et les menaces de l'hiver, vont chercher à travers les airs et loin des neiges de l'Ourse des climats plus doux sur les bords du Nil, ne sont aussi nombreux que les mânes évoqués par le devin. Les ombres tremblantes cherchent les sombres retraites de la forêt. Le premier qui parut sur la terre était Zéthus, serrant dans sa main vigoureuse la corne d'un taureau indompté; après lui venait Amphion, tenant dans sa main gauche cette lyre dont les sons harmonieux élevèrent nos murailles. La fille superbe de Tantale, désormais sans crainte, lève sa tête altière au milieu de ses enfants, dont elle compte les ombres avec orgueil.

Plus cruelle, Agavé furieuse s'avance, accompagnée de cette troupe sanguinaire qui déchira le roi Penthée; et Penthée, quoique meurtri par leurs coups, les suit encore sévère, et menaçant.

Enfin, plusieurs fois invoqué, Laïus nous apparut avec un visage où la honte était peinte; il se tenait éloigné des autres mânes, et semblait se cacher. Le devin redouble ses évocations puissantes, et l'oblige à nous montrer ses traits et à découvrir son visage. Je tremble, je n'ose plus parler. Laïus inondé de son propre sang, les cheveux en désordre et tout souillés de fange, nous adresse ces paroles d'un ton furieux : « Race cruelle de Cadmus, toi qui te plais toujours à répandre ton propre sang, agite tes thyrses homicides, d'une main que qu'un dieu t'inspire, déchire plutôt tes enfants. Le plus grand des crimes à Thèbes, c'est l'amour des mères pour leurs fils. O ma patrie, ce n'est pas le courroux des dieux, c'est un forfait qui cause ta ruine. N'accuse ni le souffle empoisonné de l'Auster, ni les exhalaisons brûlantes échappées de ton sol sans pluie et sans rosée; mais ton roi, qui, les mains teintes de mon sang, a reçu le sceptre pour prix de son parricide; ton roi, qu'un hymen impie a placé dans le lit de son père. Fils odieux, moins horrible cependant que sa mère qui deux fois, la malheureuse! l'a reçu dans ses flancs : il rentre dans le sein dont il est sorti, fait naître de sa mère une race incestueuse; et, ce qu'on voit à peine chez les animaux, il s'est donné des frères à lui-même; lien monstrueux, assemblage plus confus et plus obscur que les énigmes de son Sphinx ! O toi, dont la main sanglante tient le sceptre qui m'appartient, tu expieras avec ta ville entière ma mort trop longtemps impunie : pour éclairer ta couche nuptiale, j'amènerai les Furies armées de fouets retentissants ; je détruirai ta mai-

---

Noctemque veram. Gelidus in venis stetit
Hæsitque sanguis. Sæva prosiluit cohors,
Et stetit in armis omne vipereum genus
Fratrum, catervæ dente Dircæo satæ,
Avidumque populi Pestis Ozygli malum.
Tum torva Erinnys sonuit et cæcus Furor,   590
Horrorque, et una quidquid æternæ creant
Celantque tenebræ; Luctus evellens comam,
Ægreque lassum sustinens Morbus caput;
Gravis Senectus sibimet, et pendens Metus.
Nos liquit animus. Ipsa, quæ ritus senis   595
Artesque norat, stupuit. Intrepidus parens,
Audaxque damno, convocat Ditis feri
Exsangue vulgus. Illico ut nebulæ leves
Volitant, et auras libero cælo trahunt.
Non tot caducas educat frondes Eryx;   600
Nec vere flores Hybla tot medio creat,
Quum examen alto nectitur densum globo;
Fluctusque non tot frangit Ionium mare;
Nec tanta, gelidi Strymonis fugiens minas,
Permutat hiemes ales, et cælum secans   605
Tepente Nilo pensat Arctoas nives,
Quot ille populos vatis eduxit sonus.
Pavidæ latebras nemoris umbrosi petunt
Animæ trementes. Primus emergit solo,
Dextra ferocem cornibus taurum premens   610
Zethus; manuque sustinens læva chelyn,
Qui saxa dulci traxit, Amphion, sono.
Interque natos Tantalis tandem suos
Tuto superba fert caput fastu grave,
Et numerat umbras. Pejor hac genitrix, adest   615

Furibunda Agave, tota quam sequitur manus
Partita regem. Sequitur et Bacchas lacer
Pentheus : tenetque sævus etiam nunc minas.
Tandem, vocatus sæpe, pudibundam extulit
Caput, atque ab omni dissidet turba procul,   620
Celatque semel instat, et Stygias preces
Geminat sacerdos, donec in apertum efferat
Vultus opertos), Laius. Fari horreo.
Stetit per artus sanguine effuso horridus,
Pædore fœdo squallidam obtentus comam,   625
Et ore rabido fatur : « O Cadmi effera,
« Cruore semper læta cognato domus,
« Vibrate thyrsos. Enthea, natos manu
« Lacerate potius. Maximum Thebis scelus
« Maternus amor est. Patria, non ira deûm,   630
« Sed scelere raperis. Non gravi flatu tibi
« Luctificus Auster, nec, parum pluvio æthere
« Satiata, tellus halitu sicco nocet ;
« Sed rex cruentus, pretia qui sævæ necis
« Sceptra, et nefandos occupat thalamos patris,   635
« Invisa proles (sed tamen pejor parens,
« Quam natus, utero rursus infausto gravis),
« Egit qui in ortus semet; et matri impios
« Fœtus regessit; quique (vix mos est feris),
« Fratres sibi ipse genuit; implicitum malum,   640
« Magisque monstrum Sphinge perplexum sua
« Te, te, cruenta sceptra qui dextra geris,
« Te pater inultus urbe cum tota petam,
« Et mecum Erinnys pronubas thalami traham,
« Traham sonantes verbera; incestam domum   645
« Vertam, et penates impio Marte obteram.

son incestueuse; j'enverrai une guerre impie qui anéantira ta famille. Hâtez-vous donc, Thébains, chassez, bannissez votre roi. La terre, qu'il cessera de fouler de ses pieds funestes, se couvrira aussitôt de verdure et de fleurs. L'air reprendra sa pureté, la forêt, sa parure. La mort, la contagion, les funérailles, les peines, les souffrances et la douleur, ses dignes compagnes, sortiront de Thèbes avec lui. Lui-même il voudra fuir le théâtre de ses crimes; mais je saurai bien ralentir sa marche et enchaîner ses pas. Il se traînera, ne sachant où aller; et, comme un vieillard, à l'aide d'un bâton il cherchera péniblement sa route. Thébains, privez-le de la terre; moi, je lui ôterai le ciel. »

OEd. Ce récit m'a glacé d'épouvante. Je me vois accusé des crimes mêmes que je craignais de commettre. Cependant Mérope unie à Polybe m'absout de l'inceste; Polybe vivant m'absout du parricide : les deux auteurs de mes jours sont là pour me justifier de ces deux forfaits. Que peut-on d'ailleurs m'imputer? Thèbes a pleuré la mort de Laïus longtemps avant que j'eusse porté mes pas en Béotie. Tirésias se trompe-t-il, ou bien est-ce un malheur nouveau dont les dieux menacent Thèbes? Ah! je devine les auteurs de cette trame odieuse. Le devin, couvrant sa ruse d'un oracle mensonger, veut faire passer mon sceptre entre vos mains.

Cré. Moi, que j'aie eu la pensée de détrôner ma sœur! Ah! quand les liens sacrés du sang ne me feraient pas un devoir de rester au rang que j'occupe, les inquiétudes, compagnes inséparables de la royauté, m'ôteraient seules l'envie de régner. Déposez, tandis que vous le pouvez sans péril, déposez ce dangereux fardeau, de peur que plus tard il ne vous écrase de son poids. Vous serez plus tranquille dans un rang moins élevé.

OEd. Ainsi vous m'invitez à me délivrer du pesant fardeau de la couronne?

Cré. Ce conseil, je le donnerais même à celui qui serait maître de choisir. Mais pour vous, c'est une nécessité de vous résigner à votre sort.

OEd. Vanter la médiocrité, les charmes d'une vie obscure et paisible, c'est le moyen d'arriver soi-même au trône. Il n'est tel qu'un ambitieux pour exalter les douceurs de la retraite.

Cré. Quoi! ma constante fidélité n'est pas à l'abri de vos soupçons?

OEd. La trahison affecte le zèle pour mieux tromper.

Cré. Sans porter le fardeau de la royauté, j'en ai toutes les douceurs. Je reçois dans mon palais de nombreux hommages. Il ne se passe point un seul jour que, grâce au lien qui nous unit, je ne reçoive de vous quelque faveur nouvelle. Ma table est somptueuse, mes habits magnifiques; plusieurs ont dû la vie à mon crédit. Que manque-t-il à ma félicité?

OEd. La première place. On n'est jamais content de ce qu'on possède.

Cré. Quoi! vous me condamnerez sans m'entendre, comme un coupable?

OEd. Et moi, me suis-je justifié devant vous? Tirésias a-t-il entendu ma défense? Et pourtant, je vous parais coupable à tous les deux. Vous m'avez donné l'exemple; je le suis.

Cré. Et si je suis innocent!

OEd. On n'est plus innocent aux yeux des rois, dès qu'on s'est fait craindre.

Cré. Qui se livre à de vaines terreurs en mérite de réelles.

OEd. Le coupable à qui l'on a fait grâce hait toujours celui qui lui a pardonné.

Cré. C'est ainsi qu'on se rend odieux.

OEd. Qui craint de devenir odieux ne sait pas régner. La terreur est la sauvegarde du trône.

Cré. Qui gouverne avec un sceptre de fer, redoute lui-même ceux qui le craignent. La crainte retourne à celui qui l'inspire.

« Proinde pulsum finibus regem ocius
« Agite exsulem : quodcumque funesto gradu
« Solum relinquet, vere florifero virens
« Reparabit herbas; spiritus puros dabit   650
« Vitalis aura; veniet et silvis decor;
« Letum, Luesque, Mors, Labor, Tabes, Dolor,
« Comitatus illo dignus, excedent simul.
« Et ipse rapidis gressibus sedes volet
« Effugere nostras : sed graves pedibus moras   655
« Addam, et tenebo : repet incertus viæ,
« Baculo senili triste prætentans iter.
« Præ ripite terras, auferam cælum pater ».
OEd. Et ossa et artus gelidus invasit tremor.
Quidquid timebam facere, fecisse arguor.   660
Tori jugalis abuuit Merope nefas,
Sociata Polybo. Sospes absolvit manus
Polybus meas. Uterque defendit parens
Cædem, stuprumque. Quis locus culpæ est super?
Multo ante Thebæ Laium amissum gemunt,   665
Bœota gressu quam meo tetigi loca.
Falsusne senior? an Deus Thebis gravis?
Jam jam tenemus callidi socios doli.
Mentitur ista præferens fraudi Deos
Vates, tibique sceptra despondet mea.   670
Cr. Egon' ut sororem regia expelli velim?
Si me fides sacrata cognati laris
Non contineret in meo certum statu;
Tamen ipsa me Fortuna terreret, nimis
Sollicita semper. Libeat hoc tuto tibi   675

Exuere pondus, ne recedentem opprimat.
Jam te minore tutior pones loco.
OEd. Hortaris etiam, sponte deponam ut mea
Tam gravia regna? *Cr.* Suadeam hoc illis ego,
In utramque queis est liber etiam nunc status.   680
Tibi jam necesse est ferre fortunam tuam.
OEd. Certissima est regnare cupienti via,
Laudare modica, et otium ac somnum loqui.
Ab inquieto sæpe simulatur quies.
Cr. Parumne me tam longa defendit fides?   685
OEd. Aditum nocenti perfido præstat fides.
Cr. Solutus onere regio, regni bonis
Fruor, domusque civium cœtu viget;
Nec ulla vicibus surgit alternis dies,
Qua non propinqui munera ad nostros lares   690
Sceptri redundent. Cultus, opulentæ dapes,
Donata multis gratia nostra salus.
Quid tam beatæ deesse fortunæ rear?
OEd. Quod deest : secunda non habent unquam modum.
Cr. Incognita igitur, ut nocens, causa cadam?   695
OEd. Num ratio vobis reddita est vitæ meæ?
Num audita causa est nostra Tiresiæ? tamen
Sontes videmur. Facitis exemplum; sequor.
Cr. Quid si innocens sum? *OEd.* Dubia pro certis solent
Timere reges. *Cr.* Qui pavet vanos metus,   700
Veros meretur. *OEd.* Quisquis in culpa fuit,
Dimissus odit omne, quod dubium putat.
Cr. Sic odia fiunt. *OEd.* Odia qui nimium timet,
Regnare nescit. Regna custodit metus.

OEd. (à sa suite.) Arrêtez le coupable : qu'on l'enferme dans un cachot. Pour moi, je retourne à mon palais.

LE CHOEUR.

Non, OEdipe, vous n'êtes point la cause des dangers affreux qui nous menacent; ce n'est point la race des Labdacides que poursuit le destin : il ne faut imputer nos maux qu'à la haine constante des dieux. Elle remonte à ce temps où le bois de Castalie offrit son ombre à un Sidonien, où l'onde de Dircé mouilla les lèvres de l'exilé de Tyr, alors que, fatigué de chercher par le monde l'aimable proie de Jupiter, le fils de l'illustre Agénor s'arrêta tremblant sous nos ombrages sacrés, et adora le dieu même qu'il poursuivait; alors qu'averti par Apollon de suivre les traces d'une génisse vagabonde qui n'avait ni porté le joug, ni traîné la pesante charrue, ce prince renonça enfin à sa vie errante, et donna à la contrée le nom de son funeste guide. Depuis ce temps, la terre n'a cessé d'enfanter des monstres nouveaux. C'est un serpent sorti du fond de nos vallées, qui dresse en sifflant sa tête azurée plus haut que les chênes antiques, que les pins et que tous les arbres de la Chaonie, tandis que la plus grande partie de son corps fait gémir la terre sous son poids. C'est la terre qui, par un monstrueux enfantement, produit une génération soudaine de soldats tout armés. L'airain sonore a retenti, le clairon recourbé a donné le signal du combat. Ces frères impies se chargent avec fureur, s'élancent les uns contre les autres, et le cri de guerre est le premier son qui s'échappe de leur bouche; race digne de son origine, qui ne vécut qu'un seul jour, qu'un même

soleil vit naître et s'évanouir. A la vue de ces prodiges, Cadmus fut saisi d'effroi; il craignit pour lui-même la rage de ce peuple nouveau, jusqu'au moment où cette jeunesse altérée de son propre sang, anéantie par ses propres mains, fut rentrée dans le sein de la terre, d'où elle venait de sortir. Puissent les guerres civiles être pour jamais anéanties avec eux ! puisse Thèbes, illustrée par la naissance d'Hercule, ne voir jamais d'autres frères armés les uns contre les autres !

Dirai-je le destin du petit-fils de Cadmus métamorphosé en cerf, son front tout à coup ombragé d'un bois rameux, et ses propres chiens acharnés contre leur maître? Le malheureux Actéon s'élance d'une vitesse nouvelle à travers les forêts et les coteaux, franchit d'une course rapide les défilés et les rochers, tremblant à la vue de la plume de pourpre agitée par le zéphyr, et craignant les toiles que lui-même a tendues, jusqu'à ce qu'il vît son bois et sa tête sauvage dans l'onde paisible de cette fontaine où se baignait la chaste déesse, qui vengeait si cruellement sa pudeur alarmée.

ACTE QUATRIÈME.

OEDIPE, JOCASTE.

OEd. Je repasse dans mon esprit toutes les raisons que j'ai de m'alarmer. Les dieux du ciel et ceux de l'enfer s'accordent à m'accuser du meurtre de Laïus; mais je lis dans ma conscience mieux que ne font les dieux, et son témoignage me rassure. (*Après un moment de silence.*) J'ai toutefois un souvenir con-

Cr. Qui sceptra duro sævus imperio regit,	705
Timet timentes; metus in auctorem redit.	
OEd. Servate sontem saxeo inclusum specu ;	
Ipse ad penates regios referam gradum.	

CHORUS.

Non tu tantis causa periclis;	
Non hæc Labdacidas petunt	710
Fata, sed veteres deûm	
Iræ sequuntur.	
Umbram Sidonio præbuit hospiti,	
Lavitque Dirce Tyrios colonos,	
Ut primum magni natus Agenoris,	715
Fessus per orbem furta sequi Jovis,	
Sub nostra pavidus constitit arbore,	
Prædonem venerans suum ;	
Monituque Phœbi, fossus erranti	
Comes ire vaccæ, quam non flexerat	720
Vomer, aut tardi juga curva plaustri,	
Deseruit fugas, nomenque genti	
Inauspicata de bove tradidit.	
Tempore ex illo nova monstra semper	
Protulit tellus. Aut anguis imis	725
Vallibus editus, annosa supra	
Robora sibilat, supraque pinus,	
Supra Chaonias celsior arbores	
Cæruleum erexit caput,	
Quum majore sui parte recumberet;	730
Aut fœta tellus impio partu	
Effudit arma.	
Sonuit reflexo classicum cornu,	
Lituusque adunco stridulos cantus	
Elisit ære. Ante non linguas	735
Agiles et aurum vocis ignotæ	
Clamore primum hostico experti,	

Agmina campos cognata tenent;	
Dignaque jacto semine proles	
Uno ætatem permensa die,	740
Post Luciferi nata meatus,	
Ante Hesperios occidit ortus.	
Horret tantis advena monstris,	
Populique timet bella recentis,	
Donec cecidit sæva juventus,	745
Genitrixque suo reddi gremio	
Modo productos vidit alumnos.	
Hac transierit civile nefas !	
Illa Herculeæ norint Thebæ	
Prælia fratrum !	750
Quid Cadmei fata nepotis,	
Quum vivacis cornua cervi	
Frontem ramis texere novis,	
Dominumque canes egere suum?	
Præceps silvas montesque fugit	755
Citus Actæon, agilique magis	
Pede per saltus et saxa vagus,	
Metuit motas Zephyris plumas	
Et, quæ posuit, retia vitat;	
Donec placidi fontis in unda	760
Cornua vidit vultusque feros,	
Ubi virgineos foverat artus	
Nimium sævi Diva pudoris.	

ACTUS QUARTUS.

OEDIPUS, JOCASTA.

OEd. Curas revolvit animus, et repetit metus.	
Obiisse nostro Laium scelere autumant	755
Superi inferique; sed animus contra innocens,	

fus qu'un jour, jeune encore, rencontrant dans un défilé un vieillard qui m'enjoignit avec hauteur de livrer le passage à son char, je le frappai d'un coup de massue, et le fis descendre chez les morts. Nous étions loin de Thèbes, et dans l'endroit où se partage en trois branches le chemin de la Phocide. O ma fidèle compagne, éclaircissez mon doute, je vous en conjure. Combien Laïus comptait-il d'années quand il mourut? Était-il dans la fleur des ans, ou accablé par la vieillesse?

Jo. Il était entre les deux âges, plus voisin pourtant de la vieillesse.

ŒEd. Ce prince avait-il autour de lui une garde nombreuse?

Jo. La plupart de ses gardes s'étaient égarés dans les détours de la route ; un petit nombre seulement n'avait pas quitté son char.

ŒEd. Quelqu'un d'eux partagea-t-il le sort de son maître?

Jo. Un seul, fidèle et courageux, périt avec lui.

ŒEd. Je connais le coupable. Le nombre et le lieu s'accordent. (*Haut.*) Et combien de temps s'est écoulé depuis ce malheur?

Jo. Nous touchons à la dixième moisson.

UN VIEILLARD, OEDIPE.

Le vieil. Prince, le peuple de Corinthe vous appelle au trône de votre père. Polybe repose dans la nuit éternelle.

ŒEd. Ainsi tous les malheurs viennent m'assaillir à la fois! Quel coup m'a ravi mon père?

Le vieil. Un doux sommeil a terminé sa longue et paisible existence.

ŒEd. Ainsi mon père n'est point mort assassiné. O dieux! je puis donc lever au ciel des mains pures, des mains qui ne sont pas réservées au parricide. Mais je crains d'accomplir la seconde et la plus affreuse partie de ma destinée.

Le vieil. Toutes vos craintes s'évanouiront sur le trône de votre père.

ŒEd. Je voudrais rentrer dans ses États, mais je tremble de revoir ma mère.

Le vieil. Votre mère, qui attend votre retour avec tant d'impatience!

ŒEd. C'est cette tendresse même qui m'oblige à la fuir.

Le vieil. Quoi! vous abandonnerez cette veuve infortunée?

ŒEd. Ah! ce mot réveille toutes mes terreurs!

Le vieil. D'où vient le trouble où je vous vois? parlez; dépositaire des secrets des rois, je n'ai jamais trahi leur confiance.

ŒEd. L'oracle de Delphes m'a prédit que j'entrerais dans le lit de ma mère, et c'est là ce qui m'épouvante.

Le vieil. Bannissez des craintes chimériques, éloignez ces images funestes. Mérope n'est point votre mère.

ŒEd. Et qu'espérait-elle donc en me faisant passer pour son fils?

Le vieil. Affermir son trône. Un héritier assure l'obéissance du peuple.

ŒEd. Comment ce secret est-il venu à votre connaissance?

Le vieil. C'est moi qui vous apportai et vous présentai enfant à votre père.

ŒEd. C'est vous qui m'avez apporté à mon père? Mais de qui me teniez-vous?

Le vieil. D'un berger que je rencontrai sur le sommet du Cithéron couvert de neige.

ŒEd. Quel hasard vous amenait vous-même dans ces forêts?

Le vieil. Je suivais sur ces montagnes les génisses confiées à ma garde.

ŒEd. Quels signes particuliers avez-vous observés sur mon corps?

Le vieil. Vos pieds avaient été percés par un fer aigu : l'enflure et la difformité, suite de cette blessure, vous firent donner le nom que vous portez.

ŒEd. Mais qui disposa ainsi de moi et me remit entre vos mains? parlez.

Sibique melius quam deis notus, negat.
Redit memoria, tenue per vestigium,
Cecidisse nostri stipitis pulsu obvium
Datumque Diti, quum prior juvenem senex   770
Curru superbus pelleret, Thebis procul,
Phocœa trifidas regio qua scindit vias.
Unanima conjux, explica errorem, precor.
Quæ spatia moriens Laius vitæ tulit?
Primone in ævo viridis, an fracto occidit?   775
Joc. Inter senem juvenemque, sed propior seni.
ŒEd. Frequensne turba regium cinxit latus?
Joc. Plures fefellit error ancipitis viæ;
Paucos fidelis curribus junxit labor.
ŒEd. Aliquisne cecidit regio fato comes?   780
Joc. Unum fides virtusque consortem addidit.
ŒEd. Teneo nocentem : convenit numerus, locus;
Sed tempus adde. *Joc.* Decima jam metitur seges.

SENEX, OEDIPUS.

Sen. Corinthius te populus in regnum vocat
Patrium. Quietem Polybus æternam obtinet.   785
ŒEd. Ut undique in me sæva Fortuna irruit!
Edissere agedum, quo cadat fato parens.
Sen. Animam senilem mollis exsolvit sopor.

ŒEd. Genitor sine ulla cæde defunctus jacet.
Testor, licet jam tollere ad cælum pie   790
Puras, nec ulla scelera metuentes manus.
Sed pars magis metuenda fatorum manet.
Sen. Omnem paterna regna discutient metum.
ŒEd. Repetam paterna regna, sed matrem horreo.
Sen. Metuis parentem, quæ tuum reditum expetens   795
Sollicita pendet? *ŒEd.* Ipsa me pietas fugat.
Sen. Viduam relinques? *ŒEd.* Tangis, en, ipsos metus.
Sen. Effare, mersus quis premat mentem timor.
Præstare tacitam regibus soleo fidem.
ŒEd. Connubia matris Delphico admonitu tremo.   800
Sen. Timere vana desine, et turpes metus
Depone. Merope vera non fuerat parens.
ŒEd. Quod subditivi præmium nati petit?
Sen. Regnum superbum : liberi adstringunt fidem.
ŒEd. Secreta thalami, fare, quo excipias modo.   805
Sen. Hæ te parenti parvulum tradunt manus.
ŒEd. Tu me parenti tradis; at quis me tibi?
Sen. Pastor nivoso sub Cithæronis jugo.
ŒEd. In illa temet nemora quis casus tulit?
Sen. Illo sequebar monte cornigeros greges.   810
ŒEd. Nunc adice certas corporis nostri notas.
Sen. Forata ferro gesseras vestigia,
Tumore nactus nomen ac vitio pedum.

Le vieil. L'intendant des troupeaux du roi, celui à qui tous les autres bergers obéissaient.

OEd. Son nom?

Le vieil. La mémoire affaiblie chez les vieillards ne conserve pas les anciens souvenirs.

OEd. Pourriez-vous reconnaître le visage et les traits de cet homme?

Le vieil. Peut-être; un indice léger retrace souvent un souvenir effacé par le temps.

OEd. Que tous mes troupeaux soient amenés à l'instant par leurs gardiens au lieu du sacrifice. Courez, volez; faites appeler ici tous ceux que regarde ce soin.

Le vieil. Ne cherchez point à découvrir ce que la prudence ou la fortune a tenu si longtemps caché. La vérité est souvent fatale à celui qui s'obstine à la connaître.

OEd. Puis-je redouter un sort plus affreux que celui qu'on m'a prédit?

Le vieil. Un mystère si difficile à percer est certainement d'une haute importance. Voici deux intérêts différents, mais égaux: le salut de l'État et le vôtre. Sans rien précipiter, laissez au temps le soin de découvrir votre destinée, et n'ébranlez pas vous-même votre félicité.

OEd. Au comble du malheur on n'a rien à ménager.

Le vieil. Fils d'un roi, prétendriez-vous à une origine plus noble? Craignez plutôt d'avoir à rougir en reconnaissant votre père.

OEd. Dussé-je m'en repentir, je veux, si je le puis, savoir de quel sang je suis sorti. Mais voici Phorbas, ce vieillard chargé d'années, qui avait l'intendance des troupeaux du roi. Vous rappelez-vous son nom ou son visage?

Le vieil. Son aspect réveille en moi d'anciens souvenirs. Ses traits, que je ne puis reconnaître entièrement, ne sont pourtant pas nouveaux pour moi. (*A Phorbas.*) N'avez-vous point, du temps que Laïus régnait, conduit sur le mont Cithéron les troupeaux confiés à votre garde?

PHORBAS, LE VIEILLARD, OEDIPE.

Phor. Oui, tous les étés, le riant Cithéron offre à nos troupeaux des pâturages toujours abondants.

Le vieil. Me reconnaissez-vous?

Phor. J'ai peine à me remettre votre visage.

OEd. N'as-tu pas autrefois remis un enfant à cet étranger? Parle. Tu te troubles. Pourquoi changes-tu de couleur? Pourquoi tarder à me répondre? La vérité s'exprime sans détours.

Phor. C'est un événement que le temps a effacé de ma mémoire.

OEd. Dis-moi la vérité, si tu ne veux que la douleur te l'arrache.

Phor. Oui, j'ai remis un enfant à ce berger. Mais sans doute ce soin fut inutile. L'infortuné n'a pas dû jouir longtemps de la lumière et de la vie.

Le vieil. Ah! loin de nous ce présage! Il vit, et puisse-t-il vivre longtemps encore!

OEd. (*à Phorbas.*) Pourquoi dis-tu que cet enfant ne pouvait vivre?

Phor. Ses deux pieds étaient traversés d'un fer aigu qui les attachait ensemble; et déjà la tumeur causée par cette blessure portait la corruption dans tout le corps de l'enfant.

Le vieil. (*à OEdipe.*) Pourquoi l'interroger encore? Vous touchez à l'affreuse vérité.

OEd. Achève. Quel était cet enfant?

Phor. J'ai promis le secret.

OEd. Holà! des torches ardentes! La torture saura bien t'arracher ton secret.

Le vieil. Pourquoi employer ces cruels moyens? Grâce, je vous en conjure!

OEd. Si je te parais cruel, furieux, la vengeance est dans tes mains. Dis-moi sans détour quel était cet enfant, quel était son père, sa mère.

Phor. Sa mère est votre épouse.

OEd. Quis fuerit ille, qui meum dono dedit
Corpus, requiro. *Sen.* Regios pavit greges. 815
Minor sub illo turba pastorum fuit.
OEd. Eloquere nomen. *Sen.* Prima languescit senum
Memoria, longo lassa sublabens situ.
OEd. Postesne facie noscere ac vultu virum?
Sen. Fortasse noscam. Sæpe jam spatio obrutam 820
Levis exoletam memoriam revocat nota.
OEd. Ad sacra et aras omne compulsum pecus
Duces sequantur. Ite propere, arcessite,
Famuli, penes quos summa consistit gregum.
Sen. Sive ista ratio, sive fortuna occulit, 825
Latere semper patere, quod latuit diu.
Sæpe eruentis veritas patuit malo.
OEd. Malum timeri majus his aliquod potest?
Sen. Magnum esse, magna mole quod petitur, scias.
Concurrit illinc publica, hinc regis salus, 830
Utrinque paria. Contine medias manus.
Ut nil lacessas, ipsa se fata explicant.
OEd. Tuto movetur, quidquid extremo in loco est.
Sen. Nobilius aliquid genere regali appetis?
Ne te parentis pigeat inventi, vide. 835
OEd. Vel pœnitendi sanguinis quæram fidem,
Si nosse liceat. Ecce, grandævus senex,
Arbitria sub quo regii fuerant gregis,
Phorbas. Refersne nomen aut vultum senis? 840

Sen. Arridet animo forma: nec notus satis,
Nec rursus iste vultus ignotus mihi.
Regnum obtinente Laio, famulus greges
Agitasti opimos sub Cithæronis plaga?

PHORBAS, SENEX, OEDIPUS.

Phorb. Lætus Cithæron pabulo semper novo 845
Æstiva nostro prata summittit gregi.
Sen. Noscisne memet? *Phorb.* Dubitat anceps memoria.
OEd. Huic aliquis a te traditur quondam puer?
Effare. Dubitas? cur genas mutat color?
Quid verba quæris? veritas odit moras. 850
Phorb. Obducta longo temporum tractu moves.
OEd. Fatere, ne te cogat ad verum dolor.
Phorb. Inutile isti munus infantem dedi.
Sen. Procul sit omen. Vivit, et vivat precor. 855
OEd. Superesse quare traditum infantem negas?
Phorb. Ferrum per ambos tenue transactum pedes
Ligabat artus: vulneri innatus tumor
Puerile fœda corpus urebat lue.
Sen. Quid quæris ultra? fata jam accedunt prope. 860
OEd. Quis fuerit infans, edoce. *Phorb.* Prohibet fides.
OEd. Huc aliquis ignem. Flamma jam excutiet fidem.
Phorb. Per tam cruentas vera quærentur vias?
Ignosce quæso. *OEd.* Si ferus videor tibi,
Et impotens, parata vindicta in manu est. 865

ŒEd. O terre, entr'ouvre-toi. Et toi, dieu des ténèbres, souverain des mânes, plonge dans les abîmes du Tartare un fils incestueux, qui a renversé l'ordre et les lois de la nature. Citoyens, saisissez des pierres, brisez ma tête coupable; accablez-moi de traits. Que les pères, que les mères, que leurs enfants, que les épouses, que les frères fondent sur moi le fer à la main. Que le peuple entier, victime de la contagion, lance contre moi les brandons des bûchers. En horreur au monde entier, objet de la haine des dieux, profanateur des lois les plus saintes, dès l'instant où je commençai de vivre, j'avais mérité la mort. Rendez-moi votre haine, ô ma mère! Et toi, frappe un dernier coup digne de tes forfaits. Va, cours à ta royale demeure; va féliciter ta mère de la fécondité de son second hymen.

LE CHOEUR.

Si je pouvais régler moi-même ma destinée, je ne déploierais ma voile qu'au souffle léger du Zéphyre, et jamais l'autan impétueux ne courberait mes antennes gémissantes. Poussée par un vent doux et modéré, ma barque, sans jamais être agitée, voguerait paisiblement sur les flots, et d'une course constante et réglée atteindrait le but du voyage.

Un jeune homme, fuyant le roi de Crète, veut s'élever jusqu'aux cieux à l'aide d'une invention nouvelle : il prend son essor, plus hardi que les oiseaux eux-mêmes. Mais c'est trop demander à ses ailes; et la mer, où il tombe, consacre, en recevant son nom, le souvenir de sa témérité.

Plus prudent, son vieux père se soutient dans la région moyenne; il attend son fils et l'appelle, semblable à l'oiseau qui fuit l'épervier cruel, et rassemble autour de lui ses petits épouvantés. Mais, hélas! ce fils, compagnon chéri de son voyage audacieux, se débat en vain dans les flots. Tout ce qui sort des justes bornes ne saurait longtemps subsister.

Mais j'entends s'ouvrir la porte du palais. Un des serviteurs du roi vient de ce côté. Il se frappe le front. Que venez-vous nous apprendre? Parlez.

ACTE CINQUIÈME.

UN MESSAGER, LE CHOEUR.

Le mess. Instruit de sa fatale naissance, trop certain d'avoir accompli son effroyable destinée, OEdipe, convaincu de tant de crimes, a lui-même prononcé son arrêt. Il est rentré dans son palais, terrible et menaçant; il a parcouru à pas précipités cette demeure, dont l'aspect lui est odieux. Comme un lion de Libye erre furieux dans la plaine, secouant d'un air terrible son épaisse crinière; tel OEdipe, les traits renversés par la rage, lance des regards farouches; il soupire, il gémit. Son corps est inondé d'une sueur froide. Il écume, il menace; la douleur bouillonne au fond de son âme. Roulant dans son cœur quelque projet funeste et conforme à sa destinée, il s'écrie : « Pourquoi diffèré-je mon châtiment? Venez, ou plonger une épée dans ce sein coupable, ou me jeter dans des flammes ardentes, ou m'écraser sous une grêle de pierres.

Dic vera. Quisnam, quove generatus patre,
Qua matre genitus? *Phorb.* Conjuge est genitus tua.
ŒEd. Debisce, tellus; tuque tenebrarum potens,
In Tartara ima, rector umbrarum, rape
Retro reversas generis ac stirpis vices.   870
Congerite, cives, saxa in infandum caput.
Mactate telis. Me petat ferro parens,
Me natus. In me conjuges arment manus,
Fratresque; et æger populus ereptos rogis
Jaculetur ignes. Seculi crimen vagor,   875
Odium deorum, juris exitium sacri;
Qua luce primum spiritus hausi rudes,
Iam morte dignus. Redde nunc animos, parens.
Nunc aliquid aude sceleribus dignum tuis.
I, perge, propero regiam gressu pete.   880
Gratare matri liberis auctam domum.

CHORUS.

Fata si liceat mihi
Fingere arbitrio meo,
Temperem Zephyro levi
Vela, ne pressæ gravi   885
Spiritu antennæ tremant.
Lenis et modicum fluens
Aura, nec vergens latus,
Ducat intrepidam ratem;
Tuta me media vehat   890
Vita decurrens via.
Cnossium regem timens,
Alta dum demens petit,
Artibus fisus novis,
Certat et veras aves   895
Vincere, ac falsis nimis
Imperat pennis puer,
Nomen eripuit freto.

Callidus medium senex
Dædalus librans iter   900
Nube sub media stetit,
Alitem exspectans suum;
Qualis accipitris minas
Fugit, et sparsos metu
Colligit fœtus avis;   905
Donec in ponto manus
Movit implicitas puer,
Comes audacis viæ.
Quidquid excessit modum,
Pendet instabili loco.   910
Sed quid hoc? postes sonant.
Mœstus it famulus manu
Regius quassans caput.
Ede, quid portes novi.

ACTUS QUINTUS.

NUNTIUS.

Prædicta postquam fata, et infandum genus   915
Deprendit, ac se scelere convictum OEdipus
Damnavit ipse; regiam infestus petens,
Invisa propero tecta penetravit gradu,
Qualis per arva Libycus insanit leo,
Fulvam minaci fronte concutiens jubam.   920
Vultus furore torvus, atque oculi truces;
Gemitus, et altum murmur; et gelidus fluit
Sudor per artus; spumat, et volvit minas,
Ac mersus alte magnus exundat dolor.
Secum ipse sævus grande nescio quid parat,   925
Suisque fatis simile. « Quid pœnas moror? »
Ait, « Hoc scelestum pectus aut ferro petat,

Quel tigre, quel vautour dévorant viendra déchirer mes entrailles? Et toi, fatal Cithéron, repaire de crimes, déchaine contre moi ou les monstres de tes forêts, ou des chiens dévorants. Suscite contre moi une autre Agavé. Quoi! mon âme, tu crains la mort! la mort, unique refuge de l'innocent contre les coups de la fortune! » A ces mots, il porte une main criminelle à son épée, il la tire du fourreau. — « Mais quoi, dit-il, penses-tu par ce court châtiment punir de si grands crimes? Un seul coup peut-il expier tant d'horreurs? Tu veux mourir? voilà pour ton père. Mais ta mère, mais les fruits infortunés de ton affreux hymen, mais ta déplorable patrie sur laquelle tes crimes ont attiré ce terrible fléau, quelle expiation leur offriras-tu? Non tu ne saurais les satisfaire tous. Les lois sacrées de la nature ont toutes été violées par le seul OEdipe; j'ai confondu tous les liens du sang; renouvelons cette confusion dans mon supplice. Trouvons un moyen de vivre et de mourir alternativement, de renaître sans cesse, pour éterniser mes tourments. Déploie ici, malheureux, ton génie subtil. Fais durer pour toi ce que souvent les autres ne peuvent obtenir; choisis un long trépas, de sorte que, sans être en effet descendu chez les morts, errant sur la terre, tu ne sois plus compté parmi les vivants. Meurs, mais sans aller rejoindre ton père. Tu hésites, ô mon âme? Des pleurs s'échappent tout à coup de mes yeux et inondent mes joues. Suffit-il de pleurer? mes yeux ne verseront-ils que des larmes ordinaires? Arrachons-les, ces yeux complices de l'inceste, et qu'ils suivent les larmes qu'ils répandent. »

Il dit, et sa fureur redouble; le feu jaillit de ses prunelles menaçantes; ses yeux mêmes semblent s'élancer de leurs orbites. A le voir ainsi violent, féroce, irrité, furieux, il n'est plus victime, il n'est plus

que bourreau. Il gémit, puis, avec un horrible frémissement, il lance ses mains contre son visage. Fixes et intrépides, ses yeux les attendent, et les suivent sans résistance. Ils s'élancent au-devant du coup. OEdipe y plonge ses doigts avides, les saisit, et, déchirant tous les liens qui les retiennent, les arrache tous deux à la fois. Mais ce n'est point assez. Ses ongles parcourent encore ces profondes cavités; siége de l'organe de la vue. Il sévit contre ce qui n'est plus, se livre à de violents mais inutiles transports, tant il redoute de voir la lumière! Alors il relève la tête, il tourne vers le ciel ses orbites sanglantes; il s'assure qu'il n'en peut plus voir la clarté; il achève d'arracher quelques filaments qui tombaient sur ses joues; et puis, fier de sa victoire, et s'adressant à tous les dieux : Maintenant du moins, s'écrie-t-il, pardonnez à ma patrie, je vous en conjure. J'ai accompli vos décrets, j'ai puni mes crimes, j'ai su m'environner enfin d'une nuit digne de mon hymen fatal. »

Cependant un sang noir, qui s'échappe des veines qu'il a rompues, coule de son front déchiré, et inonde son visage.

LE CHOEUR.

Les destins sont nos maîtres; cédons aux destins. Nulle sollicitude humaine ne saurait rien changer au mouvement du fatal fuseau. Tout ce que nous souffrons, tout ce que nous faisons ici-bas, vient d'en haut. Lachésis file à chacun d'une main inflexible la trame qui lui est destinée. Un ordre invariable règle notre existence, et le premier de nos jours en détermine le dernier. Dieu lui-même n'a pas le pouvoir de rompre cet enchaînement de causes et d'effets: nulle prière ne peut arrêter ce mouvement une fois imprimé; souvent même trop de prévoyance a été funeste aux humains. Que de mor-

---

« Aut fervido aliquis igne vel saxo domet.
« Quæ tigris, aut quæ sæva visceribus meis
« Incurret ales? Ipse tu scelerum capax,   930
« Sacer Cithæron, vel feras in me tuis
« Emitte silvis, mitte vel rabidos canes;
« Nunc redde Agaven. Anime, quid mortem times?
« Mors innocentem sola fortunæ eripit. »
Hæc fatus, aptat impiam capulo manum,   935
Ensemque ducit. « Itane tam magnis breves
« Prœnas sceleribus solvis, atque uno omnia
« Pensabis ictu? Moreris, hoc patri sat est.
« Quid deinde matri? Quid male in lucem editis
« Natis? Quid ipsi, quæ tuum magna luit   940
« Scelus ruina, flebili patriæ dabis ?
« Solvendo non es. Illa quæ leges ratas
« Natura in uno vertit OEdipoda, novos
« Commenta partus, suppliciis eadem meis
« Novetur. Iterum vivere, atque iterum mori,   945
« Liceat renasci semper; ut toties nova
« Supplicia pendas. Utere ingenio miser.
« Quod sæpe fieri non potest, fiat diu.
« Mors eligatur longa : quæratur via,
« Qua nec sepultis mixtus, et vivis tamen   950
« Exemtus erres. Morere, sed citra patrem.
« Cunctaris, anime? subitus en vultus gravat
« Profusus imber, ac rigat fletu genas.
« Et flere satis est? hactenus fundent levem
« Oculi liquorem? Sedibus pulsi suis   955
« Lacrimas sequantur; hi maritales statim
« Fodiantur oculi. » Dixit, atque ira furit.
Ardent minaces igne truculento genæ,

Oculique vix se sedibus retinent suis.
Violentus, audax vultus, iratus, ferox,   960
Tantum cruentis. Gemuit, et dirum fremens
Manus in ora torsit. At contra truces
Oculi steterunt, et suam intenti manum
Ultro insequuntur ; vulneri occurrunt suo.
Scrutatur avidus manibus uncis lumina,   965
Radice ab ima funditus vulsos simul
Evolvit orbes. Hæret in vacuo manus,
Et fixa penitus unguibus lacerat cavos
Alte recessus luminum, et inanes sinus.
Sævitque frustra, plusque, quam sat est, furit;   970
Tantum est periclum lucis! Attollit caput,
Cavisque lustrans orbibus cæli plagas,
Noctem experitur. Quidquid effossis male
Dependet oculis, rumpit; et victor, deos
Conclamat omnes : « Parcite, heu, patriæ, precor : 975
« Jam jussa feci, debitas pœnas toli.
« Inventa thalamis digna nox tandem meis. »
Rigat ora fœdus imber, et lacerum caput
Largum revulsis sanguinem venis vomit.

CHORUS.

Fatis agimur, cedite fatis.   980
Non sollicitæ possunt curæ
Mutare rati stamina fusi.
Quidquid patimur mortale genus,
Quidquid facimus, venit ex alto :
Servatque suæ decreta colus   985
Lachesis, dura revoluta manu.
Omnia certo tramite vadunt,

tels, en voulant fuir leur destinée, ont couru au-devant d'elle! Mais la porte s'ouvre. C'est OEdipe. Quoique aveugle et sans guide, il se dirige vers nous.

OEDIPE, LE CHOEUR, JOCASTE.

OEd. C'en est fait, je suis content. Je suis quitte envers mon père. J'aime cette nuit profonde. Quel dieu enfin plus clément a couvert mes yeux de ce voile impénétrable? Quel dieu me pardonne mes crimes? Je ne vois plus ce jour complice de mes attentats. Mais, infâme parricide, ce n'est point ta main qui t'a rendu ce service; c'est la lumière elle-même qui te fuit. Oui, voilà le visage qui convient à OEdipe.

Le ch. Voici Jocaste, la voici, qui, furieuse, hors d'elle-même, sort impétueusement du palais, semblable, dans le transport qui l'agite, à la fille de Cadmus, lorsqu'elle eut tranché la tête de son fils, et qu'elle frémit en comprenant son forfait. Elle hésite; elle désire et craint de parler à cet infortuné. Enfin la douleur l'emporte sur la honte, et les mots arrivent sur ses lèvres.

Jo. Quel nom te donner? t'appellerai-je mon fils? Tu frémis? Ah! tu es donc mon fils; cette horreur le dit assez. Réponds-moi, quelque aversion que ce nom t'inspire; pourquoi détournes-tu la tête et ce visage défiguré?

OEd. Qui donc m'envie jusqu'aux ténèbres dont je jouissais? Qui me rend la vue? Dieux! c'est la voix de ma mère. Mes soins sont donc superflus. Fuyez..... Il ne nous est plus permis de nous trouver ensemble. Exécrables tous deux, mettons entre nous l'immensité des mers et les contrées les plus reculées. Que l'un de nous s'enfuie dans ces climats opposés aux nôtres, éclairés par un autre ciel, et que notre soleil ne visite jamais.

Jo. C'est au destin qu'il faut imputer notre faute.

On n'est pas coupable pour être victime de la fatalité.

OEd. Ah! de grâce, ma mère, n'en dites pas davantage, épargnez mes oreilles; je vous en conjure par ces restes sanglants de moi-même, par les gages infortunés de notre hymen, par tous les liens criminels ou sacrés qui nous ont unis.

Jo. Qui t'arrête, ô mon âme? Complice de ses crimes, tu refuses d'en subir la peine? Épouse incestueuse, tu as confondu tous les droits, violé ce que la nature a de plus saint. Meurs, et que le fer t'arrache une coupable vie. Non, quand le père des dieux lui-même, ébranlant le ciel, lancerait sur toi d'une main vengeresse ses traits enflammés, tous tes forfaits, ô mère criminelle, ne seraient pas encore expiés. La mort est mon unique vœu : cherchons le moyen de mourir. OEdipe, si tu es parricide, prête-moi ton bras; frappe encore ce dernier coup. Prends cette épée; c'est elle qui donna la mort à mon époux. Pourquoi l'appeler de ce nom? Je me trompe : il ne fut que mon beau-père. Dois-je me percer le sein avec ce fer, ou le plonger dans ma gorge? O ma main, tu ne sais où frapper. Frappe ce flanc criminel, qu'un époux et qu'un fils ont tour à tour rendu fécond. (*Elle se tue.*)

Le ch. Elle expire. Sa main défaillante reste sur sa blessure; mais le sang qui en jaillit à grands flots en a fait sortir l'épée.

OEd. Eh bien! dieu des oracles, infaillible Apollon, je t'en prends à témoin, est-ce là ce que tu m'avais prédit? Je ne devais répandre que le sang de mon père, et me voilà deux fois parricide, et plus coupable encore que je ne le craignais. C'est moi qui ai tué ma mère; mon crime a causé son trépas. Dieu de mensonge, j'ai dépassé mon horrible destinée. Va maintenant d'un pied craintif et chancelant t'égarer dans des routes trompeuses, n'ayant que ta

---

Primusque dies dedit extremum.
Non illa deo vertisse licet,
Quæ nexa suis currunt causis.   990
It cuique ratus, prece non ulla
Mobilis, ordo. Multis ipsum
Metuisse nocet; multi ad fatum
Venere suum; dum fata timent.....
Sonuere fores, atque ipse suum,   995
Duce non ullo, molitur iter
       Luminis orbus.

OEDIPUS, CHORUS, JOCASTA.

OEd. Bene habet, peractum est; justa persolvi patri.
Juvant tenebræ; quis deus tandem mihi
Placatus atra nube perfundit caput?   1000
Quis scelera donat? Conscium evasi diem.
Nil, parricida, dexteræ debes tuæ.
Lux te refugit. Vultus OEdipoda hic decet.
Chor. En, ecce, rapido sæva prosiluit gradu
Jocasta vecors : qualis attonita et furens   1005
Cadmea mater abstulit nato caput,
Sensitve raptum. Dubitat, afflictum alloqui
Cupit, pavetque. Jam malis cessit pudor,
Et hæret ore primo vox. *Joc.* Quid te vocem?
Natumne? Dubitas? natus es, natum pudet.   1010
Invite loquere nate. Quo avertis caput,
Vacuosque vultus? *OEd.* Quis frui et tenebris vetat?
Quis reddit oculos? Matris, heu, matris sonus.
Perdidimus operam. Congredi fas amplius
Haud est; nefandos dividat vastum mare,   1015
Dirimatque tellus abdita; et quisquis sub hoc
In alia versus sidera, ac solem avium

Dependet orbis, alterum ex nobis ferat.
Joc. Fati ista culpa est; nemo fit fato nocens.
OEd. Jam parce verbis, mater, et parce auribus.   1020
Per has reliquias corporis trunci precor,
Per inauspicatum sanguinis pignus mei,
Per omne nostri nominis fas ac nefas.
Joc. Quid, anime, torpes? Socia cur scelerum, dare
Pœnas recusas? Omne confusum perit,   1025
Incesta, per te juris humani decus.
Morere, et nefastam spiritum ferro exige.
Non, si ipse mundum concitans divum sator
Corusca sæva tela jaculetur manu,
Unquam rependam sceleribus pœnas pares,   1030
Mater nefanda. Mors placet, mortis via
Quæratur. Agedum, commoda matri manum,
Si parricida es; restat hoc operi ultimum.
Rapiatur ensis : hoc jacet ferro meus
Conjux. Quid illum nomine haud vero vocas?   1035
Socer est. Utrumne pectori infigam meo
Telum, an patenti conditum jugulo imprimam?
Eligere nescis vulnus. Hunc, dextra, hunc pete
Uterum capacem, qui virum et natum tulit.
Chor. Jacet peremta. Vulneri immoritur manus,   1040
Ferrumque secum nimius ejecit cruor.
OEd. Fatidice te, te, præsidem veri deum,
Compello. Solum debui fatis patrem.
Bis parricida, plusque quam timui nocens,
Matrem peremi; scelere confecta est meo.   1045
O Phœbe mendax, fata superavi impia.
Pavitante gressu sequere fallentes vias,
Suspensa plantis efferens vestigia,
Cæcam tremente dextera noctem rege.

main tremblante pour te guider dans ces ténèbres.
Va, tombe, brise-toi sur un sol perfide. Va, malheureux banni, pars.... arrête, crains de heurter
ta mère.

Et vous qu'un mal affreux épuise et consume, vous
tous dont l'âme est prête à s'échapper, relevez vos
fronts abattus par la douleur : je pars, je m'exile. Ma
fuite va rendre à l'air toute sa pureté. Vous tous qui,

épuisés, retenez à peine un souffle de vie, respirez
enfin. Hâtez-vous, portez secours même aux malades expirants. J'emporte avec moi tous les germes
contagieux qui infectaient cette contrée. Venez donc,
mort affreuse, sinistres frissons, maigreur, horrible
fléau, désespoir; venez avec moi. Voilà les guides
que je veux.

I, gradere præceps, lubricos ponens gradus.   1050
I, profuge, vade..... Siste, ne in matrem incidas.
Quicumque fessi corpore et morbo graves
Semianima trahitis pectora, en fugio, exeo,
Relevate colla : mitior cæli status
Post terga sequitur. Quisquis exilem jacens   1055

Animam retentat, vividos haustus levis
Concipiat. Ite, ferte depositis opem.
Mortifera mecum vitia terrarum extraho.
Violenta fata, et horridus morbi tremor,
Maciesque, et atra pestis, et rabidus dolor,   1060
Mecum ite, mecum : ducibus his uti libet.

LES TROYENNES.

PERSONNAGES.

HÉCUBE.
ANDROMAQUE.
ASTYANAX.
HÉLÈNE.
AGAMEMNON.
PYRRHUS.
ULYSSE.

CALCHAS.
CHŒUR DE TROYENNES.
TALTHYBIUS.
UN VIEILLARD.
UN ENVOYÉ.
POLYXÈNE, personnage muet.

ARGUMENT.

Les Grecs, qui après la ruine de Troie se disposaient à retourner dans leur patrie, sont arrêtés par un vent contraire. L'ombre d'Achille leur apparaît la nuit, et leur annonce qu'ils ne pourront partir qu'après lui avoir immolé, comme victime expiatoire, Polyxène, dont on lui avait promis la main, pour le surprendre et le tuer. Agamemnon, épris de Polyxène, s'oppose à ce qu'on l'immole. Il s'ensuit une querelle entre lui et Pyrrhus. Calchas est consulté; il déclare que le sacrifice est indispensable, et qu'il faut faire mourir également Astyanax, que sa mère avait caché. Ulysse emmène l'enfant, et le précipite du haut de la porte Scée. Polyxène, conduite par Hélène, parée comme pour son mariage, est menée en pompe devant le tombeau d'Achille, et immolée par Pyrrhus.

ACTE PREMIER.

HÉCUBE.

Que celui qui compte sur la possession d'un trône, et qui, sans craindre l'inconstance des dieux, s'abandonne sans défiance aux charmes de la prospérité, contemple ma chute et regarde Troie. Jamais

---

TROADES.

DRAMATIS PERSONÆ.

HECUBA.
ANDROMACHA.
ASTYANAX.
HELENA.
AGAMEMNON.
PYRRHUS.
ULYSSES.

CALCHAS.
CHORUS TROADUM.
TALTHYBIUS.
SENEX.
NUNTIUS.
POLYXENA, MUTA PERSONA.

ARGUMENTUM.

Græci, exciso jam Ilio, reditum in patriam cogitantes, contrario vento detinebantur. Apparens noctu Achillis umbra solvere eos posse negat, nisi sibi debitis inferiis mactata Polyxena, cujus nuptiarum prætextu interfectus est. Non fert Agamemnon sibi amatam Polyxenam mactari. Qua de re orto cum Pyrrho jurgio, intervenit consultus Calchas, qui omnino immolandam pronuntiat, unaque necandum Astyanacta, quem a matre absconditum abducit Ulysses, et de Scæa porta dejicit. Polyxenam ab Helena auspice, ritu cultuque sponsæ deductam, ad patris tumulum Pyrrhus mactat.

ACTUS PRIMUS.

HECUBA.

Quicumque regno fidit, et magna potens
Dominatur aula, nec leves metuit deos,

---

la fortune n'a montré, par une preuve plus éclatante, sur quel fondement fragile s'appuie l'orgueil des princes. Il est tombé ce rempart de la puissante Asie, merveilleux ouvrage des dieux! En vain étaient accourus pour le défendre, et ceux qui boivent les eaux glacées du Tanaïs aux sept embouchures; et ceux qui, recevant les premiers rayons du jour, voient le Tigre mêler ses tièdes eaux à celles d'une mer que rougit l'aurore; et ces guerrières, sans époux, qui habitent près des Scythes errants, et occupent les rives du Pont-Euxin. Le fer a renversé Pergame : elle est accablée sous ses propres débris. Nos toits sont embrasés, et ces murs, bâtis avec tant de magnificence, ne sont plus que décombres; la flamme dévore notre palais, et la ville entière d'Assaracus est un monceau de ruines fumantes. Mais l'incendie n'arrête point l'avide vainqueur; la flamme ne saurait garantir Troie du pillage. Des torrents de fumée couvrent le ciel, et, semblable à un nuage épais, la cendre de nos demeures obscurcit la lumière du jour. Les vainqueurs, bien qu'avides de vengeance, s'arrêtent, et mesurant des yeux cet Ilion qui les retint si longtemps : ils comprennent à cette vue les dix ans de travaux qu'il leur a coûtés. Troie abattue les effraye encore; ils s'en voient les maîtres, ils ne peuvent croire qu'ils aient pu la réduire. Les Grecs enlèvent les richesses amassées par Dardanus, et leurs mille vaisseaux ne peuvent contenir tant de dépouilles.

J'en atteste et les dieux qui me sont si cruels, et les cendres de ma patrie, et les mânes d'un époux enseveli sous les débris de son puissant em-

Animumque rebus credulum lætis dedit,
Me videat, et te, Troja : non unquam tulit
Documenta Fors majora, quam fragili loco   5
Starent superbi : columen eversum occidit
Pollentis Asiæ, cælitum egregius labor.
Ad cujus arma venit, et qui frigidum
Septena Tanain ora pandentem bibit;
Et qui renatum primus excipiens diem,   10
Tepidum rubenti Tigrin immiscet freto;
Et quæ vagos vicina prospiciens Scythas
Ripam catervis Ponticam viduis ferit.
Excisa ferro est Pergamum : incubuit sibi.
En, alta muri decora congesti jacent,   15
Tectis adustis. Regiam flammæ ambiunt;
Omnisque late fumat Assaraci domus.
Non prohibet avidas flamma victoris manus;
Diripitur ardens Troja, nec cælum patet
Undante fumo : nube ceu densa obsitus,   20
Ater favilla squallet Iliaca dies.
Stat avidus iræ victor, et lentum Ilium
Metitur oculis, ac decem tandem ferus
Ignoscit annis : horret afflictam quoque;
Victamque quamvis videat, haud credit sibi   25
Potuisse vinci : spolia populator rapit
Dardania : prædam mille non capiunt rates.
Testor deorum numen adversum mihi,
Patriæque cineres, teque rectorem Phrygum,
Quem Troja toto conditum regno tegit,   30
Tuosque manes, quo stetit stante Ilion,

pire, et toi qui, tant que tu vécus, fus le plus ferme appui de nos murs; vous enfin que je chéris-
sais le plus après eux, chère et nombreuse postérité
d'Hécube, oui, tout ce qui nous est arrivé de funeste, tous les malheurs que nous prédisait la vierge
inspirée d'Apollon, mais que ce dieu nous empêchait
de croire, je les ai prévus pendant ma fatale gros-
sesse, et je n'ai pas caché mes craintes. Avant et
comme Cassandre, j'ai prédit, et l'on ne m'a pas crue.
Non, Troyens, ce n'est point l'artificieux Ulysse,
ni son nocturne compagnon, ni le perfide Sinon, qui
ont allumé ces feux destructeurs; c'est moi, c'est
le flambeau fatal que je portai dans mes flancs qui
a causé l'embrasement de Troie.

Mais pourquoi déplorer si longtemps la ruine de
ta patrie, toi que les dieux condamnent à vieillir?
Tourne les yeux vers des maux plus récents : Troie
détruite est un malheur déjà ancien. J'ai vu le
meurtre horrible de Priam, et la main de Pyrrhus
commettre sur les autels mêmes un forfait qui les
surpasse tous. J'ai vu ce guerrier farouche, saisissant par les cheveux un prince vénérable, lui renverser la tête en arrière, et lui plonger son épée tout entière dans la gorge. L'intrépide vieillard s'offrait de
lui-même au fer meurtrier; mais l'épée sortit de
la blessure, sans être teinte de son sang, que l'âge
avait épuisé. Quel cœur si barbare n'eût été arrêté
par la vue de ce vieillard déjà sur le bord du tombeau; par la crainte des dieux témoins de ce crime,
et l'antique majesté du sanctuaire d'un empire détruit? Le père de tant de rois, Priam est privé de
sépulture, et ne peut trouver un bûcher au milieu
de Troie en flammes.

Tant de malheurs n'ont pas assouvi la colère des
dieux : une urne fatale va répartir entre les vainqueurs les fils de Priam et les épouses de ses fils.
Captive dédaignée, à quel maître vais-je appartenir?

L'un se flatte d'obtenir du sort la veuve d'Hector,
l'autre celle d'Hélénus, un troisième celle d'Antc-
nor. Plusieurs, ô Cassandre, aspirent à te posséder.
Mais tous craignent de m'avoir en partage : seule je
suis l'effroi des Grecs.

. Mais quoi! vous cessez de gémir, tristes compagnes de ma captivité? Frappez votre poitrine à coups
redoublés; poussez des cris plaintifs, célébrez les
funérailles de Troie. Que les échos de l'Ida, où
siégea le juge fatal, répondent à vos accents douloureux.

HÉCUBE, CHOEUR DE TROYENNES.

Le chœ. Vous me commandez de pleurer : hélas!
je n'y suis que trop accoutumée. Que d'années j'ai
passées dans les larmes! Je n'ai cessé d'en répandre
depuis le jour où le prince de Phrygie fut reçu dans
les murs d'Amyclée, depuis que les pins de Cybèle
l'eurent porté sur les mers de la Grèce. Dix fois la
neige a blanchi l'Ida, l'Ida dépouillé pour former
nos bûchers funéraires; dix fois le laboureur tremblant a moissonné les plaines de Sigée, sans que
nous ayons cessé de gémir. Mais nous avons encore de nouveaux malheurs à déplorer. Pleurons
donc, ô reine! que votre main nous donne le douloureux signal. Troupe fidèle et soumise, nous
suivrons votre exemple. Nous savons toutes ce que
c'est que pleurer.

Héc. Fidèles compagnes de mon infortune, dé-
nouez vos cheveux; qu'en signe de douleur ils tombent épars, et souillés des cendres encore tièdes
d'Ilion. Débarrassez vos bras des voiles qui les couvrent; que vos robes, abaissées jusqu'à la ceinture,
laissent à nu tout le haut du corps. Misérables captives, pour quel époux la pudeur vous obligerait-elle
à cacher votre sein? Qu'un nœud retienne vos vêtements au-dessous de la poitrine, et que vos mains

---

Et vos meorum liberûm magni greges,
Umbræ minores : quidquid adversi accidit,
Quæcumque Phœbas ore lymphato furens,
Credi deo vetante, prædixit mala,   35
Prior Hecuba vidi gravida, nec tacui metus,
Et vana vates ante Cassandram fui.
Non cautus ignes Ithacus, aut Ithaci comes
Nocturnus in vos sparsit, aut fallax Sinon.
Meus ignis iste est : facibus ardetis meis.   40
Sed quid ruinas urbis eversæ gemis,
Vivax senectus? respice infelix ad hos
Luctus recentes. Troja jam vetus est malum.
Vidi exsecrandum regiæ cædis nefas,
Ipsasque ad aras majus admissum scelus   45
Æacidæ armis : quum ferox, sæva manu
Coma reflectens regium torta caput,
Alto nefandum vulneri ferrum abdidit;
Quod penitus actum quum recepisset libens,
Ensis senili siccus e jugulo rediit.   50
Placare quem non potuit a cæde effera
Mortalis ævi cardinem extremum premens?
Superique testes sceleris? et quondam sacrum
Regni jacentis? Ille tot regum parens
Caret sepulcro Priamus, et flamma indiget,   55
Ardente Troja : non tamen superis sat est.
Dominum, ecce, Priami nuribus et natis legens
Sortitur urna : præda quem vilis sequar?
Hic Hectoris conjugia despondet sibi;
Hic optat Heleni conjugem; hic Antenoris;   60
Nec deest tuos, Cassandra, qui thalamos petat.

Mea sors timetur : sola sum Danais metus.
Lamenta cessant? turba, captivæ, mea,
Ferite palmis pectora, et planctus date,
Et justa Trojæ facite : jamdudum sonet   65
Fatalis Ida, judicis diri domus.

CHORUS TROADUM, HECUBA.

Chor. Non rude vulgus lacrimisque novum
Lugere jubes : hoc continuis
Egimus annis, ex quo tetigit
Phrygius Graias hospes Amyclas,   70
Secutique fretum pinus matri
Sacra Cybellæ.
Decies nivibus canuit Ide,
Ide nostris nudata rogis;
Et Sigeis trepidus campis   75
Decumas secuit messor aristas;
Ut nulla dies mœrore caret,
Sed nova fletus causa ministrat.
Ite ad planctus,
Miserumque leva, regina, manum.   80
Vulgus dominam vile sequemur.
Non indociles lugere sumus.
Hec. Fidæ casus nostri comites,
Solvite crinem : per colla fluant
Mœsta capilli tepido Trojæ   85
Pulvere turpes : paret exsertos
Turba lacertos : veste remissa
Substringe sinus, uteroque tenus
Pateant artus : cui conjugio

furieuses soient plus libres pour frapper à coups redoublés. Je reconnais mes fidèles Troyennes. Nous déplorons d'anciennes infortunes, mais donnons à nos plaintes un accent plus douloureux qu'autrefois. C'est Hector que nous pleurons.

Le chœ. Nos cheveux, que nous avons si souvent arrachés pour célébrer tant de funérailles, tombent sur nos épaules ; nous avons détaché les nœuds qui les retenaient, et couvert nos têtes de cendres brûlantes.

Héc. Remplissez-en vos mains. Hélas! c'est tout ce que vous pouvez emporter de Troie.

Le chœ. Déjà nos vêtements, abaissés et retenus sur nos flancs, laissent nos épaules à découvert.

Héc. Vos poitrines nues n'attendent plus que vos mains courageuses. O douleur, déploie ici toute ta violence! Que le rivage de Rhété retentisse de vos coups ; que la triste Écho, qui habite les cavités de nos montagnes, ne se contente plus de répéter les derniers sons de nos plaintes ; qu'elle redise les plaintes entières de la malheureuse Troie ; que l'air et la mer les entendent. Frappez, mains désespérées. Que votre sein gémisse sous vos coups furieux ; des coups ordinaires ne suffisent pas à notre douleur. C'est Hector que nous pleurons.

Le chœ. Oui, c'est pour toi que nos mains déchirent notre sein, ensanglantent nos épaules et meurtrissent notre tête. C'est pour toi que ta mère déchire ces mamelles qui t'ont nourri. Les plaies que je me fis jadis à tes funérailles se rouvrent en ce moment, et laissent échapper des ruisseaux de sang. O soutien de la patrie, toi qui retardas l'accomplissement des plus cruelles destinées, appui des

Phrygiens abattus, tu fus le rempart de Troie; ta main puissante la soutint dix ans contre ses ennemis. Elle a succombé avec toi, et le dernier jour d'Hector fut aussi le dernier jour d'Ilion.

Héc. Que vos plaintes changent d'objet. Donnez des larmes à Priam ; c'est assez pleurer Hector.

Le chœ. Recevez nos gémissements, ô souverain de la Phrygie, infortuné vieillard deux fois captif. Sous votre règne, point de calamité qui ne se soit renouvelée pour Troie : deux fois ses remparts furent détruits par le fer des Grecs; deux fois les flèches d'Hercule lui furent fatales. Après avoir placé sur le bûcher tous les fils qu'Hécube vous avait donnés, cette foule de rois, vous avez fermé tant de funérailles. Victime immolée au grand Jupiter, vous gisez sans honneur sur la plage de Sigée.

Héc. Portez ailleurs vos plaintes; Troyennes, cessez de déplorer la mort de mon cher Priam. Dites toutes ensemble, dites : Heureux Priam ! il est descendu libre chez les morts; jamais il ne courbera son front humilié sous le joug des Grecs. Il n'a point vu les deux Atrides; il n'est pas condamné à voir le perfide Ulysse. Il n'ira pas, captif des Grecs, servir d'ornement à leur insolent triomphe; il ne se verra pas lier derrière le dos ces mains qui ont porté le sceptre. Priam, les bras chargés de chaînes d'or, et suivant le char d'Agamemnon, ne réjouira pas du spectacle de ses affronts le peuple de Mycènes.

Le chœ. Oui, nous disons toutes : Heureux Priam ! Il a quitté la terre, emportant avec lui sa royauté; Il erre maintenant dans les paisibles bocages de l'Élysée, et cherche son Hector parmi les âmes ver-

---

Pectora velas, captive pudor ?   90
Cingat tunicas palla solutas.
Vacet ad crebri verbera planctus
Furibunda manus : placet hic habitus ,
Placet : agnosco Troada turbam.
Iterum luctus redeunt veteres.   95
Solitum flendi vincite morem.
Hectora flemus.
Chor. Solvimus omnes
Lacerum multo funere crinem.
Coma demissa est libera nodo ;   100
Sparsitque cinis fervidus ora.
Hec. Complete manus : hoc ex Troja
Sumsisse licet. *Chor.* Cadit ex humeris
Vestis apertis , imumque tegit
Suffulta latus. *Hec.* Jam nuda vocant   105
Pectora dextras : nunc, nunc vires
Exprome, dolor, tuas.
Rhœtea sonent litora planctu.
Habitansque cavis montibus Echo
Non , ut solita est , extrema brevis   110
Verba remittat; totos reddat
Trojæ gemitus : audiat omnis
Pontus, et æther : sævite , manus ,
Pulsu vasto tundite pectus.
Non sum solito contenta sono.   115
Hectora flemus.
Chor. Tibi nostra ferit dextra lacertos,
Humerosque ferit tibi sanguineos.
Tibi nostra caput dextera pulsat.
Tibi materis ubera palmis   120
Laniata jacent : fluit , et multo
Sanguine manat, quæmcumque tuo
Funere feci, rupta cicatrix.
Columen patriæ , mora fatorum ,
Tu præsidium Phrygibus fessis ,   125

SÉNÈQUE.

Tu murus eras; humerisque tuis
Stetit illa decem fulta per annos ·
Tecum occidit : summusque dies
Hectoris idem patriæque fuit.
Hec. Vertite planctum. Priamo vestros   130
Fundite fletus : satis Hector habet.
Chor. Accipe, rector Phrygiæ, planctus :
Accipe fletus , bis capte senex.
Nil Troja semel te rege tulit.
Bis pulsata Dardana Graio   135
Mœnia ferro , bisque pharetras
Passa Herculeas : post elatos
Hecubæ partus, regumque gregem ,
Postrema pater funera cludis ,
Magnoque Jovi victima cæsus   140
Sigea premis litora truncus.
Hec. Alio lacrimas flectite vestras.
Non est Priami miseranda mei
Mors , Iliades. Felix Priamus,
Dicite cunctæ : liber Manes   145
Vadit ad imos ; nec feret unquam
Victa Graium cervice jugum.
Non ille duos vidit Atridas,
Nec fallacem cernit Ulyssem.
Non Argolici præda triumphi ,   150
Subjecta feret colla tropæis.
Non assuetas ad sceptra manus
Post terga dabit; currusque sequens
Agamemnonios , aurea dextra
Vincula gestans , lætis fiet   155
Pompa Mycenis. *Chor.* Felix Priamus,
Dicimus omnes : secum excedens
Sua regna tulit : nunc Elysii
Nemoris tutis errat in umbris,
Interque pias felix animas   160
Hectora quærit. Felix Priamus !

62

tueuses. Heureux Priam! heureux en effet celui qui, victime de la guerre, ne laisse rien après soi!

ACTE SECOND.

TALTHYBIUS, CHŒUR DE TROYENNES.

Tal. Quoi! les Grecs seront-ils toujours retenus dans le port, soit qu'ils partent pour la guerre, soit qu'ils retournent dans leur patrie?

Le chœ. Qui peut arrêter ici les Grecs et leurs vaisseaux? Quel dieu s'oppose à leur retour?

Tal. Je tremble de vous en instruire, et mon corps frissonne d'horreur. A peine peut-on croire des prodiges aussi extraordinaires. Mais je les ai vus de mes propres yeux. Déjà le soleil dorait le haut des montagnes, et le jour vainqueur chassait les ténèbres de la nuit : tout à coup, du fond de ses entrailles, la terre ébranlée fait entendre un sourd mugissement. La forêt tremble, et le bois sacré retentit d'un bruit semblable au tonnerre; des rochers se détachent des flancs du mont Ida. La terre n'est pas seule agitée; la mer reconnaît son Achille, et à son approche elle aplanit ses ondes. Cependant le sol s'entr'ouvre, et forme une vaste et profonde caverne qui offre aux mânes un passage pour revenir des abîmes de l'Érèbe au séjour des vivants. La tombe du héros de Thessalie se soulève, et cette grande ombre s'élance telle qu'il était lui-même, lorsque, préludant à la conquête de Troie, il renversa les bataillons de la Thrace, lorsqu'il vainquit le fils de Neptune à la blonde chevelure, ou lorsqu'au milieu des combattants, ne respirant que le carnage, il comblait les fleuves de cadavres, et forçait le Xanthe ralenti à se frayer un passage à travers tant de corps sanglants; tel enfin qu'il parut lorsque, fier

de sa victoire et debout sur son char, il traînait dans la poussière Hector, et Pergame avec lui.

D'une voix qu'animait la colère, et qui fit trembler le rivage : « Partez, lâches, dit-il, partez; refusez à mon ombre les honneurs qui lui sont dus, « et, coupables de cette ingratitude, traversez l'hu- « mide empire de ma mère. Il en a coûté jadis à la « Grèce pour désarmer le courroux d'Achille; mais « elle payera plus chèrement cette nouvelle offense. « Que Polyxène, fiancée à mes cendres, me soit im- « molée par la main de Pyrrhus, et qu'elle arrose « mon tombeau de son sang. » A ces mots, une nuit épaisse enveloppe le jour; le héros, retournant chez Pluton, rentre dans le gouffre infernal, et la terre se referme sur lui. Au même instant la mer se calme et devient immobile; les vents cessent d'agiter l'air; l'onde ne fait plus entendre qu'un faible murmure, et, du sein des eaux, le chœur des tritons entonne le chant nuptial.

PYRRHUS, AGAMEMNON, *et ensuite* CALCHAS.

Pyr. Charmé de retourner dans votre patrie, déjà vous mettiez à la voile, sans vous souvenir d'Achille, dont le bras seul a causé la chute de Troie : car si, depuis la perte de ce héros, Troie a quelque temps encore arrêté les Grecs, elle chancelait seulement, cherchant de quel côté elle tomberait. Quelque empressement que vous mettiez à satisfaire Achille, à lui donner ce qu'il réclame, vous vous acquitterez toujours trop tard. Déjà les chefs ont reçu leur récompense : ferez-vous moins pour récompenser le plus vaillant de tous? A-t-il peu mérité, celui auquel le destin promettait de paisibles et nombreuses années, une vieillesse plus longue que celle du roi de Pylos, pourvu qu'il évitât les hasards de la guerre; et qui, pour servir votre cause, tra-

---

Felix, quisquis bello moriens
Omnia secum consumta videt!

ACTUS SECUNDUS.

TALTHYBIUS, CHORUS TROADUM.

Tal. Quam longa Danais semper in portu mora,
Seu petere bellum, petere seu patriam volunt!   165
Chor. Quæ causa ratibus faciat et Danais moram,
Effare : reduces quis deus cludat vias.
Tal. Pavet animus : artus horridus quassat tremor.
Majora veris monstra vix capiunt fidem.
Vidi ipse, vidi. Summa jam Titan juga   170
Stringebat; ortus viceral noctem dies :
Quum subito cæco terra mugitu fremens
Concussa, totos traxit ex imo sinus.
Movere silvæ capita, et excelsum nemus
Fragore vasto tonuit, et lucus sacer.   175
Idæa ruptis saxa ceciderunt jugis.
Nec sola tellus tremuit : et pontus suum
Adesse Achillem sensit, ac stravit vada.
Tum scissa vallis aperit immensos specus;
Et hiatus Erebi pervium ad superos iter   180
Tellure fracta præbet, ac tumulum levat.
Emicuit ingens umbra Thessalici ducis,
Threicia qualis arma proludens tuis
Jam, Troja, fatis stravit : aut Neptunium
Cana nitentem percutit juvenem coma :   185

Aut quum inter acies Marte violento furens,
Corporibus amnes clusit; et quærens iter
Tardus cruento Xanthus erravit vado.
Aut quum superbo victor in curru stetit,
Egitque habenas, Hectorem et Trojam trahens.   190
Implevit omne litus irati sonus :
« Ite, ite inertes : debitos manibus meis
Auferte honores : solvite ingratas rates,
Per nostra ituri maria : non parvo luit
Iras Achillis Græcia : at magno luet.   195
Desponsa nostris cineribus Polyxena
Pyrrhi manu mactetur, et tumulum riget. »
    Hæc fatus, alta nocte divisit diem,
Repetensque Ditem, mersus ingentem specum
Cœunte terra junxit : immoti jacent   200
Tranquilla pelagi : ventus abjecit minas,
Placidumque fluctu murmurat leni mare.
Tritonum ab alto cecinit hymenæum chorus.

PYRRHUS, AGAMEMNON, CALCHAS.

Pyrrh. Quum læta pelago vela rediturus dares,
Excidit Achilles : cujus unius manu   205
Impulsa Troja, quidquid adjecit moræ,
Illo remoto, dubia quo caderet, stetit.
Velis licet, quod petitur, ac properes dare,
Sero es daturus : jam suum cuncti duces
Tulere pretium. Quæ minor merces potest   210
Tantæ dari virtuti? an is meruit parum,
Qui, fugere bellum jussus, et longa sedens
Ævum senecta degere, ac Pylii senis

lit la tendresse de sa mère, alarmée, quitta ses vêtements trompeurs, et révéla son sexe en saisissant les armes offertes à ses regards? Le farouche tyran d'un peuple inhospitalier, Télèphe, refusait à votre armée le passage à travers la fière Mysie : Achille signale contre ce roi son bras, novice dans la guerre. Télèphe, blessé et guéri par mon père, a éprouvé la double puissance de sa main. C'est lui qui a renversé Thèbes; vaincu Éétion et conquis ses États; détruit de fond en comble Lyrnesse, assise en vain sur le haut d'un rocher; pris la ville, noble patrie de Briséis; Chrysa, source d'un funeste différend entre des rois; l'île fameuse de Ténédos; la fertile Syros, qui nourrit dans ses gras pâturages les troupeaux de la Thrace; Lesbos, que baignent les flots de la mer Égée; Cilla consacrée à Phébus; enfin toutes les villes où les fraîches eaux du Caïque entretiennent un éternel printemps.

Tant de peuples ou exterminés, ou vaincus par la terreur, tant de villes emportées comme par un tourbillon rapide, seraient les éternels monuments de toute autre valeur. C'est ce qu'a fait Achille en passant; c'est ainsi que mon père venait vous joindre, et qu'il s'essayait en attendant la guerre. Sans parler de tout ce qu'il a fait, ne suffit-il point qu'il ait triomphé d'Hector? C'est lui qui a vaincu Ilion; vous n'avez fait que détruire des murailles. J'aime à rappeler les exploits de mon père. Priam vit succomber sous ce héros, et son fils Hector, et Memnon son neveu; mort qui coûta tant de larmes à l'Aurore sa mère, que son visage pâle ne répandait plus sur la terre qu'une triste clarté; victoire alarmante pour Achille lui-même, qui apprenait par ce fatal exemple que les enfants des dieux étaient aussi sujets à la mort. Enfin il vous délivra de cette redoutable Amazone, le dernier ennemi que craignissent les Grecs.

Si vous appréciez de si importants services, vous ne pourrez lui refuser même une jeune fille de Mycènes ou d'Argos. Hé quoi! vous hésitez? Vous blâmez ce que vous avez trouvé juste autrefois, et vous regardez comme une cruauté d'immoler au fils de Pélée une fille de Priam, vous qui avez immolé votre propre fille à Hélène? Ce que je demande n'est pas nouveau : vous l'avez fait.

Aga. C'est un défaut de la jeunesse, de ne pouvoir se modérer. Chez la plupart il tient à la fougue de l'âge; mais Pyrrhus en a hérité de son père. J'ai supporté patiemment autrefois les emportements du petit-fils d'Éacus, son orgueil et ses menaces; la patience sied bien au pouvoir suprême. Pourquoi voulez-vous déshonorer par un meurtre cruel l'ombre d'un héros si révéré? Il faut avant tout discerner ce que le vainqueur doit faire, et le vaincu endurer. La violence ne rendit jamais un empire durable; la modération affermit le pouvoir. Plus la fortune élève les humains et les comble de ses dons, plus ils doivent se montrer modestes, plus ils doivent craindre les retours du sort et se défier de la faveur excessive des dieux. Mes victoires m'ont appris qu'un moment suffit pour anéantir les grandeurs; Troie renversée nous remplit d'arrogance et d'orgueil. Songeons, fils de Danaüs, que nous sommes montés au faîte d'où cette ville est tombée. Moi-même, je l'avouerai, j'ai quelquefois passé les bornes d'un légitime pouvoir; la fierté m'emportait. Mais cette même prospérité, peut-être enivrante pour un autre, a brisé mon orgueil. Toi, me rendre fier, ô Priam? non, tu me rends timide. Puis-je regarder la royauté autrement que comme un vain nom, un éclat mensonger; et le diadème que comme un trompeur ornement? Un coup du sort peut nous le ravir; mille vaisseaux, dix années ne sont pas nécessaires; les grandeurs ne s'anéantissent pas tou-

Transcendere annos, exuens matris dolos,
Falsasque vestes, fassus est armis virum?   215
Inhospitali Telephus regno impotens,
Dum Mysiæ ferocis introitus negat,
Rudem cruore regio dextram imbuit,
Fortemque eamdem sensit et mitem manum.
Ceeidere Thebæ : vidit Eetion capi   220
Sua regna victus : clade subversa est pari
Apposita celso parva Lyrnessos jugo;
Captaque tellus nobilis Briseide,
Et, causa litis regibus, Chryse jacet :
Et nota fama Tenedos; et quæ pascuo   225
Fecunda pingui Thracios nutrit greges,
Syros, fretumque Lesbos Ægæum secans,
Et sacra Phœbo Cilla : quid? quas alluit
Vernis Caycus gurgitem attollens aquis :
Hæc tanta clades gentium ac tantus pavor,   230
Sparsæ tot urbes, turbinis vasti modo,
Alterius esset gloria ac summum decus :
Iter est Achillis : sic meus venit pater,
Et tanta gessit bella, dum bellum parat.
Ut alia sileam merita, non unus satis   235
Hector fuisset? Ilium vicit pater,
Vos diruistis : inclitas laudes juvat,
Et clara magni facta genitoris sequi.
Jacuit peremtus Hector ante oculos patris,
Patruique Memnon, cujus ob luctum parens   240
Pallente mœstum protulit vultu diem,
Suique victor operis exemplum horruit;
Didicitque Achilles et dea natos mori.

Tum sæva Amazon ultimus cecidit timor.
Debes Achilli, merita si digne æstimas,   245
Etsi Mycenis virginem atque Argis petat.
Dubitatur etiam? placita nunc subito improbas?
Priamique natam Pelei nato ferum
Mactare crudelis? at tuam natam parens
Helenæ immolasti : solita jam et facta expeto.   250
Agam. Juvenile vitium est, regere non posse impetum.
Ætatis alios fervor hic primæ rapit,
Pyrrhum paternus : spiritus quondam truces,
Minasque tumidi lentus Æacidæ tuli.
Quo plura possis, plura patienter feras.   255
Quid cæde dira nobiles clari ducis
Adspergis umbras? noscere hoc primum decet,
Quid facere victor debeat, victus pati.
Violenta nemo imperia continuit diu :
Moderata durant; quoque Fortuna altius   260
Evexit ac levavit humanas opes,
Hoc se magis supprimere felicem decet,
Variosque casus tremere, metuentem deos
Nimium faventes. Magna momento obrui
Vincendo didici. Troja nos tumidos facit   264
Nimium ac feroces? stamus hoc Danai loco,
Unde illa cecidit. Fateor, aliquando impotens
Regno ac superbus, altius memet tuli;
Sed fregit illos spiritus hæc, quæ dare
Potuisset alii, causa, Fortunæ favor.   270
Tu me superbum, Priame? tu timidum facis.
Ego esse quidquam sceptra, nisi vano putem
Fulgore tectum nomen, et falso comam

52.

jours si lentement. J'ai souhaité, j'en conviens, dompter et humilier les Troyens ; mais (pardonne cet aveu, ô ma patrie !) j'aurais voulu empêcher la ruine entière de ta rivale, si l'on pouvait mettre un frein à la colère, à l'impétuosité d'un vainqueur dont la nuit couvre les excès. Tout ce qui s'est commis d'horrible et d'inhumain fut l'ouvrage de la vengeance, des ténèbres qui animent la rage du soldat, de cette fureur du glaive qui, une fois teint de sang, s'acharne sur les vaincus. Épargnons le peu qui reste de Troie : c'est assez et trop de carnage. Mais que je laisse égorger la fille d'un roi ; qu'on l'immole de sang-froid sur un tombeau ; que son sang arrose une cendre insensible ; qu'on ose appeler hyménée une pareille barbarie, non, je ne le souffrirai pas : le crime de tous retomberait sur moi : ne pas empêcher un crime quand on le peut, c'est l'ordonner.

Pyr. Ainsi les mânes d'Achille n'obtiendront aucune récompense.

Aga. Il aura la plus belle : son nom sera célébré par toutes les bouches, et parviendra jusque chez les peuples les plus reculés. Que s'il faut du sang pour apaiser son ombre, faisons couler sur sa tombe celui des plus beaux troupeaux de la Phrygie ; mais n'en répandons point qui coûterait des larmes à une mère. Quelle est cette coutume barbare d'immoler des hommes à un homme qui n'est plus ? Cessez de réclamer pour votre père un sacrifice affreux, qui, loin de l'honorer, rendrait sa mémoire odieuse.

Pyr. Homme orgueilleux quand la fortune vous sourit, timide au moment du danger, tyran des rois, l'amour aurait-il allumé tout à coup dans votre cœur une passion nouvelle ? Seul, prétendez-vous dépouiller toujours notre famille ? Cette main saura bien rendre à Achille la victime qui lui appartient ; ou si vous persistez dans vos refus, je lui en immo-

lerai une plus grande, et plus digne de lui être offerte par Pyrrhus. Il y a trop longtemps que mon bras ne s'est rougi du sang d'un roi : Priam demande un compagnon.

Aga. Je ne saurais nier que le plus glorieux exploit de Pyrrhus ne soit d'avoir percé de son épée cruelle le vieux Priam, le suppliant d'Achille.

Pyr. Je sais que les ennemis de mon père ont été réduits à l'implorer ; mais Priam du moins est venu le trouver. Vous, en proie à de lâches terreurs, enfermé dans votre tente, n'ayant pas même le courage de demander grâce et d'aborder votre ennemi, vous avez mis Ajax et Ulysse entre Achille et vous.

Aga. Votre père, j'en conviens, n'éprouvait alors aucune crainte. Pendant le carnage de la Grèce et l'embrasement de nos vaisseaux, tranquille dans sa tente, sans s'occuper des armes ni de la guerre, il faisait vibrer sous ses doigts légers sa lyre harmonieuse.

Pyr. Le grand Hector, qui méprisait vos armes, craignit ce paisible chanteur ; et, au milieu de l'effroi général, la flotte thessalienne resta dans une paix profonde.

Aga. Cette paix y régnait encore sans doute, quand le père d'Hector osa s'y présenter.

Pyr. Il est d'un roi magnanime d'accorder la vie à un roi.

Aga. Pourquoi donc l'avez-vous ôtée à ce même Priam ?

Pyr. Souvent il est plus humain de donner la mort que de laisser la vie.

Aga. Et c'est par humanité que vous immolez aujourd'hui des jeunes filles sur un tombeau ?

Pyr. Depuis quand regardez-vous comme un crime le sacrifice d'une vierge ?

Aga. Un roi doit préférer la patrie à ses propres enfants.

Vinclo decentem? Casus hæc rapiet brevis;
Nec mille forsan ratibus, aut annis decem : 275
Non omnibus Fortuna tam lenta imminet.
Equidem fatebor (pace dixisse hoc tua,
Argiva tellus, liceat) affligi Phrygas
Vincique volui : ruere, et æquari solo,
Etiam arcuissem : sed regi frenis nequit 280
Et ira, et ardens hostis, et victoria
Commissa nocti : quidquid indignum aut ferum
Cuiquam videri potuit, hoc fecit dolor,
Tenebræque, per quas ipse se irritat furor,
Gladiusque felix, cujus infecti semel 285
Vecors libido, est. Quidquid eversæ potest
Superesse Trojæ, maneat ; exactum satis
Pœnarum, et ultra est : regia ut virgo occidat,
Tumuloque donum detur, et cineres riget,
Et facinus atrox cædis ut thalamos vocent, 290
Non patiar ; in me culpa cunctorum redit :
Qui non vetat peccare, quum possit, jubet.
Pyrrh. Nullumne Achillis præmium manes ferent?
Agam. Ferent ; et illum laudibus cuncti canent;
Magnumque terræ nomen ignotæ audient. 295
Quod si levatur sanguine infuso cinis,
Opima Phrygii colla cædantur gregis,
Fluat nulli flebilis matri cruor.
Quis iste mos est, quando in inferias homo est
Impensus homini? Detrahe invidiam tuo 300
Odiumque patri, quem coli pœna jubes.
Pyrrh. O tumide, rerum dum secundarum status
Extollit animos; timide, quum increpuit metus!

Regum tyranne, jamne flammatum geris
Amore subito pectus, ac veneris novæ? 305
Solusne toties spolia de nobis feres?
Hac dextra Achilli victimam reddam suam :
Quam si negas retinesque, majorem dabo,
Dignamque quam det Pyrrhus : et nimium diu
A cæde nostra regia cessat manus, 310
Pareunque poscit Priamus. *Agam.* Haud equidem nego
Hoc esse Pyrrhi maximum in bello decus,
Sævo peremtus ense quod Priamus jacet,
Supplex paternus. *Pyrrh.* Supplices nostri patris
Hostesque eosdem novimus. Priamus tamen 315
Præsens rogavit : tu gravi pavidus metu
Nec ad rogandum fortis, Ajaci preces
Ithacoque mandas, clusus, atque hostem tremens.
Agam. At non timebat tunc tuus, fateor, parens,
Interque cædes Græciæ, atque ustas rates, 320
Seguis jacebat, belli et armorum immemor,
Levi canoram verberans plectro chelym.
Pyrrh. Tunc magnus Hector, arma contemnens tua,
Cantus Achillis timuit : et tanto in metu
Navalibus pax alta Thessalicis fuit. 325
Agam. Nempe iisdem in istis Thessalis navalibus
Pax alta rursus Hectoris patri fuit.
Pyrrh. Est regis alti, spiritum regi dare.
Agum. Cur dextra regi spiritum eripuit tua?
Pyrrh. Mortem misericors sæpe pro vita dabit. 330
Agam. Et nunc misericors virgines busto petis.
Pyrrh. Jamne immolari virgines credis nefas?
Agam. Præferre patriam liberis regem decet.

Pyr. Aucune loi ne protége le vaincu et ne s'oppose à son supplice.

Aga. Ce que la loi permet, l'honneur quelquefois le défend.

Pyr. Non, la volonté du vainqueur est la loi suprême.

Aga. Plus on a de pouvoir, moins on en doit abuser.

Pyr. C'est bien à vous d'étaler ces maximes, vous qui avez fait gémir dix ans les Grecs sous un joug que Pyrrhus a enfin brisé!

Aga. Est-ce à Scyros que vous avez puisé tant d'orgueil?

Pyr. Scyros n'a pas vu des frères impies.

Aga. Un rocher, au milieu de la mer!

Pyr. Il y est dans ma famille. Et nous connaissons l'illustre race d'Atrée et de Thyeste.

Aga. Vous, le fruit frauduleux d'une surprise, le fils d'un suborneur qui n'était pas homme encore!

Pyr. Oui, je suis né de cet Achille qui tient par les auteurs de sa race au triple empire du monde, à la mer par Thétis, aux enfers par Éacus, au ciel même par Jupiter.

Aga. Ajoutez, Et qui tomba sous les coups d'un Pâris.

Pyr. Mais que nulle divinité n'osa combattre en face.

Aga. Je pourrais réprimer votre insolence et châtier cet excès d'audace; mais je veux que mon épée épargne même des captifs. Faisons plutôt venir Calchas, interprète des dieux. Si le destin l'ordonne, je cède. (*A Calchas.*) O vous qui, déliant nos vaisseaux retenus dans le port, avez ouvert à notre impatience la carrière des combats; ô vous qui lisez dans les cieux, vous que les entrailles des victimes, le bruit de la foudre, et ces traces lumineuses que laissent derrière elles les étoiles en traversant les airs, instruisent des volontés du sort; vous enfin dont les réponses m'ont déjà coûté si cher, dites-nous, ô Calchas, dites-nous ce que les dieux nous commandent, et guidez-nous par vos conseils.

Cal. Grecs, c'est toujours au même prix que les dieux vous ouvrent les mers. Une jeune fille doit être immolée sur la tombe du héros de Larisse, mais parée comme le sont le jour de leur hymen les vierges de Thessalie, d'Ionie ou de Mycènes; c'est Pyrrhus qui doit présenter à son père l'épouse qu'il demande : ainsi doit s'accomplir le sacrifice. Mais ce n'est pas là seulement ce qui retient ici nos vaisseaux. Un sang plus illustre que le tien, ô Polyxène, doit être répandu ; les destins l'exigent. Il faut faire périr, en le précipitant du haut d'une tour, le petit-fils de Priam, le rejeton d'Hector. Alors vos mille vaisseaux vogueront sur la mer à pleines voiles.

CHŒUR DE TROYENNES.

Est-il vrai que l'âme survive au corps enfermé dans le tombeau ? ou n'est-ce qu'une fable, vain sujet de terreur pour des esprits timides? Quand la main d'une épouse a fermé les yeux de son époux, quand celui-ci a cessé de voir le jour, et que l'urne fatale a reçu ses cendres inanimées, est-ce en vain qu'on rend à son âme les honneurs funèbres? Est-il vrai que sa triste existence s'étende par delà? ou mourons-nous tout entiers, et ne reste-t-il plus rien de nous dès que l'âme, s'échappant avec le dernier soupir, se confond avec les nuages et se dissipe dans les airs, dès que la flamme du bûcher a consumé notre froide dépouille? Tout ce que le soleil éclaire, depuis les climats de l'Aurore jusqu'aux lieux où il termine sa course; tout ce que baignent les flots de l'Océan azuré, qui tantôt couvre nos plages et tantôt les abandonne; le temps, aussi rapide que Pégase, l'emportera dans sa fuite. Et ce mouvement est pareil à celui des douze signes qui se succèdent l'un à l'autre; à celui du roi des astres, qui précipite

---

Pyrrh. Lex nulla capto parcit, aut pœnam impedit.
Agam. Quod non vetat lex, hoc vetat fieri pudor.   335
Pyrrh. Quodcumque libuit facere victori, licet.
Agam. Minimum decet libere, cui multum licet.
Pyrrh. His ista jactas, quos, decem annorum gravi
Regno subactos, Pyrrhus exsolvit jugo?
Agam. Hos Scyrus animos? *Pyrrh.* Scelere quæ fratrum
    caret.   340
Agam. Inclusa fluctu. *Pyrrh.* Nempe cognati maris.
Atrei et Thyestæ nobilem novi domum.
Agam. Ex virginis concepte furtivo stupro,
Et ex Achille nate, sed nondum viro.
Pyrrh. Illo ex Achille, genere qui mundum suo,   345
Sparsus per omne cælitum regnum, tenet,
Thetide æquor, umbras Æaco, cælum Jove.
Agam. Illo ex Achille, qui manu Paridis jacet.
Pyrrh. Quem nec deorum cominus quisquam petit.
Agam. Compescere equidem verba, et audacem malo.   350
Poteram domare : sed meus captis quoque
Scit parcere ensis : potius interpres deûm
Calchas vocetur : fata si poscunt, dabo.
Tu, qui Pelasgæ vincla solvisti rati,
Morasque bellis, arte qui reseras polum,   355
Cui viscerum secreta, cui mundi fragor,
Et stella longa semitam flamma trahens
Dant signa fati, cujus ingenii mihi
Mercede constant ora, quid jubeat deus,
Effare, Calcha, nosque consilio rege.   360

Cal. Dant fata Danais, quo solent pretio, viam.
« Mactanda virgo est Thessali busto ducis;
« Sed quo jugari Thessalæ cultu solent,
« Ionidesve, vel Mycenææ nurus.
« Pyrrhus parenti conjugem tradat suo.   365
« Sic rite dabitur : non tamen nostras tenet
« Hæc una puppes causa : nobilior tuo,
« Polyxene, cruore debetur cruor,
« Quem fata quærunt : turre de summa cadat
« Priami nepos Hectoreus, et letum oppetat.   370
« Tum mille velis impleat classis freta. »

CHORUS TROADUM.

Verum est? an timidos fabula decipit,
Umbras corporibus vivere conditis?
Quum conjux oculis imposuit manum,
Supremusque dies solibus obstitit,   375
Et tristis cineres urna coercuit,
Non prodest animam tradere funeri,
Sed restat miseris vivere longius?
An toti morimur, nullaque pars manet
Nostri, quum profugo spiritus halitu   380
Immixtus nebulis cessit in aera,
Et nodum tetigit subdita fax latus?
Quidquid Sol oriens, quidquid et occidens
Novit : cæruleis Oceanus fretis
Quidquid vel veniens, vel fugiens lavat,   385
Ætas Pegaseo corripiet gradu.

dans le ciel la marche de l'année ; à celui de la reine des nuits, qui se hâte de parcourir son oblique carrière. Nous courons tous au trépas. Il ne reste plus rien de quiconque a vu ce fleuve que les dieux attestent dans leurs serments. Comme la fumée sombre qui s'élève d'un foyer s'évanouit en peu de temps, comme ces nuages épais que dissipe dans l'air l'aquilon impétueux, ainsi s'évapore le souffle qui nous anime. Il n'y a rien après la mort ; la mort elle-même n'est rien : c'est le dernier terme d'une course rapide. N'espérez rien, ne craignez rien d'une autre vie. Vous voulez savoir où vous serez après la mort ? Où est ce qui n'existe pas encore. Nous disparaissons dans les abîmes du temps et du chaos. La mort, qui détruit inévitablement le corps, n'épargne point non plus notre âme. Le Ténare, l'inexorable enfer, et son roi Cerbère, qui défend la porte redoutable de l'empire des morts, ne sont que de vains mots, des fables vides de sens, semblables à ces rêves qui troublent notre sommeil.

ACTE TROISIÈME.

ANDROMAQUE, UN VIEILLARD, ULYSSE.

And. O Troyennes, compagnes de mon triste sort, pourquoi vous arracher les cheveux, vous meurtrir le sein ? Pourquoi ces larmes qui inondent vos joues ? Nos malheurs sont légers, s'ils nous permettent de pleurer encore. Ilion vient seulement de succomber pour vous ; mais il avait péri pour moi, le jour où un vainqueur barbare, excitant l'ardeur de ses coursiers, déchira la moitié de moi-même, où l'essieu thessalien gémit sous le poids de mon Hector. Depuis ce jour, accablée, abattue, devenue insensible par l'excès de mon malheur, je ne suis plus touchée de ceux qui l'ont suivi. Pour

me soustraire à l'outrage des Grecs, j'aurais déjà rejoint mon époux, si cet enfant ne m'attachait à la vie. Il est plus fort que ma douleur, il m'empêche de mourir ; lui seul m'oblige à implorer encore les dieux. Il prolonge mes afflictions, et m'ôte le plus grand avantage qu'on retire du malheur, celui de ne rien craindre. Il ne saurait m'arriver désormais rien d'heureux, mais je suis menacée de nouvelles afflictions. Le comble de la misère est de craindre encore, quand on n'a plus rien à espérer.

Le vieil. Quelle nouvelle alarme vient donc réveiller vos douleurs ?

And. Toujours un grand malheur est pour moi la source de plus grands encore. La ruine d'Ilion n'est pas consommée.

Le vieil. Et quel dieu, quand il le voudrait, peut ajouter à nos maux ?

And. Les abîmes profonds du Styx et ses retraites ténébreuses se sont ouverts ; et, pour augmenter l'effroi des vaincus, nos plus mortels ennemis sont sortis de leur tombe. Les Grecs ont-ils donc seuls le privilége de revenir sur la terre ? Les lois de la mort sont égales pour tous. Cette apparition a jeté sans doute l'épouvante parmi tous les Phrygiens ; mais le songe que j'ai eu cette nuit me cause en particulier les plus vives terreurs.

Le vieil. Quel est donc ce songe qui vous alarme à ce point ?

And. Déjà la nuit bienfaisante avait accompli les deux tiers de sa course, et les sept étoiles avaient tourné le char céleste. Un léger sommeil vint fermer mes paupières fatiguées ; pour la première fois depuis mes malheurs je goûtais quelque repos, si l'on peut nommer repos cette stupeur d'une âme abattue. Tout à coup Hector parut devant mes yeux, non tel que lorsqu'il repoussait les Grecs dans leur camp, et portait la flamme jusque sur leurs

Quo bis sena volant sidera turbine,
Quo cursu properat secula volvere
Astrorum dominus, quo properat modo
Obliquis Hecate currere flexibus ;   290
Hoc omnes petimus fata : nec amplius,
Juratos superis qui tetigit lacus,
Usquam est : ut calidis fumus ab ignibus
Vanescit spatium per breve sordidus ;
Ut nubes gravidas, quas modo vidimus,   395
Arctoi Boreæ disjicit impetus ;
Sic hic, quo regimur, spiritus effluet.
Post mortem nihil est, ipsaque mors nihil,
Velocis spatii meta novissima.
Spem ponant avidi ; solliciti metum.   400
Quæris quo jaceas post obitum loco ?
        Quo non nata jacent.
Tempus nos avidum devorat, et chaos.
Mors individua est noxia corpori,
Nec parcens animæ. Tænara, et aspero   405
Regnum sub domino, limen et obsidens
Custos non facili Cerberus ostio,
Rumores vacui, verbaque inania,
Et par sollicito fabula somnio.

ACTUS TERTIUS.

ANDROMACHA, SENEX, ULYSSES.

Andr. Quid mœsta, Phrygiæ, turba laceratis comas,   410
Miserumque tunsæ pectus, effuso genas
Fletu rigatis ? levia perpessæ sumus,
Si flenda patimur. Ilium vobis modo,

Mihi cecidit olim, quum ferus curru incito
Mea membra raperet, et gravi gemeret sono   415
Peliacus axis pondere Hectoreo tremens.
Tunc obruta atque eversa, quodcumque accidit,
Torpens malis rigensque, sine sensu fero.
Jam erepta Danais conjugem sequerer meum,
Nisi hic teneret : hic meos animos domat,   420
Mortique prohibet : cogit hic aliquid deos
Adhuc rogare : tempus ærumnæ addidit.
Hic mihi malorum maximum fructum abstulit,
Nihil timere : prosperis rebus locus
Ereptus omnis ; dira, qua veniant, habent.   425
Miserrimum est timere, quum speres nihil.
Sen. Quis te repens commovit afflictam metus ?
Andr. Exoritur aliquod majus e magno malum.
Nondum ruentis Ilii fatum stetit.
Sen. Et quas reperiet, ut velit, clades deus ?   430
Andr. Stygis profundæ claustra, et obscuri specus
Laxantur : et, ne desit eversis metus,
Hostes ab imo conditi Dite exeunt.
Solisne retro pervium est Danais iter ?
Certe æqua mors est : turbat atque agitat Phrygas   435
Communis iste terror : hic proprie meum
Exterret animum noctis horrendæ sopor.
Sen. Quæ visa portent, effer in medium, metus.
Andr. Partes fere nox alma transierat duas,
Clarumque septem verterant stellæ jugum :   440
Ignota tandem venit afflictæ quies,
Brevisque fessis somnus obrepsit genis ;
Si somnus ille est mentis attonitæ stupor ;

vaisseaux, ou lorsque, teint du sang de nos ennemis, échauffé par le carnage, il rapportait les véritables armes du fils de Pélée, conquises sur le faux Achille. Il n'avait plus cet air noble et ce regard de flamme ; son visage était, comme le mien, triste, abattu, et baigné de larmes. Ses cheveux tombaient en désordre sur son front ; j'éprouvais du plaisir à le voir, même dans ce cruel état. Mais lui, secouant la tête : Éveille-toi, me dit-il, ô ma fidèle épouse ! emporte ton fils et cache-le ; c'est le seul moyen de le sauver. Sèche tes pleurs. Tu gémis de la chute de Troie : ah ! que n'a-t-elle péri tout entière ! Hâte-toi, emmène où tu pourras ce tendre et dernier rejeton de notre famille.

Je m'éveille en sursaut, tremblante et glacée d'horreur. Je tourne çà et là mes yeux égarés, et, oubliant mon fils lui-même, je cherche vainement mon Hector. Mais l'ombre trompeuse échappe à mes embrassements. (*En regardant son fils.*) O mon fils, vrai sang d'un père généreux, unique espoir des Phrygiens et d'une maison infortunée, dernier rejeton d'une race antique et trop illustre, enfant trop semblable à ton père, oui, voilà bien les traits de mon Hector ; voilà sa démarche et son air. Je crois revoir ses mains vaillantes, sa taille élevée, son front terrible et menaçant, et cette chevelure épaisse qui tombait sur ses larges épaules. O toi qui es né trop tard pour les Phrygiens et trop tôt pour ta mère, verrons-nous luire ce jour où, vengeur d'Ilion, libérateur de ton pays, tu relèveras les murs de Pergame, et rassembleras tes concitoyens dispersés ; où tu rendras leur nom aux Phrygiens et à leur patrie ? Mais en songeant à ma destinée, je n'ose concevoir de si brillantes espérances. Contentons-nous de vivre, c'est tout ce que pourront prétendre des captifs. Mais, hélas ! où te cacher, déplorable enfant ? Quel asile rassurera ma tendresse inquiète ? Cette

forteresse, ouvrage des dieux ; ces remparts si puissants, objets de l'admiration et de l'envie de tous les peuples, ne sont plus qu'un monceau de cendres. La flamme a tout détruit ; et d'une ville si vaste, il ne reste pas même de quoi cacher un enfant. Où donc le soustraire à ses persécuteurs ? Déposons-le dans ce tombeau qui renferme les restes chéris de mon époux. C'est un lieu sacré, vénérable à nos ennemis eux-mêmes, vaste édifice élevé par Priam, monument de la magnificence et de la douleur d'un roi. Oui, je ne saurais faire mieux que de confier mon fils à son père…. Une sueur froide inonde tout mon corps ; je tremble que le choix de ce lieu funèbre ne soit pour moi d'un sinistre augure.

Le vieil. Plusieurs ont sauvé leur vie en faisant croire à leur mort.

And. J'ai peu de confiance dans cette ruse. Il est difficile de cacher l'héritier d'un si grand nom.

Le vieil. Exécutez ce projet sans témoins, pour n'être pas trahie.

And. Et si nos ennemis me demandent mon fils ?

Le vieil. Vous direz qu'il a péri sous les ruines de Troie.

And. Que me servira de l'avoir caché, s'il doit retomber entre leurs mains ?

Le vieil. Le vainqueur n'est à craindre que dans les premiers mouvements de sa fureur.

And. Cette retraite même est-elle sans danger ?

Le vieil. Le malheureux doit profiter du secours qui s'offre à lui. On choisit quand on n'a rien à craindre.

And. O mon fils, quel refuge, quelle retraite écartée, impénétrable, me répondra de toi ? Quel sera, dans nos alarmes, notre appui, notre protecteur ? Veille encore sur les tiens, ô mon Hector, toi qui fus notre constant défenseur ! Conserve le pieux larcin de ton épouse ; garde fidèlement au mi-

Quum subito nostros Hector ante oculos stetit :
Non qualis ultro bella in Argivos ferens,　　　445
Graias petebat facibus Idæis rates ;
Nec cæde multa qualis in Danaos furens
Vera ex Achille spolia simulato tulit.
Non ille vultus flammeum intendens jubar,
Sed fessus ac dejectus, et fletu gravis,　　　450
Similisque nostro, squalida obtectus coma.
Juvat tamen vidisse : tum quassans caput :
« Dispelle somnos, inquit, et natum eripe,
« O fida conjux ! lateat : hæc una est salus.
« Omitte fletus. Troja quod cecidit, gemis ?　　　455
« Utinam jaceret tota ! Festina : amove
« Quocumque nostræ parvulam stirpem domus. »
Mihi gelidus horror ac tremor somnum excutit,
Oculosque nunc huc pavida, nunc illuc ferens,
Oblita nati, misera quæsivi Hectorem.　　　460
Fallax per ipsos umbra complexus abit.
O nate, magni certa progenies patris,
Spes una Phrygibus ; unica afflictæ domus,
Veterisque soboles sanguinis nimium inclyti,
Nimiumque patri similis : hos vultus meus　　　465
Habebat Hector : talis incessu fuit,
Habituque talis, sic tulit fortes manus.
Sic celsus humeris, fronte sic torva minax,
Cervice fusam dissipans lata comam.
O nate sero Phrygibus, at matri cito,　　　470
Fritne tempus illud, ac felix dies,
Quo Troici defensor et vindex soli,
Recidiva ponas Pergama, et sparsos fuga

Cives reducas ? nomen et patriæ suum ?
Phrygibusque reddas ? Sed mei fati memor,　　　475
Tam magna timeo vota : quod captis sat est,
Vivamus. Heu me, quis locus fidus meo
Erit timori ? quave te sede occulam ?
Arx illa pollens opibus et muris deûm,
Gentes per omnes clara, et invidiæ capax,　　　480
Nunc pulvis altus : strata sunt flamma omnia,
Superestque vasta ex urbe ne tantum quidem,
Quo lateat infans : quem locum fraudi legam ?
Est tumulus ingens conjugis cari sacer,
Verendus hosti ; mole quem immensa parens　　　485
Opibusque magnis struxit, in luctus suos
Rex non avarus : optime credam patri.
Sudor per artus frigidus totos cadit.
Omen tremisco misera feralis loci.
Sen. Hæc causa multos una ab interitu arcuit,　　　490
Credi periisse. *Andr.* Vix spei quidquam est super.
Grave pondus illum, magna nobilitas, premit.
Sen. Ne prodat aliquis, amove testes doli.
Andr. Si quæret hostis ? *Sen.* Urbe in eversa periit.
Andr. Quid proderit latuisse redituro in manus ?　　　495
Sen. Victor feroces impetus primos habet.
Andr. Quid ? quod latere sine metu magno nequit ?
Sen. Miser occupet præsidia, securus legat.
Andr. Quis te locus, quæ regio seducta, juvia,
Tuto reponet ? quis feret trepidis opem ?　　　500
Quis proteget ? Qui semper, etiam nunc tuos,
Hector, tuere ; conjugis furtum piæ
Serva, et fideli cinere victurum excipe.

lieu de tes cendres ce fils, notre espoir. Entre dans ce tombeau, cher enfant. Tu refuses d'y entrer, honteux de te cacher dans une obscure retraite? Ah! je reconnais le sang dont tu es sorti. Tu rougirais de montrer de la crainte. Renonce à cette noble fierté qui convenait jadis à ta fortune; conforme tes sentiments à ton sort. Vois ce qui reste de la famille : un tombeau, un enfant, une captive. Il faut nous soumettre à nos malheurs. Ose entrer dans cette enceinte sacrée, où reposent les cendres de ton père. Tu y trouveras ton salut, si les destins nous sont propices; et du moins un tombeau, s'ils ont décidé ta perte. (*Elle fait entrer Astyanax dans le tombeau.*)

Le vieil. Votre fils est à couvert dans cet asile; mais, de peur que vos frayeurs ne vous trahissent, quittez ce lieu, et tenez-vous loin de ce tombeau.

And. On a moins d'inquiétude quand on est près de celui qui en est l'objet; mais je me rends à vos conseils, et je m'éloigne.

Le vieil. Gardez-vous de parler; renfermez vos plaintes au fond de votre cœur. Le chef impitoyable des Céphalléniens porte ici ses pas.

And. O terre, entr'ouvre-toi. Ombre de mon époux, creuse ton sépulcre jusqu'au Styx, et cache mon dépôt dans sa plus sombre profondeur. Voici Ulysse; sa démarche incertaine, son air, m'annoncent quelque ruse cruelle.

Uly. Chargé d'une mission rigoureuse, je vous conjure d'abord de ne point m'attribuer ce que je vais vous dire : c'est la Grèce entière, ce sont les chefs de l'armée qui vous parlent par ma bouche. Quelque désir qu'ils aient de revoir enfin leur patrie, le fils d'Hector s'oppose à leur retour : les destins demandent qu'il expire. N'osant compter sur une paix solide et durable, forcés d'avoir sans cesse l'œil sur leur conquête, les Grecs seront toujours en dé-

fiance et en armes tant que votre fils, ô Andromaque, nourrira l'espoir des Phrygiens vaincus.

And. Sont-ce là les oracles de votre augure Calchas?

Uly. Quand il se tairait, Hector suffit pour nous instruire : je redoute jusqu'à sa race. Nés pour la gloire, les fils des héros aspirent à remplacer leur père. Tel un jeune taureau, dont le front n'est point encore armé, marche confondu dans la foule des génisses; mais tout à coup, fier de ses cornes naissantes, il lève une tête superbe, fait revivre les droits de son père, et commande au troupeau. Un faible rejeton qui survit à l'arbre abattu en égale en peu de temps la hauteur, rend à la terre l'ombrage qui la couvrait, et porte son front jusqu'aux cieux. La cendre qu'on néglige d'éteindre après un grand incendie peut causer un nouvel embrasement. La douleur n'est pas un juge équitable. Mais pesez les raisons des Grecs, vous comprendrez leurs frayeurs. Après dix étés et autant d'hivers, nos soldats, vieillis dans les travaux d'un si long siége, craignent les malheurs d'une autre guerre. Troie ne nous paraîtra jamais assez abattue. Un Hector qui s'élève est un objet redoutable pour nous. Délivrez les Grecs d'une inquiétude qui seule arrête encore près de ce rivage leurs vaisseaux tout prêts à partir. Si, désigné par le sort, je vous demande le fils d'Hector, ne me regardez pas comme un homme cruel : j'aurais demandé Oreste même à son père. Résignez-vous à souffrir ce que le vainqueur a souffert.

And. O mon fils, que n'es-tu entre les mains de ta mère! que ne puis-je savoir du moins où tu es, et quel malheur t'a ravi à mon amour! Dût mon sein être percé de traits, mes mains déchirées par des liens cruels, mes flancs entourés de flammes ardentes, non, je ne trahirais pas la tendresse ma-

---

Succede tumulo, nate; quid retro fugis,
Turpesque latebras spernis? agnosco indolem.   595
Pudet timere : spiritus magnos fuga,
Animosque veteres : sume quos casus dedit.
En intuere, turba quæ simus super,
Tumulus, puer, captiva : cedendum est malis.
Sanctos parentis conditi sedes, age,   610
Aude subire : fata si miseros juvant,
Habes salutem : fata si vitam negant,
Habes sepulcrum. *Sen.* Claustra commissum tegunt.
Quem ne tuus producat in medium timor,
Procul hinc recede, teque diversam amove.   615
Andr. Levius solet timere, qui propius timet.
Sed, si placet, referamus hinc alio pedem.
Sen. Cohibe parumper ora, questusque opprime.
Gressus nefandos dux Cephallenum admovet.
Andr. Dehisce tellus, tuque, conjnx, ultimo   620
Specu revulsam scinde tellurem, et Stygis
Sinu profundo conde depositum meum.
Adest Ulysses; et quidem dubio gradu
Vultuque : nectit pectore astus callidos.
Ul. Duræ minister sortis, hoc primum peto,   625
Ut, ore quamvis verba dicantur meo,
Non esse credas nostra : Graiorum omnium
Procerumque vox est, petere quos seras domos
Hectorea soboles prohibet : hanc fata expetunt.
Sollicita Danaos pacis incertæ fides   630
Semper tenebit, semper a tergo timor
Respicere coget, arma nec poni sinet,
Dum Phrygibus animos natus eversis dabit,

Andromacha. *Andr.* Vester augur hoc Calchas canit?
Ul. Et si taceret augur hæc Calchas, tamen   535
Dicebat Hector, cujus et stirpem horreo.
Generosa in ortus semina exsurgunt suos.
Sic ille magni parvus armenti comes,
Primisque nondum cornibus findens cutem,
Cervice subito celsus, et fronte arduus,   540
Gregem paternum ducit, ac pecori imperat.
Quæ tenera cæso virga de trunco stetit,
Par ipsa matri tempore exiguo subit,
Umbrasque terris reddit, et cælo nemus.
Sic male relictus igne de magno cinis   545
Vires resumit. Est quidem injustus dolor
Rerum æstimator; si tamen tecum exigas,
Veniam dabis, quod bella post hiemes decem,
Totidemque messes jam senex miles timet,
Aliasque clades rursus, ac nunquam bene   550
Trojam jacentem. Magna res Danaos movet,
Futurus Hector : libera Graios metu.
Hæc una naves causa deductas tenet;
Hic classis hæret. Neve crudelem putes,
Quod sorte jussus Hectoris natum petam :   555
Petissem Oresten : patere, quod victor tulit.
Andr. Utinam quidem esses, nate, materna in manu,
Nossemque quis te casus ereptum mihi
Teneret, aut quæ regio! non hostilibus
Confossa telis pectus, aut vinclis manus   560
Secantibus præstricta, non acri latus
Utrumque flamma cincta, maternam fidem
Unquam exuissem. Nate, quis te nunc locus,

ternelle. Mais, ô mon fils, où es-tu? quel est ton destin? Erres-tu au hasard dans quelque lieu désert? As-tu péri dans le vaste embrasement de ta patrie? Un vainqueur barbare s'est-il fait un jeu de verser ton sang? Ou, victime de la rage d'une bête farouche, sers-tu de pâture aux vautours de l'Ida?

Uly. La feinte est inutile : on ne trompe pas facilement Ulysse. J'ai déjoué les ruses des mères, et même celles des déesses. Cessez de recourir à de vains détours. Où est votre fils?

And. Dis-moi donc où sont Hector, Priam et tous les Phrygiens? Tu n'en demandes qu'un, je te les demande tous.

Uly. Craignez d'être réduite à confesser ce que vous refusez de me dire.

And. Que peut craindre celle qui peut, qui doit, qui veut mourir?

Uly. La mort envisagée de près fait évanouir ces grands sentiments.

And. Si tu veux effrayer Andromaque, menace-la de la vie; car la mort est l'objet de ses vœux.

Uly. Les fouets, le feu, la mort, les tortures vous forceront à dire ce que vous nous cachez, et arracheront votre secret du fond de votre cœur. La nécessité est plus forte que la tendresse maternelle.

And. Eh bien! essaye les flammes, le glaive, les raffinements de la torture, la faim, la soif dévorante, les supplices les plus affreux, le fer ardent plongé dans mes entrailles, les ténèbres et l'infection d'un cachot, et tout ce que peut imaginer un vainqueur irrité, furieux : une mère que la tendresse anime est supérieure à la crainte.

Uly. Quelle folie de celer un mystère qu'il faudra bientôt dévoiler! Mais ce même amour, qui vous inspire tant d'audace, avertit les Grecs de pourvoir à la sûreté de leurs enfants. Pour moi, malgré les ennuis d'une guerre lointaine, malgré dix ans de fatigues et de dangers, je craindrais moins les maux dont Calchas nous menace, si je ne les appréhendais que pour moi. Mais vous préparez des guerres à Télémaque.

And. Il faut donc malgré moi causer cette joie à Ulysse et aux Grecs. Ma douleur, cesse de te contraindre. Réjouissez-vous, Atrides. Et vous, Ulysse, allez porter encore aux Grecs une heureuse nouvelle : le fils d'Hector n'est plus!

Uly. Et quelle preuve en donnez-vous aux Grecs?

And. Puisse retomber sur ma tête tout ce que peut contre moi le barbare vainqueur, et que je regarde comme heureux, une mort prompte et facile, qui réunirait ma cendre à celle de mes pères! Puisse mon Hector ne pas reposer doucement dans la terre, si mon fils n'est privé de la lumière, s'il n'est parmi les morts; si, enfermé dans un tombeau, il n'a pas reçu les derniers devoirs!

Uly. Je cours annoncer aux Grecs que les destins sont accomplis, et la paix affermie par l'extinction de la race d'Hector. (*à part.*) Ulysse, que vas-tu faire? Les Grecs te croiront-ils? Toi-même, qui crois-tu? une mère! Une mère pourrait-elle recourir à une pareille feinte, et ne craindrait-elle pas de faire retomber sur son fils le présage sinistre de sa mort? La crainte des présages cède à des craintes plus vives. Mais elle s'est liée par un horrible serment. Quand elle serait parjure, qu'a-t-elle de plus à redouter? Appelons à notre aide l'artifice et la ruse; soyons Ulysse enfin. La vérité se dévoile toujours. Sondons le cœur d'une mère. Elle soupire, elle pleure, elle gémit; elle porte çà et là ses pas incertains; elle prête une oreille inquiète à mes paroles; elle est plus craintive qu'affligée. Usons d'adresse. (*A Andromaque.*) On offre des consolations aux autres mères de la perte de leurs enfants : pour vous, je dois vous féliciter, heureuse dans votre malheur, d'avoir perdu votre fils, qu'un destin cruel attendait; il devait être précipité de l'unique tour qui reste de vos remparts.

Fortuna quæ possedit? errore avio
Vagus arva lustras? vastus an patriæ vapor   565
Corripuit artus? sævus an victor tuo
Lusit cruore? numquid immanis feræ
Morsu peremtus pascis Idæas aves?
Ul. Simulata remove verba : non facile est tibi
Decipere Ulyssem : vicimus matrum dolos,   570
Etiam dearum : cassa consilia amove.
Ubi natus est? *Andr.* Ubi Hector? ubi cuncti Phryges?
Ubi Priamus? unum quæris : ego quæro omnia.
Ul. Coacta dices, sponte quod fari abnuis.
Andr. Tuta est, perire quæ potest, debet, cupit.   575
Ul. Magnifica verba mors prope admota excutit.
Andr. Si vis, Ulysse, cogere Andromacham metu,
Vitam minare : nam mori votum est mihi.
Ul. Verberibus, igni, morte, cruciatu, eloqui
Quodcumque celas, adiget invitam dolor,   580
Et pectore imo condita arcana eruet.
Necessitas plus posse, quam pietas, solet.
Andr. Propone flammas, vulnera, et diras mali
Doloris artes, et famem, et sævam sitim,
Variasque pestes undique, et ferrum inditum   585
Visceribus ustis, carceris cæci luem,
Et quidquid audet victor iratus, tumens :
Animosa nullos mater admittit metus.
Ul. Stulta est fides, celare quod prodas statim.
Hic ipse, quo nunc contumax perstas, amor,   590
Consulere parvis liberis Danaos monet.
Post arma tam longinqua, post annos decem,
Minus timerem quos facit Calchas metus,

Si mihi timerem : bella Telemacho paras.
Andr. Invita Ulyssi gaudium ac Danais dabo.   595
Dandum est : fatere, quos premis luctus, dolor.
Gaudete, Atridæ; tuque lætifica, ut soles,
Refer Pelasgis : Hectoris proles obiit!
Ul. Et esse verum hoc qua probas Danais fide?
Andr. Ita quod minari maximum victor potest,   600
Contingat, et me fata maturo exitu
Facilique solvant, ac meo condant solo,
Et patria tellus Hectorem leviter premat;
Ut luce cassus inter exstinctos jacet,
Datusque tumulo debita exanimis tulit.   605
Ul. Expleta fata, stirpe sublata Hectoris,
Solidamque pacem lætus ad Danaos feram.
Quid agis, Ulysse? Danaidæ credent tibi?
Tu cui? parenti : fingit an quisquam hoc parens,
Nec abominandæ mortis auspicium pavet?   610
Auspicia metuunt, qui nihil majus timent.
Fidem alligavit jurejurando suam.
Si pejerat, timere quod gravius potest?
Nunc advoca astus, anime; nunc fraudes, dolos,
Et totum Ulyssem : veritas nunquam perit.   615
Scrutare matrem : mœret, illacrimat, gemit,
Et huc et illuc anxios gressus refert,
Missasque voces aure sollicita excipit.
Magis hæc timet, quam mœret : ingenio est opus.
Alios parentes alloqui in luctu decet :   620
Tibi gratulandum est, misera, quod nato cares,
Quem mors manebat sæva, præcipitem datum
E turre, lapsis sola quæ muris manet.

And. La force m'abandonne. Je tremble, je chancelle ; mon sang se glace dans mes veines.

Uly. Elle frémit : c'est là qu'il faut frapper. La frayeur l'a décelée. Redoublons ses craintes. (*Aux soldats.*) Hâtez-vous, soldats ; cherchez cet ennemi de la Grèce, ce dernier rejeton d'une race funeste, que sa mère veut soustraire à notre vengeance. En quelque lieu qu'il soit caché, qu'on le saisisse, qu'on l'amène devant moi. Le voilà, nous le tenons enfin. Obéis, te dis-je. Tire l'enfant de sa retraite. (*A Andromaque.*) Pourquoi tourner vos regards en arrière? pourquoi trembler? Votre fils est mort.

And. Plût aux dieux que j'eusse encore lieu de craindre pour ses jours! mais la frayeur m'est devenue naturelle. On se défait difficilement d'une longue habitude.

Uly. Puisque votre fils a prévenu par une heureuse mort le sacrifice expiatoire qui devait s'accomplir sur vos murs, puisqu'il a ainsi échappé à Calchas, ce devin nous a dit que le seul moyen de purifier notre flotte déjà prête à partir, c'est d'apaiser la mer en y jetant les cendres d'Hector, et de détruire entièrement le tombeau qui les renferme. Puisque le fils a échappé à la mort qui lui était destinée, il faut satisfaire aux dieux en brisant le tombeau du père.

And. (*à part.*) Que ferai-je? Une double crainte partage mon âme : d'un côté, mon fils; de l'autre, la cendre d'un époux. Lequel doit l'emporter? Cher Hector, j'en atteste les dieux cruels, et plus encore tes mânes, mes véritables dieux, je n'aime dans mon fils que toi seul. Qu'il vive, pour me rappeler les traits de mon époux. Quoi! les cendres d'Hector seraient arrachées de son tombeau, ses restes dispersés sur la vaste étendue des mers? Périsse plutôt son fils! Ah! mère barbare! pourras-tu le voir souffrir une mort si cruelle, tomber en roulant du haut

d'une tour? Oui, je le pourrai, j'en aurai le courage, pourvu que mon époux mort ne soit pas outragé par la main du vainqueur. Que dis-je? mon fils sentira toutes les angoisses de la mort; le trépas a rendu l'autre insensible. Cruelle incertitude! Prenons un parti. A qui des deux ferai-je grâce? Ingrate, tu balances? Et c'est ton Hector?.. Que dis-tu? des deux côtés est un Hector; mais l'un est vivant, et peut-être un jour vengera son père. Je ne puis les sauver tous deux. Que faire? Sauvons celui que redoutent les Grecs.

Uly. C'en est fait, j'obéis à l'oracle ; je détruis ce tombeau.

And. Ce tombeau que vous nous avez vendu!

Uly. Que m'importe? je le renverserai de fond en comble.

And. J'en appelle aux dieux , j'en appelle à l'ombre d'Achille. Pyrrhus, défendez le bienfait de votre père.

Uly. Ce tombeau va couvrir la terre de ses débris.

And. C'est le seul crime que les Grecs n'eussent pas encore tenté. Vous avez outragé les temples, ceux même des dieux qui vous sont propices. Votre fureur avait épargné les tombeaux. Mais je m'opposerai à vos efforts ; ma faible main bravera vos armes; un juste courroux me donnera des forces. Telle que cette vaillante Amazone qui terrassa les bataillons argiens, ou qu'une Ménade, possédée d'une fureur divine, parcourt à grands pas les forêts épouvantées, et hors d'elle-même frappe et blesse sans le savoir, je m'élancerai au milieu des soldats, et je périrai du moins en défendant les cendres de mon époux.

Uly. (*aux soldats.*) Vous hésitez? Qui vous arrête? Les gémissements et la fureur impuissante d'une femme? Obéissez.

And. Que vos coups tombent d'abord sur moi. Ils

Andr. Me liquit animus, membra quatiuntur, labant,
Torpetque vinctus frigido sanguis gelu.   625
Ul. Intremuit : hac, hac parte quærenda est mihi.
Matrem timor detexit : iterabo metum.
Ite, ite, celeres, fraude materna abditum
Hostem Pelasgi nominis, pestem ultimam,
Ubicumque latitat, erutam in medium date.   630
Bene est : teneltur : perge, festina, attrahe.
Quid respicis, trepidasque? jam certe perit.
Andr. Utinam timerem! solitus ex longo est metus.
Dediscit animus sero quod didicit diu.
Ul. Lustrale quoniam debitum muris puer   635
Sacrum antecessit, nec potest vatem sequi
Meliore fato raptus, hoc Calchas ait
Modo piari posse redituras rates,
Si placet undas Hectoris sparsi cinis,
Ac tumulus imo totus æquetur solo.   640
Nunc ille quoniam debitam effugit necem,
Erit admovenda sedibus sacris manus.
Andr. Quid agimus? animum distrahit geminus timor :
Hinc natus, illinc conjugis cari cinis.
Pars utra vincet? testor immites deos,   645
Deosque veros, conjugis manes mei,
Non aliud, Hector, in meo nato mihi
Placere, quam te : vivat, ut possit tuos
Referre vultus. Prorutus tumulo cinis
Mergetur? ossa fluctibus spargi sinam   650
Disjecta vastis? potius hic mortem oppetat.
Poteris nefandæ deditum mater neci
Videre? poteris celsa per fastigia

Missum rotari? potero : perpetiar, feram,
Dum non meus post fata victoris manu   655
Jactetur Hector. Hic suam pœnam potest
Sentire; at illum fata jam in tuto locavi.
Quid fluctuaris? statue, quem pœnæ extrahas.
Ingrata, dubitas? Hector est illic tuus.
Erras : utrinque est Hector : hic sensus potens,   660
Forsan futurus ultor exstincti patris.
Utrique parci non potest : quidnam facis?
Serva e duobus, anime, quem Danai timent.
Ul. Responsa peragam : funditus busta eruam.
Andr. Quæ vendidistis ? *Ul.* Pergam, e summo aggere   665
Traham sepulcra. *Andr.* Cælitum appello fidem,
Fidemque Achillis ; Pyrrhe, genitoris tui
Manus tuere. *Ul.* Tumulus hic campo statim
Toto jacebit. *Andr.* Fuerat hoc prorsus nefas
Danais inausum : templa violastis, deos   670
Etiam faventes : busta transierat furor.
Resistam : inermes offeram armatis manus.
Dabit ira vires : qualis Argolicas ferox
Turmas Amazon stravit; aut qualis deo
Percussa Mænas, entheo silvas gradu   675
Armata thyrso terret, atque expers sui
Vulnus dedit, nec sensit; in medios ruam,
Tumuloque cineris socia defenso cadam.
Ul. Cessatis? et vos flebilis clamor movet,
Furorque cassus feminæ? jussa ocius   680
Peragite. *Andr.* Me, me sternite hic ferro prius.
Repellor? heu me! rumpe fatorum moras.
Molire terras, Hector, ut Ulyssem domes.

nie repoussent. Brise les liens de la mort, entr'ouvre la terre, cher Hector, pour dompter Ulysse. Ton ombre suffira. Il a saisi ses armes; il lance des feux. O Grecs, ne voyez-vous pas Hector ? ou suis-je la seule qui le voie?

Uly. (*à un soldat.*) Détruis-le jusque dans ses fondements.

And. (*à part.*) Que fais-tu, insensée? Tu enveloppes dans la même ruine ton fils et ton époux. Peut-être pourras-tu fléchir les Grecs par tes prières. L'infortuné serait écrasé sous les débris de ce vaste monument! Qu'il périsse de toute autre manière, plutôt que d'être la victime d'un père mort, plutôt que de peser lui-même sur la cendre paternelle. (*A Ulysse.*) Ulysse, je tombe à vos pieds; Andromaque, qui n'a jamais imploré personne, embrasse vos genoux. Prenez pitié d'une mère; écoutez ses prières avec douceur, avec patience. Plus les dieux vous ont élevé, moins vous devez accabler les malheureux. Ce qu'on leur accorde, on le donne à la fortune. Ainsi puisse vous recevoir la couche de votre chaste épouse! Puissent les jours de Laërte se prolonger jusqu'à votre retour! Que votre fils vous reçoive dans votre palais! Puisse-t-il enfin, allant même au delà de vos vœux, passer en âge son aïeul, et son père en sagesse. Ayez pitié d'une mère. C'est ma seule consolation dans mes malheurs.

Uly. Livrez-moi votre fils, et vous me prierez après.

And. Sors de ta retraite, viens, déplorable enfant, que ta mère n'a pu sauver. Voilà donc, ô Ulysse, l'effroi de vos mille vaisseaux! un enfant! Prosterne-toi aux genoux de ton maître; embrasse-le de tes mains suppliantes. Ne rougis pas de la nécessité que la fortune impose aux malheureux. Oublie les rois

glorieux dont tu es sorti, oublie ton auguste aïeul et l'éclat de son empire; oublie ton père Hector. Prends les sentiments et l'attitude d'un captif, fléchis le genou; et si tu ne comprends pas encore les dangers qui te menacent, imite du moins les pleurs de ta mère. Troie a déjà vu couler les larmes d'un jeune roi; Priam enfant a fléchi la colère menaçante du farouche Hercule : oui, ce héros redoutable, qui terrassa tant de monstres, qui brisa les portes de l'enfer, et sortit vainqueur du noir empire de Pluton, se laissa vaincre par les larmes d'un enfant : « Règne, lui dit-il; je te rends ton sceptre. Monte « au trône de ton père, mais garde plus fidèlement « que lui ta parole. » Voilà quel fut le sort de Priam entre les mains d'un vainqueur si généreux. O Grecs, imitez la modération d'Hercule. N'imiteriez-vous que ses fureurs? Vous voyez à vos pieds un suppliant non moins illustre que Priam. Il ne demande que la vie. Quant au sceptre de Troie, que la fortune en dispose à son gré.

ULYSSE, ANDROMAQUE, ASTYANAX.

Uly. Sans doute je suis touché des larmes, du désespoir d'une mère; mais je le suis plus encore en songeant aux mères de la Grèce, dont cet enfant causerait un jour le deuil.

And. Pourra-t-il jamais faire sortir notre ville de ses cendres? Troie peut-elle être relevée par de si faibles mains? C'est fait de nous, si nous n'avons pas d'autre espoir. Hélas! en l'état où nous sommes, nous ne pouvons inspirer des craintes. Peut-être le souvenir d'Hector enflammerait le courage de son fils? Hector, hélas! fut traîné dans la poussière, et ce héros lui-même, après la ruine de Troie, eût cédé au destin : de pareils coups abattent les âmes les plus

---

Vel umbra satis est : arma concussit manu.
Jaculatur ignes : cernitis, Danai, Hectorem?   685
An sola video? *Ul.* Funditus cuncta erue.
Andr. Quid agis? ruina mater et natum et virum
Prosternis una : forsitan Danaos prece
Placare poteris; conditam elidet statim
Immane busti pondus : intereat miser   690
Ubicumque potius, ne pater natum obruat,
Prematque patrem natus. Ad genua accido
Supplex, Ulysse, quamque nullius pedes
Novere dextram, pedibus admoveo tuis.
Miserere matris, et preces placidus pias   695
Patiensque recipe; quoque te celsum altius
Superi levarunt, mitius lapsos preme :
Misero datur quodcumque, fortunæ datur.
Sic te revisat conjugis sanctæ torus,
Annosque, dum te recipit, extendat suos   700
Laerta! sic te juvenis excipiat tuus,
Et vota vincens vestra felici indole,
Ætate avum transcendat, ingenio patrem!
Miserere matris : unicum afflictæ mihi
Solamen hoc est. *Ul.* Exhibe natum, et roga.   705
Andr. Huc e latebris procede tuis,
Flebile matris furtum miseræ.
Hic est, hic est, terror, Ulysse,
Mille carinis. Submitte manus,
Dominique pedes supplice dextra   710
Stratus adora : nec turpe puta,
Quidquid miseros Fortuna jubet.
Pone ex animo reges atavos,
Magnique senis jura per omnes
Inclita terras excidat Hector.   715
Gere captivum, positoque genu,

Si tua nondum funera sentis,
Matris fletus imitare tuæ.
Vidit pueri regis lacrimas
Et Troja prior, parvusque minas   720
Trucis Alcidæ flexit Priamus.
Ille, ille ferox, cujus vastis
Viribus omnes cessere feræ;
Qui perfracto limine Ditis
Cæcum retro patefecit iter,   725
Hostis parvi victus lacrimis :
« Suscipe, dixit, rector, habenas,
Patrioque sede celsus solio,
Sed sceptra fide meliore tene. »
Hoc fuit illo victore capi.   730
Discite mites Herculis iras.
An sola placent Herculis arma?
Jacet ante pedes non minor illo
Supplice supplex, vitamque petit :
Regnum Trojæ, quocumque volet,   735
        Fortuna ferat.

ULYSSES, ANDROMACHA, ASTYANAX.

Ul. Matris quidem me mœror attonitæ movet :
Magis Pelasgas me tamen matres movent,
Quarum iste magnos crescit in luctus puer.
Andr. An has ruinas urbis in cinerem datas   740
Hic excitabit? hæ manus Trojam erigent?
Nullas habet spes Troja, si tales habet.
Non sic jacemus Troes, ut cuiquam metus
Possimus esse : spiritus genitor facit?
Sed nempe tractus : ipse post Trojam pater   745
Posuisset animos, magna quos frangunt mala.
Si pœna petitur, quæ peti gravior potest ?

fortes. Si vous voulez le punir, courbez son noble front sous le joug de l'esclavage. Est-il un châtiment plus cruel? donnez-lui des fers. Qui peut refuser cette grâce à un roi?

Uly. Ce n'est pas moi, c'est Calchas qui la refuse.

And. Artisan de mensonges et de crimes! lâche, dont la main ne versa jamais de sang dans les combats, mais dont les artifices et la perfidie ont été funestes même à des Grecs, pourquoi imputer à Calchas et aux dieux innocents un forfait que toi seul as conçu? Guerrier nocturne, qui n'as de courage que pour assassiner un enfant, c'est la première fois que tu vas signaler ton audace, seul et à la clarté du jour.

Uly. La valeur d'Ulysse est assez connue des Grecs, et ne l'est que trop des Troyens. Je ne veux point perdre en vaines paroles un temps précieux. Déjà notre flotte s'apprête à lever l'ancre.

And. Accordez-moi quelques instants. Souffrez qu'une mère rende les derniers devoirs à son fils, et rassasie sa douleur par un dernier embrassement.

Uly. Que ne puis-je céder aux mouvements de mon cœur! Je vous accorderai du moins ce qui dépend de moi. Je vous laisse le temps que vous demandez. Donnez un libre cours à vos larmes : les larmes soulagent l'infortune.

And. O cher enfant, glorieux rejeton d'une race éteinte, dernière victime que Troie eût encore à pleurer, objet des craintes de la Grèce, vain espoir de ta mère, pour qui, dans mon aveuglement, je souhaitais la gloire de ton père et les années prospères de Priam, hélas! les dieux ne m'ont pas écoutée. Jamais, environné de l'appareil imposant de la royauté, tu ne porteras le sceptre d'Ilion; aucun peuple ne recevra tes lois, aucune nation vaincue ne fléchira sous ton joug; tu ne poursuivras pas les Grecs mis en fuite; tes coursiers ne traîneront pas

le fils d'Achille; tu n'exerceras pas tes faibles mains en maniant des armes légères : ta jeune audace ne s'éprouvera même pas contre les hôtes timides des forêts. Ce jour solennel, qui ramène à chaque lustre les jeux troyens, ne te verra pas, jeune héritier de nos rois, guider un brillant et rapide escadron; tu ne viendras pas, dans nos temples, réglant tes pas agiles sur le mode animé de la flûte phrygienne, te mêler à nos danses antiques près des autels de nos dieux. O genre de mort plus affreux que la mort même! Nos murs verront donc un spectacle plus déplorable que le trépas du grand Hector!

Uly. Mettez fin à vos plaintes maternelles. Une grande douleur ne peut s'arrêter d'elle-même.

And. Pour pleurer, pour fermer les yeux à ce petit enfant, hélas! avant sa mort, je ne vous demande, Ulysse, que de courts instants. Tu meurs encore petit, mais déjà redoutable. Va, Troie t'appelle. Va mourir libre, et rejoindre les Troyens libres dans l'Élysée.

Ast. Ma mère, ayez pitié de moi!

And. Que te sert de t'attacher aux vêtements et aux mains de ta mère? Tu ne peux trouver un asile entre ses bras. En vain la tendre génisse qui entend rugir un lion se serre en tremblant contre le flanc de sa mère; l'animal furieux, écartant ce faible obstacle, saisit sa proie entre ses dents cruelles, la déchire et l'emporte. Ainsi notre ennemi va t'arracher de mon sein. Reçois donc, cher enfant, ces baisers, ces pleurs, ces cheveux que je m'arrache; et, plein de moi, va te présenter à ton père. Mais redis-lui cependant les plaintes que son Andromaque lui adresse : « Si les mânes conser-
« vent leurs premiers sentiments, si l'amour survit
« aux flammes du bûcher, cruel Hector, pourquoi
« souffres-tu que ton Andromaque soit l'esclave d'un
« Grec? Rien ne peut donc t'émouvoir dans le tom-

Famulare collo nobili subeat jugum.
Servire liceat : aliquis hoc regi negat?
Ul. Non hoc Ulysses, sed negat Calchas tibi.　　　　750
Andr. O machinator fraudis, o scelerum artifex,
Virtute cujus bellica nemo occidit,
Dolis et astu maleficae mentis jacent
Etiam Pelasgi; vatem et insontes deos
Praetendis? hoc est pectoris facinus tui,　　　　755
Nocturne miles, fortis in pueri necem.
Jam solus audes aliquid, et claro die.
Ul. Virtus Ulyssis Danaidis nota est satis,
Nimisque Phrygibus : non vacat vanis diem
Conterere verbis : ancoras classis legit.　　　　760
Andr. Brevem moram largire, dum officium parens
Nato supremum reddo, et amplexu ultimo
Avidos dolores satio. *Ul.* Misereri tui
Utinam liceret! quod tamen solum licet,
Tempus moramque dabimus : arbitrio tuo　　　　765
Implere lacrimis ; fletus aerumnas levat.
Andr. O dulce pignus ! o decus lapsae domus !
Summumque Trojae funus ! o Danaüm timor !
Genitricis o spes vana ! cui demens ego
Laudes parentis bellicas, annos avi　　　　770
Medios precabar : vota destituit deus.
Iliaca non tu sceptra regali solio
Gestabis aula; jura nec populis dabis,
Victasque gentes sub tuum mittes jugum;
Non Graia caedes terga : non Pyrrhum trahes ;　　　　775
Non arma teneva parva tractabis manu;
Sparsasque passim saltibus latis feras

Audax sequeris; nec stato lustri die
Solemne referens Troici lusus sacrum,
Puer citatas nobilis turmas ages :　　　　780
Non inter aras, mobili velox pede,
Revocante flexo concitos cornu modos,
Barbarica prisco templa saltatu coles.
O morte dira tristius leti genus!
Flebilius aliquid Hectoris magni nece　　　　785
Muri videbunt. *Ul.* Rumpe jam fletus parens.
Magnus sibi ipse non facit finem dolor.
Andr. Lacrimis, Ulysse (parva, quam petimus, mora est)
Concede, parvos ut mea condam manu
Viventis oculos. Occidis parvus quidem,　　　　790
Sed jam timendus. Troja te exspectat tua :
I, vade liber ; liberos Troas vide.
Ast. Miserere, mater! *Andr.* Quid meos retines sinus,
Manusque matris? cassa praesidia occupas.
Fremitu leonis qualis audito tener　　　　795
Timidum juvencus applicat matri latus;
At ille saevus, matre summota, leo,
Praedam minorem morsibus vastis premens,
Frangit, vehitque : talis e nostro sinu
Te rapiet hostis. Oscula et fletus, puer,　　　　800
Lacerosque crines excipe, et plenus mei
Occurre patri : pauca maternae tamen
Perfer querelae verba : Si manes habent
Curas priores, nec perit flammis amor,
Servire Graio pateris Andromachen jugo,　　　　805
Crudelis Hector? lentus et segnis jaces?
Rediit Achilles. Sume nunc iterum comas,

« beau? Achille a bien pu revenir sur la terre! »
Prends, te dis-je, prends, mon fils, ces cheveux et
ces larmes, restes des offrandes dont j'honorai les
cendres d'un époux. Reçois ces derniers baisers, pour
les rendre à ton père; mais laisse-moi ta robe, elle
consolera ma douleur. Elle a touché le tombeau et
les cendres qui me sont chères; mes lèvres recueil-
leront avidement tout ce qui peut y rester de mon
Hector.

Uly. (*aux soldats.*) Ses plaintes ne finiraient pas.
Emportez cet enfant, qui retient encore notre flotte.

CHOEUR DE TROYENNES.

Tristes captives, en quels lieux irons-nous servir?
Sera-ce au milieu des montagnes de la Thessalie, ou
dans la fraîche vallée de Tempé? dans la Phthie si
féconde en guerriers? sur le sol rocailleux de Trachine, où paissent des taureaux vigoureux, ou dans
Iolchos, hardie dominatrice des flots? Sera-ce dans
la Crète fameuse par ses cent villes, dans l'humble
Gortyne, ou dans la stérile Triccé? Sera-ce dans la
plaine de Mothone couverte de houx épineux, ou dans
cette ville placée sous les ombrages de l'OEta, et d'où
partirent ces guerriers dont les flèches furent deux
fois si fatales à ma patrie? Habiterons-nous les
maisons éparses d'Olène, Pleuron qui encourut la
colère d'une chaste déesse, Trézène bâtie sur la
côte sinueuse de la mer, ou dans le royaume de
Prothoüs, près du Pélion orgueilleux, qui servit de
troisième degré pour escalader le ciel? C'est là,
dans un antre creusé au pied de la montagne, que
le monstrueux Chiron donnait à son disciple farouche les premières leçons de la guerre; c'est là
que, chantant les combats sur sa lyre sonore, il
allumait déjà dans ce jeune cœur la soif de la
vengeance et du sang.

Et sume lacrimas, quidquid e misero viri
Funere relictum est; sume, quæ reddas tuo   810
Oscula parenti : matri hanc solatio
Relinque vestem; tumulus hanc tetigit meus,
Manesque cari : quidquid hic cineris latet,
Scrutabor ore. *Ul.* Nullus est fleodi modus.
Abripite propere classis Argolicæ moram.

CHORUS TROADUM.

Quæ vocat sedes habitanda captas?   815
Thessali montes, et opaca Tempe?
An viros tellus dare militaris
Aptior Phthie? meliorque fetu
Fortis armenti lapidosa Trachin?
An maris vasti domitrix Iolcos?   820
Urbibus centum spatiosa Crete?
Parva Gortyne, sterilisque Tricoe?
An frequens ruscis levibus Mothone?
Quæ sub OEtæis latebrosa silvis
Misit infestos Trojæ ruinis   825
    Non semel arcus?
Olenos tectis habitata raris?
Virgini Pleuron inimica divæ?
An maris lati sinuosa Trœzen?
Pelion regnum Prothoi superbum,   830
Tertius cælo gradus? hic recumbens
Montis exesi spatiosus antro,
Jam trucis Chiron pueri magister,
Tinnulas plectro feriente chordas,
Tunc quoque ingentes acuebat iras   835
    Bella canendo.

Serons-nous emmenées à Caryste, fameuse par ses
marbres de diverses couleurs; à Chalcis que baignent les flots toujours agités de l'Euripe; dans
les îles Calydna, où le navigateur aborde par tous
les vents; à Gonoesse, où leur souffle se fait toujours sentir; à Énispe, qui craint la froide haleine
de Borée; à Péparèthe, située sur le penchant de la
côte de l'Attique; à Éleusis, si fidèle à ses rites
mystérieux? Verrons-nous l'ancienne Salamine,
patrie d'Ajax; Calydon, fameuse par le monstre
qui désola ses campagnes; ou ces plaines que le
Titaresse, près de son embouchure, baigne de ses
eaux paresseuses? Verrons-nous Bessa et Scarphé,
ou l'antique Pylos, Pharis, ou Pise, célèbre par ses
couronnes et son temple de Jupiter?

Que la tempête affreuse nous entraîne loin de
notre patrie, nous jette en quelque contrée que ce
soit; mais du moins loin de Sparte, où naquit ce
monstre non moins funeste aux Grecs qu'aux
Troyens; loin d'Argos et de Mycènes, où règne la
race cruelle de Pélops; loin de la chétive Nérite,
plus petite encore que Zacynthe, loin des écueils
dangereux de la perfide Ithaque!

Mais vous, malheureuse Hécube, quel sort vous
attend? Quel sera votre maître? A quel peuple vous
donnera-t-il en spectacle? Près de quel roi finirez-
vous votre misère?

ACTE QUATRIÈME.

**HÉLÈNE, ANDROMAQUE, HÉCUBE, PO-
LYXÈNE,** *personnage muet.*

Hél. (*à part.*) Tout hymen funeste, affreux, rempli de gémissements et de larmes, de carnage et de

An ferax varii lapidis Carystos?
An premens litus maris inquieti
Semper Euripo properante Chalcis?
Quolibet vento faciles Calydnæ?   840
An carens nunquam Gonoessa vento?
Quæque formidat Borean Enispe?
Attica pendens Peparethos ora?
An sacris gaudens tacitis Eleusin?
Numquid Ajacis Salamina veram?   845
Aut fera notam Calydona sæva?
Quasque perfundit subiturus æquor
Segnibus terras Titaressos undis?
Bessan et Scarphen? Pylon an senilem?
Pharin? an Pisam, Jovis et coronis   850
    Elida claram?
Quolibet tristis miseras procella
Mittat, et donet cuicumque terræ,
Dum luem tantam Trojæ atque Achivis
Quæ tulit, Sparte procul absit : absit   855
Argos, et sævi Pelopis Mycenæ;
Neritos parva, brevior Zacyntho,
Et nocens saxis Ithace dolosis.
Quod manet fatum, dominusque quis te,
Aut quibus terris, Hecube, videndam   860
Ducet? in cujus moriere regno?

ACTUS QUARTUS.

**HELENA, ANDROMACHA, HECUBA, POLYXENA, MUTA
PERSONA.**

Hel. Quicumque hymen funestus, illætabilis,

sang, doit être formé sous les auspices d'Hélène. On veut que je nuise encore aux Phrygiens, même après leur chute; que j'annonce le faux hymen de Pyrrhus, et que j'offre à Polyxène les ornements et les habits dont en Grèce se pare la nouvelle épouse. C'est donc moi qui dois t'abuser; c'est par ma perfidie que périra la sœur de Pâris! Trompons cette infortunée; son sort, je pense, en sera moins cruel. La mort la plus désirable est la plus imprévue. Pourquoi diffères-tu d'obéir? Le vrai coupable est celui qui ordonne le crime. (*A Polyxène*.) Noble fille du sang de Dardanus, un dieu favorable prend enfin pitié de votre infortune, et vous destine une heureuse alliance. Ni Troie dans sa puissance, ni Priam dans toute sa gloire, n'auraient pu vous procurer un tel époux. Un prince, le plus illustre entre tous les Grecs, et qui règne sur toute la Thessalie, brûle de s'unir à vous par les nœuds sacrés de l'hymen. Ainsi la reine de l'Océan et toutes les divinités de la mer, ainsi Thétis, paisible habitante des ondes furieuses, vont vous nommer et leur fille et leur sœur. Épouse de Pyrrhus, Pélée et Nérée lui-même vous appelleront leur belle-fille. Changez en habits de fête ces tristes vêtements; oubliez que vous fûtes captive. Rassemblez ces cheveux en désordre, et souffrez qu'une main habile les arrange avec art. Le malheur de votre patrie va vous placer sur un trône plus élevé peut-être que celui où vous pouviez prétendre. Plus d'un captif a rendu grâce à l'esclavage.

And. Il ne manquait aux tristes Phrygiens, pour mettre le comble à leurs maux, qu'une occasion de fête! Pergame détruite fume encore. N'est-ce pas, peut-on le nier? n'est-ce pas un temps bien choisi pour un hymen? Qui ne s'empresserait de former ces doux liens, quand c'est Hélène qui le conseille? Malheur, ruine, fléau de deux nations, vois-tu ces tombeaux de tant d'illustres chefs?

vois-tu ces ossements épars sur la terre, et qui attendent la sépulture? Voilà les fruits de ton hymen. C'est pour toi que l'Europe et que l'Asie ont prodigué leur sang, pour toi, qui du haut de nos murs regardais tranquillement le combat de tes deux époux, sans savoir auquel tu souhaitais la victoire. Achève, dispose tout pour cette fête. Mais qu'est-il besoin de flambeaux, de torches nuptiales et de feux sacrés? Troie embrasée ne suffit-elle pas pour éclairer cette pompe? Troyennes, célébrez les noces de Pyrrhus; célébrez-les dignement: redoublez vos pleurs et vos gémissements.

Hél. Quoique les douleurs extrêmes soient injustes et sourdes à la raison, quoique ceux qui les ressentent étendent quelquefois leur haine sur les compagnons de leur infortune, je me flatte pourtant de pouvoir me justifier même devant un juge aussi prévenu. J'ai souffert plus qu'aucune de vous. Andromaque déplore la perte d'Hector, Hécube celle de Priam; moi, je pleure Pâris, mais je suis réduite à cacher mes pleurs. Il est dur, pénible, affreux, d'être réduite en esclavage: c'est un mal ancien pour moi; depuis dix ans je suis captive. Votre Ilion est abattu, vos pénates détruits. Il est triste sans doute de perdre sa patrie, mais il est plus triste encore de la craindre. C'est un allégement à vos malheurs de les pleurer ensemble; moi, vainqueurs et vaincus me maudissent également. Vous avez longtemps ignoré qui des Grecs le sort vous donnerait pour maître: le mien m'a entraînée sans attendre l'arrêt du sort. Je fus, dites-vous, la cause de cette guerre et du désastre de Troie? Cette accusation serait fondée, si c'était un vaisseau de Sparte qui m'eût amenée sur vos bords; mais si je fus enlevée comme une proie par des vaisseaux phrygiens, si j'étais la récompense promise par Vénus au juge qui lui avait décerné le prix de la beauté, excusez la faute de

Lamenta, cædes, sanguinem, gemitus habet,
Est auspice Helena dignus. Eversis quoque
Nocere cogor Phrygibus: ego Pyrrhi toros   865
Narrare falsos jubeor; ego cultus dare,
Habitusque Graios: arte capietur mea,
Meaque fraude concidet Paridis soror.
Fallatur: ipsi levius hoc equidem reor.
Optanda mors est, sine metu mortis mori.   870
Quid jussa cessas agere? ad auctores redit
Sceleris coacti culpa. Dardaniæ domus
Generosa virgo, melior afflictos deus
Respicere cœpit; teque felici parat
Dotare thalamo: tale conjugium tibi   875
Non ipsa sospes Troja, non Priamus daret.
Nam te Pelasgæ maximum gentis decus
Ad sancta lecti jura legitimi petit,
Cui regna campi lata Thessalici patent.
Te magna Tethys, teque tot pelagi deæ,   880
Placidumque numen æquoris tumidi Thetis
Suam vocabunt: te datum Pyrrho socer
Peleus nurum vocabit, et Nereus nurum.
Depone cultus squalidos, festos cape.
Dedisce captam: deprime horrentes comas,   885
Crinemque docta patere distingui manu.
Hic forsitan te casus excelso magis
Solio reponet: profuit multis capi.
Andr. Hoc deerat unum Phrygibus eversis malum,
Gaudere? flagrant strata passim Pergama: 890
O conjugale tempus! an quisquam audeat
Negare? quisquam dubius ad thalamos eat,

Quos Helena suadet? Pestis, exitium, lues
Utriusque populi? cernis hos tumulos ducum?
Et nuda totis ossa quæ passim jacent   895
Inhumata campis? hæc hymen sparsit tuus.
Tibi fluxit Asiæ, fluxit Europæ cruor;
Quum dimicantes lenta prospiceres viros,
Incerta voti. Perge, thalamos appara.
Tædis quid opus est? quidve solemni face?   900
Quid igne? thalamis Troja prælucet novis.
Celebrate Pyrrhi, Troades, connubia;
Celebrate digne: planctus et gemitus sonent.
Hel. Ratione quamvis careat, et flecti neget
Magnus dolor, sociosque nonnunquam sui   905
Mœroris ipsos oderit; causam tamen
Possum tueri judice infesto meam,
Graviora passa. Luget Andromacha Hectorem,
Et Hecuba Priamum: solus occulte Paris
Lugendus Helenæ est. Durum et invisum et grave est,   910
Servitia ferre: patior hoc olim jugum;
Annis decem captiva. Prostratum Ilium est,
Versi penates: perdere est patriam grave;
Gravius timere. Vos levat tanti mali
Comitatus: in me victus et victor furit.   915
Quam quisque famulam traheret, incerto diu
Casu pependit: me meus traxit statim
Sine sorte dominus. Causa bellorum fui,
Tantæque Teucris cladis: hoc verum puta,
Spartana puppis vestra si secuit freta;   920
Sin rapta Phrygis præda remigibus fui,
Deditque donum judici victrix dea,

Pâris; moi, j'ai à répondre devant un juge irrité : c'est Ménélas qui prononcera dans ma cause. Andromaque, suspendez un instant vos plaintes. (*A Andromaque*.) Tâchez de la fléchir; à peine puis-je moi-même retenir mes larmes.

And. Quel est donc le malheur capable de faire couler les pleurs d'Hélène? Quel est-il? Parlez. Quelle trahison, quel crime médite le roi d'Ithaque? Veut-il précipiter cette jeune infortunée du sommet de l'Ida ou du roc élevé de la tour d'Ilion ; ou, lancée des rochers aigus du Sigée, qui s'étend au loin dans la mer, doit-elle être engloutie dans les flots. Dites-nous ce que vous cachez sous ce visage trompeur. Il n'est pas de malheur comparable à celui de voir Pyrrhus gendre de Priam et d'Hécube. Quel nouveau tourment nous prépare-t-on? Accordez-nous du moins cette grâce, de n'être point trompées. Vous nous voyez préparées à recevoir la mort.

Hél. Plût au ciel que l'interprète des dieux m'ordonnât de trancher une vie odieuse, ou de périr de la main furieuse de Pyrrhus devant le tombeau d'Achille, et de finir mes jours avec vous, infortunée Polyxène ! Achille, qui veut être votre époux dans l'Élysée, demande que vous soyez en ce jour immolée sur ses cendres.

And. Voyez avec quelle joie cette âme généreuse entend l'arrêt de sa mort ! avec quel empressement elle demande sa parure royale ! comme elle souffre maintenant qu'on arrange ses cheveux ! Épouser Pyrrhus lui paraissait un supplice; mourir lui semble un doux hymen. Mais, hélas ! dans quel accablement cette affreuse nouvelle a jeté sa malheureuse mère ! son âme ne peut résister à ce dernier coup. (*A Hécube*.) Ah ! levez-vous, prenez courage; ranimez vos forces défaillantes. Combien est faible le lien qui retient encore sa vie ! Qu'il s'en faut peu qu'Hécube, ne soit heureuse !.. Mais elle respire,

et revient à la vie. La mort est la première à fuir les malheureux.

Héc. Achille revit pour désoler les Phrygiens; il recommence la guerre. O faible bras de Pâris ! Sa cendre même et son tombeau sont altérés de notre sang. Naguère j'étais environnée d'une nombreuse et brillante famille ; le jour entier ne suffisait pas pour leur partager mes baisers et mes tendresses maternelles. Je n'ai plus que cette enfant, mon avenir, ma compagne, mon soutien, ma consolation. Seule elle est ma famille, elle seule m'appelle sa mère. Échappe-toi donc enfin, âme malheureuse; fais-moi grâce au moins de ce dernier trépas. O mon enfant, les pleurs inondent ton visage ; ton courage se dément. Ah ! réjouis-toi plutôt. Combien Cassandre et Andromaque t'envient un tel hyménée!

And. C'est nous, Hécube, c'est nous qui sommes à plaindre, nous que la flotte ennemie va disperser dans différents climats. Plus heureuse, elle reposera dans la terre chérie de ses pères.

Hél. Vous seriez encore plus jalouse de son destin, si vous connaissiez le vôtre.

And. Suis-je encore menacée de quelque malheur que j'ignore?

Hél. L'urne fatale a désigné les maîtres de toutes les captives.

And. Eh bien! de qui suis-je l'esclave ? quel est mon maître ? Parlez.

Hél. Vous êtes échue la première en partage au jeune prince de Scyros.

And. Heureuse Cassandre, grâce à Phébus et à tes fureurs prophétiques, le sort ne te donnera pas un maître.

Hél. Elle est remise aux mains du plus puissant des rois.

Héc. En est-il un qui daigne être le maître d'Hécube ?

Ignosce Paridi : judicem iratum mea
Habitura causa est; ista Menelaum manent
Arbitria : nunc hanc, luctibus paulum tuis,   915
Andromacha, omissis, flecte. Vix lacrimas queo
Retinere. *Andr.* Quantum est, Helena quod lacrimat, malum!
Cur lacrimat autem? Fare, quos Ithacus dolos,
Quæ scelera nectat : utrum ab Idæis jugis
Jactanda virgo est? arcis an celsæ edito   930
Mittenda saxo? num per has vastum in mare
Volvenda rupes, latere quas scisso levat
Altum vadosos Sigion spectans sinus?
Dic, fare, quidquid subdolo vultu tegis.
Leviora mala sunt cuncta, quam Priami gener   935
Hecubæque Pyrrhus : fare, quam pœnam pares.
Exprome, et unum hoc derne nostris cladibus,
Falli : paratas perpeti mortem vides.
Hel. Utinam juberet me quoque interpres deûm
Abrumpere ense lucis invisæ moras,   940
Vel Achillis ante busta, furibunda manu
Occidere Pyrrhi, fata comitantem tua,
Polyxene miseranda; quam tradi sibi,
Cineremque Achilles ante mactari suum,
Campo maritus ut sit Elysio, jubet.   945
Andr. Vide, ut animus ingens lætus audierit necem.
Cultus decoros regiæ vestis petit,
Et admoveri crinibus patitur manum.
Mortem putabat illud, hoc thalamos putat.
At misera luctu mater audito stupet,   950
Labefacta mens succubuit. Assurge, alleva

Animum, et cadentem misera firma spiritum.
Quam tenuis anima vinculo pendet levi !
Minimum est, quod Hecubam facere felicem potest.
Spirat ; revixit : prima mors miseros fugit.   955
Hec. Adhuc Achilles vivit in pœnas Phrygum ?
Adhuc rebellat? o manum Paridis levem!
Cinis ipse nostrum sanguinem ac tumulus sitit.
Modo turba felix latera cingebat mea.
Lassabar in tot oscula, in totum gregem   960
Dividere matrem : sola nunc hæc est super,
Votum, comes, levamen, afflictæ quies.
Hæc totus Hecubæ fetus; hac sola vocor
Jam voce mater. Dura et infelix, age,
Elabere anima ; denique huc unum mihi   965
Remitte funus. Irrigat fletus genas,
Imberque victo subitus e vultu cadit.
Lætare, gaude, nata : quam vellet tuos
Cassandra thalamos, vellet Andromache tuos!
Andr. Nos, Hecuba, nos, nos, Hecuba, lugendæ sumus,
Quas mota classis huc et huc sparsas feret.   971
Hanc cara tellus sedibus patriis teget.
Hel. Magis invidebis, si tuam sortem scias.
Andr. An aliqua pœnæ pars meæ ignota est mihi?
Hel. Versata dominos urna captivis dedit.   975
Andr. Cui famula tradar, ede : quem dominum voco?
Hel. Te sorte prima Scyrius juvenis tulit.
Andr. Cassandra felix! quam furor sorte eximit,
Phœbusque. *Hel.* Regum hanc maximus rector tenet.
Hec. Estne aliquis, Hecubam qui suam dici velit?   980
Hel. Ithaco obtigisti præda nolenti brevis.

Hél. Vous êtes échue à Ulysse, mécontent que le sort lui donne une captive qui a peu de temps à l'être.

Héc. Quel est l'insolent, le barbare, qui nous livrant aux caprices du sort, donne des reines pour esclaves à des rois? Quelle sinistre divinité a présidé à ce partage? Quel est ce cruel, cet impitoyable arbitre de notre liberté, qui ne daigne pas nous choisir des maîtres, et nous soumet à la plus insupportable servitude? Qui donc a pu livrer aux mêmes mains la mère d'Hector et les armes d'Achille? Moi, j'appartiens à Ulysse! C'est à cette heure que je suis réellement vaincue, captive, en butte à tous les malheurs. J'ai honte non de la servitude, mais du maître. Celui-là aura les dépouilles d'Hector, qui a remporté celles d'Achille. Une île étroite et stérile ne suffit point au tombeau d'Hécube. Partons cependant, partons. Ulysse, je suis prête à te suivre; mais ma destinée ne m'abandonnera pas.

Ma présence soulèvera les flots, excitera les plus violentes tempêtes; j'attirerai sur toi la guerre, les flammes, tous les malheurs de Priam et les miens. Déjà du moins je me suis vengée de toi autant que je l'ai pu. En devenant ton partage, je t'ai frustré de la récompense que tu attendais.

Mais Pyrrhus arrive à pas précipités, et la fureur peinte sur le visage. Barbare, qui t'arrête? Voilà mon sein, frappe. Réunis la belle-mère et le beau-père d'Achille. Assassin de vieillards, frappe; cette victime est digne de toi. Va, entraîne ma fille. O Grecs, outragez les dieux du ciel et ceux de l'enfer par ce meurtre abominable. Quelles imprécations lancerai-je contre vous? Je vous souhaite un retour digne d'un pareil sacrifice. Puissent la flotte entière des Grecs et leurs mille vaisseaux éprouver tous les malheurs que je souhaiterai à celui qui me portera!

CHŒUR DE TROYENNES

C'est une espèce de douceur pour l'homme affligé, de voir tout un peuple dans la douleur, et des nations entières mêler à ses plaintes leurs voix gémissantes. Les chagrins sont moins cuisants, les pleurs moins amers, lorsqu'ils sont partagés par une grande multitude. Toujours, oui, toujours la douleur se fait une joie cruelle d'avoir beaucoup de compagnons d'infortune, et de n'être pas seule l'objet des rigueurs du sort. Personne ne se plaint de souffrir une calamité générale : on ne se croit pas alors malheureux, quoiqu'on le soit en effet. Otez du monde ceux qu'on appelle heureux, ceux qui sont comblés de richesses, ceux dont les cent taureaux labourent les campagnes fécondes; et le pauvre relèvera son front courbé par la misère. On n'est malheureux que par comparaison. C'est une consolation, dans un grand désastre, de ne voir autour de soi pas un visage satisfait. Celui-là se désespère, gémit, et accuse le destin, qui, voguant seul sur la mer, est assailli par la tempête, et jeté nu dans le port où tendaient ses désirs. Cet autre se console aisément de son naufrage, qui voit mille vaisseaux s'abîmer comme le sien, et le rivage couvert de leurs débris, lorsque le Corus soulève la mer et la retient hors de son lit. Quelle fut la douleur de Phryxus lorsqu'Hellé sa sœur, que le bélier à la toison brillante transportait avec lui, fut engloutie à ses yeux dans les flots! Pyrrha au contraire, et son époux, survivant seuls au genre humain, virent, sans se plaindre, l'Océan couvrir la terre, et la terre elle-même n'offrant plus à leurs yeux qu'un Océan sans rivages.

Nous allons être séparées; en nous dispersant çà et là, la flotte des Grecs nous ôtera la douceur de pleurer ensemble. Bientôt la trompette don-

Hec. Quis tam impotens ac dirus, et iniquæ ferus
Sortitor urnæ regibus reges dedit?
Quis tam sinister dividit captas deus?
Quis arbiter crudelis, et miseris gravis,   985
Eligere dominos nescit? et sæva manu
Dat iniqua miseris fata? quis matrem Hectoris
Armis Achillis miscet? ad Ulyssem vocor!
Nunc victa, nunc captiva, nunc cunctis mihi
Obsessa videor cládibus. domini pudet,   990
Non servitutis. Hectoris spolium feret,
Qui tulit Achillis? sterilis, et sævis fretis
Inclusa tellus non capit tumulos meos.
Duc, duc, Ulysse : nil moror : dominum sequor.
Me mea sequentur fata · non pelago quies   995
Tranquilla veniet, sæviet ventis mare,
Et bella, et ignis, et mea, et Priami mala;
Dumque ista veniunt, interim hoc pœnæ loco est :
Sortem occupavi, præmium eripui tibi.
Sed incitato Pyrrhus accurrit gradu,   1000
Vultuque torvo. Pyrrhe, quid cessas? age,
Reclude ferro pectus, et Achillis tui
Conjunge soceros : perge, mactator senum;
Et hic decet te sanguis : abreptam trahe.
Maculate superos cæde funesta deos,   1005
Maculate Manes. Quid precer vobis? precor
His digna sacris æquora : hoc classi accidat
Toti Pelasgæ, ratibus hoc mille accidat,
Meæ precabor, quum vehar, quidquid rati.

CHORUS TROADUM.

Dulce mœrenti populus dolentum,   1010
Dulce lamentis resonare gentes.

Lentius luctus lacrimæque mordent,
Turba quas fletu simili frequentat.
Semper, ah, semper dolor est malignus :
Gaudet in multos sua fata mitti,   1015
Seque non solum placuisse pœnæ.
Ferre, quam sortem patiuntur omnes,
   Nemo recusat.
Nemo se credet miserum, licet sit,
Tolle felices : removeto multo   1020
Divites auro : removeto centum
Rura qui scindunt opulenta bubus;
Pauperi surgent animi jacentes.
Est miser nemo, hisi comparatus.
Dulce in immensis posito ruinis   1025
Neminem lætos habuisse vultus.
Ille deplorat, queriturque fatum,
Qui secans fluctum rate singulari
Nudus in portus cecidit petitos :
Æquior casum tulit, et procellas,   1030
Mille qui ponto pariter carinas
Obrui vidit, tabulaque litus
Naufraga spargi, mare quum coactis
Fluctibus Corus prohibet reverti.
Questus est Hellen cecidisse Phryxus,   1035
Quum gregis ductor, radiante villo,
Aureo fratrem simul et sororem
Sustulit tergo, medioque jactum
Fecit in ponto. Tenuit querelas
Et vir, et Pyrrhe, mare quum viderent,   1040
Et nihil præter mare quum viderent,
Unici terris homines relicti.
Solvet hunc cœtum lacrimasque nostras

nera aux matelots le signal du départ; bientôt les vents et les rames rapides emporteront les vaisseaux en pleine mer. Infortunées! quelle sera notre douleur quand nous verrons la terre décroître, la mer s'étendre devant nous, et les hauteurs de l'Ida s'effacer insensiblement dans le lointain! Alors, montrant encore du doigt la rive où Troie est couchée, la mère et son fils se diront l'un à l'autre : Ilion est à cette place où un nuage de fumée monte en tournoyant dans les airs. C'est à ce signe que les Troyens reconnaîtront leur patrie.

ACTE CINQUIÈME.

LE MESSAGER, ANDROMAQUE, HÉCUBE.

Le mes. O destinée cruelle, affreuse, horrible, lamentable! Mars, pendant une guerre de dix ans, a-t-il rien vu de si inhumain, de si barbare! Par où commencerai-je mon triste récit? A qui des deux raconterai-je d'abord le malheur qui touche chacune de vous?

Héc. Quelque malheur que vous pleuriez, c'est toujours le mien que vous pleurerez. Chacun ici ne sent que ses pertes particulières; moi je porte tout le poids du désastre commun. Tout ce qui périt m'appartient : il n'est pas un infortuné qui ne me soit uni par quelque lien.

Le mes. (à *Hécube.*) Votre fille a été immolée; (à *Andromaque.*) votre fils, précipité du haut du rempart. Mais l'un et l'autre ont souffert la mort avec courage.

And. Retracez-nous le détail funeste de ce double forfait. Une âme affligée se complaît dans tout

ce qui peut nourrir sa douleur. Parlez donc, et n'omettez aucune circonstance.

Le mes. Il ne reste plus de la ville superbe de Troie que cette tour au sommet de laquelle Priam se rendait d'ordinaire; de là ce prince, placé derrière les créneaux, observait les combats et dirigeait les mouvements de ses troupes, tenant son petit-fils entre ses bras, et lui montrant Hector qui, le fer et la flamme à la main, poursuivait les Grecs effrayés. Ce vieillard faisait admirer au jeune enfant les exploits de son père. Cette tour, autrefois remarquable entre toutes, et qui faisait l'ornement de nos murailles, est maintenant un rocher cruel, autour duquel s'assemblent en foule les chefs et les soldats. Tous ont quitté leurs vaisseaux; les uns couvrent une vaste colline, d'où la vue s'étend au loin dans la plaine; les autres, quoique placés au sommet d'une roche, se dressent encore sur la pointe du pied; d'autres montent sur les pins, les lauriers, les hêtres, qui tremblent sous le poids dont leur cime est chargée. Ceux-ci gravissent le sommet escarpé d'une montagne : ceux-là se tiennent sur quelque reste de maison à demi consumée; d'autres saisissent les pierres saillantes de nos murs en ruines; quelques-uns même, ô sacrilège! assis sur le tombeau d'Hector, contemplent le spectacle barbare.

A travers cet espace rempli de spectateurs, on vit s'avancer fièrement le roi d'Ithaque, tenant de la main droite le petit-fils de Priam. L'enfant le suit d'un pas assuré jusqu'au haut des remparts. Arrivé devant la tour, il promène autour de lui ses regards intrépides, sans éprouver le moindre effroi. Tel un lionceau, trop jeune et trop faible encore pour s'élancer sur sa proie, a déjà cependant un air menaçant, essaye de mordre, et montre en lui

---

Sparget huc illuc agitata classis,
Et tuba jussi dare vela nantæ,
Quum, simul ventis properante remo,   1045
Prenderint altum, fugietque litus.
Quis status mentis miseris, ubi omnis
Terra decrescet, pelagusque crescet
Celsa quum longe latitabit Ide?   1050
Tum puer matri, genitrixque patri,
Troja qua jaceat regione monstrans,
Dicet, et longe digito notabit :
Ilium est illic, ubi fumus alte
Serpit in cælum, nebulæque turpes.   1055
Troes hoc signo patriam videbunt.

ACTUS QUINTUS.

NUNTIUS, ANDROMACHA, HECUBA ,

Nunt. O dira fata, sæva, miseranda, horrida,
Quod tam ferum, tam triste bis quinis scelus
Mars vidit annis? quid prius referens gemam?
Tuosne potius, an tuos luctus, anus?   1060
Hec. Quoscumque luctus fleveris, flebis meos.
Sua quemque tantum, me omnium clades premit.
Mihi cuncta pereunt : quisquis est, Hecubæ est, miser.
Nunt. Mactata virgo est : missus e muris puer.
Sed uterque letum mente generosa tulit.   1065
Andr. Expone seriem cædis, et duplex nefas
Prosequere : gaudet magnus ærumnas dolor
Tractare totas : ede, et enarra omnia.

Nunt. Est una magna turris e Troja super,
Assueta Priamo; cujus e fastigio   1070
Summisque pinnis arbiter belli sedens
Regebat acies : turre in hac blando sinu
Fovens nepotem, quum metu versos gravi
Danaos fugaret Hector et ferro, et face,
Paterna puero bella monstrabat senex.   1075
Hæc nota quondam turris, et muri decus,
Nunc sæva cautes, undique affusa ducum
Plebisque turba cingitur : totum coit
Acie relictis vulgus : his collis procul
Aciem patenti liberam præbet loco;   1080
His alta rupes, cujus e cacumine
Erecta summos turba libravit pedes.
Hunc pinus, illum laurus, hunc fagus gerit,
Et tota populo silva suspenso tremit.
Extrema montis ille prærupti petit,   1085
Semiusta at ille tecta, vel saxum imminens
Muri cadentis pressit : atque aliquis (nefas!)
Tumulo ferus spectator Hectoreo sedet.
Per spatia late plena sublimi gradu
Incedit Ithacus, parvulum dextra trahens   1090
Priami nepotem : nec gradu segni puer
Ad alta pergit mœnia. Ut summa stetit
Pro turre, vultus huc et huc acres tulit,
Intrepidus animo : qualis ingentis feræ
Parvus tenerque fetus, et nondum potens   1095
Sævire dente, jam tamen tollit minas,
Morsusque inanes tentat, atque animis tumet :
Sic ille dextra prensus hostili puer
Ferox, superne moverat vulgum ac duces,
Ipsumque Ulyssem : non flet e turba omnium,   1100

toute la fierté du roi des forêts; ainsi Astyanax, même entre les mains de son ennemi, excitait l'admiration des soldats, des chefs, d'Ulysse lui-même. Objet des pleurs d'une si grande multitude, lui seul ne pleure pas; et tandis qu'Ulysse, instruit par le devin, répétait les prières et les paroles sacrées, et suppliait les dieux cruels d'accepter ce sacrifice, l'enfant se précipite de lui-même au milieu de l'empire de Priam.

And. Jamais l'habitant de la Colchide ou le Scythe vagabond, jamais ces peuplades sauvages répandues autour de la mer Caspienne, poussèrent-ils si loin la cruauté? Non, le farouche Busiris lui-même n'immola jamais sur ses autels une si tendre victime, et Diomède ne fit jamais dévorer par ses chevaux cruels les membres d'un enfant. O mon fils, qui ensevelira ton corps et le confiera au tombeau?

Le mes. Après cette chute, que peut-il rester de votre fils? ses membres brisés sont épars çà et là. L'éclat de sa beauté, les grâces de son visage, ces traits nobles qui rappelaient son père, tout a été détruit, lorsqu'il est tombé si pesamment sur la terre. Sa tête s'est brisée contre le roc, et les débris sanglants en ont jailli de toutes parts. Il n'est plus, hélas! qu'un corps défiguré.

And. C'est encore par là qu'il ressemble à son père.

Le mes. Dès que cet enfant fut tombé de la tour fatale, tous les Grecs, pleurant encore sur le crime qu'ils venaient de commettre, courent avec le même empressement vers le tombeau d'Achille, où doit s'accomplir un autre forfait. Ce tombeau, au pied duquel viennent expirer d'un côté les flots de la mer de Rhété, regarde de l'autre un espace circulaire, qui, par une pente douce, s'élève insensiblement en forme d'amphithéâtre. La foule empressée couvre tout le rivage. Les uns songent que ce sacri-

fice va lever les obstacles qui arrêtent la flotte; les autres s'applaudissent de voir éteindre la race de leurs ennemis. La multitude inconsidérée condamne ce meurtre, tout en le contemplant. Les Troyens eux-mêmes s'empressent aux funérailles de leur princesse, et, tremblants de crainte, regardent tomber ce dernier reste de la puissance de Troie. Tout à coup on voit briller les flambeaux comme dans une pompe nuptiale. Hélène, triste et la tête baissée, conduit la jeune épouse. Les Troyens souhaitaient tout bas à Hermione un pareil hymen, ou que l'impudique Hélène fût remise de la même manière entre les mains de son époux. Les deux peuples étaient également saisis d'horreur. Polyxène s'avance, baissant modestement les yeux; mais une aimable rougeur colore ses joues, et sa beauté qui va disparaître brille d'un éclat plus vif encore. Ainsi la lumière de Phébus n'est jamais plus douce que lorsque ce dieu est près de se cacher dans l'onde, et que la nuit, ramenant les étoiles dans le ciel, fait déjà pâlir le flambeau du jour. La foule est frappée de tant de grâces : on les admire d'autant plus qu'elles vont bientôt périr. Les uns s'attendrissent sur sa beauté, les autres sur sa jeunesse; ceux-là, sur ce triste exemple des vicissitudes du sort; mais tous sont émus du courage avec lequel elle marche à la mort. Elle précède Pyrrhus, et tous les cœurs frémissent, saisis à la fois d'admiration et de pitié. A peine le fils d'Achille est-il arrivé au sommet du tertre, et sur le haut du tombeau de son père, que cette fille courageuse, sans reculer d'un pas, le regarde d'un air intrépide, attendant le coup de la mort. Ce dernier trait d'audace étonne les esprits; et Pyrrhus, ô prodige nouveau! Pyrrhus lui-même est lent à frapper. Enfin il plonge le fer tout entier dans le sein de la victime. Le sang s'échappe à grands flots de la blessure profonde. Mais les sentiments de cette hé-

Qui fletur : ac dum verba fatidici et preces
Concipit Ulysses vatis, et sævos ciet
Ad sacra superos, sponte desiluit suo
    In media Priami regna.
Andr. Quis Colchus hoc, quis sedis incertæ Scytha   1105
Commisit? aut quæ Caspium tangens mare
Gens juris expers ausa? Non Busiridis
Puerilis aras sanguis aspersit feri;
Nec parva gregibus membra Diomedes suis
Epulanda posuit. Quis tuos artus teget,   1110
Tumuloque tradet? *Nunt.* Quos enim præceps locus
Reliquit artus? ossa disjecta et gravi
Elisa casu, signa clari corporis,
Et ora, et illas nobiles patris notas
Confudit imam pondus ad terram datum.   1115
Soluta cervix : silicis impulsu caput
Ruptum, cerebro penitus expresso : jacet
Deforme corpus. *Andr.* Sic quoque est similis patri.
Nunt. Præceps ut altis cecidit e muris puer,
Flevitque Achivûm turba, quod fecit, nefas;   1120
Idem ille populus aliud ad facinus redit,
Tumulumque Achillis. Hujus extremum latus
Rhœtea leni verberant fluctu vada.
Aversa cingit campus, et clivo levi
Erecta medium vallis includens locum   1125
Crescit theatri more. Concursus frequens
Implevit omne litus. Hi classis moras
Hac morte solvi rentur; hi stirpem hostium
Gaudent recidi : magna pars vulgi levis
Odit scelus, spectatque : nec Troes minus   1130
Suum frequentant funus, et pavidi metu

Partem ruentis ultimam Trojæ vident.
Quum subito, thalami more, præcedunt faces.
It pronuba illic Tyndaris, mœstum caput
Demissa : tali nubat Hermione modo,   1135
Phryges precantur : sic viro turpis suo
Reddatur Helene. Terror attonitos tenet
Utrosque populos : ipsa dejectos gerit
Vultus pudore; sed tamen fulgent genæ,
Magisque solito splendet extremus decor :   1140
Ut esse Phœbi dulcius lumen solet
Jam jam cadentis, astra quum repetunt vices,
Premiturque dubius nocte vicina dies.
Stupet omne vulgus; et fere cuncti magis
Peritura laudant : hos movet formæ decus,   1145
Hos mollis ætas, hos vagæ rerum vices.
Movet animos omnes fortis, et leto obvius.
Pyrrhum antecedit : omnium mentes tremunt :
Mirantur, ac miserantur. Ut primum ardui
Sublime montis tetigit, atque alte edito   1150
Juvenis paterni vertice in busti stetit,
Audax virago non tulit retro gradum,
Conversa ad ictum stat truci vultu ferox.
Tam fortis animus omnium mentes ferit :
Novumque monstrum est, Pyrrhus ad cædem piger.   1155
Ut dextra ferrum penitus exacta abdidit,
Subitus, recepta morte, prorupit cruor
Per vulnus ingens : nec tamen, moriens, adhuc
Deponit animos; cecidit, ut Achilli gravem
Factura terram, prona, et irato impetu.   1160
Uterque flevit cœtus : at timidum Phryges
Misere gemitum : clarius victor gemit.

roïne ne se démentent pas à son dernier moment; elle tombe avec toute l'impétuosité de la colère, comme pour rendre plus pesante, par un dernier effort, la terre qui couvre Achille. Les deux nations en gémirent; les Troyens étouffèrent leurs sanglots; les vainqueurs firent éclater leur douleur. Ainsi s'est accompli le sacrifice. Mais le sang de la victime n'est pas demeuré sur la terre; il a disparu, absorbé en un moment par le tombeau cruel.

Héc. Partez donc, fils de Danaüs; retournez paisiblement dans votre patrie. Voguez à pleines voiles vers vos foyers chéris. Vous n'avez plus rien à craindre, délivrés d'une jeune fille et d'un enfant. La guerre est achevée... Où porterai-je mes larmes? Quand serai-je délivrée de cette triste et trop longue existence? Qui dois-je pleurer? ma fille ou mon petit-fils, mon époux ou ma patrie, ou toutes mes pertes ensemble et ma propre misère? O mort, unique objet de mes vœux; toi dont la main cruelle moissonne des enfants et de jeunes filles, et qui es partout ailleurs si prompte à frapper, je suis donc la seule que tu craignes et que tu évites! En vain je t'ai cherchée une nuit entière parmi les feux, les épées et les dards : tu me fuyais, et je n'ai pu périr par le fer ennemi, sous les ruines de ma patrie, parmi les flammes qui la dévoraient : hélas! et j'étais à côté de Priam !

Le mes. Déjà l'on déploie les voiles; les navires s'agitent. Hâtez-vous, captives, de vous rendre au rivage.

Hic ordo sacri : non stetit fusus cruor,
Humove summa fluxit : obduxit statim,
Sævusque totum sanguinem tumulus bibit.   1165
Hec. Ite, ite, Danai; petite jam tuti domos,
Optata velis maria diffusis secet
Secura classis : concidit virgo, ac puer.
Bellum peractum est : quo meas lacrimas feram?   ·
Ubi hanc anilis exspuam leti moram?   1170
Natam an nepotem, conjugem an patriam fleam?

An omnia? an me? Sola mors votum meum,
Infantibus violenta, virginibus venis,
Ubicumque properas, sæva : me solam times,
Vltasque : gladios inter ac tela et faces   1175
Quæsita tota nocte, cupientem fugis.
Non hostis, aut ruina, non ignis meos
Absumsit artus : quam prope a Priamo steti?
Nunt. Repetite celeri maria, captivæ, gradu.
Jam vela puppis laxat, et classis movet.   1180

MÉDÉE.

PERSONNAGES.

Médée.	La nourrice de Médée.
Jason.	Choeur de Corinthiens.
Créon.	Un messager.

La scène est à Corinthe.

ARGUMENT.

Jason, après le meurtre de Pélias, s'était réfugié à Corinthe avec sa femme et ses enfants. Créon, qui y régnait, l'ayant choisi pour gendre, Jason déclare à Médée qu'il divorce avec elle; et le roi ordonne à celle-ci de chercher une autre retraite. Médée, ayant obtenu un jour de délai, envoie à Créuse, comme présent de noces, un manteau et un collier imprégnés de poisons magiques. A peine la nouvelle épouse s'en est-elle parée, que le manteau s'enflamme; et la malheureuse est consumée, ainsi que son père, qui accourait pour la sauver. Enfin Médée, ayant égorgé sous les yeux de leur père les fils qu'elle avait eus de Jason, s'enfuit dans les airs.

ACTE PREMIER.

MÉDÉE.

Dieux qui présidez à l'hymen; Lucine, gardienne de la couche nuptiale; déesse qui apprîtes à Typhys l'art inconnu de diriger un navire sur les flots domptés; redoutable souverain des mers profondes; Soleil qui distribuez votre lumière à tout ce vaste univers; triple Hécate qui prêtez votre clarté discrète à des cérémonies mystérieuses; et vous, divinités que Jason prit à témoin des serments qu'il m'a faits; vous à qui doit surtout s'adresser Médée, Chaos, empire de l'éternelle nuit, séjour affreux de la mort, mânes impitoyables, maître du royaume sombre, et vous, reine des morts, son épouse, vous que du moins votre ravisseur n'a pas trahie, écoutez mes imprécations. Venez, déesses qui punissez les coupables, vous dont la tête est hérissée de hideuses couleuvres, dont la main sanglante agite des torches lugubres; venez, non moins terribles qu'au jour fatal de mon hymen. Faites périr et ma rivale et son père, et toute la race royale de Corinthe. Je saurai trouver pour mon ingrat un supplice plus cruel. Qu'il vive, mais dans des contrées lointaines; misérable, proscrit, tremblant, haï de tous, sans asile, qu'il regrette le temps où j'étais son épouse. Trop connu ici, qu'il aille implorer ailleurs l'hospitalité; et, pour lui souhaiter le plus grand des malheurs, puisse-t-il avoir des enfants semblables à leur père, semblables à leur mère! Oui, ma vengeance est assurée, puisque j'ai des enfants. Mais pourquoi ces plaintes, ces menaces frivoles? Quoi! je ne fondrai pas sur mes ennemis! je n'éteindrai pas et leurs torches nuptiales et le flambeau du jour! Le soleil, auteur de ma race, est témoin de mes affronts; et on le voit encore, assis dans son char, suivre sa route accoutumée au milieu d'un ciel serein! Il ne ramène pas ses chevaux en arrière, il ne cache pas le jour! Laisse-moi, mon père, laisse-moi conduire ton char; remets entre mes mains tes rênes éclatantes; que je guide tes coursiers de feu; et Corinthe, la proie des flammes, ne divisera plus les deux mers, et laissera leurs flots se confondre.

Il ne me reste plus qu'à porter moi-même la tor-

MEDEA

DRAMATIS PERSONÆ.

Medea.	Nutrix.
Jason.	Chorus Corinthiorum.
Creon.	Nuntius.

Scena Corinthi.

ARGUMENTUM.

Jason cum uxore et liberis post interfectam Peliam Corinthi exsulabat. Ubi quum Creon rex illum generum elegisset, Medea res suas sibi habere a marito, ab rege aliud exsilium quærere jubetur. Illa, unius diei impetrata mora, Creusæ sponsæ pallam et monile magicis infecta venenis mittit: quibus indutis, ignem corripuit palla, misereque nova nupta, una cum patre in notæ auxilium accurrente, combusta est; Medea denique, filiis, quos Jasoni pepererat, in patris conspectu trucidatis, per aera aufugit.

ACTUS PRIMUS.

MEDEA.

Dii conjugales, tuque genialis tori
Lucina custos, quæque domituram freta
Tiphyn novam frenare docuisti ratem,
Et tu profundi sæve dominator maris,
Clarumque Titan dividens orbi diem,   5
Tacitisque præbens conscium sacris jubar,
Hecate triformis, quosque juravit mihi
Deos Jason, quosque Medeæ magis
Fas est precari, noctis æternæ chaos,
Aversa Superis regna, Manesque impios,   10
Dominumque regni tristis, et dominam fide
Meliore raptam, voce non fausta precor ·
Nunc, nunc adeste sceleris ultrices deæ,
Crinem solutis squalidæ serpentibus,
Atram cruentis manibus amplexæ facem,   15
Adeste; thalamis horridæ quondam meis
Quales stetistis. Conjugi letum novæ,
Letumque socero et regiæ stirpi date:
Mihi pejus aliquid, quod precer sponso malum:
Vivat: per urbes erret ignotas egens,   20
Exsul, pavens, invisus, incerti laris:
Me conjugem optet; limen alienum expetat,
Jam notus hospes: quoque non aliud queam
Pejus precari, liberos similes patri,
Similesque matri: parta jam, parta ultio est: 25
Peperi. Querelas, verbaque incassum sero.
Non ibo in hostes? manibus excutiam faces,
Cæloque lucem? spectat hoc nostri sator
Sol generis! et spectatur, et curru insidens
Per solita puri spatia decurrit poli!   30
Non redit in ortus, et remetitur diem?
Da, da per auras curribus patriis vehi:
Committe habenas, genitor, et flagrantibus
Ignifera loris tribue moderari juga.
Gemino Corinthos litori opponens moras,   35
Cremata flammis maria committet duo.

che nuptiale devant les époux, qu'à prononcer la prière du sacrifice, et à frapper les victimes devant l'autel paré pour la fête. Si tu as quelque force, ô mon âme, cherche ta vengeance dans leurs entrailles mêmes. Si tu as quelque reste de ton ancienne énergie, écarte de lâches terreurs ; remplis-toi de toute la férocité du Caucase : que Corinthe voie toutes les horreurs dont j'effrayai le Phase et le Pont. Je médite des forfaits affreux, horribles, inouïs, capables d'épouvanter le ciel et la terre; je ne songe que blessures, meurtres, membres épars et palpitants. Que dis-je? ce sont là des crimes vulgaires, les essais de ma jeunesse. Que ma fureur se surpasse. Femme et mère, je dois me signaler par de plus grands forfaits. Arme-toi de colère, n'épargne rien dans les transports de ta rage; rends ton divorce aussi fameux que ton hymen. Comment dois-tu te séparer de ton époux ? Comment ? Comme tu l'as suivi. Pourquoi ces lâches retards? Tu es entrée ici par le crime, c'est par le crime qu'il faut en sortir.

LE CHOEUR.

Que les dieux qui règnent dans le ciel et sur les mers assistent à ce royal hyménée, avec cette foule pieuse et recueillie. Qu'un taureau blanc soit immolé d'abord aux souverains de l'Olympe. Offrez à Lucine une génisse également blanche, et qui n'ait pas porté le joug; offrez une tendre victime à cette riante déité qui retient le bras sanguinaire de Mars, qui réconcilie les nations les plus furieuses, et répand sur la terre la richesse et l'abondance. Et toi qui présides aux unions légitimes, qui fais briller dans la nuit ton flambeau propice, viens, le front ceint de roses, et d'un pas appesanti par l'ivresse. Viens aussi, toi qui précèdes et le jour et la nuit, astre toujours trop lent au gré de ceux qui aiment, toi dont l'épouse, toi dont la vierge attendent impatiemment le retour.

Notre aimable princesse l'emporte en beauté sur les filles de Cécrops, sur ces vierges qu'une cité guerrière et sans remparts forme parmi les rochers du Taygète aux exercices des jeunes hommes ; sur celles qui se baignent aux sources limpides de l'Aonie, ou dans les flots sacrés de l'Alphée.

Le fils d'Éson n'a qu'à paraître, et il effacera, par les charmes de son visage, ce fils du tonnerre qui attelle des tigres à son char ; celui dont les trépieds rendent des oracles, ce frère de la reine des bois. Il effacera Castor et son frère Pollux, si habile dans les combats du ceste. Faites, dieux puissants, que la jeune épouse l'emporte sur toutes les femmes, de même que Jason n'a pas d'égal parmi les hommes.

Dès qu'elle se montre dans un chœur de jeunes filles, elle seule attire tous les regards. Ainsi la clarté des étoiles pâlit au lever du soleil, ainsi disparaît la troupe des Pléiades errantes, lorsque Phébé élève dans le ciel son disque, brillant d'une splendeur empruntée. Ainsi éclate la pourpre tranchant sur la blancheur de l'ivoire; telle paraît la vermeille Aurore aux yeux du berger matinal.

Affranchi d'un lien terrible, vous qui toujours inquiet n'embrassiez qu'en tremblant une épouse farouche née sur les bords du Phase, recevez avec transport une fille de la Grèce que son père, cette fois, remet lui-même entre vos bras.

Profitant de la liberté que ce jour autorise, jeu-

Hoc restat unum : pronubam thalamo feram
Ut ipsa pinum ; postique sacrificas preces
Cædam dicatis victimas altaribus.
Per viscera ipsa quære supplicio viam,   40
Si vivis, anime : si quid antiqui tibi
Remanet vigoris, pelle femineos metus,
Et inhospitalem Caucasum mente indue.
Quodcumque vidit Phasis aut Pontus nefas,
Videbit Isthmos : effera, ignota, horrida,   45
Tremenda cælo pariter ac terris mala,
Mens intus agitat ; vulnera, et cædem, et vagum
Funus per artus : levia memoravi nimis.
Hæc virgo feci ; gravior exsurgat dolor :
Majora jam me scelera post partus decent.   50
Accingere ira, teque in exitium para
Furore toto : paria narrentur tua
Repudia thalamis. Quo virum linquis modo?
Hoc, quo secuta es : rumpe jam segnes moras :
Quæ scelere parta est, scelere linquenda est domus.   55

CHORUS.

Ad regum thalamos numine prospero,
Qui cælum Superi, quique regunt fretum,
Adsint, cum populis rite faventibus.
Primus sceptriferis colla Tonantibus
Taurus celsa ferat tergore candido.   60
Lucinam nivei femina corporis
Intentata jugo placet : et, asperi
Martis sanguineas quæ cohibet manus,
Quæ dat belligeris fœdera gentibus,
Et cornu retinet divite copiam,   65
Donetur tenera mitior hostia.
Et tu, qui facibus legitimis ades,
Noctem discutiens auspice dextera,
Huc incede gradu marcidus ebrio,

Præcingens roseo tempora vinculo.   70
Et tu, quæ gemini prævia temporis
Tarde stella redis semper amantibus :
Te matres avidæ, te cupiunt nurus,
Quamprimum radios spargere lucidos.
Vincit virgineus decor   75
Longe Cecropias nurus :
Et quas Taygeti jugis
Exercet juvenum modo,
Muris quod caret, oppidum ·
Et quas Aonius latex,   80
Alpheosque sacer lavat.
Si forma velit aspici,
Cedent Æsonio duci,
Proles fulminis improbi,
Aptat qui juga tigribus ;   85
Nec non qui tripodas movet,
Frater virginis asperæ.
Cedet Castore cum suo
Pollux cæstibus aptior.
Sic, sic, Cælicolæ, precor,   90
Vincat femina conjuges,
Vir longe ut superat viros.
Hæc quum femineo constitit in choro,
Unius facies prænitet omnibus.
Sic cum sole perit sidereus decor ;   95
Et densi latitant Pleiadum greges,
Quum Phœbe solidum lumine non suo
Orbem circuitis cornibus alligat.
Ostro cum niveus puniceo color
Perfusus rubuit : sic nitidum jubar   100
Pastor luce nova roscidus aspicit.
Ereptus thalamis Phasidos horridis,
Effrenæ solitus pectora conjugis
Invita trepidus prendere dextera,

nes gens, lancez tour à tour des traits piquants et railleurs. Il est rarement permis de s'égayer aux dépens de ses maîtres.

Noble et gracieux fils du dieu qui porte le thyrse, voici le moment d'allumer la torche nuptiale ; que ta main appesantie en fasse jaillir la flamme sacrée. Répandant sans crainte le sel mordant du vers fescennin, livrez-vous sans réserve à la joie. Le silence et l'obscurité ne conviennent qu'à celle qui suit dans l'exil un époux étranger.

ACTE DEUXIÈME.

MÉDÉE, LA NOURRICE.

Méd. O désespoir! je viens d'entendre le chant nuptial : à peine encore puis-je croire moi-même à tant de perfidie. Jason me trahir ainsi! m'enlever à mon père, à mon rang, à ma patrie, et m'abandonner seule sur une terre étrangère! le cruel oublie mes bienfaits, lui qui m'a vue triompher par mes crimes des flammes et de la mer! Croit-il donc que je les aie tous épuisés? Égarée, furieuse, hors de moi-même, je cherche sur qui doit tomber ma vengeance. Que n'a-t-il un frère? Il a une épouse; c'est elle que je frapperai. Mais cette victime suffit-elle à mes injures? S'il est un forfait connu dans la Grèce et dans les contrées barbares, mais que tes mains ignorent, c'est aujourd'hui qu'il faut le commettre. Anime-toi par le souvenir de tes premiers crimes; rappelle-les tous à ta mémoire : le trésor précieux ravi à la Colchide, l'innocent compagnon de ta fuite déchiré par une sœur barbare, ses restes offerts aux yeux d'un père, ses membres épars sur la surface des eaux, ceux du vieux Pélias entassés dans l'airain frémissant. Que de sang a versé ma main sans colère! Aujourd'hui,

je suis en proie à toute la fureur d'un amour outragé. Mais que pouvait faire Jason entre les mains et au pouvoir d'un autre? Il devait présenter son sein au fer de Créon. Que dis-tu, ô ma colère? où t'emporte ta violence? Que Jason, s'il se peut, me garde sa foi; et s'il ne le peut, qu'il vive encore, et qu'avec mon souvenir il conserve la vie que je lui laisse. Créon seul est coupable, Créon qui, abusant de son pouvoir, rompt notre hyménée, arrache une mère à ses enfants, brise un lien que resserraient les gages de notre union. Que ma colère retombe sur lui seul, et qu'il reçoive le châtiment qu'il mérite. Je changerai son palais en un monceau de cendres, et le promontoire de Malée, fatal aux navigateurs, en verra la flamme s'élever en noirs tourbillons.

La nour. Ah! de grâce, taisez-vous. Renfermez vos plaintes au fond de votre cœur. Pour frapper l'ennemi par qui l'on est blessé, il faut cacher la douleur qu'on ressent, et l'endurer sans se plaindre. La colère qui dissimule est à craindre; la haine qui menace perd le moyen de se venger.

Méd. On est faiblement irrité quand on peut délibérer et feindre. Un courroux violent ne se contient pas. Je veux éclater.

La nour. Retenez ces emportements furieux, ô vous que j'ai nourrie! Le silence et la résignation vous mettent à peine à l'abri du danger.

Méd. La fortune tremble devant l'homme intrépide, et accable le lâche.

La nour. Le courage n'est digne d'éloge que lorsqu'il agit à propos.

Méd. Le courage trouve partout l'occasion de se montrer.

La nour. Que peut-on espérer au comble du malheur?

Méd. C'est quand on n'a plus d'espoir qu'il ne faut désespérer de rien.

Felix Æoliam corripe virginem,
Nunc primum soceris, sponse, volentibus.
Concesso, juvenes, ludite jurgio.
Hinc illinc, juvenes, mittite carmina :
Rara est in dominos justa licentia.
Candida thyrsigeri proles generosa Lyæi,   110
Multifidam jam tempus erat succedere pinum.
Excute solemnem digitis marcentibus ignem.
Festa dicax fundat convicia Fescenninus.
Solvat turba jocos. Tacitis eat illa tenebris,   115
Si qua peregrino nubit fugitiva marito.

ACTUS SECUNDUS.

MEDEA, NUTRIX.

Med. Occidimus : aures pepulit hymenæus meas.
Vix ipsa tantum, vix adhuc, credo malum.
Hæc facere Jason potuit? erepto patre,
Patria atque regno, sedibus solam exteris
Deserere? durus merita contemsit mea,   120
Qui scelere flammas viderat vinci, et mare?
Adeone credit omne consumtum nefas?
Incerta, vecors, mente vesana feror
Partes in omnes, unde me ulcisci queam.
Utinam esset illi frater! est conjux : in hanc   125
Ferrum exigatur : hoc meis satis est malis?
Si quod Pelasgæ, si quod urbes barbaræ
Novere facinus, quod tuæ ignorant manus,
Nunc est parandum : scelera te hortentur tua;
Et cuncta redeant : inclytum regni decus   130
Raptum ; et nefandæ virginis parvus comes

155

Divisus ense, funus ingestum patri;
Sparsumque ponto corpus; et Peliæ senis
Decocta aheno membra : funestum impie
Quam sæpe fudi sanguinem! at nullum scelus   135
Irata feci : sævit infelix amor.
Quid tamen Jason potuit, alieni arbitrii
Jurisque factus? debuit ferro obvium
Offerre pectus : melius, ah melius, dolor
Furiose, loquere : si potest, vivat meus,   140
Ut fuit, Jason; sin minus, vivat tamen,
Memorque nostri muneri parcat meo.
Culpa est Creontis tota, qui sceptro impotens
Conjugia solvit; quique genitricem abstrahit
Natis, et arcto pignore adstrictam fidem   145
Dirimit : petatur solus hic; pœnas luat,
Quas debet : alto cinere cumulabo domum.
Videbit atrum vorticem flammis agi
Malea, longas navibus flectens moras.
Nutr. Sile, obsecro, questusque secreto abditos   150
Manda dolori : gravia quisquis vulnera
Patiente et æquo mutus animo pertulit,
Referre potuit : ira, quæ tegitur, nocet.
Professa perdunt odia vindictæ locum.
Med. Levis est dolor, qui capere consilium potest,   155
Et clepere sese : magna non latitant mala.
Libet ire contra. *Nutr.* Siste furialem impetum,
Alumna : vix te tacita defendit quies.
Med. Fortuna fortes metuit, ignavos premit.
Nutr. Tunc est probanda, si locum virtus habet.   160
Med. Nunquam potest non esse virtuti locus.
Nutr. Spes nulla monstrat rebus afflictis viam.

La nour. Loin de la Colchide, abandonnée de votre époux, dépouillée de votre puissance, que vous reste-t-il ?

Méd. Moi ! Médée dispose de la mer et de la terre, du fer et de la flamme, des dieux et de la foudre.

La nour. Le roi est redoutable.

Méd. Mon père aussi était roi.

La nour. Ne craignez-vous pas ses soldats ?

Méd. Non, fussent-ils enfantés par la terre.

La nour. Vous périrez.

Méd. C'est ce que je désire.

La nour. Fuyez.

Méd. Il m'en a coûté d'avoir fui. Moi, Médée, que je fuie encore !

La nour. Mais vos enfants ?

Méd. Songe quel est leur père.

La nour. Vous hésitez à fuir !

Méd. Je fuirai après m'être vengée.

La nour. Vous serez poursuivie.

Méd. J'aviserai à ralentir la poursuite.

La nour. Modérez-vous, et cessez vos imprudentes menaces. Réprimez cette audace. Il faut se soumettre à son sort.

Méd. La fortune, qui dispose de nos richesses, ne peut rien contre notre courage. Mais qui ouvre avec fracas la porte du palais ? C'est Créon lui-même, ce roi si fier de son pouvoir.

MÉDÉE, CRÉON.

Cré. Cette criminelle fille d'Æétès, Médée, n'est pas encore sortie de mes États. Elle médite quelque forfait. On connaît son cœur artificieux, ses mains cruelles. Quel sang a-t-elle épargné ? qui peut vivre en sûreté auprès d'elle ? Je voulais faire périr au plus tôt cette femme exécrable. Vaincu par les prières de mon gendre, je lui ai laissé la vie. Qu'elle sorte d'une contrée qu'elle épouvante ; elle peut se retirer sans crainte. Mais la voici : elle s'avance insolemment vers moi, elle ose m'aborder d'un air menaçant. Fidèles serviteurs, empêchez qu'elle me touche, qu'elle approche de moi ; ordonnez-lui de se taire. Qu'elle apprenne enfin à respecter l'autorité royale. Hâtez-vous, éloignez ce monstre affreux, dont la vue m'est insupportable.

Méd. Quel crime, quelle faute punissez-vous par cet exil ?

Cré. Elle demande, cette femme vertueuse, pourquoi je la chasse !

Méd. Si vous êtes mon juge, écoutez-moi ; si vous n'êtes qu'un tyran, ordonnez.

Cré. Qu'il soit juste ou non, soumets-toi à l'ordre d'un roi.

Méd. Un pouvoir inique ne peut subsister longtemps.

Cré. Va te plaindre en Colchide.

Méd. Soit. Que celui qui m'en a tirée m'y reconduise.

Cré. Ta réclamation est tardive ; la sentence est prononcée.

Méd. Le juge qui rend son arrêt sans avoir écouté les deux parties commet une injustice, l'arrêt fût-il juste.

Cré. As-tu écouté Pélias avant d'ordonner son supplice ? Mais parle ; défends, j'y consens, une si bonne cause.

Méd. Née sur le trône, je sais combien il est difficile de réprimer les emportements de la colère, et que celui qui a saisi le sceptre orgueilleux regarde comme un privilège de la royauté de n'écouter que ses caprices. Moi qui suis aujourd'hui accablée par le sort, exilée, suppliante, seule, abandonnée, sans ressource, je brillais naguère de tout l'éclat d'une naissance royale. J'ai pour aïeul le dieu brillant de la lumière. Tout ce que le Phase arrose dans son cours paisible et tortueux, tout ce qui s'étend de la mer de Scythie à ces marais où le tribut de tant de fleuves adoucit les flots amers ; les bords du Thermodon habités par ces filles guerrières, armées de

---

Med. Qui nil potest sperare, desperet nihil.
Nutr. Abiere Colchi : conjugis nulla est fides,
Nihilque superest opibus e tantis tibi.   165
Med. Medea superest : hic mare et terras vides,
Ferrumque, et ignes, et deos, et fulmina.
Nutr. Rex est timendus. *Med.* Rex meus fuerat pater.
Nutr. Non metuis arma ? *Med.* Sint licet terra edita.
Nutr. Moriere. *Med.* Cupio. *Nutr.* Profuge. *Med.* Pœnituit
       fuge.   170
Medea fugiam ? *Nutr.* Mater es. *Med.* Cui sim, vides.
Nutr. Profugere dubitas ? *Med.* Fugiam : at ulciscar prius.
Nutr. Vindex sequetur. *Med.* Forsan inveniam moras.
Nutr. Compesce verba ; parce jam demens minis,
Animosque minue : tempori aptari decet.   175
Med. Fortuna opes auferre, non animum, potest.
Sed cujus ictu regius cardo strepit ?
Ipse est Pelasgo tumidus imperio Creon.

CREON, MEDEA.

Cr. Medea, Colchi noxium Æetæ genus,
Nondum meis exportat e regnis pedem ?   180
Molitur aliquid : nota fraus, nota est manus.
Cui parcit illa ? quemve securum sinit ?
Abolere propere pessimam ferro luem
Equidem parabam : precibus evicit gener.
Concessa vita est : liberet fines metu ;   185
Abeatque tuta. Fert gradum contra ferox
Minaxque nostros propius affatus petit.
Arcete, famuli, tactu et accessu procul.
Jubete, sileat : regium imperium pati
Aliquando discat : vade veloci via,   190
Monstrumque sævum, horribile jamdudum, avehe.
Med. Quod crimen, aut quæ culpa mulctatur fuga ?
Cr. Quæ causa pellat, innocens mulier rogat.
Med. Si judicas, cognosce : si regnas, jube.
Cr. Æquum atque iniquum regis imperium feras.   195
Med. Iniqua nunquam regna perpetuo manent.
Cr. I, querere Colchis. *Med.* Redeo : qui advexit, ferat.
Cr. Vox constituto sera decreto venit.
Med. Qui statuit aliquid parte inaudita altera,
Æquum licet statuerit, haud æquus fuit.   200
Cr. Auditus a te Pelia supplicium tulit ?...
Sed fare : causæ detur egregiæ locus.
Med. Difficile quam sit animum ab ira flectere
Jam concitatum ; quamque regale hoc putet,
Sceptris superbas quisquis admovit manus,   205
Qua cœpit, ire ; regia didici mea.
Quamvis enim sim clade miseranda obruta,
Expulsa, supplex, sola, deserta, undique
Afflicta ; quondam nobili fulsi patre,
Avoque clarum Sole deduxi genus.   210
Quodcumque placidis flexibus Phasis rigat ;
Pontusque quidquid Scythicus a tergo videt,
Palustribus qua maria dulcescunt aquis ;
Armata peltis quidquid exercet cohors
Inclusa ripis vidua Thermodontiis :   215

boucliers échancrés; toutes ces contrées sont soumises à mon père. Noble, heureuse et puissante, environnée de gloire, j'ai vu aspirer à mon lit ceux que des rois veulent avoir pour gendres. L'inconstante fortune m'a précipitée du trône, et m'envoie en exil. Comptez donc sur la royauté, quand le sort capricieux donne et enlève à son gré le pouvoir! Mais les rois ont un grand et glorieux avantage, que le temps ne peut leur ravir : c'est de soulager l'infortune, d'accorder un asile sûr au malheureux. Voilà tout ce qui me reste du royaume de Colchide; c'est mon titre immortel d'avoir conservé moi-même cette troupe brillante, ces fils des dieux, l'ornement et la force de la Grèce. Vous me devez cet Orphée, dont la voix attendrit les rochers et attire les forêts; ces nobles jumeaux, Castor et Pollux; et les fils de Borée, et Lyncée, dont la vue s'étend au delà des mers; enfin tous les guerriers Minyens. Je ne parle pas du chef de ces héros : on ne me doit rien, je ne réclame rien pour son retour. J'ai ramené les autres pour vous, celui-là pour moi. Accusez-moi, reprochez-moi mes crimes; je les avoue. Ils sont tous compris dans un seul : le retour du navire Argo. Que j'eusse écouté la pudeur et la voix du sang, toute la Grèce eût péri avec la fleur de ses guerriers; votre gendre le premier devenait la victime de ces taureaux qui vomissaient des flammes. Que la fortune m'accable de ses coups les plus cruels, je n'ai pas de regrets d'avoir sauvé les fils de tant de rois. J'espérais un seul prix de ma faute : il est entre vos mains. Condamnez-moi, j'y consens, comme criminelle; mais alors rendez-moi ce qui fait mon crime. Je suis coupable, je l'avoue, Créon. Mais vous me connaissiez lorsque j'embrassai vos genoux, lorsque ma main suppliante implora votre protection. Je ne vous demande qu'un coin dans vos États, un réduit obscur pour y cacher

ma misère. Si vous me chassez de Corinthe, laissez-moi du moins dans la partie la plus reculée de votre royaume.

Cré. Je ne suis pas un de ces rois impitoyables qui foulent d'un pied superbe les malheureux. J'en ai donné, je crois, une preuve assez éclatante quand j'ai choisi pour gendre un exilé sans appui, en butte à de terribles menaces; car le roi de Thessalie, Acaste, brûle de venger par la mort celle de son père. C'est toi qu'il accuse d'avoir tué ce vieillard, d'avoir mis en morceaux ses membres glacés, épuisés par les ans, puisque c'est par tes conseils perfides que des filles pieuses ont commis un si horrible parricide. Jason peut se justifier si tu sépares ta cause de la sienne. Lui, ne s'est jamais souillé de sang; sa main n'a pas touché le fer; il ne faisait point partie de votre troupe barbare. Mais toi, perfide inventrice de crimes, toi qui joins à la perversité d'une femme toute l'audace d'un homme; toi, sans honte et sans pudeur, purge mes États de ta présence; emporte avec toi tes herbes funestes; rends la paix à mes sujets effrayés. Va dans d'autres contrées troubler le repos des dieux.

Méd. Vous me forcez de fuir; rendez-moi donc mon navire, ou le compagnon de ma fuite. Pourquoi vouloir que je parte seule? Je n'étais pas seule quand je suis arrivée. Si vous redoutez la guerre, renvoyez-nous l'un et l'autre. Pourquoi cette distinction entre deux complices? C'est pour lui, non pour moi, que Pélias a péri. Ajoutez encore ma fuite et mon larcin, mon père abandonné, mon frère déchiré, enfin tout ce qu'il conseille à ses nouvelles épouses. Je n'en ai recueilli aucun fruit; je fus bien souvent coupable, mais jamais pour moi.

Cré. Tu devrais être partie. Pourquoi par de vains discours retarder ton départ?

Hoc omne noster genitor imperio regit.
Generosa, felix, decore regali potens
Fulsi : petebant tunc meos thalamos proci,
Qui nunc petuntur : rapida Fortuna ac levis,
Præcepsque, regno eripuit, exsilio dedit.   220
Confide regnis, quum levis magnas opes
Huc ferat et illuc casus : hoc reges habent
Magnificum et ingens, nulla quod rapiat dies,
Prodesse miseris, supplices fido lare
Protegere : solum hoc Colchico regno extuli;   225
Decus illud ingens, Græciæ florem inclitum,
Præsidia Achivæ gentis, et prolem deûm
Servasse memet : munus est Orpheus meum,
Qui saxa cantu mulcet, et silvas trahit;
Geminumque munus Castor et Pollux meum est;   230
Satique Borea; quique trans Pontum quoque
Summota Lynceus lumine immisso videt;
Omnesque Minyæ : nam ducum taceo ducem.
Pro quo nihil debetur : hunc nulli imputo :
Vobis revexi cæteros, unum mihi.   235
Incesse nunc, et cuncta flagitia ingere;
Fatebor : obici crimen hoc solum potest,
Argo reversa : virgini placeat pudor,
Paterque placeat; tota cum ducibus ruet
Pelasga tellus : hic tuus primum gener   240
Tauri ferocis ore flammanti occidet.
Fortuna causam, quæ volet, nostram premat :
Non pœnitet servasse tot regum decus.
Quodcumque culpa præmium ex omni tuli,
Hoc est penes te : si placet, damna ream;   245
Sed redde crimen : sum nocens, fateor, Creo.
Talem sciebas esse, quum genua attigi,

Fidemque supplex præsidis dextra petii.
Terra tua miseriis angulum et sedem rogo,
Latebrasque viles : urbe si pelli placet,   250
Detur remotus aliquis in regnis locus.
Cr. Non esse me, qui sceptra violenter geram,
Nec qui superbo miserias calcem pede,
Testatus equidem videor haud clare parum,
Generum exsulem legendo, et afflictum, et gravi   255
Terrore pavidum : quippe te pœnæ expetit
Letoque Acastus, regna Thessalica obtinens.
Senio trementem debili atque ævo gravem
Patrem peremtum queritur, et cæsi senis
Discissa membra; quum dolo captæ tuo   260
Piæ sorores impium auderent nefas.
Potest Iason, si tuam causam amoves,
Suam tueri : nullus innocuum cruor
Contaminavit : abfuit ferro manus,
Proculque vestro purus a cœtu stetit.   265
Tu, tu malorum machinatrix facinorum,
Cui feminea nequitia, ad audendum omnia
Virile robur, nulla famæ memoria est,
Egredere, purga regna : letales simul
Tecum aufer herbas : libera cives metu.   270
Alia sedens tellure sollicita deos.
Med. Profugere cogis? redde fugienti ratem,
Vel redde comitem : fugere cur solam jubes?
Non sola veni : bella si metuis pati,
Utrumque regno pelle : cur sontes duos   275
Distinguis? illi Pelia, non nobis jacet.
Fugam, rapinasque adice; desertum patrem,
Lacerumque fratrem : quidquid etiamnum novas
Docet maritus conjuges; non est meum.

Méd. Je vous adresse en partant une dernière prière. Que les fautes de la mère ne retombent pas sur ses fils innocents.

Cré. Pars; j'aurai pour eux les soins et l'affection d'un père.

Méd. Par cet hymen glorieux formé sous de si beaux auspices, par les espérances qu'il vous donne, par cette instabilité même des trônes, que la fortune se plaît à renverser, je vous en conjure, accordez-moi quelques instants. Qu'une mère, près d'expirer peut-être, puisse serrer pour la dernière fois ses enfants dans ses bras.

Cré. Tu demandes du temps pour consommer quelque noir artifice.

Méd. Quel mal puis-je faire en si peu de temps?

Cré. Le méchant a toujours assez de temps pour nuire.

Méd. Vous refusez quelques moments aux larmes d'une infortunée?

Cré. Malgré mes craintes et ma répugnance, je t'accorde un jour pour préparer ton exil.

Méd. C'est trop d'un jour, retranchez-en quelque chose. Moi-même j'ai hâte de partir.

Cré. Il y a de ta tête, si demain, avant que Phébus ramène la lumière, tu n'es pas sortie de Corinthe. Mais la fête nuptiale m'appelle, et je vais au temple prier les dieux, dans ce jour consacré à l'hymen.

LE CHOEUR.

Qu'il fut audacieux, celui qui monté sur un frêle esquif, fendit le premier les ondes perfides; qui, laissant derrière lui les bords où il était né, abandonna sa vie à la merci des vents, et franchit l'abîme orageux, n'ayant sous ses pieds qu'un bois léger, mince et faible barrière placée entre la vie et la mort! On ne connaissait pas encore les astres; on ne savait point se diriger par ces étoiles qui se dessinent sur la voûte céleste, ni éviter les tempêtes excitées ou par les Hyades pluvieuses, ou par l'astre de la chèvre Amalthée, ou par le char de l'Ourse glacée, que suit et dirige le Bouvier paresseux. Zéphire et Borée n'avaient pas même encore de nom.

Tiphys le premier fit voir sur la mer un navire pourvu de voiles; il enseigna l'art de commander aux vents, tantôt déployant les voiles tout entières, tantôt n'en présentant que le bas au souffle oblique du Notus; abaissant quelquefois ses vergues prudentes jusqu'au milieu du mât, ou les élevant jusqu'au sommet, comme fait le nocher lorsque, brûlant d'atteindre le bord, il ouvre aux vents propices même la voile rouge qui frémit sur les huniers.

Nos pères ont vécu dans des siècles d'innocence, où la fraude était inconnue. Chacun vivait paisible sur le rivage natal, vieillissait dans l'héritage de ses pères, riche de peu, et ne connaissant pas d'autres biens que les fruits de son champ.

Ces rivages si sagement séparés, le vaisseau thessalien les a réunis; l'onde a senti le tranchant des rames; et l'homme a connu des craintes nouvelles sur un élément étranger. Ces premiers navigateurs ont expié leur audace par les terreurs qu'ils ont ressenties. Ici, deux montagnes flottantes, qui leur fermaient l'entrée de la mer, se heurtent avec un fracas semblable à celui du tonnerre, font jaillir jusqu'au ciel et confondent avec les nues les eaux pressées par ce choc. L'audacieux

---

Toties nocens sum facta, sed nunquam mihi.   280
Cr. Jam exisse decuit : quid seris fando moras?
Med. Supplex recedens illud extremum precor,
Ne culpa natos matris insontes trahat.
Cr. Vade, hos paterno, ut genitor, excipiam sinu.
Med. Per ego auspicatos regii thalami toros,   285
Per spes futuras, perque regnorum status,
Fortuna varia dubia quos agitat vice,
Precor, brevem largire fugienti moram,
Dum extrema natis mater infigo oscula,
Fortasse moriens. *Cr.* Fraudibus tempus petis.   290
Med. Quæ fraus timeri tempore exiguo potest?
Cr. Nullum ad nocendum tempus angustum est malis.
Med. Parumne miseræ temporis lacrimis negas?
Cr. Etsi repugnat precibus infixus timor,
Unus parando dabitur exsilio dies.   295
Med. Nimis est; recidas aliquid ex isto licet.
Et ipsa propero. *Cr.* Capite supplicium lues,
Clarus priusquam Phœbus attollat diem,
Nisi cedis Isthmo. Sacra me thalami vocant,
Vocat precari festus Hymenæo dies.   300

CHORUS.

Audax nimium, qui freta primus
Rate tam fragili perfida rupit;
Terrasque suas post terga videns,
Animam levibus credidit auris;
Dubioque secans æquora cursu,   305
Potuit tenui fidere ligno,
Inter vitæ mortisque vias
Nimium gracili limite ducto.
Nondum quisquam sidera norat;
Stellisque, quibus pingitur æther,   310
Non erat usus : nondum pluvias
Hyadas poterant vitare rates :

Non Oleniæ sidera capræ :
Non quæ sequitur flectitque senex
Arctica tardus plaustra Bootes :   315
Nondum Boreas, nondum Zephyrus
Nomen habebant.
Ausus Tiphys pandere vasto
Carbasa ponto, legesque novas
Scribere ventis : nunc lina sinu   320
Tendere toto : nunc prolato
Pede transversos captare Notos :
Nunc antennas medio tutas
Ponere malo : nunc in summo
Religare loco, quum jam totos   325
Avidus nimium navita flatus
Optat, et alto rubicunda tremunt
        Suppara velo.
Candida nostri secula patres
Videre, procul fraude remota.   330
Sua quisque piger litora tangens,
Patrioque senex factus in arvo,
Parvo dives, nisi quas tulerat
Natale solum, non norat opes.
Bene dissepti fœdera mundi   335
Traxit in unum Thessala pinus,
Jussitque pati verbera pontum;
Partemque metus fieri nostri
Mare sepositum : dedit illa graves
Improba pœnas, per tam longos   340
Ducta timores : quum duo montes,
Claustra profundi, hinc atque illinc
Subito impulsu, velut æthereo
Gemerent sonitu; spargeret astra
Nubesque ipsas mare depressum.   345
Palluit audax Tiphys, et omnes
Labente manu misit habenas :

Tiphys en pâlit, et sa main défaillante abandonna le
gouvernail ; la lyre d'Orphée devint muette sous
ses doigts glacés, et le navire lui-même en perdit la
voix. Là, nouveau sujet d'effroi, cette fille affreuse
qui se tient dans les gouffres du cap Pélore excite
les chiens furieux qui forment sa ceinture, et fait
entendre tous leurs aboiements à la fois. Tant de
cris poussés par un seul monstre ne durent-ils pas
les glacer tous d'épouvante ? Plus loin, sur les
mers de l'Ausonie, s'offrent à eux ces Sirènes à la
voix douce et trompeuse, qui d'ordinaire attiraient
les navigateurs, mais qui, charmées elles-mêmes par
la lyre d'Orphée, furent sur le point de suivre le
chantre de Thrace.

Quel fut le prix de cette course périlleuse ? La toison d'or et Médée ; Médée, plus redoutable que les
flots, et digne récompense de ces premiers navigateurs. Mais aujourd'hui la mer soumise obéit à tous
les mortels. Ils n'ont plus besoin d'un vaisseau
merveilleux, ouvrage de Minerve, et conduit par
les princes de la Grèce : la barque la plus vulgaire
passe et repasse sur l'abîme. Les bornes des empires sont changées : on fonde d'autres cités au-delà
des mers. Dans cet univers que parcourt l'audace
humaine, rien n'est plus à la place qu'il occupait.
L'Indien se désaltère dans l'Araxe glacé ; les Per-
ses boivent les eaux de l'Elbe et du Rhin. Quelques siècles encore, et l'Océan ouvrira ses barrières ;
une vaste contrée sera découverte, un monde nouveau apparaîtra au delà des mers, et Thulé ne sera
plus la limite de l'univers.

ACTE TROISIÈME.

LA NOURRICE, MÉDÉE.

La nour. Chère princesse, où courez-vous en
sortant du palais ? Arrêtez, calmez votre colère,
modérez votre emportement. De même que la Ménade, transportée d'une fureur divine, franchit dans
sa course vagabonde et la cime glacée du Pinde et
les sommets de Nysa, ainsi elle court çà et là, ardente, impétueuse. Son visage porte tous les signes
de la fureur et de l'égarement. Son souffle hale-
tant agite ses joues enflammées. Elle pousse des
cris, répand des ruisseaux de larmes. Elle sourit ;
toutes les passions se peignent tour à tour sur
ses traits. Elle est pensive, menaçante, agitée,
triste, gémissante. Sur qui va tomber le poids de sa
colère ? où éclatera sa vengeance ? Sa rage déborde :
où se répandra ce torrent ? Elle ne médite pas un
crime ordinaire et commun ; elle se surpassera. Je
reconnais ses anciennes fureurs ; son visage me fait
craindre quelque chose de terrible, d'atroce et
d'impie. Dieux ! puissent mes craintes ne pas se réa-
liser !

Méd. Tu cherches, malheureuse, où ta haine doit
s'arrêter : qu'elle soit sans bornes comme ton amour.
Je verrais, sans me venger, l'hymen de ma rivale !
je ne mettrais pas à profit ce délai d'un jour, obtenu
et accordé avec tant de peine ! Tant que la terre de-
meurera suspendue dans l'espace, tant que s'accom-
plira la marche régulière des saisons, que le sable des
mers sera innombrable, que le soleil ramènera la
lumière, et la nuit son cortége d'étoiles ; tant que
brillera près du pôle l'Ourse céleste, qui ne se baigne
jamais dans les flots ; tant que les fleuves confon-

ACTUS. TERTIUS.

NUTRIX, MEDEA.

Orpheus tacuit torpente lyra ;
Ipsaque vocem perdidit Argo.
Quid ! quum Siculi virgo Pelori,   350
Rabidos utero succincta canes,
Omnes pariter solvit hiatus,
Quis non totos horruit artus,
Toties uno latrante malo ?
Quid ! quum Ausonium diræ pestes   355
Voce canora mare mulcerent ;
Quum Pieria resonans cithara
Thracius Orpheus solitam cantu
Retinere rates pæne coegit ?
Sirena sequi ? Quod fuit hujus   360
Pretium cursus ? aurea pellis ;
Majusque mari Medea malum,
Merces prima digna carina.
Nunc jam cessit pontus, et omnes
Patitur leges : non Palladia   365
Compacta manu, regum referens
Inclita remos quæritur Argo.
Quælibet altum cymba pererrat ;
Terminus omnis motus, et urbes
Muros terra posuere nova.   370
Nil, qua fuerat sede, reliquit
Pervius orbis.
Indus gelidum potat Araxem :
Album Persæ, Rhenumque bibunt.
Venient annis secula seris,   375
Quibus Oceanus vincula rerum
Laxet, et ingens pateat tellus,
Tethysque novos detegat orbes,
Nec sit terris ultima Thule.

Nutr. Alumna, celerem quo rapis tectis pedem ?   380
Resiste, et iras comprime, ac retine impetum.
Incerta qualis entheos cursus tulit,
Quum jam recepto Mænas insanit deo,
Pindi nivalis vertice, aut Nysæ jugis ;
Talis recursat huc et huc motu effero,   385
Furoris ore signa lymphati gerens.
Flammata facies spiritum ex alto citat.
Proclamat : oculos uberi fletu rigat.
Renidet : omnis specimen affectus capit ;
Hæret, minatur, æstuat, queritur, gemit.   390
Quo pondus animi verget ? ubi ponet minas ?
Ubi se iste fluctus franget ? exundat furor.
Non facile secum versat aut medium scelus.
Se vincet : iræ novimus veteres notas.
Magnum aliquid instant, efferum, immane, impium.   395
Vultum furoris cerno. Dii fallant metum !
Med. Si quæris odio, misera, quem statuas modum,
Imitare amorem. Regias egon' ut faces
Inulta patiar ? segnis hic ibit dies,
Tanto petitus ambitu, tanto datus ?   400
Dum terra cælum media libratum feret ;
Nitidusque certas mundus evolvet vices ;
Numerusque arenis deerit ; et solem dies,
Noctem sequentur astra ; dum siccas polus
Versabit Arctos ; flumina in pontum cadent ;   405
Nunquam meus cessabit in pœnas furor,
Crescetque semper. Quæ ferarum immanitas,
Quæ Scylla, quæ Charybdis, Ausonium mare

dront leurs eaux dans les mers ; loin de s'apaiser, ma soif de vengeance ne fera que s'accroître. Ni la rage des bêtes féroces, ni Scylla, ni Charybde, qui engloutissent les ondes de deux mers ; ni l'Etna enflammé qui accable un Titan de son poids ; ni les torrents impétueux, ni les flots déchaînés, ni les vagues soulevées par le Caurus, ni la flamme excitée par les vents, ne sauraient arrêter ma colère et ma vengeance. Je renverserai, je détruirai tout. Il redoutait Créon et les armes du roi de Thessalie ? Le véritable amour ne craint rien. Si même, cédant à la force, il consentait à mon départ, ne pouvait-il au moins venir me voir, et me dire un dernier adieu ? Est-ce encore la crainte qui l'en a empêché ? Gendre du roi, il avait bien le crédit de retarder ce cruel départ. On ne m'accorde qu'un jour pour mes deux enfants : non que je trouve le délai trop court, ils m'ont laissé plus de temps qu'il ne m'en faut : ce jour verra une vengeance dont le souvenir ne s'effacera jamais. J'ébranlerai le ciel, je troublerai la nature.

La nour. Princesse, calmez votre cœur égaré par le désespoir ; apaisez-vous.

Méd. Je n'aurai de repos que lorsque je verrai anéantir en même temps et moi et tout ce qui existe. Que l'univers périsse avec moi. C'est une douceur d'entraîner tout dans sa ruine.

La nour. Songez, si vous persistez, à tous les périls qui vous menacent. On ne s'attaque pas impunément à la puissance souveraine.

JASON, MÉDÉE.

Jas. O destin toujours rigoureux ! Fortune également cruelle et dans ta colère et dans ta faveur ! Un dieu n'apporte jamais à mes maux qu'un remède pire que les maux eux-mêmes. Si je veux reconnaître les bienfaits de mon épouse, il faut pré-

senter ma tête à la mort ; si j'évite la mort, il faut trahir ma foi. Pour moi je ne craignais rien, mais j'ai tremblé pour mes enfants, dont la mort eût inévitablement suivi celle de leur père. Si tu résides dans le ciel, auguste Justice, je t'en prends à témoin, ce sont mes fils qui ont triomphé de ma résistance. Médée elle-même, malgré son humeur altière et indomptable, sacrifiera sans doute l'intérêt de son amour à la sûreté de ses fils. Je veux tâcher de fléchir son courroux par mes prières. La voici. Ma vue excite ses transports et sa fureur ; tout en elle annonce la haine ; la rage est peinte sur ses traits.

Méd. C'en est fait ! je fuis, Jason. L'exil n'est pas nouveau pour moi, mais les causes en sont nouvelles. Jusqu'ici c'est pour toi que j'ai pris la fuite : je pars seule aujourd'hui, je te quitte. Mais quand tu me chasses de ta demeure, où me montres-tu un asile ? Sera-ce sur les bords du Phase, dans la Colchide, et dans les États de mon père, dans ces champs arrosés du sang de mon frère ? Dis-moi quelle terre, quelle mer peut me recevoir ? Sera-ce ce détroit de l'Euxin, où, accompagnant mon séducteur, je ramenai au travers des Symplégades tant de princes glorieux, l'honneur de la Grèce ? Irai-je dans la chétive Iolcos, ou dans les vallées de la Thessalie ? Les chemins que je t'ai ouverts, je me les suis tous fermés. Tu me chasses, et tu ne m'indiques pas le lieu de mon exil ! N'importe. Le gendre du roi l'ordonne ; je me soumets à tout. Ajoute encore les plus affreux supplices ; je les ai mérités. Que le roi assouvisse sa haine sur la rivale de sa fille, qu'il charge mes mains de chaînes, qu'il m'enferme dans l'éternelle nuit d'un cachot ; ces châtiments n'égaleront pas encore mes crimes. Ingrat, rappelle-toi de quelle terreur tu fus saisi à l'aspect de ces taureaux d'Æétès, monstres terribles, in-

Siculumque sorbens, quæque anhelantem premens
Titana, tantis Ætna fervescit minis? 416
Non rapidus amnis, non procellosum mare,
Pontusque Coro sævus, aut vis ignium
Adjuta flatu, possit inhibere impetum
Irasque nostras : sternam et evertam omnia.
Timuit Creontem, ac bella Thessalici ducis? 415
Amor timere neminem verus potest :
Sed cesserit coactus, et dederit manus ;
Adire certe, et conjugem extremo alloqui
Sermone potuit ; hoc quoque extimuit ferox.
Laxare certe tempus immitis fugæ 420
Genero licebat : liberis unus dies
Datus duobus : non queror tempus breve ;
Multum patebit : faciet, hic faciet dies,
Quod nullus unquam taceat : invadam deos,
Et cuncta quatiam. *Nutr.* Recipe turbatum malis, 425
Hera, pectus : animum mitiga. *Med.* Sola est quies,
Mecum ruina cuncta si video obruta.
Mecum omnia abeant : trahere, quum pereas, libet.
Nutr. Quam multa sint timenda, si perstas, vide.
Nemo potentes aggredi tutus potest. 430

JASON, MEDEA.

Jas. O dura fata semper, et sortem asperam,
Quum sævit, et quum parcit, ex æquo malam !
Remedia toties invenit nobis deus
Periculis pejora ! si vellem fidem
Præstare meritis conjugis, leto fuit 435
Caput offerendum : si mori nolim, fide
Misero carendum est. Non timor vincit virum,

Sed trepida pietas : quippe sequeretur necem
Proles parentum. O sancta, si cælum incolis,
Justitia, numen invoco ac testor tuum ! 440
Nati patrem vicere : quin ipsam quoque,
Etsi ferox est corde, nec patiens jugi,
Consulere natis malle, quam thalamis, reor.
Constituit animus precibus iratam aggredi.
Atque ecce, viso memet, exsiluit, furit. 445
Fert odia prae se, totus in vultu est dolor.
Med. Fugimus, Jason, fugimus : hoc non est novum,
Mutare sedes : causa fugiendi nova est.
Pro te solebam fugere : discedo, exeo.
Penatibus profugere quam cogis tuis, 450
Ad quos remittis? Phasin et Colchos petam,
Patriumque regnum, quæque fraternus cruor
Perfudit arva? Quæ peti terras jubes?
Quæ maria monstras? Pontici fauces freti?
Per quas revexi nobiles regum manus, 455
Adulterum secuta per Symplegadas?
Parvamne Iolcon, Thessala an Tempe petam?
Quascumque aperui tibi vias, clusi mihi.
Quo me remittis? exsul exsilium imperas,
Nec das : eatur ; regius jussit gener. 460
Nihil recuso : dira supplicia ingere ;
Merui : cruentis pellicem pœnis premat
Regalis ira, vinculis oneret manus,
Clusamque saxo noctis æternæ obruat ;
Minora meritis patiar. Ingratum caput ! 465
Revolvat animus igneos tauri halitus,
Interque sævos gentis indomitæ metus,
Armifero in arvo flammeum Æetæ pecus,

domptés, qui vomissaient des flammes; et quand
tout à coup sortit de terre une moisson de soldats,
troupe formidable suscitée contre toi, et qui, dès
que je l'eus ordonné, tourna contre elle-même le
fer dont elle devait te percer. Ajoute à ce bienfait
la toison du bélier de Phrixus, objet de tes désirs;
ce dragon qui s'endormit pour la première fois,
vaincu par mes enchantements; mon frère égorgé;
tant de crimes enfantés par un seul crime; et ces
filles qui, abusées par mes artifices, mirent en
morceaux le corps de leur vieux père, qu'elles se flat-
taient de rendre à la vie. J'ai quitté mon royaume
pour un royaume étranger. Je t'en conjure par les
fruits que tu espères de ton union, par ce séjour
devenu le tien, par les monstres que j'ai vaincus,
par ces mains toujours prêtes à tout pour te servir,
par tes frayeurs passées, au nom du ciel et des ondes témoins de mon hyménée, prends pitié de moi.
Heureux aujourd'hui, exauce à ton tour ma prière.
De toutes ces richesses que les Scythes vont ravir
dans ces contrées lointaines qu'habite le noir Indien, de toutes ces richesses dont notre palais était
si rempli que nous suspendions l'or jusqu'aux rameaux de nos forêts, je n'emportai rien dans ma
fuite, rien que les membres de mon frère; et je les
ai employés pour toi. Je t'ai livré, en t'épousant, et
patrie et père, et frère et pudeur. C'est là ma dot;
rends-la-moi, puisque tu me renvoies.

Jas. Créon voulait trancher tes jours. Vaincu par
mes prières, il se contente de t'exiler.

Méd. Je regardais l'exil comme une peine; c'est,
je le vois, une faveur.

Jas. Fuis, tandis que tu le peux; échappe au
danger qui te menace. La colère des rois est toujours
terrible.

Méd. Tu me donnes ce conseil pour plaire à ta
Créuse. Tu veux éloigner une rivale qu'elle hait.

Jas. Médée me reproche mes amours?

Méd. Oui, et tant de meurtres, tant de perfidies.

Jas. De quel crime peux-tu m'accuser?

Méd. Tous ceux que j'ai commis.

Jas. Il ne te restait plus que de m'imputer tes
forfaits.

Méd. Oui, ils sont les tiens. L'auteur du crime
est celui qui en profite. Que tous les autres appellent ta femme des noms les plus odieux; seul tu dois
soutenir qu'elle est innocente. Qui s'est rendu coupable pour toi ne peut l'être à tes yeux.

Jas. Une vie qu'on rougit d'avoir reçue est
odieuse.

Méd. Quand on rougit de l'avoir reçue, pourquoi
la garder?

Jas. Calme plutôt ton âme irritée; apaise-toi pour
tes enfants.

Méd. Je les repousse, j'y renonce, je les renie.
Créuse leur donnera des frères?

Jas. Nés de deux exilés, ils auront pour frères
les enfants d'une reine puissante.

Méd. Ah! puissions-nous ne jamais voir, mes fils
et moi, ce jour funeste qui confondra une abjecte
lignée avec une race illustre, les rejetons de Sisyphe
et les petits-fils du Soleil!

Jas. Malheureuse, pourquoi vouloir ta perte et
la mienne? Retire-toi, je te prie.

Méd. Créon a écouté ma prière.

Jas. Parle. Que puis-je faire pour toi?

Méd. Tout, même un crime.

Jas. Deux rois nous menacent.

Méd. Médée est encore plus redoutable. Mets-nous
aux prises. Nous combattrons, et que Jason soit le
prix du vainqueur.

Jas. Je cède au destin qui m'accable. Crains toi-
même ses rigueurs que tu as éprouvées.

Méd. Je me suis toujours rendue maîtresse de la
fortune.

Jas. Acaste nous menace, Créon a le bras levé
sur nous.

Méd. Évite-les tous deux. Je ne veux pas que tu

Hostisque subiti tela : quum jussu meo
Terrigena miles mutua cæde occidit.   470
Adice expetita spolia Phrixei arietis,
Somnoque jussum lumina ignoto dare
Insomne monstrum : tradidum fratrem neci;
Et scelere in uno non semel factum scelus;
Jussasque natas, fraude deceptas mea,   475
Secare membra non revicturi senis.
Aliena quærens regna, deserui mea.
Per spes tuorum liberùm, et certum larem,
Per victa monstra, per manus, pro te quibus
Nunquam peperci, perque præteritos metus,   480
Per cælum, et undas, conjugii testes mei,
Miserere : redde supplici felix vicem.
Ex opibus illis, quas procul raptas Scythæ
Usque a perustis Indiæ populis petunt,
Quas quia referta vix domus gazas capit,   485
Ornamus auro nemora, nil exsul tuli,
Nisi fratris artus : hos quoque impendi tibi.
Tibi patria cessit, tibi pater, frater, pudor.
Hac dote nupsi : redde fugienti sua.
Jas. Perimere quum te vellet infestus Creo,   490
Lacrimis meis evictus, exsilium dedit.
Med. Pœnam putabam; munus, ut video, est fuga.
Jas. Dum licet abire, profuge, teque hinc eripe.
Gravis ira regum est semper. *Med.* Hoc suades mihi,
Præstas Creusæ : pellicem invisam amoves.   495
Jas. Medea amores objicit? *Med.* Et cædem, et dolos.

Jas. Objicere crimen quod potes tandem mihi?
Med. Quodcumque feci. *Jas.* Restat hoc unum insuper,
Tuis ut etiam sceleribus fiam nocens.
Med. Tua illa, tua sunt illa : cui prodest scelus,   500
Is fecit : omnes conjugem infamem arguant;
Solus tuere, solus insontem voca.
Tibi innocens sit, quisquis est pro te nocens.
Jas. Ingrata vita est, cujus acceptæ pudet.
Med. Retinenda non est, cujus acceptæ pudet.   505
Jas. Quin potius ira concitum pectus doma.
Placare natis. *Med.* Abdico, ejuro, abnuo.
Meis Creusa liberis fratres dabit?
Jas. Regina natis exsulum, afflictis potens.
Med. Non veniat unquam tam malus miseris dies,   510
Qui prole fœda misceat prolem inclitam;
Phœbi nepotes Sisyphi nepotibus.
Jas. Quid, misera, meque teque in exilium trahis?
Abscede, quæso. *Med.* Supplicem audivit Creo.
Jas. Quid facere possim, eloquere. *Med.* Pro me? vel   515
scelus.
Jas. Hinc rex, et illinc. *Med.* Est et his major metus,
Medea : nos conflige : certemus; sine,
Sit pretium Iason. *Jas.* Cedo defessus malis :
Et ipsa casus sæpe jam expertos time.
Med. Fortuna semper omnis infra me stetit.   520
Jas. Acastus instat, propior est hostis Creo.
Med. Utrumque profuge : nolo ut in socerum manus
Armes; nec ut te cæde cognata inquines,

t'armes contre un beau-père. Médée n'exige pas que tu te souilles du sang d'un allié. Fuis , sans te rendre coupable.

Jas. Mais comment résister, si Acaste et Créon réunissent leurs forces, et nous attaquent à la fois?

Méd. Ajoutes-y celles de la Colchide, conduites par Æétès ; ajoute encore et les Scythes et les Grecs : je les anéantirai tous.

Jas. Je redoute la puissance suprême.

Méd. Crains plutôt de l'ambitionner.

Jas. Finissons un entretien qui deviendrait suspect.

Méd. O puissant Jupiter, remplis le ciel du bruit de ton tonnerre, lève ton bras , apprête tes flammes vengeresses. Que ta foudre , déchirant les nues, ébranle l'Olympe entier ; frappe sans choix qui tu voudras de nous deux. Tu ne peux atteindre qu'un coupable, et ta foudre entre nous ne peut se tromper.

Jas. Reprends ta raison ; modère tes discours. Demande, prends dans la maison de mon beau-père tout ce qui peut adoucir ton exil.

Méd. Je dédaigne, tu le sais, les richesses des rois, et je sais m'en passer. Qu'il me soit permis d'emmener avec moi mes fils , que je puisse pleurer dans leur sein. Ton hymen te promet d'autres enfants.

Jas. Je voudrais, je l'avoue , accéder à ta prière ; mais la tendresse paternelle m'en empêche. Je ne m'en séparerais pas , quand le roi mon beau-père voudrait m'y contraindre. C'est pour eux seuls que je vis ; seuls ils adoucissent mes peines cuisantes. Je renoncerais plutôt à la lumière, à la vie, à moi-même.

Méd. (*à part.*) Il a pour ses fils une tendresse si vive! O bonheur! je le tiens, je sais l'endroit où je dois le frapper. (*Haut.*) Du moins que je puisse en partant leur donner mes derniers avis , les embrasser encore une fois! C'est pour moi une consola-

tion. Je te demande une dernière grâce : oublie ce que j'ai pu te dire d'offensant dans le trouble de ma douleur : ne conserve de moi que d'agréables souvenirs ; efface de ton esprit des reproches échappés à la colère.

Jas. Je les ai déjà oubliés. Je te prie à mon tour de modérer ta violence. La résignation adoucit l'infortune.

Méd. Il est parti. Ainsi donc tu me quittes sans te souvenir de moi, ni de tout ce que j'ai fait. Tu m'oublies ; va, tu ne m'oublieras jamais. Médée, voici l'instant d'appeler à ton secours ton art et toute ta puissance. Ce que tu as gagné par tant de crimes , c'est que rien ne te semble plus criminel. Il t'est difficile de tromper tes ennemis : ils sont sur leurs gardes. Dresse-leur un piége qu'on ne puisse soupçonner. Ose tout ; tente ce que tu peux, et même au delà de ton pouvoir. Fidèle nourrice, toi qui as partagé mes chagrins et les vicissitudes de mon sort, seconde un dessein que m'inspire le désespoir. J'ai un manteau , présent d'un immortel , trésor de la Colchide ; Æétès l'a reçu du Soleil comme un gage de sa naissance glorieuse ; j'ai aussi un riche collier et un diadème en or, tout brillant de pierres précieuses. Je les ferai offrir par mes enfants à la nouvelle épouse, mais après les avoir remplis des plus mortels venins. Invoquons Hécate. Prépare un sacrifice lugubre , dresse l'autel, et que la flamme jaillisse en pétillant.

LE CHŒUR.

Ni la flamme dévorante, ni les vents furieux, ni les traits lancés par une main vigoureuse, n'égalent en violence une épouse dédaignée, qu'agitent également l'amour et la haine.

Moins impétueux est l'Auster quand il chasse devant lui les noires tempêtes ; l'Ister, lorsque, pré-

Medea cogit : innocens mecum fuge.

Jas. Et quis resistet , gemina si bella ingruant?		525
Creo atque Acastus arma si jungant sua?		
Med. His adice Colchos, adjice Æeten ducem ,		
Scythas Pelasgis junge : demersos dabo.		
Jas. Alta extimesco sceptra. *Med.* Ne cupias vide.		
Jas. Suspecta ne sint , longa colloquia amputa.		530
Med. Nunc summe toto Jupiter cælo tona.		
Intende dextram : vindices flammas para ,		
Omnemque ruptis nubibus mundum quate ·		
Nec diligenti tela librentur manu.		
Vel me , vel istum : quisquis e nobis cadet ,		535
Nocens peribit : non potest in nos tuum		
Errare fulmen. *Jas.* Sana meditari incipe,		
Et placida fare : si quid ex soceri domo		
Potest fugam levare, solamen pete.		
Med. Contemnere animus regias , ut scis, opes		540
Potest, soletque : liberos tantum fugæ		
Habere comites liceat , in quorum sinu		
Lacrimas profundam : te novi nati manent.		
Jas. Parere precibus cupere me, fateor, tuis ;		
Pietas vetat : namque istud ut possim pati ,		545
Non ipse memet cogat et rex et socer.		
Hæc causa vitæ est, hoc perusti pectoris		
Curis levamen : spiritu citius queam		
Carere, membris , luce. *Med.* Sic natos amat?		
Bene est : tenetur : vulneri patuit locus.		550
Suprema certe liceat abeuntem loqui		
Mandata : liceat ultimum amplexum dare.		
Gratum est et illud. Voce jam extrema peto ,		
Ne si qua noster dubius effudit dolor,		

Maneant in animo verba : melioris tibi		555
Memoria nostri subeat : hæc iræ data		
Obliterentur. *Jas.* Omnia ex animo expuli ;		
Precorque, et ipsa fervidam ut mentem regas,		
Placidoque tractes : miserias lenit quies.		
Med. Discessit : itan' est? vadis oblitus mei ,		560
Et tot meorum facinorum? excidimus tibi?		
Nunquam excidemus. Hoc age , omnes advoca		
Vires et artes : fructus est scelerum tibi,		
Nullum scelus putare. Vix fraudi est locus :		
Timemur. Hac aggredere, qua nemo potest		565
Quidquam timere : perge : nunc aude, incipe,		
Quidquid potes, Medea, quidquid non potes.		
Tu , fida nutrix, socia mœroris mei ,		
Variique casus, misera consilia adjuva.		
Est palla nobis , munus ætheriæ domus,		570
Decusque regni , pignus Æetæ datum		
A Sole generis : est et auro textili		
Monile fulgens ; quodque gemmarum nitor		
Distinguit aurum , quo solent cingi comæ.		
Hæc nostra nati dona nubenti ferant,		575
Sed ante diris illita ac tincta artibus.		
Vocetur Hecate : sacra luctifica appara.		
Statuantur aræ, flamma jam tectis sonet.		

CHORUS.

Nulla vis flammæ , tumidique venti		
Tanta, nec teli metuenda torti,		580
Quanta, quum conjux viduata tædis		
Ardet et odit.		
Non , ubi hibernos nebulosus imbres		

cipitant ses flots, il entraîne les ponts qui unissaient ses rives, et inonde la plaine.

Avec moins de furie le Rhône refoule la mer, et descendent les torrents de l'Hémus, quand, au milieu du printemps, la chaleur déjà puissante du soleil fond les neiges amassées par l'hiver.

C'est un amour aveugle excité par la colère, qui repousse les conseils, qui ne connaît plus de frein, que nul péril n'effraye, et qui s'élance au-devant du fer et de la mort.

O dieux, nous vous implorons ; protégez les jours du héros par qui les flots furent domptés. Mais le dieu auquel est échue la seconde part du monde s'indigne qu'on ait donné des lois à son empire.

Le jeune insensé qui osa conduire le char de la lumière éternelle, incapable de suivre la route que lui avait tracée son père, fut consumé lui-même, pour avoir embrasé l'Olympe.

On ne hasarde rien en suivant la route frayée. Marchez sur les traces de ceux qui vécurent avant vous. Gardez-vous, mortels téméraires, de violer les saintes lois qui régissent l'univers !

De tous ces héros qui signalèrent leur audace en montant sur le premier vaisseau, qui dépouillèrent de son ombre épaisse la cime sacrée du Pélion ; qui bravèrent les roches flottantes, et, après les dangers d'une longue navigation, abordèrent enfin un rivage barbare pour ravir un riche trésor, il n'en est pas un qui n'ait expié par une mort cruelle cet outrage fait à l'empire des flots.

La mer provoquée a vengé ses offenses. Tiphys le premier, Tiphys, qui avait soumis les ondes, abandonna le gouvernail à des mains inhabiles. Mort sur une rive étrangère, loin du royaume pa-

ternel, il ne reçut qu'une vile sépulture, et son ombre est confondue dans la foule des ombres inconnues. Depuis ce temps, Aulis, en mémoire du roi qu'elle a perdu, retient captifs dans son port les vaisseaux, impatients de partir.

Ce fils de la muse du chant, dont la lyre harmonieuse arrêtait les torrents impétueux et faisait taire les vents, que l'oiseau venait entendre attentif et muet, avec la forêt même où il avait son séjour, Orphée fut cruellement déchiré dans les champs de la Thrace ; sa tête flotta dans les ondes de l'Hèbre affligé ; il revit les rivages du Styx, et redescendit au Tartare, mais pour n'en plus sortir.

Hercule terrassa les enfants de Borée, et tua ce fils de Neptune qui avait le don de prendre mille formes diverses. Ce héros lui-même, après avoir pacifié la terre et la mer, forcé les barrières du sombre empire, fut victime de la crédulité de son épouse et consumé par le venin de deux monstres ; il s'étendit sur un bûcher au sommet de l'OEta, et, tout vivant, devint la proie des flammes dévorantes.

Ancée a péri par la dent d'un sanglier furieux. Tu immoles à la fureur dénaturée ta fille à ta mère, ô Méléagre, et tu péris à ton tour par la main de cette mère irritée ! Tous avaient mérité d'être punis. Mais quel crime avait commis ce jeune enfant que le grand Alcide ne put retrouver ? Il périt, hélas ! en puisant à une source paisible. Allez donc, hommes intrépides, courez les mers, tandis qu'on peut trouver la mort dans une simple fontaine ! Idmon, quoiqu'il connût sa destinée, n'en fut pas moins dévoré par un serpent dans la sablonneuse Libye. Infaillible devin pour tous les autres, Mopsus s'abusa lui-même, et périt sans avoir revu

---

Auster advexit ; properatque torrens
Ister, et junctos vetat esse pontes,　　　　　585
　　Ac vagus errat.
Non, ubi impellit Rhodanus profundum ;
Aut ubi in rivos, nivibus solutis
Sole jam forti, medioque vere,
　　Tabuit Hæmus.　　　　　　　　　　　590
Cæcus est ignis stimulatus ira,
Nec regi curat, patiturve frenos.
Haud timet mortem : cupit ire in ipsos
　　Obvius enses.
Parcite, o Divi ! veniam precamur,　　　　595
Vivat ut tutas, mare qui subegit.
Sed furit vinci dominus profundi
　　Regna secunda.
Ausus æternos agitare currus
Immemor metæ juvenis paternæ,　　　　　600
Quos polo sparsit, furiosus ignes
　　Ipse recepit.
Constitit nulli via nota magno.
Vade, qua tutum populo priori :
Rumpe nec sacro, violente, sancta　　　　605
　　Fœdera mundi.
Quisquis audacis tetigit carinæ
Nobiles remos, nemorisque sacri
Pelion densa spoliavit umbra :
Quisquis intravit scopulos vagantes,　　　610
Et tot emensus pelagi labores,
Barbara funem religavit ora,
Raptor externi rediturus auri ;
Exitu diro temerata ponti
　　Jura piavit.　　　　　　　　　　　615
Exigit pœnas mare provocatum.
Tiphys in primis domitor profundi
Liquit indocto regimen magistro,

Litore externo procul a paternis
Occidens regnis, tumuloque vili　　　　　620
Tectus, ignotas jacet inter umbras.
Aulis amissi memor inde regis
Portubus lentis retinet carinas
　　Stare querentes.
Ille vocali genitus Camœna,　　　　　　625
Cujus ad chordas, modulante plectro,
Restitit torrens, siluere venti ;
Cui suo cantu volucris relicto
Adfuit, tota comitante silva,
Thracios sparsus jacuit per agros ;　　　630
At caput tristi fluitavit Hebro :
Contigit notam Stygm, Tartarumque,
　　Non rediturus.
Stravit Alcides Aquilone natos.
Patre Neptuno genitum necavit,　　　　　635
Sumere innumeras solitum figuras.
Ipse post terræ pelagique pacem,
Post feri Ditis patefacta regna,
Vivus ardenti recubans in OEta,
Præbuit sævis sua membra flammis,　　　640
Tabe consumtus gemini cruoris
　　Munere nuptæ.
Stravit Ancæum violentus ictu
Setiger : fratres, Meleagre, matris
Impius mactas ; morierisque dextra　　　645
Matris iratæ : meruere cuncti.
Morte quod crimen tener expiavit
Herculi magno puer irrepertus,
Raptus heu ! tutas puer inter undas ?
Ite nunc fortes ; perarate pontum　　　　650
　　Fonte timendo.
Idmonem, quamvis bene fata nosset,
Condidit serpens Libycis arenis.

Thèbes, sa patrie. Si sa prédiction est certaine, l'époux de Thétis doit errer de ville en ville hors de son royaume. Nauplius se précipitera sur les écueils où, attirée par des feux trompeurs, la flotte grecque devait s'abîmer. En expiation du crime de son père, le fils d'Oïlée périra, foudroyé et englouti par les vagues. L'épouse du roi de Phères ne peut sauver son époux qu'au prix de sa propre vie. Enfin, le premier auteur de l'entreprise, celui qui excita les autres à conquérir la précieuse toison, Pélias fut jeté par morceaux dans l'airain qui frémissait sur la flamme, et ses membres suivaient dans cet espace étroit tous les mouvements de l'onde bouillonnante. Grands dieux! c'est assez venger la mer; épargnez un héros dont le seul crime est d'avoir obéi.

ACTE QUATRIÈME.

LA NOURRICE.

Je suis saisie d'épouvante et d'horreur. Quels malheurs se préparent! Dieux! combien sa colère s'accroît et s'enflamme elle-même. Elle n'a rien perdu de son ancienne violence. Souvent je l'ai vue, dans sa fureur, commander aux astres et les faire descendre du ciel. Mais elle médite quelque chose de plus terrible encore. En sortant d'ici, elle a couru d'un pas précipité vers le lieu formidable de ses enchantements. Là, étalant des trésors funestes que longtemps elle-même n'a touchés qu'avec effroi, elle déploie tout l'appareil des maléfices, objets cachés, secrets, mystérieux. Puis elle pose la main gauche sur le lugubre autel, et appelle tous les poisons qui croissent dans les sables brûlants de la Libye, ou parmi ces neiges éternelles dont l'aquilon couvre la

cime glacée du Taurus; elle appelle tous les monstres. Cédant à la force de ses enchantements, la troupe écaillée des serpents a quitté ses profondes retraites, et s'approche à sa voix. Parmi eux s'avance lentement un énorme reptile; il darde sa triple langue, ouvre une gueule menaçante. Mais Médée parle, il s'arrête, se replie sur lui-même, et roule en cercles ses immenses anneaux.

Ces poisons sont trop faibles, dit-elle; je dédaigne tous ceux que la terre peut m'offrir: j'en veux tirer du ciel même. Voici le moment de m'élever au-dessus des enchantements vulgaires. Qu'il vienne ce dragon qui, semblable à un fleuve immense, presse de ses replis les deux Ourses célestes, utiles conductrices, l'une des vaisseaux des Grecs, l'autre des navires Sidoniens; que, délivré des mains d'Ophiuchus, il épanche ici son venin; que mes enchantements attirent et Python qui osa attaquer les deux jumeaux divins, et l'hydre, ce monstre dont les têtes renaissaient sous le fer d'Hercule, et qui se multipliait par ses pertes. Viens aussi, quitte la Colchide, dragon vigilant que mon art assoupit pour la première fois.

Quand elle eut appelé tous les serpents, elle assembla en un monceau toutes les herbes vénéneuses: celles qui croissent ou parmi les rochers inaccessibles de l'Éryx, ou sur le sommet du Caucase couvert de neiges éternelles, et arrosé du sang de Prométhée; celles dans le suc desquelles l'Arabe opulent, l'habile archer de la Médie, le Parthe léger, trempent leurs flèches redoutables; celles enfin que la Suève intrépide recueille sous un ciel glacé, dans la forêt Hercynienne. Elle touche et manie chacune de ces plantes cueillies, soit au printemps quand les oiseaux construisent leurs nids, soit

Omnibus verax, sibi falsus uni
Concidit Mopsus, caruitque Thebis.   666
Ille si vere cecinit futura,
Exsul erravit Thetidis maritus.
Igne fallaci nociturus Argis
Nauplius præceps cadet in profundum.
Crimini pœnas patrio pependit   660
Fulmine et ponto moriens Oileus.
Conjugis fatum redimens Pheræl
Uxor impendit animam marito.
Ipse, qui prædam spoliumque jussit
Aureum prima revehi carina,   665
Ustus accenso Pelias aheno
Arsit angustas vagus inter undas.
Jam satis, divi, mare vindicastis.
                        Parcite jusso.

ACTUS QUARTUS.

NUTRIX.

Pavet animus, horret; magna pernicies adest.   670
Immane quantum augescit, et semet dolor
Accendit ipse, vimque præferitam integrat.
Vidi furentem, sæpe et aggressam deos,
Cælum trahentem : majus his, majus parat
Medea monstrum : namque ut attonito gradu   675
Evasit, et penetrale funestum attigit,
Totas opes effudit, et quidquid diu
Etiam ipsa timuit, promit; atque omnem explicat
Turbam malorum; arcana, secreta, abdita.
Et triste læva comprecans sacrum manu,   680
Pestes vocat, quascumque ferventis creat
Arena Libyæ, quasque perpetua nive

Taurus coercet frigore Arctoo rigens;
Et omne monstrum : tracta magicis cantibus
Squammifera latebris turba desertis adest.   685
Hic sera serpens corpus immensum trahit,
Trifidamque linguam exserlat, et quærens, quibus
Mortifera veniat, carmine audito stupet,
Tumidumque nodis corpus aggestis plicat,
Cogitque in orbes. Parva sunt, inquit, mala,   690
Et vile telum est, ima quod tellus creat :
Cælo petam venena; jam nunc tempus est
Aliquid movere fraude vulgari altius.
Huc ille vasti more torrentis jacens
Descendat anguis, cujus immensos duæ,   695
Major minorque, sentiunt nodos feræ;
Major Pelasgis, apta Sidoniis minor;
Pressasque tandem solvat Ophiuchus manus,
Virusque fundat : adsit ad cantus meos
Lacessere ausus gemina Python numina.   700
Et hydra, et omnis redeat Herculea manu
Succisa serpens, cæde nec reparans sua.
Tu quoque relictis pervigil Colchis ades,
Sopite primum cantibus serpens meis.
Postquam evocavit omne serpentum genus,   705
Congerit in unum frugis infaustæ mala :
Quæcumque generat invius saxis Eryx;
Quæ fert opertis hieme perpetua jugis
Sparsus cruore Caucasus Promethei;
Et queis sagittas divites Arabes linunt,   710
Pharetraque pugnax Medus, aut Parthus levis;
Aut quos sub axe frigido succos legunt
Lucis Suevi nobiles Hercyniis.
Quodcumque tellus vere nidifico creat,
Aut rigida quum jam bruma decussit decus   715

lorsque le triste hiver a dépouillé les bois de leur parure, et enchaîné la nature par des liens de glace; celles qui renferment un principe de mort dans leurs fleurs, et celles dont les racines pressées distillent un suc malfaisant. Les unes furent apportées du sommet de l'Athos ou des vastes flancs du Pinde; le tendre feuillage des autres fut coupé avec une faux sanglante sur la cime du Pangée. Celle-ci croissait près du lit profond du Tigre; celle-là près du Danube, ou dans ces plaines arides à travers lesquelles l'Hydaspe roule des pierres précieuses avec ses tièdes eaux, ou sur les bords du Bétis qui donne son nom à la contrée qu'il arrose, et mêle ses ondes languissantes avec les flots de la mer d'Hespérie. L'une fut tranchée par le fer un peu avant le lever du soleil; l'autre pendant la nuit la plus obscure; cette autre fut coupée par l'ongle d'une magicienne.

Quand elle a réuni ces plantes mortelles et recueilli le sang impur des serpents, elle y joint quelques parties des plus sinistres oiseaux, le cœur du triste hibou, et les entrailles arrachées du corps d'une orfraie vivante. Sa main coupable place séparément ces poisons, capables d'allumer la flamme dévorante ou de répandre dans les veines le froid de la mort. Elle y ajoute des paroles non moins funestes que les poisons mêmes. Mais la voici; j'entends le bruit de ses pas furieux et ses chants magiques; leurs premiers sons suffisent pour épouvanter le ciel.

MÉDÉE.

Je vous invoque, mânes silencieux, divinités des enfers, noir Chaos, sombre palais de Pluton, caverne de la mort, qu'environnent les fleuves du Tartare. Ombres criminelles, que vos tourments cessent; accourez à l'hymen qui s'apprête. Que la roue qui emporte Ixion s'arrête, et qu'il puisse toucher la terre; que Tantale vienne se désaltérer dans l'eau de Pirène. Qu'on invente pour le beau-père de mon époux un châtiment plus cruel encore. Que Sisyphe ne roule plus le rocher qui retombe sans cesse du sommet d'une montagne. Vous qui vous consumez en vains efforts pour emplir des urnes sans fond, venez, filles de Danaüs; ce jour réclame vos mains parricides.

Descends maintenant à ma voix, astre des nuits; viens à ce sacrifice sous l'aspect le plus sinistre, et donne à ton triple visage un air menaçant.

J'ai parcouru nos forêts solitaires dans l'appareil qui te plaît, les pieds nus et les cheveux en désordre. J'ai fait tomber la pluie d'un ciel sans nuages; j'ai refoulé les eaux de la mer, et fait rentrer dans leurs grottes profondes les vagues mugissantes de l'Océan. Confondant le jour et la nuit, j'ai fait luire en même temps dans le ciel et le soleil et les étoiles; et vous, astres du pôle, vous vous êtes plongés dans les flots qui vous sont interdits. J'ai changé l'ordre des saisons : la terre, à ma voix, s'est parée l'été des fleurs du printemps, et j'ai contraint Cérès à produire des moissons au milieu de l'hiver. Le Phase impétueux a remonté vers sa source, et le fleuve aux sept embouchures, l'Ister, réprimant la violence de son cours, a promené lentement une onde paresseuse. Sans que le vent agitât les airs, les flots ont mugi, et la mer s'est soulevée avec fureur. J'ai parlé, et l'ombrage d'une antique forêt a disparu; Phébus, arrêté au milieu de sa course, a éteint son flambeau. Mes accents ont fait pâlir les Hyades tremblantes.

Il est temps, Phébé, d'assister au sacrifice que je t'ai préparé. C'est pour toi que ma main sanglante a tressé ces couronnes, qu'elle les a entourées des

---

Nemorum, et nivali cuncta constrinxit gelu;
Quodcumque gramen flore mortifero viret,
Dirusve tortis succus in radicibus
Causas nocendi gignit, attrectat manu.
Hæmonius illas contulit pestes Athos;   720
Has Pindus ingens; illa Pangæi jugis
Teneram cruenta falce deposuit comam;
Has aluit altum gurgitem Tigris premens;
Danubius illas; has per arentes plagas
Tepidis Hydaspes gemmifer currens aquis,   725
Nomenque terris qui dedit Bætis suis,
Hesperia pulsans maria languenti vado;
Hæc passa ferrum est, dum parat Phœbus diem;
Illius alta nocte succisus frutex;
At hujus ungue secta cantato seges   730
Mortifera carpit gramina, ac serpentium
Saniem exprimit, miscetque et obscœnas aves;
Mœstique cor bubonis, et raucæ strigis
Exsecta vivæ viscera : hæc scelerum artifex
Discreta ponit : his rapax vis ignium,   735
His gelida pigri frigoris glacies inest.
Addit venenis verba, non istis minus
Metuenda. Sonuit ecce vesano gradu,
Canitque : mundus vocibus primis tremit.

MEDEA.

Comprecor vulgus silentum, vosque ferales deos,   740
Et Chaos cæcum, atque opacam Ditis umbrosi domum,
Tartari ripis ligatos squalidæ Mortis specus,
Suppliciis, animæ, remissis currite ad thalamos novos.
Rota resistat membra torquens: tangat Ixion humum.
Tantalus securus undas hauriat Pirenidas.   745

Gravior uni pœna sedeat conjugis socero mei :
Lubricus per saxa retro Sisyphum solvat lapis.
Vos quoque, urnis quas foratis irritus ludit labor,
Danaides, coite; vestras hic dies quærit manus.
Nunc meis vocata sacris, noctium sidus, veni,   750
Pessimos induta vultus, fronte non una minax.
    Tibi more gentis vinculo solvens comam,
Secreta nudo nemora lustravi pede.
Et evocavi nubibus siccis aquas;
Egique ad imum maria, et Oceanus graves   755
Interius undas æstibus victis dedit.
Pariterque mundus lege confusa ætheris
Et solem et astra vidit; et vetitum mare
Tetigistis, Ursæ. Temporum flexi vices :
Æstiva tellus floruit cantu meo,   760
Messem coacta vidit hibernam Ceres.
Violenta Phasis vertit in fontem vada;
Et Ister, in tot ora divisus, truces
Compressit undas, omnibus ripis piger.
Sonuere fluctus, tumuit insanum mare   765
Tacente vento : nemoris antiqui domus
Amisit umbram vocis imperio meæ.
Die relicto Phœbus in medio stetit :
Hyadesque nostris cantibus motæ labant.
Adesse sacris tempus est, Phœbe, tuis.   770
    Tibi hæc cruenta serta texuntur manu,
Novena quæ serpens ligat :
Tibi hæc, Typhoeus membra quæ discors tulit,
    Qui regna concussit Jovis.
Vectoris istic perfidi sanguis inest,   775
    Quem Nessus exspirans dedit.
OEtæus isto cinere defecit rogus,

replis de neuf serpents, membres de ce monstrueux Typhée qui ébranla le trône de Jupiter. Ce sang est celui de Nessus ; ce perfide ravisseur le donna lui-même en expirant. Ces cendres, rapportées fumantes du bûcher de l'OEta, ont bu le venin qui consuma Hercule. Tu vois le tison d'Althée, mère cruelle qui sacrifia son fils pour venger ses frères. Une harpie, qui fuyait la poursuite de Zétès, a laissé ces plumes dans un antre sauvage. Celles-ci appartenaient à un oiseau du lac Stymphale, percé d'une flèche trempée dans le sang de l'hydre de Lerne.

Autels, vous frémissez, et mes trépieds s'agitent ; marque certaine de la faveur de la déesse. Je vois Hécate sur son char rapide ; non pas avec ce front radieux qu'elle montre pendant une nuit calme et sereine, mais avec ce visage triste et livide qu'on lui voit lorsque, vaincue par les charmes de nos Thessaliennes, elle se rapproche de la terre. Ne répands dans les airs que ces tristes et pâles lueurs ; que les peuples, saisis d'une horreur inconnue, fassent retentir, pour te délivrer, l'airain précieux de Corinthe.

C'est pour toi que j'ai dressé cet autel fait de terre et de sang, et que j'en ai allumé la flamme pendant la nuit, avec une torche dérobée à un bûcher funèbre. Je t'ai parlé en tournant, en agitant la tête. C'est pour toi que, comme dans les funérailles, j'ai ceint cette bandelette qui tombe avec mes cheveux en désordre ; c'est pour toi que ma main agite ce triste rameau, né sur les bords du Styx ; c'est pour toi que, découvrant mon sein comme une Ménade, je frapperai mes bras avec un couteau sacré. Oui, que mon sang arrose cet autel. Accoutume-toi, ma main, à frapper sans crainte, et à faire couler le sang qui t'est le plus précieux. C'en est fait, l'autel est teint de cette libation.

Si tu te plains que je t'invoque trop souvent, excuse, Hécate, excuse mes vœux importuns. C'est toujours pour la même cause que j'implore ta puissance ; toujours pour Jason.

Remplis aujourd'hui cette robe destinée à Créuse d'une flamme subtile qui, dès qu'elle s'en sera revêtue, pénètre et consume son corps. Ces bijoux étincelants recèlent un feu secret, présent de celui dont les entrailles sans cesse dévorées expient le larcin qu'il a fait au ciel ; et Prométhée m'apprit comment on peut en contenir l'activité dévorante. Vulcain m'a donné ce feu, sous une légère enveloppe de soufre. Voici un rayon de la foudre immortelle qui perça Phaéton, enfant comme moi du Soleil. Ces flammes furent vomies par la Chimère ; et j'ai tiré celles-ci du gosier fumant d'un taureau de la Colchide. Je les ai mêlées avec le fiel de Méduse ; mais je veux qu'on n'en soupçonne pas les terribles effets.

Hécate, augmente la violence de ce poison ; mais tiens enfermées ces semences de flamme dans les présents que j'ai préparés. Qu'elles échappent à la vue, qu'on les touche impunément ; mais que leur ardeur, pénétrant dans les veines de Créuse, fonde ses chairs, embrase ses os, et que sa chevelure enflammée efface l'éclat des torches nuptiales.

Mes vœux sont exaucés. A ce triple aboiement, à la flamme qui jaillit de cette torche funèbre, je reconnais la présence d'Hécate.

Le mystère est accompli. (A sa nourrice) Amène ici mes fils ; c'est par leurs mains que tu remettras ces dons précieux à la nouvelle épouse. Allez, mes fils, allez, enfants d'une mère infortunée ; obtenez

Qui virus Herculeum bibit.
Piæ sororis, impiæ matris facem,
  Ultricis Althææ vides.   780
Reliquit istas invio plumas specu
  Harpyia, dum Zeten fugit.
His adice pennas sauciæ Stymphalidos,
  Lernæa passæ spicula.
Sonuistis, aræ : tripodas agnosco meos,   785
  Favente commotos dea.
Video Triviæ currus agiles,
Non quos pleno lucida vultu
Pernox agitat ; sed quos facie
Lurida mœsta, quum Thessalicis   790
Vexata minis, cælum freno
Propiore legit : sic face tristem
Pallida lucem funde per auras ;
Horrore novo terre populos ;
Inque auxilium, Dictynna, tuum   795
Pretiosa sonent æra Corinthi.
Tibi sanguineo cespite sacrum
Solemne damus : tibi de medio
Rapta sepulcro fax nocturnos
Sustulit ignes : tibi mota caput   800
Flexa voces cervice dedi.
Tibi funereo de more jacens
Passos cingit vitta capillos.
Tibi jactatur tristis Stygia
Ramus ab unda : tibi nudato   805
Pectore Mænas sacro feriam
      Brachia cultro.
Manet noster sanguis ad aras.
Assuesce, manus, stringere ferrum,
Carosque pati posse cruores.   810
Sacrum laticem percussa dedi.
Quod si nimium sæpe vocari

Quereris, votis ignosce, precor.
Causa vocandi, Persei, tuos
Sæpius arcus, una atque eadem   815
Semper, Iason : tu nunc vestes
Tingue Creusæ, quas quum primum
Sumserit, imas urat serpens
Flamma medullas. Ignis fulvo
Clusus in auro latet obscurus ;   820
Quem mihi, cæli qui furta luit
Viscere feto, dedit, et docuit
Condere vires arte Prometheus.
Dedit et tenui sulfure tectos
Mulciber ignes : et vivacis   825
Fulgura flammæ de cognato
Phaethonte tuli : habeo mediæ
  Dona Chimæræ.
Habeo flammas usto tauri
Gutture raptas ; quas, permixto   830
Felle Medusæ, tacitum jussi
      Servare malum.
Adde venenis stimulos, Hecate,
Donisque meis semina flammæ
Condita serva : fallant visus,   835
Tactusque ferant : meet in pectus
Venasque calor ; stillent artus,
Ossaque fument ; vincatque suas
Flagrante coma nova nupta faces.
Vota tenentur ; ter latratus   840
Audax Hecate dedit, et sacros
Edidit ignes face luctifera.
  Peracta vis est omnis : huc natos voca,
Pretiosa per quos dona nubenti feras,
Ite, ite, nati, matris infaustæ genus,   845
Placate vobis munere et multa prece
Dominam et novercam : vadite, et celeres domum

par cette offrande, et à force de prières, la pitié d'une maîtresse et d'une marâtre. Partez, et revenez promptement près de moi, pour que je jouisse de vos derniers embrassements.

LE CHOEUR.

Où va cette Ménade sanglante, en proie à toutes les fureurs de l'amour? Quel forfait médite-t-elle, dans la rage qui la transporte? Ses yeux roulent, menacants et terribles. Agitant la tête d'un air fier et insolent, elle ose braver le roi. Qui la prendrait pour une exilée? Tantôt ses joues sont rouges et enflammées; tantôt elles deviennent pâles. Son visage change à tout moment d'aspect et de couleur; elle court çà et là : comme une tigresse à qui l'on a enlevé ses petits, erre furieuse à travers les forêts du Gange, telle est Médée; incapable de modérer ni sa colère, ni son amour. Aujourd'hui, l'amour et la colère l'agitent à la fois. Que va-t-il arriver? Quand cette fille impie de la Colchide quittera-t-elle les bords de la Grèce, et délivrera-t-elle de l'horreur qu'elle inspire notre pays et nos rois? O Phébus, hâtez la course de votre char! Que la nuit enveloppe la lumière de son ombre désirée, et que l'astre du soir mette fin à ce jour redoutable!

ACTE CINQUIÈME.

UN MESSAGER, LE CHOEUR, LA NOURRICE, MÉDÉE, JASON.

Le mes. Tout est perdu : c'est fait de Corinthe; le même feu vient de réduire en cendre le roi et sa fille.

Le chœ. Par quelle trahison ont-ils péri?

Le mes. Par ce qui cause d'ordinaire la perte des rois : les présents.

Le chœ. Quel piége pouvaient cacher ceux-ci?

Le mes. J'en suis moi-même confondu : à peine y puis-je croire, même après l'événement.

Le chœ. Comment ce malheur est-il arrivé?

Le mes. Un feu dévorant, qui semblait obéir à une volonté, a gagné tous les appartements du palais. L'édifice entier s'écroule, et l'on craint pour la ville.

Le chœ. Éteignons l'incendie à force d'eau.

Le mes. Ce désastre a encore cela de prodigieux : l'eau fournit un nouvel aliment à la flamme, et ce qui est le plus capable d'arrêter le feu augmente la violence de celui-ci. Il se fortifie de ce qu'on lui oppose.

La nour. Médée, quittez au plus tôt les rivages de la Grèce; fuyez dans toute autre contrée.

Méd. Moi, que je m'éloigne d'ici! J'y reviendrais, si j'en étais déjà partie : je contemple la fête nuptiale. Qui t'arrête, mon âme? suis ton heureux mouvement. Combien est faible cette partie de ta vengeance dont tu t'applaudis! Insensée, tu aimes encore, s'il te suffit d'avoir privé Jason de son épouse. Invente quelque châtiment extraordinaire. C'est là ce qui doit t'occuper. Ne respecte plus rien, bannis toute pudeur; c'est une médiocre vengeance qu'une vengeance sans crime. Excite ta colère, réveille ta langueur, et fais sortir du fond de ton sein tes anciennes fureurs, mais plus violentes que jamais. Je veux qu'on dise que jusqu'ici je fus humaine et sensible. Hâtons-nous, montrons combien furent mé-

---

Referte gressus, ultimo amplexu ut fruar.

CHORUS.

Quonam cruenta Mœnas
Præceps amore sævo   850
Rapitur? quod impotenti
Facinus parat furore?
Vultus citatus ira
Riget, et caput feroci
Quatiens superba motu   855
Regi minatur ultro.
Quis credat exsulantem?
Flagrant genæ rubentes,
Pallor fugat ruborem.
Nullum vaganto forma   860
Servat diu colorem.
Huc fert pedes et illuc,
Ut tigris orba natis,
Cursu furente lustrat
Gangeticum nemus; sic   865
Frenare nescit amor,
Medea, non amores.
Nunc ira amorque causam
Junxere: quid sequetur?
Quando efferet Pelasgis   870
Nefanda Colchis arvis
Gressum, metuque solvet
Regnum, simulque reges?
Nunc, Phœbe, mitte currus
Nullo morante loro.   875
Nox condat alma lucem :
Mergat diem timendum
Dux noctis Hesperugo.

ACTUS QUINTUS.

NUNTIUS, CHORUS, NUTRIX, MEDEA, JASON.

Nunt. Periere cuncta : concidit regni status.
Nata atque genitor cinere permixto jacent.   880
Chor. Qua fraude capti? *Nunt.* Qua solent reges capi;
Donis. *Chor.* In illis esse quis potuit dolus?
Nunt. Et ipse miror; vixque jam facto malo
Potuisse fieri credo. *Chor.* Quis cladis modus?
Nunt. Avidus per omnem regiæ partem furit,   885
Ut jussus, ignis : jam domus tota occidit,
Urbi timetur. *Chor.* Unda flammas opprimat.
Nunt. Et hoc in ista clade mirandum accidit.
Alit unda flammas, quoque prohibetur magis,
Magis ardet ignis : ipsa præsidia occupat.   890
Nutr. Effer citatum sede Pelopeia gradum,
Medea : præceps quas libet terras pete.
Med. Egon' ut recedam? si profugissem prius,
Ad hoc redirem : nuptias specto novas.
Quid, anime, cessas? sequere felicem impetum.   895
Pars ultionis ista, qua gaudes, quota est?
Amas adhuc, furiosa, si satis est tibi
Cælebs Iason : quære pœnarum genus
Haud usitatum; jamque sic temet para.
Fas omne cedat : abeat expulsus pudor.   900
Vindicta levis est, quam ferunt puræ manus.
Incumbe in iras, teque languentem excita,
Penitusque veteres pectore ex imo impetus
Violentus hauri. Quidquid admissum est adhuc,
Pietas vocetur : hoc age : et faxo, sciant,   905
Quam levia fuerint, quamque vulgaris notæ,
Quæ commodavi scelera : prolusit dolor
Per ista noster : quid manus poterant rudes
Audere magnum? quid puellaris furor?

dioeres et vulgaires les crimes que j'ai commis pour les autres. Ce n'était qu'un prélude à ma propre vengeance. Des mains novices pouvaient-elles entreprendre quelque chose de grand? Qu'attendre de la fureur d'une jeune fille? Je suis Médée maintenant; mon génie a grandi à force de crimes. Je m'applaudis d'avoir tranché la tête à mon frère, disséminé ses membres, dépouillé mon père du trésor qu'il gardait; d'avoir engagé des filles à déchirer leur père. Invente, ô mon désespoir, un moyen de te venger; voici des mains exercées à toute sorte de crimes. De quel côté diriges-tu tes coups, ma colère? de quelle arme perceras-tu le perfide? Mon cœur a déjà résolu je ne sais quoi de barbare qu'il n'ose avouer à lui-même. Insensée, j'ai trop pressé ma vengeance. Plût aux dieux que l'infidèle eût des enfants de sa complice! Regarde comme enfants de Créuse ceux qui sont nés de toi et de lui. Oui, ce genre de châtiment me plaît, et a droit de plaire : c'est le comble du crime. Mon âme, il faut t'y préparer. Enfants autrefois les miens, subissez le châtiment des forfaits de votre père. Mais quoi! l'horreur me saisit; tout mon corps frissonne; mon cœur s'est troublé; ma colère s'évanouit; la mère a remplacé l'épouse irritée. Quoi! je répandrais le sang de mes fils, mon propre sang? O ma fureur, donne-moi d'autres conseils. Repoussons jusqu'à l'idée de ce forfait inouï, de cet acte barbare. Infortunés! quel crime ont-ils commis? Leur crime, c'est d'avoir Jason pour père; et un plus grand encore, Médée pour mère. Qu'ils périssent! ils ne sont pas à moi; qu'ils meurent! ils sont mes fils. Quel crime, quelle faute leur imputer? Ils sont innocents, je l'avoue; mais mon frère était innocent comme eux. Quoi! mon cœur, tu hésites? Pourquoi mes joues sont-elles baignées de larmes? Je me laisse emporter tantôt à la colère, tantôt à la tendresse; les mou-

vements les plus contraires agitent mon cœur. De même que les vents, lorsqu'ils se livrent des combats furieux, poussent et repoussent tour à tour les flots soulevés, et font bouillonner la mer; ainsi flotte mon âme incertaine. La colère et la tendresse, se chassant l'une l'autre, y dominent tour à tour. Vengeance, cède enfin à l'amour. Venez, venez, mes enfants, vous, mon unique consolation! pressez-moi entre vos bras caressants. Vivez pour votre père, pourvu que votre mère jouisse aussi de votre vue! Que dis-je? Il faut m'exiler et fuir. On va les arracher de mon sein, malgré leurs gémissements et leurs pleurs. Qu'ils soient ravis aux baisers de leur père, puisqu'ils le sont à ceux de leur mère. Toute ma colère renaît, et ma haine se rallume. La Furie qui m'a jadis excitée pousse ma main qui résiste. Eh bien! ma colère, je m'abandonne à toi. Que n'ai-je, aussi féconde que la fille orgueilleuse de Tantale, donné le jour à quatorze enfants! Je me trouve stérile pour la vengeance que je médite. J'ai deux enfants : c'est assez pour apaiser mon père et mon frère.

Mais où va cette troupe de Furies menaçantes? Qui cherchent-elles? Pourquoi ces traits enflammés? pour qui les torches sanglantes que brandissent ces ministres de l'enfer? J'entends siffler leurs fouets, formés de longs serpents. Qui Mégère va-t-elle frapper de son sinistre brandon? Quelle ombre traîne ici ses membres déchirés? C'est mon frère. Il demande vengeance. Tu l'auras, mon frère; mais tourne contre moi tous ces feux; déchire, brûle ce sein que je présente aux Furies. Tu peux éloigner de moi ces divinités vengeresses; fais-les sans crainte redescendre au fond de l'abîme. Livremoi à moi-même; compte sur ce bras que tu as éprouvé. Apaisons ses mânes par cette victime. (*Elle frappe un de ses enfants.*) Qui cause ce bruit soudain? On court aux armes; on en veut à mes

---

Medea nunc sum : crevit ingenium malis. 910
Juvat, juvat rapuisse fraternum caput,
Artus juvat secuisse, et arcano patrem
Spoliasse sacro : juvat in exitium senis
Armasse natas : quære materiam ; dolor ;
Ad omne facinus non rudem dextram afferes. 915
Quo te igitur, ira, mittis? aut quæ perfido
Intendis hosti tela? nescio quid ferox
Decrevit animus intus, et nondum sibi
Audet fateri : stulta properavi nimis.
Ex pellice utinam liberos hostis meus 920
Aliquos haberet! quidquid ex illo tuum est,
Creusa peperit : placuit hoc pœnæ genus,
Meritoque placuit : ultimum agnosco scelus.
Anime, parandum est : liberi quondam mei,
Vos pro paternis sceleribus pœnas date. 925
Cor pepulit horror, membra torpescunt gelu,
Pectusque tremuit : ira discessit loco,
Materque tota conjuge expulsa redit.
Egon' ut meorum liberùm ac prolis meæ
Fundam cruorem? melius, ah demens furor, 930
Incognitum istud facinus, ac dirum nefas
A me quoque absit. Quod scelus miseri luent?
Scelus est Iason genitor, et majus scelus
Medea mater : occidant; non sunt mei :
Pereant; mei sunt. Crimine et culpa carent : 935
Sunt innocentes : fateor... et frater fuit !
Quid, anime, titubas? ora quid lacrimæ rigant?
Variamque nunc huc ira, nunc illuc amor
Diducit? anceps æstus incertam rapit.
Ut sæva rapidi bella quum venti gerunt, 940

Utrinque fluctus maria discordes agunt,
Dubiumque pelagus fervet : haud aliter meum
Cor fluctuatur : ira pietatem fugat,
Iramque pietas. Cede pietati, dolor.
Huc cara proles, unicum afflictæ domus 945
Solamen, huc vos ferte, et infusos mihi
Conjungite artus : habeat incolumes pater,
Dum et mater habeat. Urget exsilium ac fuga :
Jam jam meo rapientur avulsi e sinu,
Flentes, gementes : osculis pereant patris ; 950
Periere matri. Rursus increscit dolor,
Et fervet odium : repetit invitam manum
Antiqua Erinnys : ira, qua ducis, sequor.
Utinam superbæ turba Tantalidos meo
Exisset utero, bisque septenos parens 955
Natos tulissem! sterilis in pœnas fui.
Fratri patrique quod sat est, peperi duos.
Quonam ista tendit turba Furiarum impotens?
Quem quærit? aut quo flammeos ictus parat?
Aut cui cruentas agmen infernum faces 960
Intentat? ingens anguis excusso sonat
Tortus flagello : quem trabe infesta petit
Megæra? cujus umbra dispersis venit
Incerta membris? frater est : pœnas petit :
Dabimus : sed omnes fige luminibus faces, 965
Lania; perure : pectus en Furiis patet.
Discedere a me, frater, ultrices deas,
Manesque ad imos ire securas jube :
Mihi me relinque ; et utere hac, frater, manu,
Quæ strinxit ensem : victima manes tuos 970
Placemus ista. Quid repens affert sonus?

joùrs? Montons, après ce premier meurtre, au sommet de ma maison. (*A sa nourrice.*) Viens, suis mes pas; je me charge de t'emmener avec moi. Courage maintenant, mon âme! il ne s'agit plus ici d'apprêts mystérieux; montre à ce peuple de quoi ton bras est capable.

Jas. Vous tous qui êtes touchés du malheur de vos princes, accourez, saisissez cette femme, véritable auteur d'un si horrible forfait. Et vous, braves soldats, venez en armes; détruisez cette maison de fond en comble.

Méd. Je retrouve à cette heure mon sceptre, mon frère et mon père; la Colchide a reconquis son trésor; j'ai recouvré mon royaume et l'honneur que tu m'avais ravi. O dieux, vous m'êtes enfin propices! O jour de fête, jour d'hyménée! Partons. Mais si le crime est accompli, la vengeance ne l'est pas. Achevons, pendant que mes mains sont prêtes. Qui t'arrête, mon âme? Tu hésites? Tu peux frapper, et ta colère s'apaise? Qui te retient? Le repentir, ou la honte? Malheureuse, qu'ai-je fait? Malheureuse, en vain tu te repens, le crime est commis. J'en ressens malgré moi une joie extrême: non, elle redouble encore. Il me manquait, pour qu'elle fût parfaite, la présence du cruel. Je crois n'avoir rien fait; car je compte pour rien le crime dont il n'a pas été témoin.

Jas. La voici sur le haut de sa maison. Qu'on apporte du feu, et qu'elle périsse consumée comme ses victimes.

Méd. Apprête, Jason, les funérailles et le bûcher de tes fils. Ton épouse et ton beau-père ont reçu par mes soins les derniers honneurs. L'un de tes fils a déjà péri; l'autre subira le même sort devant tes yeux.

Jas. Au nom de tous les dieux, par notre fuite commune, par nos liens que je n'ai pas rompus, fais grâce à ton fils. S'il y a un criminel, c'est moi. Donne-moi la mort; frappe le seul coupable.

Méd. C'est ce coup douloureux, et que tu repousses, que je veux te porter. Va maintenant, homme superbe, va séduire des vierges; abandonne celles que tu as rendues mères.

Jas. La mort d'un seul est un châtiment assez cruel.

Méd. Si la mort d'un seul eût rassasié ma fureur, je n'aurais tué ni l'un ni l'autre. La mort même de tous deux ne suffit pas à ma vengeance. Je veux fouiller dans mes entrailles, et, s'il y existe quelque fruit de notre union, je l'en arracherai avec le fer.

Jas. Achève ton forfait; je cesse de te prier. La seule grâce que je te demande, c'est de ne pas prolonger mon supplice.

Méd. Jouis à loisir de ton crime; ne te presse point, ma colère : ce jour m'appartient. Je profite du temps que j'ai obtenu.

Jas. Cruelle, donne-moi la mort.

Méd. Mais c'est implorer ma pitié. (*Elle frappe le second de ses enfants.*) Je suis contente. C'en est fait; je ne pouvais, ô ma haine, t'offrir plus de victimes. (*A Jason.*) Tourne de ce côté tes yeux désespérés, ingrat Jason. Reconnais-tu ton épouse? C'est ainsi que j'ai coutume de signaler ma fuite. Je vais m'élever vers le ciel, portée par ces deux serpents qui soumettent au joug leurs cous écailleux. Tendre père, reprends tes enfants; et moi, sur ce char ailé je m'envole à travers l'espace.

Jas. Monte dans les plus hautes régions de l'air, et, en t'approchant du ciel, prouve qu'il n'y a pas de dieux.

Parantur arma, meque in exitium petunt.
Excelsa nostræ tecta conscendam domus,
Cæde inchoata. Perge tu mecum comes :
Tuum quoque ipsa corpus hinc mecum aveham.   975
Nunc hoc age, anime : non in occulto tibi est
Perdenda virtus : approba populo manum.
Jas. Quicumque regum cladibus fidus doles,
Concurre, ut ipsam sceleris auctorem horridi
Capiamus : huc, huc, fortis, armigeri, cohors,   980
Conferte tela : vertite ex imo domum.
Med. Jam, jam recepi sceptra, germanum, patrem;
Spoliumque Colchi pecudis auratæ tenent.
Rediere regna : rapta virginitas rediit.
O placida tandem numina! o festum diem!   985
O nuptialem!... Vade : perfectum est scelus;
Vindicta nondum : perage, dum faciunt manus.
Quid nunc moraris, anime? quid dubitas? potes.
Jam cecidit ira : pœnitet; facti pudet.
Quid, misera, feci? misera, pœniteat licet,   990
Feci. Voluptas magna me invitam subit;
Et ecce crescit : deerat hoc unum mihi,
Spectator ipse : nil adhuc factum reor.
Quidquid sine isto fecimus sceleris, periit.
Jas. En ipsa tecti parte præcipiti imminet.   995
Huc rapiat ignes aliquis, ut flammis cadat
Suis perusta. *Med.* Congere extremum tuis
Natis, Iason, funus, ac tumulum strue.
Conjux socerque justa jam functis habent.

A me sepulti : natus hic fatum tulit.   1000
Hic te vidente dabitur exitio pari.
Jas. Per numen omne, perque communes fugas,
Torosque, quos non nostra violavit fides,
Jam parce nato : si quod est crimen, meum est :
Me dede morti; noxium macta caput.   1005
Med. Hac, qua recusas, qua doles, ferrum exigam.
I nunc, superbe, virginum thalamos pete.
Relinque matres. *Jas.* Unus est pœnæ satis.
Med. Si posset una cæde satiari manus,
Nullam petisset : ut duos perimam tamen,   1010
Nimium est dolori numerus angustus meo.
In matre si quod pignus etiamnum latet,
Scrutabor ense viscera, et ferro extraham.
Jas. Jam perage cœptum facinus, haud ultra precor;
Moramque saltem suppliciis dona meis.   1015
Med. Perfruere lento scelere; ne propera, dolor.
Meus dies est : tempore accepto utimur.
Jas. Infesta memet perime. *Med.* Misereri jubes.
Bene est; peractum est : plura non habui, dolor,
Quæ tibi litarem. Lumina huc tumida alleva,   1020
Ingrate Iason : conjugem agnoscis tuam?
Sic fugere soleo : patuit in cælum via.
Squammosa gemini colla serpentes jugo
Summissa præbent : recipe jam natos parens.
Ego inter auras aliti curru vehar.   1025
Jas. Per alta vade spatia sublimi ætheris :
Testare nullos esse, qua veheris, deos.

AGAMEMNON.

PERSONNAGES.

AGAMEMNON.
CLYTEMNESTRE.
ÉGISTHE.
ÉLECTRE.
CASSANDRE.
LA NOURRICE DE CLYTEMNES-
  TRE.
STROPHIUS.

L'OMBRE DE THYESTE.
CHOEUR DE FEMMES D'ARGOS
  OU DE MYCÈNES.
CHOEUR DE TROYENNES.
ORESTE, }
PYLADE, } personnages muets.
EURYBATE. }

La scène est à Argos ou à Mycènes.

ARGUMENT.

L'ombre de Thyeste, désirant venger ses injures (voyez l'argument de Thyeste), excite son fils Égisthe à tuer Agamemnon. Égisthe, secondé par Clytemnestre, femme du roi d'Argos, qu'il avait séduite en l'absence de son mari, fait donner à ce prince, revenu vainqueur de Troie, une robe où il se trouve enfermé, et le poignarde à sa table même. Cassandre, captive aimée d'Agamemnon, est arrachée de l'autel et égorgée. Électre, pour avoir mis en sûreté son frère Oreste, est jetée en prison.

ACTE PREMIER.

L'OMBRE DE THYESTE.

J'ai quitté le noir séjour du dieu des enfers ; j'arrive ici des abîmes du Tartare, et je ne sais laquelle de ces deux demeures est pour moi la plus odieuse. Thyeste fuit les morts, et met en fuite les vivants. Mon cœur est saisi d'effroi ; tout mon corps frissonne. Je vois le palais de mon père ; c'est aussi.... celui de mon frère.

Oui, voilà le palais antique des Pélopides. C'est ici que les rois Pelasges prennent solennellement la couronne ; c'est du haut de ce trône que ces monarques superbes commandent à leurs sujets. C'est ici qu'ils assemblent leur conseil ; là, qu'ils célèbrent les festins solennels. Quel souvenir ! fuyons. Ne vaut-il pas mieux pour moi habiter même les sombres bords, voir le gardien du Styx agiter les serpents de sa triple tête, dans ces lieux où Ixion, attaché à une roue rapide, semble se poursuivre lui-même ; où Sisyphe roule en vain au haut d'une montagne un rocher qui toujours retombe ; où un vautour insatiable dévore le foie renaissant de Titye ; où Tantale, en expiation du repas qu'il servit aux dieux, est tourmenté d'une soif ardente au milieu de l'eau, et s'efforce d'atteindre de ses lèvres avides l'onde toujours fugitive ?

Mais que son crime tient peu de place parmi tous ceux de notre maison ! Rappelons tous ces coupables qui ont subi les arrêts du sévère Minos : Thyeste les aura tous surpassés, mais lui-même sera vaincu par son frère. Si, dévorant mes propres fils, je leur ai servi de tombeau ; si j'ai assouvi ma faim sur ma propre chair, victime du sort, j'étais souillé, je n'étais pas coupable. Mais j'étais réservé à un forfait plus odieux : un oracle m'ordonne d'entrer dans le lit de ma propre fille. Loin de reculer devant cette horreur, j'obéis avec joie ; et pour que le crime m'unît de plus près à chacun de mes enfants, j'ai forcé ma fille à recevoir dans ses flancs le fruit de l'inceste,

AGAMEMNON.

DRAMATIS PERSONÆ.

AGAMEMNON.
CLYTÆMNESTRA.
ÆGISTHEUS.
ELECTRA.
CASSANDRA.
NUTRIX.
STROPHIUS.

THYESTIS UMBRA.
CHORUS ARGIVARUM SIVE MY-
  CENÆARUM.
CHORUS ILIADUM.
ORESTES, MUTA PERSONA.
PYLADES, MUTA PERSONA.
EURYBATES.

Scena est vel Argis, vel Mycenis (utrubi parum refert).

ARGUMENTUM.

Thyestis umbra ulciscendarum injuriarum (de quibus vide Thyestis argumentum) cupida, filium Ægisthum in cædem Agamemnonis incitat. Ille itaque Agamemnonem, victorem a Troja reducem, in convivio impervia irretitum veste occidit, consilii cædisque participe Clytæmnestra, quam absente marito Agamemnone corruperat. Cassandram deinde Agamemnoni amatam ab aris avulsam occidit. Electram, quod fratrem Orestem amandaverat, carceri mancipari jubent.

ACTUS PRIMUS.

THYESTIS UMBRA.

Opaca linquens Ditis inferni loca,
Adsum profundo Tartari emissus specu,
Incertus utras oderim sedes magis,
Fugio Thyestes inferos, superos fugo.

Inhorret animus, et pavor membra excutit :	5
Video paternos, immo fraternos lares.	
Hoc est vetustum Pelopiæ limen domus :	
Hinc auspicari regium capiti decus	
Mos est Pelasgis : hoc sedent alti toro,	
Quibus superba sceptra gestantur manu :	10
Locus hic habendæ curiæ ; hic epulis locus.	
Libet reverti : nonne vel tristes lacus	
Incolere satius ? nonne custodem Stygis	
Tergemina nigris colla jactantem jubis ?	
Ubi ille celeri corpus evinctus rotæ	15
In se refertur ; ubi per adversum irritus	
Redeunte toties luditur saxo labor ;	
Ubi tondet ales avida fecundum jecur ;	
Et inter undas fervida exustus siti	
Aquas fugaces ore decepto appetit,	20
Pœnas daturus cælitum dapibus graves.	
Sed ille nostræ pars quota est culpæ senex ?	
Reputemus omnes, quos ob infandas manus	
Quæsitor urna Cnossius versat reos :	
Vincam Thyestes sceleribus cunctos meis.	25
A fratre vincar : liberis plenus tribus	
In me sepultis, viscera exedi mea.	
Nec hactenus fortuna maculavit patrem ;	
Sed majus aliud ausa commisso scelus,	
Natæ nefandos petere concubitus jubet.	30
Non pavidus hausi dicta, sed cepi nefas.	
Ergo ut per omnes liberos irem parens,	
Coacta fatis nata fert uterum gravem,	
Me patre dignum : versa natura est retro.	

un fils digne de moi. J'ai renversé l'ordre de la nature, confondu l'aïeul avec le père, le père avec le mari, les fils avec les petits-fils, la nuit avec le jour.

Enfin, après tant de malheurs, cet oracle incertain va s'accomplir et me venger. Agamemnon, ce roi des rois, ce chef de tant de capitaines, qui vit mille vaisseaux suivre son étendard, qui couvrit de ses flottes la mer de Sigée, revient, après dix ans, vainqueur d'Ilion, tendre la gorge au fer de son épouse. Bientôt le sang d'Atrée inondera à son tour le palais. Je vois des épées, des haches, des armes, et ce front superbe brisé par le tranchant du fer. Rien ne manque à ce nouveau crime : la trahison, le meurtre, le sang, le banquet, tout est préparé. Égisthe, accomplis la loi de ta naissance. Quoi! la honte te fait baisser la tête! ta main tremblante hésite à frapper. Tu délibères, tu balances, tu as des scrupules! Songe à ta mère, tu n'en auras plus.

Mais par quel prodige cette nuit d'été a-t-elle la durée des plus longues nuits d'hiver? Quelle cause arrête dans le ciel, les étoiles déjà sur leur déclin? C'est moi dont le soleil redoute la vue. Fuis, Thyeste; rends le jour à l'univers.

CHŒUR D'ARGIENNES.

O Fortune, tu te plais à humilier les plus grands rois, et tu ne les élèves au comble de la puissance que pour les placer sur la pente du précipice, et au-dessus d'un abîme. Quiconque porte le sceptre ne connaît plus les douceurs du repos, et n'est plus assuré d'un seul jour. Il est déchiré de soucis toujours renaissants; son âme est sans cesse agitée par de nouveaux orages. Ni les vagues qui se heurtent au-

tour des syrtes de la Libye, ni les tempêtes qui remuent jusqu'au fond des abîmes les eaux de l'Euxin, voisin du pôle glacé, où le Bouvier céleste, qui ne se plonge jamais dans l'azur des mers, dirige le Chariot éclatant, ne sont aussi terribles que ces coups du sort qui renversent les rois. Jaloux d'être craints, ils s'alarment des craintes qu'ils inspirent. La nuit bienfaisante ne leur offre pas d'asiles sûrs; et le sommeil, qui charme les soucis, leur refuse ses douceurs. Le crime vengé par le crime n'a-t-il pas causé la ruine de toutes les maisons royales? En est-il où les parents ne soient point armés contre les parents? La justice, la pudeur, la foi sacrée du mariage, fuient le seuil des palais. L'affreuse Bellone aux mains ensanglantées, Érinnys qui allume ses fureurs dans les cœurs ambitieux, sont les hôtes accoutumés de ces demeures superbes qu'un seul instant peut renverser dans la poussière. Et quand la grandeur n'a rien à craindre des armes ou de la trahison, elle s'affaisse et croule par son propre poids. Une haute fortune périt par son élévation même. Tout navire doit se défier du vent propice qui gonfle ses voiles. La tour qui cache son sommet dans les nuages est battue par l'Auster pluvieux. Souvent les chênes antiques qui faisaient le plus bel ornement d'une épaisse forêt sont brisés par l'orage. Les montagnes élevées sont plus souvent frappées de la foudre; les grands corps offrent plus d'espace aux maladies; et tandis qu'on laisse les animaux vulgaires errer dans les prairies, ce sont les chefs du troupeau qui tombent sous les couteaux sacrés. La fortune n'élève rien que pour le détruire. La médiocrité peut seule compter sur quelque durée.

Avo parentem, pro nefas! patri virum,   35
Natis nepotes miscui, nocti diem.
Sed sera tandem respicit fessos malis
Post fata demum sortis incertæ fides.
Rex ille regum, ductor Agamemnon ducum,
Cujus secutæ mille vexillum rates,   40
Iliaca velis maria texerunt suis;
Post decima Phœbi lustra devicto Ilio,
Adest, daturus conjugi jugulum suæ.
Jamjam natabit sanguine alterno domus.
Enses, secures, tela, divisum gravi   45
Ictu bipennis regium video caput.
Jam scelera prope sunt; jam dolus, cædes, cruor,
Paruntur epulæ : causa natalis tui,
Ægisthe, venit : quid pudor vultus gravat?
Quid dextra dubio trepida consilio labat?   50
Quid ipse temet consulis, torques, rogas,
An deceat hoc te? respice ad matrem, decet.
Sed cur repente noctis æstivæ vices
Hiberna longa spatia producunt mora?
Aut quid cadentes detinet stellas polo?   55
Phœbum moramur : redde jam mundo diem.

CHORUS ARGIVARUM.

O regnorum magnis fallax
Fortuna bonis, in præcipiti
Dubioque nimis excelsa locas.
Nunquam placidam sceptra quietem,   60
Certumve sui tenuere diem.
Alia ex alia cura fatigat,
Vexatque animos nova tempestas.
Non sic Libycis syrtibus æquor
Furit alternos volvere fluctus;   65
Non Euxini turget ab imis
Commota vadis unda, nivali
Vicina polo;

Ubi cæruleis immunis aquis,
Lucida versat plaustra Bootes,   70
Ut præcipites regum casus
Fortuna rotat.
Metui cupiunt, metuique timent.
Non nox illis alma recessus
Præbet tutos; non curarum   75
Somnus domitor pectora solvit.
Quas non arces scelus alternum
Dedit in præceps; impia quas non
Arma fatigant? Jura, pudorque
Et conjugii sacrata fides,   80
Fugiunt aulas : sequitur tristis
Sanguinolenta Bellona manu,
Quæque superbos urit Erinnys,
Nimias semper comitata domos :
Quas in planum quælibet hora   85
Tulit ex alto. Licet arma vacent,
Cessentque doli,
Sidunt ipso pondere magna,
Ceditque oneri Fortuna suo.
Vela secundis inflata Notis,   90
Ventos nimium timuere suos.
Nubibus ipsis inserta caput
Turris pluvio vapulat Austro :
Densasque nemus spargens umbras
Annosa videt robora frangi.   95
Feriunt celsos fulmina colles.
Corpora morbis majora patent :
Et quum in pastus armenta vagos
Vilia currant, placet in vulnus
Maxima cervix. Quidquid in altum   100
Fortuna tulit, ruitura levat.
Modicis rebus longius ævum est.
Felix, mediæ quisquis turbæ
Parte quietus,

Heureux le mortel paisible qui se tient caché dans la foule ! Poussé par un souffle léger, il rase prudemment le rivage, et n'expose jamais sa nacelle timide aux périls de la pleine mer.

ACTE DEUXIÈME.

CLYTEMNESTRE, LA NOURRICE.

Cly. Pourquoi, cœur pusillanime, recourir à de lâches conseils? Pourquoi balances-tu? Le retour à la vertu t'est pour jamais interdit. Tu pouvais jadis, gardant la foi jurée, tenir d'une main chaste le sceptre qui te fût confié par un époux. Tu as foulé aux pieds l'honneur, la vertu, les serments, la tendresse, la foi et la pudeur, qui, une fois bannie, ne saurait revenir. Abandonne-toi à tes passions; excite même leur violence. Pour le criminel, le crime est la seule voie de salut. Rappelle-toi toutes les perfidies dont ton sexe a donné l'exemple, tout ce que dans l'égarement de l'amour ont osé des épouses infidèles, tous les forfaits des marâtres, tous ceux de cette fille barbare qui, brûlant d'une flamme coupable, s'enfuit des bords du Phase sur le vaisseau de Thessalie; appelle à toi le fer, le poison; ou bien qu'un vaisseau t'emporte secrètement avec ton complice loin des bords de Mycènes. Quoi! tu ne te proposes qu'un départ furtif, l'exil et la fuite? c'est ce que fit ta sœur : tu dois prétendre à quelque chose de plus grand.

La nour. Reine des Grecs, illustre fille de Léda, quelles pensées vous occupent? Et pourquoi, sourde à la raison, abandonner votre âme à ces mouvements impétueux? Malgré votre silence, votre courroux tout entier se manifeste sur votre visage. Quoi qu'il en soit, attendez, ne précipitez rien. Le temps guérit souvent des maux contre lesquels la raison ne peut rien.

Cly. Mes douleurs sont trop cruelles pour que je me résigne à attendre. Un feu dévorant consume mes entrailles et pénètre dans mes os. La crainte et le dépit me déchirent à la fois de leurs traits; la jalousie me transporte, et je suis vaincue, subjuguée par un amour honteux, mais irrésistible. Enfin, dans ce combat de tant de passions, l'honneur, quoique abattu, terrassé, impuissant, se révolte encore; mon âme flotte incertaine. Ainsi lorsque la mer est poussée d'un côté par les vents, de l'autre par le flux, l'onde reste indécise, et ne sait à qui des deux elle doit céder. Aussi mes mains abandonnent le gouvernail; je me laisse aller où m'emporte la colère, la haine ou l'espérance. Je livre mon navire à la merci des flots. Quand la raison ne peut nous conduire, le mieux est de s'en remettre au hasard.

La nour. C'est agir en aveugle que prendre le hasard pour guide.

Cly. Quand le malheur est au comble, que peut-on craindre de la fortune ?

La nour. Votre faute est cachée, et peut rester secrète. Vous n'avez qu'à vouloir.

Cly. Les vices des rois ne sauraient être cachés.

La nour. Vous vous repentez d'un crime, vous en préparez un nouveau!

Cly. C'est folie de s'arrêter dans la carrière du crime.

La nour. Ajouter à ses crimes, c'est ajouter à ses craintes.

Cly. On emploie souvent comme remède le fer et le feu.

La nour. On n'emploie pas d'abord ces remèdes violents.

Cly. Il faut sortir d'un pas dangereux par le chemin le plus court.

La nour. Que du moins la sainteté de l'hymen vous arrête.

Cly. J'aurais le moindre égard pour un époux qui m'abandonna pendant dix ans?

La nour. Songez du moins aux fruits de votre union.

Aura stringit litora tuta ;   105
Timidusque mari credere cymbam ,
Remo terras propiore legit.

ACTUS SECUNDUS.

CLYTÆMNESTRA, NUTRIX.

Clyt. Quid, segnis anime , tuta consilia expetis ?
Quid fluctuaris? clausa jam melior via est.
Licuit pudicos conjugis quondam toros ,   110
Et sceptra casta vidua tutari fide.
Periere mores, jus , decus , pietas , fides ,
Et qui redire , quum perit, nescit pudor.
Da frena, et omnem prona nequitiam incita :
Per scelera semper sceleribus tutum est iter.   115
Tecum ipsa nunc evolve femineos dolos ,
Quod ulla conjux perfida, atque impos sui ,
Amore cæco; quod novercales manus
Ausæ; quod ardens impia virgo face ,
Phasiaca fugiens regna Thessalica trabe !   120
Ferrum, venena : vel Mycenæas domos ,
Conjuncta socio, profuge furtiva rate....
Quid timida loqueris furta, et exsilium, et fugas ?
Soror ista fecit : te decet majus nefas.
Nutr. Regina Danaum , et inclytum Ledæ genus ,   125
Quid tacita versas? quidve, consilii impotens,
Tumido feroces impetus animo geris ?
Licet ipsa sileas, totus in vultu est dolor.

Proin quidquid est, da tempus ac spatium tibi.
Quod ratio non quit, sæpe sanavit mora.   130
Clyt. Majora cruciant, quam ut moras possim pati.
Flammæ medullas et cor exurunt meum.
Mixtus dolori subdidit stimulos timor.
Invidia pulsat pectus : hinc animum jugo
Premit cupido turpis, et vinci vetat ;   135
Et inter istas mentis obsessæ faces,
Fessus quidem , et dejectus , et pessumdatus
Pudor rebellat : fluctibus variis agor :
Ut quum hinc profundum ventus, hinc æstus rapit,
Incerta dubitat unda , cui cedat malo.   140
Proinde omisi regimen e manibus meis.
Quocumque me ira, quo dolor, quo spes feret,
Huc ire pergam : fluctibus dedimus ratem.
Ubi animus errat, optimum est casum sequi.
Nutr. Cæca est temeritas, quæ petit casum ducem.   145
Clyt. Cui ultima est fortuna, quid dubiam timet?
Nutr. Tuta est , latetque culpa , si pateris , tua.
Clyt. Perlucet omne regiæ vitium domus.
Nutr. Piget prioris, et novum crimen struis!
Clyt. Res est profecto stolta , nequitiæ modus.   150
Nutr. Quod metuit, auget, qui scelus scelere obruit.
Clyt. Et ferrum, et ignis sæpe medicinæ loco est.
Nutr. Extrema primo nemo tentavit loco.
Clyt. Rapienda rebus in malis præceps via est.
Nutr. At te reflectat conjugii nomen sacrum.   155
Clyt. Decem per annos vidua respiciam virum ?

Cly. Je songe aussi à l'hymen qu'il préparait à ma fille, à l'alliance d'Achille : il tint bien sa promesse.

La nour. Ce sacrifice mit fin au calme funeste des flots, et ouvrit les chemins à la flotte captive dans le port.

Cly. O honte! ô douleur! moi, fille de Tyndare, petite-fille de Jupiter, je n'avais mis au jour cet enfant que pour qu'il obtînt aux Grecs des vents favorables. Je me représente l'hymen qu'il préparait à cette infortunée avec un soin digne d'un fils de Tantale. Je vois ce père cruel faisant des vœux près de l'autel paré, pour quelle fête, grands dieux! Calchas lui-même frémit de l'oracle qu'il avait prononcé, et la flamme sacrée recula d'horreur. O famille où les crimes sont toujours surpassés par de nouveaux crimes! nous n'avons obtenu que par le sang des vents propices, et la guerre que par le meurtre.

La nour. Mais les dieux mettaient à ce prix le départ des mille vaisseaux.

Cly. Aucun dieu n'a présidé à ce départ : le port d'Aulis a rejeté cette flotte impie. Voilà sous quels auspices il a entrepris la guerre : la suite y a répondu. Épris d'une captive, sourd aux prières du vieux prêtre d'Apollon, il refuse de lui rendre la fille qu'on lui a ravie; tant le possède déjà l'amour d'une vierge sacrée! Ni les menaces de l'indomptable Achille, ni la parole du devin qui lit si bien dans l'avenir, de ce devin infaillible quand il s'agit de moi, mais impuissant contre une captive; ni la contagion qui désole l'armée, ni le sinistre éclat des bûchers, rien ne peut l'émouvoir. Au milieu de ce désastre de la Grèce entière, vaincu sans être attaqué, il languit consumé d'une flamme honteuse. Un amour succède à un autre; et pour que ma place soit toujours occupée dans son lit par une captive barbare, il s'enflamme pour Briséis, la ravit à Achille, et

l'arrache sans honte des bras mêmes de son amant. Et voilà l'ennemi de Pâris! Aujourd'hui blessé d'un nouveau trait, il brûle du plus violent amour pour la prophétesse de Troie. Le voilà qui, après les trophées d'Ilion et la chute de Troie, revient mari d'une captive et gendre de Priam. Prépare-toi, mon âme. Le combat qui s'apprête est terrible : il faut prévenir ton ennemi. Pourquoi tarder? Attendras-tu que le sceptre de Pélops passe aux mains d'une Phrygienne? Qui t'arrête? Est-ce la présence de tes filles encore vierges, et d'Oreste image de son père? Sois plutôt touchée des maux prêts à fondre sur eux. Tu diffères, malheureuse, et tes enfants vont être au pouvoir d'une marâtre insensée! Que le fer, si tu ne peux te venger autrement, perce ton flanc, et qu'un même coup vous tue l'un et l'autre. Que notre sang se confonde. Meurs, pourvu que ton perfide époux périsse avec toi! On périt sans regret avec celui dont on a désiré la mort.

La nour. Calmez-vous, ô reine, et modérez vos emportements. Songez à l'audace de votre entreprise. Votre époux revient vainqueur de la superbe Asie. Le vengeur de l'Europe va reparaître, traînant à sa suite Pergame captive, et les Troyens réduits après dix ans de travaux. Vous voulez employer contre lui la ruse et l'artifice? Celui que respectèrent et l'épée dont l'impétueux Achille avait armé sa main furieuse, et l'aîné des Ajax qui, résolu à mourir, n'écoutait que sa rage, et cet Hector qui seul arrêta les Grecs et prolongea la guerre, et les flèches inévitables de Pâris, et le noir Memnon, et le Xanthe entraînant pêle-mêle les armes et les cadavres, et le Simoïs roulant ses flots ensanglantés, et le blanc Cycnus fils du dieu des mers, et la phalange thrace commandée par le belliqueux Rhésus, et ces Amazones armées de haches, ces guerrières aux boucliers échancrés, aux carquois ornés de peintures; c'est ce héros que

---

Nutr. Meminisse debes sobolis ex illo tuæ.
Clyt. Equidem et jugales filiæ memini faces,
Et generum Achillem : præstitit matri fidem.
Nutr. Redemit illa classis immotæ moras,   160
Et maria pigro tixa languore impulit.
Clyt. Pigel dolelque! Tyndaris, cæli genus,
Lustrale classi Doricæ peperit caput.
Revolvit animus virginis thalamos meæ,
Quos ille dignos Pelopia fecit domo,   165
Quum stetit ad aras ore sacrifico pater,
Quam nuptiales! Horruit Calchas suæ
Responsa vocis, et recedentes focos.
O scelera semper sceleribus vincens domus!
Cruore ventos emimus, bellum nece.   170
Nutr. Sed vela pariter mille fecerunt rates.
Clyt. Non est soluta prospero classis deo :
Ejecit Aulis impias portu rates.
Sic auspicatus bello, non melius gerit,
Amore captæ captus, immotus prece,   175
Sminthea tenuit spolia Phœbei ducis,
Ardore sacræ virginis jam tum furens.
Non illum Achilles flexit indomitus minis;
Non ille solus fata qui mundi videt,
In nos fidelis augur, in captas levis;   180
Non populus æger, et relucentes rogi.
Inter ruentis Græciæ stragem ultimam
Sine hoste victus marcet, ac Veneri vacat,
Reparatque amores : neve desertus foret
A pellice unquam barbara cælebs torus,   185
Ablatam Achilli diligit Lyrnessida :
Nec rapere pudult e sinu avulsam viri.

En Paridis hostem! nunc novum vulnus gerens
Amore Phrygiæ vatis incensus furit :
Et post tropæa Troica, ac versum Ilium,   190
Captæ maritus remeat, et Priami gener.
Accingere, anime : bella non levia apparas :
Scelus occupandum est : pigra, quem exspectas diem?
Pelopia Phrygiæ sceptra dum teneant nurus?
An te morantur virgines viduæ domi,   195
Patrique Orestes similis? horum te mala
Ventura moveant, turbo quels rerum imminet.
Quid, misera, cessas? en adest natis tuis
Furens noverca : per tuum, si aliter nequit,
Latus exigatur ensis, et perimat duos.   200
Misce cruorem, perde pereundo virum.
Mors misera non est, commori cum quo velis.
Nutr. Regina, frena tenet, et siste impetum,
Et quanta tentes, cogita : victor venit
Asiæ ferocis, ultor Europæ : trahit   205
Captiva Pergama, et diu victos Phrygas.
Hunc fraude nunc conaris et furto aggredi?
Quem non Achilles ense violavit fero,
Quamvis procacem torvus armasset manum;
Non melior Ajax, morte decretus furens;   210
Non sola Danais Hector et bello mora;
Non tela Paridis certa; non Memnon niger;
Non Xanthus armis corpora immixtis gerens,
Fluctusque Simois cæde purpureos agens;
Non nivea proles Cycnus æquorei dei;   215
Non bellicoso Thressa cum Rheso phalanx;
Non picta pharetras, et securigera manu
Peltata Amazon; hunc domi reducem paras

vous voulez immoler, lorsqu'il rentre dans ses foyers! Vous souillerez de ce meurtre impie les autels domestiques! La Grèce victorieuse laissera-t-elle ce crime impuni? Figurez-vous les armes, les chevaux, la mer couverte de flottes menaçantes, la terre inondée de sang, et toutes les calamités qui ont signalé la prise et la ruine de Troie, renouvelées dans la Grèce même. Étouffez donc ces mouvements furieux, et, dans votre propre intérêt, rendez le calme à votre cœur.

ÉGISTHE, CLYTEMNESTRE, LA NOURRICE.

Égis. Il est arrivé ce jour dont l'attente me remplissait d'une continuelle frayeur. Oui, Égisthe, c'est fait de toi. Mais pourquoi ce désespoir? pourquoi mettre bas les armes sans combat? Persuade-toi que les dieux ont juré ta perte, et te préparent une mort cruelle; mais affronte hardiment tous les supplices; brave le fer et la flamme; meurs, mais sans reculer devant l'ennemi.

Cly. Avec une naissance telle que la tienne, Égisthe, ce n'est pas une peine que de mourir.

Égis. Menacée des mêmes périls que moi, fille de Léda, secondez-moi seulement: et ce roi sans cœur, courageux contre les siens, vous payera le sang qu'il a versé. D'où vient le trouble et la pâleur de votre visage? Pourquoi ce front baissé, ces regards abattus?

Clyt. La foi conjugale triomphe, et me ramène au devoir. Je veux reprendre des sentiments que je n'aurais jamais dû perdre, et, malgré mes longs égarements, redevenir une épouse fidèle. Il n'est jamais trop tard pour revenir à la vertu. Le repentir est presque l'innocence.

Égis. Insensée, quelle est votre erreur? Quoi! vous comptez sur l'attachement d'Agamemnon? Quand même vous n'auriez pas au fond du cœur un si grave sujet de crainte, il vous faudra souffrir les hauteurs d'un époux orgueilleux, que la fortune a enivré de ses faveurs. Insolent avec ses égaux lorsque Troie subsistait encore, combien la ruine de cette ville a dû enfler son âme superbe! Il était roi de Mycènes : il en sera le tyran. Le succès enivre les esprits. Quel cortége forment autour de lui ses nombreuses maîtresses? Mais au-dessus de toutes s'élève celle qui a subjugué son vainqueur, la prêtresse du dieu des oracles. Consentirez-vous à partager avec elle la couche nuptiale? Elle la voudra posséder seule. C'est le comble de l'opprobre pour une épouse légitime, que de voir une concubine maîtresse absolue dans la maison de son époux. Le trône, non plus que le lit conjugal, n'admet de partage.

Clyt. Pourquoi, Égisthe, troubler de nouveau mes esprits et rallumer un courroux presque éteint? Mon époux vainqueur a cherché quelques délassements auprès de ses captives. Ce sont des faiblesses sur lesquelles, comme épouse et comme reine, je dois fermer les yeux. L'hymen des rois n'est pas soumis aux mêmes règles que celui des particuliers. D'ailleurs la conscience de mes propres désordres me défend d'être sévère envers mon époux. On doit être indulgent, lorsqu'on a soi-même besoin d'indulgence.

Égist. Fort bien. Ainsi vous vous pardonnerez réciproquement vos torts. Ignorez-vous donc ou n'avez-vous pas éprouvé quelle est la justice des rois? Rigoureux pour nous, faciles pour eux-mêmes, ils regardent comme le privilége de la royauté de se permettre ce qui est défendu aux autres.

Clyt. Il a fait grâce à Hélène. Hélène, qui ne causa pas moins de maux à l'Europe qu'à l'Asie, est retournée auprès de son époux.

Égis. Jamais un amour adultère ne l'a effacée du cœur de Ménélas, toujours épris de son épouse.

Mactare, et aras cæde maculare impia?
Victrix inultum Græcia hoc facinus feret?   220
Equos et arma, classibusque horrens fretum
Propone, et alto sanguine exundans solum,
Et tota captæ fata Dardaniæ domus
Regesta Danais : comprime affectus truces,
Mentemque tibimet ipsa pacifica tuam.   225

ÆGISTHUS, CLYTÆMNESTRA, NUTRIX.

Ægisth. Quod tempus animo semper ac mente horrui,
Adest profecto rebus extremum meis.
Quid terga vertis, anime? quid primo impetu
Deponis arma? crede perniciem tibi,
Et dira sævos fata moliri deos.   230
Oppone cunctis vile suppliciis caput,
Ferrumque et ignes pectore adverso excipe.
Clyt. Ægisthe, non est pœna sic nato mori.
Ægisth. Tu nos pericli socia, tu Leda sata
Comitare tantum : sanguinem reddet tibi   235
Ignavus iste ductor, ac fortis pater.
Sed quid trementes circuit pallor genas,
Jacensque vultus languido obtutu stupet?
Clyt. Amor jugalis vincit, ac flectit retro.
Referamur illuc, unde non decuit prius   240
Abire : vel nunc casta repetatur fides.
Nam sera nunquam est ad bonos mores via.
Quem pœnitet peccasse, pæne est innocens.
Ægisth. Quo raperis amens! credis, aut speras tibi
Agamemnonis fidele conjugium? ut nihil   245
Subesset animo, quod graves faceret metus;
Tamen superba et impotens flatu nimis

Fortuna magno spiritus tumidos daret.
Gravis ille sociis stante adhuc Troja fuit;
Quid rere ad animum, suapte natura trucem,   250
Trojam addidisse? rex Mycenarum fuit;
Veniet tyrannus : prospera animos efferunt.
Effusa circa pellicum quanto venit
Turba apparatu! sola sed turba eminet,
Tenetque regem famula veridici dei.   255
Feresne thalami victa consortem tui?
At illa nolet. Ultimum est nuptæ malum,
Palam marita possidens pellex domum :
Nec regna socium ferre, nec tædæ sciunt.
Clyt. Ægisthe, quid me rursus in præceps rapis,   260
Iramque flammis jam residentem incitas?
Permisit aliquid victor in captas sibi :
Nec conjugem hoc respicere, nec dominam decet.
Lex alia solio est, alia privato in toro.
Quid quod severas ferre me leges viro   265
Non patitur animus, turpis admissi memor?
Det ille veniam facile, cui venia est opus.
Ægisth. Ita est : pacisci mutuam veniam licet.
Ignota tibi sunt jura regnorum, aut nova!
Nobis maligni judices, æqui sibi,   270
Id esse regni maximum pignus putant,
Si, quidquid aliis non licet, solis licet.
Clyt. Ignovit Helenæ : juncta Menelao redit,
Quæ Europam et Asiam paribus afflixit malis.
Ægisth. Sed nulla Atridem Venere furtiva abstulit,   275
Nec cepit animum conjugi obstrictum suæ.
Jam crimen ille quærit, et causas parat.
Nil esse crede turpe commissum tibi;

Agamemnon ne cherche qu'une occasion, un prétexte pour vous accuser. Nulle faute ne trouvera grâce devant lui; et quand vous n'auriez aucune faute à vous reprocher, à quoi sert une vie pure, exempte de reproches, quand on a encouru la haine d'un maître? On est criminel sans examen. Objet de ses dédains, irez-vous à Sparte près de votre Eurotas, chercher un asile dans le palais de votre père? Un roi ne laisse pas échapper l'épouse qu'il répudie. Vous vous flattez de trompeuses espérances.

Clyt. Mes fautes ne sont connues que d'un confident discret.

Égis. La fidélité n'entra jamais dans la demeure des rois.

Clyt. J'achèterai son silence en le comblant de richesses.

Égis. L'or triomphe d'une fidélité achetée à prix d'or.

Clyt. La vertu reprend sur mon cœur son ancien empire. Pourquoi la combattre? pourquoi d'une voix séduisante me donner des conseils funestes? Quoi! je ferais de l'épouse du roi des rois la femme d'Égisthe, et de la fille des dieux la compagne d'un exilé!

Égis. En quoi suis-je à vos yeux au-dessous du fils d'Atrée, moi, fils de Thyeste?

Clyt. Ajoute encore, son petit-fils.

Égis. En ordre exprès de Phébus m'a fait naître. Je ne rougis pas de ma naissance.

Clyt. Tu attribues ton infâme naissance à Phébus, à ce dieu qui, chassé par vous du ciel, ramena ses coursiers en arrière, et couvrit le monde de ténèbres soudaines. Pourquoi imputer ta honte aux dieux, toi qui n'es habile qu'à t'introduire dans la couche d'autrui, et qui, dans l'âge viril, ne t'es encore signalé que par l'adultère? Fuis au plus tôt; éloigne de mes yeux celui qui déshonore cette glorieuse demeure. Son maître y est attendu.

Égis. L'exil n'est pas nouveau pour moi; je suis accoutumé au malheur. Si vous l'ordonnez, reine, je sors de ce palais et d'Argos; si c'est trop peu, dites un mot, et le fer déchirera ce sein rempli d'amertume.

Clyt. Fille de Tyndare, serais-tu assez cruelle pour y consentir? Le coupable doit au moins ne pas abandonner son complice. Viens avec moi, et cherchons ensemble les moyens d'écarter les dangers qui nous menacent.

CHOEUR D'ARGIENNES.

Chantez Phébus, brillante jeunesse. Phébus, c'est pour toi que cette foule joyeuse couronne son front; c'est pour toi que ces jeunes filles, race d'Inachus, agitant, selon l'usage, des rameaux de laurier, laissent tomber leur chevelure virginale. Joignez-vous à ces chœurs, jeunes Thébaines accourues dans Argos, et vous qui vous désaltérez ou dans les froides ondes de l'Érasine ou dans l'Eurotas, ou dans l'Ismène qui coule silencieusement entre deux rives verdoyantes, vous que la prophétesse Manto, fille de Tirésias, invite à célébrer la fête des deux enfants de Latone. Phébus, tu es vainqueur, tu nous rends la paix; détends ton arc; dépose ton carquois rempli de flèches légères, et que ta lyre harmonieuse résonne sous tes doigts rapides. Mais point de chants guerriers, point de ces accords terribles et retentissants; module un de ces chants gracieux et faciles, et que tu te plais à faire redire aux Muses attentives; ou si tu veux élever la voix, redis cet hymne que tu fis entendre aux dieux, lorsqu'ils virent les Titans abattus par la foudre; quand ces monstres farouches, entassant monts sur monts pour atteindre jusqu'au ciel, placèrent l'Ossa sur le Pélion, et au-dessus d'eux l'Olympe, dressant sa cime couronnée de pins verdoyants.

Quid honesta prodest vita, flagitio vacans,
Ubi dominus odit? fit nocens, non quæritur.   280
Spartamne repetes spreta, et Eurotan tuum,
Patriasque sedes profuga? non dant exitum
Repudia regum : spe metum falsa levas.
Clyt. Delicta novit nemo, nisi fidus, mea.
Æguth. Non intrat unquam regium limen fides.   285
Clyt. Opibus merebor, ut fidem pretio obligem.
Ægisth. Pretio parata, vincitur pretio fides.
Clyt. Surgit residuus pristinæ mentis pudor.
Quid obstrepis? quid voce blandiloqua mala
Consilia dictas? scilicet nubet tibi,   290
Regum relicto rege, generosa exsuli?
Ægisth. Et cur Atrida videor inferior tibi,
Natus Thyestæ? *Clyt.* Si parum est, adde et nepos.
Ægisth. Auctore Phœbo gignor : haud generis pudet.
Clyt. Phœbum nefandæ stirpis auctorem vocas,   295
Quem nocte subita frena revocantem sua
Cælo expulistis. Quid deos probro advocas,
Surripere doctus fraude geniales toros,
Quem Venere tantum scimus illicita virum?
Facesse propere, ac dedecus claræ domus   300
Asporta ab oculis : hæc vacat regia viro.
Ægisth. Exsilia mihi sunt haud nova : assuevi malis.
Si tu imperas, regina, non tantum domo
Argive cedo : nil moror jussu tuo
Aperire ferro pectus ærumnis grave.   305
Clyt. Siquidem hoc cruenta Tyndaris fieri sinam?
Quæ juncta peccat, debet et culpæ fidem.
Secede mecum potius, ut rerum statum

Dubium ac minacem juncta consilia explicent.

CHORUS ARGIVARUM.

Canite, o pubes inclita, Phœbum.   310
Tibi festa caput turba coronat :
Tibi virgineas laurum quatiens
De more comas innuba fundit
Stirps Inachia : tu quoque nostros,
Thebais hospes, comitare choros,   315
Quæque Erasini gelidos fontes,
Quæque Eurotan, quæque virenti
Tacitum ripa bibis Ismenon,
Quam fatorum præscia Manto,
Sata Tiresia, Latonigenas   320
Monuit sacris celebrare deos.
Arcus victor pace relata,
        Phœbe, relaxa,
Humerosque graves levibus telis
Pone pharetras; resonetque manu   325
Pulsa citata vocale chelys.
        Nil acre velim
Magnumque modis intonet altis :
Sed quale soles leviore lyra
Flectere carmen simplex; lusus   330
Quum docta tuos Musa recenset.
Licet et chorda graviore sones,
Quale canebas, quum Titanas
Fulmine victos videre dei;
Vel quum montes montibus altis   335
Superimpositi struxere gradus

Ecoutez nos vœux, vénérable Junon, sœur et épouse de Jupiter, qui partagez avec lui l'empire du ciel; Mycènes entière, votre Mycènes, vous rend hommage. Divinité tutélaire d'Argos, vous seule entendez nos plaintes, dissipez nos alarmes; vous tenez entre vos mains la guerre et la paix. Recevez aujourd'hui les lauriers d'Agamemnon, gages d'une victoire qu'il vous doit. C'est en votre honneur qu'une flûte savante fait entendre des chants solennels; que nos jeunes filles unissent à leurs voix mélodieuses les accords de la lyre; que nos épouses, acquittant le vœu qu'elles ont fait, agitent leurs torches sacrées; c'est au pied de votre autel que va tomber cette génisse d'une blancheur éclatante, qui ne fut jamais assujettie aux travaux des champs, et dont le cou n'est pas meurtri par le joug.

Nous vous invoquons aussi, glorieuse Pallas, fille du maître puissant du tonnerre, vous qui avez souvent frappé de votre lance les remparts de Dardanus; les femmes de tout âge se réunissent pour célébrer votre culte, et votre prêtre ouvre à votre approche les portes de ce temple que vous revenez habiter. Une foule nombreuse s'en approche, le front ceint de couronnes; des vieillards chargés du poids des ans viennent vous rendre grâce d'avoir comblé leurs vœux, et, d'une main tremblante, épanchent en votre honneur la liqueur de Bacchus.

Et vous aussi, Diane, nous vous offrons, d'une voix qui vous est connue, le tribut de notre reconnaissance. C'est vous qui, sous le nom de Lucine, ordonnâtes à Délos de s'arrêter pour servir d'asile à votre mère. Cette Cyclade, qui jusque-là errait au gré des vents, désormais immobile et inébranlablement attachée à la terre, repousse l'assaut des aquilons, et le câble fixe à ses rivages les navires parmi lesquels elle flottait autrefois. C'est vous qui remplîtes des corps de ses enfants le palais de Niobé. L'orgueilleuse n'est plus qu'un rocher qui s'élève sur le sommet du Sipyle; mais ce rocher; encore sensible, répand sans cesse de nouvelles larmes sur ses anciennes infortunes. Hommes et femmes s'empressent également aux autels des jumeaux de Latone. O vous surtout, père et arbitre du monde, dieu de la foudre, vous qui, d'un seul mouvement de tête, ébranlez tout le ciel, Jupiter, auteur de notre race, recevez avec bonté nos offrandes, et jetez un regard propice sur un monarque votre petit-fils, digne de cette illustre origine.

Mais je vois un soldat qui vient en toute hâte de ce côté. Sans doute il nous apporte d'heureuses nouvelles, car le fer de sa lance est surmonté d'une branche de laurier; c'est Eurybate, le fidèle serviteur du roi.

ACTE TROISIÈME.

EURYBATE, CLYTEMNESTRE.

Eury. Bonheur auquel je crois à peine! je puis donc, après dix ans d'absence et de dangers, saluer ces temples et ces autels, revoir mes dieux domestiques. Acquittez les vœux que vous avez faits. Ce prince, l'honneur de l'Argolide, Agamemnon revient victorieux dans ses foyers.

Clyt. Cette heureuse nouvelle est déjà venue jusqu'à moi. Où est cet époux que mes vœux appellent depuis dix ans? Est-il en mer, ou a-t-il débarqué?

Eury. Plein de vie, comblé d'honneur, brillant de gloire, il foule ce rivage qu'il souhaitait d'atteindre.

Trucibus monstris : stetit imposita
Pelion Ossa ; pinifer ambos
    Pressit Olympus.
Ades, o magni, soror et conjux,   340
Consors sceptri, regia Juno :
Tua te colimus turba Mycenæ :
Tu sollicitum supplexque tui
Numinis Argos sola tueris;
Tu bella manu pacemque regis;   345
Tu nunc lauros Agamemnonias
    Accipe victrix.
Tibi multifora tibia buxo
Solemne canit : tibi illa movent
Docta puellæ carmine molli.   350
Tibi votivam matres Graiæ
Lampada jactant : ad tua conjux
Candida tauri delubra cadit,
Nescia aratri, nullo collum
     Signata jugo.   355
Tuque o magni nata Tonantis
Inclita Pallas, quæ Dardanias
Sæpe petisti cuspide turres :
Te permixto matrona minor
Majorque choro colit, et reserat   360
Veniente dea templa sacerdos :
Tibi nexilibus turba coronis
    Redimita venit.
Tibi grandævi lassique senes
Compote voto reddunt grates,   365
Libantque manu vina trementi.
Et te Triviam nota memores
Voce precamur : tu maternam
Sistere Delon, Lucina, jubes,
Huc atque illuc prius errantem   370

Cyclada ventis : nunc jam stabilis
Fixa terras radice tenet ;
Respuit auras, religatque rates
Assueta sequi. Tu Tantalidos
Funera matris victrix numeras.   375
Stat nunc Sipyli vertice summo
    Flebile saxum,
Et adhuc lacrimas mœsta æternum
Marmora manant antiqua novas.
Colit impense femina virque   380
Numen geminum. Tuque ante omnes,
Pater ac rector, fulmine pollens,
Cujus nutu simul extremi
Tremuere poli, generis nostri
Juppiter auctor, cape dona libens;   385
Abavusque tuam non degenerem
    Respice prolem.
Sed, ecce, vasto concitus miles gradu
Manifesta properat lætitiæ ferens :
Namque hasta summo lauream ferro gerit   390
Fidusque regi semper Eurybates adest.

ACTUS TERTIUS.

EURYBATES, CLYTÆMNESTRA.

Eur. Delubra et aras cælitum, et patrios lares
Post longa fessus spatia, vix credens mihi,
Supplex adoro. Vota superis solvite :
Telluris altum remeat Argolicæ decus   395
Tandem ad penates victor Agamemnon suos.
Clyt. Felix ad aures nuntius venit meas.
Ubinam petitus per decem conjux mihi
Annos moratur? pelagus, an terras premit?
Eur. Incolumis, auctus gloria, laude inclitus,   400

Clyt. Célébrons cet heureux jour par des sacrifices, et remercions les dieux de cette faveur qu'ils ont si longtemps différée. Mais dis-moi si le frère de mon époux est vivant, dis-moi quel lieu habite ma sœur.

Eury. Je ne puis que faire des vœux pour leur conservation, car j'ignore s'ils ont échappé aux périls de la mer. Depuis que la tempête a dispersé notre flotte, le roi n'a pu apercevoir le vaisseau de son frère; lui-même, errant sur la vaste mer, a essuyé sur les flots plus de pertes que par la guerre. Il revient comme un vaincu, ramenant quelques navires fracassés, tristes débris d'une si belle flotte.

Clyt. Quel accident a détruit nos vaisseaux, et séparé les deux rois?

Eury. Vous me demandez un triste récit. Vous m'ordonnez de troubler la joie de ce beau jour par de douloureux souvenirs. Mon âme, saisie d'horreur, se refuse à retracer de si cruelles disgrâces.

Clyt. Parle; celui qui n'ose apprendre son malheur ajoute à ses craintes. Le doute augmente le trouble de l'âme.

Eury. Dès que Pergame entière eut été consumée par le feu des Grecs, et qu'ils eurent partagé le butin, ils s'empressèrent de courir au rivage. Les soldats fatigués se débarrassent de leurs épées, jettent sans ordre les boucliers sur le pont des navires, et leurs mains guerrières s'exercent maintenant à manier la rame. Leur impatience s'irrite du moindre retard. Enfin le signal du départ brille à la poupe du vaisseau royal; la trompette éclatante avertit les rameurs attentifs, et la proue dorée, s'avançant la première, ouvre aux mille vaisseaux la carrière qu'ils ont à franchir. Un faible vent qui se joue dans les voiles pousse doucement la flotte. L'onde paisible est à peine agitée par le souffle de ce doux zéphyr.

La mer disparaît et brille tout ensemble, couverte de nos poupes éclatantes. Cependant nous tournons de regards satisfaits vers le rivage désert de Troie, et vers le promontoire de Sigée, qui n'est plus qu'une solitude. Toute la jeunesse agite les rames avec ardeur, et, secondant les vents par ses efforts, élève et abaisse tour à tour ses mains vigoureuses; l'onde, frappée par l'aviron, se soulève, et frappe en mugissant le navire. Une écume blanchissante divise l'azur des mers. Dès qu'un souffle plus fort eut gonflé les voiles, on cessa de ramer. Les vents seuls poussaient alors nos navires, et le soldat, étendu sur les bancs, tantôt observe les rivages qui fuient à mesure que les voiles s'en éloignent, tantôt rappelle les événements de la guerre, les menaces du vaillant Hector, son cadavre traîné par Achille, puis racheté et rendu au tombeau par son père; Priam arrosant de son sang l'autel de Jupiter Hercéen.

Cependant les dauphins, égayés par le calme de la mer, fendent les eaux, montrant à leur surface leurs dos arrondis. On les voit bondir, se croiser en tous sens, côtoyer notre flotte, la devancer ou la suivre; et leur troupe joyeuse tantôt précède la première de nos proues, tantôt environne le dernier de nos mille vaisseaux.

Déjà tous les rivages s'effacent; la terre a disparu; on distingue confusément encore le sommet de l'Ida; et le seul objet qu'aperçoive encore un œil perçant, c'est la sombre fumée de Troie. Déjà Phébus se préparait à dételer ses coursiers fatigués; le jour sur son déclin allait faire place aux étoiles; un nuage d'abord léger environna le soleil, et ternit son disque éclatant. Ce voile jeté sur le couchant nous fait craindre une tempête. Quelques étoiles commençaient à luire dans le ciel. Le vent cesse d'enfler nos voiles, qui retombent; un bruit sourd et menaçant

---

Reducem expetito litori impressit pedem.
Clyt. Sacris colamus prosperum tandem diem,
Et si propitios, attamen lentos, deos.
Tu pande, vivat conjugis frater mei,
Et pande, teneat quas soror sedes mea.   405
Eur. Meliora votis posco, et obtestor deos.
Nam certa fari sors maris dubii vetat.
Ut sparsa tumidum classis excepit mare,
Ratis videre socia non potuit ratem.
Quin ipse Atrides æquore immenso vagus   410
Graviora pelago damna, quam bello, tulit;
Remeatque victo similis, exiguos trahens
Lacerasque victor classe de tanta rates.
Clyt. Effare, casus quis rates hausit meas?
Aut quæ maris fortuna dispulerit duces?   415
Eur. Acerba fatu poscis : infaustum jubes
Miscere læto nuntium : refugit loqui
Mens ægra, tantis atque inhorrescit malis.
Clyt. Exprome : clades scire qui refugit suas,
Gravat timorem : dubia plus torquent mala.   420
Eur. Ut Pergamum omne Dorica cecidit face,
Divisa præda est : maria properantes petunt;
Jamque ense fessum miles exonerat latus;
Neglecta summis scuta per puppes jacent;
Ad militares remus aptatur manus;   425
Omnisque nimium longa properanti mora est.
Signum recursus regia ut fulsit rate,
Et clara lentum remigem monuit tuba,
Aurata primas prora designat vias,
Aperitque cursus, mille quos puppes secent.   430
Hinc aura primo lenis impellit rates,
Allapsa velis : unda vix actu levi

Tranquilla Zephyri mollis afflatu tremit;
Splendetque classe pelagus, et pariter latet.
Juvat videre nuda Trojæ litora,   435
Juvat relicti sola Sigei loca.
Properat juventus omnis adductos simul
Lentare remos : adjuvat ventos manu,
Et valida nisu brachia alterno movet.
Sulcata vibrant æquora, et latera increpant;   440
Dirimuntque canæ cærulum spumæ mare.
Ut aura plenos fortior tendit sinus,
Posuere tonsas; credita est vento ratis :
Fususque transtris miles, aut terras procul,   445
Quantum recedunt vela, fugientes notat,
Aut bella narrat; Hectoris fortis minas,
Currusque, et emto redditum corpus rogo :
Sparsum cruore regis Herceum Jovem.
Tunc qui jacente reciprocus ludit salo,   450
Tumidumque pando transilit dorso mare,
Tyrrhenus omni piscis exsultat freto,
Agitatque gyros, et comes lateri adnatat,
Antcire naves lætus, et rursus sequi.
Nunc prima tangens rostra lascivit chorus,   455
Millesimam nunc ambit et lustrat ratem.
Jam litus omne tegitur, et campi latent,
Et dubia parent montis Idæi juga.
Et, id quod unum pervicax acies videt,
Iliacus atra fumus apparet nota.   460
Jam lassa Titan colla relevabat jugo;
In astra jam lux prona, jam præceps dies.
Exigua nubes sordido crescens globo
Nitidum cadentis inquinat Phœbi jubar.
Suspecta varius occidens fecit freta.

gronde du sommet des montagnes, et les rivages et les rochers lui répondent par un long murmure. L'onde s'agite et s'élève à l'approche des vents. Tout à coup la lune se cache, les étoiles disparaissent. Les flots vont toucher les nues; on ne voit plus le ciel. Ce n'est pas une simple nuit qui nous environne; les plus épaisses ténèbres pèsent sur nos têtes, et confondent le ciel et les flots; les vents opposés, l'Eurus et le Zéphyr, le Notus et Borée, se déchaînent à la fois, et troublent la mer jusqu'au fond de son lit. Ils luttent chacun avec ses armes, bouleversent les flots, les élèvent en rapides tourbillons. Borée lance sur nous toutes les neiges de la Thrace; l'Auster roule des monceaux de sable vers les syrtes de Libye; le Notus, non moins furieux que l'Auster, assemble d'épaisses nuées, et augmente les eaux de la mer de toutes celles du ciel. L'Eurus ébranle l'Orient, les royaumes des Nabathéens, tous les rivages de l'Aurore. Vous peindrai-je le Caurus qui s'élance de l'Occident? On dirait que l'univers est ébranlé dans ses fondements, que les dieux eux-mêmes vont tomber au milieu des débris du ciel, et que la nature va rentrer dans la confusion du chaos. Les ondes résistent au vent, le vent les refoule et les brise; la mer, sortie de son lit, se soulève, et se confond avec la pluie. Enveloppés de ténèbres, semblables à cette nuit affreuse qui couvre les bords du Styx, nous n'avons pas même, dans notre malheur, la consolation de voir, et de savoir comment nous périssons. La foudre déchire les nuages, et, s'élançant du ciel, répand sur nous une clarté sinistre. Eh bien! nous sommes si avides de voir la lumière, que nous trouvons un certain charme dans ces lueurs effrayantes.

Les vaisseaux, heurtant leurs flancs et leurs proues les uns contre les autres, se brisent eux-mêmes: l'un, englouti dans les flots qui s'ouvrent comme un abîme, est revomi par la mer, et reparaît à la surface; l'autre s'enfonce par son propre poids; celui-ci, entr'ouvert de toutes parts, s'abîme dans les eaux; celui-là est enseveli sous une vague immense. Cet autre, dépouillé de tous ses agrès, ne suit plus aucune direction: il n'a plus ni ses rames, ni ses voiles, ni le mât élevé qui portait ses fortes antennes. Ainsi mutilé, il erre au hasard sur la mer Ionienne. L'expérience et l'habileté ne peuvent rien. Le pilote cède à la tempête: la frayeur enchaîne ses membres; les matelots cessent toute manœuvre, et abandonnent les rames. Dans cette situation désespérée, notre seul recours est dans les dieux. Grecs et Troyens leur adressent les mêmes prières.

O vicissitudes du sort! Pyrrhus porte envie à son père, Ulysse à Ajax, Ménélas à Hector, Agamemnon à Priam. On nomme heureux tous ceux qui sont morts près de Troie, qui ont succombé dans le combat, dont la renommée conserve les noms, et qui ont un tombeau dans la terre des vaincus. Et nous, nous périssons sans gloire au milieu des flots! De vaillants guerriers succomberont à un trépas obscur! Nous perdrons le fruit de notre mort! O dieu qui tu sois, dont tant de maux n'ont pas assouvi la haine, calme enfin ta colère. Troie elle-même donnerait des larmes à nos malheurs. Si, toujours ennemi des Grecs, tu as résolu notre perte, pourquoi faire mourir avec nous ceux dont tu venges la mort? Apaise l'onde furieuse: cette flotte qui porte les Grecs porte aussi des Troyens. Ces plaintes sont interrompues par l'agitation des flots.

Mais un autre danger menace nos têtes. Armée de la foudre de Jupiter irrité, Pallas épuise contre nous tous ses moyens de vengeance: sa lance, son égide, l'horrible Gorgone et les feux de son

Nox prima cælum sparserat stellis : jacent	465	
Deserta vento vela : tum murmur grave,		
Majora minitans, collibus summis cadit,		
Tractuque longo litus ac petræ gemunt.		
Agitata ventis unda ventúris tumet :		
Quum subito luna conditur, stellæ latent.	470	
In astra pontus tollitur : cælum perit.		
Nec una nox est : densa tenebras obruit		
Caligo, et, omni luce subducta, fretum		
Cælumque miscet : undique incumbant simul,		
Rapiuntque pelagus, infimo eversum solo,	475	
Adversus Euro Zephyrus, et Boreæ Notus.		
Sua quisque mittunt tela, et infesti fretum		
Emoliuntur : turbo convolvit mare.		
Strymonius altas Aquilo contorquet nives;		
Libycusque arenas Auster ad syrtes agit.	480	
Nec manet in Austro; sit gravis nimbis Notus,		
Imbre auget undas; Eurus Orientem movet,		
Nabathæa quatiens regna, et Eoos sinus.		
Quid rabidus ora Corus Oceano exserens?		
Mundum revelli sedibus totum suis,	485	
Ipsosque rupto crederes cælo deos .		
Decidere, et atrum rebus induci chaos.		
Vento resistit æstus, et ventus retro		
Æstum revoivit : non capit sese mare;		
Undasque miscent imber et fluctus suas.	490	
Nec hoc levamen denique ærumnis datur,		
Videre saltem, et nosse quo pereant malo.		
Premunt tenebræ lumina, et diræ Stygis		
Inferna nox est : excidunt ignes tamen,		
Et nube dirum fulmen elisa micat;	495	
Miserisque lucis tanta dulcedo est malæ.		
Hoc tamen optant : ipsa se classis premit,		
Et prora proræ nocuit, et lateri latus.		
Illam dehiscens pontus in præceps rapit,		
Haurítque, et alto redditam revomit mare.	500	
Hæc onere sidit : illa convulsum latus		
Summittit undis : fluctus hanc decimus tegit.		
Hæc lacera, et omni decore populato levis		
Fluitat; nec illi vela, nec tonsæ manent;		
Nec rectus altas malus antennas ferens;	505	
Sed trunca toto puppis Ionio natat.		
Nil ratio et usus audet : ars cessit malis.		
Tenet horror animos : omnis officio stupet		
Navita relicto : remus effugit manus.		
In vota miseros ultimus urget timor,	510	
Eademque superos Troes et Danai rogant.		
Quid fata possunt! invidet Pyrrhus patri,		
Ajaci Ulysses, Hectori Atrides minor,		
Agamemnon Priamo : quisquis ad Trojam jacet .		
Felix vocatur, cadere qui meruit gradu,	515	
Quem fama servat, victa quem tellus premit.		
Nil nobile ausos pontus atque undæ ferent?		
Ignava fortes fata consument viros ?		
Perdenda mors est : quisquis es nondum malis		
Satiate tantis cælitum, tandem tuum	520	
Numen serena : cladibus nostris daret		
Vel Troja lacrimas : odia si durant tua,		
Placetque mitti Doricum exitio genus,		
Quid hos simul perire nobiscum juvat,		
Quibus perimus? Sistite infestum mare :	525	
Vehit ista Danaos classis; et Troas vehit.		
Nec plura possunt : occupat vocem mare.		
Ecce alia clades : fulmine irati Jovis		

père. Une seconde tempête éclate dans le ciel. L'intrépide Ajax résiste seul à tant de maux. Dans le temps qu'à l'aide d'un cordage, il pliait ses voiles, il est atteint par le feu du ciel. Aussitôt Pallas, brandissant un nouveau foudre avec une vigueur digne de Jupiter, lance de toute la roideur de son bras le trait enflammé, qui perce Ajax et son vaisseau, et emporte une partie du vaisseau et d'Ajax lui-même. Lui, sans montrer aucun trouble, quoiqu'à demi consumé, se dresse comme un roc au milieu de la mer; il lutte contre les vagues, fend les flots avec sa poitrine, et, tenant son vaisseau d'une main, l'entraîne après lui. Il brille au milieu des flots obscurs, et répand une vive clarté sur la mer. Enfin il atteint un rocher, et, d'une voix terrible, s'écrie qu'il a vaincu la mer et les feux : « Oui, j'ai triomphé « du ciel, de Pallas, de la foudre et des flots. Je n'ai « pas fui devant le dieu terrible de la guerre; j'ai « résisté seul aux efforts réunis d'Hector et de Mars. « Les flèches de Phébus ne m'ont pas fait reculer. « J'ai vaincu ces dieux ligués avec les Troyens; et « j'aurais peur de ces traits empruntés que lance une « main débile! Non, quand Jupiter même... » Avant qu'il achevât ce blasphème, Neptune, élevant sa tête au-dessus des flots, renverse le rocher d'un coup de son trident. Ajax tombe avec le rocher, et périt enfin, vaincu par la terre, le feu et la mer.

Un danger plus affreux que la tempête nous attendait au rivage. Près du promontoire de Capharée, une eau sans profondeur, et qui forme parmi les rochers de rapides courants, couvre de perfides écueils. Elle bouillonne au milieu des récifs, et les flots y sont agités par un flux et reflux continuel. Là s'élève une tour qui domine au loin sur les deux mers. Elle regarde, d'un côté, l'empire de Pélops où vous

régnez, et cet isthme étroit qui empêche la mer de Phrixus de se mêler à la mer Ionienne; de l'autre côté, Lemnos fameuse par le crime, Chalcis, et Aulis qui retint nos vaisseaux. Le père de Palamède s'empare de cette tour, et, par une ruse abominable, allume à son sommet des feux éclatants, pour attirer nos vaisseaux parmi ces rochers trompeurs. Ils demeurent attachés aux pointes des écueils, et se brisent sur les bas-fonds. La proue de l'un est à flot, tandis que sa poupe est prise entre des roches. Tandis qu'il veut revenir en arrière, il est heurté par un autre, contre lequel il se brise en le brisant. Réduits à craindre la terre, nos vaisseaux regagnent la pleine mer. Enfin la tempête s'apaise à l'approche du jour. Content d'avoir vengé Ilion, Phébus reparut, et sa triste lumière éclaira les désastres de la nuit.

Cly. Dois-je m'affliger ou me réjouir du retour de mon époux? Je me réjouis de le revoir, mais puis-je ne pas gémir d'un si cruel désastre? O mon père, toi dont les foudres ébranlent l'Olympe, rends aux Grecs la faveur des dieux. Et nous, parons nos fronts de feuillage, en signe d'allégresse. Que la flûte sacrée fasse entendre de doux accents, et qu'une victime blanche tombe au pied des autels.

Mais les captives troyennes viennent de ce côté, gémissantes, échevelées. A sa démarche superbe, au laurier prophétique dont elle est couronnée, on reconnaît la prêtresse inspirée d'Apollon.

CHOEUR DE TROYENNES, CASSANDRE.

Le chœ. Hélas! c'est un charme à la fois doux et cruel que cet amour invincible qui attache les mortels à la vie, puisque la mort est là, refuge assuré contre leurs maux, qui les invite à s'en affranchir.

Armata Pallas, quidquid aut hasta minax,
Aut ægide et furore Gorgoneo potest,   530
Aut igne patrio, tentat; et cælo novæ
Spirant procellæ : solus invictus malis
Luctatur Ajax : vela cogentem hunc sua
Tenso rudente flamma perstrinxit cadens.
Libratur aliud fulmen : hoc toto impetu   535
Certum reducta Pallas excussit manu,
Imitata patrem : transit Ajacem, et ratem,
Ratisque partem secum et Ajacis tulit.
Nil ille motus, ardua ut cautes salo
Ambustus exstat, dirimit insanum mare,   540
Fluctusque rumpit pectore, et navem manu
Complexus in se trahit, et cæco mari
Collucet Ajax : omne resplendet fretum.
Tandem occupata rupe, furibundum intonat,
Superasse nunc se pelagus, atque ignes : « Juvat   545
« Vicisse cælum, Palladem, fulmen, mare :
« Non me fugavit bellici terror dei;
« Et Hectorem una solus et Martem tuli :
« Phœbea nec me tela pepulerunt gradu.
« Cum Phrygibus istos vicimus : tandem horream   550
« Aliena inerti tela mitti dextera?
« Quid si ipse mittat? » Plura quum auderet furens,
Tridente rupem subruit pulsam pater
Neptunus, imis exserens undis caput,
Solvitque montem; quem cadens secum tulit :   555
Terraque et igne victus et pelago jacet.
Nos alia major naufragos pestis vocat.
Est humilis unda, scrupeis mendax vadis,
Ubi saxa rapidis clusa vorticibus fugit
Fallax Caphareus : æstuat scopulis fretum,   560
Fervetque semper fluctus alterna vice;

Arx imminet prærupta, quæ spectat mare
Utrinque geminum. Pelopis hinc oras tui,
Et Isthmon, arcto qui recurvatus solo
Ionia jungi maria Phrixeis vetat;   565
Hinc scelere Lemnon nobilem; hinc et Chalcida;
Tardamque ratibus Aulida : hanc arcem occupat
Palamedis ille genitor, et clarum manu
Lumen nefanda vertice e summo efferens,
In saxa duxit perfida classem face.   570
Hærent acutis rupibus fixæ rates.
Has inopis undæ brevia comminuunt vada.
Pars vehitur hujus prima, pars scopulo sedet.
Hanc alia retro spatia relegentem ferit,
Et fracta frangit : jam timent terram rates,   575
Et maria malunt. Cecidit in lucem furor.
Postquam litatum est Ilio, Phœbus redit,
Et damna noctis tristis ostendit dies.
Clyt. Utrumne doleam, læter an reducem virum?
Remeasse lætor : vulnus at regni grave   580
Lugere cogor : redde jam Gralis, pater,
Altisona quatiens regna, placatos deos.
Nunc omne læta fronde veletur caput.
Sacrifica dulces tibia effundat modos;
Et nivea magnas victima ante aras cadat.   585
Sed ecce turba tristis, incomtæ comas,
Iliades adsunt, quas super celso gradu
Effrena Phœbas entheas laurus quatit.

CHORUS ILIADUM, CASSANDRA.

Chor. Heu quam dulce malum mortalibus additum,
Vitæ dirus amor, quum pateat malis   590
Effugium, et miseros libera mors vocet,
Portus æterna placidus quiete!

et leur offre de les conduire comme dans un port, au sein de l'éternel repos. On y est à l'abri de toutes les frayeurs, et des tourmentes furieuses de la fortune, et des atteintes de la foudre qui frappe au hasard. Là, dans une paix profonde, on ne craint ni la multitude séditieuse, ni les menaces d'un vainqueur irrité, ni les flots soulevés par le Caurus orageux, ni la violence du soldat, ni les nuages de poussière qu'élève dans l'air la cavalerie du barbare, ni la flamme ennemie qui embrase les villes, et ensevelit les habitants sous les ruines de leurs demeures, ni la guerre indomptable. Celui-là s'affranchit de tout esclavage, qui ne craint point le souverain des ombres, qui, regardant d'un œil tranquille le noir Achéron et les bords lugubres du Styx, ose mettre un terme à ses jours. Il est égal aux rois, égal aux habitants du ciel.

Malheureux celui qui ne sait pas mourir! Nous avons vu notre patrie détruite dans une nuit funeste, la ville de Dardanus dévorée par le feu des Grecs. Ce n'est pas la guerre ni la force des armes qui en ont triomphé, comme lorsqu'elle tomba sous les flèches d'Hercule; Troie n'a été vaincue ni par le fils de Thétis, ni par le compagnon chéri de cet implacable guerrier, lorsque, couvert de l'armure éclatante de son ami, Patrocle mit en fuite les Troyens épouvantés à la vue de ce faux Achille; ni lorsque Achille lui-même, dont la douleur avait ranimé la vertu guerrière, fit craindre aux Troyens qu'il ne franchît leurs remparts. Troie, dans son malheur, est privée de la dernière consolation du vaincu : une défaite honorable. Elle a résisté dix ans, pour périr en une seule nuit, par un stratagème.

Nous avons vu cette masse gigantesque, cette prétendue offrande, ce don fatal des Grecs; et nous fûmes assez crédules pour l'introduire nous-mêmes dans nos murs. Plus d'une fois, sur le seuil de la porte, il trembla ce cheval dans lequel des rois se tenaient cachés, et qui portait la guerre dans ses flancs caverneux. Nous pouvions déjouer la ruse, et prendre les Grecs dans leurs propres pièges. Souvent les boucliers résonnèrent en se heurtant; un sourd murmure frappa nos oreilles; et Pyrrhus, qui se prêtait à regret au stratagème d'Ulysse, frémissait d'indignation.

Cependant la jeunesse troyenne, sans aucune défiance, s'empresse à toucher les cordages sacrés. Ici, c'est Astyanax à la tête des enfants de son âge; là, cette princesse fiancée au tombeau d'Achille, conduisant les vierges troyennes. Les femmes, les hommes, tous en habits de fête, courent acquitter leurs vœux dans les temples, et s'empressent autour des autels. Il n'y a dans la ville que des visages radieux. Enfin, ce qu'on n'avait pas vu depuis les funérailles d'Hector, Hécube paraît joyeuse.

O douleur cruelle, quel sera le premier, quel sera le dernier sujet de tes plaintes? Ces remparts bâtis par des mains divines, et renversés par les nôtres? Nos dieux ensevelis sous les débris fumants de leurs temples? Ce n'est pas là ce qui doit faire couler nos larmes. C'est toi, père des Phrygiens, que pleurent les Troyennes. J'ai vu, j'ai vu le fer de Pyrrhus, plongé dans le sein de ce vieillard, se rougir à peine d'un reste de sang.

Cas. Troyennes, retenez ces pleurs, qui peuvent couler dans tout autre moment; pleurez, gémissez vous-mêmes sur votre propre mort. Mes chagrins n'admettent point de partage. Ne mêlez donc point

---

Nullus hunc terror, nec impotens
Procella Fortunæ movet,
Aut iniqui flamma Tonantis.   505
Pax alta : nullos civium cœtus
Timet, aut minaces victoris iras;
Non maria asperis insana Coris :
            Non acies feras,
            Pulvereamve nubem,   600
Motam barbaricis equitum catervis;
Hostica aut muros populante flamma,
Urbe cum tota populos cadentes;
Indomitumve bellum : perrumpet omne
Servitium contemtor levium deorum,   605
Qui vultus Acherontis atri,
Qui Styga tristem non tristis videt,
Audetque vitæ ponere finem.
Par ille regi, par superis erit.
O quam miserum est nescire mori!   610
Vidimus patriam ruentem nocte funesta,
Quum Dardana tecta Dorici raperetis ignes.
Non illa bello victa, nec armis,
Ut quondam Herculea cecidit pharetra :
Quam non Pelei Thetidisque natus,   615
Carusque Pelidæ nimium feroci
Vicit, accepta quum fulsit armis,
Fuditque Troas falsus Achilles :
Aut quum ipse Pelides animos feroces
Sustulit luctu, celeremque saltu   620
Troades summis timuere muris.
Perdidit in malis extremum decus,
Fortiter vinci : restitit annis
            Troja bis quinis,
Unius noctis peritura furto.   625
Vidimus simulata dona molis immensæ;

Danaûmque fatale munus duximus nostra
Creduli dextra; tremuitque sæpe
Limine in primo sonipes, cavernis
Conditos reges bellumque gestans :   630
Et licuit versare dolos, ut ipsi
Fraude sua capti caderent Pelasgi.
Sæpe commotæ sonuere parmæ,
Tacitumque murmur percussit aures;
Et fremuit male subdolo   635
Parens Pyrrhus Ulyssi.
Secura metus Troica pubes
Sacros gaudet tangere funes.
Hinc æquævi gregis Astyanax,
Hinc Hæmonio desponsa rogo,   640
Ducunt turmas : hæc femineas,
            Ille viriles.
Festæ matres votiva ferunt
Munera divis; festi patres
Adeunt aras : unus tota est   645
            Vultus in urbe.
Et, quod nunquam post Hectoreos
Vidimus ignes, læta est Hecube.
Quid nunc primum, dolor infelix,
Quidve extremum deflere paras?   650
Mœnia divûm fabricata manu,
            Diruta nostra?
An templa deos super usta suos?
Non vacat istis lacrimare malis.
Te, magne parens, flent Iliades.   655
Vidi, vidi, senis in jugulo
Telum Pyrrhi vix exiguo
            Sanguine tingi.
Cass. Cohibete lacrimas, omne quas tempus petit,
Troades, et ipsæ vestra lamentabili   660

vos regrets avec les miens; seule je suffirai à mes infortunes.

Le chœ. Les malheureux trouvent quelque douceur à confondre leurs larmes. Les peines qu'on renferme dans son cœur n'en sont que plus cuisantes : on aime à pleurer ensemble ceux qu'on a perdus. Votre âme est ferme et endurcie aux souffrances; mais vous ne pourrez suffire seule à pleurer de si cruelles infortunes. Ni la triste Philomèle, qui, au printemps sous le feuillage, redit ses chants harmonieux et ne cesse de pleurer la mort d'Itys; ni l'oiseau de Thrace, qui sur le sommet des maisons rappelle en gémissant les amours incestueux et les fureurs de son époux, ne pourraient assez déplorer les calamités de votre maison. Cycnus lui-même, remarquable par son éclatante blancheur au milieu de la troupe qui fend avec lui les eaux de l'Ister et du Tanaïs, Cycnus l'essayerait en vain, quand il ferait entendre ces doux accents, présage de sa mort. Ce serait trop peu des regrets qu'Alcyone donne à son cher Céyx, lorsqu'elle mêle sa plainte au doux murmure de l'onde, et que, se fiant encore à ce calme trompeur, elle se hasarde sur la mer, et réchauffe d'une aile inquiète son nid, agité par les flots. En vain les prêtres efféminés de la mère des dieux, s'associant à vos peines, se déchireraient le sein, comme dans ces jours où ils honorent la mémoire d'Atys, exaltés par les sons de la flûte phrygienne. Nous ne pouvons, Cassandre, modérer notre douleur, puisque nos maux sont sans mesure.

Mais pourquoi arracher de votre front les bandelettes sacrées? N'est-ce pas dans le malheur surtout qu'il faut respecter les dieux?

Cas. Mes maux l'emportent sur toutes les craintes. Je ne cherche plus à fléchir les dieux; et quand ils le voudraient, ils ne peuvent désormais me nuire. La fortune elle-même a épuisé ses forces. Ai-je encore une patrie, un père, une sœur? Les tombeaux et les autels se sont abreuvés de mon sang. Que sont devenus mes frères, si brillants, si nombreux? Tous ont péri. Ces deux vieillards malheureux, restés seuls dans leur palais, ont survécu à tant de fils qu'ils avaient mariés; et, de toutes leurs brus, l'étrangère est la seule qui ne soit pas veuve. La mère de tant de rois, la souveraine de la Phrygie, Hécube, qui enfanta un flambeau destructeur, n'appartient plus à la race humaine. Sous la forme d'un vil animal, survivant à Hector, à Priam, à elle-même, c'est par des aboiements qu'elle exhale sa fureur près des ruines de son palais.

Le chœ. La prêtresse garde de nouveau le silence; son visage pâlit, et des mouvements convulsifs agitent tout son corps. Ses bandelettes se dressent sur son front; ses cheveux se hérissent. De sa poitrine haletante s'échappe un sourd frémissement Ses yeux hagards errent çà et là, puis tournent dans leurs orbites, puis redeviennent fixes et farouches. «La voilà qui marche la tête haute et d'un air imposant; elle semble faire un effort pour parler; enfin, malgré sa résistance, le dieu l'oblige à parler.

Cas. Pourquoi me déchirer encore de ces cruels aiguillons? Pourquoi troubler mes sens? où m'entraînez-vous, roches sacrées du Parnasse? Éloigne-toi, Phébus : je ne suis plus à toi. Éteins ces feux allumés au fond de mon sein. A quoi sert ce délire, cette fureur qui me transporte? C'en est fait, Troie a péri. Pourquoi ces prédictions que l'on ne croit pas? Où suis-je? Le jour a fui; une épaisse nuit couvre mes yeux; un voile sombre a caché le ciel. Mais quoi! je vois deux soleils briller dans les airs : une

Lugete gemitu funera : ærumnæ meæ
Socium recusant : cladibus questus meis
Removete : nostris ipsa sufficiam malis.
Chor. Lacrimas lacrimis miscere juvat.
Magis exurunt, quos secretæ   665
Lacerant curæ : juvat in medium
Deflere suos : nec tu, quamvis
Dura virago patiensque mali,
Poteris tantas flere ruinas.
Non quæ verno mobile carmen   670
Ramo cantat tristis aedon,
Ityn in varios modulata sonos ;
Non quæ tectis Bistonis ales
Residens summis impia diri
Furta mariti garrula deflet;   675
Lugere tuam poterit digne
Conquesta domum ; licet ipse velit
Clarus niveos inter olores
Istrum cygnus Tanaimque colens
Extrema loqui; licet alcyones   680
Ceyca suum fluctu leviter
Plangente sonent, quum tranquillo
Male confisæ credunt iterum
Pelago audaces, fetusque suos
Nido pavidæ fautante fovent :   685
Non si molles imitata viros
Tristis laceret brachia tecum,
Quæ turritæ turba parenti
Pectora rauco concita buxo
Furit, ut Phrygium lugeat Attin.   690
Non est lacrimis, Cassandra, modus,
Quia quæ patimur vicere modum.
Sed cur sacratas deripis capiti infulas?

Miseris colendos maxime superos putem.
Cass. Vicere nostra jam metus omnes mala.   695
Equidem nec ulla cælites placo prece :
Nec, si velint sævire, quo noceant, habent.
Fortuna vires ipsa consumsit suas.
Quæ patria restat? quis pater? quæ jam soror?
Bibere tumuli sanguinem atque aræ meum   700
Quid illa felix turba fraterni gregis?
Exhausta nempe : regia miseri senes
Vacua relicti, totque per thalamos vident,
Præter Lacænam, ceteras viduas nurus.
Tot illa regum mater, et regimen Phrygum   705
Fecunda in ignes Hecuba, fatorum novas
Experta leges, induit vultus feros.
Circa ruinas rabida latravit suas,
Trojæ superstes, Hectori, Priamo, sibi.
Chor. Silet repente Phœbas, et pallor genas,   710
Creberque totum possidet corpus tremor.
Stetere vittæ : mollis horrescit coma.
Anhela corda murmure incluso fremunt.
Incerta nutant lumina; et versi retro
Torquentur oculi : rursus immites rigent.   715
Nunc levat in auras altior solito caput,
Graditurque celsa : nunc reluctantes parat
Reserare fauces; verba nunc cluso male
Custodit ore, mænas impatiens dei.
Cass. Quid me furoris incitam stimulis novi,   720
Quid mentis inopem sacra Parnassi juga
Rapitis? recede, Phœbe : jam non sum tua.
Exstingue flammas pectori infixas meo.
Cui nunc vagor vesana? cui bacchor furens?
Jam Troja cecidit : falsa quid vates ago?   725
Ubi sum? fugit lux alma, et obscurat genas

seconde Argos s'élève à côté de la première. Je vois les forêts de l'Ida. Le berger, ce juge fatal, va prononcer entre trois puissantes déesses. Rois, craignez, je vous en préviens, les rejetons furtifs. Ces nourrissons des bois ruineront votre maison. Pourquoi cette femme furieuse se lève-t-elle un fer menaçant? Vêtue comme une Lacédémonienne, armée de la hache d'une Amazone, quel héros veut-elle frapper?

Quelle autre image s'offre maintenant à mes yeux? Un lion de Libye, roi superbe des forêts, périt, déchiré par la dent d'un vil animal et les morsures cruelles d'une lionne audacieuse. Ombres des miens, pourquoi m'appeler, moi, le dernier reste de votre famille? Je te suis, ô mon père, toi qui fus enseveli sous les débris de Troie entière. O mon frère, toi le rempart des Phrygiens et la terreur des Grecs, je te revois; non plus dans l'éclat de ta gloire, lançant des feux contre les vaisseaux ennemis : ton corps est en lambeaux; des liens cruels ont laissé sur tes bras leur trace profonde. Je te rejoins, ô Troïle, toi qui osas, trop jeune, hélas! te mesurer avec Achille. Je te vois, Déiphobe, défiguré par d'horribles blessures, gages de l'amour de ta nouvelle épouse. Oui, je brûle de descendre aux bords mêmes du Styx, de voir l'affreux gardien du Tartare et l'empire de l'avare Pluton. La barque du noir Phlégéton transportera aujourd'hui deux âmes royales, celle du vaincu et celle du vainqueur. Mânes, je vous en conjure, et toi aussi, fleuve qui confirmes les serments des dieux, ouvrez un moment la voûte des enfers, afin que les ombres des Phrygiens puissent apercevoir Mycènes. Contemplez, malheureux, contemplez ce fatal retour des choses humaines.

Les hideuses Furies accourent, agitant d'une main leur fouet sanglant, et tenant dans l'autre une torche à demi consumée. Elles gonflent leurs joues livides. Un lugubre vêtement entoure leurs flancs décharnés. On entend dans l'ombre des bruits effrayants; les ossements énormes des Titans, rongés par une longue corruption, sont étendus sous un marais fangeux. Affligé du meurtre qui s'apprête, le vieux Tantale, oubliant sa soif, ne poursuit plus l'onde qui se joue au-devant de ses lèvres, tandis que mon aïeul Dardanus marche d'un air fier et triomphant.

Le chœur. La fureur de la prophétesse s'est épuisée elle-même en s'exhalant. Elle tombe à terre, comme une victime, frappée d'un coup mal assuré, chancelle, et fléchit les genoux devant l'autel. Hâtons-nous de la relever. Enfin Agamemnon, le front ceint du laurier des vainqueurs, est au milieu des siens. Son épouse en habits de fête était allée à sa rencontre; elle revient avec lui, et marche à ses côtés.

ACTE QUATRIÈME.

AGAMEMNON, CASSANDRE.

Aga. Enfin, après tant de périls, je revois mes dieux domestiques! Salut, terre chérie! Cent peuples barbares t'ont livré leurs dépouilles. Troie, si longtemps florissante, met sous tes lois la puissante Asie. Mais d'où vient que cette prophétesse est étendue sans force et tremblante? elle laisse retomber sa tête. Relevez-la, et qu'une eau fraîche lui rende le sentiment. Elle rouvre à la lumière ses yeux languissants. Prenez courage. Nous voici dans ce port désiré, terme de nos souffrances. Ce jour est un jour de fête

---

Nox alta, et æther abditus tenebris latet.
Sed ecce gemino sole præfulget dies;
Geminumque duplices Argos attollit domos.
Idæa cerno nemora : fatalis sedet   730
Inter potentes arbiter pastor deas.
Timete reges, moneo, furtivum genus.
Agrestis ille alumnus evertet domum.
Quid ista vecors tela feminea manu
Destricta præfert? quem petit dextra virum   735
Lacæna cultu ferrum Amazonium gerens?
Quæ versat oculos alia nunc facies meos?
Victor ferarum colla sublimis jacet
Ignobili sub dente Marmaricus leo,
Morsus cruentos passus audacis leæ.   740
Quid me vocatis sospitem solam e meis,
Umbræ meorum? te sequor, tota pater
Troja sepulte. Frater, auxilium Phrygum,
Terrorque Danaûm, non ego antiquum decus
Video, aut calentes ratibus exustis manus :   745
Sed lacera membra, et saucios vinclo gravi
Illos lacertos. Te sequor, nimium cito
Congresse Achilli, Troile. Incertos geris,
Deiphobe, vultus, conjugis munus novæ.
Juvat per ipsos ingredi Stygios lacus ;   750
Juvat videre Tartari sævum canem,
Avidique regna Ditis ; hæc hodie ratis
Phlegethontis atri regias animas vehet,
Victamque, victricemque : vos, umbræ, precor,
Jurata superis unda, te pariter precor,   755
Reserate paulum terga nigrantis poli,
Levis ut Mycenas turba prospiciat Phrygum.
Spectate miseri : fata se vertunt retro.
   Instant sorores squalidæ :
Sanguinea jactant verbera.   760

Fert læva semustas faces,
Turgentque pallentes genæ,
Et vestis atri funeris
Exesa cingit ilia ;
Strepuntque nocturni metus,   765
Et ossa vasti corporis
Corrupta longinquo situ
Palude limosa jacent.
Et ecce defessus senex
Ad ora ludentes aquas   770
Non captat, oblitus sitis,
Mœstus futuro funere.
Exsultat, et ponit gradus
Pater decoros Dardanus.
Chor. Jam pervagatus ipse se fregit furor,   775
Caditque; flexo qualis ante aras genu
Cervice taurus vulnus incertum gerens.
Relevemus artus entheos. Tandem suos
Victrice lauro cinctus Agamemnon adit ;
Et festa conjux obvios illi tulit   780
Gressus; rediitque juncta concordi gradu.

ACTUS QUARTUS.

AGAMEMNON, CASSANDRA.

Agam. Tandem revertor sospes ad patrios lares.
O cara, salve, Terra ! tibi tot barbaræ
Dedere gentes spolia : tibi felix diu
Potentis Asiæ Troja submisit manus.   785
Quid ista vates, corpus effusa ac tremens,
Dubia labat cervice? Famuli, attollite.
Refovete gelido latice : jam recipit diem
Marcente visu. Suscita sensus tuos :
Optatus ille portus ærumnis adest ;   790

Cas. C'est dans un jour de fête que Troie a péri.

Aga. Allons au pied des autels.

Cas. C'est au pied des autels que mon père fut égorgé.

Aga. Prions ensemble Jupiter.

Cas. Jupiter Hercéen?

Aga. Vous croyez voir Ilion?

Cas. Oui, et Priam.

Aga. Nous ne sommes pas à Troie.

Cas. Je vois une Troie partout où je vois une Hélène.

Aga. Ne craignez rien de votre maîtresse.

Cas. Je serai bientôt libre.

Aga. Vivez, rassurez-vous.

Cas. Mon assurance est dans la mort.

Aga. Vous n'êtes menacée d'aucun danger.

Cas. Un grand danger vous menace.

Aga. Que peut craindre le vainqueur?

Cas. Ce qu'il ne craint pas.

Aga. Fidèles serviteurs, veillez sur elle tant qu'elle sera en proie à ce délire, de peur qu'elle ne tourne sa fureur contre elle-même. Cependant, ô mon père, toi qui lances la foudre terrible et dissipes les nuages, arbitre du ciel et de la terre, toi à qui les vainqueurs offrent les marques de leur triomphe; et toi, sœur et épouse du plus puissant des dieux, Junon, protectrice d'Argos, je cours avec joie au pied de vos autels, et mes mains suppliantes y feront fumer l'encens et la chair des victimes que je vous ai vouées.

CHŒUR D'ARGIENNES.

Argos, noble patrie de tant de héros, Argos chère à leur marâtre irritée, tu élèves toujours d'illustres nourrissons. Il t'était réservé de com-pléter le nombre des dieux. Pour prix de ses douze travaux, ton héros fameux, Alcide a mérité une place dans l'Olympe, Alcide pour qui Jupiter, renversant les lois de la nature, a doublé les froides heures de la nuit, lorsqu'il commanda à Phébus de retenir sous l'horizon ses coursiers rapides, et à toi, pâle Phébé, de ralentir la marche de ton char. Cette étoile qui change alternativement de nom revint en arrière, étonnée qu'on l'appelât l'astre du soir; l'aurore se leva pour remplir sa tâche ordinaire, et laissa retomber sa tête sur l'épaule de son vieil époux. L'Orient et l'Occident s'émurent à la naissance d'Hercule : une seule nuit ne suffisait pas pour engendrer ce formidable héros. Le ciel troublé suspendit son mouvement pour toi, enfant merveilleux, qui devais soutenir la voûte céleste. Le lion terrible de Némée expira, pressé entre tes bras vigoureux. Tu atteignis et la biche du Ménale et le monstre qui ravageait l'Arcadie; tu terrassas cet horrible taureau venu des rivages de la Crète.

Par lui l'hydre féconde fut détruite à jamais, cette hydre qui renaissait par ses blessures mêmes. Il accabla des coups de sa massue ces frères monstrueux, assemblage de trois corps en un seul, et conduisit sur les rivages de l'Orient ces troupeaux élevés dans l'Hespérie, dépouille du triple Géryon. Il s'empara de ces coursiers que le tyran de Thrace nourrissait, non de l'herbe des prés que baignent l'Hèbre et le Strymon, mais de la chair de ses hôtes; et le sang de leur maître fut le dernier dont s'abreuva leur troupe cruelle. L'altière Hippolyte se vit dépouillée du baudrier qui couvrait sa poitrine; les oiseaux du Stymphale tombèrent, percés du trait qui les atteignit au sommet des airs. Dépouillé pour la première fois, l'arbre aux pommes d'or releva ses

---

Festus dies est. *Cass.* Festus et Trojæ fuit.

Agam. Veneremur aras. *Cass.* Cecidit ante aras pater.

Agam. Jovem precemur pariter. *Cass.* Herceum Jovem?

Agam. Credis videre te Ilium? *Cass.* Et Priamum simul.

Agam. Hic Troja non est. *Cass.* Ubi Helena est, Trojam puto.   796

Agam. Ne metue dominam famula. *Cass.* Libertas adest.

Agam. Secura vive. *Cass.* Mors mihi est securitas.

Agam. Nullum est periculum tibimet. *Cass.* At magnum tibi est.

Agam. Victor timere quid potest? *Cass.* Quod non timet.

Agam. Hanc fida, famuli, turba, dum excutiat deum,   800 Retinete, ne quid impotens peccet furor.

At te, pater, qui sæva torques fulmina

Pellisque nubes, sidera et terras regis,

Ad quem triumphi spolia victores ferunt;

Et te sororem cuncta pollentis viri,   805

Argolica Juno, pecore votivo libens

Arabumque donis, supplice et fibra colam.

CHORUS ARGIVARUM.

Argos nobilibus nobile civibus,

Argos iratæ carum novercæ,

Semper ingentes educas alumnos;   810

Imparem æquasti numerum deorum :

Tuus ille bisseno meruit labore

Allegi cœlo magnus Alcides;

Cui lege mundi Jupiter rupta

Roscidæ noctis geminavit horas;   815

Jussitque Phœbum tardius celeres

Agitare currus, et tuas lente

Remeare bigas, pallida Phœbe;

Retulit pedem, nomen alternis

Stella quæ mutat, seque mirata est   820

Hesperum dici; Aurora movit

Ad solitas vices caput, et relabens

Imposuit senis humero mariti.

Sensit ortus, sensit occasus,

Herculem nasci : violentus ille   825

Nocte non una poterat creari.

Tibi concitatus substitit mundus,

O puer magnum subiture cœlum!

Te sensit Nemeæus arcto

Pressus lacerto fulmineus leo,   830

Cervaque Parrhasis.

Sensit Arcadii populator agri.

Gemuitque taurus, Dictæa linquens

Horridus arva.

Morte fecundum domuit draconem,   835

Vetuitque collo pereunte nasci;

Geminosque fratres, pectore ab uno

Tria monstra natos, stipite incusso

Fregit insultans : duxitque ad ortus

Hesperium pecus,   840

Geryonæ spolium triformis.

Egit Threicium gregem,

Quem non Strymonii gramine fluminis,

Hebrive ripis pavit tyrannus;

Hospitum dirus stabulis cruorem   845

Præbuit sævis; tinxitque crudos

Ultimus rictus sanguis aurigæ.

Vidit Hippolyte ferox,

Pectore in medio rapit spolium : et sagittis

Nube percussa Stymphalis alto   850

Decidit cœlo;

Arborque pomis fertilis aureis

rameaux, qui n'étaient plus courbés par le poids des fruits ; et quand le gardien de ce trésor, ce dragon dont le sommeil n'avait point jusqu'alors fermé les yeux, s'éveilla au bruit du métal sonore, l'heureux ravisseur s'éloignait du bois, chargé de son larcin précieux. Attaché par une triple chaîne, le chien des enfers fut traîné jusque sur la terre ; muet et abaissant ses trois têtes, il fut saisi d'effroi à l'aspect de la lumière, qu'il ne connaissait pas.

C'est vous, Hercule, qui avez renversé la ville parjure de Dardanus. Elle éprouva la puissance de vos flèches qui devaient lui être fatales une seconde fois, et vous triomphâtes de Troie en autant de jours que la Grèce mit plus tard d'années à la réduire.

ACTE CINQUIÈME.

CASSANDRE.

Il se prépare dans le palais quelque chose de terrible, et qui peut compenser dix ans de malheur. Hélas ! qu'est-ce donc ? O mon cœur, ranime-toi, et reçois ce prix de la fureur qui t'obsède. Les Phrygiens vaincus triomphent. Quel bonheur ! Troie, tu te relèves, tu as entraîné Mycènes dans ta chute. Ton vainqueur prend la fuite. Jamais, jamais, dans mon délire prophétique, l'avenir ne s'offrit si clairement à mes yeux. Je le vois, j'y suis présente ; j'en jouis. Ce n'est pas une vision trompeuse qui m'abuse ; c'est une réalité. On a préparé dans le palais un festin semblable à celui qui fut pour nous le dernier. La pourpre d'Ilion brille sur les lits, et l'on savoure un vin pur dans la coupe d'or de l'antique Assaracus. Fièrement étendu sur des étoffes brodées, Agamemnon est vêtu des riches dépouilles de Priam. La reine le presse de quitter cette parure

arrachée à l'ennemi, pour revêtir une robe ouvrage d'une épouse fidèle. Je frémis, mon âme se trouble. Un roi serait tué par un banni, l'époux par le séducteur ! Le destin s'accomplit : le festin sera terminé par le meurtre du roi, et le sang va se confondre avec le vin. La robe perfide livrera le roi sans défense aux coups de ses assassins ; ses mains n'y trouvent point de passage, et sa tête y est enveloppée dans de larges et inextricables replis. Le lâche lui perce le flanc, mais sa main tremblante n'ose enfoncer le fer, et s'arrête saisie d'effroi. Mais comme dans les forêts profondes un sanglier farouche cherche à s'échapper du filet qui le retient, et, plein d'une fureur impuissante, resserre par ses efforts mêmes les nœuds qui l'enferment ; le roi essaye de se dégager des vastes plis qui l'entourent. Tout enlacé qu'il est, il cherche son ennemi. La fille de Tyndare arme d'une hache sa main furieuse ; et de même que le sacrificateur, le bras levé sur la victime, marque de l'œil l'endroit qu'il doit frapper, elle balance en l'air sa main impie. C'en est fait ; elle a frappé : la tête n'est pas entièrement détachée, et pend à un reste de chair. Des flots de sang s'échappent du tronc, et la bouche frémit encore. Les meurtriers ne s'éloignent pas de leur victime. L'un s'acharne sur ce corps inanimé et le déchire ; l'autre seconde la rage de son complice. Tous deux, par un si grand forfait, se sont montrés dignes des leurs : l'un est fils de Thyeste, l'autre est sœur d'Hélène. Phébus, parvenu au terme de sa course, ne sait s'il doit poursuivre ou reculer, comme au jour du festin de Thyeste.

ÉLECTRE, STROPHIUS ; ORESTE ET PYLADE, *personnages muets.*

Élec. Fuis, toi le seul sur qui je compte pour

Extimuit manus insueta carpi,
Fugitque in auras leviore ramo :
Audivit sonitum crepitante lamna   855
Frigidus custos nescius somni,
Linqueret quum jam nemus omne fulvo
Plenus Alcides vacuum metallo.
Tractus ad cælum canis inferorum
Triplici catena, tacuit, nec ullo   860
Latravit ore, lucis ignotæ
Metuens colorem. Te duce, succidit
Mendax Dardaniæ domus,
Et sensit arcus iterum timendos :
Te duce, concidit totidem diebus   865
    Troja, quot annis.

ACTUS QUINTUS.

CASSANDRA.

Res agitur intus magna, par annis decem.
Eheu, quid hoc est? anime, consurge, et cape
Pretium furoris : vicimus victi Phryges.
Bene est ! resurgis, Troja : traxisti jacens   870
Parce Mycenas : terga dat victor tuus.
Tam clara nunquam providæ mentis furor
Ostendit oculis : video, et intersum, et fruor.
Imago visus dubia non fallit meos.
Spectamus : epulæ regia instructæ domo,   875
Quales fuerunt ultimæ Phrygibus dapes,
Celebrantur : ostro lectus Iliaco nitet ;
Merumque in auro veteris Assaraci trahunt :
Et ipse picta veste sublimis jacet,   880
Priami superbas corpore exuvias gerens.
Detrahere cultus uxor hostiles jubet,

Induere potius conjugis fidæ manu
Textos amictus : horreo, atque animo tremo.
Regemne perimet exsul, et adulter virum ?   885
Venere fata : sanguinem extremæ dapes
Domini videbunt, et cruor Baccho incidet.
Mortifera vinctum perfidæ tradet neci
Induta vestis : exitum manibus negat,
Caputque laxi et invii cludunt sinus.   890
Haurit trementi semivir dextra latus,
Nec penitus egit : vulnere in medio stupet.
At ille, ut altis hispidus silvis aper,
Quum casse vinctus tentat egressus tamen,
Arctatque motu vincla, et incassum furit :   895
Cupit fluentes undique et cæcos sinus
Dissicere ; et hostem quærit implicitus suum.
Armat bipenni Tyndaris dextram furens ;
Qualisque ad aras colla taurorum prius
Designat oculis, antequam ferro petat ;   900
Sic huc et illuc impiam librat manum.
Habet : peractum est : pendet exigua male
Caput amputatum parte, et hinc trunco cruor
Exundat, illinc ora cum fremitu jacent.
Nondum recedunt : ille jam exanimem petit,   905
Laceratque corpus : illa fodientis adjuvat.
Uterque tanto scelere respondet suis.
Hic est Thyestæ natus, hæc Helenæ soror.
Stat ecce Titan dubius emerito die,
Suane currat, an Thyestea via.

ELECTRA, STROPHIUS, ORESTES ET PYLADES, MUTÆ PERSONÆ.

El. Fuge, o paternæ mortis auxilium unicum,   910

venger la mort de ton père; fuis, et dérobe-toi aux mains coupables de tes ennemis. Notre maison est détruite, le trône d'Argos est renversé. Quel est cet étranger qui pousse de ce côté son char rapide? Mon frère, je te cacherai sous mon vêtement. Qui redoutes-tu, insensée? Tu crains les étrangers! ce sont les tiens qu'il faut craindre. Mais, Oreste, calme ta frayeur. C'est un ami, un défenseur que je vois.

Stro. Moi, Strophius, roi de la Phocide, je retourne dans mes États, vainqueur à Olympie. Je viens pour féliciter l'ami dont le bras a renversé Ilion, après dix ans de guerre. Quelle est cette femme dont le visage baigné de larmes exprime la douleur et l'effroi? C'est la fille d'Agamemnon. Électre, pourquoi ces pleurs, quand tout ici doit être dans la joie?

Élec. Mon père est mort par le crime de son épouse; on cherche mon frère pour le réunir à son père; Égisthe occupe un trône où l'adultère l'a fait monter.

. *Stro.* O prospérité qui ne saurait être durable!

Élec. Je vous en conjure par le souvenir de mon père, par son sceptre fameux dans le monde entier, par les destins inconstants, prenez Oreste, et cachez mon pieux larcin.

Stro. Quoique le meurtre d'Agamemnon m'apprenne ce que j'ai à craindre, je brave tout, et je me charge avec joie de cacher Oreste. La constance est le devoir d'un ami; mais c'est dans l'adversité surtout qu'elle éclate. (*A Oreste*) Prends cette couronne, prix glorieux des jeux de la Grèce; tiens-la de la main gauche, et cache ton front derrière ce rameau verdoyant, récompense du vainqueur. Puisse cette palme, que j'ai reçue de Jupiter Olympien, être pour toi un abri et un présage! Et toi, ô Pylade, qui es assis dans ce char près de ton père, apprends par son exemple à devenir le modèle des amis. Vous,

mes coursiers, qui avez signalé votre vitesse aux yeux de la Grèce, fuyez rapidement loin de cette demeure perfide.

Élec. Il part, il disparaît : les coursiers impétueux ont dérobé le char à ma vue. J'attends sans crainte mes ennemis, et je tendrai moi-même la gorge à leurs coups. Voici la cruelle qui a vaincu son époux; sa robe est souillée des traces du carnage, ses mains fument encore du sang qu'elle vient de répandre; tous ses traits respirent le crime. Embrassons l'autel. Cassandre, souffrez qu'une infortunée, menacée comme vous, s'associe à vos prières.

CLYTEMNESTRE, ÉLECTRE, ÉGISTHE, CASSANDRE.

Cly. Ennemie de ta mère, être audacieux et impie, oses-tu bien, toi, vierge, affronter les regards?

Élec. Vierge, je fuis une demeure qu'habite l'adultère.

Cly. A ce langage qui reconnaîtrait une vierge?

Élec. Cette vierge est votre fille.

Cly. Sois plus respectueuse envers ta mère.

Élec. Vous, m'apprendre mes devoirs!

Cly. Ton âme superbe affecte une fierté virile; domptée par les souffrances, tu apprendras que tu n'es qu'une femme.

Élec. Si je ne me trompe, une femme peut manier le fer.

Cly. Aurais-tu la folie de te comparer à nous?

Élec. A vous! quel est donc cet autre Agamemnon? Parlez comme une veuve. Votre époux n'est plus.

Cly. Reine, je saurai plus tard réprimer ton insolence. Dis-moi à l'instant où est mon fils, où est ton frère.

Élec. Loin de Mycènes.

Cly. Rends-moi mon fils.

Élec. Et vous, rendez-moi mon père.

Fuge, et scelestas hostium evita manus.
Eversa domus est funditus : regna occidunt.
Hospes quis iste concitos currus agit?
Germane, vultus veste furabor tuos.
Quos, anime demens, vel externos times?   915
Domus timenda est : pone jam trepidos metus,
Oresta : amici fida præsidia intuor.
Stroph. Phocide relicta, Strophius, Elea inclytus
Palma, revertor; causa veniendi fuit,
Gratari amico, cujus impulsum manu   920
Cecidit decenni marte concussum Ilium.
Quænam ista lacrimis lugubrem vultum rigat?
Pavetque mœsta? regium agnosco genus.
Electra, fletus causa quæ læta in domo est?
El. Pater peremtus scelere materno jacet.   925
Comes paternæ quæritur natus neci.
Ægisthus arces Venere quæsitas tenet.
Stroph. O nulla longi temporis felicitas!
El. Per te parentis memoriam obtestor mei,
Per sceptra terris nota, per dubios deos,   930
Recipe hunc Oresten, ac pium furtum occule.
Stroph. Et si timendum cæsus Agamemnon docet.
Aggrediar, et te, Oresta, furabor libens.
Poscunt fidem secunda, at adversa exigunt.
Cape hoc decorum ludicri certaminis,   935
Insigne frontis : læva victricem tenens
Frondem virenti protegat ramo caput;
Et ista donum palma Pisæi Jovis
Velamen eadem præstet atque omen tibi.
Tuque o, paternis assidens frenis comes,   940
Condisce, Pylade, patris exemplo fidem.

Vos, Græcia nunc teste, veloces equi,
Infida cursu fugite præcipiti loca.
El. Excessit : abiit; currus effreno impetu
Effugit aciem : tuta jam opperiar meos   945
Hostes, et ultro vulneri opponam caput.
Adest cruenta conjugis victrix sui,
Et signa cædis veste maculata gerit;
Manus recenti sanguine etiamnum madent,
Vultusque præ se scelera truculenti ferunt.   950
Concedam ad aras : patere me vittis tuis,
Cassandra, jungi paria metuentem tibi.

CLYTÆMNESTRA, ELECTRA, ÆGISTHUS CASSANDRA.

Clyt. Hostis parentis, impium atque audax caput,
Quo more cœtus publicos virgo petis?
El. Adulterorum virgo deserui domum.   955
Clyt. Quis esse credat virginem? *El.* Natam tuam.
Clyt. Modestius cum matre. *El.* Pietatem doces!
Clyt. Animos viriles corde tumefacto geris;
Sed agere domita feminam disces malo.
El. Nisi forte fallor, feminas ferrum decet.   960
Clyt. Et esse demens te parem nobis putas?
El. Vobis? quis iste est alter Agamemnon tuus?
Ut vidua loquere : vir caret vita tuus.
Clyt. Indomita post hæc virginis verba impiæ
Regina frangam : citius interea mihi   965
Edissere, ubi sit natus, ubi frater tuus.
El. Exiit Mycenas *Clyt.* Redde nunc natum mihi.
El. Et tu parentem redde. *Clyt.* Quo latitat loco?
El. Tuto; quietus, regna non metuens

Cly. Où l'as-tu caché?

Élec. Dans un lieu sûr, où il n'a rien à craindre du nouveau tyran. Cette réponse, qui réjouirait une bonne mère, allume votre fureur.

Cly. Tu périras aujourd'hui.

Élec. Que ce soit du moins de votre main. Je quitte l'autel. Voulez-vous plonger le fer dans mon sein? Voilà mon sein, frappez. Si vous préférez me trancher la tête, comme à une victime, je présente ma tête au coup mortel. Vous vous êtes souillée par un meurtre; lavez dans mon sang vos mains, teintes de celui de votre époux.

Cly. Venez, Égisthe, vous qui partagez mes dangers et mon trône : vous voyez une fille qui m'accable d'outrages, et qui m'a dérobé son frère.

Égis. Vierge furieuse, retiens ta langue coupable, et cesse d'offenser une mère par tes discours insolents.

Élec. Et tu oses aussi me donner des leçons, toi, l'artisan d'un crime affreux ; toi le fruit de l'inceste; toi, que tes parents ne savent comment appeler, fils de ta sœur et petit-fils de ton père!

Cly. Égisthe, que ne faites-vous tomber sa tête impie? Qu'elle rende son frère, ou qu'elle meure.

Égis. Qu'elle languisse au fond d'un cachot obscur et profond, en proie à toute sorte de tortures. Elle consentira peut-être à nous rendre celui qu'elle cache maintenant, quand elle se verra misérable, privée de tout, captive, couverte de haillons, veuve sans avoir connu l'hymen, exilée, haïe de tous, pri-

vée de l'aspect du jour. Elle succombera à de longues douleurs.

Élec. De grâce, donnez-moi la mort !

Égis. Je te la donnerais, si tu ne la souhaitais pas. Celui-là est un tyran novice, qui se contente de faire périr ses ennemis.

Élec. Y a-t-il quelque chose de plus cruel que la mort?

Égis. La vie, pour qui souhaite de mourir.

Cly. (à ses domestiques). Emmenez ce monstre, transportez la, loin de Mycènes, dans le coin le plus reculé du royaume; qu'on la tienne enchaînée dans un noir cachot, et qu'une dure captivité dompte son âme altière et farouche. Quant à cette captive favorite, admise dans la couche royale, qu'elle expie son crime par une prompte mort, qu'on l'entraîne, et qu'elle aille rejoindre l'époux qu'elle m'a enlevé.

Cas. Ne me touchez pas. Je marche devant vous, impatiente d'aller dire à mes chers Phrygiens que les débris des vaisseaux grecs couvrent la mer ; que Mycènes est captive ; que, pour expier par des maux semblables les maux qu'il a faits aux Troyens, le roi des rois a péri par les artifices et le présent perfide d'une épouse adultère. Je ne vous retiens pas ; marchons. Je vous dois même des actions de grâce. Vous m'avez fait trouver quelque charme à vivre même après la ruine de Troie.

Cly. Meurs, furieuse.

Cas. Vous aurez aussi un furieux dans votre famille.

Justæ parenti satis, at iratæ parum.   970
Clyt. Morieris hodie. *El.* Dummodo hac moriar manu;
Recedo ab aris : sive te jugulo juvat
Mersisse ferrum, præbeo jugulum volens :
Seu more pecudum colla resecari placet,
Intenta cervix vulnus exspectat tuum.   975
Scelus peractum est : cæde respersam viri
Atque obsoletam sanguine hoc dextram ablue.
Clyt. Consors pericli pariter ac regni mei,
Ægisthe, gradere : nata genitricem impie
Probris lacessit : abditum fratrem occulit.   980
Ægisth. Furibunda virgo, vocis infandæ sonum
Et aure verba indigna materna opprime.
El. Etiam monebit sceleris infandi artifex,
Per scelera natus, nomen ambiguum suis?
Idem sororis natus, et patris nepos?   985
Clyt. Ægisthe, cessas impium ferro caput
Demetere? fratrem reddat, aut animam statim.
Ægisth. Abstrusa cæco carcere et saxo exigat
Ævum, per omnes torta pœnarum modos.
Referre, quem nunc occulit, forsan volet   990
Inops, egens, inclusa, pædore obruta,

Vidua ante thalamos, exsul, invisa omnibus,
Æthere negato : sero succumbet malis.
El. Concede mortem. *Ægisth.* Si recusares, darem.
Rudis est tyrannus, morte qui pœnam exigit.   995
El. Mortem aliquid ultra est? *Ægisth.* Vita, si cupias mori.
Clyt. Abripite, famuli, monstrum, et avectam procul
Ultra Mycenas, ultimo in regni angulo
Vincite septam nocte tenebrosi specus,
Ut inquietam virginem carcer domet.   1000
At ista pœnas capite persolvat suo,
Captiva conjux, regii pellex tori.
Trahite, ut sequatur conjugem ereptum mihi.
Cass. Ne trahite : vestros ipsa præcedam gradus.
Perferre prima nuntium Phrygibus meis   1005
Propero; repletum ratibus eversis mare;
Captas Mycenas; mille ductorem ducum,
Ut paria fata Troicis lueret malis,
Perisse dono feminæ, stupro, dolo.
Nihil moramur : rapite : quin grates ago.   1010
Jamjam juvat vixisse, post Trojam juvat.
Clyt. Furiosa morere. *Cass.* Veniet et vobis furor.

HERCULE SUR L'OETA.

PERSONNAGES.

HERCULE.
DÉJANIRE.
HYLLUS.
LA NOURRICE.
ALCMÈNE.

PHILOCTÈTE.
IOLE.
LICHAS, personnage muet.
CH. DE FEMMES ÉTOLIENNES.
CH. DE VIERGES D'OÉCHALIE.

ARGUMENT.

Déjanire, indignée de se voir sacrifiée à Iole, fille d'Eurytus, roi d'Œchalie, envoie à Hercule une tunique trempée dans le sang du centaure Nessus, percé par Hercule d'une de ces flèches imprégnées du venin de l'hydre. Elle croyait, comme lui avait dit Nessus en mourant, que cette robe serait un philtre irrésistible, capable de lui rendre l'amour de son mari. Hercule, qui se préparait à offrir un sacrifice sur le promontoire de Cénée dans l'Eubée, ne s'en est pas plutôt revêtu que le poison qu'elle contient s'enflamme, et que ce feu, s'attachant au corps du malheureux, consume sa chair et ses os. Déjanire, voyant qu'elle a été trompée par Nessus, se donne la mort. Hercule tue Lichas, qui lui avait apporté le fatal présent, et charge Philoctète, à qui en mourant il donne son arc et ses flèches, de lui élever un bûcher sur le mont Œta; il s'y place, et se brûle avec sa massue et sa peau de lion. Enfin, il apparaît à sa mère Alcmène, et la console en lui annonçant qu'il est admis au rang des dieux.

La scène est d'abord en Eubée, puis à Trachine.

ACTE PREMIER.

HERCULE.

Père des dieux, toi dont la main lance ce foudre terrible qui ébranle les deux hémisphères, règne désormais sans crainte : j'ai assuré la paix dans toutes les contrées de ton empire, que Nérée environne de ses eaux. Ton tonnerre est inutile. J'ai terrassé les rois perfides et les tyrans sanguinaires ; j'ai détruit tout ce qui appelait tes coups. Et pourtant, ô mon père, on me refuse l'entrée du ciel. Partout je me suis montré le digne sang de Jupiter. Les fureurs d'une marâtre ont témoigné de mon auguste naissance. Qui t'arrête encore? Est-ce la crainte qu'Atlas ne puisse porter Hercule, ajouté au poids de l'Olympe? Pourquoi, ô mon père, me refuser une place dans le ciel? La mort, tu le sais, m'a rendu à toi : tous les fléaux qu'avaient enfantés la terre, la mer, l'air et les enfers, ont disparu. Plus de lion qui erre autour des villes d'Arcadie. J'ai percé les oiseaux du Stymphale, atteint la biche du Ménale, tué le serpent des Hespérides et ravi son trésor ; j'ai triomphé de l'hydre, et immolé sur les bords de l'Hèbre ces coursiers que leur maître engraissait du sang de ses hôtes. J'ai arraché à la reine du Thermodon sa brillante armure ; j'ai pénétré dans l'empire du silence et de la mort, et, non content d'en sortir, j'ai forcé le soleil effrayé à voir le hideux Cerbère, et ce monstre à voir le soleil. La Libye n'a plus son Antée, qui recouvrait ses forces en touchant la terre ; Busiris a été immolé sur ses propres autels ; mon bras seul a terrassé le triple Géryon, et ce taureau l'effroi de cent peuples. Tout ce que la terre avait enfanté contre moi a été vaincu, détruit par mon bras. J'ai rendu impuissante la colère des dieux. Si l'univers est épuisé de monstres, si la haine

HERCULES OETÆUS.

DRAMATIS PERSONÆ.

HERCULES.
DEJANIRA.
HYLLUS.
NUTRIX.
ALCMENA.
PHILOCTETES.

IOLE.
LICHAS, MUTA PERSONA.
CHORUS ÆTOLARUM MULIE-
RUM.
CHORUS OECHALIARUM VIR-
GINUM.

ARGUMENTUM.

Dejanira indigne ferens sibi prælatam Iolem, Euryti regis Oechaliæ filiam, Herculi tunicam mittit imbutam sanguine centauri Nessi, sagitta Herculis hydræ felle tincta vulnerati ; efficacissimum credens philtrum præsentissimumque amoris remedium, quod illam monuerat moriens Nessus. Quam simul ac induisset in Cenæo Eubœæ promontorio sacrificaturus Hercules, ignem concipit virus, vestisque corpori adhærentis æstus carnem, ossa interiora absumit. Nessi fraude intellecta, sibi mortem consciscit Dejanira. Hercules, interfecto Licha, qui munus letale attulerat, mandat Philoctetæ (cui moriens arcum et sagittas tradit) exstrui sibi in monte Oeta pyram, in qua se cum clava ac leonis pelle cremat. Alcmenæ denique matri apparet, ipsamque consolatur, jam in cælitum numerum adscriptus.

Scena est in Eubœa, dein Trachine.

ACTUS PRIMUS.

HERCULES.

Sator deorum, cujus excussum manu

Utræque Phœbi sentiunt fulmen domus,
Secure regna : protuli pacem tibi,
Quacumque Nereus porrigi terras vetat.
Non est tonandum : perfidi reges jacent,   5
Sævi tyranni : fregimus, quidquid fuit
Tibi fulminandum : sed mihi cælum, parens,
Adhuc negatur? parui certe Jove
Ubique dignus : teque testata est meum
Patrem noverca : quid tamen nectis moras?   10
Numquid timemur? numquid impositum sibi
Non poterit Atlas ferre cum cælo Herculem?
Quid astra, genitor, quid negas? mors me tibi
Certe remisit : omne concessit malum,
Quod terra genuit, pontus, aer, inferi.   15
Nullus per urbes errat Arcadias leo.
Stymphalis icta est ; Mænali nulla est fera.
Sparsit peremtus aureus serpens nemus :
Et hydra vires posuit : et notos Hebro
Cruore pingues hospitum fudi greges :   20
Hostisque traxi spolia Thermodontiæ.
Vidi silentum fata ; nec tantum redii,
Sed trepidus atrum Cerberum vidit dies,
Et ille solem : nullus Antæus Libys
Animam resumit : cecidit ante aras suas   25
Busiris : una est Geryon sparsus manu ;
Taurusque populis horridus centum pavor.
Quodcumque tellus genuit infesta, occidit,
Meaque fusum est dextera : iratis deis
Non licuit esse : si negat mundus feras,   30
Animum noverca, redde nunc nato patrem,

de Junon est lasse, ô mon père, appelle-moi donc dans l'Olympe, ou comme ton fils, ou pour récompenser mon courage. Je ne demande pas que tu m'en montres la route; consens seulement à m'y recevoir, je saurai m'y frayer un chemin. Si tu crains que la terre n'enfante d'autres monstres, eh bien! qu'elle se hâte, tandis qu'elle possède et qu'elle voit encore Hercule. Quel autre, en effet, pourrait les combattre? Junon trouverait-elle dans Argos un aussi digne objet de sa haine? Ma gloire est désormais hors d'atteinte : point de contrée où mon nom ne retentisse. J'ai signalé mon bras dans les climats glacés de la Scythie, dans l'Inde qu'échauffe le soleil naissant, dans la Libye que le Cancer brûle de ses feux. Tu le sais, brillant Phébus, tu m'as rencontré dans tous les lieux où tu portes la lumière; elle n'a pu même éclairer tous mes exploits. J'ai franchi les limites du soleil; le jour est resté en deçà de mes courses. J'ai vu les bornes de la nature, et la terre a manqué à mes pas. Une nuit nouvelle s'est offerte à moi; l'enfer m'a montré ses derniers abîmes; et je suis revenu sur la terre de ce royaume qui s'étend par delà l'univers. J'ai résisté aux fureurs de l'Océan, et jamais la tempête n'a pu engloutir le vaisseau qui me portait. Mais ce n'est là qu'une faible partie de mes exploits. L'air, purgé d'oiseaux impurs, n'a plus de quoi servir à la colère de ton épouse; la terre n'ose plus offrir de bêtes féroces à mes coups : elle n'en trouve plus; on me refuse des ennemis. Enfin il n'existe plus rien de prodigieux, si ce n'est Hercule. Que de fléaux, que de coupables fameux n'ai-je pas détruits sans armes? Les animaux féroces n'ont effrayé ni ma jeunesse, ni mon enfance. Ce qui me fut prescrit, je l'ai accompli sans peine, et tous mes jours ont été signalés par un exploit. Que de monstres j'ai détruits, sans qu'un roi m'en eût donné l'ordre? Mon courage, plus impérieux encore que Junon,

me faisait courir au-devant des dangers. Mais qu'importe que j'aie assuré la paix des mortels? Les dieux n'en jouissent pas; tous ces monstres qui effrayaient la terre et dont je l'ai purgée, elle les voit dans le ciel; Junon en a fait des astres nouveaux. Le Cancer, que j'ai tué, environne de ses bras les plaines brûlantes de la Libye et mûrit les moissons. Le Lion précède Astrée dans la marche rapide de l'année, et, secouant sa crinière ardente, il aspire les nuages assemblés par l'humide Auster. Tous les monstres m'ont précédé dans l'Olympe, et y occupent une place; moi, leur vainqueur, je contemple de la terre les ennemis qui ont exercé mon courage. Junon les a placés dans le ciel pour m'en rendre l'accès formidable. Mais c'est en vain que sa haine, en le peuplant d'animaux cruels, l'a rendu plus terrible pour moi que la terre ou que l'enfer même : Alcide saura y conquérir une place. Enfin, si tant de guerres, si la défaite de tant de monstres et celle du gardien des enfers ne m'y donnent point encore des droits, ordonne, Jupiter, et, rapprochant le cap Pélore de la plage opposée, je réunis la Sicile à l'Hespérie; elles ne formeront plus qu'une terre; les mers en auront disparu. Commande-moi d'en réunir deux autres; je brise l'isthme de Corinthe et, mêlant les flots des deux mers, j'ouvre une route nouvelle aux flottes athéniennes. Je change la face de l'univers : l'Ister traverse de nouvelles vallées, le Tanaïs suit un autre cours. Charge-moi du moins, Jupiter, de la défense des dieux; tu n'auras pas besoin de protéger de ta foudre la partie du ciel que tu m'auras confiée. Que ce soit le pôle glacé ou la zone brûlante, les habitants de l'Olympe y seront en sûreté. Apollon, pour avoir tué un serpent, a obtenu un temple à Cirrha, et une place dans le ciel : mais combien de Pythons dans la seule hydre de Lerne? Bacchus et Persée sont depuis longtemps au

Vel astra forti ; nec peto, ut monstres iter :
Permitte tantum, genitor ; inveniam viam :
Vel si times, ne terra conciplat feras,
Properet malum quodcumque, dum terra Herculem   35
Habet, videtque : nam quis invadet mala?
Aut quis per urbes rursus Argolicas erit
Junonis odio dignus? In tutum meas
Laudes redegi : nulla me tellus silet.
Me sensit Ursæ frigidum Scythicæ genus,   40
Indusque Phœbo subditus, Cancro Libys.
Te, clare Titan, testor : occurri tibi,
Quacumque fulges : nec meos lux prosequi
Potuit triumphos. Solis excessi vices ;
Intraque nostras substitit metas dies.   45
Natura cessit : terra defecit gradum.
Laxata prior est nox ; et extremum chaos
In me incucurrit : Inde ad hunc orbem redii,
Unde omne retro est : tulimus Oceani minas,
Nec ulla valuit quatere tempestas ratem,   50
Quacumque pressi : pars quota est, quam prosequor?
Jam vacuus æther non potest odio tuæ
Sufficere nuptæ ; quasque devincam feras,
Tellus timet concipere, nec monstra invenit.
Feræ negantur. Hercules monstri loco   55
Jam cœpit esse : quanta nunc fregi mala,
Quot scelera nudus? quidquid immane obstitit,
Solæ manus stravere : nec juvenis feras
Timui, nec infans : quidquid est jussum, leve est.
Nec ulla nobis segnis illuxit dies.   60
O quanta fudi monstra, quæ nullus mihi
Rex imperavit! institit virtus mihi

Junone pejor : sed quid impavidum genus
Fecisse prodest? non habent pacem dei.
Purgata tellus omnis in cælo videt,   65
Quodcumque timuit : transtulit Juno feras.
Ambit perustus Cancer ardentem plagam,
Libyæque sidus fertur, et messes alit.
Annum fugacem tradit Astrææ Leo :
At ipse jactans fervidam collo juham,   70
Austrum madentem siccat, et nimbos rapit.
Invasit omnis ecce jam cælum fera,
Meque antecessit : victor e terris meos
Specio labores : astra portentis prius
Ferisque Juno tribuit, ut cælum mihi   75
Faceret timendum : sparserit mundum licet,
Cœlumque terris pejus, ac levius Styge
Irata faciat ; dabitur Alcidæ locus.
Si post feras, post bella, post Stygium canem,
Nondum astra merui, Siculus Hesperium latus   80
Tangat Pelorus ; una jam tellus erit,
Illinc fugabo maria : si jungi jubes,
Committat undas Isthmus, et juncto salo
Nova ferantur Atticæ puppes via.
Mutetur orbis : vallibus currat novis   85
Ister, novasque Tanaïs accipiat vias :
Da, da tuendos, Juppiter, saltem deos.
Illa licebit fulmen a parte auferas,
Ego quos tuebor : sive glacialem polum,
Seu me tueri fervidam partem jubes,   90
Hac esse superos parte securos puta.
Cirrhæo Pæan templa, et æthceream domum
Serpente cæso meruit : at quoties jacet

rang des dieux ; mais l'Orient soumis par l'un n'est qu'une étroite partie du monde. Et qu'est-ce que la défaite de la Gorgone ? Ma cruelle marâtre te donna-t-elle jamais un fils digne par ses exploits de prendre rang dans le ciel ? Enfin, ce ciel où je demande une place, je l'ai porté. Mais toi, compagnon des travaux d'Hercule, va, Lichas, annoncer à mon épouse ma nouvelle victoire, la défaite d'Eurytus et la ruine de son empire. (*A ses esclaves.*) Et vous, conduisez au plus tôt les victimes dans le temple de Jupiter, bâti sur le promontoire de Cénée, et qui domine l'Eubée, où l'Auster excite de si redoutables tempêtes.

CHŒUR DE JEUNES FILLES D'OECHALIE, IOLE.

Le ch. Il est égal aux dieux celui qui cesse de vivre en cessant d'être heureux. C'est vraiment mourir, que traîner son existence au milieu des humiliations et des larmes. Celui qui foule aux pieds l'avare Achéron et la barque fatale ne tendra jamais ses mains aux chaînes de l'esclavage, et n'ornera jamais la pompe triomphale du vainqueur. Celui-là n'est pas malheureux qui ne craint pas de mourir. Que son vaisseau périsse en pleine mer, quand l'Auster luttant contre Borée, ou l'Eurus contre le Zéphire, se disputent les flots ; il n'en saisira aucun débris, ne tentera pas d'atteindre le rivage, ni d'échapper à la tempête. On ne connaît pas les horreurs du naufrage, quand on se résigne à la mort. Et nous que défigurent les larmes et la maigreur, dont les cheveux sont souillés de la cendre de notre patrie, nous n'avons pas su périr au milieu des flammes dévorantes, ni sous nos murs qui s'écroulaient avec fracas. O mort, tu frappes les mortels heureux, et tu te dérobes aux infortunés.

Nous vivons ; et le sol de notre patrie va se couvrir, hélas ! de moissons et de forêts ; nos temples détruits deviendront de viles cabanes. Le Dolope glacé conduira ses troupeaux près de ces cendres encore tièdes, seuls restes de la malheureuse OEchalie. Le pâtre thessalien, assis parmi les débris de nos remparts, fera résonner sa flûte rustique, et chantera sur un ton plaintif notre cruelle destinée. Encore quelques siècles, et l'on cherchera la place où fut notre patrie. Je vivais heureuse dans une opulente contrée, si différente de l'âpre et montueuse Thessalie ; et voilà qu'on m'entraîne vers les rochers de Trachine, au milieu de ces coteaux arides, où quelques buissons desséchés offrent à peine une pâture à la chèvre des montagnes. Celles d'entre nous auxquelles le sort destine une captivité plus douce seront transportées par le rapide Inachus, ou iront habiter ces murs que baigne Dircé, et que l'Ismène arrose de son onde languissante. C'est là que la mère du superbe Alcide a subi la loi de l'hymen. Quel caillou, quel rocher de la Scythie t'a donné le jour, farouche Titan ? Est-ce le Rhodope qui t'a enfanté ? est-ce l'Athos sourcilleux ? As-tu sucé le lait d'une tigresse d'Hyrcanie ? Car cette double nuit n'est qu'une fable. Je ne crois pas que, lorsque tu fus conçu, les étoiles aient brillé plus longtemps que d'ordinaire, que Lucifer ait cédé son emploi à l'astre du soir, et que Phébé, prolongeant sa course, ait retardé la naissance du jour. Aucune arme ne saurait le blesser ; le fer mollit sur son corps, l'acier s'émousse en le touchant, l'épée se brise sur sa chair, la pierre l'atteint et rebondit. Il méprise la mort, et provoque ses coups impuissants contre lui. Il n'a pu être percé ni par les lances ni par les flèches du Scythe, ni par celles

Python in hydra? Bacchus et Perseus deis
Jam se intulere : sed quota est mundi plaga   95
Oriens subactus ? aut quota est Gorgon fera ?
Quis astra natus laudibus meruit suis
Ex te et noverca? Quem tuli, mundum peto.
Sed tu, comes laboris Herculei, Licha,
Perfer triumphos, Euryti victos lares,   100
Stratumque regnum : vos pecus rapite ocius,
Qua templa tollens ara Cenæi Jovis
Austro timendum spectat Euboicum mare.

CHORUS OECHALIARUM VIRGINUM, IOLE.

Chor. Par ille est superis, cui pariter dies
Et fortuna fuit : mortis habet vices,   105
Lente quum trahitur vita gementibus.
Quisquis sub pedibus fata rapacia,
Et puppem posuit fluminis ultimi,
Non captiva dabit brachia vinculis,
Nec pompæ veniet nobile ferculum.   110
Nunquam est ille miser, cui facile est mori.
Illum si medio deciplat ratis
Ponto, quum Boreau expulit Africus,
Aut Eurus Zephyrum, quum mare dividunt,
Non puppis laceræ fragmina colligit,   115
Ut litus medio speret in æquore.
Vitam qui poterit reddere protinus,
Solus naufragium non poterit pati.
Nos turpis macies, et lacrimæ tenent,
Et crinis patrio pulvere sordidus.   120
Nos non flamma rapax, non fragor obruit.
Felices sequeris, Mors, miseros fugis.
Stamus; nunc patriæ messibus heu locus
Fi silvis dabitur : lapsaque sordidæ

Flent templa casæ : jam gelidus Dolops   125
Hac ducet pecudes, qua tepet obrutus,
Stratæ qui superest OEchaliæ, cinis.
Illo Thessalicus pastor in oppido
Indocta referens carmina fistula,
Cantu nostra canet tempora flebili.   130
Et dum pauca deus sæcula contrahit,
Quæretur, patriæ quis fuerit locus.
Felix incolui non steriles focos,
Nec jejuna soli jugera Thessali.
Ad Thachina vocor, saxa rigentia,   135
Et dumeta jugis horrida torridis,
Vix gratum pecori montivago nemus.
At si quas melior sors famulas vocat,
Illas aut volucer transferet Inachus ;
Aut Dircæa colent mœnia, qua fugit   140
Ismenos tenui flumine languidus.
Hic mater tumidi nupserat Herculis.
Quæ cautes Scythiæ, quis genuit lapis?
Num Titana ferum te Rhodope tulit,
Te præruptus Athos, te fera Caspias,   145
Quæ virgata tibi præbuit ubera ?
Falsa est de geminis fabula noctibus,
Æther quum tenuit sidera longius,
Commisitque vices Lucifer Hespero,
Et solem vetuit Delia tardior.   150
Nullis vulneribus pervia membra sunt :
Ferrum sentit hebes ; lentior est chalybs.
In nudo gladius corpore frangitur,
Et saxum resilit, fataque negligit,
Et mortem indomito corpore provocat,   155
Non illum poterant figere cuspides,
Non arcus Scythica tensus arundine,

des habitants de la froide Sarmatie, ni par celles de ces Parthes brûlés des feux du soleil, archers plus adroits que ceux même de la Crète, et qui signalent leur adresse meurtrière contre le Nabathe, leur voisin. Ses robustes épaules ont renversé les remparts d'OEchalie. Rien ne peut lui résister; ce qu'il veut vaincre est déjà vaincu. Combien peu ont péri sous ses coups! Le seul aspect de son visage irrité suffit pour donner la mort; c'en est fait de quiconque voit son front menaçant. Jamais l'énorme Briarée ou le formidable Gygès, lorsque, du haut des monts entassés, ils lançaient vers le ciel leurs bras terminés en serpents, eurent-ils un aspect aussi terrible? Les grandes infortunes ont du moins cet avantage, qu'on n'a plus rien à craindre. Malheureuses, tel est notre sort: nous avons vu Hercule en fureur.

Iol. Pour moi, triste captive, je ne déplore point nos dieux écrasés sous leurs temples, nos demeures renversées, les pères expirant dans les flammes avec leurs fils, nos citoyens succombant avec leurs dieux, les débris de nos autels mêlés à ceux des tombeaux; ce n'est point sur ces calamités publiques que je dois gémir. La fortune m'offre d'autres sujets de larmes; c'est sur d'autres ruines qu'il me faut pleurer. Par où commencer, par où finir mes plaintes? Je veux déplorer tous mes maux, et je n'ai qu'une seule poitrine, qui ne suffit point, hélas! à tous les coups dont je voudrais la frapper. Dieux, rendez-moi comme ce marbre qui arrose de ses pleurs; placez-moi sur les bords de l'Éridan, que les sœurs de Phaéton, forêt gémissante, font retentir de leurs plaintes. Précipitez-moi parmi les écueils de la mer de Sicile: nouvelle Sirène, je chanterai mon triste destin. Transportez-moi dans les

forêts de la Thrace, où l'oiseau de Daulis pleure son fils sous l'ombrage qui couvre l'Ismare. Donnez-moi quelque forme qui réponde à mon deuil, et que l'âpre Trachine résonne de mes douloureux accents. La fille du roi de Chypre, changée en myrrhe, ne voit pas tarir la source de ses larmes. L'épouse de Céyx gémira sans cesse sur la perte de son mari: la douleur de Niobé lui survit. Philomèle aussi a quitté sa forme première; et sa sœur plaintive, également métamorphosée, pleure la mort de son fils. Pourquoi mon corps ne se couvre-t-il pas de plumes? Heureuse, heureuse quand j'aurai les bois pour séjour; quand la triste Iole, changée en oiseau, redira ses malheurs dans les champs où ut sa patrie! J'ai vu, j'ai vu mon père atteint par la massue cruelle, et la cour de son palais jonchée des lambeaux sanglants de son corps. Si les destins lui eussent seulement accordé un tombeau, avec quelle peine j'aurais recueilli ces restes épars! Ai-je pu supporter la vue de ta mort, ô jeune Toxée, toi dont les joues n'étaient pas encore ombragées d'un léger duvet, et dont le sang n'avait pas animé le courage? Mais pourquoi vous plaindrais-je, ô mon père, ô mon frère, vous que la mort propice a mis à l'abri de tous les maux? C'est sur moi-même que je dois verser des pleurs. Soumise aux volontés d'une maîtresse, je vais, triste captive, tourner la quenouille et les fuseaux. Beauté, don funeste de la nature, c'est toi qui causeras ma mort. Sans toi, je n'eusse point inspiré d'amour à Hercule; et le refus de mon père de l'accepter pour gendre n'eût pas causé la ruine de toute ma maison. Mais il faut nous rendre à la demeure de notre maîtresse.

Le ch. Que sert, infortunée, de songer au scep-

Non quæ tela gerit Sarmata frigidus,
Aut qui solifero suppositus plagæ
Vicino Nabathæ vulnera dirigit   160
Parthus, Cnossiacis certior ictibus.
Muros OEchaliæ corpore propulit.
Nil obstare valet: vincere quod parat,
Jam victum est: quota pars vulnere concidit?
Pro fato patuit vultus iniquior,   165
Et vidisse sat est Herculeas minas.
Quis vastus Briareus, quis tumidus Gyges,
Supra Thessalicos constitit aggeres,
Ut cælo insereret vipereas manus,
Hoc vultu riguit? commoda cladibus   170
Magnis magna patent; nil superest mali.
Iratum miseræ vidimus Herculem.
Iole. At ego infelix, non templa suis
Collapsa deis, sparsosve focos,
Natis mixtos arsisse patres,   175
Hominique deos, templa sepulcris;
Nullum querimur commune malum.
Alio nostras Fortuna vocat
Lacrimas: alias flere ruinas
Mea fata jubent. Quæ prima querar?   180
Quæ summa gemam? pariter cuncta
Deflere juvat: nec plura dedit
Pectora tellus, ut digna sonent
Verbera fatis: me vel Sipyli
Flebile saxum fingite, superi,   185
Vel in Eridani ponite ripis,
Ubi mœsta sonat Phaethontiadum
Silva sororum: me vel Siculis
Addite saxis, ubi fata gemam
Thessala Siren: vel in Edonas   190
Tollite silvas; qualis natum

Daulias ales solet Ismaria
Flere sub umbra: formam lacrimis
Aptate meis, resonetque malis
Aspera Trachin: Cypria lacrimas   195
Myrrha tuetur: raptum conjux,
Ceyca gemit: sibi Tantalis est
Facta superstes: fugit vultus
Philomela suos, natumque sonat
Flebilis Atthis: cur mea nondum   200
Caplunt volucres brachia plumas?
Felix, felix, quum silva domus
Nostra feretur, patrioque sedens
Ales in agro referam querulo
Murmure casus; volucremque Iolen   205
Fama loquetur. Vidi, vidi
Miseranda mei fata parentis,
Quum, letifero stipite pulsus,
Tota jacuit sparsus in aula.
Proh, si tumulum fata dedissent,   210
Quoties, genitor, quærendus eras!
Potuine tuam spectare necem,
Nondum teneras vestite genas,
Necdum forti sanguine, Toxeu?
Quid vestra querar fata, parentes,   215
Quos in tutum mors æqua tulit?
Mea me lacrimas fortuna rogat.
Jamjam dominæ captiva colos
Fusosque legam: proh, sæve decor,
Formaque mortem paritura mihi: 220
Tibi cuncta domus concidit uni,
Dum me genitor negat Alcidæ,
Atque Herculeus socer esse timet.
Sed jam dominæ tecta petantur.
Chor. Quid regna tui clara parentis, 225

tre brillant de votre père, et à la gloire de vos aïeux? Oubliez votre grandeur passée. Heureux qui s'accommode également de la servitude et de la royauté, et qui sait prendre un visage conforme à sa condition! C'est adoucir et alléger ses maux que de les supporter sans faiblesse.

ACTE SECOND.

LA NOURRICE, *et ensuite* DÉJANIRE; LICHUS, *personnage muet.*

La nour. Quelle fureur anime une épouse forcée d'habiter sous le même toit que sa rivale? Moins terribles sont Charybde et Scylla, ces abîmes qui engloutissent les flots de la mer de Sicile; moins redoutables sont les monstres des forêts. Depuis qu'Iole, cette captive dont Hercule est épris, a paru dans ce palais, brillante de jeunesse et de beauté, semblable à un jour sans nuages, où à ces astres radieux qui étincellent la nuit dans un ciel serein, Déjanire est en proie à la fureur. Son regard est farouche; telle, à la vue des chasseurs, une tigresse d'Hyrcanie bondit dans son antre, prête à défendre ses nourrissons; ou telle qu'une bacchante, lorsqu'agitant son thyrse, elle cède au dieu qu'elle porte dans son sein. Incertaine, et ne sachant d'abord où porter ses pas, elle parcourt en insensée tout le palais d'Hercule. Sa fureur est comme à l'étroit dans cette vaste demeure: elle court, marche au hasard et s'arrête. Toute sa colère se peint sur son visage; il n'en reste presque rien au fond de son cœur. Elle menace, et puis s'abandonne aux larmes. Son air, ses traits changent à chaque instant. Tantôt ses joues sont enflammées, tantôt la pâleur les couvre. Sa fureur se montre sous toutes les formes: elle se plaint, elle implore, elle

gémit. J'entends la porte s'ouvrir: elle accourt à pas précipités; le désordre de son âme se manifeste sur son visage.

Déj. Quelque place que tu occupes en ce moment dans l'Olympe, épouse du dieu du tonnerre, suscite à Hercule un monstre capable de me venger. S'il est une hydre qu'aucun marais ne puisse contenir, une hydre toujours renaissante, invincible; s'il est quelque monstre dont l'aspect affreux, horrible, effroyable, force Hercule à détourner les yeux, qu'il sorte à l'instant des entrailles de la terre; ou si la terre n'en peut produire, fais de Déjanire elle-même un monstre nouveau. J'en ai déjà toute la rage: donne-moi seulement une forme qui convienne à ma fureur. Ce sein ne saurait contenir ma colère. Pourquoi vas-tu fouiller dans les entrailles de la terre et chercher dans le monde entier? Pourquoi recourir à Pluton? Tous les ennemis que tu lui as suscités, tu les retrouveras en moi. Fais-moi servir d'instrument à ta haine: c'est moi qui suis une marâtre. La perte d'Alcide est assurée, si tu le veux. Dirige mon bras à ton gré. Qui l'arrête, Junon? mets à profit ma fureur. Quel crime veux-tu que je commette? cherche. Tu hésites? Va, je n'ai pas besoin de toi; ma colère me suffit.

La nour. O vous que j'ai nourrie, calmez ces emportements, étouffez vos plaintes, et, domptant la colère qui vous enflamme, montrez-vous l'épouse d'Alcide.

Déj. Iole, une captive, donnerait des frères à mes enfants! Une esclave deviendrait la bru de Jupiter! On verra donc l'onde et la flamme couler dans le même lit, et l'Ourse céleste se plonger dans l'azur des mers? Oui, je serai vengée. Qu'importe que tu aies porté le ciel, et donné au monde la paix dont il jouit? Il est un ennemi plus terrible que l'hydre:

Proavosque tuos respicis amens?
Fugiat vultus fortuna prior.
Felix, quisquis novit famulum
Regemque pati, vultusque suos
Variare potest: vires pepulit   230
Pondusque mali, casus animo
      Qui tulit æquo.

ACTUS SECUNDUS.

NUTRIX, DEJANIRA, LICHAS, MUTA PERSONA

Nutr. O quam cruentus feminas stimulat dolor,
Quum patuit una pellici et nuptæ domus!
Scylla, et Charybdis Sicula contorquens freta   235
Minus est timenda: nulla non mellor fera est.
Namque, ut reluxit pellicis captæ decus,
Et fulsit Iole, qualis innubis dies,
Purisve clarum noctibus sidus micat,
Stetit furenti similis, ac torvum intuens   240
Herculea conjux: feta ut Armenia jacens
Sub rupe tigris, hoste conspecto, exsilit:
Aut jussa thyrsum quatere, conceptum ferens
Mænas Lyæum, dubia quo gressus agat,
Hæsit parumper: tum per Herculeos lares   245
Lymphata rapitur; tota vix satis est domus.
Incurrit, errat, sistit: in vultus dolor
Processit omnis: pectori pæne intimo
Nihil est relictum: fletus insequitur minas.
Nec unus habitus durat, aut uno furit   250
Contenta vultu: nunc inardescunt genæ,
Pallor ruborem pellit, et formas dolor

Errat per omnes: queritur, implorat, gemit.
Sonuere postes: ecce, præcipiti gradu,
Secreta mentis ore confuso exserit.   255
Dejan. Quamcumque partem sedis æthereæ premis,
Conjux Tonantis, mitte in Alcidem feram:
Quæ mihi satis sit: si qua fecundum caput
Palude tota vastior serpens movet,
Ignara vinci: si quid excessit feras,   260
Immane, dirum, horribile, quo viso Hercules
Avertat oculos; hoc sinu immenso exeat.
Vel si feræ negantur, hanc animam precor
Converte in aliquid, quodlibet possum malum
Hac mente fieri: commoda effigiem mihi   265
Parem dolori: non capit pectus minas.
Quid excutis telluris extremæ sinus,
Orbemque versas? quid rogas ditem mala?
Omnes in isto pectore invenies feras,
Quas timuit: odiis accipe hoc telum tuis.   270
Ego sum noverca: perdere Alcidem potes.
Profer manus quocumque: quid cessas, dea?
Utere furente: quod jubes fieri nefas?
Reperi: quid hæres? ipsa jam cessas licet.
Hæc ira satis est. *Nutr.* Pectoris sani parum,   275
Alumna, questus comprime, et flammas doma
Frena dolorem: conjugem ostende Herculis.
Dejan. Iole meis capta germanos dabit
Natis, Jovisque fiet e famula nurus!
Num flumina cursus pariter et torrens ferent,   280
Et Ursa pontum sicca cæruleum bibet?
Non ibo inulta: gesseris cælum licet,
Totusque pacem debeat mundus tibi;
Est aliquid hydra potius: iratæ dolor

c'est le ressentiment d'une épouse offensée. Qu'est-ce que les feux lancés dans les airs par l'Etna? Je surpasserai en fureur tous les ennemis que tu as vaincus. Une captive me chasserait de ton lit! Je craignais les monstres : il n'y en a plus pour moi; mon odieuse rivale les a tous remplacés.

O souverain des dieux, ô brillant Phébus, je n'aurai donc été l'épouse d'Hercule que pour vivre dans les alarmes! Les vœux que j'adressais au ciel profiteront à une captive! Mon bonheur sera pour elle! C'est pour elle, grands dieux, que vous exauciez mes prières; c'est pour elle que vous le ramenez ici. O fureur que nulle vengeance ne peut satisfaire, invente quelque supplice affreux, inouï, sans exemple. Apprends à Junon ce que peut la haine : Junon ne sait pas haïr.

Jadis tu engageas pour moi une lutte terrible, lorsque l'Achéloüs rougit de son propre sang ses ondes rapides, lorsque, tour à tour serpent tortueux ou taureau menaçant, il te força de vaincre dans un seul ennemi cent monstres différents. Aujourd'hui je te déplais; tu me préfères une esclave. Mais son triomphe sera court : le jour où tu rompras le lien qui nous unit sera celui de ton trépas. Mais quoi! mon âme hésite et ne veut plus se venger! je n'ai plus de colère. Cœur faible, tu cèdes à la pitié! Ta fureur se calme. Tu veux qu'épouse soumise, je dévore ce nouvel affront. Pourquoi éteindre le feu qui me dévore? Ah! laisse-moi la rage qui m'enflamme; laisse-moi mes transports. Digne adversaire d'Hercule, je n'ai pas besoin du secours des dieux : une marâtre, sans que je l'invoque, dirigera mes coups.

La nour. Insensée, quel forfait méditez-vous? Vous attenteriez aux jours de votre époux, de ce héros dont la gloire s'étend de l'aurore au couchant, dont la renommée, remplissant toute la terre,

est parvenue jusqu'au ciel! Le monde se lèverait tout entier pour venger sa mort. Le palais de votre père, la race entière des Étoliens seraient anéantis les premiers. De toute part tomberaient sur vous les feux et les pierres : la terre défendrait celui qui l'a défendue. Que de vengeances sur une seule tête? Et quand vous pourriez fuir de la terre, échapper à la colère des hommes, le père d'Alcide n'est-il pas le dieu du tonnerre? Voyez les feux vengeurs sillonner les nues, la foudre s'élancer du ciel avec un horrible fracas. Enfin craignez la mort même, près de laquelle vous espérez un asile. Là règne un oncle d'Hercule. Partout malheureuse, partout vous trouverez quelque dieu, son parent.

Déj. C'est, je l'avoue, le plus grand des forfaits; mais il faut que je me venge.

La nour. Vous périrez.

Déj. Oui, mais femme du grand Hercule. Je ne serai point ignominieusement chassée de son lit; une captive n'usurpera point ma place; non, le jour naîtra plutôt du côté de l'occident. L'Indien vivra sous le ciel glacé du nord, le soleil brûlera le Scythe de ses feux, avant que les femmes de Thessalie soient témoins de ce honteux abandon : j'éteindrai leurs torches nuptiales dans mon sang. Que le traître périsse, ou qu'il me tue. Qu'il ajoute sa femme aux monstres qu'il a terrassés; qu'il compte ma mort au nombre de ses travaux; du moins en expirant je presserai de mes mains la couche d'Alcide; et c'est comme épouse d'Hercule que je veux descendre chez les morts. Mais je n'y descendrai point sans m'être vengée. Si ma rivale porte dans son sein un gage de l'amour du perfide, je veux l'en arracher de mes propres mains ; j'attaquerai son Iole au milieu même de la pompe nuptiale. Que je sois, s'il le veut, offerte en victime le jour de son hymen, pourvu que je tombe

Nuptæ : quis ignis tantus in cælum furit   285
Ardentis Ætnæ? quidquid est victum tibi,
Hic vincet animus. Capta præripiet toros?
Adhuc timebam monstra : jam nullum est malum.
Cessere pestes : in locum venit feræ
Invisa pellex : summe proh rector deûm,   290
Et clare Titan , Herculis tantum fui
Conjux timentis : vota quæ superis tuli,
Cessere captæ : pellici felix fui.
Illi meas audistis , o superi , preces :
Incolumis illi remeat : o nulla dolor :   295
Contente pœna , quære supplicia horrida ,
Incogitata, infanda. Junonem doce ,
Quid odia valeant : nescit irasci satis.
Pro me gerebas bella : propter me vagas
Achelous undas sanguine infecit suo ,   300
Quum lenta serpens fieret; in taurum trucem
Nunc flecteret, serpente deposita , minas;
Et mille in hoste vinceres uno feras.
Jam displicemus , capta prælata est mihi.
Non præferetur : qui dies thalami ultimus   305
Nostri est futurus, hic erit vitæ tuæ.
Quid hoc? recedit animus, et ponit minas.
Jam cessit ira. Quid miser langues dolor?
Perdis furorem? conjugis tacitæ fidem
Mihi reddis iterum : quid vetas flammas ali?   310
Quid frangis ignes? hunc mihi serva impetum.
Parce eramus.: non erit votis opus.
Aderit noverca, quæ manus nostras regat ,
Nec invocata. *Nutr.* Quod paras demens scelus?
Perimes maritum, cujus extremus dies   315
Primusque laudes novit , et cælo tenus

Erecta terras fama suppositas habet?
Rogos in istos terra consurget parens,
Domusque soceri prima , et Ætolum genus
Sternetur omne; saxa jamdudum et faces   320
In te ferentur : vindicem tellus suum
Defendet omnis : una quot pœnas dabis?
Effugere terras crede, et humanum genus
Te posse; fulmen genitor Alcidæ gerit.
Jamjam minaces ire per cælum faces   325
Specta, et tonantem fulmine excusso crede.
Mortem quoque ipsam , quam putas tutam, time.
Dominatur illic patruus Alcidæ tui.
Quocumque perges, misera , cognatos deos
Illic videbis. *Dejan.* Maximum fieri scelus   330
Et ipsa fateor, sed dolor fieri jubet.
Nutr. Moriere. *Dejan.* Moriar Herculis nempe inclyti
Conjux : nec ullus nocte discussa dies
Viduam notabit , nec meos pellex toros
Captiva capiet : ante ab occasu dies   335
Nascetur. Indos ante glacialis polus
Scythasve tepida Phœbus inficiet rota,
Quam me relictam Thessalæ adspiciant nurus.
Meo jugales sanguine exstinguam faces.
Aut pereat, aut me perimat : elisis feris   340
Et conjugem addat : inter Herculeos licet
Me quoque labores numeret. Alcidæ toros
Moritura certe corpore amplectar meo.
Ire, ire ad umbras Herculis nuptam libet ;
Sed non inultam : si quid e nostro Hercule   345
Concepit Iole , manibus evellam meis
Ante, et per ipsas pellicem invadam faces.
Me nuptiali victimam feriat die

sur Iole expirante. On est heureux lorsqu'en mourant on écrase son ennemi dans sa chute.

La nour. Infortunée, pourquoi nourrir le feu qui vous dévore, et entretenir vous-même ce courroux furieux? Votre crainte est vaine. Hercule aimait Iole, mais lorsque son père était puissant, et qu'il voyait en elle la fille d'un roi. Aujourd'hui la reine n'est plus qu'une esclave; le même coup qui l'a renversée du trône et plongée dans la misère, a sans doute affaibli l'amour de votre époux. On poursuit avec ardeur un plaisir défendu; on se lasse promptement d'une possession facile.

Déj. Ses malheurs mêmes redoublent l'amour d'Hercule. Il l'aime précisément parce qu'elle est aujourd'hui sans patrie, parce que sa chevelure négligée n'est plus relevée par l'éclat de l'or et des pierreries. La pitié dans son cœur fortifie peut-être l'amour. Hercule de tout temps fut épris de ses captives.

La nour. Il brûla pour une fille du sang de Dardanus, pour la sœur de Priam; mais il la céda bientôt à son compagnon d'armes. Que de femmes, que de jeunes filles avaient été auparavant l'objet de ses volages amours! Augé, cette jeune Arcadienne, prêtresse de Pallas, dont il ravit les faveurs, fut bientôt oubliée. Rappellerai-je les Thespiades, objets d'une flamme si passagère? Le Timole l'a vu, séduit par les charmes de la reine de Lydie, filer à ses côtés, et tourner entre ses mains puissantes la quenouille légère et les humides fuseaux. Esclave docile, il déposa à ses pieds la dépouille du lion de Némée, et ceignit sa tête d'une mitre, parfumant de myrrhe sa chevelure épaisse. Partout amoureux, Hercule fut partout volage. Ces cœurs inconstants veulent enfin se fixer. Pensez-vous qu'il puisse préférer à Déjanire une esclave, fille de son ennemi?

Déj. Les forêts aux premières chaleurs du prin-

temps se couvrent d'une aimable verdure; mais lorsque l'aquilon a chassé les doux zéphyrs, et que l'hiver cruel enlève aux arbres leur parure, ils n'offrent plus à l'œil que la triste image de leurs rameaux dépouillés : ainsi notre beauté se flétrit avec les années. A mesure que la jeunesse s'éloigne, notre éclat et nos grâces s'effacent. Hélas! je n'ai plus rien de ce qui jadis m'attirait les hommages. Les souffrances de la maternité ont flétri mon visage, détruit une partie de mes charmes : le temps, dans sa course rapide, achève de m'en dépouiller. Cette esclave, au contraire, vois que de grâce, que de noblesse dans son air! Quoique sans parure, dans l'abaissement de la servitude, sa beauté brille au milieu de sa disgrâce, et la rigueur du destin ne lui a ravi que sa couronne. Voilà, chère nourrice, voilà le sujet de mes inquiétudes : c'est là ce qui m'ôte le sommeil. Épouse d'Hercule, je recevais les hommages de l'univers; il n'était point de femme qui ne m'enviât la couche de ce héros; elles demandaient toutes aux dieux un semblable hyménée; mon sort était le terme des vœux de nos Argiennes. Dis-moi : où trouverai-je un beau-père égal à Jupiter, et sous le ciel, un époux tel que le mien? En vain Eurysthée, auquel le destin l'a soumis, m'offrirait sa main : Eurysthée est loin d'égaler Hercule. Cesser d'être l'épouse d'un roi, est une disgrâce légère; cesser d'être l'épouse d'Hercule, c'est une chute cruelle.

La nour. Les enfants sont un lien qui attache un mari.

Déj. Peut-être, devenue mère elle-même, elle m'enlèvera cet avantage.

La nour. En attendant, cette esclave vous appartient.

Déj. Cet Hercule que tu vois parcourir les villes

Infestus, Iolen dum supra exanimem ruam.
Felix jacet quicumque, quos odit, premit.   350
Nutr. Quid ipsa flammas pascis? et vastum foves
Ultro dolorem misera? quid cassum times?
Dilexit Iolen; nempe dum starent lares,
Regisque natam peteret : in famulæ locum
Regina cecidit : perdidit vires amor,   355
Multumque ab illo traxit infelix status.
Illicita amantur; excidit, quidquid licet.
Dejan. Fortuna amorem pejor inflammat magis.
Amat vel ipsum, quod caret patrio lare,
Quod nudus auro crinis et gemma jacet :   360
Ipsas misericors forsan ærumnas amat.
Hoc usitatum est Herculi; captas amat.
Nutr. Dilecta Priami nempe Dardanii soror
Concessa famulo est : adice, quot nuptas prius,
Quot virgines dilexit : erravit vagus.   365
Arcadia nempe virgo, Palladios choros
Dum nectit Auge, vim stupri passa excidit,
Nullamque amoris retinet Herculei notam.
Referam quid alias? nempe Thespiades vacant,
Brevique in illas arsit Alcides face.   370
Hospes Timoli Lydiam fovit nurum,
Et amore captus, ad leves sedit colos,
Udum feroci stamen intorquens manu.
Nempe illa cervix spolia deposuit feræ,
Crinemque mitra pressit, et famulus stetit,   375
Hirtam Sabæa marcidus myrrha comam.
Ubique caluit, sed levi caluit face.
Hærere amantes post vagos ignes solent :
Famulamne et hostis præferet natam tibi?
Dejan. Ut alta silvas forma vernantes habet,   380

Quas, nemore nudo, primus investit tepor;
At quum solutos expulit Boreas Notos,
Et sæva totas bruma decussit comas,
Deforme solis aspicis truncis nemus :
Sic nostra longum forma percurrens iter,   385
Deperdit aliquid semper, et fulget minus,
Nec illa venus est : quidquid in nobis fuit
Olim petitum, cecidit et partu labat;
Materque multum rapuit ex illo mihi.
Ætas citato senior eripuit gradu.   390
Vides, ut altum famula non perdat decus?
Cessere cultus penitus, et pædor sedet;
Tamen per ipsas fulget ærumnas decor,
Nihilque ab illa casus et fatum grave
Nisi regna traxit : hic meum pectus timor,   395
Altrix, lacessit; hic rapit somnos pavor.
Præclara totis gentibus conjux eram;
Thalamosque nostros invido fato nurus
Optabat omnis : quæve mens quidquam deos
Orabat ullos : nuribus Argolicis fui   400
Mensura voti. Quem Jovi socerum parem,
Altrix, habebo? quis sub hoc mundo mihi
Dabitur maritus? ipse, qui Alcidæ imperat,
Facibus suis me jungat Eurystheus licet,
Minus est : toro caruisse regnantis leve est :   405
Alte illa cecidit, quæ viro caret Hercule.
Dejan. Sic ipse forsan dividet partus toros.
Nutr. Famula illa trahitur interim donum tibi.
Dejan. Hunc, quem per urbes ire præclarum vides,   410
Et viva tergo spolia gestantem feræ,
Qui regna miseris donat, et celsis rapit,

en conquérant; qui se pare fièrement de la dépouille sanglante d'un lion ; qui donne des sceptres aux plus humbles mortels, et qui détrône les tyrans; dont la main terrible porte une énorme massue ; dont les Sères, placés aux confins du monde, dont tous les peuples de l'univers célèbrent les triomphes ; cet Hercule n'est qu'un volage, que la gloire ne touche point. Ce n'est pas pour égaler Jupiter, ni pour se rendre fameux dans l'Argolide, qu'il parcourt sans cesse l'univers : c'est pour chercher de nouvelles amours. Il n'est point de jeune fille qu'il ne veuille posséder : celles qu'on lui refuse, il les enlève. Les peuples sont les victimes de sa fureur. Il détruit les villes pour ravir celle qu'il aime; ces emportements furieux sont décorés du nom de courage. C'est ainsi qu'est tombée la florissante OEchalie : un même jour a vu briller et périr cette ville infortunée. Il ne fait la guerre que pour contenter sa passion. Malheur au père qui lui refuse sa fille ! On est son ennemi, si l'on ne veut pas être son beau-père. Le refus de l'avoir pour gendre le met en fureur.

Et je craindrais de me rendre coupable en le frappant! J'attendrais que, couvrant sa cruauté du voile de la folie : il nous perçât de ses flèches, mon fils et moi! C'est ainsi qu'Hercule se délivre de ses femmes; voilà son divorce. En vain il accumule les crimes : il en rejette l'horreur sur sa marâtre, et paraît toujours innocent. Lâche fureur, pourquoi te ralentir? Il faut prévenir le cruel. Hâte-toi; ma main brûle de frapper.

La nour. Faire périr un époux !
Déj. Celui de ma rivale.
La nour. Le fils de Jupiter !
Déj. Le fils aussi d'Alcmène.
La nour. Emploierez-vous le fer ?
Déj. Oui.
La nour. Et si le fer est impuissant?
Déj. J'aurai recours à la ruse.
La nour. D'où vous vient cette fureur?

Déj. Il m'en a donné l'exemple.
La nour. Vous trancherez une vie que sa marâtre n'a pu lui ravir ?
Déj. La colère des dieux fait des misérables. La vengeance des hommes anéantit.
La nour. Par pitié, malheureuse, et par crainte....
Déj. Qui brave la mort ne craint rien des hommes. Je brûle de m'élancer à travers les armes.
La nour. Votre ressentiment, chère princesse, est plus grand que la faute. La haine doit être proportionnée à l'offense. Quoi ! punir si cruellement une faute légère ! Mesurez votre colère au tort qu'on vous a fait.
Déj. Tu regardes comme peu de chose d'être trahie pour une esclave ! Un affront qui blesse le cœur ne saurait être léger.
La nour. Vous n'aimez donc plus le grand Alcide?
Déj. Ne plus l'aimer ! Cet amour brûle au fond de mon cœur et le dévore; mais l'amour offensé est la plus vindicative des passions.
La nour. C'est par les enchantements et des paroles magiques que les femmes d'ordinaire ramènent aux arbres leur feuillage au milieu de l'hiver, arrêter la foudre élancée de la nue. J'ai, par un temps calme, soulevé les flots; j'ai apaisé la tempête, et fait jaillir des sources d'un sol aride. A ma voix, les rochers se meuvent, les portes s'ouvrent, les ombres viennent sur la terre, les mânes parlent, et le gardien du Tartare fait entendre ses aboiements. Enfin la mer et la terre, le ciel et les enfers me sont soumis. J'ai remplacé la sombre nuit par le jour, et le jour par la nuit. Mes enchantements changent les lois de la nature. Nous ramènerons votre Hercule; les charmes trouveront le chemin de son cœur.
Déj. Emploierai-je les plantes du Pont, ou celles que produit la Thessalie, parmi les roches du Pinde? Où trouver un charme qui triomphe de lui? Quand

---

Vasta gravatus horridam clava manum,
Cujus triumphos ultimi Seres canunt,
Et quisquis alius orbe consepto jacet ;   415
Levis est , nec illum gloriæ stimulat decor.
Errat per orbem , non ut æquetur Jovi,
Nec ut per urbes magnus Argolicas eat :
Quod amet, requirit ; virginum thalamos petit.
Si qua negata, rapitur : in populos furit;   420
Nuptas ruinis quærit, et vitium impotens
Virtus vocatur : cecidit OEchalia inclyta,
Unusque Titan vidit atque unus dies
Stantem et cadentem. Causa bellandi est amor :
Toties timebit, Herculi natam parens   425
Quoties negabit; hostis est, quoties socer
Fieri recusat : si gener non est, furit
Post hæc, quid istas innocens servo manus,
Donec furentem simulet , ac sæva manu
Intendat arcus, meque natumque opprimat?   430
Sic conjuges expellit Alcides suas :
Hæc sunt repudia! nec potest fieri nocens.
Terris videri sceleribus causam suis
Fecit novercam. Quid stupes, segnis furor?
Scelus occupandum est; perge, dum fervet manus.   435
Nutr. Perimes maritum? *Dejan.* Pellicis certe meæ.
Nutr. At Jove creatum. *Dejan.* Nempe et Alcmena satum.
Nutr. Ferrone? *Dejan.* Ferro. *Nutr.* Si nequis? *Dejan.* Perimam dolo.

Nutr. Quis iste furor est? *Dejan.* Quem meus conjux docet.
Nutr. Quem nec noverca potuit, hunc perimes virum?   440
Dejan. Cælestis ira quos premit, miseros facit;
Humana nullos. *Nutr.* Parce, miseranda, et time.
Dejan. Contemsit omnes ille, qui mortem prius.
Libet ire in enses. *Nutr.* Major admisso tuus,
Alumna, dolor est : culpa par odium exigit.   445
Cor sæva modicis statuis? ut læsa es, dole.
Dejan. Leve esse credis pellicis nuptæ malum?
Quidquid dolorem pascit , hoc nimium puta.
Nutr. Amorne clari fugit Alcidæ tibi?
Dejan. Non fugit , altrix : remanet, et penitus sedet   450
Fixus medullis, crede : sed magnus dolor,
Iratus amor est. *Nutr.* Artibus magicis fere
Conjugia nuptæ precibus admixtis ligant.
Vernare jussi frigore in medio nemus ,
Missumque fulmen stare : concussi fretum   455
Cessante vento : turbidum explicui mare :
Et sicca tellus fontibus patuit meis.
Habuere motum saxa : discussi fores.
Umbræ stetistis : et mea jussi prece
Manes loquuntur : novit infernus canis.   460
Mare, terra, cælum, et Tartarus servit mihi.
Nox media solem vidit, et noctem dies :
Nihilque leges ad meos cantus tenent.
Flectemus illum : carmina invenient iter .
Dejan. Quas Pontus herbas generat , aut quas Thessala   465

même tes paroles puissantes forceraient la lune à descendre de la voûte étoilée sur la terre, feraient croître des moissons en hiver, retiendraient au milieu des airs la foudre rapide, et, changeant l'ordre des temps, feraient briller les étoiles au milieu des feux du jour, Hercule seul y serait insensible.

La nour. L'Amour a vaincu les dieux eux-mêmes.

Déj. Eh bien! Hercule le vaincra. L'Amour dompté, dépouillé de ses armes, sera le dernier des travaux d'Hercule. Cependant, je t'en conjure par tous les dieux du ciel, par mes craintes, garde-toi bien de révéler mes apprêts mystérieux et de trahir ma confiance.

La nour. Quels sont donc les apprêts mystérieux dont vous me parlez?

Déj. Je n'emploierai ni le fer, ni les torches menaçantes.

La nour. Comptez sur ma discrétion, si votre dessein n'est pas criminel; mais la discrétion peut devenir un crime.

Déj. Regarde partout, et assure-toi que personne ne puisse nous surprendre.

La nour. Parlez; nous sommes seules.

Déj. Dans la partie la plus reculée de ce palais est un souterrain où j'ai caché un dépôt précieux. Ce lieu ne reçoit ni les rayons du soleil levant, ni ceux que Phébus lance sur la terre, quand, fatigué de sa course, il précipite son char dans les flots étincelants de la mer. C'est là que je garde ce qui doit me rendre l'amour d'Hercule : ce philtre redoutable me vient, je l'avouerai, chère nourrice, de Nessus, ce centaure né de Néphélé et du roi de Thessalie, dans ces lieux où le Pinde lève jusqu'au ciel son front imposant, où l'Othrys cache parmi les nuages son sommet couvert de glaçons. Aché-

loüs, malgré ses nombreuses métamorphoses, venait de succomber sous la massue terrible d'Hercule, et, reprenant sa première forme, il avait humilié devant son vainqueur son front mutilé. Mon époux triomphant me ramenait dans Argos. Mais l'Événus était alors débordé dans les campagnes; ses eaux, qu'il roulait avec impétuosité vers la mer, s'élevaient presque jusqu'à la hauteur des forêts. Nessus, accoutumé à les franchir, offre, moyennant un salaire, de me porter à l'autre rive. Je me place sur lui à l'endroit où l'homme s'unissait à un corps de cheval. Malgré la violence des vagues, Nessus joyeux avait gagné promptement l'autre bord, tandis qu'Hercule, au milieu du fleuve, luttait encore avec peine contre la rapidité du courant, et fendait de ses membres vigoureux les eaux mugissantes. Le centaure le voyant si loin de nous : « Tu es à moi, me « dit-il, et tu deviendras mon épouse. Hercule, arrêté par les eaux, ne peut te défendre. » A ces mots, il me saisit entre ses bras, et fuit d'une course rapide. Hercule, surmontant la violence des vagues, lui crie : « Perfide, quand le Gange et l'Ister coule-« raient dans le même lit, je les franchirais l'un et l'au-« tre : ils ne sauraient m'arrêter. Ma flèche du moins « saura t'atteindre. » Il parlait encore, et déjà le trait vengeur avait frappé le ravisseur, et plongé la mort dans son sein. Nessus expirant recueillit dans sa main le sang corrompu qui coulait de sa blessure; et, le versant dans une corne que sa main furieuse arrache à l'un de ses pieds : « Nos magiciennes, me « dit-il d'une voix mourante, assurent que ce sang « a la vertu de fixer l'amour; plus « habile des Thessaliennes, l'a dit à ses compagnes; « Mycale, à la voix de laquelle la lune obéissante « abandonne la voûte étoilée. Si jamais une rivale « odieuse usurpait votre place, si votre époux in-

---

Sub rupe Pindus? aut ubi inveniam malum,
Cui cedet ille? carmine in terras mago
Descendat astris iuna desertis licet,
Et bruma messes videat, et cantu fugax
Stet deprehensum fulmen, et versa vice   470'
Medius coactis ferveat stellis dies :
Non flectet unum. *Nutr.* Vicit et superos Amor.
Dejan. Vincetur uni forsan, et spolium dabit,
Amorque summus fiet Alcidæ labor.
Sed te per omne cælitum numen precor,   475
Per hunc timorem; quidquid arcani apparo,
Penitus recondas, et fide tacita premas.
Nutr. Quid istud est, quod esse secretum petis?
Dejan. Non tela sunt, non arma, non ignis minax
Nutr. Præstare fateor posse me tacitam fidem,   480
Si scelere careat : interim scelus est fides.
Dejan. Circumspice, agedum, ne quis arcana aucupet,
Partemque in omnem vultus inquirens eat.
Nutr. En locus ab omni tutus arbitrio vacat.
Dejan. Est in remoto regiæ sedis loco   485
Arcana tacitus nostra defendens specus.
Non ille primos accipit soles locus,
Non ille seros, quum ferens Titan diem
Lassam rubenti mergit Oceano rotam.
Illic amoris pignus Herculei latet.   490
Altrix, fatebor, Nessus est auctor mali,
Quem gravida Nephele Thessalo genuit duci,
Qua trepidus astris inserit Pindus caput,
Ultraque nubes Othrys eductus riget.
Namque ut subactus Herculis clava horridi   495
Achelous, omnes facilis in species dari,
Tandem peractis omnibus patuit feris,

Unoque turpe subdidit cornu caput;
Me conjugem dum victor Alcides habet,
Repetebat Argos : forte per campos vagus   500
Evenos altum gurgitem in pontum ferens
Jam plene summis turbidus silvis erat.
Transire Nessus vorticem solitus vadis
Pretium poposcit; meque jam dorso ferens,   505
Qua jungit hominem spina deficiens equo,
Frangebat ipsas fluminis tumidi minas.
Jam totus undis Nessus exierat ferox,
Medioque adhuc errabat Alcides vado,
Vasto rapacem vorticem scindens gradu.
Ast ille ut esse vidit Alciden procul :   510
« Tu præda nobis, inquit, et conjux eris.
« Prohibetur undis; » meque complexus ferens
Gressum citabat : non tenent undæ Herculem :
« Infide vector, inquit, immixti licet
« Ganges et Ister vallibus junctis eant,   515
« Vincemus ambos : consequar telo fugam. »
Præcessit arcus verba : tum longum ferens
Arundo vulnus, tenuit hærentem fugam.
Mortemque fixit : ille jam quærens diem
Tabum fluentem vulneris dextra excipit,   520
Traditaque nobis ungulæ insertum suæ,
Quam forte sæva sciderat avulsam manu.
Tum verba moriens addit : « Hoc, inquit, magæ
« Dixere amorem posse defigi malo :
« Hoc docta Mycale Thessalas docuit nurus,
« Unam inter omnes Luna quam sequitur jugam,
« Astris relictis : illitas vestes dabis
« Hac, inquit, ipsa tabe, si pellex tuos
« Invisa thalamos tulerit, et conjux levis

« fidèle voulait donner une autre bru au maître du
« tonnerre, envoyez-lui une tunique trempée dans
« ce sang fatal. Mais gardez ce philtre dans un lieu
« obscur, et loin de la lumière du jour, si vous vou-
« lez qu'il conserve toute sa puissance. » A ces mots,
la force abandonna Nessus, et le sommeil de la mort
s'empara de ses membres glacés.

Hâte-toi donc, toi dépositaire fidèle de mon secret.
Répandons cette liqueur puissante sur une riche tunique, et que sa vertu, pénétrant dans les membres
d'Hercule, ranime au fond de son cœur les feux de
l'amour.

La nour. Je cours exécuter vos ordres. Vous,
cependant, invoquez ce dieu puissant dont la faible
main lance des traits inévitables.

Déj. Je t'implore, ô toi que redoutent le ciel et
ses habitants, la mer et le dieu qui lance les foudres de l'Etna; enfant ailé, terrible même à ta redoutable mère. Viens; arme-toi d'un trait rapide,
inévitable. Choisis dans ton carquois, non pas une
flèche légère, mais la plus pesante de toutes, une
flèche telle que tu n'en lanças jamais. Ce n'est pas
par une atteinte ordinaire que tu rendras Hercule
amoureux. Bande ton arc autant que tu le pourras,
et déploie toute la force de ton bras. Lance le même
trait dont tu perças jadis Jupiter, lorsque ce dieu
déposant sa foudre, et prenant la figure d'un taureau
au front large et superbe, fendit la mer écumante,
emportant sur son dos la vierge d'Assyrie. Entre
tout entier dans son cœur; qu'il surpasse tous les
exemples de la puissance: qu'il apprenne à brûler
pour une épouse. Éteins dans son cœur la flamme
que les charmes d'Iole y auraient pu allumer: qu'il
ne brûle que pour moi. Tu as souvent dompté le dieu
de la foudre et le roi du Styx, ce souverain du sombre empire, plus peuplé que celui des vivants; sois
plus terrible que l'implacable marâtre d'Hercule,

et remporte sur lui la victoire; triomphe d'un héros
qui n'aura cédé qu'à toi seul.

La nour. J'apporte ce philtre puissant, et voici
une tunique dont le travail précieux a lassé les mains
de toutes vos esclaves. Versez donc cette liqueur
subtile, afin que le vêtement d'Hercule en soit im-
prégné; j'en augmenterai la vertu par des paroles
magiques. Le fidèle Lichas vient à propos; mais il
faut lui cacher notre secret, de peur qu'il ne le révèle à son maître.

Déj. O fidèle serviteur, bien précieux qu'on ne
trouve jamais dans les palais superbes des rois, Lichas, prends cette tunique que mes doigts ont tissue
tandis que ton maître parcourait l'univers, et que,
vaincu par le vin, il pressait entre ses bras victorieux
la reine de Lydie. Aujourd'hui il brûle pour Iole;
mais j'espère, à force de soins, ramener son cœur
ingrat. Les plus insensibles ne peuvent résister à
des marques d'affection. Recommande à mon époux
de ne se revêtir de cette tunique qu'au moment où,
le front ceint d'une couronne de peuplier blanc, il
jettera l'encens dans le feu sacré, et adressera ses
prières aux dieux. Pour moi, je rentre dans le palais,
où je vais implorer la mère du redoutable Cupidon.
Vous que j'ai amenées de Calydon, compagnes de
mon enfance, déplorez le sort de la triste Déjanire.

CHŒUR D'ÉTOLIENNES.

Compagnes de vos premiers ans, fille d'OEnéus,
nous déplorons votre malheur, nous gémissons de
l'abandon qui vous menace. Jadis nous aimions
à nous jouer avec vous dans les eaux de l'Achéloüs,
lorsqu'après le printemps ce fleuve, naguère débordé, serpentait paisiblement à travers nos plaines,
et lorsque le Lycormas impétueux cessait d'y précipiter ses ondes limoneuses. Filles timides, nous
formions avec vous des chœurs en l'honneur de Pal-

« Aliam parenti dederit altisono nurum,   530
« Hoc nulla lux aspiciat, hoc tenebræ tegant
« Tantum remotæ: sic potens vires suas
« Sanguis tenebit. » Verba deprendit quies,
Mortemque lassis intulit membris sopor.
Tu, quam meis admittit arcanis fides,   535
Perge, ut nitentem virus in vestem datum
Mentem per artus adeat, et tacitum intimas
Intret medullas. *Nutr.* Ocius jussa exsequar,
Alumna: precibus tu deum invictum advoca,
Qui certa tenera tela demittit manu.   540
Dejan. Te deprecor, quem mundus et superi timent,
Et æquor, et qui fulmen Ætnæum quatit,
Timende matri, te, aliger sævæ puer;
Intende certa spiculum velox manu,
Non e sagittis levibus: ex numero, precor,   545
Graviore profer, quod tuæ nondum manus
Misere in aliquem: non levi telo est opus,
Ut amare possit Hercules: rigidas manus
Intende, et arcum cornibus junctis para.
Nunc, nunc sagittam prome, qua quondam horridus   550
Jovem petisti; fulmine abjecto, deus
Quum fronte subita tumuit, et rabidum mare
Taurus puellæ vector Assyriæ scidit.
Immitte amorem: vincat exempla omnia.
Amare discat conjugem: si quas decor   555
Ioles inussit pectori Herculeo faces,
Exstingue totas: perbibat flammas mei.
Tu fulminantem sæpe domuisti Jovem,
Tu furva nigri sceptra gestantem poli,
Turbæ ducem majoris, et dominum Stygis.   560

Tuque, o noverca gravior irata deus,
Cape hunc triumphum: solus evince Herculem.
Nutr. Prolata vis est, quæque Palladia colu
Lassavit omnem texta famularem manum.
Nunc congeratur virus, ut vestis bibat   565
Herculea pestem: precibus augebo malum.
In tempore ipso gnavus occurrit Lichas.
Celanda vis est dira, ne pateat, doli.
Dejan. O, quod superbæ non habent unquam domus,
Fidele semper regibus nomen, Licha,   570
Cape hos amictus, nostra quos nevit manus,
Dum vagus in orbem fertur, et victus mero
Tenet feroci Lydiam gremio nurum.
Nunc poscit Iolen: sed jecur fors horridum
Flectam merendo: merita vicerunt malos.   575
Ipsa in penates regios gressus feram;
Precibusque Amoris horridi matrem colam.
Vos, quas paternis extuli comites focis,   580
Calydoniæ, deflete lugendam vicem.

CHORUS ÆTOLARUM MULIERUM.

Flemus casus, OEnei, tuos,
Comitum primos turba per annos:
Flemus dubios, veneranda, toros.   585
Nos Achelöi tecum solitæ
Pulsare vadum, quum jam tumidas
Vere peracto poneret undas,
Gracilisque gradu serperet æquo,

las, devant les autels de cette déesse; vous étiez parmi nous, lorsque dans les fêtes religieuses instituées par Cadmus, et qui reviennent tous les trois ans au retour de l'été, nous portions les corbeilles sacrées de Bacchus, et lorsque nous célébrions dans Éleusis les mystères vénérés de la déesse des moissons. Quelque malheur qui vous menace aujourd'hui, compagnes fidèles, nous partagerons votre sort. Ils ont d'ordinaire peu d'amis, ceux que la fortune abandonne. O vous tous qui tenez le sceptre, quoique d'innombrables courtisans assiégent incessamment les cent avenues de votre palais, dans cette foule immense qui se presse sur vos pas, à peine pouvez-vous compter un ami. Érinnys veille sur le seuil de votre demeure éclatante, et les vastes portes qui y conduisent sont autant d'accès ouverts au parjure, à la trahison, aux poignards. Lorsqu'un roi se trouve au milieu de ses sujets, l'envie est à ses côtés. Chaque fois qu'un roi revoit la lumière du soleil, il faut regarder comme une existence nouvelle ce jour qui lui est accordé. On s'attache moins au roi qu'à sa puissance. La plupart sont attirés par l'éclat de la cour. L'un veut être près du roi, et marcher à ses côtés quand il parcourt son empire; insensé qu'enivre la vaine gloire. Un autre brûle d'amasser des trésors. Mais en vain il posséderait tout ce que l'Ister roule de pierreries dans ses flots, l'opulente Lydie, et cette terre exposée au souffle du Zéphire, si fière de l'or qui étincelle dans les eaux du Tage; quand il serait maître du cours entier de l'Hèbre, des champs féconds que l'Hydaspe environne, enfin de toutes les contrées que baigne

le Gange de sa source à son embouchure, rien ne saurait assouvir sa cupidité. L'homme avide regarde comme un point tous les trésors du monde.

Celui-ci, courtisan assidu, recherche la faveur des rois, non pour devenir possesseur de vastes domaines où ses mains laborieuses promèneront sans cesse la charrue, ou qui seront fécondées par des milliers de bras; il ne veut s'enrichir que pour entasser de l'or. Celui-là ne rampe sous les rois que pour opprimer les autres, et accabler ses ennemis, sans jamais être utile à personne. Ce n'est que pour nuire qu'il veut être puissant. Mais combien de ces ambitieux périssent avant le temps! Combien étaient heureux le soir, et qui, au lever du jour, ne sont plus qu'un objet de pitié! Rarement le bonheur suit l'homme jusqu'à la vieillesse. On goûte sur le simple gazon un sommeil plus doux et plus paisible que sur la pourpre de Tyr : point de doux repos sous les lambris dorés. Le mortel puissant est en proie sur son lit fastueux à de cruelles insomnies. Ah! si l'œil pouvait voir dans le cœur des grands, que d'alarmes n'y découvrirait-il pas? Moins agités sont les flots poussés par le Caurus contre les rivages de l'Abruzze. L'âme du pauvre est toujours calme. Sa coupe n'est que de hêtre, mais il la porte sans crainte à ses lèvres. Sa table est simple et commune; mais il ne voit pas pendre au-dessus de sa tête une épée menaçante. C'est dans une coupe d'or qu'on verse du sang. La femme d'un homme obscur ne porte point à son cou ces pierreries éclatantes que produit la mer Rouge; les perles tirées du fond de la mer d'Orient ne pendent point à ses oreilles; la laine

Nec præcipitem volveret amnem		590
Flavus rupto fonte Lycormas.		
Nos Palladias ire per aras ,		
Et virgineos celebrare choros :		
Nos Cadmeis orgia ferre		
Tecum solitæ condita cistis ,		595
Quum jam , pulso sidere brumæ ,		
Tertia soles evocat æstas ,		
Et spiciferæ concessa deæ		
Attica mystas claudit Eleusin.		
Nunc quoque casum quemcumque times ,		600
Fidas comites accipe fatis.		
Nam rara fides , ubi jam melior		
Fortuna ruit.		
Tu quicumque es , qui sceptra tenes ,		
Licet omne tua vulgus in aula		605
Centum pariter limina pulset ,		
Quum tot populis stipatus eas ,		
In tot populis vix una fides.		
Tenet auratum limen Erinnys ,		
Et quum magnæ patuere fores ,		610
Intrant fraudes, cautique doli ,		
ferrumque latens : quumque in populos		
Prodire parant, comes invidia est.		
Noctem quoties summovet Eos ,		
Regem toties credite nasci.		615
Pauci reges , non regna colunt :		
Plures fulgor concitat aulæ.		
Cupit hic regi proximus ipsi		
Clarus latus ire per urbes :		
Urit miserum gloria pectus ,		620
Cupit hic gazis implere famem :		
Nec tamen omnis plaga gemmiferi		
Sufficit Istri , nec tota sitim		
Lydia vincit; nec quæ, Zephyro		
Subdita tellus , stupet aurato		625
Flumine clarum radiare Tagum;		

Nec si totus serviat Hebrus;		
Ruraque dives jungat Hydaspes;		
Intraque suos currere fines		
Spectet toto flumine Gangem.		630
Avidis, avidis natura parum est.		
Colit hic regem , regumque lares ,		
Non ut presso vomere semper		
Nunquam cesset curvus arator,		
Vel mille secent arva coloni :		635
Solas optat, quas ponat, opes.		
Colit hic reges , calcet ut omnes ,		
Perdatque alios , nullumque levet :		
Tantum ut noceat, cupit esse potens.		
Quota pars moritur tempore fati?		640
Quos felices Cynthia vidit,		
Vidit miseros enata dies.		
Rarum est , felix , idemque senex.		
Cespes, Tyrio mollior ostro,		
Solet impavidos ducere somnos :		645
Aurea rumpunt tecta quietem ,		
Vigilesque trahit purpura noctes.		
O si pateant pectora ditum,		
Quantos intus sublimis agit		
Fortuna metus ! Brutia Coro		650
Pulsante fretum mitior unda est.		
Pectora pauper secura gerit.		
Tenet e patula pocula fago.		
Sed non trepida tenet illa manu.		
Carpit faciles vilesque cibos,		655
Sed non strictos respicit enses.		
Aurea miscet pocula sanguis.		
Conjux modico nupta marito		
Non disposito clara monili		
Gestat pelagi dona Rubentis,		660
Nec gemmiferas detrahit aures		
Lapis Eoa lectus in unda;		
Nec Sidonio mollis aheno		

dont elle est vêtue ne fut pas imprégnée plusieurs fois de la riche teinture de Sidon; l'aiguille méonienne ne brode point pour elle un tissu formé des fils précieux, que le Sère, habitant des climats de l'Aurore, recueille dans ses forêts; des plantes communes ont teint ses vêtements, filés par des mains inhabiles; mais elle ne craint pas que son époux trahisse la foi jurée.

Armée de sa torche funeste, Érinnys poursuit ceux dont la naissance est une fête publique. Et pourtant ce n'est qu'en voyant tomber ces mortels heureux, que le pauvre comprend combien il est heureux lui-même. Qui ne sait pas modérer sa course s'expose à une chute certaine. Un enfant, jaloux du vain honneur d'éclairer le monde un seul jour, monte sur le char de son père; mais il quitte le cercle tracé par le Soleil, il s'égare parmi les astres qui lui sont inconnus, et il est embrasé lui-même, après avoir embrasé l'univers. Dédale, qui modéra son essor, atteignit le bord désiré, et ne donna pas son nom à une mer; Icare, au contraire, surpasse dans son vol hardi les oiseaux véritables. Le jeune audacieux, s'élevant au-dessus de son père, s'approche de Phébus lui-même; mais il tombe, et donne son nom à des flots inconnus.

L'éclat d'une haute destinée n'en compense pas les périls. Qu'on vante la prospérité, la grandeur d'un autre; pour moi, je n'ambitionne pas le pouvoir. Puisse ma barque timide, rasant toujours le bord, n'être jamais entraînée au loin par des vents impétueux! La fortune épargnant le rivage, frappe avec joie ces navires qui affrontent la haute mer, et dont les mâts orgueilleux s'élèvent jusque dans les nues.

Mais la reine se dirige vers nous à pas précipités.

La terreur est peinte sur son visage; elle est aussi troublée qu'une Ménade en proie aux fureurs de son dieu. Infortunée, apprenez-nous de quelle disgrâce la fortune vous accable. En vain vous garderiez le silence; ce visage affligé nous en dit assez.

ACTE TROISIÈME.

DÉJANIRE, LE CHŒUR.

Déj. Un tremblement universel agite mes membres; mes cheveux se dressent sur ma tête. L'épouvante est encore dans mon âme, mon cœur palpite d'effroi et bat dans mon sein avec violence. Comme la mer soulevée par l'Auster s'agite encore, même quand les vents se taisent et que la tempête est calmée; ainsi, quoique délivrée de ma première terreur, j'éprouve encore de vives inquiétudes. Quand les dieux ont une fois porté atteinte à notre bonheur, ils nous poursuivent sans relâche. C'est le sort attaché aux grandeurs.

Le ch. Quel est donc, princesse, ce nouveau coup de la fortune?

Déj. Dès que j'eus envoyé à Hercule la tunique trempée dans le sang de Nessus, je suis rentrée dans mon appartement. J'étais triste; je ne sais quel trouble s'est élevé dans mon âme; je soupçonnais quelque perfidie, et j'ai voulu faire l'essai du philtre. Nessus m'avait recommandé de le garder loin de la clarté et des feux du jour: cet avis seul m'inspira des craintes. Le soleil, dont en ce moment aucun nuage n'obscurcissait l'éclat, lançait ses feux les plus ardents (la frayeur m'ôte presque la force de poursuivre). J'expose à la vive lumière et aux rayons de cet astre une robe sur laquelle j'avais répandu quelques gouttes de ce sang fatal. O prodige ef-

Repetita bibit lana rubores;
Nec Mæonia distinguit acu,
Quæ Phœbeis subditus Euris   665
Legit Eois Ser arboribus.
Quælibet herbæ tinxere colos,
Quas indoctæ nevere manus :
Sed non dubios fovet illa toros.   670
Sequitur dira lampade Erinnys,
Quorum populi coluere diem.
Nec sibi felix pauper habetur,
Nisi felices cecidisse videt.
Quisquis medium defugit iter,   675
Stabili nunquam tramite curret.
Dum petit unum præbere diem,
Patrioque puer constitit axe,
Nec per solitum percurrit iter,
Sed Phœbeis ignota secat   680
Sidera flammis errante rota,
Secum pariter perdidit orbem.
Medium cæli dum sulcat iter,
Tenuit placitas Dædalus oras,
Nullique dedit nomina ponto :   685
Sed dum volucres vincere veras
Icarus audet, patriaque puer
Despicit alas, Phœboque volat
Proximus ipsi, dedit ignoto
          Nomina ponto.   690
Male pensantur magna ruinis.
Felix alius magnusque sonet;
Me nulla vocet turba potentem.
Stringat tenuis litora puppis,
Nec magna meas aura phaselos   695
Jubeat medium scindere pontum.

Transit tutos Fortuna sinus,
Medioque rates quærit in alto,
Sed quid pavido territa vultu,   700
Qualis Baccho saucia Mænas,
Fertur rapido regina gradu?
Quæ te rursus fortuna rotat,
Miseranda, refer : licet ipsa neges,
Vultus loquitur, quodcumque tegis.   705

ACTUS TERTIUS.

DEJANIRA, CHORUS.

Dejan. Vagus per artus errat excussos tremor.
Erectus horret crinis : impulsis adhuc
Stat terror animis, et cor attonitum salit,
Pavidumque trepidis palpitat venis jecur.
Ut fractus Austro pontus etiamnum tumet, 710
Quamvis quiescat languidis ventis dies :
Ita mens adhuc vexatur excusso metu.
Semel profecto premere felices deus
Quum cœpit, urget : hos habent magna exitus.
Chor. Quis tam impotens, o misera, te casus rotat? 715
Dejan. Ut missa palla est, late Nessea illita,
Thalamisque mœrens intuli gressum meis,
Nescio quid animus timuit, et fraudem struit.
Libet experiri : solibus virus ferum
Flammisque Nessus sanguinem ostendi arcuit. 720
Hic ipse fraudes esse præmonuit dolus.
Et forte nulla nube respersus jubar
Luxabat ardens fervidum Titan diem
(Vix ora solvi patitur etiam nunc timor)
Medios in ignes solis, et claram facem,   725

frayant! à peine a-t-il senti les feux du dieu du jour, qu'il bouillonne et s'enflamme. Comme au retour du printemps les neiges qui couvrent la pente rapide du Mimas sont fondues par l'Eurus ou par la chaude haleine du Notus; comme les vagues de la mer Ionienne viennent se briser contre les rochers de Leucade, et expirent sur la plage écumante; ou comme l'encens allumé sur l'autel se dissipe en fumée; ainsi l'étoffe se consume et disparaît entièrement. Tandis que je m'étonne, l'objet de ma surprise n'était plus. La terre même écume et s'agite; tout ce qu'a touché ce poison périt à l'instant. (Courroucée, elle suit en silence, et secoue la tête.) Mais je vois mon fils tout tremblant accourir à pas précipités. (*A Hyllus.*) Parle. Que viens-tu nous apprendre?

HYLLUS, DÉJANIRE, LA NOURRICE.

Hyl. Fuyez, fuyez, ô ma mère! Trouvez, s'il se peut, un refuge au delà des limites de la terre, au delà du ciel, de l'Océan et des enfers, au delà des travaux d'Hercule.

Déj. Quel affreux pressentiment m'agite et m'épouvante!

Hyl. Réjouissez-vous, triomphez. Courez au temple de Junon. Oui, de Junon; car tous les autres vous sont fermés.

Déj. Parle; quel malheur m'accable, sans que je l'aie mérité?

Hyl. O ma mère, c'est fait de ce héros, la gloire et l'unique défenseur du monde, qui tenait ici-bas la place de Jupiter. Je ne sais quel mal consume les muscles et les membres d'Hercule. Celui qui dompta les monstres, cet illustre vainqueur, est vaincu à son tour; il gémit. il se lamente. N'est-ce pas vous en dire assez?

Déj. Les malheureux sont impatients de connaître tout leur malheur. Parle, quel coup accable notre famille? O déplorable maison! me voilà veuve, sans asile, accablée par le destin!

Hyl. Vous n'êtes pas seule affligée; Hercule excite les regrets du monde entier. Ce n'est point une perte qui vous soit particulière : tout le genre humain la déplore; l'objet de vos cris plaintifs est pleuré de tous, et votre malheur est commun à toute la terre. Vous donnez le signal à la douleur publique; vous êtes la première, mais non pas la seule, qui pleuriez Hercule.

Déj. Ah! parle; dis-moi si mon cher Alcide est près de mourir.

Hyl. La mort recule devant celui qui la vainquit une fois dans son propre empire. Le destin n'ose commettre un si grand attentat. Clotho sans doute, troublée elle-même, a posé sa quenouille, et craint de filer les derniers moments d'Hercule. Ce jour, ce jour affreux sera-t-il le dernier du grand Alcide?

Déj. Est-il déjà parmi les mânes et dans l'empire odieux des morts? ou puis-je l'y précéder? Dis-moi, vit-il encore?

Hyl. L'Eubée, qui s'élève comme une montagne immense, est battue de tous côtés par les flots. Elle oppose à l'Hellespont le promontoire de Capharée, du côté qui regarde l'Auster. La partie exposée au souffle glacé de l'aquilon est baignée par l'Euripe inconstant, dont les eaux s'élèvent et s'abaissent sept fois, dans le temps que Phébus précipite vers l'Océan son char fatigué. Là, sur le sommet d'une roche qui n'est jamais environnée de nuages, brille le temple antique de Jupiter Cénéen. Déjà toutes les victimes étaient devant les autels, et la forêt retentissait au loin des mugissements des taureaux aux cornes dorées. Hercule quitte la dépouille souillée de sang du lion de Némée, dépose

---

Quo tincta fuerat palla, vestisque illita,
Abjectus horret sanguis, et Phœbi coma
Tepefactus ardet : vix queo monstrum eloqui.
Nives ut Eurus solvit, aut tepidus Notus,
Quas vere primo lubricus perdit Mimas ;   730
Utque involutos frangit Ionio salo
Opposita fluctus Leucas, et lassus tumor
In litore ipso spumat; aut cœlestibus
Aspersa tepidis tura laxantur focis :
Sic languet omne vellus, et perdit comam :   735
Dumque ipsa miror, causa mirandi perit.
Quin ipsa tellus spumeos motus agit,
Et quidquid illa tabe contactum est, labat.
(Tumensque tacita sequitur, et quassat caput.)
Natum paventem cerno et ardenti pede   740
Gressus ferentem : prome, quid portes novi.

HYLLUS, DEJANIRA, NUTRIX.

Hyl. I, profuge, quære, si quid ulterius patet
Terris, freto, sideribus, Oceano, inferis :
Ultra labores, mater, Alcidæ fuge.
Dejan. Nescio quod animus grande præsagit malum.   745
Hyl. Regna, triumpha, templa Junonis pete :
Hæc tibi patent; delubra præclusa omnia.
Dejan. Effare, qui me casus insontem premat.
Hyl. Decus illud orbis, atque præsidium unicum,
Quem fata terris in locum dederant Jovis,   750
O mater, abiit : membra, et Herculeos toros
Urit lues nescio qua : qui domuit feras,
Ille, ille victor vincitur, mœret, dolet.
Quid quæris ultra? *Dejan.* Miseras properant suas

Audire miseri : fare, quo posita in statu   755
Jam nostra domus est : o lares, miseri lares!
Nunc vidua, nunc expulsa, nunc feror obruta!
Hyl. Non sola mœres. Hercules toto jacet
Mundo gemendus : fata ne, mater, tua
Privata credas : jam genus totum obstrepit.   760
Hunc, ejulatu quem gemis, cuncti gemunt.
Commune terris omnibus pateris malum.
Luctum occupasti : prima, non sola Herculem
Miseranda mœres. *Dejan.* Quam prope a leto tamen,
Ede, ede, quæso, jaceat Alcides meus.   765
Hyl. Mors refugit illum, victa quæ in regno suo
Semel est : nec audent fata tam vastum nefas
Admittere : ipsas forsitan trepida colos
Clotho manu projecit, et fatum Herculis
Timet peragere : proh diem! infandum diem!   770
Hocne ille summo magnus Alcides erit?
Dejan. Ad fata et umbras, atque pejorem polum
Præcedere illum dicis? an possum prior
Mortem occupare? fare, si nondum occidit.
Hyl. Euboica tellus vertice immenso tumens   775
Pulsatur omni latere. Phrixeum mare
Scindit Caphareus : servit hoc Austro latus.
At qua nivosi patitur Aquilonis minas,
Enripus undas flectit instabilis vagas,
Septemque cursus volvit, et totidem refert,   780
Dum lassa Titan mergat Oceano juga.
Hic rupe celsa, nulla quam nubes ferit,
Annosa fulgent templa Cenæi Jovis.
Ut stetit ad aras omne votivum pecus,
Totumque tauris gemuit auratis nemus;   785

sa lourde massue, et détache le carquois suspendu à ses robustes épaules. Il portait la tunique éclatante qu'il tenait de vous, et une couronne de peuplier blanc pressait son épaisse chevelure. Il allume le feu de l'autel, et dit : « O toi qui es vraiment « mon père, reçois cet encens que je brûle en ton « honneur. Jetons à pleines mains dans le feu sacré « ces parfums que l'Arabe, adorateur de Phébus, « recueille dans les riches forêts de Saba. J'ai pacifié « la terre, le ciel et la mer ; je reviens ici vainqueur « de tous les monstres : dépose ta foudre... » Un gémissement dont lui-même est étonné interrompt sa prière ; tout à coup il remplit les airs de cris affreux. Tel qu'un taureau qui s'enfuit emportant dans sa blessure la hache qui l'a frappé, et remplit de ses longs mugissements le temple épouvanté ; ou tel que le fracas de la foudre sillonnant les airs ; tels sont les cris dont Hercule ébranle le ciel et la mer. La vaste Chalcis en retentit ; ils sont entendus jusqu'aux Cyclades. Les roches de Capharée et tous les échos de la forêt leur répondent. Nous le voyons pleurer ; on craint un retour de son ancienne fureur. Ses serviteurs prennent la fuite ; mais lui, roulant des yeux enflammés, ne cherche, ne poursuit que le seul Lichas. Ce malheureux embrassait l'autel de ses mains tremblantes. Déjà mort de frayeur, il ne laissait rien à faire à la vengeance de son maître. Celui-ci, saisissant ce cadavre palpitant : « O des- « tin, dit-il, c'est donc par cette main qu'on dira « que je fus vaincu ? Hercule tué par Lichas ! et, « pour surcroît de honte, Lichas tué par Hercule ! « Eh bien ! oui ; souillons notre gloire, et que cette « mort soit mon dernier exploit. » Il dit, et l'infortuné, lancé vers le ciel, va rougir les nuages de son sang. Ainsi vole dans les airs la flèche lancée par le Scythe ou par le Cydonien. Mais encore elle s'élèverait moins haut. Le tronc retombe dans la mer, la tête sur les rochers. Chacun des deux a sa part du cadavre.

« Arrêtez ! dit Hercule. Ma raison n'est point « troublée. Je suis en proie à un mal plus terrible « que la folie et que la colère ; c'est contre moi que « je veux tourner ma fureur. » A peine a-t-il fait connaître son mal, que sa main désespérée déchire ses membres, s'arrache d'énormes lambeaux de chair. Il veut se débarrasser de la tunique ; pour la première fois je vois ses efforts impuissants. Toutefois il les redouble. Il réussit enfin ; mais la tunique s'est si bien attachée au corps du malheureux, qu'elle fait partie de lui-même, et qu'il déchire sa peau avec le fatal vêtement. On ne voit pas la cause de si cruelles souffrances; mais cette cause existe. Succombant presque à l'excès de la douleur, tantôt il frappe la terre de son front, tantôt il demande de l'eau; mais l'eau n'apaise point ses tourments. Il court au rivage retentissant, et s'élance dans la mer. Ses serviteurs le saisissent, contiennent ses emportements. O sort funeste ! Hercule ne peut nous résister. En ce moment une barque le ramène du rivage de l'Eubée, et un léger zéphyr suffit à pousser le corps immense du héros.

Déj. La force m'abandonne, et la nuit couvre mes yeux. Mon âme, qu'attends-tu donc ? Tu restes interdite après un tel crime ? Jupiter réclame son fils, Junon, son rival. Il faut le rendre à l'univers, ou du moins acquitte-toi comme tu le peux. Enfonce une épée dans ton sein : qu'une prompte mort...... Ta faible main suffit-elle pour punir un tel forfait ? Jupiter, écrase de ta foudre ta bru criminelle; mais ne t'arme point d'un trait léger. Lance du ciel ce foudre

---

Spolium leonis sordidum tabo exuit,
Posuitque clavæ pondus, et pharetra graves
Laxavit humeros : veste tunc fulgens tua,
Cana revinctus populo horrentem comam,
Succendit aras. « Accipe has, inquit, focis　　　790
« Non false messes genitor, et largo sacer
« Splendescat ignis ture, quod Phœbum colens
« Dives Sabæis colligit truncis Arabs.
« Pacata tellus, inquit, et cælum, et freta;
« Feris subactis omnibus victor redii.　　　795
« Depone fulmen. » Gemitus in medias preces,
Stupente et ipso, cecidit : hinc cælum horrido
Clamore complet : qualis impressa fugax
Taurus bipenni vulnus et telum ferens,
Delubra vasto trepida mugitu replet ;　　　800
Aut quale mundo fulmen emissum tonat;
Sic ille gemitus sidera et pontum ferit :
Et vasta Chalcis sonuit, et voces Cyclas
Excepit omnis : hinc petræ Capharides,
Hinc omne voces reddit Herculeas nemus.　　　805
Flentem videmus : vulgus antiquam putat
Rabiem redisse : tunc fugam famuli petunt.
At ille vultus ignea torquens face,
Unum inter omnes quærit et sequitur Lichan.
Complexus aras ille tremebunda manu,　　　810
Mortem metu consumsit, et parum sui
Pœnæ reliquit; dumque tremebundum manu
Tenuit cadaver : « Hac manu, inquit, hac ferat
« O fata ! victus ? Herculem perimit Lichas.
« Ecce alia clades, Hercules perimit Lichan.　　　815
« Facta inquinentur ; fiat hic summus labor. »
In astra missus fertur, et nubes vago
Spargit cruore : talis in cælum exsilit

Arundo, Getica visa dimitti manu ;
Aut quam Cydon excussit ; inferius tamen　　　820
Et tela fugient : truncus in pontum cadit ;
In saxa cervix : funus ambobus jacet.
« Resistite, inquit : non furor mentem abstulit.
« Furore gravius istud atque ira malum est.
« In me juvat sævire. » Vix pestem indicat,　　　825
Et sævit : artus ipse dilacerat suos,
Membra vasta carpit avellens manu.
Exuere amictus quærit : hoc solum Herculem
Non posse vidi : trahere conatus tamen,
Et membra traxit : corporis palla horridi　　　830
Pars est, et ipsam vestis immiscet cutem.
Nec causa diræ cladis in medio patet :
Sed causa tamen est ; vixque sufficiens malo
Nunc ore terram languidus prono ferit ;
Nunc poscit undas : unda non vincit malum.　　　835
Fluctisona quærit litora, et pontum occupat.
Famularis illum retinet errantem manus.
O sortem acerbam ! fuimus Alcidæ pares.
Nunc puppis illum litore Euboico refert,
Austerque lenis pondus Herculeum rapit.　　　840
Dejan. Destituit animus membra, nox oculos premit.
Quid, anime, cessas? quid stupes factum scelus?
Natum reposcit Juppiter, Juno æmulum.
Reddendus orbi est : quod potest reddi, exhibe
Eat per artus ensis exactus meos.　　　845
Sic, eia ! agedum est : tam levis pœnas manus
Tantas reposcit ? tolle fulminibus, socer,
Nurum scelestam : nec levi telo manus
Armetur : illud fulmen exsiliat polo,
Quo, ni fuisset genitus Alcides tibi,　　　850
Hydram cremasses; pestem ut insolitam feri,

dont tu aurais embrasé l'hydre, si tu n'eusses donné le jour à Hercule. Il s'agit d'exterminer le plus affreux des monstres, un monstre plus cruel qu'une marâtre en courroux. Frappe-moi du même trait qui atteignit Phaéton, égaré dans les espaces du ciel. J'ai causé seule la mort d'Hercule et le malheur de l'univers. Pourquoi recourir à la main des dieux? Laisse en repos ton beau-père. Souhaiter seulement la mort est une honte pour l'épouse d'Hercule. Cette main remplira mes vœux; ayons recours à elle seule. Frappe. Que le fer.... Mais pourquoi le fer? Tout ce qui tue est une arme suffisante. Précipitons-nous du haut d'une roche. J'irai sur le sommet de l'OEta, qui reçoit les premiers rayons du soleil. C'est de là que je veux m'élancer. Mon corps se brisera, et chacune de leurs pointes portera mes restes sanglants. Les lambeaux de mes mains y resteront suspendus, et mon sang rougira les flancs aigus de la montagne. Une seule mort est une peine légère, mais on peut en prolonger les douleurs. Tu ne sais, mon âme, par quel coup trancher mes jours. Ah! si l'épée d'Hercule était suspendue dans ma chambre! ce serait l'instrument convenable de ma mort. Mais suffit-il que je sois frappée par une seule main? Peuples, accourez. Lancez tous contre moi des pierres et des torches ardentes; que tous les bras s'arment et se lèvent contre moi. Je vous ai ravi votre vengeur. Les tyrans régneront désormais sans crainte; nul bras ne terrassera les monstres qui vont renaître. On verra se relever ces autels où l'homme sacrifiait des victimes humaines. J'ai rouvert le chemin aux crimes. Mortels, je vous livre sans défense aux rois, aux tyrans, aux monstres, aux bêtes féroces, aux divinités cruelles. Eh quoi! compagne de Jupiter, tu n'as point saisi les traits de son frère! tu ne te charges pas de mon supplice! Quelle gloire, quel triomphe je t'ai ravis, ô Junon! je t'ai prévenue : j'ai tué ton ennemi.

La nour. Voulez-vous donc consommer la ruine de votre maison? Ce malheur, quelque grand qu'il soit, n'a d'autre cause que l'erreur; et la volonté seule fait les coupables.

Déj. Quiconque pardonne au destin et se fait grâce d'une erreur, méritait de la commettre. J'ai prononcé mon arrêt.

La nour. Vouloir mourir, c'est s'avouer coupable.

Déj. La mort seule peut justifier l'erreur.

La nour. Quoi! vous fuirez le jour?

Déj. C'est le jour qui me fuit.

La nour. Infortunée! vous quitterez la vie?

Déj. Je vais rejoindre Hercule.

La nour. Mais il vit; il respire l'air des cieux.

Déj. Dès qu'il a pu être vaincu, il a cessé d'exister.

La nour. Vous abandonnerez votre fils? vous trancherez votre vie?

Déj. Une mère a vécu assez, quand c'est son fils qui lui ferme les yeux.

La nour. Vous suivrez votre époux chez les morts.

Déj. Les épouses vertueuses les y précèdent.

La nour. C'est vous déclarer coupable que vous condamner vous-même.

Déj. Nul coupable ne se soustrait au châtiment.

La nour. Souvent on a laissé la vie à ceux qui n'étaient coupables que d'erreur. Peut-on se punir de la faute du destin?

Déj. Oui, pour échapper à un destin cruel.

La nour. Hercule lui-même, dans un accès de fureur, perça de ses flèches empoisonnées ses propres fils, et Mégare leur mère. Cependant, coupable d'un triple parricide, il se fit grâce à lui-même, et crut qu'il lui suffirait d'aller sous le ciel brûlant de la Libye, purifier ses mains dans les eaux du Cinyphe Quel transport vous égare? pourquoi vous condamner vous-même?

Et ut noverca pejus irata malum.
Emitte telum, quale in errantem prius
Phaethonta missum est : perdidi sola Herculem,
Et ipsa populus : quid rogas telum deos ?   855
Jam parce socero : conjugem Alcidæ necem
Optare pudeat : hæc erit voto manus;
A me petatur : occupa ferrum ocius.
Cur deinde ferrum ? quidquid in mortem trahit,
Telum est abunde : rupe ab ætherea ferar.   860
Hæc, hæc renatum prima quæ poscit diem,
OEta eligatur : corpus hinc mitti placet.
Abrupta cautes scindat, et partem mei
Ferat omne saxum : pendeant laceræ manus,
Totumque rubeat asperi montis latus.   865
Levis una mors est : levis, at extendi potest.
Eligere nescis, anime, cui telo incubes.
Utinam esset, utinam fixus in thalamis meis
Herculeus ensis! huic decet ferro immori.
Una perire dextera nobis sat est ?   870
Coite gentes : saxa et incensas faces
Jaculetur orbis : nulla nunc cesset manus.
Corripite tela : vindicem vestrum abstuli.
Impune sævi sceptra jam reges gerent.
impune jam nascetur indomitum malum.   875
Reddentur aræ cernere assuetæ hostiam
Similem colenti : sceleribus feci viam.
Ego vos tyrannis, regibus, monstris, feris,
Sævisque, rapto vindice, opposui deis.
Cessas, Tonantis socia ? non spargis facem,   880

Imitata fratrem, et mittis ereptam Jovi ?
Meque ipsa perdis ? laus tibi erepta inclita est,
Ingens triumphus : æmuli, Juno, tui
Mortem occupavi. *Nutr.* Quid domum impulsam trahis?
Erroris est hoc omne, quodcumque est, nefas.   885
Haud est nocens, quicumque non sponte est nocens.
Dejan. Quicumque fato ignoscit, et parcit sibi,
Errare meruit : morte damnari placet.
Nutr. Nocens videri, qui mori quærit, cupit.
Dejan. Mors innocentes sola deceptos facit.   890
Nutr. Titana fugies? *Dejan.* Ipse me Titan fugit.
Nutr. Vitam relinques misera? *Dej.* At Alciden sequar.
Nutr. Superest, et auras ille cælestes trahit.
Dejan. Vinci Hercules quum potuit, hinc cœpit mori.
Nutr. Natum relinques, fataque abrumpes tua ?   895
Dejan. Quamcumque natus sepelit, hæc vixit diu.
Nutr. Virum sequeris ? *Dejan.* Prægredi castæ solent.
Nutr. Si te ipsa damnas, scelere te, misera, arguis.
Dejan. Nemo nocens sibi ipse pœnas abrogat.
Nutr. Multis remissa est vita, quorum error nocens,   900
Non dextra, fuerat : fata quis damnat sua?
Dejan. Quicumque fata iniqua sortitus fugit.
Nutr. Hic ipse Megaren nempe confixam suis
Stravit sagittis atque natorum indolem,
Lernæa figens tela furibunda manu.   905
Ter parricida factus ignovit tamen
Sibi : nam furoris fonte Cinyphio scelus,
Sub axe Libyco tersit, et dextram abluit.
Quo misera pergis? quid tuas damnas manus?

Déj. Hercule vaincu par ma faute est un crime qui me condamne : je veux m'en punir.

La nour. Si je connais bien Hercule, il triomphera de ce mal cruel ; et la douleur vaincue sera un des exploits de votre époux.

Déj. Le venin qui le consume paraît être celui de l'hydre ; et déjà ce fléau a détruit ses membres vigoureux.

La nour. Quoi ! vous pensez que le seul venin du reptile peut triompher de celui qui soutint toute la fureur du monstre? Déchiré des morsures de l'hydre, et tout souillé de ses poisons, le héros l'étendit mourante au milieu même de ses marais. Le sang de Nessus serait fatal à celui qui abattit le terrible Nessus lui-même ?

Déj. C'est en vain qu'on veut retenir celui qui est décidé à mourir. C'en est fait, je veux fuir la lumière. C'est avoir assez vécu que de quitter la vie le même jour qu'Alcide.

La nour. Ah! je vous en conjure par ces cheveux blancs, par ce sein qui m'a fait votre seconde mère, calmez la fureur qui vous anime contre vous-même, et révoquez ce cruel arrêt.

Déj. Empêcher un malheureux de se donner la mort, c'est une cruauté. La mort est quelquefois un châtiment ; mais plusieurs l'ont acceptée comme une grâce.

La nour. Prouvez du moins que votre main fut innocente, que ce crime n'est point le vôtre, mais l'effet d'une perfidie.

Déj. C'est aux enfers que j'irai me défendre, que j'irai me faire absoudre. Je suis coupable à mes propres yeux : que Pluton, s'il le veut, me déclare innocente. Léthé, fleuve d'oubli, je me tiendrai sur tes bords, et j'y attendrai, ombre plaintive, l'arrivée de mon époux. Toi, cependant, roi du sombre em-

pire, cherche-moi un supplice. Les forfaits des plus grands scélérats le cèdent encore à mon erreur. Junon n'avait point osé ravir Hercule à la terre ; prépare-moi donc un châtiment terrible. Que Sisyphe se repose, et que son rocher pèse sur mes épaules. Que mes lèvres altérées cherchent à saisir cette onde qui fuit toujours. Roue d'Ixion, j'ai mérité de souffrir tes mouvements rapides, supplice de ce roi de Thessalie. Qu'un vautour au bec dévorant se repaisse de mes entrailles. Il manque une Danaïde ; j'occuperai sa place. Ombres coupables, séparez-vous. J'irai me placer près de toi, princesse du Phase. Tu fus mère cruelle et sœur impitoyable ; tes crimes pourtant n'ont pas égalé le mien. Je serai ta digne compagne, femme implacable du roi de Thrace. Althée, reçois ta digne fille ; reconnais en moi ta véritable race. Et pourtant quel sang précieux vos mains avaient-elles versé! Fermez-moi l'Élysée, chastes épouses qui en habitez les bosquets sacrés. Mais vous qui avez trempé vos mains dans le sang d'un mari, vous, filles de Bélus, qui, au mépris des plus saints engagements, armâtes vos mains d'un fer parricide, reconnaissez en moi votre crime, applaudissez à vos fureurs. C'est parmi ces ombres que je veux aller me ranger; mais peut-être s'éloigneront-elles de moi avec horreur. Cher et invincible époux, mon cœur fut innocent, ma main seule fut coupable. Funeste crédulité! traître Nessus ! monstre perfide ! Je ne voulais qu'enlever Hercule à ma rivale, et je me l'ôte à moi-même. Fuis, ô soleil, et toi, lumière dont le charme retient sur la terre les malheureux mortels. Sans Hercule, la vie me serait insupportable. J'expierai mon crime envers toi; je le payerai de ma vie. Dois-je prolonger mon existence et attendre la mort de tes mains? Hélas ! te reste-t-il quelque force? ton bras est-il capable de tendre un arc, de lancer un trait? ou bien

Dejan. Damnat meas devictus Alcides manus.   910
Placet scelus punire. *Nutr.* Si novi Herculem,
Aderit cruenti forsitan victor mali,
Dolorque fractus cedet Alcidæ tuo.
Dejan. Exedit artus virus, ut fama est, hydræ.
Immensa pestis conjugis membra abstulit.   915
Nutr. Serpentis illi virus enectæ autumas
Haud posse vinci, qui malum et vivum tulit?
Elisit hydram, dente quum infixo stetit
Media palude victor, effuso obrutus
Artus veneno : sanguis hunc Nessi opprimet,   920
Qui vicit ipsas horridas Nessi manus?
Dejan. Frustra tenetur ille, qui statuit mori.
Proinde lucem fugere decretum est mihi.
Vixit satis, quicumque cum Alcide occidit.
Nutr. Per has aniles ecce te supplex comas,   925
Atque ubera ista pæne materna obsecro,
Depone tumidas pectoris læsi minas,
Mortisque diræ expelle decretum horridum.
Dejan. Quicumque misero forte dissuadet mori,
Crudelis ille est : interim pœna est mori :   930
Sed sæpe donum in pluribus veniæ fuit.
Nutr. Defende saltem dexteram, infelix, tuam,
Fraudisque facinus esse, non nuptæ, sciant.
Dejan. Defendar illic : inferi absolvent ream.
A me ipsa damnor : purget has Pluton manus.   935
Stabo ante ripas, immemor Lethe, tuas,
Et umbra tristis conjugem excipiam meum,
Sed tu, nigrantis regna qui torques poli,
Para laborem : scelera quæ quisque ausus est,
Hic vicit error. Juno non ausa Herculem est   940
Eripere terris : horridam pœnam para.

Sisyphia cervix cesset, et nostros lapis
Impellat humeros : me vagus fugiat latex,
Meamque fallax unda deludat sitim.
Merui manus præbere turbinibus tuis,   945
Quæcumque regem Thessalum torques, rota
Effodiat avidus hinc et hinc vultur fibras.
Vacat una Danais; has ego expleho vices.
Laxate manes : recipe me comitem tibi,
Phasiaca conjux : pejor hæc, pejor tuo   950
Utroque dextra est scelere, seu mater nocens,
Seu dira soror es : adde me comitem tuis,
Threicia conjux, sceleribus : natam tuam,
Althæa mater, recipe : nunc veram tuam
Agnosce prolem : quid tamen tantum manus   955
Vestræ abstulerunt? Claudite Elysium mihi,
Quæcumque fidæ conjuges nemoris sacri
Lucos tenetis : si qua respersit manus
Viri cruore, nec memor castæ facis
Stricto cruenta Belias ferro stetit,   960
In me suas agnoscat et laudet manus :
In hanc abire conjugum turbam libet.
Sed et illa fugiet turba tam diras manus.
Invicte conjux, innocens animus mihi,
Scelesta manus est : proh nimis mens credula.   965
Proh Nesse fallax ! atque semiferi doli !
Auferre cupiens pellici, eripui mihi.
Recede, Titan ; tuque, quæ blanda tenes
In luce miseros, vita ; caritune Hercule
Lux vilis ista est. Exigam pœnas tibi,   970
Reddamque vitam : fata an extendo mea?
Mortemque, conjux, ad tuas servo manus?
Virtusne superest aliqua, et armatæ manus

tes armes te sont-elles inutiles, et ton arc résiste-t-il à ta main défaillante? Si tu peux donner la mort, ô mon noble époux, je conseus à vivre encore pour la recevoir de ta main. Brise-moi comme l'innocent Lichas. Que les débris de mon corps aillent tomber dans des villes lointaines et dans un monde inconnu de toi. Tue-moi comme le sanglier d'Érymanthe, comme tous ces monstres qui te résistèrent, mais que tu as cependant vaincus.

Hyl. Ah! de grâce, ma mère, n'accusez que le destin; votre erreur n'est point criminelle.

Déj. Si tu veux, Hyllus, faire preuve de piété filiale, frappe, immole ta mère. Quoi! ta main tremble? tu détournes le visage? le parricide ici est un acte de piété! Lâche, tu hésites? Je t'ai ravi Hercule. Cette main a tué celui à qui tu dois d'avoir Jupiter pour aïeul. Je te prive d'un père plus glorieux aujourd'hui que lorsque je te mis au jour. Si tu ne sais pas mon crime, apprends-le de la bouche de ta mère. Plonge ton épée dans ma gorge, perce ce flanc qui t'a porté; ta mère attendra sans trouble le coup mortel. Ce crime, d'ailleurs, tu ne l'auras pas commis seul. Je périrai, il est vrai, de ta main, mais par ma volonté. Tu trembles, toi, fils d'Alcide? Ne va donc pas, soumis à des ordres rigoureux, parcourir l'univers, pour détruire les monstres qui naîtraient un jour... Ah! plutôt sois tel que ton père: accoutume ton bras à frapper. Tiens, perce ce sein rempli d'amertume; je te pardonne ma mort. Les Euménides elles-mêmes te la pardonneront.... J'entends le sifflement de leurs fouets. Quelle furie, agitant les serpents qui tombent sur son front hideux, les excite contre moi? Mégère, pourquoi me poursuivre avec ta torche ardente? Alcide demande mon supplice: il sera satisfait. Les juges de l'enfer sont-ils sur leurs

siéges? Que dis-je? les portes du Tartare sont ouvertes, et mon œil plonge dans l'abime. Quel est ce vieillard dont les épaules meurtries portent un énorme rocher, dont la masse, élevée avec tant d'efforts, cherche à retomber? Quel autre est étendu sur une roue? Mais la pâle et cruelle Tisiphone est devant moi. Elle m'interroge... Ah! par grâce, Mégère, suspends tes coups, éloigne cette torche infernale. L'amour a causé mon crime. Quel prodige! La terre tremble; d'affreuses secousses ébranlent ce palais. Que veut cette troupe menaçante? De toutes parts les peuples accourent, m'environnent, et avec des cris d'indignation me redemandent leur protecteur. O nations, pardonnez-moi! Malheureuse, où fuir? La mort est mon seul refuge. J'en atteste de Phébus, j'en atteste les dieux, je meurs avant qu'Alcide ait quitté la terre.

Hyl. Elle fuit désespérée. Malheureux que je suis! ma mère accomplit son devoir en se condamnant à mourir: le mien est de la sauver de sa propre fureur. O fils infortuné! tu deviens coupable envers ton père, si tu ne laisses pas périr ta mère; et coupable envers ta mère, si tu ne l'arraches à la mort. Je suis placé entre deux crimes; n'importe, suivons-la, et tâchons de lui épargner ce nouveau forfait.

LE CHOEUR.

Il disait vrai le fils de Calliope, Orphée, lorsque sur les sommets du Rhodope, unissant sa voix sacrée aux accords d'une lyre harmonieuse, il fit entendre cette maxime: Il n'est rien d'éternel. Ses doux accents suspendaient la course impétueuse des torrents. Leurs flots bruyants s'arrêtaient dans leur pente rapide; les fleuves cessaient de couler, et les Bistones lointains crurent que l'Hèbre avait

---

Intendere arcum tela missurum valeut?
An arma cessant, teque languenti manu   975
Non audit arcus? si potest letum dare,
Animose conjux, dexteram exspecto tuam.
Mors differatur: frange ut insontem Licham;
Allas in urbes sparge; et ignotum tibi
Emitte in orbem: perde, ut Arcadiæ nefas,   980
Et quidquid aliud restitit: ab illis tamen,
Conjux, redisti. *Hyl.* Parce jam, mater, precor.
Ignosce fatis: error a culpa vacat.
Dejan. Si vera pietas, Hyle, quærenda est tibi,
Jam perime matrem: pavida quid tremuit manus?   985
Quid ora flectis? hoc erit pietas scelus.
Ignave, dubitas? Herculem eripui tibi.
Hæc, hæc peremit dextra, cui debes patri
Avum Tonantem: majus eripui decus,
Quam in luce tribui. Si tibi ignotum est nefas,   990
A matre disce: seu tibi jugulo placet
Mersisse ferrum, sive maternum libet
Invadere uterum, ut manet intrepidum tibi
Præbebit animum: non erit totum scelus
A te peractum; dextera sternar tua,   995
Sed mente nostra. Natus Alcidæ, times?
Ita nulla peragas jussa, nec frangens mala
Erres per orbem, si qua nascetur fera.
Referas parentem: dexteram intrepidam para.
Patet ecce plenum pectus ærumnis: feri.   1000
Scelus remitto: dexteræ parcent tuæ
Eumenides ipsæ... Verberum crepuit sonus.
Quænam ista torquens angue vipereo comam
Temporibus atras squalidis pinnas quatit?
Quid dira me flagrante persequeris face,   1005
Megæra? poenas poscit Alcides: dabo.
Janua inferorum, diva, sedere arbitri?

)
Sed ecce, diras carceris video fores.
Quis iste saxum immane detritis gerit
Jam senior humeris? ecce, jam vectus lapis   1010
Quærit relabi. Membra quis præbet rotæ?
Hic ecce pallens dira Tisiphone stetit,
Causam reposcit... Parce verberibus, precor,
Megæra, parce; sustine Stygias faces:
Scelus est amoris. Sed quid hoc? tellus labat,   1015
Et aula tectis crepuit excussis: minax
Unde iste cætus? totus in vultus meos
Decurrit orbis, hinc et hinc populi fremunt,
Totusque poscit vindicem mundus suum.
Jam parcite, urbes: quo fugam præceps agam?   1020
Mors sola portus dabitur ærumnis meis.
Testor nitentis flammeam Phœbi rotam,
Superosque testor: Herculem terris adhuc
Moritura linquo. *Hyl.* Fugit attonita: hei mihi!
Peracta jam pars matris est: statuit mori.   1025
Nunc nostra superest, mortis auferre impetum.
O misera pietas! si mori matrem vetas,
Patri es scelestus: si mori pateris tamen,
In matre peccas: surgit hinc illinc nefas.
Inhibenda tamen est: pergam, et eripiam scelus.   1030

CHORUS.

Verum est, quod cecinit sacer
Thressæ sub Rhodopes jugis,
Aptans Pieriam chelyn,
Orpheus, Calliopæ genus:
Æternum fieri nihil.   1035
Illius stetit ad modos
Torrentis rapidi fragor,
Oblitusque sequi fugam
Amisit liquor impetum:

tari dans la Thrace. Les forêts venaient, avec les oiseaux posés sous leur feuillage. Ceux qui du haut des airs entendaient cette mélodie cessaient d'agiter leurs ailes, et se laissaient tomber. Aux accents d'Orphée, l'Athos, se détachant de sa base, arrive couvert de Centaures étonnés, et s'arrête près du Rhodope, dont les glaces mêmes se sont amollies. La Dryade brise l'écorce de son chêne, pour entendre de plus près cette voix qui attirait et les bêtes féroces et leurs affreux repaires. Le lion terrible s'étend paisiblement au milieu des agneaux, qui ont cessé de le craindre. Les daims ne redoutent plus la rage du loup; et le serpent, attiré hors de sa retraite, n'a plus de poisons.

Orphée osa même passer les portes du Ténare, et aborder les mânes silencieux. Les accords plaintifs de sa lyre et sa prière touchante émurent le Tartare, et attendrirent les divinités de l'Érèbe. Il vit sans effroi le Styx, par lequel jurent les dieux. La roue d'Ixion ralentit son mouvement impétueux et s'arrêta. Le vautour attentif laissa renaître les entrailles de Titye. Le vieux nautonnier, prêtant l'oreille, laissa flotter sur l'onde infernale sa nacelle, que les rames ne conduisaient plus.

Alors, pour la première fois, le vieux monarque de Phrygie n'éprouve plus les tourments de la soif au milieu de l'eau devenue immobile, et ne porte plus les mains vers les fruits qui l'entourent. Enfin quand le chantre divin revenait sur la terre, touchant sa lyre harmonieuse, les affreux rochers de l'enfer se laissaient attendrir, et s'apprêtaient à suivre ses pas. Les Parques avaient déjà renoué le fil des jours d'Eurydice; mais Orphée, n'osant croire qu'elle lui fût rendue, se retourne, oubliant sa promesse, et perd ainsi la récompense et le fruit de ses chants. Eurydice, rendue à la vie, meurt une seconde fois.

Alors se consolant avec sa lyre, Orphée adressait aux Gètes ce chant lamentable : « C'est l'arrêt porté « contre les habitants du ciel, et même contre ce dieu « qui règle la marche de l'année et l'ordre des saisons : « Il n'est pas de destinée que ne doive trancher le « ciseau des Parques avides : tout ce qui est né est « sujet à la mort. » Hercule vaincu ne confirme que trop les maximes du chantre de Thrace. Lorsque viendra ce jour fatal où seront détruits l'ordre et les lois de la nature, le ciel du midi accablera de son poids les vastes plaines de la Libye et celles que parcourt le Garamante vagabond; le pôle de l'Ourse écrasera ces froides contrées que dessèche le souffle piquant de Borée. Le soleil tremblant tombera du ciel avec le jour; la voûte céleste entraînera dans sa chute et l'orient et le couchant. Tous les dieux auront aussi leur mort et s'engloutiront dans le chaos; et la Mort, se frappant elle-même dans ce dernier jour, deviendra sa propre victime. Mais quel lieu assez vaste contiendra les débris du ciel? La voie du Tartare s'élargira-t-elle pour les recevoir? L'espace qui sé-

Et dum fluminibus mora est,	1040	Et vinci lapis improbus,	
Defæcisse putant Geten		Et vatem potuit sequi.	
Hebrum Bistones ultimi.		Consumtas iterum deæ	
Advexit volucrem nemus,		Supplent Eurydices colos :	
Et silva residens venit;		Sed dum respicit immemor,	1085
Aut si quæ æra pervolat,	1045	Nec credens sibi redditam	
Auditis vaga cantibus		Orpheus Eurydicen sequi,	
Ales deficiens cadit.		Cantus præmia perdidit.	
Abrupit scopulos Athos,		Quæ nata est iterum, perit.	
Centauros obiter ferens,		Tunc solamina cantibus	1090
Et juxta Rhodopen stetit,	1050	Quærens, flebilibus modis	
Laxata nive cantibus.		Hæc Orpheus cecinit Getis :	
Et quercum fugiens snam,		« Leges in superos datas,	
Ad vatem properat Dryas.		[« Et qui tempora digerens	
Ad cantus veniunt suos		« Quatuor præcipitis deus	1095
Ipsis cum latebris feræ.	1055	« Anni disposuit vices;]	
Juxtaque impavidum pecus		« Nulli non avidas vocat	
Sedit Marmaricus leo,		« Parcas stamina nectere;	
Nec damæ trepidant lupos,		« Quod natum est, poterit mori. »	
Et serpens latebras fugit,		Vati credere Thracio	1100
Tunc oblita veneni.	1060	Devictus jubet Hercules.	
Quin per Tænarias fores		Jamjam legibus obrutis	
Manes quum tacitos adit,		Mundo quum veniet dies,	
Mœrentem feriens chelyn,		Australis polus obruet	
Cantu Tartara flebili		Quidquid per Libyam jacet,	1105
Et tristes Erebi deos	1065	Et sparsus Garamas tenet.	
Movit : nec timuit Stygis		Arctous polus obruet,	
Juratos superis lacus.		Quidquid subjacet axibus,	
Hæsit non stabilis rota		Et siccus Boreas ferit.	
Victo languida turbine.		Amissum trepidus polo	1110
Increvit Tityi jecur,	1070	Titan excutiet diem.	
Dum cantus volucres tenet.		Cæli regia concidens	
Aurito quoque navita		Ortus atque obitus trahet.	
Inferni ratis æquoris		Atque omnes pariter deos	
Nullo remigio venit.		Perdet mors aliqua, et chaos.	1115
Tunc primum Phrygius senex	1075	Et mors fata novissima	
Undis stantibus immemor		In se constituet sibi.	
Excussit rabidam sitim,		Quis mundum capiet locus?	
Nec pomis adhibet manus.		Discedet via Tartari,	
Sed quum linqueret inferos		Fractis ut pateat polis?	1120
Orpheus carmina fundens,	1080	An quod dividit æthera	

pare la terre de l'Olympe suffira-t-il aux ruines du ciel? Où tiendra ce grand crime du destin? Comment réunir en un même lieu le triple empire de la mer, du ciel et des enfers? — Mais quel fracas terrible s'est fait entendre? Je n'en puis douter, c'est Hercule lui-même qui s'avance.

ACTE QUATRIÈME.

HERCULE, LE CHOEUR.

Her. Détourne, brillant Phébus, tes coursiers haletants; couvre la terre de ténèbres: périsse pour l'univers ce jour où je meurs! Que le ciel se charge d'épais nuages et me cache à mon ennemie. C'est maintenant, mon père, que tout doit rentrer dans le chaos; qu'il faut renverser la vaste machine du monde et briser la voûte céleste. Tiendrais-tu à conserver les astres, quand tu perds Hercule? Veille à présent, Jupiter, sur toutes les parties de ton empire; crains que des géants ne lancent contre toi les montagnes de Thessalie, et que l'Othrys, arme légère dans la main d'Encelade, n'ébranle les barrières du ciel. Bientôt l'orgueilleux Pluton ouvrira ses noirs cachots, brisera les chaînes de ton père, et lui rendra le ciel. Moi qui, né parmi les mortels, remplaçai la foudre et tes feux vengeurs, je verrai une seconde fois les rives du Styx. Encelade, se levant fièrement, lancera contre les dieux le mont qui l'accable. Après ma mort, tu ne seras plus, ô mon père, que le possesseur douteux de l'Olympe. Avant que le ciel entier appartienne à tes ennemis, engloutis-moi sous les ruines du monde, et détruis cet empire qui t'échappe.

Le chœ. Vos craintes ne sont pas vaines, fils de Jupiter. Bientôt le Pélion va peser sur l'Ossa, l'Athos se dressera sur la Pinde, et les arbres qui le couronnent confondront leur cime avec les astres. Ici c'est Typhée soulevant les rochers qui l'accablent, et avec eux Inarime, que baigne la mer Tyrrhénienne. Là, c'est Encelade terrassé, mais non vaincu par la foudre, qui saisit l'Etna enflammé, et brise cette montagne déchirée par le feu. Votre perte entraîne celle du ciel.

Her. Moi qui sortis vainqueur des abîmes de la mort, qui bravai le Styx et traversai les eaux du Léthé, traînant après moi, comme un trophée de ma victoire, ce monstre dont la vue fit presque tomber Phébus de son char épouvanté; moi, qui me signalai dans le triple empire du monde, je meurs, et nulle épée ne s'est plongée dans mon flanc. L'instrument de mon trépas n'est pas un rocher, un fragment de montagne, ou l'Othrys tout entier; ce n'est pas l'horrible Gygès qui m'écrase sous la masse du Pinde. Je suis vaincu sans combat; et ce qui fait mon plus grand supplice, je meurs, ô stérile vertu! sans exterminer quelque monstre. Je perds la vie, hélas! sans fruit et sans gloire. O souverain maître du monde, ô dieux du ciel, ô terre, vous tous autrefois témoins de mes exploits, vous condamnez donc votre Hercule à un trépas inutile! O douleur! ô honte! Une femme me donne la mort: à qui Hercule la donne-t-il? Ah! si ma destinée était de périr par la main d'une femme, si c'était la fin ignominieuse réservée à ma vie, que n'ai-je, hélas! succombé à la haine de Junon: C'est une femme, mais celle-là du moins habite le ciel. Si c'était encore, ô dieux, trop de faveur, que n'ai-je été vaincu par cette Amazone, enfant de la froide Scythie! Mais quelle est celle qui triomphe de moi, de l'ennemi

---

A terris spatium, sat est
Et mundi nimium malis?
Quis tantum capiet nefas
Fati? quis superus locus   1125
Pontum, sidera, Tartara,
Regna unus capiet tria?
Sed quis non modicus fragor
Aures attonitas movet?
Est, est Herculeus sonus.   1130

ACTUS QUARTUS.

HERCULES, CHORUS.

Herc. Converte, Titan clare, anhelantes equos,
Emitte noctem: pereat hic mundo dies,
Quo moriar; atra nube inhorrescat polus.
Obsta novercæ: nunc, pater, cæcum chaos
Reddi decebat, hinc et hinc compagibus   1135
Ruptis uterque debuit frangi polus.
Quid parcis astris? Herculem amittis, pater.
Nunc partem in omnem, Juppiter, specta poli,
Ne quis gigas Thessalica jaculetur juga,
Et fiat Othrys pondus Encelado leve.   1140
Laxabit atri carceris jamjam fores
Pluton superbus: vincula excutiet patri,
Cælumque reddet. Ille, qui pro fulmine
Tuisque facibus natus in terris eram,
Ad Styga revertor: surget Enceladus ferox,   1145
Mittetque, quo nunc premitur, in superos onus.
Regnum omne, genitor, ætheris dubium tibi
Mors nostra faciet: antequam spolium tui
Cælum omne fiat, conde me tota, pater,
Mundi ruina: frange, quem perdis, polum.   1150

Chor. Non vana times, nate Tonantis;
Jam Thessalicam Pelion Ossam
Premet; et Pindo congestus Athos
Nemus æthereis inseret astris.
Vincet scopulos inde Typhoeus,   1155
Et Tyrrhenam feret Inarimen.
Feret Ætnæos inde caminos
Scindetque latus montis aperti,
Nondum Enceladus fulmine victus.
Jam te cæli signa sequentur.   1160

Herc. Ego, qui relicta morte, contemta Styge,
Per media Lethes stagna cum spolio redii,
Quum pæne trepidis excidit Titan equis:
Ego, quem deorum regna senserunt tria,
Morior: nec ullus per meum stridet latus   1165
Transmissus ensis: haud meæ telum necis
Saxum est, nec instar montis abrupti latus,
Aut totus Othrys; non truci rictu Gyges
Pindo cadaver obruit toto meum:
Sine viribus vincor: quodque me torquet magis,   1170
O misera virtus! summus Alcidæ dies
Nullum malum prosternit: impendo, hei mihi,
In nulla vitam facta: proh! mundi arbiter,
Superique, quondam dexteræ testes meæ!
Proh! cuncta Tellus, Herculis vestri placet   1175
Mortem perire? dirus o nobis pudor!
O turpe fatum! femina Herculeæ necis
Auctor feretur; auctor Alcides quibus?
Invicta si me cadere feminea manu
Voluere fata, perque tam turpes colos   1180
Mea mors cucurrit, cadere potuissem, hei mihi,
Junonis odio: feminæ caderem minis,
Sed cælum habentis. Si nimis, superi, fuit,
Scythico sub axe genita domuisset mea

de Junon? C'est pour toi, marâtre cruelle, une honte de plus. Qu'a donc ce jour de si beau pour toi? La terre n'a donc pu, pour servir ta fureur, enfanter un pareil fléau? La haine d'une mortelle a été plus puissante que la tienne. Forcée de t'avouer inférieure à Hercule, te voilà vaincue une seconde fois. Honte à la haine impuissante des dieux!

Pourquoi le monstre de la forêt de Némée ne s'est-il pas abreuvé de mon sang? Pourquoi mon corps en lambeaux n'a-t-il pas repu les mille serpents de l'hydre? Que n'ai-je expiré sous les coups des Centaures, ou dans le séjour des ombres, lorsque, étonnant le destin par mon audace, j'enlevais les dépouilles de l'empire souterrain? Je serais condamné à rester éternellement assis sur la pierre fatale. Mais non. Je reviens des bords du Styx à la lumière, je triomphe de tous les obstacles que Pluton m'oppose; partout la mort me fuit, et c'est pour me priver d'une fin illustre et digne de mon courage. O monstres, monstres que j'ai vaincus! le chien aux trois têtes, reculant à l'aspect du soleil, n'a pu me ramener vers le Styx. Je n'ai péri ni sous les coups des Ibériens, compagnons de ce pâtre cruel qui désolait l'Hespérie, ni dans les étreintes de deux reptiles monstrueux. J'ai perdu, hélas! tant de morts glorieuses: quel exploit signalera mon dernier jour?

Le chœ. Voyez comme un héros, fort de sa vertu, craint peu de descendre aux sombres bords! Il s'indigne de la main qui le tue, et ne se plaint pas de mourir. Il ne demande qu'à périr sous les coups des géants, sous les efforts de ces Titans qui déracinaient des montagnes, ou sous la dent d'une bête furieuse. Si cette mort vous afflige, Hercule, parce que vous ne la recevez ni d'un monstre ni d'un géant, quel autre bras est plus digne que le vôtre de mettre fin à vos jours?

Her. Hélas! est-ce donc le Scorpion ou le Cancer, détaché de la voûte enflammée des cieux, qui pénètre dans mes veines et me consume de ses feux? Mes poumons, remplis autrefois d'un sang pur, ne soulèvent plus qu'à peine leurs fibres desséchées. Mes entrailles sont brûlées, calcinées; un feu secret a tari mon sang dans mes veines. Après avoir consumé ma peau, le poison a pénétré plus avant, dépouillé mes flancs et mes côtes, et, sévissant au dedans de mes membres, il a dévoré jusqu'à la moelle de mes os : c'est dans mes os qu'il est maintenant. Que dis-je? eux-mêmes n'ont pu lui résister. Les nerfs qui les attachaient étant rompus, ils se désunissent, s'affaissent sous leur propre poids. Ce vaste corps n'est plus rien, et les membres d'Hercule vont manquer au fléau. Pour avouer que ce mal est grand, combien il faut qu'il soit grand en effet! Sort affreux! voyez, peuples, voyez ce qui reste d'Hercule! O mon père, me reconnais-tu? Sont-ce là ces bras entre lesquels j'étouffai le lion de Némée? Est-ce de cette main que partirent les traits qui firent tomber du plus haut des airs les oiseaux du Stymphale? Sont-ce là ces pieds qui atteignirent à la course la biche rapide, dont le front brillant était paré de cornes d'or? Quoi! ces mains ont brisé le roc de Calpé et ouvert un passage à l'Océan, abattu tant de bêtes farouches, de scélérats et de tyrans! ces épaules ont soutenu le ciel! Voilà ce corps jadis si nerveux, cette vaste poitrine! voilà les mains qui arrêtèrent la chute du ciel! Quel autre ramènera encore sur la terre le gardien du Styx? Hélas! mes forces sont mortes avant moi. Je me dis le fils de Jupiter, et je réclame à ce titre une place dans le ciel. Ah! tenant on ne me croira plus que le fils d'Amphitryon.

Qui que tu sois, mal cruel qui te caches dans

Vires Amazon : feminæ cujus manu ,   1185
Junonis hostis, vincor? hinc gravior tui,
Noverca, pudor est : quid diem hunc lætum vocas?
Quid tale tellus genuit iratæ tibi?
Mortalis odia femina excessit tua.
Adhuc ferebas esse te Alcidæ imparem :   1190
Victa es duobus : pudeat irarum deos.
Utinam meo cruore satiasset suos
Nemeæa rictus pestis ! aut centum anguibus
Vallatus hydram tabe pavissem mea !
Utinam fuissem præda Centauris datus!   1195
Aut inter umbras victus, æterno miser
Saxo sederem, spolia quum traxi ultima
Fato stupente ! nunc ab inferna Styge
Lucem recepi; Ditis evici moras.
Ubique me mors fugit, ut leto inclyto   1200
Fortis carerem : o feræ victæ, o feræ!
Non me triformis sole conspecto canis
Ad Styga reduxit : non sub Hesperio polo
Ibera vicit turba pastoris feri ;
Non gemina serpens : perdidi mortem, hei mihi,   1205
Toties honestam : titulus extremus quis est?
    Chor. Viden', ut laudis conscia virtus
Non Lethæos horreat amnes ?
Pudet auctoris ; non morte dolet.
Cupit extremum finire diem   1210
Vasta pressus mole Gigantum ,
Et montiferum Titana pati ,
Rabidæque necem debere feræ.
Si tua causa est miseranda necis,
Quod nulla fera est, nullusque gigas,   1215
Jam quis dignus necis Herculeæ

Superest auctor, nisi dextra tui?
Herc. Heu qualis intus Scorpios, quis fervida
Plaga revulsus Cancer infixus meas
Urit medullas ? Sanguinis quondam capax   1220
Tumidi vigor pulmonis arentes fibras
Distendit : ardet felle siccato jecur,
Totumque lentus sanguinem avexit vapor.
Primam cutem consumsit , hinc aditus nefas
In membra fecit , abstulit costis latus,   1225
Exedit artus penitus , et totas malum
Hausit medullas : ossibus vacuis sedet.
Nec ossa durant ipsa, sed compagibus
Discussa ruptis mole collapsa fluunt.
Defecit ingens corpus , et pesti satis   1230
Herculea non sunt membra : proh ! quantum est malum,
Quod esse vastum fateor? O dirum nefas!
En cernite, urbes, cernite ex illo Hercule
Quid jam supersit. Herculem agnoscis , pater?
Hisne ego lacertis spolia Nemeæi mali   1235
Elisa pressi? tensus hac arcus manu
Astris ab ipsis detulit Stymphalidas?
His ego citatum gressibus vici feram,
Radiante clarum fronte gestantem caput ?
His fracta Calpe manibus elisit fretum ?   1240
Bis tot feræ , tot scelera , tot reges jacent?
His mundus humeris sedit ? hæc moles mea est?
Hæcne illa cervix ? has ego opposui manus
Cælo ruenti? cujus , o , custos manu
Trahetur ultra Stygius? o vires prius   1245
In me sepultæ! quid patrem appello Jovem?
Quid per Tonantem vindico cælum mihi?
Jamjam meus credetur Amphitryon pater.

mes entrailles, montre-toi. Pourquoi m'attaquer sourdement? Es-tu né sous un âpre climat, près de la mer de Scythie, sur les bords de l'Océan glacé, ou sur la côte de Calpé, qui regarde la plage africaine? Qui es-tu donc, mal déchirant? Un serpent dont la tête menaçante est surmontée d'une crête? un fléau que je ne connais pas? Es-tu né du sang de l'hydre de Lerne? Est-ce le chien du Styx qui, en se retirant, t'a vomi sur la terre? Tout et rien, dis-moi quelle est ta forme. Accorde-moi cette grâce, que je sache au moins à quel mal je succombe. Fléau ou bête farouche, tu n'oserais m'attaquer en face. Qui t'a ouvert un passage jusque dans mes veines? Ma main vient d'arracher ma chair, et a mis mes entrailles à nu. Le mal a pénétré plus avant, et s'y cache. O mal aussi fort qu'Alcide!

Mais quoi! je pleure; oui, des pleurs mouillent mes joues. Ces yeux toujours secs, et qui ne donnèrent jamais une larme à mes souffrances, ô honte! ces yeux apprennent à pleurer. Quel jour, quel peuple vit jamais les larmes d'Hercule? J'ai supporté mes malheurs sans être ému : ce courage supérieur à tous les maux n'a cédé qu'à toi seul; c'est toi qui le premier m'as tiré des larmes. Ce visage qui surpassait en dureté et le roc, et le fer, et les Symplégades errantes, a perdu sa rudesse et s'est mouillé de pleurs. O maître souverain de l'Olympe, la terre m'a vu pleurer et gémir; et, pour comble de honte, Junon m'a vu. Ah! le feu se rallume dans mon sein, il me dévore. Foudre, écrase-moi!

Le chœ. Qui peut résister à la douleur? Ce héros, plus ferme autrefois que les roches de l'Hémus, impassible comme le ciel froid de l'Ourse, cède à la violence du mal. Sa tête languissante penche alternativement d'un côté et de l'autre. Souvent cependant il dévore ses larmes. Ainsi, quoique Phébus darde ses rayons, sa chaleur ne peut triompher des neiges du nord, et la glace éclatante brave ses plus vives ardeurs.

HERCULE, ALCMÈNE.

Herc. O mon père, tourne les yeux vers ton fils infortuné. Jamais je n'ai eu recours à toi, pas même lorsque l'hydre m'enveloppait de ses reptiles aux têtes renaissantes. Environné par les fleuves de l'enfer et par la nuit éternelle, je luttai contre la mort, sans implorer ton secours. J'ai vaincu tant de monstres terribles, de rois cruels, de tyrans, sans tourner un regard vers le ciel. Ce bras seul me garantissait la victoire; jamais la foudre ne fut lancée pour moi de la voûte sacrée des cieux. Mais je suis contraint aujourd'hui de l'implorer; c'est pour la première fois et pour la dernière. Perce-moi d'un seul de tes traits, regarde-moi comme un des géants. J'aurais pu, comme eux, forcer l'entrée du ciel. Si je l'ai respecté, c'est que je t'attribuais ma naissance. Soit cruauté, soit pitié, mon père, accorde à ton fils ce qu'il te demande. Frappe, assure-toi l'honneur de ma mort. Ou si tu ne l'oses, si ta main se refuse à ce forfait, déchaîne contre moi les Titans qui gémissent sous le mont brûlant de Sicile; qu'ils saisissent le Pinde ou l'Ossa, et m'écrasent sous le poids de ces montagnes. Que Bellone, forçant les barrières infernales, s'élance contre moi, le fer à la main. Excite la rage sanguinaire de Mars. Il est mon frère; mais il est fils de ma marâtre. Et toi aussi, Pallas, sœur d'Alcide, mais née seulement du même père que lui, perce ton frère de ta lance. O Junon, je lève vers toi

Quæcumque pestis viscere in nostro lates,
Procede : quid me vulnere occulto petis? 1250
Quis te sub axe frigido pontus Scythes,
Quæ pigra Tethys genuit, aut Maurum premens
Ibera Calpe litus? o dirum malum!
Utrumne serpens squalidum crista caput
Vibrans? an aliquod est mihi ignotum malum? 1255
Numquid cruore es genita Lernææ feræ?
An te reliquit Stygius in terris canis?
Omne es malum, nullumque : quis vultus tibi est?
Concede saltem scire, quo peream malo.
Quæcumque pestis, sive quæcumque es fera, 1260
Palam timeres : quis tibi in medias locum
Fecit medullas? ecce, derepta cute
Viscera manus detexit, ulterior tamen
Inventa latebra est : o malum simile Herculi!
Unde iste fletus? unde in has lacrimæ genas? 1265
Invictus olim vultus et nunquam malis
Lacrimas suis præbere consuetus (pudet!)
Jam flere didicit : quis dies fletum Herculis,
Quæ terra vidit? siccus ærumnas tuli.
Tibi illa virtus, quæ tot elisit mala, 1270
Tibi cessit uni : primo, et ante omnes mihi
Fletum abstulisti. Durior saxo horrido
Et chalybs vultus, et vaga Symplegade,
Ritus meos infregit, et lacrimam expulit.
Flentem, gementem, summe proh rector poli, 1275
Me terra vidit : quodque me torquet magis,
Noverca vidit : urit ecce iterum fibras,
Incaluit ardor : unde nunc fulmen mihi?
    Chor. Quid non possit superare dolor?
Quondam Getico durior Æmo, 1280
Nec Parrhasio lentior axe,
Sævo cessit membra dolori;

Fessumque movens per colla caput
Latus alterno pendere flectit.
Fletum virtus sæpe resorbet. 1284
Sic Arctoas laxare nives,
Quamvis tepido sidere, Titan
Non tamen audet, vincitque faces
Solis adulti glaciale jubar.

HERCULES, ALCMENA.

Herc. Converte vultus ad meas clades, pater. 1290
Nunquam ad tuas confugit Alcides manus;
Non, quum per artus hydra fecundum meos
Caput explicaret. Inter infernos lacus
Possessus atra nocte quum Fato steti;
Nec invocavi. Tot feras vici horridas, 1295
Reges, tyrannos; non tamen vultus meos
In astra torsi : semper hæc nobis manus
Votum spopondit : nulla propter me sacro
Micuere cælo fulmina. Hic aliquid dies
Optare jussit : primus audierit preces, 1300
Idemque summus : unicum fulmen peto.
Giganta crede : non minus cælum mihi
Asserere potui : dum patrem verum puto,
Cælo peperci : sive crudelis pater,
Sive es misericors, commoda nato manum 1305
Properante morte, et occupa hanc laudem tibi.
Vel, si piget, manusque detrectat nefas,
Emitte Siculo vertice ardentes, pater,
Titanas in me, qui manu Pindum ferant,
Aut te, Ossa, qui me monte projecto opprimant. 1310
Abrumpat Erebi claustra, me stricto petat
Bellona ferro : mitte Gradivum trucem;
Armetur in me dirus; est frater quidem,
Sed ex noverca : tu quoque Alcidæ soror

mes mains suppliantes. Je ne te demande qu'une grâce : le coup mortel. Je puis périr de la main d'une femme. Vaincue, épuisée d'efforts, pourquoi perdrais-tu le temps en vaines menaces? Que veux-tu de plus? tu vois Alcide suppliant. Jamais, aux prises avec les monstres les plus affreux, je ne cherchai à tefléchir. Aujourd'hui que j'ai besoin de toute ta fureur de marâtre, ton ressentiment se calme, ta haine s'apaise. Tu m'épargnes, quand je souhaite la mort? O terre, ô cités! personne ne donnera donc à Hercule une torche, une épée? Quoi! pas une arme! Puisse donc la terre ne plus enfanter de monstres après ma mort! puisse le monde ne pas regretter le secours de mon bras! Et s'il en doit naître d'autres, qu'ils se hâtent.

Qu'une grêle de pierres brise cette tête infortunée; délivrez-moi de mes souffrances. Mortels ingrats, vous restez immobiles? Je ne suis plus rien pour vous. Sans moi, vous seriez encore désolés par toute sorte de fléaux et de monstres. Délivrez votre défenseur, profitez de ce moment pour vous acquitter envers moi. La mort sera un prix suffisant de tous mes services.

Alc. Mère infortunée d'Alcide, de quel côté tournerai-je mes pas? Où est mon fils? où est-il? Si mes yeux ne m'abusent pas, le voilà étendu. Sa respiration ne sort qu'avec peine de sa poitrine haletante. Il gémit : je l'ai perdu. Ah! qu'il me soit permis de l'embrasser pour la dernière fois! Que mes lèvres recueillent son dernier soupir! Viens, que je te presse sur mon sein. Où sont-ils tes membres vigoureux, et ces épaules qui eurent la gloire de porter le ciel? Qui t'a réduit à ce peu que je vois?

Herc. Oui, ma mère, c'est Hercule qui est devant vos yeux. Reconnaissez votre fils dans cette ombre, dans ce misérable reste de lui-même. Pourquoi

vous détourner et voiler votre visage? Rougissez-vous d'être appelée la mère d'Hercule?

Alc. Quel monde, quelle terre a enfanté un monstre nouveau? Quel fléau a pu triompher de toi? quel est le vainqueur d'Hercule?

Herc. Hercule est victime de la perfidie de sa femme.

Alc. Et quel artifice a pu triompher de lui?

Herc. Un artifice tel qu'en invente la haine d'une femme.

Alc. Comment ce mal a-t-il pénétré dans ta chair et dans tes os?

Herc. Au moyen d'une tunique que la main d'une femme a imprégnée de poisons.

Alc. Mais où est cette tunique? tes membres sont nus.

Herc. Elle a été consumée comme moi.

Alc. Exécrable invention!

Herc. Figurez-vous, ma mère, l'hydre et mille autres reptiles parcourant et déchirant mes entrailles. N'est-ce pas cette flamme de l'Etna qui absorbe les nuages, les fournaises de Lemnos, les feux de la zone torride, d'où l'astre du jour ne retire jamais sa lumière? O mes amis, jetez-moi dans la mer, dans un fleuve profond; mais ni l'Ister, ni l'Océan, quoique plus vaste que la terre, n'éteindrait l'ardeur qui me consume : elle tarirait toutes les rivières, dessécherait toutes les sources. Monarque de l'Érèbe, pourquoi m'as-tu rendu à Jupiter? Il fallait me retenir. Fais-moi rentrer dans tes ténèbres. Montre-moi, dans l'état où je suis, à l'enfer que j'ai dompté. Je n'en saurais plus rien enlever. Crains-tu de revoir Hercule? O mort, attaque-moi sans crainte : je puis mourir maintenant.

Alc. Retiens du moins tes larmes, et, surmontant tes souffrances, montre que ces douleurs elles-mêmes n'abattent point le courage d'Hercule. Triomphe de

---

Tantum ex parente, cuspidem in fratrem tuum 1315
Jaculare, Pallas : supplices tendo manus
Ad te, noverca : sparge tu saltem, precor,
Telum : perire feminæ possum manu.
Jam fracta, jam satiata, quid pascis minas?
Quid quæris ultra? supplicem Alciden vides. 1320
Et nulla tellus, nulla me vidit fera
Te deprecantem : nunc mihi irata quidem
Opus est noverca : nunc tuus cessat dolor;
Nunc odia ponis : parcis, ubi votum est mori?
O terræ et urbes! non facem quisquam Herculi, 1325
Non arma tradet? tela subtrahitis mihi.
Ita nulla sævas terra concipiat feras
Post me sepultum : nec meas unquam manus
Imploret orbis : si qua nascentur mala,
Nascantur ocius : undique infelix caput 1330
Mactate saxis, vincite ærumnas meas.
Ingrate cessas orbis? excidimus tibi?
Adhuc malis ferisque suppositus fores,
Ni me tulisses : vindicem vestrum meis
Eripite, populi : tempus hoc vobis datur. 1335
Pensate merita : mors erit pretium omnium.
Alcm. Quas misera terras mater Alcidæ petam?
Ubi natus, ubinam est? certa si visus notat,
Reclinis ecce corde anhelanti æstuat :
Gemit : peractum est : membra complecti ultima, 1340
O nate, liceat : spiritus fugiens meo
Legatur ore : brachia in amplexus cape.
Ubi membra sunt? ubi illa, quæ mundum tulit,
Stelligera cervix? quis tibi exiguam tui
Partem reliquit? *Herc.* Herculem spectas quidem, 1345

Mater; sed umbram et vile nescio quid mei
Agnosce, mater . ora quid flectis retro,
Vultumque mergis? Herculem dici tuum
Partum erubescis? *Alcm.* Quis feram mundus novam,
Quæ terra genuit? quodve tam dirum nefas 1350
De te triumphat? Herculis victor quis est?
Herc. Nuptæ jacentem cernis Alciden dolis.
Alcm. Quis tantus est, qui vincat Alciden, dolus?
Herc. Quicumque, mater, feminæ iratæ sat est.
Alcm. At unde in artus pestis aut ossa incidit? 1355
Herc. Aditum venenis palla femineis dedit.
Alcm. Ubinam ipsa palla est, membra nudata intuor.
Herc. Consumta mecum est. *Al.* Tantane inventa est lues?
Herc. O mater, hydram, et mille cum Lerna feras
Errare mediis crede visceribus meis. 1360
Quæ Lemnos ardens? quæ plaga igniferi poli,
Vetans flagranti currere in zona diem?
In ipsa me jactate, proh comites, freta,
Mediosque in amnes : qui sat est Ister mihi?
Non ipse terris major Oceanus meos 1365
Frangit vapores : omnis in nostris malis
Deficiet humor, omnis arescet latex.
Quid, rector Erebi, me remittebas Jovi?
Decuit tenere : redde me tenebris tuis.
Talem subactis Herculem ostende inferis, 1370
Nil inde ducam : quid times iterum Herculem?
Invade, Mors non trepida : jam possum mori.
Alcm. Compesce lacrimas saltem, et ærumnas doma,
Malisque tantis Herculem indomitum refer, 1375
Mortemque vince : quod soles, vince inferos.

la mort, et ce qui n'est pas nouveau pour toi, triomphe des enfers.

Herc. Quand je serais enchaîné sur le Caucase affreux, quand un vautour dévorant s'y repaîtrait de ma chair; objet de la pitié des Scythes , je ne ferais pas entendre une plainte. Quand deux Symplégades menaceraient de m'écraser entre leurs masses flottantes, j'attendrais leur choc sans pâlir. Qu'on entasse sur moi le Pinde et l'Hémus ; l'Athos contre lequel se brisent les flots de la mer de Thrace, et le Mimas souvent frappé par la foudre ; que le ciel lui-même tombe sur moi, ma mère; que Phébus rassemble tous ses feux pour me consumer, pas un cri ne démentira la vertu d'Hercule. Que mille bêtes féroces accourent et me déchirent à la fois; que les oiseaux du Stymphale avec leurs cris sauvages, que le taureau de la Crète fondent sur moi de toute leur violence ; que tous mes ennemis, si redoutables séparément, réunissent contre moi leurs efforts et leur rage ; que le barbare Sinis déchire et disperse mes membres, je souffrirai en silence. Ni les bêtes féroces, ni le fer, aucun ennemi enfin que je pourrai combattre, ne m'arrachera un soupir.

Alc. Ce n'est pas, mon fils, le poison préparé par une femme qui consume tes membres ; c'est plutôt quelque maladie cruelle causée par les rudes travaux et tes longues fatigues.

Herc. Où est-il ce mal? où est-il? Reste-t-il encore quelque mal sur la terre? Qu'il vienne; me voici... Dirige ton arc contre moi ; ma main désarmée me suffira. Viens, viens ; je t'attends.

Alc. Hélas ! la violence du mal a troublé sa raison. De grâce, éloignez de lui ses armes; ôtez-lui ses flèches meurtrières. Son visage enflammé annonce quelque projet sinistre. Où fuir? où cacher ma vieillesse? Ce mal est un accès de démence, seul capable de dompter Hercule. Et pourquoi fuir

et me cacher? Alcmène est digne de mourir de la main d'un héros. Mourons donc, fût-ce par un crime, plutôt que de souffrir qu'un lâche tranche ma vie, et qu'une main vulgaire ait cet avantage sur moi. Mais enfin il cède à l'épuisement de la douleur ; le sommeil enchaîne ses membres fatigués , et sa respiration s'échappe avec bruit de sa poitrine haletante. Dieux, je vous en conjure, si vous enviez un fils si illustre à sa malheureuse mère, conservez du moins à la terre son protecteur. Puisse-t-il, délivré de ce mal, se relever bientôt avec le corps puissant et les forces d'Hercule!

HYLLUS, ALCMÈNE, HERCULE, PHILOCTÈTE, *personnage muet.*

Hyl. O jour affreux ! jour fécond en crimes! La bru de Jupiter a péri; son fils est expirant ; et moi son petit-fils, je leur survis à tous deux. Lui, est mort par le crime de ma mère; elle, a été victime d'une perfidie. Quelle suite d'années, quelle longue existence suffirait au récit de tant d'infortunes ? Un seul jour m'enlève les deux auteurs de mes jours ; et sans rappeler tous mes maux, sans adresser d'autre reproche au destin, ce père qui m'est ravi, c'est Hercule !

Alc. Cesse tes plaintes, noble race d'Alcide, petit-fils de la malheureuse Alcmène, et aussi malheureux que ton aïeule. Un long repos calmera peut-être ses douleurs. Mais hélas ! ce sommeil bienfaisant l'abandonne, et nous rend, à lui ses douleurs, à moi mon désespoir.

Her. Où suis-je? je découvre Trachine et ses âpres rochers. Enfin je suis dans le ciel, loin du commerce des mortels. Qui m'en a ouvert la route? Ah ! je te reconnais, mon père; son épouse elle-même me regarde sans colère. Quelle céleste harmonie frappe mes oreilles? Junon m'appelle son

---

Herc. Si me catenis horridus vinctum suis
Præberet avidæ Caucasus volucri dapem,
Scythia gemente, flebilis gemitus mihi
Non exstitisset : at vagæ Symplegades   1380
Utraque premerent rupe, redeuntis minas
Ferrem ruina. Pindus incumbat mihi
Atque Æmus , et qui Thracios fluctus Athos
Frangit, Jovisque fulmen excipiens Mimas.
Non ipse si in me, mater, hic mundus ruat ,   1385
Superque nostros flagret incensus toros
Phœbeus axis, degener mentem Herculis
Clamor domaret : mille decurrant feræ,
Pariterque lacerent : hinc feris clangoribus
Ætherea me Stymphalis, hinc taurus minax   1390
Cervice tota pulset , et quidquid fuit
Solum quoque ingens, surgat hinc illinc frequens,
Artusque nostros dirus immittat Sinis :
Sparsus silebo : non feræ excutient mihi,
Non arma gemitus; nil, quod impelli potest.   1395
Alcm. Non virus artus, nate, femineum coquit ;
Sed dura series operis; et longus tibi
Pavit cruentos forsitan morbos labor.
Herc. Ubi morbus ? ubinam est? estne adhuc aliquid mali
In orbe? me eccum ! veniat huc : aliquis mihi   1400
Intendat arcus : nuda sufficiet manus.
Procedat , agedum , huc. *Alcm.* Hei mihi, sensum quoque
Excussit ille nimius impulsum dolor.
Removete, quæso, tela, et infestas , precor,
Rapite hinc sagittas : igne suffusæ genæ   1405
Scelus minantur : quas petam latebras anus?
Dolor iste furor est : Herculem solus domat.

Cur deinde latebras aut fugam vecors petam?
Obire forti meruit Alcmene manu :
Vel scelere pereat, antequam letum mihi   1410
Ignavus aliquis mandet , ac turpis manus
De me triumphet : ecce, lassatus malis
Sopore fessas alligat venas dolor,
Gravique nobelum pectus impulsu quatit.
Favete , superi : si mihi natum inclytum   1415
Miseræ negatis; vindicem saltem, precor,
Servate terris : abeat excussus dolor,
Corpusque vires reparet Herculeum suas.

HYLLUS, ALCMENA, HERCULES, PHILOCTETES, MUTA PERSONA.

Hyl. Proh lux acerba, proh capax scelerum dies!
Nurus Tonantis occidit : natus jacet.   1420
Nepos supersum : scelere materno hic periit ;
Fraude illa capta est : quis per annorum vices,
Totoque in ævo poterit ærumnas senex
Referre tantas? unus eripuit dies
Parentem utrumque : cætera ut sileam mala,   1425
Parcamque fatis, Herculem amitto patrem.
Alcm. Compesce voces, inclytum Alcidæ genus,
Miseræque fato similis Alcmenæ nepos.
Longus dolorem forsitan vincet sopor.
Sed ecce lassam deserit mentem quies,   1430
Redditque morbo corpus, et luctus mihi.
Herc. Quid hoc? rigenti cernitur Trachin jugo;
Et inter astra positus evasi genus
Mortale tandem : quis mihi cælum parat?
Te, te, pater, jam video : placatam quoque   1435

gendre. Je vois le palais éclatant des cieux, et ce chemin ou sont empreintes les roues du char enflammé de Phébus. Voici la couche de la Nuit ; c'est de là qu'elle appelle les ténèbres. Qu'est-ce donc ? Quelle main, mon père, me ferme l'entrée du ciel et me repousse de la demeure étoilée ? Il n'y a qu'un instant, l'air agité par le char de Phébus frappait mon visage. Mais voilà Trachine… Qui m'a ramené sur la terre ? Tout à l'heure je voyais l'Œta et l'univers bien au-dessous de moi ; je respirais : ô douleur, tu m'avais quitté ! mais la violence me force…. Ah ! retenons cet aveu déshonorant. (*A son fils*) Hyllus, tu vois les dons de ta mère et les gages de sa tendresse. Que ne puis-je écraser l'impie avec ma lourde massue, comme j'abattis cette insolente Amazone près du Caucase glacé ! C'est contre toi, vertueuse Mégare, que j'exerçai ma fureur ? Donnez-moi mon arc, ma massue. Déshonorons ce bras ; flétrissons notre gloire : que la mort d'une femme soit le dernier exploit d'Hercule.

Hyl. Ah ! réprimez, ô mon père, ce cruel emportement. C'en est fait. Soyez content ; elle a reçu le châtiment que vous lui destinez. Elle-même a mis fin à ses jours.

Her. Désespoir aveugle ! je devais satisfaire ma fureur, et la joindre à Lichas. Mais j'assouvirai sur ses restes mon ressentiment et ma vengeance. Et pourquoi l'épargnerais-je ? Que son cadavre soit la pâture des bêtes féroces.

Hyl. Hélas ! elle a senti vos douleurs plus que vous-même. Vous auriez cherché à calmer son désespoir. Elle a péri de sa propre main, et a vengé vos souffrances plus que vous ne l'auriez souhaité. Mais n'imputez point votre trépas au crime de votre épouse ; la perfidie de ma mère : le seul coupable est ce Nessus qui périt sous vos traits. Votre tuni-

que, ô mon père, était teinte du sang de ce monstre, et c'est ainsi qu'il s'est vengé de vous.

Her. C'en est donc fait : l'oracle s'explique, et ma destinée s'accomplit. Voilà mon dernier jour ; c'est là ce que m'annonça jadis un chêne prophétique, quand la voix mugissante du dieu ébranla le bois sacré du Parnasse et le temple de Cirrha : « Alcide toujours vainqueur, un ennemi abattu par ta « main te donnera la mort. Telle sera ta fin quand « tu auras vaincu la mer, la terre et les enfers. » Je cesse de me plaindre. C'est ainsi que je devais finir, pour ne pas laisser sur la terre mon vainqueur après moi.

Choisissons maintenant une mort glorieuse, mémorable, éclatante, vraiment digne de moi. Je veux illustrer ce jour. Abattons la forêt tout entière ; embrasons tous les bois du mont Œta ; que ce soit le bûcher d'Hercule. Mais c'est avant ma mort, jeune fils de Péan, qu'il faut préparer mes funérailles. Que la flamme qui me consumera efface l'éclat du jour !

Maintenant, Hyllus, c'est à toi que j'adresse mes dernières prières. Parmi mes captives, il est une jeune fille dont les traits ont toute la majesté des rois ses aïeux : c'est Iole, la fille d'Eurytus. Qu'un hymen sacré l'unisse à toi. Ma victoire cruelle lui a ravi sa patrie, sa demeure. Dans son infortune il ne lui reste d'autre appui qu'Alcide, et Alcide lui est enlevé. Pour la dédommager de tant de pertes, qu'elle reçoive dans ses bras le petit-fils de Jupiter, le fils d'Hercule ; et si je l'ai rendue mère, garde, comme s'il t'appartenait, ce fruit de mon amour.

Et vous aussi, mon illustre mère, cessez vos plaintes funèbres : votre Alcide est immortel. Grâce à son courage, ce n'est plus Junon, c'est vous qui êtes l'épouse légitime que réellement la nuit

---

Specto novercam : qui sonus nostras ferit
Cælestis aures ? Juno me generum vocat.
Video nitentem regiam clari ætheris,
Phœbique tritam flammea zonam rota.
Cubile video Noctis : hinc tenebras vocat,   1440
Quid hoc? quis axem ciudit, et ab ipsis, pater,
Deducit astris? ora Phœbeus modo
Afflabat axis : tam prope a cælo fui.
Trachina video : quis mihi terras dedit?
OEte modo infra steterat, ac totus fui.   1445
Suppositus orbis : tam bene excideras, dolor.
Cogis fateri : parce, et hanc vocem occupa.
Hæc, Hylle, dona matris : hoc munus parat.
Utinam liceret stipite ingesto impiam
Effringere animam, quale Amazonium malum   1450
Circa nivalis Caucasi domui latus !
O clara Megara , tune, quum furerem, mihi
Conjux fuisti? Stipitem atque arcus date.
Dextra inquinetur : laudibus maculam imprimam.
Summus legatur femina Herculeus labor.   1455
Hyl. Compesce diras, genitor, irarum minas.
Habet : peractum est : quas petis pœnas, dedit.
Sua peremta dextera mater jacet.
Herc. Cæci dolores : manibus irati Herculis
Occidere meruit : perdidit comitem Lichas.   1460
Sævire in ipsum corpus exanime impetus
Atque ira cogit : cur minis nostris caret?
Ipsum cadaver pabulum accipiant feræ.
Hyl. Plus misera læso doluit : huic aliquid quoque
Detrahere velles : occidit dextra sua,   1465
Tuo dolori plura, quam poscis, tulit.
Sed non cruentæ sceleribus nuptæ jaces,

Nec fraude matris. Nessus hos struxit dolos,
Ictus sagittis qui tuis vitam exspuit.
Cruore tincta est palla semiferi , pater,   1470
Nessusque nunc has exigit pœnas sibi.
Herc. Habet : peractum est : fata se nostra explicant.
Lux ista summa est : quercus hanc sortem mihi
Fatidica quondam dederat, et Parnassio
Cirrhæa quatiens templa mugitu nemus :   1475
« Dextra peremti, victor Alcide, viri
« Olim jacebis : hic tibi emenso freta,
« Terrasque et umbras, finis extremus datur. »
Nil querimur ultra : decuit hunc finem dari,
Ne quis superstes Herculis victor foret.   1480
Nunc mors legatur clara, memoranda, inclyta,
Me digna prorsus : nobilem hunc faciam diem.
Cædatur omnis silva, et OEtæum nemus
Concipiat ignes. Herculem accipiat rogus.
Sed ante mortem, o genus Pœantium,   1485
Hoc triste nobis, juvenis, officium appara.
Herculea totum flamma succendat diem.
Ad te preces nunc, Hylle, supremas fero.
Est clara captas inter, in vultu genus
Regnumque referens, Euryto virgo edita,   1490
Iole : tuis hanc facibus et thalamis para.
Victor cruentus abstuli patriam, lares,
Nihilque miseræ præter Alciden dedi ;
Et iste rapitur : penset ærumnas suas.
Jovis nepotem foveat, et natum Herculis.   1495
Tibi illa pariat, quidquid ex nobis habet.
Tuque ipsa planctus pone funereos, precor,
O clara genitrix : vivit Alcides tuus.
Virtute nostra pellicem feci tuam

ait prolongé son cours pour faire naître Hercule, soit que je doive la vie a un mortel ; quand on me donnerait à tort une origine céleste, quand ma mère serait innocente et Jupiter sans reproche, j'ai mérité d'avoir ce dieu pour père. J'ai contribué à la gloire du ciel ; je suis né pour faire honneur à Jupiter. Lui-même, au milieu de sa grandeur, est flatté qu'on lui attribue ma naissance. Séchez donc vos pleurs, ô ma mère! Vous serez la plus glorieuse de toutes les femmes d'Argos. A-t-elle donné le jour à un fils qui me ressemble, cette Junon qui tient le sceptre de l'Olympe, cette épouse du dieu du tonnerre? Elle habite les cieux; mais, jalouse d'une mortelle, elle eût voulu avoir Alcide pour fils. Et toi, Phébus, achève seul maintenant ta carrière. Moi qui fus partout ton compagnon assidu, je vais descendre au Tartare, séjour des mânes. Du moins j'emporte avec moi cette gloire singulière de n'avoir jamais été vaincu par un ennemi déclaré, et d'avoir toujours vaincu ceux qui m'ont attaqué en face.

LE CHOEUR.

Ornement du ciel, soleil, astre radieux, dont les premiers feux avertissent Hécate de dételer ses sombres coursiers fatigués de leur course, apprends aux Sabéens placés aux portes de l'Orient, aux Ibères qui voient finir le jour, à ceux que dévorent ses feux les plus violents, à ceux qui vivent engourdis sous le chariot de l'Ourse, qu'Alcide descend dans la nuit éternelle, dans cet empire du vigilant Cerbère, d'où nul mortel n'est revenu. Enveloppe tes rayons de nuages, ne répands sur la terre que de pâles lueurs, et couvre ton front de vapeurs obscures.

Quand, ô Phébus, en quel lieu, dans quel climat suivras-tu un autre Hercule? Mortels, quel bras invoquerez-vous dans vos dangers, si une hydre levait de nouveau contre vous ses cent têtes menaçantes? si quelque sanglier furieux portait encore la dévastation dans les forêts des antiques Arcadiens? si la Thrace voyait encore un nourrisson du Rhodope sauvage, plus insensible que les glaces d'Hélice, nourrir ses coursiers de sang humain? Qui rendra la paix aux peuples tremblants, si la colère des dieux suscite contre eux de nouveaux monstres? Le voilà semblable aux autres, ce fils de la terre, ce mortel égal à Jupiter. Que toutes les villes retentissent de lamentations ; que les femmes laissent tomber leurs cheveux en désordre, et se frappent le sein; qu'on ferme tous les temples, et qu'on n'ouvre que ceux de la marâtre triomphante d'Hercule. Tu descends sur les bords du Styx et du Léthé, d'où jamais nulle barque ne te ramènera, et les mânes qui t'ont vu sortir de leur séjour, vainqueur glorieux de la mort, te reverront objet de pitié, ombre lamentable, avec ces bras amaigris, ce visage éteint et ce cou décharné. Tu ne suffiras pas cette fois pour charger la barque fatale.

Tu ne seras pourtant pas confondu parmi les ombres vulgaires : juge des morts, tu siégeras entre Éacus et les deux rois de la Crète; tu puniras les tyrans. Soyez cléments, ô rois! soyez lents à frapper. Honneur à toi qui, pendant ton règne, n'as pas souillé ton glaive, qui n'as pas semé dans tes villes l'épouvante et le trépas! La vertu a sa place marquée dans le ciel. Habiteras-tu près de l'Ourse glacée, ou dans cette partie que Titan embrase de ses feux? Brilleras-tu au-dessus des con-

Credi novercam : sive nascente Hercule	1500
Nox illa certa est, sive mortalis meus	
Pater est; licet sit falsa progenies mihi,	
Materna culpa cesset, et crimen Jovis :	
Merui parentem, contuli cælo decus.	
Natura me concepit in laudes Jovis.	1505
Quin ipse, quamquam Juppiter, credi meus	
Pater esse gaudet. Parce jam lacrimis, parens;	
Superba matres inter Argolicas eris.	
Quid tale Juno genuit, æthereum gerens	
Sceptrum, et Tonanti nupta? mortali tamen	1510
Cælum tenens invidit? Alciden suum	
Dici esse voluit : perage nunc, Titan, vices	
Solus relictus : ille, qui vester comes	
Ubique fueram, Tartara et Manes peto.	
Hanc tamen ad imos perferam laudem inclytam,	1515
Quod nulla pestis vicit Alciden palam,	
Omnemque pestem vicit Alcides palam.	

CHORUS.

O decus mundi, radiate Titan,	
Cujus ad primos Hecate vapores	
Lassa nocturnæ levat ora bigæ,	1520
Dic sub Aurora positis Sabæis,	
Dic sub Occasu positis Iberis,	
Quique ferventi quatiuntur axe,	
Quique sub plaustro patiuntur Ursæ,	
Dic ad æternos properare Manes	1525
Herculem, et regnum canis inquieti,	
Unde non unquam remeavit ullus.	
Sume, quos nubes radios sequantur.	
Pallidus mœstas speculare terras,	
Et caput turpes nebulæ pererrent.	1530
Quando, proh Titan, ubi, quo sub axe	
Herculem in terris alium sequeris?	

Quas manus, orbis miser, invocabis,	
Si qua sub Lerna numerosa pestis	
Sparget in centum rabiem dracones?	1535
Arcadum si quis, populi vetusti,	
Fecerit silvas aper inquietas?	
Thraciæ si quis Rhodopes alumnus,	
Durior terris Helices nivosæ,	
Sparget humano stabulum cruore?	1540
Quis dabit pacem populo timenti,	
Si quid irati superi per urbes	
Jusserint nasci? jacet omnibus par,	
Quem parem tellus genuit Tonanti.	
Planctus immensas resonet per urbes,	1545
Et comas nullo cohibente nodo,	
Femina exsertos feriat lacertos,	
Solaque, obductis foribus deorum,	
Templa securæ pateant novercæ.	
Vadis ad Lethen Stygiumque littus,	1550
Unde te nullæ referent carinæ.	
Vadis ad Manes miserandus, unde	
Morte devicta tuleras triumphum.	
Umbra nudatis venies lacertis,	
Languido vultu, tenuique collo :	1555
Teque non solum feret illa puppis.	
Non tamen viles eris inter umbras;	
Æaconque inter, geminosque Cretas,	
Facta discernes : feries tyrannos.	
Parcite, o dites, inhibete dextras.	
Laudis est, purum tenuisse ferrum,	1560
Dumque regnabas, minimum procellis	
Tu tuas urbes licuisse fati.	
Sed locum virtus habet inter astra.	
Sedis Arctoæ spatium tenebis?	1565
An gravis Titan ubi promit æstus?	
An sub Occasu tepido nitebis,	

trées tempérées de l'occident, d'où tu entendras bouillonner autour de Calpé les eaux confondues de deux mers? Quelle partie de la voûte céleste fléchira sous ton poids? Quelle partie défendue par Alcide sera désormais tranquille? Que ton père du moins te place loin du redoutable Lion ou du Cancer brûlant, de peur qu'épouvantés par ton aspect, ils ne troublent, les lois du ciel et ne fassent reculer d'effroi le soleil.

Tant que le doux printemps ramènera les fleurs, que l'hiver dépouillera les arbres de leur parure, que l'été fera reverdir les forêts, que les fruits disparaîtront au déclin de l'automne, tes bienfaits ne s'effaceront pas du souvenir des hommes. Autrefois compagnon de Phébus, tu vas habiter parmi les astres. L'Océan se couvrira de moissons, l'onde mugissante perdra son amertume, l'Ourse glacée, au mépris des lois du ciel, se baignera dans la mer, avant que les peuples cessent de célébrer tes louanges. Pour nous, père de la nature, nous te conjurons, dans notre malheur, de n'envoyer sur la terre ni bêtes farouches ni fléaux. Que la terre n'ait point à gémir sous des maîtres sanguinaires; qu'on ne voie nulle part de ces tyrans qui croient que leur plus beau privilége est de tenir sans cesse le fer levé sur leurs sujets. Mais enfin si le monde a de nouveaux ennemis à craindre, nous te demandons pour lui un nouveau protecteur.

Qu'entends-je? Le tonnerre gronde: ce sont les regrets que Jupiter donne à son fils. Serait-ce le cri des dieux ou la voix de sa marâtre effrayée? Junon, à la vue d'Hercule, s'est-elle enfuie du ciel? Atlas a-t-il chancelé, accablé sous le faix? ou les mânes cruels sont-ils saisis d'une plus vive frayeur en revoyant Hercule? et le chien des enfers a-t-il brisé sa chaîne, à la vue de son vainqueur? Je me trompe: le

fils de Péan vient de ce côté, avec un air joyeux, portant sur ses épaules ce carquois et ces flèches connues de l'univers entier. C'est l'héritier d'Hercule.

ACTE CINQUIÈME.

LA NOURRICE, PHILOCTÈTE.

La nour. Jeune prince, apprenez-moi, je vous prie, la destinée d'Hercule, et de quel air il a supporté la mort.

Phil. Comme personne ne supporte la vie.

La nour. Quoi! il s'est élancé avec joie sur son propre bûcher?

Phil. Cet Hercule, qui n'a rien laissé de redoutable sous le ciel, nous a montré à mépriser les flammes. C'en est fait; tout est dompté.

La nour. Mais, au milieu des flammes, pouvait-il déployer son courage?

Phil. Le seul fléau qu'il n'eût pas vaincu, la flamme a été vaincue à son tour. Il faut l'ajouter aux monstres qu'il a terrassés, et la ranger parmi les travaux d'Hercule.

La nour. Dites-moi comment il a remporté ce triomphe.

Phil. Ses serviteurs affligés se hâtent d'abattre les arbres du mont OEta. L'un coupe le pied d'un hêtre, et le dépouille de ses rameaux épais; l'autre frappe hardiment un pin, dont la cime bravait les cieux et se perdait dans les nuages. L'arbre déraciné ébranle les rochers, et les arbres moins élevés sont brisés par sa chute. Un chêne de Chaonie, jadis prophétique, dont les rameaux touffus arrêtaient les rayons du soleil, dominait le bois entier, et le couvrait de son feuillage. Les coups redoublés font gémir ce géant orgueilleux; mais les coins se bri-

Unde commisso resonare ponto
Audies Calpen? loca quæ sereni
Deprimes cæli? quis erit recepto		1570
Tutus Alcida locus inter astra?
Horrido tantum procul a Leone
Det pater sedes, calidoque Cancro;
Ne tuo vultu tremefacta leges
Astra conturbent, trepidetque Titan.		1575
Vere dum flores venient tepenti,
Et comam silvis hiemes recident,
Vel comam silvis revocabit æstas,
Pomaque autumno fugiente cadent,
Nulla te terris rapiet vetustas.		1580
Tu comes Phœbo, comes ibis astris.
Ante nascetur seges in profundo,
Vel fretum dulci resonabit unda;
Ante descendet glacialis Ursæ
Sidus, et Ponto vetito fruetur,		1585
Quàm tuas laudes populi quiescant.
Te, pater rerum, miseri precamur,
Nulla nascatur fera, nulla pestis.
Non duces sævos miseranda tellus
Horreat: nulla dominetur aula,		1590
Qui putet solum decus esse regni,
Semper impensum tenuisse ferrum.
Si quid in terris iterum timetur,
Vindicem terræ petimus relictæ.
Hem, quid hoc? mundus tonat: ecce, mœret,		1595
Mœret Alcidæ pater: an deorum
Clamor, an vox est timidæ novercæ?
Hercule an viso fugit astra Juno?
Lassus an pondus titubavit Atlas?

An magis diri tremuere Manes		1600
Herculem? et visum canis inferorum
Fugit abruptis trepidus catenis?
Fallimur: læto venit, ecce, vultu,
Quem tulit Pœan, humerisque tela
Gestat, et notas populi pharetras,		1605
		Herculis heres.

ACTUS QUINTUS.

NUTRIX, PHILOCTETES.

Nutr. Effare casus, juvenis, Herculeos, precor,
Vultuque quonam tulerit Alcides necem.
Phil. Quo nemo vitam. *Nutr.* Lætus adeone ultimos
Invasit ignes? *Phil.* Esse jam flammas nihil		1610
Ostendit ille, qui sub hoc mundo Hercules
Immune nil reliquit: in domita omnia.
Nutr. Inter vapores quis fuit forti locus?
Phil. Quod unum in orbe vicerat nondum malum,
Et flamma victa est: hæc quoque accessit feris.		1615
Inter labores ignis Herculeos abiit.
Nutr. Edissere agedum, flamma quo victa est modo?
Phil. Ut omnis OEten mœsta corripuit manus,
Huic fagus umbras perdit, et toto jacet
Succisa trunco: flectit hic pinum ferox		1620
Astris minantem, et nube de media vocat;
Ruitura cautes movit, et silvam trahit
Secum minorem. Chaonis quondam loquax
Stat vasta late quercus, et Phœbum vetat,
Ultraque totos porrigit ramos nemus.		1625
Gemit illa multo vulnere impresso minax,
Frangitque cuneos: resilit intussus chalybs,

sent, et le fer, repoussé par le bois noueux, vole lui-même en éclats. Enfin on parvient à l'ébranler : il tombe, et sa masse couvre au loin la terre. Le jour éclaire tout à coup l'espace qu'il ombrageait. Les oiseaux, qui y trouvaient un asile, voltigent alentour, et, las de leurs vaines recherches, redemandent leurs demeures avec des cris plaintifs. Enfin tous les arbres sont abattus. Les chênes sacrés eux-mêmes ont senti le tranchant de la hache; leur vénérable antiquité ne peut les protéger contre nos coups. Toute la forêt est réunie en un monceau, et les troncs, disposés avec ordre, forment un bûcher qui s'élève jusqu'au ciel, mais encore trop étroit pour Hercule. Là sont les pins, prompts à s'enflammer; le chêne noueux, et l'yeuse à la tige moins fière. Le peuplier, qui pare d'ordinaire le front d'Hercule, environne partout le bûcher. Cependant on apporte le héros, tel qu'un énorme lion qui, malade et couché sur sa poitrine, remplit de ses rugissements la forêt des Nasamons. Qui croirait qu'il va se livrer aux flammes ? A son air, on eût dit qu'il allait prendre place dans l'Olympe, et non parmi des feux dévorants. Parvenu au haut de l'OEta, il promène ses regards sur son bûcher, s'étend sur les arbres, qu'il brise sous son poids, et demande son arc. « Fils de Péan, me dit-il, reçois ce don, gage de l'amitié d'Alcide. Ces flèches furent fatales à l'hydre : « elles abattirent les oiseaux du Stymphale , et tous « les monstres que j'ai vaincus de loin. Jeune homme « heureux par ta vertu , jamais tu ne les lanceras en « vain contre un ennemi. Frappé au sein même de « la nue , l'oiseau tombera du haut des airs avec le « trait inévitable. Cet arc, aussi sûr, ne trompera ja-« mais ta main. Instruit par moi, il atteint toujours « le but; et la flèche, une fois partie, ne s'écarte pas « de sa route. Je ne te demande qu'un service : pré-

» pare la torche fatale qui doit allumer mon bûcher. « Quant à cette massue, dit-il, qu'aucun bras ne « pourrait porter, qu'elle soit brûlée avec moi; c'est « la seule arme qui suivra Hercule au tombeau. Je « te la donnerais également, si tu pouvais la manier. « Elle aidera à consumer son maître. »

Alors il demande, pour la brûler aussi, la peau hérissée du lion de Némée : le bûcher disparaît sous cette vaste dépouille. Tous les assistants gémissent; nul ne peut retenir ses larmes. Sa mère désespérée, furieuse, découvre sa poitrine avide de blessures, et fait gémir sous ses coups redoublés son sein et ses flancs nus. Elle accuse les dieux et Jupiter lui-même, et remplit les airs de ses plaintes lamentables. « Ma « mère , lui dit le héros , vous déshonorez la mort « d'Hercule; retenez vos larmes, et renfermez en vous-« même ces lâches douleurs. Pourquoi, par votre « tristesse, augmenter en ce jour la joie de Junon ? « Elle jouit des pleurs de sa rivale. Triomphez de « votre faiblesse; gardez-vous de déchirer ce sein « et ces flancs qui m'ont porté. » Alors, avec ce frémissement terrible qu'il fit entendre lorsque, vainqueur de l'Érèbe , méprisant le courroux de Pluton et faisant trembler la mort, il traînait Cerbère dans les villes de l'Argolide , il s'étendit sur le bûcher. Quel vainqueur parut jamais si radieux sur son char de triomphe? quel roi commanda jamais d'un air aussi majestueux ? Quel calme dans ses derniers moments! Nos larmes s'arrêtent; nous-mêmes nous imposons silence à notre douleur. Nul ne veut troubler par ses gémissements une aussi belle mort ; nous aurions rougi de pleurer. Alcmène elle-même surmonte la faiblesse de son sexe ; ses yeux restent secs , et la mère égale presque son fils en intrépidité.

La nour. N'a-t-il point sur son bûcher adressé

Vulnusque ferrum patitur, et truncum fugit.
Commota tandem est : tunc cadens latam sui
Duxit ruinam : protinus radios locus　　　　　　1630
Admisit omnes : sedibus pulsæ suis,
Volucres pererrant nemore succiso diem,
Quæruntque lassis garrulæ pinnis domos.
Jamque omnis arbor sonuit, et sacræ quoque
Sensere quercus horridam ferro manum,　　　　1635
Nullique priscum profuit ligno nemus.
Aggeritur omnis silva, et alternæ trabes
In astra tollunt Herculi angustum rogum.
Raptura flammas pinus, et robur tenax,
Et brevior ilex : silva contexit pyram　　　　　1640
Populea, silva, frontis Herculem decus.
At ille, ut ingens nemore sub Nasamonio
Æger reclini pectore immugit leo,
Fertur : quis illum credat ad flammas rapi ?
Vultus petentis astra non ignes, erant.　　　　　1645
Ut pressit OEten, ac suis oculis rogum
Lustravit omnem, fregit impositus trabes,
Arcumque poscit. « Accipe hæc, inquit, sata
« Pœante, dona; munus Alcidæ cape.
« Has hydra sensit : his jacent Stymphalides,　　1650
« Et quidquid aliud eminus vici malum.
« Virtute felix juvenis, has nunquam irritas
« Mittes in hostem : sive de media voles
« Auferre volucres nube, descendent aves,
« Et certa prædæ tela de cælo fluent.　　　　　1655
« Nec fallet unquam dexteram hic arcus tuam :
« Librare telum didicit, et certam dare
« Fugam sagittis : ipsa non fallunt iter
« Emissa nervo tela : tu tantum, precor,

« Accommoda ignes et facem extremam mihi.　　1660
« Hic nodus , inquit , nulla quem capiet manus,
« Mecum per ignem flagret : hoc telum Herculem
« Tantum sequatur : hoc quoque acciperes, ait ,
« Si ferre posses : adjuvet domini rogum. »
Tum rigida secum spolia Nemæi mali　　　　　1665
Arsura poscit : latuit in spolio rogus.
Ingemuit omnis turba, nec lacrimas dolor
Cuiquam remisit : mater in luctum furens
Deduxit avidum pectus, atque utero tenus
Exserta vastos ubera in planctus ferit;　　　　　1670
Superosque et ipsum vocibus pulsans Jovem,
Implevit omnem voce feminea locum.
« Deforme letum, mater, Herculeum facis :
« Compesce lacrimas, inquit : introrsus dolor
« Femineus abeat. Juno cur lætum diem　　　　1675
« Te flente ducat? pellicis gaudet suæ
« Spectare lacrimas : contine infirmum jecur,
« Mater : nefas est ubera atque uterum tibi
« Laniare, qui me genuit. » Et dirum fremens,
Qualis per urbes duxit Argolicas canem,　　　　1680
Quum victor Erebi Dite contemto rediit
Tremente Fato, talis incubuit rogo.
Quis sic triumphans lætus in curru stetit
Victor? quis illo gentibus vultu dedit
Leges tyrannus? quanta pax obitus tulit?　　　　1685
Hæsere lacrimæ : cecidit impulsus dolor
Nobis quoque ipsis : nemo morituro ingemit.
Jam flere pudor est : ipsa, quam sexus jubet
Mœrere, siccis hæsit Alcmene genis;
Stetitque nato pæne jam similis parens.　　　　1690
Nutr. Nullasne in astra misit ad superos preces

des prières aux dieux, ou des vœux à Jupiter?

Phil. Calme et résigné, il tourna les yeux vers le ciel, pour voir si du haut de l'Olympe son père le regardait. Puis levant les mains : « De quelque endroit, « dit-il, que tes regards tombent sur moi, ô mon père, « toi qui te cachas au monde pendant une triple nuit, « je t'en conjure : si mon nom est célébré de l'au-« rore au couchant, chez les Scythes et dans cette « contrée que le soleil dévore de ses feux; si la terre « jouit d'une paix profonde, si nulle ville ne gémit, si « nulle part le sang ne coule sur des autels impies, si « les crimes ont disparu, reçois mon âme dans le ciel. « Ce n'est point que le séjour de la mort, ni le som-« bre empire de Pluton, m'épouvante; mais j'aurais « honte de me présenter comme une ombre devant « ces dieux que j'ai vaincus. Dissipe les nuages; rends « au jour tout son éclat, pour que les dieux voient « Hercule dans les flammes. C'est en vain que tu re-« fuses de m'admettre dans la demeure céleste; je « t'y contraindrai. Si la douleur m'arrache une « plainte, que je descende aux bords du Styx, que « je subisse la loi commune. Mais éprouve d'abord « ton fils : ce jour fera voir si je suis digne du ciel. « Tous mes autres travaux ne sont rien. Oui, mon « père, ce jour va illustrer Hercule ou le condam-« ner. » Puis il ajoute : « Que mon ennemie voie com-« ment j'endurerai la flamme. » Il ordonne qu'on al-lume le bûcher. « Ce soin te regarde, me dit-il, « compagnon d'Alcide. Tu ne prends pas d'une main « timide la torche de l'OEta. Quoi ! ta main tremble? « Pourquoi cette terreur ? crois-tu commettre un « crime ? Rends-moi mon carquois, homme faible, « lâche et sans cœur. Voilà donc le bras qui veut « tendre mon arc ! D'où vient cette pâleur ? Prends « la torche avec le même calme que je conserve sur « mon bûcher. Vois, jeune homme, de quel air j'at-

« tends la mort. Mon père m'appelle, je l'entends; il « m'ouvre les cieux. Mon père, me voici. » Son vi-sage en ce moment prit une expression nouvelle. J'ap-prochai d'une main tremblante un pin enflammé ; mais le feu s'éloigne, la torche recule, et n'ose tou-cher son corps. Lui cependant poursuit ce feu qui l'évite. On croirait voir le Caucase entier, le Pinde ou l'Athos embrasés. Aucun son ne se fait entendre, si ce n'est celui du feu qui gémit. O cœur indomptable! Étendus sur ce bûcher, l'horrible Typhée lui-même, ou le féroce Encelade, qui chargea sur ses épaules l'Ossa déraciné, n'auraient pu retenir leurs plaintes ; et lui, s'élevant au milieu des flammes, rouge, à demi-consumé, déchiré et toujours intrépide, il s'écrie : « Oui, vous êtes maintenant ma mère; c'est ainsi que « vous deviez être auprès de mon bûcher; voilà com-« me il convient de pleurer Hercule. » Environné de feux cruels, de flammes menaçantes, immobile, iné-branlable, sans que la douleur même agite un de ses membres, il nous adresse des encouragements et des conseils. Il veut être utile même sur son bûcher, et inspire du courage à tous ses serviteurs. Il brûle : on dirait qu'il attise le bûcher d'un autre. Ses ser-viteurs stupéfaits ne peuvent croire qu'il soit réelle-ment dans les flammes, tant son visage est calme, tant son air est majestueux. Il ne hâte point la fin de son supplice. Enfin quand il croit avoir suffisam-ment payé la dette du courage, il attire de tous cô-tés vers lui les bois qui brûlent promptement, et qu'une étincelle enflamme ; il les embrase, et s'ex-pose intrépide et fier à toute la fureur de l'incendie. Il place sa tête au milieu des flammes. Sa barbe épaisse s'allume. Et pourtant alors même que le feu gagnait le visage, que les flammes enveloppaient sa tête, ses yeux demeuraient ouverts.

Mais que tient entre ses bras cette femme affli-

Arsurus, aut in vota respexit Jovem?
Phil. Jacuit sui securus, et cælum intuens,
Quæsivit oculis, arce an ex aliqua pater
Despiceret illum : tum manus tendens ait :   1695
« Quacumque parte prospicis natum, pater,
« Te, te, pater, quem nocte commissa dies
« Quæsivit unus, si meas laudes canit
« Utrumque Phœbi litus, et Scythiæ genus,
« Et omnis ardens ora, quam torret dies :   1700
« Si pace tellus plena, si nullæ gemunt
« Urbes, nec aras impius quisquam inquinat.
« Si scelera desunt; spiritum admitte hunc, precor,
« In astra. Nec me mortis infernæ locus,
« Nec mœsta nigri regna conterrent Jovis :   1705
« Sed ire ad illos umbra, quos vici, deos,
« Pater, erubesco : nube discussa diem
« Pande, ut deorum vultus ardentem Herculem
« Spectet : licet tu sidera et mundum neges,
« Ultro, pater, cogere : si voces dolor   1710
« Abstulerit ullas, pande tum Stygios lacus,
« Et redde Fatis : approba natum prius.
« Ut dignus astris videar, hic faciet dies.
« Leve est, quod actum est : Herculem hic, genitor, dies
« Inveniet, aut damnabit. » Hoc postque addidit :   1715
« Noverca cernat, quo feram flammas modo. »
Flammas poposcit : « Hoc age, Alcidæ comes;
« Non segnis, inquit, corripe OEtæam facem.
« Quid dextra tremuit? num manus pavida impium
« Scelus refugit? redde jam pharetras mihi,   1720
« Ignave, iners, inermis : en nostros manus
« Quæ tendat arcus. Quis sedet pallor genis?
« Animo faces invade, quo Alciden vides

« Vultu jacere : respice arsurum, miser.
« Vocat ecce jam me genitor, et pandit polos.   1725
« Venio, pater. » Vultusque non idem fuit.
Tremente pinum dextera ardentem impuli.
Refugit ignis, et reluctantur faces,
Et membra vitant : sed recedentem Hercules
Insequitur ignem. Caucasum, aut Pindum, aut Athon 1730
Ardere credas : nullus erumpit sonus.
Tantum ingemiscit ignis : o durum jecur!
Typhon in illo positus immanis rogo
Gemuisset ipse, quique convulsam solo
Imposuit humeris Ossan Enceladus ferox.   1735
At ille medias inter exsurgens faces
Semiustus ac laniatus, intrepidus, rubens :
« Nunc es parens Herculea; sic stare ad rogum,
« Te, mater, inquit, sic decet fleri Herculem. »
Inter vapores positus et flammæ minas,   1740
Immotus, inconcussus, in neutrum latus
Correpta torquens membra, adhortatur, monet.
Gerit aliquid ardens : omnibus fortem addidit
Animum ministris : urere ardentem putes.
Stupet omne vulgus; vix habent flammæ fidem   1745
Tam placida frons est, tanta majestas viro !
Nec properat uri : quumque jam forti datum
Leto satis pensavit, igniferas trabes
Hinc inde traxit, minima quas flamma occupat,
Totasque in ignem vertit, et qua plurimus   1750
Exundat ignis, recipit intrepidus, ferox.
Nunc ora flammis implet : ast illi graves
Luxere faces : quumque jam vultum minax
Appeteret ignis, lamberent flammæ caput,
Non pressit oculos. Sed quid hanc mœstam intuor   1755

gée? C'est Alcmène, qui porte en gémissant les restes et la cendre chétive du grand Hercule.

ALCMÈNE, PHILOCTÈTE.

Alc. Mortels, redoutez le destin. Ce peu de cendre est celle d'Hercule : voilà ce qui reste d'un géant. Voilà, ô Phébus, à quoi est réduite cette masse immense! Mes mains affaiblies par l'âge peuvent porter Alcide ; cette urne est son tombeau : encore peut-il à peine la remplir entièrement. Qu'il pèse peu sur mon bras, celui pour qui la voûte céleste fut un fardeau léger! O mon fils, tu descendis autrefois sous la terre et dans les sombres royaumes, mais tu devais en sortir. Quand reviendras-tu des bords du Styx, je ne dis pas avec les dépouilles de l'enfer, et ramenant Thésée à la lumière ; mais du moins seul? Ce monde qui pèsera sur toi, retiendra-t-il ton ombre? et le gardien du Tartare pourra-t-il t'arrêter? Quand forceras-tu les portes du Ténare? Ou plutôt par quel gouffre ta mère ira-t-elle t'y rejoindre? Te voilà pour jamais chez les mânes. Pourquoi perdrais-je le temps en vaines plaintes! O vie infortunée, qui t'arrête? Quel charme a pour toi la lumière? Puis-je donner à Jupiter un autre Hercule? Quel autre fils, égal à lui, m'appellera sa mère? Heureux, trop heureux Amphitryon! tu es descendu dans le Tartare, lorsque ton fils était dans toute sa gloire. Peut-être, à ton arrivée, l'enfer a-t-il frémi de crainte, seulement parce que tu passais pour le père d'Hercule. Mais où cacher ma vieillesse, moi odieuse à tous les tyrans, si mon fils en a laissé quelqu'un sur la terre? Que dis-je, infortunée! Les fils, irrités du meurtre de leurs pères, se vengeront sur moi; tous se réuniront pour m'accabler. S'il est un rejeton de Busiris, si un fils d'Antée fait trembler les peuples de la zone brûlante, je deviendrai leur victime. Si quelque tyran nourrit encore des chevaux sanguinaires, mon corps leur servira de pâture. Peut-être Junon, avide de vengeance, fera-t-elle retomber sur moi tout son ressentiment. Alcide vaincu, elle n'a plus rien à craindre, et je reste, moi, sa rivale, pour être en butte à sa fureur. Le fils que j'ai enfanté faisait craindre que je ne devinsse encore mère. Alcmène, où trouveras-tu un refuge?

Quel lieu, quelle contrée, quel rivage pourra me défendre? Fameuse par toi, connue du monde entier, où me cacherai-je? Retournerai-je dans ma patrie, dans ma triste maison? Eurysthée règne dans Argos. Privée de mon époux, irai-je revoir Thèbes, les bords de l'Ismène, et ce lit où je reçus les embrassements de Jupiter? Heureuse, trop heureuse si j'avais péri aussi par la foudre, et si l'on m'eût ouvert le flanc pour en tirer mon Hercule! Hélas! c'est mon malheur d'avoir vu mon fils disputer de gloire avec Jupiter. Morte avec cet espoir, que pouvait me ravir le destin? Quel peuple, ô mon fils, gardera ton souvenir? Tous les cœurs sont ingrats. Irai-je à Cléones, ou chez les Arcadiens, ou dans quelque contrée fameuse par tes bienfaits? Ici a péri un affreux reptile, là des oiseaux cruels; ici un tyran sanguinaire; là fut terrassé ce lion qui brille dans le ciel, tandis que son vainqueur est dans le tombeau. Si le monde est reconnaissant, le monde entier défendra ta mère. Irai-je plutôt chez les Thraces, sur les bords de l'Hèbre? car cette contrée aussi est redevable à ton courage. La paix y règne depuis que tu exterminas son tyran barbare, et les monstres qu'il nourrissait. A quel peuple as-tu refusé ton secours? Et moi, accablée par l'âge et

---

Sinu gerentem? reliquias magni Herculis
Cineremque jactans squalidum Alcmene gemit.

ALCMENA, PHILOCTETES.

Alcm. Timete, superi, fata : tam parvus cinis
Herculeus est: huc ille decrevit gigas.
O quanta, Titan, in nihil moles abit!   1760
Anilis, heu me! cepit Alciden sinus.
Hic tumulus illi est : ecce vix totam Hercules
Complevit urnam : quam leve est pondus mihi,
Cui totus æther pondus incubuit leve!
Ad Tartara olim reguaque, o nate, ultima   1765
Rediturus ibas : quando ab inferna Styge
Remeabis iterum? non ut et spolium trahas,
Rursumque Theseus debeat lucem tibi :
Sed quando solus? mundus impositus tuas
Compescet umbras, teque Tartareus canis   1770
Inhibere poterit? quando Tænareas fores
Pulsabis? aut quas mater ad fauces agar,
Qua mors aditur? vadis ad Manes iter
Habiturus unum : quid diem quæstu tero?
Quid misera duras vita? quid lucem hanc tenes?   1775
Quem parere rursus Herculem possum Jovi?
Quis me parentem natus Alcmenam suam
Tantus vocabit? O nimis felix, nimis,
Thebane conjux! Tartari intrasti loca
Florente nato; teque venientem inferi   1780
Timuere forsan, quod pater tantum Herculis
Vel falsus aderas. Quas petam terras anus,
Invisa sævis regibus, si quis tamen
Rex est relictus sævus? Hei miseræ mihi!
Quicumque cæsos ingemunt nati patres,   1785
A me petent supplicia : me cuncti obruent.

Si quis minor Busiris, aut si quis minor
Antæus urbes fervidæ terret plagæ,
Ego præda ducar : si quis Ismarios greges
Thracis cruenti vindicat, carpent greges   1790
Mea membra diri : forsitan pœnas petet
Irata Juno : totus uretur dolor.
Secura victo tandem ab Alcide vacat.
Pellex supersum, supplicia de qua exigat.
Ne parere possem , fecit hic natus mihi   1795
Utero timendo. Quæ petam Alcmene loca?
Quis me locus, quæ regio, quæ mundi plaga
Defendet? aut quas mater in latebras agar?
Ubique per te nota : si patriam petam,
Laresque miseros, Argos Eurystheus tenet.   1800
Marita Thebas regna et Ismenon petam,
Thalamosque nostros, in quibus quondam Jovem
Dilecta vidi? proh nimis felix, nimis,
Si fulminantem et ipsa sensissem Jovem!
Utinam meis visceribus Alcides foret,   1805
Exsectus infans! nunc datum est miseræ, datum,
Videre natum laude certantem Jovi :
Ut hoc daretur scire, quid fatum mihi
Eripere posset! Quis memor vivet tui,
O nate, populus? omne jam ingratum est genus.   1810
Petam Cleonas? Arcadum an populos petam?
Meritisque terram nobilem quæram tuis?
Hic dira serpens cecidit; hic ales fera ;
Hic rex cruentus; hic tua fractus manu,
Qui, te sepulto, possidet cælum, leo.   1815
Si grata terra est, populus Alcmenam tuam
Defendat omnis. Thracias gentes petam,
Hebrique populos? hæc quoque est meritis tuis
Defensa tellus : stabula cum regno jacent.

par l'infortune, où te chercherai-je un tombeau?
Que tout l'univers se dispute tes cendres : chez quel
peuple, dans quel temple seront honorés les restes
d'Hercule? Qui me demandera, qui sollicitera ce
fardeau que je porte? Quel monument, ô mon fils,
quel sépulcre est assez grand pour toi? Ton monument, c'est l'univers; la renommée dira ta gloire.
Mais qu'ai-je à craindre? je tiens les cendres d'Hercule. Pressons contre mon sein, gardons ces restes
sacrés; ils seront partout ma sauvegarde et ma défense. L'ombre seule d'Hercule fera trembler les
tyrans.

Phil. Mère de l'illustre Alcide, mettez un terme
à de trop justes regrets. Ne déshonorons pas par des
gémissements et des plaintes celui qui triompha du
destin par sa vertu. L'éternelle vertu nous défend
de pleurer Hercule; ce n'est pas sur les héros, mais
sur les lâches, qu'il faut répandre des larmes.

Alc. Que je cesse de pleurer, quand je perds un
fils qui a pacifié la terre et les mers, et tout ce que
le soleil éclaire de ses rayons sur les bords des deux
océans? Mère infortunée! que de fils je perds en un
seul ! Je n'avais point d'empire, mais je pouvais en
donner. Seule entre toutes les mères, je n'ai point
importuné le ciel de mes vœux. Tant que mon fils
a vécu, je n'ai rien demandé aux dieux. Que ne
pouvais-je point attendre de son courage ! quel dieu
eût pu me refuser quelque chose ? Son bras m'assu-
rait l'accomplissement de mes vœux. J'aurais eu
d'Hercule tout ce que Jupiter m'aurait refusé. Ah !
quelle femme a jamais donné le jour à un tel fils?
Une mère, qui se vit ravir à la fois ses quatorze enfants, resta saisie de douleur et inconsolable de leur
perte : combien de familles semblables ne faudrait-

il pas pour égaler mon Hercule? Il manquait parmi
les mères un modèle accompli du malheur : Alcmène
en servira. Vous donc qui pleurez obstinément vos
pertes, et que la douleur a changées en rochers, cessez votre plainte, et reconnaissez que votre infortune le cède à la mienne. Frappez donc, ô mes tristes
mains, frappez ce sein flétri par l'âge. Vieille comme
je suis, puis-je déplorer seule une mort qui excitera
bientôt les regrets de l'univers entier? N'importe;
préparons ces faibles bras à servir mon désespoir,
et, pour rendre le ciel odieux, invitons toute la terre
à déplorer mon malheur.

ALCMÈNE.

Pleurez Alcmène, pleurez le fils du grand Jupiter,
dout la conception a coûté un jour au monde, et
fit succéder immédiatement deux nuits l'une à l'autre. Nous perdons aujourd'hui plus que la lumière
même. Pleurez, nations, vous toutes dont il précipita les tyrans sur les bords du Styx ! vous qu'il
sauva de leur fureur sanguinaire, payez à votre
bienfaiteur ce juste tribut de larmes. Que l'univers
entier retentisse de gémissements ; qu'Alcide soit
pleuré dans la Crète, que baigne la mer azurée, berceau fameux du dieu du tonnerre; que ses cent
peuples se frappent le sein.

Curètes et Corybantes, prêtres de l'Ida, agitez
vos armes : c'est avec des armes qu'il faut célébrer
les funérailles de ce héros. Déplorez un trépas qui
n'est que trop véritable. O Crète, il n'est plus cet
Alcide qui ne le cédait point à Jupiter lui-même !

Pleurez le trépas d'Hercule, Arcadiens, dont la
naissance a précédé celle de Phébus; faites retentir
et les antres de Némée, et les sommets du Parthé-

Hic pax cruento rege prostrato data est;   1820
Ubi enim negata est? Quod tibi infelix anus
Quæram sepulcrum? de tuis totus rogis
Contendat orbis : reliquias magni Herculis
Quis populus, aut quæ templa, quæ gentes colent?
Quis jam petet, quis poscet Alcmenes onus?   1825
Quæ tibi sepulcra, nate, quis tumulus sat est?
Hic totus orbis : fama erit titulus tibi.
Quid, anime, trepidas? Herculis cineres tenes.
Complectere ossa : reliquiæ auxilium dabunt.
Erunt satis præsidia : terrebunt tuæ   1830
Reges vel umbræ. *Phil.* Debitos nato quidem
Compesce fletus, mater Alcidæ inclyti.
Non est gemendus, nec gravi urgendus nece,
Virtute quisquis abstulit fatis iter.
Æterna virtus Herculem fleri vetat.   1835
Fortes vetant mœrere, degeneres jubent.
Alcm. Sedabo questus? vindicem amisi parens
Terræ atque pelagi, quaque purpureus dies
Utrumque clara spectat Oceanum rota.
Quot misera in uno condidi natos parens?   1840
Regno carebam, regna sed poteram dare.
Una inter omnes terra quas matres gerit,
Votis peperci : nil ego a superis petii
Incolume nato : quid dare Herculeus mihi
Non poterat ardor? quis deus quidquam mihi   1845
Negare poterat? vota in hac fuerant manu.
Quidquid negaret Jupiter, daret Hercules.
Quid tale genitrix ulla mortalis tulit?
Deflevit aliqua mater, et toto stetit
Succisa fetu, bisque septenos greges   1850
Deplanxit una : gregibus æquari meus
Quot ille poterat? matribus miseris adhuc
Exemplar ingens deerat : Alcmene dabo.

Cessate, matres, pertinax si quas dolor
Adhuc jubet lugere, quas luctus gravis   1855
In saxa vertit : cedite his cuncta malis.
Agedum, senile pectus, o miseræ manus,
Pulsate : et una funeri tanto sat est
Grandæva anus defecta; quod totus brevi
Jam quæret orbis? expedi in planctus tamen   1860
Defessa quamquam brachia : invidiam ut deis
Lugendo facias, advoca in planctum genus.

ALCMENA.

Flete Alcmenen, magnique Jovis
Plangite natum, cui concepto
Lux una periit, noctesque duas   1865
Contulit Eos : ipsa quiddam
Plus luce perit : totæ pariter
Plangite gentes, quarum sævos
Ille tyrannos jussit Stygias
Penetrare domos, populisque madens   1870
Ponere ferrum : fletum meritis
Reddite tantis : totus, totus
Personet orbis : fleat Alciden
Cærula Crete, magno tellus
Cara Tonanti : centum populi   1875
Brachia pulsent.
Nunc Curetes, nunc Corybantes,
Arma Idæa quassate manu :
Armis illum lugere decet.
Nunc nunc funus plangite verum :   1880
Jacet Alcides non minor ipso,
Creta, Tonante.
Flete Herculeos, Arcades, obitus,
Nondum Phœbo nascente genus.
Juga Parthenii Nemeæque sonent,   1885

nius. Que le Ménale répète vos gémissements : rede-
mandez Hercule à grands cris. C'est dans vos plaines
qu'il abattit l'horrible sanglier, qu'il perça de ses
flèches inévitables ces oiseaux dont le vol obscurcissait le jour. Pleure, Cléones, pleure, cité de l'Argolide; c'est mon fils qui terrassa ce lion, l'épouvante de tes murs.

Frappez votre sein, femmes de Thrace; remplis-
sez de votre douleur les bords de l'Hèbre glacé. Si
vos enfants ne naissent plus pour être dévorés par
des monstres, si vous-mêmes ne leur servez plus
de pâture, pleurez Alcide, auteur de ce bienfait.

Que la Libye, que l'Hespérie pleurent celui qui
les délivra d'Antée et du farouche Géryon. O nations, unissez votre douleur à la mienne, et que les
deux mers entendent les coups dont nous frappe-
rons notre sein.

Vous aussi, habitants du ciel rapide, vous aussi
soyez touchés du sort d'Hercule. Il porta sur ses
épaules l'Olympe qui est votre séjour; et Atlas, dé-
chargé par lui de son brillant fardeau, put respirer
quelques moments.

O Jupiter, où sont tes promesses? C'est ainsi que
tu l'admets dans le palais des dieux! Alcide, Alcide
mortel, est maintenant dans le tombeau. Combien
de fois il t'a épargné la peine de lancer tes traits enflammés? Que de fois, sans lui, tu te serais armé de
tes foudres vengeresses! Ah! saisis-les du moins pour
me frapper, et fais d'Alcmène une autre Sémélé.

O mon fils, es-tu dans l'Élysée? Es-tu sur ce rivage où la nature appelle tous les humains? ou le
Styx lugubre, pour te punir d'avoir arraché Cerbère des enfers, te ferme-t-il le passage, et te re-
tient-il à l'entrée du sombre empire? Quel trouble
ta présence cause-t-elle parmi les mânes? Le nocher s'est-il enfui sur sa barque, et les centaures,
enfants de la Thessalie, font ils retentir du bruit de
leurs pas l'enfer épouvanté? L'hydre a-t-elle caché
d'effroi ses serpents dans les eaux infernales? Enfin
les monstres que tu as vaincus tremblent-ils à ton
aspect?

Je me trompe, mère insensée, je me trompe;
ni les mânes ni les ombres ne peuvent te craindre.
La peau du lion d'Argos et sa crinière fauve ne couvrent plus tes robustes épaules; ses dents formidables ne couronnent plus ton front. Tu as donné ton
arc et ton carquois; un bras plus faible lancera désormais tes flèches. O mon fils, tu descends désarmé
dans l'empire des ombres, et pour n'en sortir jamais.

ALCMÈNE, HERCULE.

Her. Pourquoi troubler ma félicité par vos plaintes? Admis enfin dans le ciel, j'habite la demeure
étoilée. Séchez vos pleurs; mon courage m'a frayé le
chemin de l'Olympe, et m'assure une place parmi les
dieux.

Alc. Quelle voix a frappé mon oreille tremblante?
Quel bruit a tout à coup arrêté mes larmes? Oui,
oui, l'enfer a été vaincu. Mon fils, tu reviens encore
des bords du Styx; tu m'es encore rendu; et l'affreuse mort a été impuissante une seconde fois. Tu
as de nouveau triomphé de l'empire de la nuit, et
de ce fleuve lugubre que sillonne la barque infernale. Seul de tous les mortels, tu franchis à ton
gré les eaux languissantes de l'Achéron, et seul tu
reviens par la même route. L'enfer ne peut te retenir, même après ta mort. Pluton, craignant pour
son propre empire, t'en a-t-il refusé l'entrée? Je

Feriantque graves Mænala planctus.	
Poscite magno Alciden gemitu :	
Stratus vestris setiger agris;	
Alesque sequi jussa sagittas,	
Totum pennis velata diem.	1890
Flete, Argolicæ, flete, Cleonæ;	
Hic terrentem mœnia quondam	
Vestra leonem fregit nostri	
Dextera nati. Date Sithoniæ	
Verbera matres, gelidusque sonet	1895
Planctibus Hebrus : flete Alciden,	
Quod non stabulis nascitur infans,	
Nec vestra greges viscera carpunt.	
Fleat Antæo libera tellus,	
Et rapta fero plaga Geryonæ.	1900
Mecum miseræ plangite gentes.	
Audiat ictus utraque Tethys.	
Vos quoque mundi turba citati,	
Flete Herculeos, numina, casus.	
Vestrum Alcides cervice meus	1905
Mundum, superi, cœlumque tulit,	
Quum stelligeri vector Olympi,	
Pondere liber spiravit Atlas.	
Ubi nunc vestræ, Juppiter, arces?	
Ubi promissi regia mundi?	1910
Nempe Alcides mortalis obit,	
Nempe sepultus. Quoties telis	
Facibusque tuis ille pepercit!	
Quoties ignis spargendus erat!	
In me saltem jaculare facem,	1915
Semelemque puta. Jamne Elysias,	
O nate, domus, jam litus habes,	
Ad quod populos Natura vocat?	
An post raptum Styx atra canem	
Præclusit iter,	1920

Teque in primo limine Ditis	
Fata morantur? quis nunc Umbras,	
Nate, tumultus, Manesque tenet?	
Fugit abducta navita cymba,	
Et Centauris Thessala motis	1925
Ferit attonitos ungula Manes?	
Anguesque suos hydra sub undis	
Territa mersit? teque labores,	
O nate, timent?	
Fallor, fallor, vesana parens;	1930
Nec te Manes Umbræque timent.	
Non Argolico rapta leoni	
Fulva pellis contecta juba	
Lævos operit dura lacertos,	
Vallantque feri tempora dentes.	1935
Donum pharetræ cessere tuæ;	
Telaque mittet jam dextra minor.	
Vadis inermis, nate, per umbras,	
Ad quas semper mansurus eris.	

ALCMENA, HERCULES.

Herc. Quid me tenentem regna siderei poli,	1940
Cæloque tandem redditum, planctu jubes	
Sentire fatum? parce : nam virtus mihi	
In astra, et ipsos fecit ad superos iter.	
Alcm. Unde sonus trepidas aures ferit?	
Unde meas inhibet lacrimas fragor?	1945
Agnosco, agnosco; victum est Chaos.	
A Styge, nate, redis iterum mihi;	
Fractaque iterum est Mors horrida.	
Vicisti rursus Noctis loca,	
Puppis et infernæ vada tristia.	1950
Pervius est Acheron jam languidus,	
Et remeare licet soli tibi;	
Nec te Fata tenent post funera.	

t'ai vu de mes yeux étendu sur une forêt embrasée, dont les flammes furieuses menaçaient d'incendier le ciel. Ton corps a été consumé ; mais l'empire de la mort n'a pu garder ton ombre. Dis-moi ce que les mânes pouvaient craindre de toi. Ton ombre seule a-t-elle paru trop redoutable à Pluton ?

Her. Je ne suis point retenu sur les tristes rives du Cocyte, et la barque fatale n'a point reçu mon ombre. Cessez vos plaintes, ô ma mère ! je n'ai vu qu'une fois l'empire des mânes. Tout ce qu'il y avait en moi de mortel, tout ce que je tenais de vous, a été consumé par ce feu que j'ai vaincu. La substance de mon père a passé dans le ciel, la vôtre dans les flammes. Épargnez-moi donc ces tristes hommages que rendrait une mère à un fils sans gloire : réservez le deuil pour l'homme vil. Le héros appartient aux cieux ; le lâche, à la mort.

Écoutez, ma mère, ce que vous annonce votre Alcide, qui veille sur vous du haut des cieux : Vous serez bientôt vengée du cruel Eurysthée : la roue de votre char écrasera sa tête orgueilleuse. Mais il est temps que je retourne au céleste séjour. Alcide est encore une fois vainqueur de l'enfer.

Alc. Arrête quelque temps. Il m'échappe, il disparaît à mes yeux, et remonte dans le ciel. Est-ce une illusion ? Est-ce bien mon fils que j'ai vu ? Les malheureux ne sont pas crédules ; mais tes exploits me l'attestent : oui, tu es un dieu, et tu habites le séjour de l'immortalité. Je cours à Thèbes, et je célébrerai cette divinité nouvelle, qui a droit aux hommages des mortels.

LE CHOEUR.

Une vertu éclatante ne descend jamais sur les bords du Styx. Mortels, soyez courageux, et jamais le destin ne vous précipitera dans les abîmes du Léthé. Mais, quand arrivera pour vous le moment suprême, la gloire vous frayera un chemin vers le séjour des dieux. O toi, vainqueur de tant de monstres, pacificateur de l'univers, sois-nous toujours propice ; sois le dieu tutélaire de notre patrie ; et si quelque bête féroce jetait encore l'épouvante parmi les peuples, perce-la des triples dards de la foudre. Ton bras, pour les lancer, sera plus puissant que celui même de ton père.

An tibi præclusit Pluton iter,
Et pavidus regni metuit sibi? 1955
Certe ego te vidi flagrantibus
Impositum silvis, quum plurimus
In cælum fureret flammæ metus.
Arsisti certe; verum ultima
Non tenuere tuas umbras loca. 1960
Quid timuere tui manes, precor?
Umbra quoque est Diti nimis horrida.
Herc. Non me gementis stagna Cocyti tenent,
Non puppis umbras furva transvexit meas.
Jam parce, mater, questibus. Manes semel 1965
Umbrasque vidi : quidquid in nobis tui
Mortale fuerat, ignis evictus tulit.
Paterna cælo pars data est, flammis tua.
Proinde planctus pone, quos nato paret
Genitrix inerti : luctus in turpes eat. 1970
Virtus in astra tendit, in mortem timor.
Præsens ab astris, mater, Alcides cano :
Pœnas cruentus jam tibi Eurystheus dabit.
Curru superbum vecta transcendes caput.
Me jam decet subire cælestem plagam : 1975
Inferna vici rursus Alcides loca.

Alcm. Mane parumper... cessit; ex oculis abiit;
In astra fertur : fallor, an vultus putat
Vidisse natum? misera mens incredula est.
Es numen; et te mundus æternus tenet. 1980
Credo triumphis : regna Thebarum petam,
Novumque templis additum numen canam.

CHORUS.

Nunquam Stygias fertur ad umbras
Inclyta virtus : vivite fortes ;
Nec Lethæos sæva per annos 1985
Vos fata trahent : sed, quum summas
Exiget horas consumta dies,
Iter ad superos gloria pandet.
Sed tu, domitor magne ferarum,
Orbisque simul pacator, ades. 1990
Nunc quoque nostras respice terras :
Et, si qua novo bellua violet
Quatiet populos terrore gravi,
Tu fulminibus frange trisulcis ·
Fortius ipso genitore tuo 1995
Fulmina mittes.

OCTAVIE.

PERSONNAGES.

OCTAVIE.
NÉRON.
L'OMBRE D'AGRIPPINE.
POPPÉE.
SÉNÈQUE.
LA NOURRICE D'OCTAVIE.
LA NOURRICE DE POPPÉE.
LE PRÉFET DU PALAIS.
UN MESSAGER.
CHŒUR DE ROMAINS.

ARGUMENT.

L'empereur Claude, mari de Messaline, dont il avait eu Britannicus et Octavie, la fit mettre à mort parce qu'elle avait épousé Silius, prit pour femme la fille de son frère Germanicus, Agrippine, veuve de Domitius Énobarbus Néron, et donna en mariage à Néron, fils de celui-ci, Octavie sa fille. Claude et Britannicus étant morts empoisonnés, Néron répudie Octavie qu'il haïssait, et se marie avec Poppée. Ce divorce excite une sédition dans Rome. Néron la réprime en faisant massacrer un grand nombre des révoltés; il fait conduire et tuer Octavie dans l'île de Pandataire.

La scène se passe à Rome.

ACTE PREMIER.

OCTAVIE.

Déjà l'Aurore, éclairant les cieux, chasse devant elle les astres errants; et Phébus, levant son front paré d'une éclatante chevelure, rend au monde la lumière du jour. Toi que l'infortune accable, triste Octavie, recommence tes plaintes accoutumées; qu'elles surpassent celles des alcyons, plaintifs habitants des mers, et celles des filles ailées de Pandion. Mon sort, en effet, est plus déplorable que le leur. O ma mère, éternel objet de mes larmes, ô vous, la première cause de mes maux, écoutez, si les morts conservent quelque sentiment, écoutez la voix plaintive de votre fille. Ah! pourquoi la main de Clotho n'a-t-elle pas tranché ma vie avant ce jour affreux où je vis votre sein déchiré par le fer, et votre visage tout souillé de sang? Jour à jamais funeste pour moi! Depuis ce temps, la lumière m'est plus odieuse que les ténèbres. Soumise aux volontés d'une marâtre cruelle, combien j'ai eu à souffrir de sa haine et de ses hauteurs! Cette autre Érinnys a entouré des torches de l'enfer ma couche nuptiale. C'est elle qui vous a donné la mort, ô mon malheureux père, vous qui teniez sous vos lois le monde entier jusqu'au delà de l'Océan, vous qui mîtes en fuite les Bretons, ce peuple libre et fier, inconnu même à nos généraux. Hélas! vous avez péri par la perfidie de votre épouse, et votre famille entière, avilie, captive, est devenue l'esclave d'un tyran.

LA NOURRICE D'OCTAVIE.

Vous tous qui, éblouis d'un vain éclat, admirez les fragiles et trompeuses grandeurs de la cour, voyez

OCTAVIA.

DRAMATIS PERSONÆ.

OCTAVIA.
NERO.
AGRIPPINA.
POPPÆA.
SENECA.
NUTRIX OCTAVIÆ.
NUTRIX POPPÆÆ.
PRÆFECTUS.
NUNTIUS.
CHORUS ROMANORUM.

ARGUMENTUM.

Claudius Drusus Cæsar, postquam Messalinam, quæ illi Britannicum et Octaviam pepererat, quod Silio nupsisset, mori jussisset, Agrippinam filiam fratris sui Germanici, viduam Cn. Dom. Ænobarbi Neronis superinduxit; ejus filio Neroni Octaviam suam in matrimonium dedit. Claudio et Britannico veneno sublatis, Nero Imp. Octaviam, quam oderat, repudiat; Poppæam Sabinam ducit. Cujus divortii causa commotum et tumultuantem populum multa cæde Nero reprimit, et Octaviam in Pandatariam ablegatam interfici jubet.

Scena est Romæ.

ACTUS PRIMUS.

OCTAVIA.

Jam vaga cælo sidera fulgens
Aurora fugat : surgit Titan
Radiante coma, mundoque diem
    Reddit clarum.
Age, tot tantis onerata malis,   5
Repete assuetos jam tibi questus,
Atque æquoreas vince Alcyonas;
Vince et volucres Pandionias :
Gravior namque his fortuna tua est.
Semper genitrix deflenda mihi,   10
Prima meorum causa malorum,
    Tristes questus
Natæ exaudi, si quis remanet
Sensus in umbris. Utinam ante manu
Grandæva sua mea rupisset   15
Stamina Clotho, tua quam mœrens
    Vulnera vidi,
Oraque fœdo sparsa cruore!
O lux semper funesta mihi!
Tempore ab illo nox est tenebris   20
    Invisa magis.
Tulimus sævæ jussa novercæ,
Hostilem animum, vultusque truces.
Illa, illa meis tristis Erinnys
Thalamis Stygios prætulit ignes :   25
Teque exstinxit, miserande pater,
Modo cui totus paruit orbis
Ultra Oceanum, cuique Britanni
    Terga dedere,
Ducibus nostris ante ignoti,   30
    Jurisque sui.
Conjugis, heu me! pater insidiis
Oppresse jaces; servitque domus
Cum prole tua capta tyranno!

NUTRIX OCTAVIÆ.

Fulgore primo captus, et fragili bono   35
Fallacis aulæ quisquis attonitus stupet,

cette famille naguère si puissante, et que la fortune a tout à coup précipitée dans un abîme de maux. C'est la famille de Claude, de ce maître de l'univers, qui le premier dompta l'Océan et le força de porter ses flottes victorieuses, qui le premier mit les Bretons sous le joug, et couvrit de ses vaisseaux des mers inconnues. Il avait échappé au fer des barbares, à la fureur des tempêtes ; il périt par le crime de sa femme, assassinée plus tard elle-même par son propre fils. Mari d'Octavie, ce monstre empoisonne son frère ; et cette infortunée, également à plaindre comme épouse et comme sœur, se consume dans les larmes. Incapable de cacher son indignation, elle fuit la présence de son cruel mari ; et l'horreur qu'il lui inspire est égale à la haine qu'il a pour elle. En vain mon zèle et ma tendresse cherchent à calmer cette âme irritée ; sa haine implacable rejette mes conseils. Rien ne peut modérer ce noble ressentiment, auquel le malheur donne de nouvelles forces. Affreux pressentiments ! quel crime horrible je vois dans l'avenir ! Puissent les dieux nous en garantir !

OCTAVIE, LA NOURRICE.

Oct. Quel sort fut jamais plus déplorable que le mien ? Tes plaintes, ô Électre, ne suffisent même pas à ma douleur. Tu pouvais du moins pleurer librement ton père assassiné, et tu lui donnas un vengeur dans ce frère, soustrait par ta tendresse à la rage de ses ennemis et élevé par des mains fidèles. Pour moi, la crainte m'empêche de donner des larmes à mes parents qu'un sort cruel m'a ravis, de déplorer le trépas de mon frère, mon unique espérance, consolation trop passagère de tant de maux. Condamnée à vivre pour pleurer mes pertes, je ne suis plus sur la terre que l'ombre d'un grand nom.

La nour. Je viens d'entendre la voix plaintive de ma chère princesse. Hâtons-nous d'entrer chez elle. Quoi ! pesante vieillesse, tu m'empêches de courir à son appartement ?

Oct. O ma nourrice, dépositaire fidèle de mes chagrins, viens recevoir mes larmes dans ton sein.

La nour. Infortunée, quel jour en verra tarir la source ?

Oct. Celui où je descendrai chez les morts.

La nour. Écartez cette horrible image.

Oct. Mon sort dépend du destin, et non de tes vœux.

La nour. Un dieu propice fera luire pour vous des jours plus heureux. Mais vous-même fléchissez par votre douceur et vos égards le cœur de votre époux.

Oct. J'adoucirais la fureur des lions et la rage des tigres, plutôt que le cœur farouche de cet implacable tyran. Il hait tout ce qui sort d'un sang illustre, méprise également les dieux et les hommes, enorgueilli du rang suprême où sa mère impie l'a élevé par un horrible forfait. Quoique l'ingrat rougisse d'être redevable à sa mère de l'empire qu'il possède, quoiqu'il l'ait assassinée pour prix d'un si grand bienfait, la mémoire de ce service subsiste même après la mort de cette femme, et subsistera toujours dans le souvenir des hommes.

La nour. Ne vous laissez point aller à votre colère, et retenez des plaintes imprudentes.

Oct. Quand je supporterais mes maux avec patience, ils ne peuvent finir que par une mort cruelle. Ma mère a été égorgée, un crime m'a ravi mon père. Privée de mon frère, accablée d'infortune et

---

Subito labantis ecce Fortunæ impetu
Modo præpotentem cernat eversam domum
Stirpemque Claudii, cujus imperio fuit
Subjectus orbis, paruit liber diu   40
Oceanus et recepit invitus rates.
En qui Britannis primus imposuit jugum,
Ignota et ante classibus texit freta,
Interque gentes barbaras tutus fuit,
Et sæva maria ; conjugis scelere occidit,   .   45
Mox illa nati ; cujus exstinctus jacet
Frater venenis : mœret infelix soror,
Eademque conjux : nec graves luctus valet
Ira coacta tegere : crudelis viri
Secreta refugit semper, atque odio pari   50
Ardens mariti, mutua flagrat face.
Animum dolentis nostra solatur fides,
Pietasque frustra : mutat immitis dolor
Consilia nostra : nec regi mentis potest
Generosus ardor, sed malis vires capit.   •   55
Heu, quam nefandum prospicit noster timor
Scelus : quod utinam numen avertat deûm !

OCTAVIA, NUTRIX.

Oct. O mea nullis æquanda malis
Fortuna ! licet repetam luctus,
Electra, tuos : tibi mœrenti   60
Cæsum licuit flere parentem ;
Scelus ulcisci vindice fratre,
Tua quem pietas hosti rapuit,
Texitque fides : me crudeli
Sorte parentes raptos prohibet   65
Lugere timor, fratrisque necem
Deflere vetat, in quo fuerat
     Spes una mihi,

Totque malorum breve solamen.
Nunc in luctus servata meos,   -70
Magni resto nominis umbra.
Nutr. Vox, heu ! nostras perculit aures
     Tristis alumnæ.
Cessas thalamis inferre gradus,
Tarda senectus ? *Oct.* Excipe nostras   75
Lacrimas, nutrix, testis nostri
Fida doloris. *Nutr.* Quis te tantis
Solvet curis, miseranda, dies ?
Oct. Qui me Stygias mittet ad umbras.
Nutr. Omina, quæso, sint ista procul.   80
Oct. Non vota meos tua nunc casus,
Sed fata regunt. *Nutr.* Dabit afflictæ
Meliora deus tempora mitis.
Tu modo blando vince obsequio
Placata virum. *Oct.* Vincam sævos   85
Ante leones, tigresque truces,
Fera quam sævi corda tyranni.
Odit genitos sanguine claro,
Spernit superos hominesque simul,
Nec fortunam capit ipse suam,   90
Quam dedit illi per scelus ingens
Infanda parens : licet ingratum
Diræ pudeat munere matris
Hoc imperium cepisse ; licet
Tantum munus morte rependat :   95
Feret hunc titulum post fata tamen
Femina longo semper in ævo.
Nutr. Animi retine verba furentis ;
Temere emissam comprime vocem.
Oct. Toleranda quamvis patiar, haud unquam queant,   100
Nisi morte tristi, nostra finiri mala.
Genitrice cæsa, per scelus rapto patre,

de douleur, noyée dans les larmes, haïe de mon époux, insultée par une infâme, puis-je ne pas détester la lumière? Je tremble sans cesse, non par la peur de la mort, mais par celle du crime. Que la calomnie ne flétrisse point ma gloire, et je mourrai avec joie. C'est pour moi un supplice plus cruel que la mort, de voir le visage hautain et farouche du tyran, de recevoir les baisers d'un ennemi, de trembler au moindre signe de celui dont mon âme révoltée ne pourrait souffrir même les empressements, quand je songe qu'il est l'assassin de mon frère, et que, couvert de ses dépouilles, il s'applaudit d'un forfait qui lui a valu l'empire. Que de fois l'ombre affligée de ce frère s'offre à mes yeux, dans ces moments où le sommeil s'empare de mes sens, et appesantit mes yeux las de pleurer! Tantôt ses jeunes mains sont armées de torches funèbres, et, furieux, il en tourne la flamme menaçante contre le visage et les yeux de son frère; tantôt il se réfugie tout tremblant jusque dans ma couche. Son ennemi le poursuit; et tandis que je le tiens embrassé, le cruel, pour l'atteindre, plonge son épée dans mon flanc. Le saisissement et l'épouvante, qui m'éveillent en sursaut, me rendent à mes craintes et à mes douleurs. Ajoute à ces tourments la vue de mon insolente rivale, parée des dépouilles de notre maison : elle à qui un fils dénaturé a sacrifié sa propre mère, attirée par lui sur ce vaisseau, véritable barque de l'enfer. En vain la malheureuse, échappée au naufrage, parvient à gagner le bord; plus implacable que les flots, son fils la fait égorger. Que puis-je espérer de l'auteur d'un tel crime? Mon ennemie triomphante aspire à ma place, elle brûle d'assouvir sa haine, et, pour prix de son déshonneur, elle réclame du mari la tête de l'épouse légitime. Quitte les sombres bords, ô mon père! viens se-

courir une fille qui t'implore, ou du moins ouvre-moi les gouffres du Styx, et que je m'y précipite à l'instant.

La nour. C'est en vain, infortunée, que vous implorez les mânes de votre père : il ne saurait chez les morts s'inquiéter du sort de sa race, lui qui préféra le fils d'un étranger à son propre fils, et qui se laissa séduire au point de former un mariage incestueux avec la fille de son frère. Hymen déplorable, source de tant de crimes, et d'où sont nés les meurtres et les trahisons, la soif de régner, et la soif plus cruelle du sang! Son gendre, dont on craint que votre alliance n'augmente le crédit, est immolé, et marque de son sang le jour où se forme ce nœud fatal.

O forfait abominable! une femme obtient comme en don la mort de Silanus, et cet illustre Romain, victime d'imputations odieuses, souille de son sang le foyer de ses pères. Bientôt, hélas! les intrigues d'une marâtre livrent à votre ennemi l'entrée de votre maison. L'empereur choisit pour gendre, nomme son fils ce jeune homme d'un naturel pervers, capable de tous les crimes; et sa mère, allumant la torche de cet hymen funeste, vous contraint à l'accepter pour époux. Fière d'un tel succès, elle ose aspirer à l'empire sacré de l'univers. Qui pourrait dire les attentats divers, les espérances coupables, les perfides caresses de cette femme qui s'élevait au trône par tous les degrés du crime? La sainte piété s'enfuit alors toute tremblante de ce palais; l'odieuse et cruelle Érinnys, qui vint occuper sa place, profana de sa torche impure les pénates sacrés des Césars. Cette furie y a détruit les lois de la nature et de l'humanité : la femme y empoisonne son mari, et périt elle-même par le crime de son fils. Hélas! tu péris aussi, enfant déplorable,

Orbata fratre, miseriis, luctu obruta,
Mœrore pressa, conjugi invisa, ac mere
Subjecta famulæ, luce non grata fruor;   105
Trepidante semper corde, non mortis metu,
Sed sceleris : absit crimen a fatis meis;
Mori juvabit : pœna nam gravior nece est,
Videre tumidos et truces miseræ mihi
Vultus tyranni, jungere atque hosti oscula,   110
Timere nutus; cujus obsequium meus
Haud ferre posset, fata post fratris, dolor,
Scelere interemti, cujus imperium tenet
Et morte gaudet auctor infandæ necis.
Quam sæpe tristis umbra germani meis   115
Offertur oculis, membra quum solvit quies,
Et fessa fletu lumina oppressit sopor!
Modo facibus atris armat infirmas manus;
Oculosque et ora fratris infestus petit :
Modo trepidus idem refugit in thalamos meos.   120
Persequitur hostis, atque inhærenti mihi
Violentus ensem per latus nostrum rapit.
Tunc tremor et ingens excutit somnos pavor,
Renovatque luctus et metus miseræ mihi.
Adice his superbam pellicem, nostræ domus   125
Spoliis nitentem; cujus in munus suam
Stygiæ parentem natus imposuit rati,
Quam dira post naufragia, superato mari,
Ferro interemit, sævior pelagi fretis.
Quæ spes salutis post nefas tantum mihi?   130
Inimica, victrix, imminet thalamis meis :
Odioque nostri flagrat, et pretium stupri
Justa maritum conjugis captat caput.
Emergere umbris, et fer auxilium tuæ

Natæ invocanti, genitor; aut Stygios sinus   135
Tellure rupta pande, quo præceps ferar.
Frustra parentis invocas manes tui,
Miseranda, frustra, nulla cui prolis suæ
Manet inter amantes cura, qui nato suo
Præferre potuit sanguine alieno satum,   140
Genitamque fratris conjugem captus sibi
Toris nefandis flebili junxit face.
Hinc orta series facinorum, cædes, doli,
Regni cupido, sanguinis diri sitis :
Mactata soceri concidit thalamis gener   145
Victima, tuis ne fieret hymenæis potens.
Proh facinus ingens! feminæ est munus datus
Silanus, et cruore fœdavit suo
Patrios penates, criminis ficti reus.
Intravit hostis, hei mihi! captam domum,   150
Dolis novercæ, principis factus gener,
Idemque natus, juvenis infandi ingenii
Capaxque scelerum, dira cui genitrix facem
Accendit, et te junxit invitam metu;
Tantoque victrix facta successu ferox,   155
Ausa imminere est orbis imperio sacri.
Quis tot referre facinorum formas potest,
Et spes nefandas feminæ, et blandos dolos
Regnum petentis per gradum scelerum omnium?
Tunc sancta Pietas extulit trepidos gradus,   160
Vacuamque Erinnys sæva funesto pede
Intravit aulam; polluit Stygia face
Sacros penates; jura Naturæ furens
Fasque omne rupit; miscuit conjux viro
Venena sæva; cecidit atque eadem sui   165
Mox scelere nati : tu quoque exstinctus jaces,

Britannicus, éternel objet de nos regrets; toi, naguère l'astre du monde, le soutien de la maison d'Auguste, et qui n'es plus maintenant qu'un peu de cendre et qu'une ombre plaintive; toi dont le sort arracha des larmes à ta cruelle marâtre, lorsqu'elle livra au bûcher cette tête et ces membres aussi beaux que ceux de l'Amour, et que la flamme allait détruire pour jamais.

Oct. Qu'il me tue à mon tour, s'il ne veut périr de ma main.

La nour. La nature ne vous a pas donné la force nécessaire.

Oct. L'indignation, la colère, la douleur, le désespoir, la vengeance me la donneront.

La nour. Ramenez plutôt par des égards le cœur farouche de votre époux.

Oct. Sans doute, afin qu'il me rende le frère qu'il m'a ravi?

La nour. Non, mais pour sauver votre vie, pour donner des rejetons à votre père, dont la race va s'éteindre.

Oct. Une autre donnera des rejetons à la famille des Césars; et moi, je suivrai bientôt mon malheureux frère.

La nour. Que l'amour des Romains soutienne votre courage!

Oct. Cet amour soulage mes maux, mais ne peut les guérir.

La nour. Le peuple peut beaucoup.

Oct. L'empereur, davantage.

La nour. Lui-même reviendra à son épouse.

Oct. Sa maîtresse l'en empêche.

La nour. Tout le monde la déteste.

Oct. Elle est chère à son époux.

La nour. Elle n'est pas encore sa femme.

Oct. Elle le sera bientôt, et bientôt mère.

La nour. L'amour d'un jeune cœur est d'a-bord un transport violent; mais, semblables à la flamme légère, les passions illégitimes languissent bientôt, et n'ont pas de durée. Une épouse vertueuse inspire seule un amour constant. Celle qui la première osa souiller la sainteté de votre couche, cette esclave qui captiva longtemps le cœur de votre époux, humiliée, délaissée aujourd'hui, redoute à son tour une rivale. Ses offrandes aux dieux témoignent assez de ses craintes. Elle aussi verra s'envoler loin d'elle Cupidon, ce dieu léger et trompeur. Quelle que soit sa beauté, de quelque faveur qu'elle s'enorgueillisse, son triomphe sera court. La reine des dieux elle-même éprouva les mêmes déplaisirs, lorsque le maître de l'Olympe, le souverain des immortels revêtit tant de formes diverses, tantôt se couvrant du plumage du cygne, tantôt armant son front des cornes d'un taureau, ou tombant du ciel en pluie d'or. Bien plus, les fils de Léda brillent parmi les astres; Bacchus est assis dans l'olympe près de son père. Devenu dieu, Alcide, possesseur d'Hébé et gendre de Junon, ne craint plus la colère de celle dont il fut l'ennemi. C'est par de sages ménagements et en dissimulant son dépit que cette déesse auguste a ramené son époux. Elle possède maintenant seule et sans rivale, dans sa couche divine, le maître du tonnerre; et l'on ne voit plus Jupiter, épris des attraits d'une mortelle, abandonner le palais des cieux. Vous donc qui êtes sur la terre une autre Junon, épouse et sœur d'Auguste, triomphez aussi de vos ressentiment.

Oct. Les astres se confondront avec les flots orageux, l'onde avec la flamme, le ciel avec l'affreux Tartare, la douce lumière avec les ténèbres, le jour avec la nuit humide, avant que ce cœur, plein du souvenir d'un frère assassiné, éprouve la moindre affection pour un époux barbare et dénaturé. Puisse ce tyran impie, abominable, être écrasé par le sou-

---

Defende nobis semper, infelix puer.
Modo sidus orbis, columen Augustæ domus,
Britannice, heu me! nunc levis tantum cinis,
Et tristis umbra; sæva cui lacrimas tulit   170
Etiam noverca, quum rogis artus tuos
Dedit cremandos, membraque et vultus deo
Similes volanti, flamma fervens abstulit.
Oct. Exstinguat et me, ne manu nostra cadat.
Nutr. Natura vires non dedit tantas tibi.   175
Oct. Dolor, ira, mœror, miseriæ, luctus dabunt.
Nutr. Vince obsequendo potius immitem virum.
Oct. Ut fratrem ademtum scelere restituat mihi?
Nutr. Incolumis ut sis ipsa, labentem ut domum
Genitoris olim sobole restituas tua.   180
Oct. Exspectat aliam principis sobolem domus:
Me dira miseri fata germani trahunt.
Nutr. Confirmet animum civium tantus favor.
Oct. Solatur iste nostra, non relevat, mala.
Nutr. Vis magna populi est. *Oct.* Principis major tamen.
Nutr. Respiciet ipse conjugem. *Oct.* Pellex vetat.   186
Nutr. Invisa cunctis nempe. *Oct.* Sed cara est viro.
Nutr. Nondum uxor est. *Oct.* Jam fiet, et genitrix simul.
Nutr. Juvenilis ardor impetu primo furit;
Languescit idem facile, nec durat diu   190
In venere turpi, ceu levis flammæ vapos.
Amor perennis conjugis castæ manet.
Violare prima quæ toros ausa est tuos,
Animumque domini famula possedit diu,
Jam metuit eadem, nempe prælatam sibi   195
Subjecta et humilis: atque monumenta exstruit,
Quibus timorem fassa testatur suum.

Et hanc levis fallaxque destituet deus
Volucer Cupido; sit licet forma eminens,
Opibus superba, gaudium capiet breve.   200
     Passa est similes ipsa dolores
     Regina dûm, quum se formas
     Vertit in omnes dominus cæli,
        Divûmque pater;
     Et modo pennas sumsit oloris;   205
     Modo Sidonii cornua tauri;
        Aureus idem
     Fluxit in imbri: fulgent cælo
     Sklera Ledæ: patrio residet
     Bacchus Ol'mpo. Deus Alcides   210
     Possidet Heben, nec Junonis
     Jam timet iras, cujus gener est,
     Qui fuit hostis: vicit sapiens
     Tamen obsequium conjugis altæ,
     Pressusque dolor: sola Tonantem   215
     Tenet æthereo secura toro
     Maxima Juno; nec mortali
     Captus forma deserit altam
Juppiter aulam: tu quoque terris
Altera Juno, soror Augusti,   220
Conjuxque, graves vince dolores.
Oct. Jungentur ante sæva sideribus freta,
Et ignis undæ, Tartaro tristi polus,
Lux alma tenebris, roscidæ nocti dies,
Quam cum scelesti conjugis mente impia   225
Mens nostra, semper fratris exstincti memor
Utinam nefandi principis dirum caput
Obruere flammis cælitum rector paret,

verain des dieux, dont la foudre terrible ébranle si souvent la terre, et qui nous épouvante par la vue de ses feux sacrés et par des prodiges inouïs. Nous avons vu dans le ciel un astre éclatant, une comète déployer sa chevelure sinistre, de ce côté où le Bouvier paresseux, couvert des frimas de l'Ourse, ramène chaque nuit son chariot. L'air même est infecté par le souffle impur de ce tyran; les astres menacent de calamités nouvelles les nations que gouverne cet impie. Moins farouche était ce Typhon que la terre en courroux enfanta jadis pour braver Jupiter. Fléau plus affreux que le géant, cet ennemi des dieux et des hommes chasse les immortels de leurs temples, les citoyens de leurs foyers. Il a ravi le jour à mon frère, il s'est baigné dans le sang de sa mère; et il voit le jour, il vit encore, il respire! Ah! pourquoi, père des humains, ta main puissante lance-t-elle souvent au hasard et sans effet tes traits inévitables? Pourquoi épargnes-tu ce scélérat? Puisse-t-il expier bientôt ses forfaits, ce fils du divin Domitius; ce tyran qui accable l'univers sous un joug honteux, et qui par ses infamies déshonore le nom d'Auguste!

La nour. Sans doute il ne méritait pas d'entrer dans votre couche; mais, je vous en conjure, chère princesse, soumettez-vous au destin et à votre fortune; n'irritez pas l'humeur violente de votre mari; espérez un dieu vengeur et des jours plus heureux.

Oct. Depuis longtemps, le courroux des dieux s'appesantit sur notre maison. La cruelle Vénus a ouvert la source de nos maux, en troublant l'esprit de ma mère infortunée. Dans son délire, elle osa, mariée, former des nœuds nouveaux, mettant en oubli ses enfants, son époux, et la sainteté des lois. La redoutable Érinnys accourut à ces noces funestes, les cheveux épars, entourée de serpents, et arracha la torche nuptiale pour l'éteindre dans le sang. Elle enflamme le ressentiment de l'empereur, et un meurtre horrible est commandé. Ma mère, hélas! périt par le fer; et cette mort, qui me plongea dans un deuil éternel, a précipité celle de son époux, celle de son fils, et achevé la ruine de notre maison.

La nour. Ne rouvrez point la source de vos justes regrets. Gardez-vous de troubler les mânes de votre mère, qui a cruellement expié ses égarements.

LE CHŒUR.

Puisse la nouvelle que je viens d'entendre être encore cette fois un faux bruit, et perdre enfin toute créance à force d'être répétée! Puisse notre empereur ne pas faire entrer dans son lit une autre épouse, et l'héritière des Claudes rester dans la demeure de ses pères! Puisse-t-elle, en devenant mère, donner à l'univers réjoui un gage de paix et de tranquillité! Que ce nom glorieux ne meure jamais dans Rome! La puissante Junon reste dans le lit de son frère, où le destin l'a placée : pourquoi la sœur d'Auguste, qui partage sa couche, serait-elle chassée du palais de ses ancêtres? Que lui serviraient donc sa piété touchante, un père élevé au rang des dieux, sa chasteté, sa pudeur? Mais avonsnous donc perdu nous-mêmes jusqu'au souvenir de notre dernier empereur, nous qui, retenus par la crainte, trahissons lâchement ses enfants? Nos aïeux, vrai sang de Mars, possédaient aussi la véritable vertu romaine. Ils chassèrent de leurs murs

---

Qui sæpe terras fulmine infesto quatit,
Mentesque nostras ignibus terret sacris,   230
Novisque monstris! vidimus cælo jubar
Ardens, cometam pandere infaustam facem,
Qua plaustra tardus noctis æterna vice
Regit Bootes, frigido Arctoo rigens.
Eo ipse diro spiritu sævi ducis   235
Polluitur æther, gentibus clades novas
Minantur astra, quas regit dux impius.
Non tam ferum Typhona neglecto Jove
Irata tellus edidit quondam parens.
Hæc gravior illo pestis : hic, hostis deûm   240
Hominumque, templis expulit superos suis,
Civesque patria; spiritum fratri abstulit;
Hausit cruorem matris; et lucem videt,
Fruiturque vita, noxiamque animam trahit!
Proh, summe genitor, tela cur frustra jacis·   245
Invicta toties temere regali manu?
In tam nocentem dextra cur cessat tua?
Utinam suorum facinorum pœnas luat
Nero, ipse divo Domitio genitus patre,
Orbis tyrannus, quem premit turpi jugo;   250
Morumque vitiis nomen Augustum inquinat.
Nutr. Indignus ille, fateor, est thalamis tuis;
Sed cede fatis atque fortunæ tuæ,
Alumna, quæso; neve violenti move
Iram mariti : forsitan vindex deus   255
Exsistet aliquis, lætus et veniet dies.
Oct. Gravi deorum nostra jam pridem domus
Urgetur ira : prima quam pressit Venus,
Furore miseræ dira genitricis meæ :
Quæ nupta demens nupsit incesta face,   260
Oblita nostri, conjugis, legum immemor.
Illo soluta crine, succincta anguibus,
Ultrix Erinnys venit ad Stygios toros,

Raptasque thalamis sanguine exstinxit faces :
Incendit ira principis pectus truci   265
Cædem in nefandam : cecidit infelix parens
Heu! nostra ferro, meque perpetuo obruit
Exstincta luctu : conjugem traxit suum,
Natumque ad umbras, prodidit lapsam domum.
Nutr. Renovare luctus parce cum fletu pios;   270
Manes parentis neve sollicita tuæ,
Graves furoris quæ sui pœnas dedit.

CHORUS.

Quæ fama modo venit ad aures,
Utinam falso credita, perdat
Frustra toties jactata fidem!   275
Nec nova nostri conjux thalamos
Principis intret; teneatque suos
Nupta penates Claudia proles :
Edat partu pignora pacis,
Qua tranquillus gaudeat orbis,   280
Servetque decus Roma æternum.
Fratris thalamos sortita tenet
Maxima Juno : soror Augusti
Sociata toris, cur a patria
Pellitur aula? sancta quid illi   285
Prodest pietas, divusque pater?
Quid virginitas, castusque pudor?
Nos quoque nostri sumus immemores
Post fata ducis, cujus prodimus
Stirpem, sævo suadente metu.   290
Vera priorum virtus quondam
Romana fuit, verumque genus
Martis in illis sanguisque viris.
Illi reges hac expulerunt
Urbe superbos; ultique tuos   295
Sunt bene manes, virgo, dextra

des rois superbes; ils vengèrent aussi tes mânes, vierge infortunée, toi que ton père poignarda de sa propre main, pour te sauver d'une honteuse servitude, et pour que tu ne devinsses point la proie d'une infâme passion. Ta mort aussi fut suivie d'une guerre terrible, ô déplorable fille de Lucrétius, toi qui, victime de la brutalité d'un tyran, ne voulus point survivre à ton déshonneur. Alors fut punie, en même temps que son Tarquin, cette fille dénaturée, cette Tullie qui osa faire passer son char impie sur le cadavre sanglant de son père, et, pour comble de férocité, refusa les honneurs de la sépulture aux restes défigurés du vieillard.

Notre siècle a vu aussi un horrible forfait. Un fils, l'empereur, par de perfides caresses, attire sa mère dans l'exécrable vaisseau qui doit la porter sur les flots Tyrrhéniens. L'ordre est donné; les matelots se hâtent de quitter l'enceinte paisible du port. L'onde gémit sous les coups de la rame, et le navire s'avance vers la pleine mer. Mais, au signal convenu, les ais dont il est formé se désunissent, et, en s'entr'ouvrant, donnent une libre entrée à la mer. Soudain s'élève jusqu'au ciel un cri d'effroi, auquel se joignent les lamentations des femmes. La mort est devant tous les yeux, et chacun ne songe qu'à échapper au trépas qui le menace. Les uns, sans vêtements, saisissent quelque débris, à l'aide duquel ils fendent les eaux; les autres regagnent le bord à la nage. La plupart sont engloutis sous les flots. Agrippine déchire ses vêtements; elle arrache ses cheveux; son visage est inondé de pleurs. Enfin, perdant toute espérance de salut, enflammée de colère et cédant à

son désespoir : « Voilà donc, s'écrie-t-elle, voilà, ô « mon fils, le prix de tant de bienfaits! Ah ! je méri- « tais, je l'avoue, un pareil sort, moi qui t'ai conçu, « moi qui t'ai mis au jour, moi qui t'ai donné, l'insen- « sée que j'étais, l'empire avec le titre de César. Quitte « les bords de l'Achéron, malheureux époux; viens « te rassasier de mon supplice. C'est moi qui fus la « cause de ta mort; je suis coupable aussi de celle de « ton fils. Et voilà qu'engloutie dans l'onde impitoya- « ble, j'irai, comme je l'ai mérité, rejoindre tes mânes, « sans avoir été inhumée... » Comme elle parlait, une vague la frappe au visage. Elle disparaît dans les flots, mais revient aussitôt à leur surface. Excitée par la crainte, elle repousse avec ses mains la mort qui la menace; mais ses forces sont déjà épuisées. Le zèle de ses amis n'est pas éteint; bravant la colère du tyran, ils s'empressent à l'envi de secourir leur maîtresse, qui lutte en vain contre les flots. Ses faibles bras tombaient déjà de lassitude : ils l'encouragent de la voix, la soutiennent de leurs mains. Que te sert, infortunée, d'échapper à la fureur de la mer? Le poignard de ton fils va trancher tes jours : forfait monstrueux que la postérité, peu crédule, ne pourra jamais croire. Furieux, désespéré en apprenant que sa mère a gagné le rivage, qu'elle respire, le barbare n'hésite pas à commettre un second parricide. Il lui faut à l'instant même la vie de sa mère; son crime ne souffre pas de retard. Un farouche satellite, chargé d'exécuter ses ordres, enfonce son épée dans le sein d'une impératrice. L'infortunée, près de mourir, présentant son flanc au meurtrier : « Frappe là, dit-elle, je

---

Cæsa parentis, ne servitium
Patere grave, aut improba ferret
Præmia victrix dira libido.
Te quoque bellum triste sequutum est,   300
Mactata tua miseranda carni,
Nata Lucretii, stuprum sævi
Passa tyranni : dedit infandi
Sceleris pœnas cum Tarquinio
Tullia conjux; quæ per cæsi   305
Membra parentis sævos egit
Impia currus, laceroque seni
Violenta rogos nata negavit.
Hæc quoque nati videre nefas.
Secula magnum, quum Tyrrhenum   310
Rate ferali princeps captam
Fraude parentem misit in æquor.
Properant placidos linquere portus
Jussi nautæ;
Resonant remis pulsata freta,   315
Fertur in altum provecta ratis,
Quæ resoluto robore labens
Pressa dehiscit, sorbetque mare.
Tollitur ingens
Clamor ad astra cum femineo   320
Mixtus planctu : mors ante oculos
Dira vagatur : quærit leti
Sibi quisque fugam;
Alii laceræ puppis tabulis   325
Hærent nudi, fluctusque secant
Repetunt alii litora nantes :
Multos mergunt fata profundo.
Scindit vestes Augusta suas,
Laceratque comas, rigat et mœstis   325
Fletibus ora.
Postquam spes est nulla salutis,
Ardens ira, jam victa malis,
« Hæc, exclamat, mihi pro tanto

« Munere reddis præmia, nate?
« Hæc sum, fateor, digna carina,   335
« Quæ te genui, quæ tibi lucem
« Atque imperium nomenque dedi
« Cæsaris amens. Exsere vultus
« Acheronte tuos, pœnisque meis
« Pascere, conjux; ego causa tuæ,   340
« Miserande, necis, nataque tuo
« Funeris auctor.
« En, ut merui, ferar ad manes
« Inhumata tuos,
« Obruta sævis æquoris undis.... »   345
Feriunt fluctus ora loquentis.
Ruit in pelagus, rursumque salo
Pressa resurgit : pellit palmis
Cogente metu fata, et cedit
Fessa labori. Mansit tacitis   350
In pectoribus spreta tristi
Jam morte fides : multi dominæ
Ferre auxilium pelago fractis
Viribus audent : brachia quamvis
Lenta trahentem, voce hortantur,   355
Manibusque levant. Quid tibi sævi
Fugisse maris profuit undas?
Ferro es nati moritura tui :
Cujus facinus vix posteritas,
Tarde semper credula, credet.   360
Furit, ereptam pelagoque dolet
Vivere matrem
Impius, ingens geminatque nefas.
Ruit in miseræ fata parentis,
Patiturque moram sceleris nullam.   365
Missus peragit jussa satelles;
Reserat dominæ pectora ferro :
Cædis moriens illa ministrum
Rogat infelix, utero dirum
Condat ut ensem.   370

« t'en conjure; perce le flanc qui a porté un tel mons-
« tre. » A ces mots, que suit un dernier gémissement,
elle retombe percée de coups, et son âme affligée
s'échappe avec son sang par ses larges blessures.

ACTE DEUXIÈME.

SÉNÈQUE.

Puissante Fortune, fallait-il me tirer de la retraite
où j'étais heureux, et, me montrant un visage riant,
mais perfide, m'appeler à ce poste élevé où je me
vois entouré de périls, et d'où ma chute ne sera que
plus terrible? Combien je regrette ma solitude sauvage, au milieu des rochers que baigne la mer de
Corse! A l'abri des fureurs de l'envie, libre et dis-
posant de moi-même, je pouvais me livrer tout entier à mes études chéries. Avec quel ravissement
j'admirais le ciel, ce chef-d'œuvre de la nature qui
a produit tant de merveilles; le soleil, et sa marche auguste; l'harmonie de l'univers, le retour de la
nuit, le disque de Phébé, son cortége brillant d'é-
toiles, et cet éclat resplendissant dans l'immensité
de l'espace! Si ce monde vieillit, s'il doit retomber
dans la confusion du chaos, nous touchons sans
doute à ce jour suprême, où la race impie des humains, écrasée par la chute du ciel, sera remplacée
par une race nouvelle et plus pure, semblable à celle
qui habitait la terre quand le monde, jeune encore,
était gouverné par Saturne. Alors cette vierge auguste, cette divinité puissante, la Justice, venue du
ciel avec l'incorruptible Fidélité, tenait le monde
sous son doux empire. La guerre alors était inconnue. La trompette n'avait pas fait entendre ses rau-

ques accents. Il n'y avait point d'armes, point de
remparts autour des villes. Tous les chemins étaient
ouverts, et tous les biens étaient en commun. Mère
bienveillante, la terre, prodiguant d'elle-même et
avec joie tous ses trésors à des fils si vertueux, leur
offrait partout abondance et sécurité. Cette race fut
remplacée par une autre moins innocente. Le troisième âge, plus industrieux, inventa les arts, et res-
pectait encore la justice. Mais bientôt naquit cette
race inquiète qui osa donner la chasse aux bêtes féroces; qui à l'aide d'un filet tira péniblement le poisson du fond des eaux, atteignit les oiseaux avec ses
flèches rapides, et assujettit au joug le taureau farouche. La terre, déchirée pour la première fois par
le tranchant de la charrue, cacha plus avant dans
son sein ses précieuses semences. Bientôt cette génération impie pénètre dans les entrailles de sa mère;
elle en tire l'or et le fer meurtrier. Elle divise la
terre en royaumes, bâtit des villes. On se bat pour
défendre son voisin ou pour le piller. Dédaignée sur
la terre, révoltée de voir les hommes, chaque jour plus
féroces, tremper leurs mains dans le sang, la vierge
Astrée retourna dans le ciel dont elle est le plus bel
ornement. Depuis la fureur de la guerre et la soif de
l'or ne firent que s'accroître. Tout l'univers fut envahi
par le plus terrible des contagions, par le luxe, fléau
séduisant que le temps et une erreur funeste ne font
que développer. Les vices accumulés depuis tant de
siècles nous accablent aujourd'hui; époque monstrueuse où le crime triomphe, où l'impiété ne connaît plus de frein, où la plus vile débauche marche
partout tête levée, et où le luxe vainqueur, d'une
main avide dépouille le monde, pour assouvir ses
caprices insensés. Mais voici Néron : sa démarche

« Hic est, hic est fodiendus, ait,
« Ferro, monstrum qui tale tulit. »
Post hanc vocem cum supremo
    Mixtam gemitu,
Animam tandem per fera tristem   375
    Vulnera reddit.

ACTUS SECUNDUS.

SENECA.

Quid me, potens Fortuna, fallaci mihi
Blandita vultu, sorte contentum mea
Alte extulisti, gravius ut ruerem edita
Receptus arce, totque prospicerem metus?   380
Melius latebam procul ab invidiæ malis,
Remotus inter Corsici rupes maris :
Ubi liber animus et sui juris, mihi
Semper vacabat, studia recolenti mea.
O quam juvabat (quo nihil majus parens   385
Natura genuit, operis immensi artifex)
Cælum intueri, solis et cursus sacros,
Mundique motus, solis alternas vices,
Orbemque Phœbes, astra quem cingunt vaga,
Lateque fulgens ætheris magni decus!   390
Qui si senescit, tantus in cæcum chaos
Casurus iterum, nunc adest mundo dies
Supremus ille, qui premat genus impium
Cæli ruina; rursus ut stirpem novam
Generet, renascens melior : ut quondam tulit   395
Juvenis, tenente regna Saturno poli.
Tunc illa virgo, numinis magni dea,
Justitia, cælo missa cum sancta Fide,
Terras regebat mitis : humanum genus
Non bella norat; non tubæ fremitus truces;   400

Non arma gentes; cingere assuerant suas
Muris nec urbes : pervium cunctis iter;
Communis usus omnium rerum fuit.
Et ipsa tellus læta fecundos sinus
Pandebat ultro, tam piis felix parens   405
Et tuta alumnis. Alia sed soboles minus
Conspecta mitis : tertium solers genus
Novas ad artes exstitit; sanctum tamen.
Mox inquietum, quod sequi cursu feras
Auderet acres; fluctibus tectos graves   410
Extrahere pisces rete; vel calamo levi
Decipere volucres; premere subjectos jugo
Tauros feroces; vomere immunem prius
Sulcare terram, læsa quæ fruges suas
Interius alte condidit sacro sinu.   415
Sed in parentis viscera intravit suæ
Deterior ætas; eruit ferrum grave,
Aurumque; sævas mox et armavit manus;
Partita fines regna constituit, novas
Exstruxit urbes; tecta defendit suis   420
Aliena telis, aut petit prædæ imminens.
Neglecta terras fugit, et mores feros
Hominum, ac cruenta cæde pollutas manus,
Astræa virgo, siderum magnum decus.
Cupido belli crevit, atque auri fames.   425
Totum per orbem maximum exortum est malum
Luxuria, pestis blanda; cui vires dedit
Roburque longum tempus, atque error gravis.
Collecta vitia per tot ætates diu
In nos redundant : seculo premimur gravi,   430
Quo scelera volucres : sævit impietas furens.
Turpi libido Venere dominatur potens.
Luxuria, victrix orbis, immensas opes
Jam pridem avaris manibus, ut perdat, rapit.
Sed ecce gressu fertur attonito Nero,   435

est furieuse, son air farouche. Je tremble d'apprendre ses desseins.

NÉRON, LE PRÉFET DU PALAIS, SÉNÈQUE.

Nér. Exécutez mes ordres ; et qu'on m'apporte la tête de Plautus et celle de Sylla.

Le pré. Vous serez obéi, je vole au camp.

Sén. Il ne faut pas décider légèrement de la vie de ses proches.

Nér. Il est facile d'être juste quand on n'a rien à craindre.

Sén. Le plus sûr remède contre la crainte, c'est la clémence.

Nér. Anéantir son ennemi est la première vertu de celui qui commande.

Sén. Le premier devoir du père de la patrie, c'est de conserver les citoyens.

Nér. Leçons d'un vieillard, bonnes pour des enfants.

Sén. La jeunesse fougueuse en a plus besoin encore.

Nér. Je me crois d'âge à me passer d'avis.

Sén. Puissent les dieux approuver toujours vos actions !

Nér. Moi qui fais des dieux, je les craindrais !

Sén. Vous devez d'autant plus les craindre que votre pouvoir est moins borné.

Nér. La Fortune me permet de disposer de tout.

Sén. Défiez-vous de sa faveur : c'est une déesse inconstante.

Nér. C'est lâcheté de ne point user de ses droits.

Sén. Il est beau de faire seulement ce qu'on doit, et non tout ce qu'on peut.

Nér. Le peuple méprise un prince faible.

Sén. Il renverse les tyrans.

Nér. C'est le fer qui doit nous défendre.

Sén. L'amour est un rempart plus sûr.

Nér. Il sied à César de se faire craindre.

Sén. Il lui sied mieux de se faire aimer.

Nér. Il faut qu'on me craigne.

Sén. Tout devoir imposé est à charge.

Nér. Je veux qu'on m'obéisse.

Sén. Ne commandez que des choses justes.

Nér. Je dicterai des lois.

Sén. Puissent-elles obtenir la sanction publique!

Nér. Le fer me l'obtiendra.

Sén. Ah! n'usez pas de ce moyen odieux.

Nér. Souffrirai-je patiemment qu'on attente à mes jours, et qu'après m'avoir avili, on m'arrache l'empire? J'avais éloigné Plautus et Sylla ; l'exil n'a point dompté leur obstination. Leur rage arme sans cesse des meurtriers contre moi. Puisque, même absents, ils conservent un parti puissant qui nourrit leurs espérances jusque dans l'exil, que le fer me délivre de ces ennemis dangereux; qu'il me délivre d'une épouse odieuse, et la réunisse à ce frère si chéri. J'abats tout ce qui m'offusque.

Sén. Il est beau de briller au-dessus de tant de nobles têtes, de veiller au salut de l'État, de pardonner à des malheureux, de ne point faire couler de sang, d'assurer le repos de l'univers et la paix de son siècle. Voilà la suprême vertu; c'est la route qui conduit au ciel. C'est ainsi qu'Auguste, qui, le premier des empereurs, reçut le titre de père de la patrie, fut admis dans l'olympe et mérita des autels. Cependant il fut longtemps en butte à tous les caprices de la Fortune, courut les hasards d'une guerre sanglante sur la terre et sur les flots, avant d'avoir tiré vengeance des meurtriers de son père. Vous, au contraire, objet de la faveur constante de la Fortune, sans avoir tiré l'épée, vous avez reçu de sa main les rênes de l'empire, et vous régnez en maître absolu sur la terre et sur la mer. Les suffrages du monde entier ont repoussé loin de vous la sombre envie. Vous avez pour vous la faveur du sénat et celle des chevaliers. Arbitre de la paix par le vœu du peuple et la volonté des grands, chef suprême des nations, image de la Divinité, vous gouvernez le

---

Trucique vultu : quid ferat, mente horreo.

NERO, PRÆFECTUS, SENECA.

Nero. Perage imperata : mitte, qui Plauti mihi
Syllæque cæsi referat abscissum caput.

Præf. Jussa haud morabor : castra confestim petam.

Sen. Nihil in propinquos temere constitui decet. 440

Nero. Justo esse facile est, cui vacat pectus metu.

Sen. Magnum timoris remedium clementia est.

Nero. Exstinguere hostem, maxima est virtus ducis.

Sen. Servare cives, major est patriæ patri.

Nero. Præcipere mitem convenit pueris senem. 445

Sen. Regenda magis est fervida adolescentia.

Nero. Ætate in hac satis esse consilii reor.

Sen. Ut facta superi comprobent semper tua !

Nero. Stulte verebor, ipse quum faciam, deos.

Sen. Hoc plus verere, quod licet tantum tibi. 450

Nero. Fortuna nostra cuncta permittit mihi.

Sen. Crede obsequenti parcius : levis est dea.

Nero. Inertis est, nescire quid liceat sibi.

Sen. Id facere, laus est, quod decet, non quod licet.

Ner. Calcat jacentem vulgus. *Sen.* Invisum opprimet. 455

Nero. Ferrum tuetur principem. *Sen.* Melius fides.

Nero. Decet timeri Cæsarem. *Sen.* At plus diligi.

Nero. Metuant necesse est. *Sen.* Quidquid exprimitur, grave est.

Nero. Jussisque nostris pareant. *Sen.* Justa impera.

Nero. Statuam ipse. *Sen.* Quæ consensus efficiat rata. 460

Nero. Despectus ensis faciet. *Sen.* Hoc absit nefas.

Nero. An patiar ultra sanguinem nostrum peti
Invictus, et contemtus ut subito opprimar?
Exsilia non fregere summotos procul
Plautum atque Syllam, pertinax quorum furor 465
Armat ministros sceleris in cædem meam.
Absentium quum maneat etiam ingens favor
In urbe nostra, qui fovet spes exsulum ;
Tollantur hostes ense suspecti mihi.
Invisa conjux pereat, et carum sibi 470
Fratrem sequatur : quidquid excelsum est, cadat.

Sen. Pulchrum eminere est inter illustres viros,
Consulere patriæ, parcere afflictis, fera
Cæde abstinere, tempus atque iræ dare,
Orbi quietem, seculo pacem suo. 475
Hæc summa virtus : petitur hac cælum via.
Sic ille patriæ primus Augustus parens
Complexus astra est, colitur et templis deus.
Illum tamen Fortuna jactavit diu
Terra marique per graves belli vices; 480
Hostes parentis donec oppressit sui.
Tibi numen incruenta summittit suum;
Et dedit habenas imperii facili manu,
Nutuque, terras, maria, subjecit tuo.
Invidia tristis victa consensu pio 485
Cessit : senatus, equitis accensus favor ;
Plebisque votis, atque judicio patrum
Tu pacis auctor, generis humani arbiter

monde sous le nom de père de la patrie. Rome vous conjure de conserver ce titre, et vous confie les jours de ses citoyens.

Nér. C'est aux dieux seuls que je dois l'obéissance de Rome et celle du sénat, et ces hommages forcés, et ces humbles prières arrachées par la crainte que j'inspire. Laisser vivre des citoyens dangereux pour le prince et la patrie, et qu'enivre l'orgueil de leur naissance, n'est-ce pas le comble de la folie, lorsque d'un mot on peut se délivrer de ces hommes suspects? Brutus n'a-t-il pas levé le poignard sur ce grand capitaine qui lui avait sauvé la vie? Ce héros invincible dans les combats, ce triomphateur des nations, que tant d'honneurs avaient élevé au niveau de Jupiter, César périt par le crime affreux de ses concitoyens. Combien de fois alors Rome, déchirée par les factions, fut inondée de son propre sang? Et ce divin Auguste, que sa vertu, sa piété ont placé dans le ciel, combien de nobles de tout âge n'a-t-il pas fait périr! Combien d'autres, pour sauver leurs jours, fuyaient leurs demeures, erraient dans l'univers, dérobant au glaive des triumvirs une tête que les tables fatales vouaient au fer des meurtriers! Les sénateurs virent en frémissant les têtes des proscrits exposées sur les rostres. Il n'était pas même permis aux parents de pleurer ni de gémir sur ces infortunés, dont les visages défigurés distillaient un sang corrompu. Mais ce n'était encore que le prélude d'un plus grand carnage. Les plaines sanglantes de Philippes offrirent longtemps une pâture aux bêtes féroces et aux vautours. Que de vaisseaux romains armés les uns contre les autres, et engloutis dans la mer de Sicile! Deux rivaux à la tête de deux grandes armées ébranlent tout l'univers. Le vaincu, sur des vaisseaux préparés pour sa fuite, regagne les bords du Nil, où lui-même va bientôt périr. L'Égypte incestueuse s'abreuve une seconde fois du sang d'un

Romain illustre, et garde ce peu qui reste de deux grands capitaines. Antoine emporte avec lui dans la tombe cette guerre civile si longue et si cruelle. Le vainqueur fatigué remit enfin dans le fourreau une épée émoussée par tant d'horribles massacres; mais il contint l'empire par la crainte, et s'entoura d'armes et de fidèles soldats. Enfin, mis au nombre des dieux après sa mort par le zèle pieux de son fils, il reçoit les vœux et l'encens des mortels. Moi aussi j'irai prendre place au ciel, si, prévenant mes ennemis, j'abats sans pitié tout ce qui me fait ombrage, et si de dignes héritiers de mon sang assurent l'empire dans ma maison.

Sén. Votre palais se remplira d'une race céleste, née de cette fille d'un dieu, noble rejeton des Claudes, qui, de même que Junon, partage le lit de son frère.

Nér. L'impudicité de sa mère me rend sa naissance suspecte. D'ailleurs, elle n'eut jamais d'affection pour moi.

Sén. Les sentiments d'un jeune cœur ne se manifestent pas hautement. La pudeur surmonte l'amour et en réprime les feux.

Nér. C'est une illusion que je me suis faite longtemps à moi-même, quoiqu'elle laissât éclater dans toutes ses actions et sur son visage la haine qu'elle me porte. Enfin, justement irrité, j'ai résolu de la punir de ses mépris. J'ai trouvé une compagne digne de moi par sa naissance et par ses attraits. Vénus même, l'épouse de Jupiter, et la fière Pallas, lui céderaient le prix de la beauté.

Sén. Ce qui doit charmer un mari, c'est la vertu, la chasteté, les mœurs et la pudeur de son épouse. Les qualités de l'âme sont les seuls avantages qui n'aient rien à craindre du sort, ni du temps; et chaque jour enlève à la beauté quelque chose de son éclat.

Nér. Un dieu a réuni toutes les perfections dans

Electus, orbem tu sacra specie regis,
Patriæ parens : quod nomen ut serves, petit,   490
Suosque cives Roma commendat tibi.
Nero. Munus deorum est, ipsa quod servit mihi
Roma, et senatus; quodque ab invitis preces
Humilesque voces exprimit nostri metus.
Servare cives, principi et patriæ graves,   495
Claro tumentes genere, quæ dementia est,
Quum liceat una voce suspectos sibi
Mori jubere! Brutus in cædem ducis,
A quo salutem tulerat, armavit manus
Invictus acie, gentium domitor, Jovi   500
Æquatus altos sæpe per honorum gradus,
Cæsar nefando civium scelere occidit.
Quantum cruoris Roma tunc vidit sui,
Lacerata toties! Ille, qui meruit pia
Virtute cælum, divus Augustus, viros   505
Quot interemit nobiles, juvenes, senes,
Sparsos per orbem, quum suos mortis metu
Fugerent penates, et trium ferrum ducum,
Tabula notante deditos tristi neci!
Exposita rostris capita cæsorum patres   510
Videre mœsti : flere nec licuit suos,
Non gemere, dira tabe polluto foro,
Stillante sanie per putres vultus gravi.
Nec finis hic cruoris aut cædis stetit.
Pavere volucres et feras sævas diu   515
Tristes Philippi : hausit et Siculum mare
Classes, virosque sæpe cedentes suis.
Concussus orbis viribus magnis ducum ·
Superatus acie puppibus Nilum petit

Fugæ paratis, ipse periturus brevi.   520
Hausit cruorem incesta Romani ducis
Ægyptus iterum, nunc leves umbras tegit.
Illic sepultum est impie gestum diu
Civile bellum : condidit tandem suos
Jam fessus enses victor, hebetatos feris   525
Vulneribus, et continuit imperium metu.
Armis, fideque militis tutus fuit.
Pietate nati factus eximia deus,
Post fata consecratus, et templis datus.
Nos quoque manebunt astra, si sævo prior   530
Ense occuparo quidquid infestum est mihi,
Dignamque nostram sobole fundaro domum.
Sen. Implebit aulam stirpe cælesti tuam
Generata divo, Claudiæ gentis decus,
Sortita fratris, more Junonis, toros.   535
Nero. Incesta genitrix detrahit generi fidem,
Animusque nunquam conjugis junctus mihi.
Sen. Teneris in annis haud satis clara est fides,
Pudore victus quum tegit flammas amor.
Nero. Hoc equidem et ipse credidi frustra diu,   540
Manifesta quamvis pectore insociabili
Vultuque signa proderent odium mei.
Tandem quod ardens statuit ulcisci dolor ;
Dignamque thalamis conjugem inveni meis
Genere atque forma, victa cui cedat Venus,   545
Jovisque conjux, et ferox armis dea.
Sen. Probitas, fidesque conjugis, mores, pudor,
Placeant marito : sola perpetuo manent
Subjecta nulli mentis atque animi bona.
Florem decoris singuli carpunt dies.   550

une seule femme , et le destin l'a fait naître pour moi.

Sén. Repoussez l'amour , défiez-vous de ses séductions.

Nér. Le repousser ! lui à qui ne peut résister le dieu du tonnerre; lui qui remplit de ses feux et le souverain du ciel et les habitants de la mer , et le royaume de Pluton; lui qui force les immortels à quitter l'Olympe !

Sén. C'est l'erreur des mortels qui a fait de l'Amour un dieu ailé et redoutable , qui lui met dans les mains des flèches , un arc terrible et un flambeau cruel , et qui lui donne Vénus pour mère , et pour père Vulcain. L'amour n'est autre chose qu'un transport de l'âme , une chaleur enivrante , que la jeunesse fait naître , et que fomentent le luxe , l'oisiveté , les superfluités , l'opulence. C'est un feu qui languit, s'il n'est entretenu , et qui , faute d'aliments, perd bientôt sa force et s'éteint tout à fait.

Nér. Et moi je regarde l'amour comme le premier mobile de la vie , la source de la volupté. Il est immortel , puisque son charme invite sans cesse le genre humain à se reproduire , et qu'il rend sensibles jusqu'aux animaux féroces. Puisse ce dieu, portant devant moi la torche nuptiale, présider à mon nouvel hymen , et faire entrer ma chère Poppée dans la couche de son amant !

Sén. Le peuple, justement indigné , ne souffrirait qu'avec peine une telle union. Les motifs les plus sacrés vous l'interdisent.

Nér. Quoi ! l'on m'interdira ce qu'on permet au dernier des citoyens ?

Sén. Le peuple attend toujours du prince les plus grands exemples.

Nér. Je veux essayer si l'aveugle faveur du peuple osera lutter contre ma puissance suprême.

Sén. Cédez plutôt sans effort aux vœux de vos concitoyens.

Nér. L'autorité est compromise, dès qu'elle se soumet aux désirs du peuple.

Sén. Mais il a droit de s'irriter, s'il ne peut rien obtenir.

Nér. A-t-il le droit d'arracher ce qu'on refuse à ses prières?

Sén. Un refus est dur.

Nér. Contraindre le prince est un attentat.

Sén. Qu'il relâche quelque chose de ses droits.

Nér. La renommée publiera qu'il a été vaincu.

Sén. Vaine et légère comme elle est....

Nér. Elle ne laisse pas de flétrir bien des réputations.

Sén. Elle craint de s'attaquer aux princes.

Nér. Elle les censure pourtant.

Sén. Vous la ferez taire aisément. Laissez-vous fléchir , en songeant aux bienfaits de votre divin père , à la jeunesse de votre épouse , à sa pudeur , à ses vertus.

Nér. Trêve à ces instances dont vous avez trop longtemps fatigué mes oreilles. On peut se passer de l'approbation de Sénèque. C'est moi qui en ce moment retarde les vœux du peuple. Celle que j'aime porte dans son sein un gage de ma tendresse , un autre moi-même. Pourquoi ne pas célébrer dès demain notre hyménée ?

ACTE TROISIÈME.

L'OMBRE D'AGRIPPINE.

J'ai brisé les voûtes de la terre et quitté le Tartare. Ma sanglante main va éclairer de cette torche , allumée aux flammes de l'enfer, un coupable hyménée. Que sa lueur sinistre éclaire l'union de Poppée et de mon fils ; et le ressentiment d'une mère changera bientôt ce flambeau en torches funèbres. Je n'ai point oublié chez les morts le parricide dont j'ai été la victime, et mes mânes s'indignent de n'avoir pas

Nero. Omnes in unam contulit laudes deus,
Talemque nasci fata voluerunt mihi.
Sen. Recedat a te, temere ne credas, amor.
Nero. Quem submovere fulminis dominus nequit,
Cæli tyrannum , sæva qui penetrat freta,   555
Ditisque regna , detrahit superos polo.
Sen. Volucrem esse Amorem fingit immitem deum
Mortalis error; armat et telis manus,
Arcusque sacros miscuit sæva face;
Genitumque credit Venere , Vulcano satum.   560
Vis magna mentis , blandus atque animi calor
Amor est; juventa gignitur; luxu , otio
Nutritur inter læta Fortunæ bona.
Quem si fovere atque alere desistas, cadit,
Brevique vires perdit exstinctus suas.   565
Nero. Hanc esse vitæ maximám causam reor,
Per quam voluptas oritur : interitu caret,
Quum procreetur semper humanum genus
Amore grato, qui truces mulcet feras.
Hic mihi jugales præferat tædas deus,   570
Jungatque nostris igne Poppæam toris.
Sen. Vix sustinere posset hos thalamos dolor
Videre populi : sancta nec pietas sinat !
Nero. Prohibebor unus facere, quod cunctis licet ?
Sen. Majora populus semper a summo exigit.   575
Nero. Libet experiri , viribus fractus meis
An cedat animis temere conceptus favor.
Sen. Obsequere potius civibus placidus tuis.

Nero. Male imperatur, quum regit vulgus duces.
Sen. Nil impetrare quum valet, juste dolet.   580
Nero. Exprimere jus est , ferre quod nequeunt preces?
Sen. Negare durum est. *Nero.* Principem cogi nefas.
Sen. Remittat ipse. *Nero.* Fama sed victum feret.
Sen. Levis atque vana. *Nero.* Si licet, multos notat.
Sen. Excelsa metuit. *Nero.* Non minus carpit tamen.   585
Sen. Facile opprimetur : merita te divi patris ,
Ætasque frangat conjugis , probitas , pudor.
Nero. Desiste tandem , jam gravis nimium mihi ,
Instare ; liceat facere , quod Seneca improbat.
Et ipse populi vota jam pridem moror,   590
Quum portet utero pignus , et partem mei.
Quin destinamus proximam thalamis diem ?

ACTUS TERTIUS.

AGRIPPINA.

Tellure rupta Tartaro gressum extuli,
Stygiam cruenta præferens dextra facem
Thalamis scelestis : nubat his flammis meo   595
Poppæa nato juncta, quas vindex manus
Dolorque matris vertet ad tristes rogos.
Manet inter umbras impiæ cædis mihi
Semper memoria, manibus nostris gravis
Adhuc inultis, reddita et meritis meis   600
Funesta merces puppis, et pretium imperii

encore été vengés. Je n'ai pas oublié cette nuit où, pour prix de tant de bienfaits, pour prix de l'empire que je lui avais donné, un perfide m'attira sur le vaisseau qui me précipita dans la mer. Je ne songeais qu'à déplorer la mort de mes compagnons et le crime horrible de mon fils. Il ne m'en a pas laissé le temps. Il ajoute un parricide au premier. Des assassins accourent, et, frappant à l'envi, m'arrachent, sous les yeux de mes dieux domestiques, une vie que les flots avaient épargnée. Mon sang n'a pas suffi pour éteindre la haine de mon fils : le farouche tyran poursuit le nom de sa mère : il s'efforce d'anéantir la mémoire de mes bienfaits. Il commande, sous peine de mort, que l'on détruise mes images et mes inscriptions dans tout ce vaste empire que, pour mon propre malheur, ma tendresse fatale lui assura, lorsqu'il n'était encore qu'un enfant. Mon époux dans les enfers poursuit mon ombre sans relâche; furieux, menaçant, il tourne contre mon visage une torche ardente; il me reproche sa mort, ses funérailles différées; il demande le sang du meurtrier de son fils. Un moment encore; tu seras satisfait. Érinnys apprête à ce tyran impie une mort digne de lui; elle prépare pour lui ses fouets vengeurs, une fuite honteuse, un supplice qui surpassera la soif de Tantale, les pénibles efforts de Sisyphe, le vautour de Tityc, et la roue qui emporte Ixion. C'est en vain qu'il se bâtit des palais de marbre, que l'or étincelle sur ses lambris superbes, qu'une garde menaçante veille sans cesse à sa porte, que l'univers s'épuise pour ses plaisirs, que les Parthes suppliants baisent sa main sanglante, et mettent à ses pieds leur sceptre et leurs trésors : le jour approche où, expiant tous ses forfaits, abandonné, proscrit, manquant de tout, il tendra la gorge à ses ennemis.

Voilà donc, hélas! ce qu'ont produit mes soins et mes vœux! Se peut-il que ta fureur et ton aveuglement t'aient précipité dans un malheur si grand, qu'il désarme le courroux d'une mère à qui tu as arraché la vie? Ah! pourquoi des bêtes féroces n'ont-elles pas déchiré mes entrailles avant que je t'eusse mis au jour? Tu aurais péri avec moi sans avoir connu l'existence, mais exempt de crime. Uni pour jamais à ta mère, tu habiterais sous la terre la paisible demeure des ombres, près de ton père et de tes aïeux, ces illustres Romains; tandis que nous sommes pour eux l'un et l'autre un sujet éternel de honte et de douleur, toi, monstre, par tes crimes, moi, pour t'avoir donné le jour.

Mais hâte-toi de fuir dans le Tartare, toi qui, marâtre, épouse ou mère, fus toujours fatale à tous les tiens.

OCTAVIE, LE CHOEUR.

Oct. Gardez-vous de pleurer dans un jour de fête et d'allégresse, de peur que ce vif amour et ce zèle que vous me témoignez n'excitent le courroux du prince, et que je n'attire ainsi des malheurs sur vous. Ce n'est pas la première blessure qui ait déchiré mon cœur; j'en ai reçu de plus cruelles. Ce jour mettra à mes peines, ne fût-ce que par la mort. Je ne serai plus forcée de voir le visage de mon cruel époux, et de partager avec cette vile créature une couche odieuse. Je ne serai plus l'épouse, je serai la sœur de César. Puissé-je, à ce prix, être à l'abri des tourments et des frayeurs de la mort!... Peux-tu bien, infortunée, toi qui connais tous les forfaits de ce barbare, peux-tu bien te flatter de cet espoir? Victime réservée depuis longtemps pour cet hymen funeste, je vais enfin recevoir le coup mor-

---

Nox illa, qua naufragia deflevi mea.
Comitum necem, natique crudelis nefas
Deflere votum fuerat: haud tempus datum est
Lacrimis; sed ingens scelere geminavit nefas.   695
Perempta ferro, fœda vulneribus, sacros
Intra penates spiritum effudi gravem,
Erepta pelago : sanguine exstinxi meo
Nec odia nati; sævit in nomen ferus
Matris tyrannus : obrui meritum cupit.   610
Simulacra, titulos destruit, mortis metu,
Totum per orbem, quem dedit pœnam in meam
Puero regendum noster infelix amor.
Exstinctus umbras agitat infestus meus
Flammisque vultus noxios conjux petit,   615
Instat, minatur, imputat fatum mihi
Tumulumque : nati poscit auctorem necis.
Jam, parce, dabitur : tempus haud longum peto.
Ultrix Erinnys impio dignum parat
Letum tyranno; verbera, et turpem fugam,   620
Pœnasque, queis et Tantali vincat sitim,
Dirum laborem Sisyphi, Tityi alitem,
Ixionisque membra rapientem rotam.
Licet exstruat marmoribus, atque auro tegat
Superbus aulam, limen armatæ ducis   625
Servent cohortes, mittat immensas opes
Exhaustus orbis, supplices dextram petant
Parthi cruentam, regna, divitias, ferant :
Veniet dies tempusque, quo reddat suis
Animum nocentem sceleribus, jugulum hostibus,   630
Desertus, et destructus, et cunctis egens.
Heu, quo labor, quo vota ceciderunt mea!
Quo te furor provexit attonitum tuus,
Et fata, nate? cedat ut tantis malis

Genitricis ira, quæ tuo scelere occidit!   635
Utinam, antequam te parvulum in lucem edidi,
Aliique, sævæ nostra lacerassent feræ
Viscera! sine ullo scelere, sine sensu innocens
Meus occidisses : junctus atque hærens mihi,
Semper quietam cerneres sedem inferum,   640
Proavos, patremque, nominis magni viros;
Quos nunc pudor, luctusque perpetuus manet,
Ex te, nefande, meque, quæ talem tuli.
Quid tegere cesso Tartaro vultus meos,
Noverca, conjux, mater infelix meis?   645

OCTAVIA, CHORUS.

Oct. Parcite lacrimis urbis festo
Lætoque die; ne tantus amor,
Nostrique favor principis acres
Suscitet iras, vobisque ego sim
Causa malorum : non hoc primum   650
Pectora vulnus mea senserunt;
Graviora tuli : dabit hic nostris
Finem curis vel morte dies.
Non ego sævi cernere cogar
Conjugis ora;   655
Non invisos intrare mihi
Thalamos famulæ : soror Augusti,
Non uxor, ero.
Absint tantum tristes pœnæ,
Letique metus. Scelerum diri,   660
Miseranda, viri potes hæc, demens,
Sperare memor? hos ad thalamos
Servata diu, victima tandem
Funesta cades. Sed quid patrios
Sæpe penates respicis udis   665

tel. Mais pourquoi tourner encore vers la demeure de tes pères tes yeux incertains et humides de pleurs? Fuis, quitte ce palais, abandonne la cour d'un prince sanguinaire.

Le chœ. Le jour a donc éclairé cet hymen si souvent annoncé, et qui semblait impossible! La fille de Claude est chassée du lit du cruel Néron, et Poppée triomphante la remplace. Honteux effet de notre lâcheté! La peur enchaîne notre zèle et retient notre indignation. Qu'est devenue cette puissance du peuple romain, sous laquelle ont fléchi tant de monarques fameux, qui fonda les lois de cette fière cité qui donnait autrefois les faisceaux aux plus dignes, qui décidait la guerre et la paix, qui dompta les nations les plus farouches, et mit aux fers des rois vaincus et captifs? Et voilà que de tous côtés l'image odieuse de Poppée brille à nos yeux près de celle de Néron! Que nos mains furieuses renversent ces marbres trop ressemblants; chassons Poppée elle-même du rang qu'elle a usurpé, et portons la flamme et le fer vengeur jusque dans le palais du tyran farouche.

ACTE QUATRIÈME.

LA NOURRICE DE POPPÉE, POPPÉE.

La nour. Où courez-vous, chère princesse? pourquoi fuyez-vous toute tremblante de la chambre de votre époux? Quel refuge cherchez-vous? Qui cause votre trouble? Pourquoi vos yeux sont-ils baignés de larmes? Voici enfin ce jour qu'appelaient nos prières et nos vœux! Un lien solennel vous unit à votre cher César. La plus puissante des divinités,

la mère de l'amour, Vénus a mis dans vos fers, grâce aux remontrances de Sénèque, celui que vos charmes attiraient à vous. Ah! que vous étiez imposante et belle, assise sur ce trône superbe, au milieu de toute votre cour! Quelle fut l'admiration du sénat, lorsque, le front couvert du voile nuptial, vous offriez de l'encens aux dieux, et que votre main reconnaissante versait du vin sur leurs autels; lorsque l'empereur lui-même, marchant à côté de vous, s'avançait fièrement au milieu des acclamations de la foule, montrant dans son air et sur son visage imposant l'allégresse la plus vive! Tel fut Pélée lorsque sur le bord de la mer écumante il reçut Thétis pour épouse; hymen glorieux que célébrèrent avec un égal empressement les dieux du ciel et ceux de la mer. Quel sujet a pu si tôt troubler votre visage? D'où viennent cette pâleur et les larmes que vous versez?

Pop. Une vision effrayante que j'ai eue la nuit dernière, chère nourrice, a causé le trouble et le désordre où tu vois mes esprits. Ce jour si beau avait fait place à la nuit; et, dans les embrassements de mon cher Néron, je me laissais aller au sommeil. Mais je ne goûtai pas longtemps un repos tranquille: il me sembla qu'un cortège lugubre accompagnait ma pompe nuptiale; les dames romaines, les cheveux épars, poussaient des cris lamentables, et, au milieu d'un bruit terrible de trompettes, la mère de mon époux agitait sans cesse, d'un air menaçant, une torche ensanglantée. Je la suivais, dominée par la crainte; tout à coup la terre s'entr'ouvre devant moi. Je me sens entraînée dans ce vaste abîme, où je reconnais avec étonnement mon lit nuptial, sur lequel je tombai d'épuisement. Je vis alors venir à moi, accompagné d'une foule nombreuse, mon premier

---

Confusa genis? propera tectis
Efferre gradus: linque cruentam
  Principis aulam.
Chor. En illuxit suspecta diu
Fama toties jactata dies!   670
Cessit thalamis Claudia diri
  Pulsa Neronis,
Quos jam victrix Poppæa tenet,
Cessat pietas dum nostra, gravi
Compressa metu, segnisque dolor.   675
Ubi Romani vis est populi?
Fregit claros quæ sæpe duces,
Dedit invictæ leges patriæ,
Fasces dignis civibus olim,
Jussit bellum pacemque, feras   680
Gentes domuit, captos reges
Carcere clusit? Gravis en oculis
Undique nostris jam Poppææ
Fulget imago juncta Neroni:
Affligat humo violenta manus   685
Similes nimium vultus dominæ,
Ipsamque toris detrahat altis:
Petat infelix mox et flammis
Telisque feri principis aulam.

ACTUS QUARTUS.

NUTRIX, POPPÆA.

Nutr. Quo trepida gressum conjugis thalamis tui   690
Effers, alumna? quodve secretum petis
Turbata vultu? cur genæ fletu madent?
Certe petitus precibus et votis dies
Nostris refulsit. Cæsari juncta es tuo
Tæda jugali: quem tuus cepit decor,   695
  SÉNÈQUE.

Et culpa Senecæ, tradidit vinctum tibi
Genitrix amoris maximum numen Venus.
O qualis, altos quanta pressisti toros
Residens in aula! vidit attonitus tuam
Formam senatus, tura quum superis dares,   700
Sacrasque grato spargeres aras mero,
Velata summum flammeo tenui caput,
Et ipse lateri junctus atque hærens tuo
Sublimis inter civium læta omina
Incessit, habitu atque ore lætitiam gerens   705
Princeps superbo: talis emersam freto
Spumante Peleus conjugem accepit Thetin:
Quorum toros celebrasse cælestes ferunt,
Pelagique numen omne consensu pari.
Quæ subita vultus causa mutavit tuos?   710
Quid pallor iste, quid ferant lacrimæ, doce.
Pop. Confusa tristi proximæ noctis metu
Visuque, nutrix, mente turbata feror,
Defecta sensu. Læta nam postquam dies
Sideribus atris cessit, et nocti polus,   715
Inter Neronis juncta complexus mei
Somno resolvor; nec diu placida frui
Quiete licuit: visa nam thalamos meos
Celebrare turba est mœsta; resolutis comis
Matres Latinæ flebiles planctus dabant;   720
Inter tubarum sæpe terribilem sonum
Sparsam cruore conjugis genitrix mei
Vultu minaci sæva quatiebat facem:
Quam dum sequor, coacta præsenti metu,
Diducta subito patuit ingenti mihi   725
Tellus hiatu: lata quo præceps, toros
Cerno jugales pariter et miror meos,
In queis resedi fessa: venientem intuor
Comitante turba conjugem quondam meum,
Natumque: properat petere complexus meos,   730
  55

mari et mon fils. Crispinus, se jetant dans mes bras, me prodiguait ses caresses après une si longue séparation. Tout à coup Néron s'élance dans ma chambre et plonge lui-même son épée dans sa gorge. La terreur m'a enfin arrachée à ce pénible sommeil, mais, frissonnant encore d'horreur, haletante et sans voix : ton zèle et ton dévouement ont pu seuls me rendre la force de parler. Hélas! quel malheur me présagent ces funèbres apparitions? Pourquoi ai-je vu couler le sang de mon époux?

La nour. Les objets dont nous avons été fortement préoccupés le jour, une action mystérieuse les offre de nouveau à notre esprit pendant notre sommeil, sous des images fugitives. Couchée près d'un nouvel époux, vous avez vu en songe votre ancien mari, un lit nuptial, un bûcher : qu'y a-t-il là d'étonnant? Vous êtes troublée par la vue de ces femmes se frappant la poitrine au milieu de l'allégresse publique, et laissant tomber leurs cheveux en désordre? eh bien! ce sont les confidentes d'Octavie gémissant sur son divorce, au fond de l'appartement de son frère et de son père, devant ses pénates sacrés. Ce flambeau que tenait Augusta, et que vous avez suivi, vous présage une gloire dont l'envie augmentera l'éclat. Votre lit nuptial, placé dans les enfers, vous garantit la durée de votre mariage et la puissance de votre maison. Ce fer que l'empereur votre époux a plongé dans sa poitrine annonce seulement que, toujours en paix, il ne sera plus forcé de tirer l'épée. Reprenez courage, je vous prie; ouvrez votre cœur à la joie, et retournez dans votre appartement.

Pop. J'ai résolu de me rendre dans les temples, d'apaiser les dieux par des sacrifices, afin de détourner les malheurs que me présagent des songes si menaçants, et pour que mon effroi passe dans l'âme de mes ennemis. Toi-même adresse des vœux pour moi, et obtiens des dieux, par ton ardente prière, que mes frayeurs se dissipent.

LE CHŒUR.

S'il faut croire ce que l'indiscrète renommée publie des ruses et des larcins amoureux du dieu du tonnerre; s'il est vrai que tantôt, couvert d'un plumage éclatant de blancheur, il ait pressé le sein de Léda, et que tantôt, changé en taureau superbe, il ait reçu Europe sur sa croupe pour la ravir au travers des flots; ce dieu va quitter encore les astres qu'il gouverne, pour jouir, Poppée, de vos embrassements. Ils lui sembleront plus doux que ceux de Léda, et que les tiens, jeune Danaé, qui vis avec surprise ton amant descendre près de toi sous la forme d'une pluie d'or. Que Sparte vante la beauté qu'elle a vu naître, et le berger phrygien celle qui fut sa récompense; vos charmes effaceront ceux de la fille de Tyndare, cause d'une guerre si violente et de la ruine de l'empire de Phrygie. Mais que vient nous apprendre ce messager qui accourt effrayé et hors d'haleine?

LE MESSAGER, LE CHŒUR.

Le mess. Gardes du prince, si fiers de ce noble emploi, courez défendre le palais contre la fureur du peuple. Les chefs des cohortes les amènent en hâte pour renforcer la garde de la ville; mais la rage des rebelles, loin de céder à la crainte, ne fait que s'accroître.

Le chœ. Quelle est la cause de ce soulèvement?

Le mess. Transportée de la même fureur qu'Octavie, la multitude se porte aux derniers excès.

Le chœ. Apprenez-nous ce qu'elle ose et ce qu'elle veut.

Crispinus, intermissa libare oscula;
Irrumpit intra tecta quum trepidus mea,
Ensemque jugulo condidit sævum Nero.
Tandem quietem magnus excussit timor :
Quatit ora et artus horridus nostros tremor,   735
Pulsatque pectus : continet vocem timor,
Quam nunc fides pietasque produxit tua.
Heu, quid minantur inferûm manes mihi,
Aut quem cruorem conjugis vidi mei?
Nutr. Quæcumque mentis agitat infestus vigor,   740
Ea per quietem sacer et arcanus refert
Veloxque sensus : conjugem, thalamos, rogos,
Vidisse te miraris, amplexu novi
Hærens mariti? sed movent læto die
Pulsata palmis pectora, et fusæ comæ.   745
Octaviæ discidia planxerunt sacros
Intra penates fratris, et patrium larem.
Fax illa, quam sequuta es, Augustæ manu
Prælata, clarum nomen invidia tibi
Partum ominatur. Inferûm sedes toros   750
Stabiles futuros spondet æternæ domus.
Jugulo quod ensem condidit princeps tuus,
Bella haud movebit, pace sed ferrum teget.
Recollige animum : recipe lætitiam, precor,
Timore pulso : redde te thalamis tuis.   755
Pop. Delubra et aras petere constitui sacras,
Cæsis litare victimis numen deûm,
Ut expientur noctis et somni minæ,
Terrorque in hostes redeat attonitus meos.
Tu vota pro me suscipe, et precibus piis   760
Superos adora, manet ut præscus metus.

CHORUS.

Si vera loquax fama Tonantis
Furta et gratos narrat amores;
Quem modo Ledæ pressisse sinum
Tectum plumis pennisque ferunt;   765
Modo per fluctus raptam Europen
Taurum tergo portasse trucem;
Quæ regit, et nunc deseret astra,
Petet amplexus, Poppæa, tuos,
Quos et Ledæ præferre potest;   770
Et tibi, quondam cui miranti
Fulvo, Danae, fluxit in auro.
Formam Sparte jactet alumnæ,
Licet, et Phrygius præmia pastor;
Vincet vultus hæc Tyndaridos,   775
Qui moverunt horrida bella,
Phrygiæque solo regna dedere.
Sed quis gressu ruit attonito?
Aut quid pectore portat anhelo?

NUNTIUS, CHORUS.

Nunt. Quicumque tectis miles exsultat ducis,   780
Defendat aulam, cui furor populi imminet.
Trepidi cohortes ecce præfecti trahunt
Præsidia ad urbis; victa nec cedit metu
Concepta rabies temere, sed vires cupit.
Chor. Quis iste mentes agitat attonitus furor? 785
Nunt. Octaviæ furore perculsa agmina,
Et efferata per nefas ingens ruunt.
Chor. Quid ausa facere, quove consilio, doce.

Le mess. Elle prétend ramener Claudia dans le palais de son divin père, et, la replaçant dans le lit de Néron, lui rendre sa part de l'empire.

Le chœ. Quoi! dans ce lit dont un hymen solennel assure la possession à Poppée?

Le mess. Oui, voilà ce qu'inspire aux factieux un zèle obstiné; et leur aveugle fureur ne connaît plus de bornes. Toutes les statues de Poppée, en marbre ou en bronze, sont partout renversées par la populace, et volent en éclats sous les coups du marteau. On traîne ces débris avec des cordes; après les avoir foulés aux pieds, on les couvre de fange, en mêlant à ces violences des imprécations que ma bouche craint de redire. Les révoltés menacent d'incendier le palais de l'empereur, s'il n'abandonne sa nouvelle épouse à la colère du peuple, et s'il ne consent à rendre à la fille de Claude la demeure de ses pères. Mais je cours, par l'ordre du préfet, instruire l'empereur lui-même de ce mouvement populaire.

Le chœ. Pourquoi vous abandonner à une rage inutile? Les armes de Cupidon sont invincibles; il étouffera vos feux dans les flammes qui ont souvent éteint la foudre, et, par un charme irrésistible, attiré Jupiter hors de son empire. Vous payerez de votre sang les offenses que vous avez commises envers lui. Quand on l'a irrité, il n'est pas facile de le fléchir et d'apaiser ses transports. C'est lui qui forçait le bouillant Achille à toucher sa lyre, qui causa les maux des Grecs et les fautes d'Agamemnon, qui renversa le trône de Priam et anéantit tant de villes fameuses. Je ne puis songer sans frémir aux terribles vengeances que ce dieu va exercer aujourd'hui.

Nunt. Reddere penates Claudiæ Divi parant,
Torosque fratris, debitam partem imperii. 790
Chor. Quos jam tenet Poppæa concordi fide?
Nunt. Hic urit animos pertinax nimium furor,
Et in furorem temere præcipites agit.
Quæcumque claro marmore effigies stetit,
Aut ære fulgens ora Poppææ gerens, 795
Afflicta vulgi manibus, et sævo jacet
Eversa ferro : membra per partes trahunt
Deducta laqueis : obruunt turpi diu
Calcata cœno : verba conveniunt feris
Immixta factis, quæ timor recipit meus. 800
Sepire flammis principis sedem parant,
Populi nisi iræ conjugem reddat novam,
Reddat penates Claudiæ victus suos.
Ut noscat ipse civium motus, mea
Voce haud morabor jussa præfecti exsequi. 805
Chor. Quid fera frustra bella movetis?
Invicta gerit tela Cupido,
Flammis vestros obruet ignes :
Queis exstinxit fulmina sæpe,
Captumque Jovem cælo traxit. 810
Læsi tristes dabitis pœnas
Sanguine vestro : non est patiens
Fervidus iræ facilisque regi.
Ille ferocem jussit Achillem
Pulsare lyram; fregit Danaos; 815
Fregit Atridem; regna evertit
Priami; claras diruit urbes.
Et nunc animus, quid ferat, horret,
Vis immitis violenta dei.

ACTE CINQUIÈME.

NÉRON, *ensuite* LE PRÉFET.

Nér. Oh! que mes soldats sont lents à frapper! que je suis patient moi-même, après une offense si cruelle! Quoi! je n'ai pas éteint dans le sang des Romains les torches dont ils m'ont menacé, et rempli de carnage la ville qui a produit de tels scélérats! Mais la mort serait un faible prix de leurs attentats; l'audace impie de cette populace mérite un châtiment plus sévère. Celle que les factieux prétendent élever au-dessus de moi, épouse et sœur également suspecte, il faut qu'elle satisfasse par sa mort à ma juste indignation, et qu'elle éteigne ma colère dans son sang. Que les flammes dévorent ensuite la ville entière, que tout ce peuple expire parmi les débris et les feux, dans les horreurs de la misère, dans les angoisses de la faim et du désespoir. La prospérité de mon règne a nourri l'insolence de cette populace. Ces ingrats abusent de mon indulgence : toujours inquiets et turbulents, incapables de rester en repos, ils se laissent emporter à leur audace et à leurs caprices. Il faut les dompter à force de maux, appesantir sur eux le joug, afin qu'ils ne renouvellent point de pareils excès, et qu'ils craignent de lever seulement leurs regards vers le visage sacré de mon épouse. Je veux que les supplices et la crainte les rendent dociles à mes moindres volontés. Mais voici l'homme à qui son zèle et sa fidélité rare ont valu le commandement de mes gardes.

Le pré. Le tumulte a cessé. La mort de quelques-uns des plus opiniâtres a mis fin à la révolte.

Nér. Vous croyez avoir assez fait? Est-ce là comme

ACTUS QUINTUS

NERO, PRÆFECTUS.

Nero. O lenta nimium militis nostri manus, 820
Et ira patiens post nefas tantum mea,
Quod non cruor civilis accensas faces
Exstinguit in nos, cæde nec populi madet
Funerea Roma, quæ viros tales tulit!
Admissa sed jam morte puniri parum est, 825
Graviora meruit impium plebis scelus.
Et illa, cui me civium subicit furor,
Suspecta conjux et soror semper mihi,
Tandem dolori spiritum reddat meo,
Iramque nostram sanguine exstinguat suo. 830
Mox tecta flammis concidant urbis meis.
Ignes, ruinæ, noxium populum premant,
Turpisque egestas, sæva cum luctu fames.
Exsultat ingens sæculi nostri bonis
Corrupta turba : nec capit clementiam 835
Ingrata nostram, ferre nec pacem potest,
Sed inquieta rapitur : hinc audacia,
Hinc temeritate fertur in præceps sua.
Malis domanda est, et gravi semper jugo
Premenda, ne quid simile tentare audeat, 840
Contraque sanctos conjugis vultus meæ
Attollere oculos : fracta per pœnas metu
Parere discet principis nutu sui.
Sed adesse cerno, rara quem pietas virum
Fidesque castris nota præposuit meis. 845
Præf. Populi furorem cæde paucorum, diu
Qui restiterunt temere, compressum affero.
Nero. Et hoc sat est? sic miles audisti ducem?

un soldat obéit à son chef? Le tumulte a cessé; c'est ainsi que vous me vengez!

Le pré. Le fer a fait justice des chefs de cette révolte impie.

Nér. Eh quoi! cette foule qui a eu l'insolence de mettre le feu à mon palais, de me dicter des lois, d'arracher de mon lit l'épouse qui m'est chère, de l'outrager, autant qu'elle l'a pu, par des violences impies, des menaces sacriléges; cette foule ne recevra pas le châtiment qu'elle mérite?

Le pré. Vous prononcerez l'arrêt de vos citoyens dans la chaleur du ressentiment?

Nér. Oui, et je veux qu'il soit à jamais parlé de ma vengeance.

Le pré. Vous ne serez retenu ni par la pitié ni par nos craintes?

Nér. Celle qui est la première cause de ma colère doit l'expier.

Le pré. Quel sang demandez-vous? Mon bras est prêt.

Nér. Celui de ma sœur. Je veux avoir sa tête odieuse.

Le pré. Cet ordre me trouble et me fait frissonner d'horreur.

Nér. Vous hésitez?

Le pré. Pourquoi vous défier de mon zèle?

Nér. Vous défendez mon ennemi.

Le pré. Ce nom convient-il à une femme?

Nér. Oui, si elle le justifie par des crimes.

Le pré. Qui donc l'accuse?

Nér. La révolte du peuple.

Le pré. Qui peut modérer la fureur populaire?

Nér. Celle qui a pu l'exciter.

Le pré. Je ne sais de qui vous voulez parler.

Nér. De cette femme née avec l'amour du crime, avec un cœur capable des plus noires perfidies, mais à qui la nature a refusé la force, afin qu'on pût dompter sa malice et la rendre impuissante, ou

par la crainte ou par la mort. Elle va recevoir trop tard, il est vrai, le prix dû à tant de forfaits. Trêve d'avis et de prières : exécutez mes ordres. Faites-la transporter sur un rivage éloigné, et qu'elle y reçoive aussitôt la mort. C'est le seul moyen de rendre le calme à mon cœur irrité.

LE CHOEUR, *puis* OCTAVIE.

Le chœ. O faveur populaire si souvent pernicieuse et funeste! ton souffle propice enfle les voiles et pousse la nef loin du bord; mais il tombe tout à coup, et la laisse en pleine mer exposée à la fureur des flots. Objets des pleurs d'une mère infortunée, ô fils de Cornélie, si distingués par votre naissance, votre piété, votre vertu, votre éloquence; tribuns courageux, intrépides soutiens des lois, c'est l'affection du peuple et l'excès de sa faveur qui causèrent votre perte. Tu péris d'une mort semblable, ô Livius, toi que ne purent protéger ni les faisceaux consulaires, ni la sainteté du toit domestique. Mais après ce que je vois, puis-je rappeler d'autres exemples? Celle à qui aujourd'hui même les Romains voulaient rendre sa patrie, son rang et le lit de son frère, ils peuvent la voir misérable, éplorée, traînée au supplice et à la mort. Heureuse obscurité du pauvre! il est en sûreté dans son humble cabane. C'est aux grands de la terre à craindre la tempête. La Fortune ne renverse que les palais.

Oct. Où m'entraînez-vous? Si le tyran, si son épouse, touchée de tous les maux que j'ai soufferts, me font grâce de la vie, pourquoi me condamner à l'exil? Si, pour combler tant de funérailles, elle veut répandre mon sang, pourquoi la cruelle m'envie-t-elle la consolation de mourir dans ma patrie? Mais ma perte est assurée. Voici le vaisseau de mon frère. Ce même vaisseau, sur lequel il attira sa mère, va porter en exil la sœur qu'il a répudiée. La piété est désormais sans pouvoir. Il n'y a plus de dieux; le

---

Compesois! hæc vindicta debetur mihi?
Præf. Cecidere motus impii ferro duces.   850
Nero. Quid? illa turba, petere quæ flammis meos
Ausa est penates, principi legem dare,
Abstrahere nostris conjugem caram toris,
Violare, quantum licuit, incesta manu
Et voce dira, debita pœna vacat?   855
Præf. Pœnam dolor constituet in cives tuos?
Nero. Constituet, ætas nulla quam famæ eximat.
Præf. Quam temperet non ira, non noster timor?
Nero. Iram expiabit prima quæ meruit meam.
Præf. Quam poscat, ede, nostra ne parcat manus.   860
Nero. Cædem sororis poscit, et dirum caput.
Præf. Horrore victum trepidus adstrinxit rigor.
Nero. Parere dubitas? *Præf.* Cur meam damnas fidem?
Nero. Quod parcis hosti. *Præf.* Femina hoc nomen capit? 864
Nero. Si scelera cepit. *Præf.* Estne, qui sontem arguat?
Nero. Populi furor. *Præf.* Quis regere dementes valet?
Nero. Qui concitare potuit. *Præf.* Haud quemquam reor.
Nero. Mulier, dedit natura cui pronum malo
Animum, ad nocendum pectus instruxit dolis,
Sed vim negavit, ut ne inexpugnabilis   870
Esset, sed ægras frangeret vires timor,
Vel pœna; quæ tam sera damnatam premit,
Diu nocentem : tolle consilium, ac preces,
Et imperata perage : devectam rate
Procul in remotum litus interimi jube,   875
Tandem ut resideat pectoris nostri tumor.

CHORUS, OCTAVIA.

Chor. O funestus multis populi
Dirusque favor! qui, quum flatu
Vela secundo ratis implevit,
Vexitque procul, languidus idem   880
Deserit alto sævoque mari.
Flevit Gracchos miseranda parens,
Perdidit ingens quos plebis amor,
Nimiusque favor, genere illustres,
Pietate, fide, lingua claros,   885
Pectore fortes, legibus acres.
Te quoque, Livi, simili leto
Fortuna dedit; quem neque fasces
Texere sui, nec tecta domus.
Plura referre prohibet præsens   890
Exempla dolor : modo cui patriam
Reddere cives, aulam, et fratris
Voluere toros, nunc ad pœnam
Letumque trahi, fleutem, miseram
Cernere possunt. Bene paupertas   895
Humili tecto contenta latet.
Quatiunt alta sæpe procellæ,
Aut evertit Fortuna domos.
Oct. Quo me trahitis? quodve tyrannus
Aut exsilium regina jubet?   900
Si mihi vitam fracta remittit
Tot jam nostris evicta malis;
Si cæde mea cumulare parat
Luctus nostros; invidet etiam
Cur in patria mihi sæva mori?   905
Sed jam spes est nulla salutis;

monde est sous l'empire de l'affreuse Érinnys. Quelle voix serait capable de déplorer mes malheurs? La gémissante Philomèle pourrait-elle suffire à mes plaintes? Ah! malheureuse, pourquoi les destins ne m'ont-ils pas donné des ailes? Avec quel empressement je fuirais d'un vol rapide le théâtre de mes douleurs, le commerce des hommes cruels, et la mort qu'on me prépare! Seule, dans la forêt déserte, balancée sur un faible rameau, je pourrais murmurer mes plaintes lamentables.

Le chœ. Le monde est régi par la fatalité: nul mortel, parmi tant d'accidents divers dont l'avenir nous menace, ne peut se promettre un bonheur constant et durable. Raffermissez votre courage par le souvenir des maux qui ont affligé votre famille. La Fortune a-t-elle été plus cruelle pour vous que pour les vôtres? Je te citerai d'abord, toi la mère de tant de nobles enfans, fille d'Agrippa, belle-fille d'Auguste, femme de Germanicus, toi dont le nom brillait d'un si vif éclat dans l'univers. Les fruits nombreux de ton hymen étaient autant de gages de paix et de bonheur. Tout à coup condamnée à l'exil, exposée à d'indignes violences, chargée de chaînes cruelles, sanglante et défigurée, tu expiras enfin dans de longues tortures. La femme de Drusus, Livie, que ce lien brillant et sa fécondité rendaient si heureuse, devient elle-même, par son forfait, la cause de sa perte. Julia, sa fille, eut un semblable destin. Après avoir langui longtemps dans l'exil, l'infortunée, innocente peut-être, périt d'une mort sanglante. Quelle ne fut pas autrefois la puissance de votre mère? Chérie de son époux, fière de ses enfants,

elle disposait de tout dans le palais de l'empereur: mais, éprise d'un de ses sujets, elle expia, sous le fer d'un soldat, l'oubli fatal de ses devoirs. Enfin, la mère de Néron, cette puissante Agrippine, qui pouvait prétendre aux honneurs divins, ne l'avons-nous pas vue frappée d'un coup de rame après son naufrage, et bientôt après, victime d'un fils barbare, expirer sous les coups multipliés de ses assassins?

Oct. Le farouche tyran me précipitera aussi dans la sombre nuit des enfers. Malheureuse, que puis-je espérer de ces vains retardements? Traînez-moi à la mort, vous que la fortune a faits les maîtres de ma vie. J'en atteste les dieux du ciel.... Insensée, que fais-tu? Cesse de fatiguer de tes prières les divinités qui te haïssent. C'est le Tartare que j'atteste, ce sont les déesses de l'Érèbe, vengeresses des crimes, et toi, mon père, qui n'avais que trop mérité ton sort: je ne refuse pas la mort qu'on me destine. Préparez le vaisseau, déployez la voile, et que le pilote, secondé par les vents, dirige sa proue vers le rivage de Pandataire.

Le chœ. Douces haleines des vents, zéphyrs légers, vous qui, transportant au milieu des airs Iphigénie environnée d'un nuage, l'avez portée loin de l'autel de la vierge redoutable, dérobez aussi cette victime au coup fatal qui la menace, et déposez-la, je vous prie, dans le temple de Trivia. Aulis elle-même et les bords de la Tauride barbare sont moins cruels que notre ville: dans cette contrée, c'est avec le sang des étrangers que l'on apaise les dieux; c'est le sang de ses propres citoyens que Rome se plaît à répandre.

Fratris cerno miseranda ratem.
Hæc est, cujus vecta carina
Quondam genitrix, nunc et thalamis
Expulsa soror miseranda vehar.   910
Nullum Pietas nunc numen habet,
Nec sunt superi: regnat mundo
          Tristis Erinnys.
Quis mea digne deflere potest
Mala? quæ lacrimis nostris questus   915
Reddet aedon? cujus pennas
Utinam miseræ mihi fata darent!
Fugerem luctus ablata meos
Penna volucri, procul et cœtus
Hominum tristes, cædemque feram.   920
Sola in vacuo nemore, et tenui
Ramo pendens, querulo possem
Gutture mœstum fundere murmur.
Chor. Regitur fatis mortale genus;
Nec sibi quidquam spondere potest   925
          Firmum et stabile:
Per quæ casus volvit varios
Semper nobis metuenda dies.
Animum firment exempla tuum
          Jam multa, domus   930
Quæ vestra tulit: quid? sævior est
Fortuna tibi? tu mihi primum
Tot natorum memoranda parens,
Nata Agrippæ, nurus Augusti,
Cæsaris uxor, cujus nomen   935
Clarum toto fulsit in orbe;
Utero toties enixa gravi
Pignora pacis; mox exsilium,
Verbera, sævas passa catenas,
Funera, luctus, tandem letum,   940
Cruciata diu. Felix thalamis
Livia Drusi, natisque, ferum
Ruit in facinus, pœnamque suam.
Julia matris fata sequuta est:

Post longa tamen tempora ferro   945
Cæsa est, quamvis crimine nullo.
Quid non potuit quondam genitrix
Tua, quæ rexit principis aulam,
Cara marito, partuque potens?
Eadem famulo subjecta suo,   950
Cecidit diri militis ense.
Quid, cui licuit regnum in cælum
Sperare, parens tanta Neronis?
Non funesta violata manu
          Remigis ante,   955
Mox et ferro lacerata diu,
Sævi jacuit victima nati?
Oct. Me quoque tristes mittet ad umbras
Ferus et manes, ecce, tyrannus.
Quid jam frustra miseranda moror?   960
Rapite ad letum, queis jus in nos
Fortuna dedit: testor superos.....
Quid agis, demens? parce precari,
Queis invisa es, numina divûm.
Tartara testor, Erebique deas   965
Scelerum ultrices, et te, genitor,
Dignum tali morte et pœna:
Non invisa est mors ista mihi.
Armate ratem, date vela fretis,
Ventisque petat puppis rector   970
Pandatariæ litora terræ.
Chor. Lenes auræ, Zephyrique leves,
Tectam quondam nube ætherea
Qui vexistis raptam sævæ
Virginis aris Iphigeniam,   975
Hanc quoque tristi procul a pœna
Portate, precor, templa ad Triviæ.
Urbe est nostra mitior Aulis,
Et Taurorum barbara tellus.
Hospitis illic cæde litatur   980
Numen superûm: civis gaudet
          Roma cruore.

NOTES SUR SÉNÈQUE.

HERCULE FURIEUX.

*Cette tragédie est une imitation de l'*Hercule furieux* d'Euripide.*

v. 6. *Arctos.* Calisto, fille de Lycaon, ayant inspiré de l'amour à Jupiter, fut changée en ourse (ἄρκτος en grec) par Junon. Depuis, Jupiter la plaça dans le ciel, où elle figure parmi les constellations avec son fils Arcas. Ces deux constellations sont connues sous le nom de la grande et la petite Ourse ; elles sont situées aux deux extrémités du pôle septentrional, ce qui explique le vers de Sénèque.

v. 11. *Atlantides.* Les filles d'Atlas. Jupiter en aima quelques-unes. Les autres prirent soin de Bacchus pendant son enfance. Jupiter les plaça toutes au ciel parmi les étoiles. Elles étaient très-redoutées des navigateurs, à qui elles annonçaient les tempêtes.

v. 16. *Bacchi parens.* Plutarque rapporte que Bacchus, après avoir été reçu parmi les dieux, appela sa mère Sémélé, laquelle fut mise au nombre des divinités inférieures.

v. 36. *Binos.* En effet, il y a deux races d'Éthiopiens, la race africaine, et la race asiatique. Virgile a dit (*Æn.*, IV, 481) :

> *Oceani finem juxta solemque cadentem,*
> *Ultimus Æthiopum locus est.*

v. 83. *Luna concipiat feras.* Pic de la Mirandole, dans son ouvrage contre les astrologues, dit qu'ils étaient convaincus, pour la plupart, que la lune ressemblait exactement à la terre, et que c'était un monde où tout se passait comme ici-bas. Il cite ailleurs l'opinion des pythagoriciens, auxquels ces astrologues avaient emprunté leur doctrine.

v. 134. *Cadmeis inclyta Bacchis.... dumeta.* Sénèque désigne le mont Cithéron, situé dans la Béotie, et consacré à Bacchus. Les Bacchantes y célébraient leurs Orgies ; c'est sur la montagne du Cithéron que Panthée fut mis en pièces par elles.

v. 149. *Thracia pellex.* Philomèle, qui fut changée en rossignol.

v. 226. *Stabula.* Diomède, roi de Thrace, nourrissait ses chevaux avec la chair et le sang des étrangers qui arrivaient dans ses États. Hercule le punit de sa cruauté en lui faisant subir le sort de ces infortunés.

Id. *Bistonii.* Les Thraces étaient aussi appelés Bistoniens, de Bistonicus, fils de Mars et de Callirhoé, qui fonda une ville dans ces contrées.

v. 228. *Erymanthi.* L'Érymanthe, montagne d'Arcadie.

v. 229. *Menalium.* Le sanglier de Ménale. C'était un sanglier d'une taille monstrueuse, qui désolait l'Arcadie. Hercule le rapporta vivant à Eurysthée.

v. 230. *Taurumque.* Le taureau de Crète, qu'on appelait la terreur de cent peuples, parce que la Crète renfermait cent villes. Suivant certains commentateurs, ce taureau ne serait autre que Jupiter lui-même. On sait que Jupiter prit cette forme lorsqu'il enleva Europe et la transporta de Phénicie en Crète. D'autres ont pensé qu'il fallait entendre par ce vers le taureau que Neptune fit sortir des flots au moment où Minos promettait de lui sacrifier le premier de ces animaux qui s'offrirait à ses yeux. Frappé de la taille et de la beauté de celui-ci, le roi ne craignit pas de manquer à sa promesse, et en mit un autre à la

place. Neptune, pour se venger, rendit furieux le taureau qu'il avait envoyé. L'animal ayant brisé ses liens, s'élança dans les campagnes, qu'il ravagea pendant longtemps. Enfin Hercule le prit, et le ramena vivant à Eurysthée.

v. 233. *Ab occasu ultimo.* Les anciens croyaient que l'Espagne était située à l'extrémité du monde, du côté du couchant.

v. 235. *Penetrare jussus.* Le roi Eurysthée ordonna à Hercule d'aller en Mauritanie, où se trouvaient le jardin des Hespérides et les pommes d'or.

v. 237. *Utrinque montes soluit.* Les anciens croyaient que c'était Hercule qui avait séparé les deux montagnes au milieu desquelles se trouve le détroit de Gibraltar.

v. 239. *Nemoris opulenti.* Hercule pénétra dans le jardin des Hespérides, après avoir tué le dragon qui en gardait l'entrée, et rapporta à Eurysthée toutes les pommes d'or qui s'y trouvaient.

v. 244. *Petiit ab ipsis nubibus.* Les Stymphalides se tenaient autour du lac et de la montagne qu'on a depuis appelés de leur nom. C'étaient des monstres qui répandaient la terreur dans les campagnes environnantes. Ils avaient la forme d'un oiseau ; leur bec et leurs ongles étaient en acier. Ils se nourrissaient de la chair des voyageurs qu'ils déchiraient. Ils étaient si nombreux qu'ils obscurcissaient le soleil. Mars lui-même leur avait appris à combattre, en lançant, en guise de traits, leurs plumes, également armées de pointes d'acier. Hercule les perça tous de ses flèches.

v. 246. *Regina.* Hippolyte, reine des Amazones, à qui Hercule, sur l'ordre d'Eurysthée, enleva son bouclier. Après l'avoir réduite en esclavage, il chargea Thésée de la conduire vers ce roi.

v. 248. *Stabuli.* Les écuries d'Augias, qui contenaient trois mille bœufs. On les avait laissées pendant trente ans sans les nettoyer, et les miasmes qui s'en exhalaient avaient répandu la peste dans la contrée. Hercule les nettoya en une journée, en y faisant couler un fleuve dont il avait détourné le cours. On sait que c'est un des douze travaux par lesquels il se rendit fameux.

v. 255. *Natos.* Les fils de Créon, tués par Lycus.

v. 259. *Ferax deorum terra.* Thèbes, patrie de Bacchus, de Sémélé, de Leucothoé et de Palémon.

v. 261. *Juventus orta.* Cadmus ayant tué le dragon, un homme armé sortit de chacune des dents du monstre. Tous ces hommes, à peine nés, se livrèrent un combat terrible. Il n'en resta que cinq, qui devinrent les compagnons de Cadmus, et l'aidèrent à fonder la ville de Thèbes.

v. 262. *Cujusque muros.* Amphion, fils de Jupiter et d'Antiope. C'est lui qui éleva les remparts de Thèbes. On sait qu'il attirait les pierres avec sa lyre, et qu'elles venaient d'elles-mêmes se poser à l'endroit où elles devaient être placées. Mercure lui avait fait présent de cette lyre.

v. 288. *Thessalus torrens.* Le Pénée.

v. 336. *Isthmos.* L'isthme de Corinthe, qui unit le Péloponnèse au reste de la Grèce.

v. 378. *Euripus.* L'Euripe ; c'est le détroit qui sépare l'Eubée de la Béotie.

v. 390. *Riget superba Tantalis.* Niobé, fille de Tantale, avait eu sept fils et sept filles. Enorgueillie de sa fécondité, elle osa mépriser Latone, mère de Diane et d'Apollon, et défendit de lui rendre les honneurs divins. Latone irritée alla trouver ses enfants, qui, pour venger leur mère, percèrent de traits les sept fils et les sept filles de Niobé.

391. *Mœstus.... manat.* Niobé avait été changée en rocher. On disait que souvent ce rocher versait des larmes.

v. 393. *Illyrica.* L'Illyrie, vaste contrée située au fond de l'Adriatique, entre la ville de Tergeste et la Macédoine. Elle comprenait la Dalmatie et la Liburnie.

v. 444. *Phlegram.* Suivant la fable, c'est auprès de Phlégra, ville de Macédoine, que se trouvait la vallée où les géants se rassemblèrent pour attaquer les dieux, qui ne parvinrent à les écraser que par le secours d'Hercule.

v. 457. *Fulmine ejectus puer.* C'est Bacchus, fils de Jupiter et de Sémélé. Junon, pour se venger de sa rivale, lui inspira le désir de voir Jupiter dans toute sa gloire. Elle était alors enceinte de Bacchus. Jupiter, après avoir essayé de la détourner de ce dessein, fut obligé de céder à ses prières. Elle parut donc devant le dieu; mais à peine s'était-elle approchée de son trône, qu'elle fut consumée par la foudre. Jupiter, ayant sauvé l'enfant, le mit dans sa cuisse, où Bacchus resta pendant tout le temps que sa mère devait encore le porter.

v. 477. *Euryti.* Hercule avait demandé à Eurytus, roi d'Œchalie, sa fille Iole en mariage. Eurytus la lui refusa. Hercule furieux lui fit la guerre, et déclara qu'il tuerait tous les parents du roi, jusqu'à ce que la jeune fille elle-même vînt le supplier de l'épouser. Iole laissa tuer toute sa famille, plutôt que de se remettre volontairement entre les mains d'Hercule.

v. 561. *Nestoream Pylon.* Pylos, ville de Messénie, avait été fondée par Nélée, père de Nestor. Nélée ayant allumé le courroux d'Hercule, on ne sait pour quelle cause, celui-ci assiégea Pylos, et tua le roi ainsi que tous ses enfants, à l'exception de Nestor.

v. 562. *Tecum conseruit.* On rapporte que dans le combat qu'Hercule livra à Nélée, Pluton vint au secours des habitans de Pylos, et fut blessé par le fils de Jupiter.

v. 579. *Et qui.* Éaque, Minos et Rhadamanthe, les trois juges des enfers.

v. 587. *Spartanijanua Tœnari.* Le Ténare, promontoire de la Laconie, couvert de forêts dans toute son étendue. Au milieu se trouvait un antre d'une immense profondeur, et d'où s'exhalaient des vapeurs fétides. Les poètes disaient que c'était la porte du Tartare.

v. 684. *Mœander.* Le Méandre, fleuve d'Asie, dans la haute Phrygie, célèbre par le nombre et la variété de ses détours.

v. 758. *Errant furentes.* Ino, Agavé, et Autonoé, filles de Cadmus, et qu'on appelait à cause de cela les Cadmides, avaient déchiré Penthée, dans un accès de fureur. On suppose qu'elles sont animées des mêmes transports, en enfer.

v. 759. *Avida... avis.* Les Harpies, filles de Neptune.

v. 915. *Conditores urbis.* Cadmus et ses compagnons.

v. 916. *Trucis... Zethi.* Zéthus, fils de Jupiter et d'Antiope, frère d'Amphion. Tandis que son frère jouait de la lyre, il passait sa vie à poursuivre les animaux au fond des bois. C'est pour cela que Sénèque lui donne ce surnom de *trux.*

v. 917. *Larem regis advena Tyrium.* Cadmus, qui avait transporté ses lares de Tyr en Béotie.

v. 979. *Cithœron. — Pallene.* Le Cithéron, montagne de la Béotie; c'est dans une des gorges de cette montagne qu'Œdipe rencontra son père Laïus, et le tua sans le connaître.

Pallène, ville de Macédoine, que beaucoup d'auteurs ont confondue avec Phlégra.

v. 1255. *Aris nocens.* Allusion à la cruauté de Busiris, qui immolait les étrangers sur les autels de ses dieux.

THYESTE.

Il ne reste que dix vers détachés du *Thyeste* d'Euripide. Ennius, sous le titre d'*Atrée;* Accius, L. Pomponius, Varius, Maternus, sous celui de *Thyeste,* avaient traité le même sujet. On peut comparer la pièce de Sénèque avec l'*Atrée et Thyeste* de Crébillon, et les *Pélopides* de Voltaire.

v. 140. *Myrtilus.* Myrtile. C'est lui qui conduisait le char d'Œnomaüs, roi de Pise. Il fut jeté dans la mer par Pélops. Un oracle avait prédit à Œnomaüs qu'il devait être tué par celui qui obtiendrait la main de sa fille Hippodamie. Le roi, effrayé, résolut de ne le point marier. Enfin, vaincu par les instances des siens, il déclara qu'il la donnerait à celui qui le surpasserait à la course en char; mais que tous les prétendants qui seraient vaincus devaient s'attendre à mourir. Plusieurs avaient déjà subi cette loi cruelle, lorsque Pélops se présenta. Il avait eu le soin de corrompre Myrtile, en s'engageant, selon les uns, à lui abandonner Hippodamie pendant la première nuit des noces, selon d'autres, une partie de son royaume. Myrtile, séduit par ses promesses, détacha de l'essieu la roue du char, qui fut renversé. Comme il venait demander à Pélops le prix de sa trahison, celui-ci le précipita dans la mer.

v. 273. *Odrysia.* Il faut entendre par ce mot la maison de Térée. Térée était roi de Thrace, et la province des Odrysiens était comprise dans son royaume. Ovide dit souvent les Odrysiens pour les Thraces.

v. 296. *Natis.* Agamemnon et Ménélas. Plusieurs écrivains ont pensé, sur la foi d'Homère, qu'Agamemnon et Ménélas étaient fils d'Atrée. En effet, Homère les appelle souvent les Atrides. D'autres ont prétendu qu'ils devaient le jour à Plisthène, fils de Pélops et d'Hippodamie, et frère d'Atrée et de Thyeste. On disait que Plisthène, en mourant, avait recommandé ses enfants à son frère Atrée, qui prit soin d'eux, et que c'est pour cela qu'on les appelait les Atrides.

v. 379. *Seres.* Les Sères, peuples de l'Asie, sur les confins de la Scythie.

v. 578. *Bruttium.... pontum.* La mer qui baigne le pays des Bruttiens : ce pays est situé à l'extrémité de l'Italie, du côté qui regarde la Sicile.

v. 662. *Phrygius tiaras.* Pélops avait émigré de Phrygie en Grèce. On sait que les rois phrygiens portaient une tiare au lieu de couronne.

v. 860. *Nervo Æmonio.* Ces mots sont pris ici pour la corde de l'arc. On appelait l'arc du centaure Chiron, l'arc Hémonien, parce que le centaure était originaire de ce pays, qui était le même que la Thessalie.

v. 861. *Senex.* On rapporte que le centaure Chiron, accablé d'ennuis et fatigué de la vie; supplia Jupiter de le faire mourir.

v. 864. *Ægoceros.* En français le Capricorne, l'un des signes du zodiaque. Il arrive en hiver.

v. 866. *Ultima.* Les Poissons, autre signe du zodiaque, le dernier de l'année romaine lorsqu'elle commençait au mois de mars.

v. 1049. *Heniochus.* Beaucoup d'écrivains ont cru qu'il y avait en Asie un peuple de ce nom, connu par la férocité de ses mœurs.

LES PHÉNICIENNES.

Les fragments de cette tragédie, ou mutilée par le temps,

ou, ce qui est plus vraisemblable, non achevée par son auteur, sont une imitation des *Phéniciennes* d'Euripide. Ce titre, qui a si peu de rapport avec la querelle des fils d'OEdipe et la guerre de Thèbes, s'explique, pour la pièce grecque, par la présence d'un chœur composé de jeunes filles venues de Tyr en Phénicie. Quoique l'on n'ait pas les chœurs de la tragédie latine, et que rien n'indique même quels personnages l'auteur y aurait fait entrer, on ne la publie plus sous le titre de *Thébaïde*; la conformité de sujet et l'autorité des meilleurs manuscrits ont fait prévaloir le titre de *Phéniciennes*.

Indépendamment de la tragédie d'Euripide, nous citerons les ouvrages qui ont un rapport plus ou moins direct avec la pièce de Sénèque : les *Sept devant Thèbes* d'Eschyle, l'*Œdipe à Colone* de Sophocle, la *Thébaïde* de Stace, parmi les anciens; et chez les modernes, l'*Antigone* de Rotrou, les *Frères ennemis* de Racine, et le *Polynice* d'Alfieri.

v. 14. *Jacuit Actæon.* Actéon, pour avoir surpris Diane au bain, fut changé en cerf et déchiré par ses chiens.

v. 17. *Sorores mater.* Agavé, avec ses deux sœurs Ino et Autonoé, dont Bacchus avait troublé l'esprit, tuèrent Panthée, roi de Thrace, fils d'Agavé; et celle-ci lui ayant coupé la tête, la portait au bout de son thyrse. Voyez Théoc., *Idylle* xvi; Ovide, *Métamorphoses*, vers 711; Euripide, *Bacchantes*, vers 1112.

v. 19. *Vel qua cucurrit.* Amphion et Zéthus, fils d'Antiope et de Jupiter, pour venger leur mère, persécutée par Dircé, femme de Lycus, attachèrent celle-ci à la queue d'un taureau. L'animal furieux, la traînant à travers les rochers du Cithéron, mit en lambeaux le corps de cette malheureuse. Elle tomba enfin dans une fontaine à laquelle on donna son nom, et qui devint sacrée pour les Thébains.

v. 23. *Inoa rupes.* Athamas, dans un accès de délire, avait écrasé contre un rocher Léarque, son jeune fils. Ino, sa femme, prit la fuite, emportant son second fils dans ses bras. Égarée par la douleur, elle se précipita avec lui dans la mer. Tous deux, suivant la fable, furent changés en divinités marines.

v. 89. *Pii quoque erimus.* Le pluriel n'est pas, comme on le voit souvent, employé ici pour le singulier, et ne se doit pas entendre d'Œdipe seulement, mais aussi d'Antigone. Antigone sera une fille pieuse; Œdipe, sensible à cette piété, consentira à vivre, ce qui est pour lui le comble du malheur.

v. 100. *Occidere est.* Horace, *Épître aux Pisons*, v. 464, avait dit en plaisantant :

Invitum qui servat, idem facit occidenti.

Sénèque expose et développe cette pensée dans le sens et selon les opinions stoïciennes. La passion parle dans ce vers de Racine :

Ah! c'est m'assassiner que me sauver la vie!

Les Frères ennemis, act. v.

v. 124. *Quisquis Assyrio loca.* Ce prince assyrien est Cadmus, venu en Béotie, non pas d'Assyrie, mais de Phénicie, contrée limitrophe. Cette sorte de confusion est fréquente chez les poètes.

v. 134. *Avi gener.* Tous les tragiques qui ont parlé d'Œdipe, ou qui l'ont fait parler lui-même, n'ont pas manqué d'exprimer l'horrible complication rappelée ici par notre auteur. Voyez Soph., *Œdipe roi*, vers 460; Euripide, *Phéniciennes*, vers 1604; P. Corneille, *Œdipe*, acte v, scène 5. Voyez aussi l'*Œdipe* de Sénèque, vers 635 et suiv.

v. 256. *Quas Cithæron noxius.* Voyez plus haut, vers 14, 17 et 19, et les notes qui s'y rapportent.

v. 260. *Genitorem adortus.* Voyez l'*Œdipe* de notre auteur, vers 768 et suiv. — Il manque quelques mots pour

compléter ce vers, et probablement quelques vers pour achever ce premier acte.

v. 325. *In bella cunctos.* Sans compter Polynice, six chefs conduisirent des troupes au siége de Thèbes. C'étaient Adraste (Sophocle lui substitue un Étéocle d'Argos), Tydée, Capanée, Hippomédon, Amphiaraüs et Parthénopée. Voyez Eschyle, les *Sept devant Thèbes*, et la *Thébaïde* de Stace.

v. 358. *Date arma patri.* Le dernier mot semble indiquer clairement l'usage qu'Œdipe ferait de ces armes : il en frapperait lui-même ses fils. Un tel crime conviendrait à ses mains déjà parricides : ce meurtre répondrait à celui qu'il a commis. Malgré les explications données par les commentateurs, il semble que la pensée qui termine le vers, et qui est développée dans les vers suivants, ne se lie pas naturellement à ce qui précède. Il ne faut pas chercher un enchaînement parfait dans ces fragments d'une œuvre inachevée.

v. 363. Voyez au sujet d'Agavé la note relative au vers 17 de cette même tragédie.

v. 368. *Feci nocentes.* Ce mot, quoiqu'au pluriel, désigne Œdipe, dont elle a fait, sans le savoir, le complice de son inceste.

v. 372. *Exsul errat gnatus.* Ce fils est Polynice, accueilli par Adraste, roi d'Argos, qui lui a donné sa fille en mariage. L'Argolide s'étendait au nord jusqu'à l'isthme de Corinthe; c'est ce que le poëte explique trois vers plus bas.

v. 390. *Aquilaque pugnam.* L'aigle ne servait d'enseigne à aucun peuple de la Grèce. Nous avons déjà vu dans *Thyeste*, vers 396, les Grecs désignés par le nom de *Quirites.* Ces inadvertances, fréquentes chez Sénèque, se rencontrent dans plus d'un auteur latin.

v. 420. *Quis me procellæ.* Thyeste (voyez cette tragédie, vers 623) exprime un vœu semblable. Dans Sophocle, Philoctète furieux, désespéré, s'écrie : « Tourbillons impétueux (ou plutôt Harpies), enlevez-moi dans les airs. »

v. 602. *Hinc nota Baccho.* Ici, suivant l'usage de notre auteur, sont énumérés le Tmole, montagne de Lydie, dont les pentes étaient couvertes de précieux vignobles; le Pactole, fleuve de Lydie, qui roulait des paillettes d'or; le Méandre, fameux par ses détours; l'Hèbre, fleuve de Thrace, que le poëte confond peut-être avec l'Hermus, l'un des affluents du Pactole; le mont Gargare, autour duquel s'étendaient les plaines fécondes de la Troade; le Xanthe, voisin de Troie; Abydos et Sestos, qui s'élevaient en face l'une de l'autre sur les bords de l'Hellespont; enfin la Lycie, qui avait plusieurs ports sur la mer Ionienne.

v. 647. *Cadmus hoc dicet.* Voyez *Hercule furieux*, vers 395.

v. 664. *Imperia pretio quolibet.* C'est la pensée exprimée par Euripide, dans ces deux vers que César avait souvent à la bouche, et que Cicéron a traduits ainsi :

Si violandum est jus, imperii gratia
Violandum est : aliis in rebus pietatem colas.

IPPOLYTE.

Sénèque a tiré le sujet de sa pièce de l'*Hippolyte* d'Euripide; mais il y a ajouté d'heureuses inventions que Racine s'est appropriées, et qui ne sont pas un ornement médiocre de la *Phèdre* française.

v. 1. *Ite, umbrosas cingite.* Les lieux désignés au commencement de cette scène font tous partie de l'Attique; ce qui indique que l'action se passe, non à Trézène, ville de l'Argolide, comme dans l'*Hippolyte* d'Euripide et dans la *Phèdre* de Racine, mais dans Athènes même, capitale des États de Thésée. Le mont Cécrops est ainsi appelé du nom de ce prince égyptien, fondateur d'Athènes. Le mont Parnès, v. 4, la vallée de Thrie, v. 5, le fleuve Ilissus, v. 13, la ville de Marathon, le bourg d'A-charne, celui d'Aphidna, l'Hymette, célèbre par son miel, le cap Sunium, enfin le bourg de Phlyes, appartiennent tous à l'Attique, ainsi que nous venons de le dire.

v. 58. *Araxen*. L'Araxe, fleuve d'Arménie, aujourd'hui l'Aras, se jette dans le Kour, autrefois Cyrus. L'Ister (v. 59) est le Danube.

v. 65. *Feri cornibus uri*. La race de ces animaux énor-mes et redoutables paraît détruite. Ils habitaient les vas-tes forêts de la Germanie. La chasse de l'uroch était comme le privilége des princes et des rois. Charlemagne aimait à y déployer son courage, son adresse et sa vigueur.

v. 92. *Præstatque nuptæ*. On sait combien Thésée fut inconstant dans ses amours. Il eut pour femmes An-tiope, Mélibée; il enleva Hélène et Ariane, qu'il aban-donna pour épouser Phèdre. Du reste, l'histoire et la fable varient sur le nom et sur le nombre de celles qu'il a sé-duites ou épousées.

v. 107. *Jactare tacitis*. Voyez, au sujet des fêtes d'É-leusis, *Hercule furieux*, v. 300.

v. 121. *Arte Mopsopia*. Cet adjectif, formé du nom de Mopsope, roi d'Athènes, ou de celui de Mopsopia, fille de l'Océan, est synonyme d'Athénien, et désigne l'Athénien Dédale, nommé dans le vers précédent.

v. 227. *Experta sævam est*. Thésée, dans un mouve-ment de colère, tua sa femme Antiope, nommée Hippo-lyte par quelques auteurs. Sénèque fait allusion à cette mort, v. 1167 de cette tragédie.

v. 274. *Diva, non miti*. Vénus était née de l'eau, et même de l'écume de la mer.

v. 296. *Thessali Phœbus pecoris*. La fable dit qu'A-pollon fut chassé du ciel par Jupiter, pour avoir tué les Cyclopes. Suivant une autre tradition, adoptée par notre auteur, ce dieu, épris de la fille d'Admète, aurait consenti, pour satisfaire son amour, à garder pendant neuf ans les troupeaux de ce roi de Thessalie.

v. 300. *Ipse qui cœlum*. Voyez dans Ovide les amours et les diverses métamorphoses de Jupiter.

v. 322. *Luteo plantas*. Divers passages des auteurs la-tins prouvent que la couleur jaune, *luteus*, était particu-lière, chez les Romains, aux vêtements de la nouvelle épouse. Notre poëte, dans l'*Hercule furieux* (v. 465 et suiv.), avait déjà décrit l'abaissement d'Hercule filant aux pieds d'Omphale.

v. 352. *Lucæque boves*. C'est le nom que les Romains donnèrent d'abord aux éléphants, parce que c'est en Lu-canie qu'ils virent, pour la première fois, les éléphants de guerre que Pyrrhus avait transportés en Italie. Cette dénomination, employée ici, est un étrange anachronisme.

v. 401. *Tanaïtis, aut Mæotis*. Ces noms désignent les Amazones, habitantes des bords du Tanaïs et des Méoti-des. Elles firent une irruption dans l'Attique, et furent vaincues par Hercule.

v. 422. *Nullusque de te*. Allusion aux amours de Diane ou de Phébé et Endymion, dont le poëte a parlé plus haut, v. 308.

v. 507. *Ubi Lerna puro*. Le poëte nomme ici une fon-taine limpide, voisine de Corinthe, et non le marais de Lerne en Argolide, où vivait l'hydre tuée par Hercule.

v. 528. *Nullus in campo*. Cette pierre sacrée n'est au-tre chose que le dieu Terme, si respecté des Romains, et auquel ils rendaient un culte particulier, institué par Numa.

v. 535. *Balista*. Hippolyte parle ici de la baliste, ma-chine de guerre qui n'était certainement pas connue de son temps.

v. 563. *Sola conjux Ægæi*. Il s'agit ici de la fameuse Médée, désignée plus bas, v. 697. Après s'être vengée si cruellement de Créon et de Jason (voyez ci-après notre

Médée), elle vint à Athènes, où elle séduisit le vieux roi Égée, père de Thésée; celui-ci n'échappa qu'avec peine aux embûches de sa marâtre.

v. 623. *Miserere viduæ*. En l'absence d'un mari, qu'elle a quelques raisons de croire mort, Phèdre peut se servir de ce mot, sans s'expliquer encore trop clairement.

v. 656. *Hosti*. Nous pensons que ce mot doit s'appliquer à Minos, qui, malgré son ressentiment, fut charmé des grâces du jeune Thésée, et non point à Ariane ni à Antiope, comme le prétendent plusieurs commentateurs.

v. 715. *Quis eluet me*. Hercule (*Herc. fur.*, v. 1322) exprime la même pensée, presque dans les mêmes ter-mes.

v. 760. *Phædra quem Bromio*. Ce héros que la sœur de Phèdre, Ariane, eût préféré à Bacchus, si elle avait pu le fixer près d'elle, est Thésée, qui l'abandonna dans l'île de Naxos.

v. 781. *Formosos solitæ claudere*. Le chœur fait allu-sion à l'aventure d'Hylas, le plus jeune des Argonautes, et le compagnon chéri d'Hercule. Voyez la note sur les vers 648 et suiv. de notre *Médée*.

v. 786. *Sidus, post veteres*. Les Arcadiens, qui, de temps immémorial, habitaient la même contrée, le cen-tre du Péloponnèse, se prétendaient plus anciens que la lune; c'était une tradition reçue dans toute la Grèce. Les poëtes les nomment προσέληνοι.

v. 812. *Amentum*. Nous n'avons pas cru pouvoir rendre littéralement ce mot, qui exprime une espèce de lanière, dont l'archer se servait pour tirer à lui la corde de l'arc, et lancer la flèche avec plus de force.

v. 821. *Te melior deus*. Diane, suivant la fable, res-suscita Hippolyte, mais ne lui rendit pas cette beauté qui avait causé tant de troubles, et lui avait été si funeste à lui-même. Elle le fit revivre sous les traits d'un vieillard, avec des cheveux blancs et un visage ridé. Suivant l'in-terprétation ingénieuse d'un commentateur, le vœu ex-primé ici par le chœur serait une allusion à la sage pré-caution de Diane. C'est le sens que nous avons adopté.

v. 831. *Ora juveni paria*. Le texte semble altéré en cet endroit, puisqu'il offre un sens que rien ne justifie. On ne voit nulle part que Thésée et Pirithoüs eussent en-tre eux d'autre ressemblance que cette stature et cet air qui caractérisaient les héros de leur époque. Nous avons traduit comme s'il y avait dans le texte :

Ut ora comiti paria Pirithoi gerit!

v. 838. *Eleusin dona Triptolemi*. C'est à Éleusis, ville d'Attique, que Cérès enseigna l'agriculture à Triptolème, fils du roi, en le chargeant de propager cet art parmi les hommes.

v. 843. *Me quoque supernas*. Voyez, sur la délivrance de Thésée, *Herc fur.*, v. 805 et suiv.

v. 892. *Vim... corpus tulit*. Voilà cette pensée que Racine blâme si justement. (Préface de *Phèdre*.) Pourquoi Phèdre suppose-t-elle qu'Hippolyte a consommé son at-tentat? elle se flétrit elle-même, se rend plus odieuse en exagérant le mensonge, sans ajouter au crime de celui qu'elle accuse.

v. 900. *Gentis Actææ decus*. Ce signe distinctif était une cigale. On sait combien ce petit animal était en hon-neur chez les Athéniens, qui le croyaient, comme eux, autochthone, c'est-à-dire enfant du sol.

v. 909. *Est iste prorsus*. Thésée désigne ici les Amazo-nes, qui avaient eu pour reine Antiope, mère d'Hippo-lyte.

v. 1022. *Numen Epidaurii dei*. Il ne s'agit point ici du temple qu'Esculape avait à Épidaure, ville d'Achaïe, mais de quelque temple élevé à ce dieu dans le voisinage d'Athènes.

v. 1023. *Petræ... Scironides*. Cet adjectif est formé

du nom d'un brigand fameux tué par Thésée, et dont les os furent changés en rocher.

v. 1064. *Gnatus insurgens minax.* Cet acte d'intrépidité, imaginé par Sénèque, rend Hippolyto plus intéressant. Dans Euripide, il tombe d'abord, et ne peut se défendre. Racine, par un trait qu'il ajoute, augmente la vraisemblance et la vivacité du récit. Mais il a tort d'appliquer à tous ceux qui voient le monstre, et peut-être même à ceux qui composent la suite du prince, ce que Sénèque dit seulement d'un pâtre, qu'il fuit épouvanté. Voyez v. 1051.

v. 1152. *Nil debes patruo.* Hippolyte, descendu dans l'empire de l'oncle avare de Minerve, de Pluton, remplit le vide qu'y avait fait le départ de Thésée. C'est, suivant l'expression presque littérale du texte, une sorte de compensation, et une balance de compte.

v. 1165. *Natus et genitor.* Thésée, à son retour de Crète, ayant négligé de faire changer les voiles de son vaisseau, fut cause, par cet oubli, de la mort d'Égée, son père. Aujourd'hui, à peine revenu dans ses États, il vient de faire périr son fils.

v. 1167. *Amore semper conjugum...* désigne Phèdre elle-même, et l'Amazone Antiope tuée par Thésée, dans un moment de colère, *odio.* Aujourd'hui, c'est à cause de l'amour, *amore,* de Phèdre pour Hippolyte, qu'il s'est rendu coupable de la mort de celui-ci. Il faut convenir que le sens de ce vers est bien recherché.

v. 1169. *Membra quis sævus.* Pour rendre plus sensibles les reproches qu'elle adresse à Thésée, Phèdre cite précisément les brigands et un des monstres qu'il avait tués.

───────

ŒDIPE.

Le sujet de l'*Œdipe* de Sénèque est tiré de l'*Œdipe roi,* le chef-d'œuvre de Sophocle et du théâtre grec.

v. 1. Les commentateurs et les traducteurs ne sont pas d'accord sur la disposition de cette première scène. Quelques-uns pensent que Jocaste ne paraît pas en même temps qu'Œdipe. Mais rien n'indiquant l'instant précis où Jocaste surviendrait, nous avons conservé la disposition ordinaire, admettant qu'Œdipe et Jocaste arrivent ensemble sur la scène.

v. 12. *Parentis sceptra Polybi.* Œdipe se croit fils de Polybe, roi de Corinthe, par qui il a été élevé dès sa naissance. Voyez cette même tragédie, acte IV.

v. 37. Cette description de la peste de Thèbes rappelle les descriptions du même fléau, faites par différents auteurs. Nous citerons seulement SOPHOCLE, *Œdipe roi;* THUCYDIDE, liv. II; LUCRÈCE, liv. VI; VIRGILE, *Géorg.,* liv. III.

v. 92. *Nec sphinga.* Le sphinx, « ce monstre à voix humaine, aigle, femme et lion, » avait dévoré tous ceux qui, avant Œdipe, avaient essayé inutilement d'expliquer ses énigmes.

v. 110. *Occidis Cadmi.* Voyez, au sujet de Cadmus, *Herc. fur.,* v. 914 et 259.

v. 113. *Ille Bacche.... miles.* Les Thébains rappellent ici l'expédition de Bacchus dans les Indes. Suivant la fable, il se rendit en Orient pour propager la vigne, et y étendre son culte.

v. 117. *Cinnami silvis.* L'Arabie Heureuse, l'une des trois parties de la presqu'île arabique, produisait, suivant les anciens, toute sorte de parfums.

v. 119. *Terga fallacis.* La fuite des Parthes était redoutable, parce que c'est en fuyant que ces habiles archers décochaient leurs flèches.

v. 179. *Amphionios.* Cet adjectif est synonyme ici de *Thebanos.* Les murs de Thèbes s'étaient élevés aux accords d'Amphion. Voyez les *Phénic.,* v. 566 et suiv.

v. 212. *Responsa dubia.* Les oracles, et particulièrement ceux d'Apollon, étaient obscurs et ambigus. C'est pour cette raison, selon quelques auteurs, que ce dieu était appelé Λοξίας, oblique.

v. 230. *Lethoa vates.* Les diverses interprétations de ce mot sont peu satisfaisantes. On a proposé des corrections, *læta,* ou *repleta,* par exemple.

v. 238. *Turpis maternos.* Si l'on s'attachait à l'ordre des faits, ce vers devrait être placé avant celui qui le précède. Mais ce désordre même, ces menaces interverties augmentent l'ambiguïté de l'oracle, et l'incertitude de ceux qui veulent en pénétrer le sens.

v. 276. *Castaliæ.* La fontaine Castalie, voisine du temple de Delphes, était consacrée au culte d'Apollon.

v. 282. *Bimares Sisyphi terras.* Sisyphe fonda sur l'isthme une ville qui prit successivement les noms de Corcyre, d'Éphyre, et enfin de Corinthe.

v. 299. *Appellite aris.* Cette scène, toute de l'invention de Sénèque, n'est point intéressante sous le rapport dramatique; mais elle renferme de curieux détails sur les pratiques religieuses des anciens dans les sacrifices.

v. 309. Les différentes circonstances du sacrifice, minutieusement observées par Manto, et transmises par elle à son père, sont toutes symboliques. La flamme qui brille et s'éteint si promptement, est l'image de l'élévation d'Œdipe, si prompte et si peu durable. On observait, dans les sacrifices, le feu allumé sur l'autel, la forme et la direction de la fumée. C'étaient deux sciences nommées *pyromancie* et *capnomancie.*

v. 321. *Ecce pugnax ignis.* C'est ici le présage de la guerre que se firent dans la suite Étéocle et Polynice. La flamme du bûcher sur lequel on plaça leurs cadavres se divisa comme celle de l'autel. Voyez *Herc. fur.,* v. 389.

v. 325. L'obscurité répandue autour d'Œdipe figure sa prochaine cécité.

v. 336. La manière dont les deux victimes se tiennent devant l'autel, les circonstances diverses de leur mort, se rapportent à la catastrophe qui va s'accomplir sur Œdipe et sur Jocaste.

v. 352. *Ede certas viscerum.* Ici commence une autre suite d'observations, qu'on appelait *hiéroscopie.*

v. 355. Les sept veines du foie qui se gonflent, et qui sont coupées par une ligne oblique, sont les sept chefs armés contre Thèbes. A l'exception d'Adraste, ils périrent tous dans cette guerre.

v. 360. *Capita paribus bina.* On ne sait pas exactement ce qu'étaient ces deux têtes du foie; mais lorsqu'il en avait deux, ou lorsque la tête manquait totalement, c'était un présage des plus sinistres.

v. 363. *Hostile valido robore.* Les prêtres divisaient en deux parties, par la pensée, les entrailles de la victime : l'une était pour celui qui offrait le sacrifice, l'autre se nommait *hostile.* Les présages étaient favorables ou défavorables, suivant les signes que l'on observait sur l'une ou l'autre de ces parties. Ici, comme on le voit, le côté *hostile* du foie est plus développé; présage alarmant pour le roi et pour les Thébains.

v. 373. Ce trait s'applique difficilement à Jocaste. Pourquoi désigner sous la figure d'une génisse, *innuptæ bovis,* celle qui n'a été que trop féconde pour son malheur et pour le malheur des siens?

v. 418. *Qualis iratam metuens.* Bacchus était, comme les autres fils de Jupiter, l'objet de la colère de Junon. Pour s'y soustraire, il vécut quelque temps parmi les nymphes de Nysa, dans l'Inde, sous les traits et les habits d'une jeune fille.

v. 427. Le Gange, grand fleuve de l'Inde.

v. 432. *Bassaridum.* Les Bassarides étaient les prêtres de Bacchus. Leur nom, emprunté à la langue grecque, leur venait des cris qu'ils poussaient pendant les fêtes du dieu.

v. 433. *Edoni.* Édon, montagne de Thrace, ainsi que le Pangée.

v. 445. *Matertera.* Ino, sœur de Sémélé, était par conséquent tante de Bacchus.

v. 448. *Palæmon.* C'est cet enfant avec lequel Ino se précipita dans la mer. Voyez les *Phénic.*, v. 23.

v. 469-470. Les Gètes, les Massagètes, peuples de Scythie.

v. 471. Ce Lycurgue, fils de Dryas, roi de Thrace, qui empêchait le culte de Bacchus de s'introduire dans ses États, voulut couper lui-même les vignes qui y étaient plantées. Le dieu, pour le punir, fit tourner la serpe dans sa main. Lycurgue se fit aux jambes une blessure, dout il mourut.

v. 472. Les Daces habitaient les contrées appelées aujourd'hui Valachie et Transylvanie.

v. 480. *Ophianiaque cæde.* Ophion, dont le nom indique l'origine, survécut au combat que se livrèrent les soldats nés des dents du dragon, et aida Cadmus à bâtir sa ville. L'épithète *Ophionia* est prise ici dans un sens étendu, et désigne les Thébains tués en différentes circonstances sur le Cithéron, tels que Penthée, Actéon.

v. 486. *Prœtidas silvas petiere.* Les filles de Prœtus, roi d'Argos, avaient insulté Junon et Bacchus. Celui-ci troubla leur raison au point que, se croyant métamorphosées en vaches, elles s'enfuirent dans les bois, en poussant des mugissements. Les Argiens, quoique leur ville fût consacrée à Junon, élevèrent aussitôt des temples à Bacchus; et Junon, contente du châtiment qu'il infligeait aux Prœtides, se réconcilia avec lui.

v. 493. *Nyctelius* est une épithète donnée à Bacchus, parce que ses fêtes se célébraient la nuit.

v. 500. *Geminus Cupido.* L'épithète *geminus* peut signifier mutuel, ou désigner les deux différents amours, l'un pur et divin, l'autre terrestre et grossier.

v. 502. *Odit... fulmen.* A la vue de Bacchus, Jupiter déteste sa foudre, qui causa la mort de Sémélé, mère de ce jeune dieu.

v. 530. Voilà encore une description de forêt. C'est un sujet sur lequel les poètes de cette époque aimaient à exercer leur talent. Probablement les récits que l'on faisait à Rome des vastes forêts de la Germanie et des bois druidiques avaient mis en vogue ces sortes de morceaux.

v. 549. *Prœstitit noctem locus.* C'était au commencement de la nuit que l'on sacrifiait aux dieux infernaux. Il est jour quand Tirésias entre dans le bois; mais l'obscurité de ce bois est si profonde, qu'elle remplace la nuit nécessaire au sacrifice.

v. 557. *Retro trahuntur.* Il faut sous-entendre *capita hostiarum.* On ramenait en arrière la tête de la victime, pour lui enfoncer le couteau dans la gorge.

v. 715. Cadmus, fils d'Agénor, roi de Phénicie, où étaient les villes de Tyr et de Sidon, fut envoyé par son père à la recherche d'Europe, sa sœur, que Jupiter avait enlevée. Il aborda en Phocide, et s'arrêta au pied du Parnasse, où coulait la fontaine Castalie.

v. 722. *Nomenque genti.* Suivant les uns, le nom de Béotie dérivait de βοῦς, bœuf, vache, soit à cause de la fable dont il est ici question; soit parce que cette contrée, abondante en pâturages, nourrissait de nombreux troupeaux. D'autres tiraient ce nom de Béotus, fils de Neptune ou de Deucalion.

v. 725. *Aut anguis imis.* Ce serpent est celui que tua Cadmus. Voyez OVIDE, *Métamorph.*, liv. III.

v. 728. *Chaonias.* Cette épithète, qu'il ne faut pas prendre à la lettre, signifie ici des arbres aussi élevés que ceux de la Chaonie, en Épire.

v. 751. *Cadmei fata nepotis.* Voyez, sur Actéon, les *Phénic.*, v. 14, et la note.

---

v. 897. *Puer.* Ce mot désigne le jeune Icare, dont l'aventure est si connue. Voyez HORACE, *Odes*, liv. IV; *Énéide*, liv. VI, v. 14.

v. 998. Voltaire, dans son Œdipe, a imité la fin de l'*Œdipe* latin. Il a même emprunté à Sénèque jusqu'à ce mot plein d'affectation : *dirai-je mon époux?* traduit évidemment du *quid te vocem? gnatumne?* (v. 1009) Enfin sa Jocaste, comme celle de Sénèque, se tue sur la scène.

LES TROYENNES.

Le sujet de cette tragédie est tiré des *Troyennes* d'Euripide. Chateaubrun a donné, sous le même titre, une faible imitation de la pièce grecque.

Nous avons à peu près conservé la traduction que le P. Brumoy a donnée de deux passages de cette tragédie.

ARGUMENT. *Sibi amatam Polyxenam.* Nous n'avons pas corrigé cette inadvertance dans le texte. Il est bon cependant de la relever. Rien dans toute la pièce ne justifie cette assertion. Ce n'est pas par amour qu'Agamemnon s'oppose à la mort de Polyxène, mais par des motifs d'humanité. Si Pyrrhus, dans leur querelle, parle de cet amour (vers 303), c'est sous la forme du doute, et il n'en est plus question dans la suite.

v. 7. *Cœlitum egregius labor.* Les remparts de Troie étaient, suivant la fable, l'ouvrage de Neptune et d'Apollon. Mais ces dieux n'en avaient pas construit la totalité; voilà pourquoi ils purent être détruits par la main des hommes.

v. 9. *Septena Tanain.* C'est le Danube ou Ister, et non le Tanaïs (aujourd'hui le Don), qui se jette par sept bouches dans le Pont-Euxin. Un commentateur de Sénèque trouve fort ingénieux qu'il fasse commettre cette erreur à une femme ignorante. Mais Sénèque commet la même méprise pour son compte, *Quæst. natur.*, liv. VI, ch. 7. Il y confond évidemment le Danube avec le Tanaïs, puisqu'il dit du premier qu'il arrête les irruptions du Sarmate, et sépare l'Europe de l'Asie.

v. 12. *Quæ vagos vicina.* Le poëte désigne ici les Amazones, et leur reine Penthésilée.

v. 17. *Assaraci domus.* Assaracus, roi des Troyens, était fils d'Ilus, qui bâtit la citadelle, nommée Ilium, du nom de son fondateur.

v. 27. *Spolia... Dardania.* Dardanus, fils de Jupiter, premier roi des Troyens, donna son nom à toute la contrée.

v. 34. *Phœbas ore lymphato.* Voyez *Agamemnon*, v. 586.

v. 38. *Ithaci comes.* Ce compagnon d'Ulysse est Diomède, avec lequel il pénétra la nuit dans le camp de Rhésus, pour emmener les chevaux de celui-ci.

v. 39. *Fallax Sinon.* Le récit des ruses de Sinon occupe une partie du livre II de l'Énéide.

v. 40. *Meus ignis.* Hécube, enceinte de Pâris, rêva qu'elle accouchait d'une torche qui embrasait toute la Phrygie.

v. 44. *Regiæ cœdis nefas.* Voyez dans Virgile, *Énéide*, l. II, v. 526 et suiv., le récit de la mort de Priam.

v. 66. *Fatalis Ide judicis.* Le jugement de Pâris, qui décerna à Vénus le prix de la beauté, causa la guerre et la ruine de Troie.

v. 70. *Graias hospes Amyclas.* Amyclée, ville de Laconie. Il y en avait une du même nom en Campanie.

v. 134. *Nil Troja semel.* Troie fut prise deux fois du vivant de Priam; la première sous le règne de Laomédon (voyez ci-après, v. 718 et suiv.); la seconde sous le règne de Priam lui-même; et les flèches d'Hercule furent deux fois fatales à cette ville, d'abord dans les mains d'Hercule lui-même, et dans celles de Philoctète, au second siége.

v. 165. *Seu petere.* Retenus dans le port d'Aulis par la colère de Diane, les Grecs n'obtinrent les vents qui devaient les porter à Troie qu'en sacrifiant à la déesse Iphigénie, fille d'Agamemnon. L'auteur rappelle encore cet événement en deux endroits, v. 357 et v. 360.

v. 183. *Threicia... arma proludens.* Achille défit une armée de Thraces, que Cissée, père d'Hécube, envoyait au secours de son gendre.

v. 184 et 185. *Neptunium cana nitentem.* Le poëte désigne Cycnus, fils de Neptune, tué par Achille et métamorphosé en cygne.

v. 205. *Excidit.* Nous avons donné à ce mot le sens de *excidit animo.* Les autres traducteurs et les commentateurs lui donnent celui de *periit, mortuus est,* qui ne nous semble avoir aucun rapport avec le vers précédent : *Cum læta pelago,* etc....

v. 216. *Telephus regno impotens.* Télèphe, roi de Mysie, voulut empêcher les Grecs de passer par ses États, lorsqu'ils marchaient contre Troie. Blessé par la lance d'Achille, il ne put être guéri qu'en mettant sur la blessure de la rouille de cette même lance. Achille, élève de Chiron, avait des connaissances en médecine, et guérit par humanité ce même roi, auquel il avait fait la guerre.

v. 220. *Cecidere Thebæ.* Cette Thèbes, ville de Cilicie, était la capitale des États d'Éétion, père d'Andromaque. Voyez HOMÈRE, *Iliade,* liv. VI, v. 416.

v. 222. *Parva Lyrnessos.* Lyrnesse, ville de la Troade.

v. 223. *Capta Briseide.* La fille de Brisès, Hippodamie, est cette captive qu'Agamemnon fait enlever de la tente d'Achille *Iliade,* l. I.

v. 224. *Causa litis regibus.* La prise de Chrysa fut, par ses conséquences, la cause de la grande querelle d'Achille et d'Agamemnon, *Iliade,* l. I.

v. 225. *Nota fama Tenedos.* C'est l'île où les Grecs opérèrent leur feinte retraite. *Énéide,* l. II, v. 21.

v. 227. *Syros... Lesbos.* Syros, île de la mer Égée, qu'il ne faut pas confondre avec Scyros, où régnait Lycomède. Les deux noms ne s'écrivent pas de même, et la différence est sensible, en grec, à l'oreille : Σύρος et Σκύρος. — Lesbos, la plus grande des îles de la mer Égée.

v. 228. *Sacra Phœbo Cilla.* Cilla, ville de la Troade.

v. 229. *Caycus gurgitem attollens.* Le Caïque, fleuve de Mysie.

v. 325. *Thessalicis navalibus pax.* Voyez cette entrevue d'Achille et de Priam, *Iliade,* l. XXIV.

v. 342. *Thyestæ nobilem... domum.* Allusion aux crimes de la famille des Atrides.

v. 343. *Concepte furtivo stupro.* Voyez les amours d'Achille et de Déidamie, STACE, *Achilléide.*

v. 386. *Pegaseo corripiet gradu.* Avec la rapidité de Pégase, ce cheval ailé, né du sang de Méduse, et qui portait au sommet du Parnasse les poëtes chéris des Muses.

v. 485. *Parens.* Ce mot remplace le nom *Priamus.*

v. 519. *Cephallenum.* Les Céphalléniens, habitants d'une île de la mer Ionienne, avaient suivi Ulysse au siége de Troie.

7. 556. *Quod victor tulit.* Ulysse rappelle le sacrifice d'Iphigénie, auquel Agamemnon avait consenti. Plusieurs traits de ce discours se retrouvent dans celui qu'Oreste adresse à Pyrrhus, RACINE, *Androm.,* acte I, sc. 2.

v. 570. *Matrum dolos... duarum.* Ulysse tira par adresse Iphigénie des mains de sa mère, et déjoua l'artifice de Thétis, en découvrant Achille caché parmi les filles de Lycomède.

v. 665. *Quæ vendidistis.* Les Grecs étant maîtres de la plaine qui environnait Troie, Priam fut forcé de leur

acheter la place où il voulait élever un tombeau à son fils.

v. 668. *Munus.* Ce présent est le cadavre d'Hector, qu'Achille ne donna pas, mais vendit à Priam.

v. 778. Ces jeux troyens, dont les Romains adoptèrent l'usage pour confirmer leur origine, sont décrits par Virgile, *Én.,* livre V, v. 545 et suiv.

v. 818. *Aptior Phthie.* La Phthie, patrie d'Achille et des Myrmidons, faisait partie de la Thessalie.

v. 819. Trachis, capitale de la Trachinie, contrée rocailleuse.

v. 820. *Iolcos.* Iolchos, patrie de Jason, qui tenta la première expédition maritime, celle des Argonautes.

v. 822. *Parva Gortyne... Tricca.* Gortyne, ville de Crète. Triccé, en Thessalie.

v. 823. *Mothone.* Mothone, dans le Péloponnèse, aujourd'hui Modon.

v. 824. *Œtæis... silvis.* Voyez l'*Hercules Œtœus,* notamment v. 1648 et suiv.

v. 827. *Olenos.* Olène, ville d'Élide.

v. 828. *Pleuron.* Pleuron, ville d'Étolie. Œnée, roi de cette contrée, n'avait pas sacrifié à Diane comme aux autres dieux. La déesse irritée suscita ce sanglier monstrueux qui fut tué par Méléagre. Voyez *Médée,* v. 644.

v. 829. Trézène, ville maritime du Péloponnèse, patrie de Thésée.

v. 830. *Regnum Prothoi.* Prothoüs, fils de Teuthredon, régnait dans la contrée que dominait le Pélion, l'une des trois montagnes que les géants entassèrent pour escalader le ciel.

v. 837. *Carystos.* Caryste, l'une des Cyclades. Ceux qui pensent que le poëte a voulu parler des mines d'amiante qu'on exploitait en effet à Caryste, lisent *rari* au lieu de *varii.*

v. 839. *Chalcis.* Chalcis, ville de l'Eubée sur l'Euripe, en face d'Aulis.

v. 840. *Calydnæ.* Les îles Calydna, dans la mer Ionienne.

v. 841. *Gonoessa.* Gonoesse, en Étolie, exposée aux vents, par sa situation élevée.

v. 842. *Enispe.* Énispe, ville d'Arcadie.

v. 843. *Peparethos.* Péparèthe, île de la mer Égée.

v. 844. *Eleusis,* voyez *Herc. fur.,* v. 301.

v. 845. *Salamina veram.* Il n'y avait alors qu'une Salamine. La seconde ne fut fondée par Teucer que lorsqu'il eut été banni par son père.

v. 846. *Notam Calydona.* Calydon, ville d'Étolie. Voyez la note relative au vers 828.

v. 848. *Titaressos.* Titarèse, fleuve de Thessalie, dont les eaux huileuses, suivant les anciens, ne se mêlaient pas à celles du Pénée.

v. 849. *Bessan et Scarphen.* Bessa et Scarphé, villes de Locride. — Pylos, aujourd'hui Navarin, ville de Messénie, patrie de Nestor. Le poëte applique peut-être à la ville l'épithète qui convient à son vieux roi.

v. 850. *Pharin... Pisam.* Pharis, en Laconie. — Pise ; voyez *Thyeste,* v. 121.

v. 851. *Elida claram.* Élis ; voyez *Herc. fur.,* v. 829.

v. 855. *Sparte... Argos... Mycenæ.* Sparte, patrie d'Hélène ; Argos, Mycènes, villes fameuses.

v. 857. *Neritos... Zacyntho.* Nérite, île voisine d'Ithaque ; Zacynthe, île qui faisait partie des États d'Ulysse.

v. 880-881. *Magna Tethys... placidum numen Thetis.* Il faut distinguer Téthys, femme de l'Océan et souveraine des mers, de Thétis, divinité marine, femme de Pélée, et mère d'Achille. C'est pour éviter l'équivoque, que nous n'avons pas traduit le premier de ces noms propres.

v. 987. *Quis matrem Hectoris.* Ulysse possédait les armes d'Achille. Les Grecs les lui avaient données en récompense de ses services. Voy. Sophocle, *Ajax furieux*; Ovide, *Métamorph.*, liv. xiii.

v. 991. *Hectoris spolium.* L'expression latine est équivoque. Voyez les diverses interprétations.

v. 992. *Sterilis et sævis fretis.* Hécube en effet ne suivit pas Ulysse en Ithaque. Las des injures et des imprécations dont cette malheureuse l'accablait, il la relégua en Thrace.

v. 1035. *Questus est Hellen.* Phryxus et Hellé, sa sœur, craignant leur père Athamas, et Ino, leur marâtre, s'enfuirent par mer, portés, suivant la fable, sur la peau d'un bélier dont la toison était d'or. Hellé, effrayée, tomba dans cette partie de la mer qui en prit le nom d'Hellespont.

v. 1069. *Una magna turris.* Le poëte désigne probablement cette tour du haut de laquelle Hélène montre à Priam les principaux chefs de l'armée grecque, *Iliade*, l. iii.

v. 1105. *Colchus... Scytha.* Les habitants de la Colchide étaient fameux par leur cruauté. Sur les Scythes, voyez *Herc. fur.*, v. 532.

v. 1106. *Caspium tangens mare.* Les Hyrcaniens habitaient les bords de la mer Caspienne.

v. 1133. *Quum subito.* Voyez dans l'*Hécube* d'Euripide, v. 517 et suivants, le sacrifice de Polyxène.

MÉDÉE.

Le nombre des *Médées* est assez considérable. On en peut voir le catalogue dans le tome vi du *Théâtre des Grecs*. Nous n'en citerons que deux, celle d'Euripide et celle de P. Corneille.

v. 1. *Dii conjugales.* Les dieux du mariage, invoqués ici par Médée, étaient Jupiter, Junon, Pitho, chez les Grecs; Suada, chez les Romains, Lucine et Vénus. Elle invoque un peu plus loin (v. 3 et 4) Minerve, dont les conseils avaient dirigé Tiphys, et Neptune, sans la permission duquel les Argonautes n'auraient pu accomplir leur entreprise.

v. 28. *Nostri sator generis.* Éétès, fils du Soleil et de la nymphe Persé, était père de Médée.

v. 60. *Taurus tergore candido.* Malgré l'assertion de Servius, aucun rit sacré n'empêchait qu'on sacrifiât un taureau blanc à Jupiter.

v. 76-77. *Cecropias nurus. — Taygeti jugis.* Les Athéniennes sont désignées par le mot *Cecropias* (voyez *Hippolyte*, v. 2); les filles de Sparte, par le nom du Taygète, montagne voisine de cette ville.

v. 80. *Aonius latex.* Aon, fils de Neptune, avait donné son nom à la contrée appelée depuis Béotie.

v. 81. *Alpheosque sacer.* L'Alphée coulait près d'Olympie, et son eau était employée dans les sacrifices offerts à Jupiter.

v. 84. *Proles fulminis improbi.* Voyez, sur la naissance de Bacchus, *Herc. fur.*, v. 457 et suiv.

v. 87. *Virginis asperæ.* Diane, la chaste déesse, qui se plaît dans les forêts.

v. 105. *Æoliam corripe virginem.* Les rois de Corinthe, dont Créuse est la fille, descendaient d'Éolus, fils d'Hellen.

v. 113. *Fescenninus.* Les vers fescennins étaient des poésies licencieuses et même obscènes, que l'on chantait aux noces des Romains. Ils tiraient leur nom de celui de Fescennium, ville d'Étrurie, où ils avaient été, dit-on, inventés.

v. 130. *Inclytum regni decus.* Le poëte désigne la célèbre toison d'or.

v. 131. *Virginis parva comes.* Médée, fuyant avec Jason, emmena avec elle Absyrto, son jeune frère, qu'elle mit en morceaux, et dont elle sema les membres sur la route de son père. Pendant que celui-ci recueillait

les restes de son fils, les fugitifs échappèrent à sa poursuite.

v. 133. *Ponto. — Peliæ senis.* Ce mot est regardé par les uns comme un synonyme de *mari*; d'autres en font un nom propre, celui d'une contrée voisine de la Colchide. Voyez v. 201.

v. 143. *Culpa est Creontis.* Créon, roi de Corinthe. Voyez la scène suivante.

v. 149. *Malea, longas navibus.* Le promontoire de Malée, en Laconie, s'avançait au loin dans une mer orageuse.

v. 201. *Auditus a te Pelia.* Voyez ci-après v. 258 et suivants, v. 666, 667; et Ovide, *Métamorph.*, liv. vii, fab. 1.

v. 215. *Ripis.... Thermodontiis.* Le Thermodon, fleuve de Cappadoce, dont les Amazones habitaient les bords.

v. 228. *Orpheus.* Médée parle ici d'Orphée comme s'il vivait; et l'on voit plus bas, v. 625 et suiv., les détails de sa mort.

v. 231. *Satique Borea.* Calaïs et Zétès, fils de Borée et de la nymphe Orithye.

v. 232. *Lynceus.* Lyncée, célèbre par l'étendue et la subtilité de sa vue.

v. 233. *Omnesque Minyæ.* Ce nom désigne les Argonautes, partis d'Orchomène, appelée primitivement Minyae.

v. 257. *Acastus.* Acaste, roi de Thessalie, fils de Pélias, voulait venger sur Médée et sur Jason la mort de son père.

v. 313. *Oleniæ sidera capræ.* C'est la chèvre Amalthée, qui allaita Jupiter près de la ville d'Olène.

v. 346. *Audax Tiphys.* Tiphys était le pilote du navire. Voyez ci-après, v. 617 et suiv.

v. 349. *Vocem perdidit Argo.* Le navire Argo, formé de chênes prophétiques de Dodone, rendait lui-même des oracles.

v. 350. *Virgo Pelori.* Scylla, fille de Phorcus, se tenait près du cap Pélore, en Sicile, au milieu des écueils qui portent son nom.

v. 355. *Ausonium diræ pestes.* Les Sirènes nageaient entre le promontoire Pélore et la côte d'Italie, que le poëte appelle Ausonie, du nom d'Auson, fils d'Ulysse et de Calypso.

v. 374. *Albim.* L'Elbe, fleuve d'Allemagne.

v. 379. *Ultima Thule.* Thulé, limite, au nord, du monde connu des anciens. Quelques-uns ont pensé à tort que c'était l'Islande.

v. 408. *Charybdis.* Gouffre près de Messine, en face des rochers de Scylla. Voyez plus haut, v. 350.

v. 456. *Symplegadas.* Les Symplégades ou Cyanées. Voyez *Herc. fur.*, v. 1210 et suiv.

v. 457. *Iolcon. — Tempe.* Voyez les *Troyennes*, v. 819 et la note. Les poëtes donnaient le nom de *Tempe* à toutes les vallées fraîches et riantes. Il s'agit ici de la véritable Tempé, que le Pénée arrosait.

v. 471. *Spolia Phrixei arietis.* Voyez les *Troyennes*, v. 1034 et la note.

v. 483. *Scythæ.* Les noms de Scythes et d'Indiens désignent, chez les poëtes anciens, des peuples dont ils ne connaissaient pas exactement la position.

v. 512. *Sisyphi nepotibus.* Sisyphe, brigand tué par Thésée, mais fondateur de Corinthe, était père de Créon, aïeul de Créuse.

v. 622. *Aulis.* Le poëte explique par avance la cause de ce calme qui retint dans le port d'Aulis la flotte d'Agamemnon.

v. 635. *Neptuno genitum.* Ce fils de Neptune se nommait Périclymène.

v. 639. *Vivus ardenti.* Cette mort d'Hercule est le sujet de l'*Hercule Œtœus* de notre auteur.

v. 643. *Ancœum*. Ancée fut tué par un sanglier.

v. 644. *Meleagre*. Méléagre tua les deux frères de sa mère, Plexippe et Toxée. Pour venger leur mort, Althée, mère de Méléagre, jeta au feu un tison à l'existence duquel était attachée celle de Méléagre.

v. 647. *Quod crimen tener*. Le poëte désigne le jeune Hylas, qui se noya dans le fleuve Ascagne. Voyez *Hipp.*, v. 780.

v. 652. *Idmonem*. Idmon, fils d'Apollon, savant augure, mourut, suivant notre auteur, de la morsure d'un serpent; suivant Ovide, il fut tué par un sanglier.

v. 655. *Concidit Mopsus*. Le poëte paraît avoir confondu ici Mopsus l'Argonaute, fils d'Ampyque et de Chloris, avec un autre Mopsus de Thèbes, fils de la prophétesse Manto, petit-fils de Tirésias.

v. 657. *Exul erravit*. Le chœur, sur la foi de Mopsus, cite comme accomplis, ou comme devant s'accomplir, des événements prédits par celui-ci. Pélée, mari de Thétis, fut chassé de ses États.

v. 659. *Nauplius*. Voyez l'*Agamemnon*, v. 557 et la note.

v. 661. *Oileus*. Voyez la mort d'Ajax, fils d'Oïlée, *Agam.*, v. 728 et suivants. Coupable d'avoir violé Cassandre dans le temple de Minerve, il expia son propre crime, et non l'audace de son père.

v. 662. *Conjugis fatum redimens*. Admète, roi de Phères, allait périr; Alceste, sa femme, fille de Pélias, le sauva en mourant à sa place. Voyez l'*Alceste* d'Euripide.

v. 669. *Jusso*. Ce mot désigne Jason, qui n'a fait qu'obéir à Pélias.

v. 686. *Sera*. On donne aussi à ce mot le sens d'*annosa*, vieux.

v. 696. *Major minorque*. Les Grecs dirigeaient leur course en mer sur la grande Ourse, Hélice; les Phéniciens, observateurs plus habiles, sur la petite Ourse, Cynosure.

v. 698. *Ophiuchus*. Constellation placée à la queue du Serpent. On lui donnait différents noms.

v. 700. *Gemina... numina*. Apollon et Diane, que le serpent Python voulait dévorer.

v. 707. *Eryx*. Montagne de Sicile.

v. 713. *Suevi nobiles Hercyniis*. Les Suèves, puissante peuplade de la Germanie, habitaient la forêt Noire.

v. 725. *Hydaspes*. Fleuve de l'Inde.

v. 726. *Bœtis*. Fleuve d'Espagne, aujourd'hui le Guadalquivir.

v. 745. *Pirenidas*. La fontaine Pirène coulait près de Corinthe.

Le vers suivant ne présente pas un sens assez clair. Médée veut dire : La place que Tantale va laisser vacante aux enfers, et le châtiment qu'il y souffre, ne suffiraient pas pour Créon.

v. 754. *Et evocavi*. Les magiciennes se plaisaient à vanter les effets et la puissance de leur art. Voyez *Herc. Œt.*, v. 454 et suivants; écoutez, dans le *Satyricon* de Pétrone, la magicienne Énothée.

v. 763. *Ister*. Voyez les *Troyennes*, v. 9.

v. 773. *Typhœus*. Typhée, un des Titans.

v. 775. *Vectoris istic perfidi*. Voyez la perfidie et la mort de Nessus, *Herc. Œt.*, v. 503 et suiv.

v. 781. *Reliquit istas*. Zétès et Calaïs, en récompense de l'hospitalité qu'ils avaient reçue de Phinée, le délivrèrent des Harpies.

v. 795. *Dictynna*. L'un des noms de Diane, dérivé du grec δίκτυον, rets, filets.

v. 796. *Pretiosa œra Corinthi*. Il y a ici un des plus étranges anachronismes. On ne savait pas au temps de Médée ce que c'était que l'airain de Corinthe.

v. 814. *Persei*. Autre nom de Diane, ou plutôt d'Hécate, fille du roi Persès.

v. 827-828. *Mediœ dona Chimœrœ*. Nous n'avons pas traduit le mot *Mediœ*. Le feu que jetait ce monstre, formé de trois animaux, avait son siége dans la partie moyenne de son corps.

v. 831. *Medusœ*. Méduse, l'une des trois Gorgones, à qui Persée coupa la tête.

v. 890. *Ipsa prœsidia occupat*. Des commentateurs pensent que *ipsa* désigne Médée. Dans ce cas, *prœsidia* signifierait le haut du palais, d'où Médée contemplerait et dirigerait l'incendie. Cette interprétation nous a paru forcée.

v. 936. *Et frater fuit*. Ce frère est Absyrte. Voy. v. 131.

v. 977. *Approba populo*. On ne peut violer, braver plus audacieusement le précepte d'Horace :

Neu pueros coram populo Medea trucidet.

v. 999. *Conjux socerque*. Créuse et Créon, consumés par les feux magiques de Médée.

v. 1022. *Sic fugere soleo*. En fuyant de Colchide, elle a tué son frère; et Pélias, en quittant la Thessalie.

AGAMEMNON.

Sénèque a tiré le sujet de cette pièce de l'*Agamemnon* d'Eschyle, qu'il n'a guère imité dans les détails. L'*Agamemnon* de Népom. Lemercier, principalement imité du poëte grec, jouit d'une juste célébrité.

v. 6-11. *Imo fraternos*. — *Epulis locus*. La vue de ces lieux lui rappelle le repas que lui a servi son frère. Voyez le *Thyeste* de notre auteur.

v. 23. *Reputemus*. Fabricius a fait, dans une note latine, cette récapitulation des crimes commis dans la maison des Pélopides.

v. 28. *Nec hactenus*. Nous avons suivi ici l'interprétation généralement reçue. Peut-être ces deux mots devraient-ils être entendus comme s'il y avait : *Nec in hoc tantum; et ce n'est pas encore là ma seule souillure*.

v. 30. *Natœ nefandos*. Thyeste, après la trahison de son frère, consulta l'oracle sur les moyens de se venger. L'oracle répondit que de lui et de sa fille Pélopée naîtrait un fils qui le vengerait. Ce fils fut Égisthe. Voyez plus loin, v. 33, 48, 294.

v. 119. *Impia virgo face*. Clytemnestre désigne ici la fameuse Médée. Voyez la tragédie de ce nom.

v. 124. *Soror ista fecit*. Cette sœur est Hélène.

v. 133. *Mixtus dolori*. Le mot *dolor*, employé plus d'une fois dans ce passage, signifie jalousie, dépit d'une épouse trahie.

158. *Equidem et jugales*. Agamemnon fit venir Iphigénie au camp des Grecs, où elle devait être immolée, en persuadant à Clytemnestre qu'il voulait la marier avec Achille. Voyez l'*Iphig.* d'Euripide et celle de Racine.

v. 162. *Tyndaris cœli genus*. Clytemnestre était fille de Tyndare, petit-fils de Jupiter.

v. 167. *Calchas*. Voyez les *Troyennes*, v. 353.

v. 186. *Lyrnesida*. Hippodamie, fille de Brisès, roi de Lyrnesse. Voyez HOMÈRE, *Il.*, ch. I.

v. 191. *Captœ*. Cassandre, fille de Priam.

v. 208. *Quem non Achilles*. HOMÈRE, *Il.*, ch. I, v. 190 et suiv.

v. 210. *Melior Ajax*. Ajax, fils de Télamon.

v. 212. *Memnon Niger*. Voyez les *Troyennes*, v. 239.

v. 215. *Nivea proles Cycnus*. Voyez les *Troyennes*, v. 183.

v. 216. *Rheso*. Rhésus, tué par Ulysse, la nuit, dans son camp. HOMÈRE, *Il.*, ch. X.

v. 231. *Oppone cunctis vile*. Nous pensons qu'Égisthe, au lieu de se résigner à la mort, comme l'entendent des commentateurs, se prépare à une résistance désespérée. *Vile* n'est pas ici un terme de mépris, mais signifie qu'on risque, qu'on hasarde sans ménagement.

v. 244. *Quo raperis amens.* Voyez l'*Agamemnon* de Nép. Lemercier.

v. 314. *Stirps Inachia.* Ce chœur est composé d'Argiennes. Inachus fut le premier roi d'Argos.

v. 316. *Erasini... fontes.* Fleuve dont la source est en Arcadie, et l'embouchure en Argolide.

v. 392. *Delubra et aras.* Ce commencement est imité d'Eschyle. Voyez son *Agam.*, vers 489.

v. 448. *Herceum Jovem.* C'est au pied de l'autel de Jupiter Hercéen que Priam fut tué par Pyrrhus.

v. 451. *Tyrrhenus... piscis.* Ces mots désignent le poisson appelé dauphin. Voyez dans l'*Œdipe* de Sénèque, v. 449 et suivants, la métamorphose des pirates Tyrrhéniens en dauphins.

v. 484. *Oceano.* Les poëtes donnent à ce mot la signification d'occident, parce que c'est dans l'Océan que le soleil leur semblait se coucher.

v. 514. *Quisquis ad Trojam.* Voyez VIRGILE, *Én.*, liv. I, v. 93 :

> *O terque quaterque beati, etc.*

v. 547. *Non me fugavit.* Ajax, fils d'Oïlée, s'attribue ici, par l'erreur du poëte, les exploits de son cousin, le fils de Télamon.

v. 560. *Caphareus.* Promontoire de Capharée en Eubée.

v. 562. *Arx.* Ce mot signifie peut-être ici montagne, éminence.

v. 566. *Scelere Lemnon nobilem.* Les femmes de l'île de Lemnos, négligées par leurs maris, tuèrent le même jour tout ce qu'il y avait d'hommes dans l'île.

v. 568. *Palamedis ille genitor.* Nauplius désirait faire périr surtout Ulysse et Agamemnon; d'autres disent à tort Diomède, comme les auteurs de la mort de son fils. Désespéré en apprenant qu'ils avaient échappé à ce danger, il se précipita sur ces mêmes écueils de Capharée. Voyez *Médée*, v. 658.

v. 588. *Effrena Phœbas.* La prêtresse Cassandre.

v. 601. *Barbaricis equitum catervis.* La force des armées d'Orient consistait dans leur cavalerie.

v. 618. *Falsus Achilles.* Voyez dans HOMÈRE, *Il.*, XVI, v. 136-861, Patrocle combattant sous l'armure d'Achille.

v. 626. *Dona molis immensæ.* Voyez VIRGILE, *Én.*, livre II.

v. 640. *Æmonio desponsa rogo.* Polyxène, fiancée à Achille, fut immolée sur son tombeau. Voyez les *Troyennes*, acte v.

v. 673. *Bistonis.* Ce mot, synonyme de *Thracius*, joint ici à *ales*, désigne Progné, femme de Térée, roi de Thrace, qui tua Itys, son enfant, et fut changée en hirondelle.

v. 680. *Alcyones.* Alcyone, inconsolable de la mort de Céyx, son mari, se précipita dans la mer. Tous deux furent changés en oiseaux marins.

v. 686. *Molles... viros.* Le poëte appelle ainsi les Galles, prêtres de Cybèle, parce qu'ils se mutilaient, en mémoire de la mutilation du jeune Atys.

v. 688. *Turritæ... parenti.* Cybèle, mère des dieux, portait une couronne en forme de créneaux.

v. 706. *Fecunda in ignes.* Voyez les *Troyennes*, v. 40 et la note.

v. 731. *Arbiter pastor.* Pâris, qui, choisi pour juge entre Vénus, Junon et Minerve, donna le prix de la beauté à Vénus.

v. 732. *Furtivum genus.* Cassandre, dans ce vers et dans le suivant, désigne Égisthe.

v. 739. *Marmaricus leo.* La Marmarique, contrée au nord de la Libye, voisine de l'Égypte.

v. 748. *Troïle.* Troïle, le plus jeune des fils de Priam, osa défier Achille, et fut tué par lui.

v. 863. *Mendax Dardaniæ domus.* Allusion au parjure de Laomédon, puni par Hercule.

v. 918. *Phocide relicta Strophius.* Strophius était roi de Phocide, fils d'Anaxibie, sœur d'Agamemnon, et père de Pylade. Il venait, suivant ce qu'il dit ici, de remporter à Élis le prix de la course des chars.

v. 938. *Pisæi Jovis.* Pise, Élis, Olympie, trois villes de l'Achaïe, célèbres par les jeux qu'on y célébrait.

v. 1012. *Veniet et vobis.* Cassandre annonce Oreste et le châtiment des deux coupables.

HERCULE SUR L'ŒTA

Cette tragédie, que Rotrou a traduite en partie dans son *Hercule mourant*, n'a de rapport avec *les Trachiniennes* de Sophocle que pour le fond du sujet ; elle en diffère entièrement pour le plan et la conduite. Quoique *les Trachiniennes* soient regardées comme le moins beau des ouvrages de Sophocle, ce sujet simple, mais habilement ménagé, lui a fourni ce qui constitue un drame, une action et des caractères ; l'auteur latin en a fait seulement le texte d'amplifications lourdes, de tirades ampoulées, où brillent de loin en loin quelques sentiments vrais et de grandes pensées.

v. 13. *Mors me tibi.* Hercule rappelle ici son retour glorieux des enfers. Voyez. *Herc. fur.*, acte III.

v. 24. *Antæus Libys.* Antée, géant, fils de Neptune et de la Terre, roi de Tingitanie, forçait ses hôtes à lutter contre lui, et les tuait, après les avoir terrassés. Hercule, s'étant aperçu que le géant recouvrait ses forces en touchant la terre, le tint élevé, et l'étouffa dans ses bras.

v. 59. *Nec infans.* Voyez *Herc. fur.*, v. 216 et suiv.

v. 69. *Astræa.* Astrée ou la Vierge, constellation du zodiaque, qui suit celle du Lion.

v. 81. *Pelorus.* Promontoire de Sicile. Voyez *Médée*, v. 350 et suiv.

v. 92. *Pæan.* L'un des noms d'Apollon.

v. 102. *Cenæi Jovis.* Jupiter est nommé ici Cénéen, parce qu'il a un temple ou un autel sur le promontoire Cénée, dans l'île d'Eubée.

v. 125. *Gelidus Dolops.* Les Dolopes habitaient la froide région voisine du Pinde, à l'extrémité septentrionale de la Phthie.

v. 127. *Œchaliæ.* Plusieurs villes portaient ce nom. Eustathe en compte cinq. Il s'agit ici de la capitale des États d'Eurytus, en Eubée.

v. 135. *Trachina.* Voyez les *Troy.*, v. 816.

v. 160. *Nabathæ.* Les Nabathes habitaient l'Arabie Pétrée.

v. 186. *Eridani.* Phaéton, foudroyé par Jupiter, tomba dans l'Éridan, nommé depuis Padus par les anciens, et Pô par les modernes. Les sœurs de Phaéton, qui pleuraient nuit et jour sur les bords du fleuve, furent changées en peupliers.

v. 190. *Edonas.* Cette épithète est formée du mot *Edon*, montagne de Thrace.

v. 195-196. *Lacrimas Myrrha tuetur.* Myrrha, fille de Cynare, roi de Chypre, devenue mère, et craignant la colère de son père, s'enfuit en Arabie. Elle y fut changée en un arbuste qui porte son nom, et d'où découle, sous la forme de larmes, une gomme odoriférante.

v. 319. *Domus... soceri... Œtolum genus.* Œnée, père de Déjanire, était roi d'Étolie.

v. 363. *Priami... soror.* Hercule délivra Hésione, sœur de Priam, qui devait être dévorée par un monstre marin, et la donna en mariage à Télamon, son compagnon d'armes, qui avait escaladé le premier les murailles de Troie.

v. 371. *Lydiam fovit nurum.* Voyez *Herc. fur.*, 366.

v. 404. *Eurystheus.* Eurysthée, aux ordres duquel Hercule était soumis.

v. 451. *Vernare jussi.* Voyez *Médée*, v. 754 et la note.

v. 492. *Gravida Nephele.* Nephele, en grec, nuage. La

nom de cette reine est la source de la fable qui faisait naître d'un nuage toute la race des Centaures.

v. 494. *Othrys*. L'une des trente-quatre montagnes de Thessalie.

v. 496. *Achelous*. L'Achéloüs, fleuve d'Acarnanie, disputa à Hercule la possession de Déjanire. Il prit, dans le combat, toutes sortes de formes, et fut enfin vaincu sous celle d'un taureau, Hercule lui ayant arraché une de ses cornes.

v. 501. *Evenos*. L'Évène, fleuve d'Étolie.

v. 552. *Fronte subita tumuit*. Jupiter se métamorphosa en taureau, pour enlever Europe, fille d'Agénor, roi d'Assyrie.

v. 563. *Palladia colu*. Minerve ou Pallas présidait à tous les travaux d'aiguille. Voyez *Hipp.*, v. 103.

v. 582. *Calydoniæ*. Calydon, principale ville d'Étolie.

v. 591. *Flavus... Lycormas*. Le Lycormas, fleuve d'Étolie, jauni par le sable qu'il charriait.

v. 599. *Attica mystas*. Voyez *Herc. fur.*, v. 847; *Œdipe*, v. 431.

v. 622-623. *Gemmiferi sufficit Istri*. Les anciens, se faisant une idée magnifique de tout ce qui était éloigné, se figuraient que le Danube roulait des pierreries.

v. 667. *Eois Ser arboribus*. Les anciens, qui ne connaissaient pas la véritable origine de la soie, croyaient vraisemblablement qu'elle était, comme le coton, un produit végétal.

v. 730. *Mimas*. Montagne d'Ionie, dont le sommet était couvert de neige.

v. 732. *Leucas*. Ville d'Acarnanie, sur le promontoire célèbre de Leucate.

v. 739. Nous conservons, comme on l'a fait dans les diverses réimpressions de cette tragédie, ce vers évidemment interpolé, qui n'a aucun rapport avec ce qui précède ni avec ce qui suit.

v. 776. *Phrixeum mare*. La mer appelée par les anciens Hellespont. Voyez *Troy.*, v. 1034 et la note.

v. 777. *Caphareus*. Promontoire de l'Eubée; voyez *Agam.*, v. 558 et la note.

v. 820. *Cydon* ou *Cydonius*. Habitant de Cydon, ville de Crète. Les Crétois étaient de très-habiles archers. Voyez *Hipp.*, v. 812.

v. 862. *Œta*. Montagne sur les confins de la Thessalie.

v. 903. *Ipse Megaren*. Voyez *Herc. fur.*, v. 1015 et suiv.

v. 907. *Fonte Cinyphio*. Le Cinyphe, fleuve d'Afrique, entre les deux Syrtes. Il semble, d'après l'*Hercule furieux*, que c'est, non point en Afrique, mais à Athènes, qu'Hercule serait allé se purifier, après avoir tué sa femme et ses enfants.

v. 936. *Immemor Lethe*. Les poëtes ne placent point d'ordinaire le Léthé à l'entrée des enfers. Voyez VIRGILE, *Én.*, liv. VI, v. 749.

v. 946. *Regem Thessalum*. Le poëte désigne Ixion.

v. 948. *Vacat una Danais*. Voyez *Herc. fur.*, v. 500.

v. 953. *Threicia conjux*. Progné, dont il est parlé plus haut, v. 191. Voyez *Agam.*, v. 673.

v. 954. *Althœa mater*. Voyez, au sujet d'Althée, *Méd.*, v. 645 et 780. Déjanire n'est point, en effet, la fille d'Althée; mais, en imitant sa cruauté, elle se montrera digne d'être de son sang.

v. 960. *Cruenta Belias*. Les Danaïdes étaient petites-filles de Bélus.

v. 980. *Ut Arcadiæ nefas*. Ces mots désignent le sanglier du Ménale, en Arcadie.

v. 1041. *Defecisse putant Geten*. Voyez sur le mot *Geten*, synonyme de *Thracium*, plus haut, v. 809; et, sur les Bistones, *Herc. fur.*, v. 226.

v. 1057. *Marmaricus leo*. Nous avons indiqué, *Agam.*,

v. 735, la position de la Marmarique. L'épithète employée ici par le poëte désigne seulement un lion, tel que cette contrée en produisait.

v. 1061. *Tænarias*. Voyez *Herc. fur.*, v. 787.

v. 1075. *Phrygius senex*. Le poëte désigne Tantale, originaire de Phrygie.

v. 1106. *Garamas*. Les Garamantes, peuples nomades, habitaient l'intérieur de la Libye.

v. 1140. *Pondus Encelado leve*. Encelade, l'un des plus formidables géants qui attaquèrent le ciel, fut enseveli sous le mont Etna en Sicile. *Herc. fur.*, v. 80.

v. 1156. *Tyrrhenam feret Inarimen*. C'est, selon la fable, sous l'île d'Inarime, dans la mer Tyrrhénienne, près de la côte de Néapolis, que le géant Typhée était enseveli. Cette île est appelée aussi Ænaria et Pithécusa.

v. 1168. *Truci rictu Gyges*. Géant de l'aspect le plus hideux et le plus formidable.

v. 1197. *Saxo sederem*. Hercule suppose que, pour le punir d'avoir délivré Thésée, les dieux de l'enfer l'auraient mis sur la pierre où celui-ci devait être éternellement assis.

v. 1204. *Turba pastoris feri*. Ces mots désignent le triple Géryon. Voyez *Herc. fur.*, v. 232.

v. 1240. *Fracta Calpe*. Calpé, l'une des colonnes d'Hercule, est cette montagne à l'extrémité de l'Europe, en face d'Abyla, en Afrique.

v. 1252. *Tethys*. Voyez sur ce mot les *Troy.*, v. 879 et la note.

v. 1280. *Æmo*. L'Hémus est une des montagnes de Thrace.

v. 1281. *Parrhasio lentior axe*. Parrhasie, ville d'Arcadie, était la patrie de Calisto, métamorphosée en ourse, et placée dans le ciel, avec son fils Arcas, près du pôle boréal.

v. 1361. *Nubes flamma Sicanias*. Le poëte parle des vapeurs brûlantes qui sortent du cratère de l'Etna, et absorbent l'humidité des nuages.

v. 1362. *Quæ Lemnos ardens*. C'est dans Lemnos, île volcanique de la mer Égée, consacrée à Vulcain, que ce dieu avait ses forges et ses ateliers.

v. 1436. *Qui sonus*. Le poëte veut parler ici de l'harmonie que, suivant les pythagoriciens, les corps célestes produisaient par leur mouvement.

v. 1485. *Tu genus Pœantium*. Ces mots désignent Philoctète, ami d'Hercule, fils de Péas ou Péan de Mélibée, en Thessalie.

v. 1539. *Helices nivosæ*. Voyez sur le mot Hélice, employé pour désigner la grande Ourse, *Méd.*, v. 697, et la note.

v. 1558. *Æaconque geminosque Cretas*. Éaque, roi de Phthie, avec Minos et Rhadamanthe, rois de Crète, exerçait aux enfers les fonctions de juge.

v. 1623. *Chaonis quondam loquax*. Voyez sur les chênes prophétiques de Dodone en Chaonie, *Méd.*, v. 349 et la note.

v. 1735. *Typhon*. Le même que Typhée. Voyez plus haut, v. 1156.

v. 1749. Nous croyons avoir donné le véritable sens de ce vers. D'autres, interprétant *minima*, comme s'il y avait *vix*, traduisent ainsi : Il approche de lui les bois que la flamme avait à peine atteints.

v. 1768. *Rursumque Theseus*. Voyez *Herc. fur.*, v. 806; *Hipp.*, v. 845.

v. 1804. *Si fulminantem et ipsa*. Elle envie le sort de Sémélé. Voyez *Herc. fur.*, v. 457.

v. 1811. *Cleonas*. Cléone, ville du Péloponnèse, entre Argos et Corinthe, près de laquelle fut tué le lion de Némée.

v. 1849. *Deflevit aliqua mater*. Le poëte désigne Niobé,

dont il rappelle les malheurs dans plusieurs de ses tragédies. Voyez notamment *Herc. fur.*, v. 390.

v. 1877. *Curetes... Corybantes.* Notre auteur paraît adopter ici l'opinion de ceux qui distinguaient les Curètes des Corybantes. La plupart des auteurs désignent indistinctement par ces deux noms les prêtres de Cybèle.

v. 1885. *Juga Parthenii.* Le mont Parthénius, en Arcadie, avait vu la victoire d'Hercule sur le sanglier d'Érymanthe.

v. 1973. *Pœnas... Eurystheus dabit.* Cette prédiction d'Hercule s'accomplit en effet. Eurysthée fut vaincu, près de Marathon, par les fils d'Hercule et par Iolas. Selon quelques auteurs, Hyllus, l'un des personnages de cette tragédie, lui coupa la tête, et l'envoya à Alcmène.

OCTAVIE.

Sénèque mourut trois ans avant Néron. On ne peut donc lui attribuer cette tragédie, où sont prédites, dans les termes les plus formels, la mort de Néron et les circonstances particulières dont elle fut accompagnée. Cette espèce de prophétie, qui rappelle celle d'Agrippine dans le *Britannicus* de Racine, a été évidemment calquée sur les faits, et composée après l'événement. On a même des raisons de croire qu'Octavie est d'un siècle postérieur à celui où Sénèque a vécu.

Sans rien changer au texte, suivant notre règle constante, nous avons substitué, dans la traduction de la liste des personnages, l'ombre d'Agrippine à Agrippine elle-même, puisque c'est en effet l'ombre de cette impératrice qui figure dans le drame.

v. 7. *Alcyonas.* Voyez *Agam.*, v. 680, et la note.

v. 8. *Volucres Pandionias.* Progné et Philomèle, changées, l'une en hirondelle, l'autre en rossignol, étaient filles de Pandion, roi d'Athènes. Voy. *Agam.*, v. 670-673.

v. 10. *Genitrix.* La mère d'Octavie était Messaline, troisième femme de Claude, célèbre par son impudicité. Voyez, sur sa mort, cette tragédie, v. 16, 258 et 947.

v. 22. *Novercæ.* Octavie désigne la seconde Agrippine, qui, après la mort de Messaline, devint femme de Claude, son oncle. Ce mariage, à Rome, était regardé comme incestueux.

v. 26. *Teque exstinxit.* Agrippine empoisonna Claude, son mari, pour assurer l'empire à Néron, son fils, sous le nom duquel elle espérait gouverner.

v. 46. *Mox illa nati.* Voyez, plus loin, v. 305.

v. 60. *Electra.* Voyez ses plaintes et ses imprécations, dans l'*Électre* de Sophocle.

v. 63. *Hosti rapuit.* Les ennemis d'Oreste étaient sa mère et Égisthe. Voyez *Agam.*, v. 931.

v. 105. *Subjecta famulæ.* Elle désigne par ce terme de mépris Sabina Poppæa, qui est sa rivale, mais non point son esclave, et dont la naissance même était assez honorable. Son père avait exercé la questure.

v. 119. *Ora fratris.* Néron, adopté par Claude, était devenu ainsi le frère de Britannicus et d'Octavie.

v. 127. *Stygiæ... imposuit rati.* Voyez, plus loin, v. 311.

v. 148. *Silanus.* Lucius Silanus, fiancé à Octavie, ne fut pas mis à mort, comme le disent les commentateurs de cette tragédie. Il se tua le jour même où Claude épousa Agrippine, afin, dit Tacite, d'augmenter l'indignation publique.

v. 188. *Et genitrix simul.* Voyez, plus loin, v. 591.

v. 193. *Prima quæ toros.* Il s'agit ici de l'affranchie Acté, la première maîtresse de Néron, dont il voulait même, selon Suétone, faire sa femme.

v. 195. *Jam metuit eadem.* Elle aussi, dans la traduction, désigne Poppée. Nous n'avons pas voulu être plus explicite que le texte, et prononcer un nom désagréable à Octavie.

v. 205. *Modo pennas.* Voyez *Hipp.*, v. 301, 302.

v. 206. *Modo Sidonii.* Voyez *Hipp.*, v. 303-308.

v. 231. *Vidimus cœlo jubar.* L'apparition de cette comète est attestée par Tacite, *Ann.*, l. xiv, ch. 32; et par Sénèque, *Quæst. natur.*, l. vii, ch. 17 et 21.

v. 249. *Divo Domitio.* Cette épithète ne se donnait qu'aux empereurs auxquels on avait décerné l'apothéose. Octavie l'emploie ironiquement, sans doute pour rappeler que Néron, fils d'un particulier, n'avait, par sa naissance, aucun droit à l'empire, où il s'est élevé par ses crimes et ceux de sa mère.

v. 283. *Augusti.* Ce nom désigne Néron. Depuis Auguste, les empereurs romains portaient ce nom, qui, par l'adoption, devenait propre à leur famille. Quant au mot *soror*, voyez la note relative au v. 119.

v. 296. *Virgo.* Cette victime de l'honneur est la jeune Virginie, dont les Romains vengèrent la mort, en renversant le pouvoir despotique des décemvirs.

v. 302. *Nata Lucretii.* Le chœur rappelle la mort généreuse de la célèbre Lucrèce.

v. 305. *Tullia conjux.* Voyez, dans Tite-Live, le récit de ce crime et du complot qui l'avait précédé.

v. 332. *Ardens ira.* Le poëte contredit ici formellement Tacite, suivant lequel Agrippine, pendant le naufrage même, et quand on l'eut ramenée chez elle, garda le silence, et feignit de ne pas croire à un crime.

v. 340. *Conjux.* Elle s'adresse à Claude, qu'elle avait empoisonné.

v. 369. *Rogat infelix.* Les paroles que Tacite met dans la bouche d'Agrippine, *Ventrem feri*, renferment la pensée développée ici par le poëte.

v. 382. *Remotus.* Accusé d'adultère avec Julie, fille de Germanicus, Sénèque fut relégué par Claude dans l'île de Corse. Agrippine obtint son retour, et le fit précepteur de Néron.

v. 437-438. *Plauti... Sullæque.* Plautus Rubellius avait été exilé en Asie; Corn. Sulla, dans la Gaule Narbonaise. Les ordres donnés ici par Néron furent en effet exécutés. Voyez Tacite, *Ann.*, l. xiv, ch. 59. Le préfet des gardes auquel s'adresse Néron est probablement Tigellinus, ministre de tant de cruautés. Il avait remplacé, dans le commandement des cohortes prétoriennes, Burrhus, empoisonné par ordre de Néron, suivant Suétone et Tacite.

v. 449. *Ipse quum faciam.* Empoisonneur de Claude, mis au rang des dieux après sa mort, Néron fait probablement ici allusion à son parricide. Il appelait, par raillerie, un mets des dieux, le mets dans lequel il avait empoisonné son père adoptif.

v. 498. *Brutus.* M. Brutus, dont il est ici question, avait en effet été sauvé par César à la bataille de Pharsale, où il faisait partie de l'armée de Pompée.

v. 508. *Trium ferrum ducum.* Néron rappelle ici le second triumvirat, les proscriptions qui en furent la suite, la bataille de Philippes, et enfin celle d'Actium, v. 518, qui mit le monde entier sous la domination d'Octave.

v. 519. *Nilum petit.* Ce vaincu est Antoine, qui va chercher un refuge en Égypte, dans les États de Cléopâtre.

v. 528. *Pietate nati.* Ce fils pieux est Tibère! Né du mariage de Livie et de Tibérius Néron, il était devenu fils d'Auguste par adoption.

v. 545. *Victa cui cedat.* Allusion au prix de la beauté, que se disputèrent Junon, Minerve et Vénus. Voyez *Agam.*, v. 730.

AGRIPPINA. Ici, comme dans la liste des personnages, nous substituons l'ombre d'Agrippine, au mot *Agrippina*, qui est dans les textes.

v. 584. *Si licet.* Nous acceptons, en traduisant, la

variante proposée par un commentateur : *sit licet*, c'est-à-dire *quamvis sit levis atque vana.*

v. 601. *Funesta merces puppis.* Voyez précédemment v. 309 et suiv.

v. 615. *Conjux petit.* Agrippine parle ici de l'ombre de Claude, son second mari.

v. 621-622. *Tantali... Sisyphi, Tityi.* Il est souvent question dans ces tragédies du supplice de ces trois grands coupables. Voyez notamment *Thyeste*, v. 142; *Hipp.*, 1237 et 1231.

v. 628. *Parthi.* Tiridate vint en effet à Rome, se prosterna publiquement devant Néron, et déposa sa couronne aux pieds de l'empereur. Voyez Suétone, *Vie de Néron*, ch. 13.

v. 657. *Soror Augusti.* C'est, suivant Tacite, *Ann.*, l. xiv, ch. 13, ce titre de sœur d'Auguste que la malheureuse Octavie opposait à ses meurtriers.

v. 696. *Culpa Senecæ.* Le sens de ces mots n'est pas facile à saisir. Ce qui le prouve, c'est la diversité des interprétations.

v. 702. *Flammeo.* Le voile nuptial s'appelait, chez les Romains, *flammeus.* Il était de couleur rouge ou orange.

v. 729. *Conjugem.* Mariée d'abord à Crispinus, chevalier romain, Poppée, séduite par les libéralités d'Othon, depuis empereur, fut sa maîtresse avant d'être la maîtresse et la femme de Néron.

v. 730. *Natumque.* Ce fils de Poppée et de Crispinus faisait le maître et l'empereur, lorsque, comme nous le dirions, il jouait à la royauté avec les enfants de son âge. Sur l'ordre de Néron, il fut noyé par ses propres esclaves, pendant qu'il s'amusait à pêcher.

v. 733. *Ensem... condidit jugulo.* Ce vers est un véritable oracle, susceptible de diverses interprétations. Ceux qui pensent que *meo* est sous-entendu, voient ici un présage de la mort de Poppée, que Néron tua en effet brutalement, dans un mouvement de colère. Mais on ne peut concilier ce sens avec ce qu'on lit vers 739; car *cruorem conjugis* ne saurait signifier : le sang versé par mon époux. Il faut donc entendre que Crispinus est tué par Néron, ou que Néron se tue lui-même. Mais, dans le premier cas, comment admettre l'explication de la nourrice? (v. 753) Si Néron se jette sur son rival et le tue, ce n'est pas le signe d'une pacification générale. D'ailleurs, Poppée doit-elle être si alarmée pour avoir vu, en songe, répandre le sang de son premier mari qui n'est plus? L'autre sens nous a donc paru préférable. C'est un pronostic de la fin de Néron, qui, trahi, abandonné de tous, est réduit à s'enfoncer un poignard dans la gorge; il s'accorde aussi assez vraisemblablement avec l'interprétation adulatrice de la confidente. L'empereur, en paix avec le monde entier, rentrera, pour ainsi dire, en lui-même son épée, désormais inutile.

v. 748. *Augustæ.* Ce nom, qu'Auguste donna à Livie sa femme, désigne ici Agrippine.

v. 764. *Ledæ pressisse sinum.* Voyez *Hipp.*, v. 301.

v. 767. *Raptam Europen.* Voyez *Herc. Œt.*, v. 551.

v. 772. *Danae.* Voyez v. 207 de cette tragédie.

v. 773. *Sparte.* Vénus, reconnaissante envers Pâris, lui donna pour épouse Hélène de Sparte. Voy. *les Troy.*, v. 920, 921.

v. 882. *Miseranda parens.* Cette mère infortunée est Cornélie, fille de Scipion l'Africain, et par conséquent d'une des plus nobles maisons de Rome.

v. 887. *Te quoque Livi.* Le tribun Livius Drusus avait fait de vastes projets de réforme, qui devaient notamment augmenter l'influence du sénat. Il fut assassiné sur le seuil de sa maison, comme il revenait de la place publique. Le mot *fasces* ne convient pas à la magistrature dont Livius était revêtu. Les faisceaux étaient le signe spécial du pouvoir exécutif.

v. 907. *Fratris... ratem.* Fratris désigne Néron, frère adoptif d'Octavie. Ratem rappelle l'artifice qu'il employa pour faire périr sa mère.

v. 916. *Aedon.* Voyez le même vœu, *Herc. Œt.*, v. 198 et suiv. Voyez aussi *Agam.*, v. 670.

v. 940. *Funera.* Le texte paraît altéré en cet endroit. Nous suivons, en traduisant, la conjecture d'un commentateur qui remplace *funera* par *vulnera.* Le mot convient aux violences que souffrit la veuve de Germanicus. Le centurion commis à sa garde dans l'île de Pandataire, où Tibère l'avait exilée, lui creva un œil, pour quelques reproches qu'elle lui avait adressés. Elle voulut mourir de faim; on lui cassa les dents, en lui introduisant de force des aliments dans la bouche. Tibère la laissa enfin mourir d'inanition.

v. 941. *Felix thalamis.* Tibère fit mourir dans les tourments Livie, femme de Drusus. Mais elle-même avait empoisonné son mari.

v. 944. *Julia.* Cette princesse, fille de Livie, nommée deux vers plus haut, fut accusée, condamnée sans preuve à l'exil, et enfin mise à mort par ordre de Claude.

v. 971. *Pandatariæ litora terræ.* L'île de Pandataire était un lieu d'exil, dans la mer Tyrrhénienne en face de Gaëte.

v. 975. *Iphigeniam.* C'était une tradition, suivie par Euripide, qu'Iphigénie, au moment où Calchas allait l'immoler, avait été enlevée par Diane même, et transportée en Tauride, pour y être prêtresse de la déesse.

v. 979. *Taurorum barbara tellus.* Les habitants de la Tauride, partie maritime de la Scythie, sacrifiaient à Diane les étrangers que le hasard ou la tempête poussait sur leurs rivages.